EVALD FLISAR

Comedy About the End of the World

in 11 languages

Texture Press
NORMAN, OKLAHOMA
USA

EVALD FLISAR

Comedy About the End of the World
in 11 languages

Introduction by Blaž Lukan, PhD

TEXTURE PRESS
Norman, Oklahoma, USA
2015

Evald Flisar, **Comedy About the End of the World** in 11 languages
Published by Texture Press, Norman, Oklahoma, USA
First Printing, January 2015

Copyright © Evald Flisar, 2013
Copyright (translators) © 2014, Alfred Haidacher (German), Spanish (Rosalina Perales),
Italian (Diomira Fabjan Bajc), Croatian (Jadranka Matić – Zupančič), Indonesian
(Nunung Deni Puspitassari), Hungarian (Emese Rajsli), Russian (Maxim Reyno and
Anastasia Plotnikova), Arabic (dr. Ossama el-Kaffash), Japanese (Hidenaga Otori)

Hidenaga Otori has received a translation grant from the Slovenian Book Agency.

Published in cooperation with the following international organisations:

KUD Sodobnost International, Ljubljana, Slovenia; Moran Publications, London, Great Britain;
Art Communications Llc, Moscow, Russia; Theater im Keller, Graz, Austria; Sampark Publishing,
Kolkata, India; Araska Publishers, Yogyakarta, Indonesia; Dar-el-Kalema, Cairo, Egypt;
Lettre Internationale, Budapest, Hungary; SSG Trieste, Italy; Gessyoku Kagekidan, Tokio

Editors: Susan Smith Nash, PhD; Jana Bauer, Marjeta Drobnič, Trevor Morris, Maxim Reyno, Satmoko
Budi Santoso, Anastasia Plotnikova

Book design by Lee A. Brown

All rights reserved

CAUTION: All rights whatsoever in this play – including stock and amateur rights throughout ther
world – are strictly reserved and application for performance, etc., should be made before rehearsal to
the European Literary Agency, sandra@europeanliteraryagency.co.uk or sodobnost@guest.arnes.si.
No performance may be given unless a license has been obtained.

ISBN 978 – 0692361382 (Texture Press)

PRINTED IN THE UNITED STATES OF AMERICA

PUBLISHER'S NOTE:
This play is a work of fiction. Names, characters, places, and incidents either are the product of the
author's imagination or are used fictitiously, and any resemblance to actual persons, living or dead,
events or locales is entirely coincidental.

*Photo on the front cover: Oroon Das and Vidushi Mehra in Yatrik Theater's production, premiered on
November 18 in New Delhi, India, directed by Avijit Dutt.*

Contents

COMEDY ABOUT THE END OF THE WORLD
(translated by the author)

KOMEDIJA O KONCU SVETA
(Slovene original by Evald Flisar)

KOMÖDIE VOM ENDE DER WELT
(translated by Alfred Haidacher)

COMEDIA DEL FIN DEL MUNDO
(translated by Rosalina Perales)

COMMEDIA SULLA FINE DEL MONDO
(translated by Diomira Fabjan Bajc)

KOMEDIJA O SMAKU SVIJETA
(translated by Jadranka Matić – Zupančič)

KOMEDI TENTANG AKHIR DUNIA
(translated by Nunung Deni Puspitassari)

VILÁGVÉGE – KOMÉDIA
(translated by Emese Rajsli)

КОМЕДИЯ О КОНЦЕ СВЕТА
(translated by Maxim Reyno and Anastasja Plotnikova)

كوميديا نهاية العالم
(translated by dr. Ossama el-Kaffash)

世界の終わりについての喜劇
(translated by Hidenaga Otori)

Comedy About the End of the World
Grum Award for the best original drama 2013
The jury's justification

Comedy About the End of the World is a farce about a farce, within which is a further farce. It is a farce in the way that our reality is a farce, although, as its hero says: "it is no time for farces. Reality demands serious dramas." Reality demands, as the writer precisely ascertains, that we ask ourselves about the end of the world, that we ask ourselves whether we need to plant and fence off our own vegetable garden or continue to plant only grass – and sell it on… On the edge of town in a house with a neglected garden, in an almost Beckett-like setting, this is exactly what four people are asking themselves; all of them are marked by their own imaginary theatrical reality, but all of them are also easily recognisable from our direct reality. The tenant Joe Orton, a playwright manqué, the owner Elvira, an actress manqué, the new tenant Majerhold, an undercover environmental scientist, and Konjevič, a man with various false identities, cannot agree about the purpose of the garden or about saving the world, and thus the author's anything but optimistic dramatic forecast of how to solve current social problems on the threshold of the end of the world makes it clear that, as so often before and in spite of apocalyptic warnings, in the battle between principled innovators and unscrupulous profiteers, the latter will triumph. Moreover, in response to a dramatic text with skilfully honed dialogue, bursting with aphorisms and intelligent word games, we are led to ask what is actually real both in the play and in general, who is genuine and who is undercover and, above all, whether the end of the world is an approaching reality or merely a behind-the-scenes battle between different interest groups – a battle in which revolutionary scientists and exploitative profiteers alike are operating underground. In a fresh, unobtrusive way *Comedy About the End of the World* thus deals with the most burning global-local issues and vividly portrays the spirit of the times at both home and abroad; in doing so, it hints that all the world's a stage and so we may never know the answer to the question from the title of Orton's unwritten drama: "Why have all the fucking values gone to pot?"

COMEDY ABOUT THE END OF THE WORLD

Dr. Blaž Lukan

Is all that is left to us (mocking) laughter?

The very title page of *Comedy About the End of the World* – the title itself, the list of characters, instructions about the place and time, and the manner of acting, the motto – establishes a dramatic space or context that is typical of Flisar. *Comedy About the End of the World* is more than a title, it is a characteristic Flisar syntagma: the end of the world is not something which should be solemnly moralised and despaired over, but offers a multitude of reasons for (mocking) laughter, for comedy. Among the characters in the *dramatis personae* we recognise at least two names from the world of theatre: the English dramatist Joe Orton and a famous Russian director from the first half of the 20th century, who resembles the original in nothing more than his name (and even that is usually spelled as Meyerhold) and perhaps his utopian project, something that was not strange to the Russian avant-garde. The time and setting of the play take us to the allegorical world to which the title also steers us ("the end of the world" is ultimately an allegorical utopia or utopian allegory, whichever we prefer, which tells us about the world here and now – but more about this later). The manner in which the play is to be acted offers another hint as to Flisar's characteristic dramatic strategy: comedy is possible only if it is acted deadly seriously and at the same time quickly, so that it does not give us time for very deep reflection; we are faced with irony, bordering on the absurd. And then there is the motto, a dedication to the deceased Joe Orton: it does not say much about any specific inspiration, nor does Joe Orton himself and his (lucky-unlucky) life story offer direct links to the *Comedy*, but he does contribute to the even greater complexity of the plot and to the intertextual network, to which he adds an author's meta-dramatic comment ("Lucky you!" meaning "lucky to avoid the end of the world" – or something along those lines), which recurs a number of times in the play.

With this, Flisar offers the reader or the audience member reliable assistance for its understanding. If we say reliable, this does not mean that it is easily readable or in any way linear. On the contrary, Flisar is a master at making the obvious more complex and at equivocal unravelling. What, for example, happens in the play with regard to the allegory mentioned above? The real meaning of an allegory usually lies outside the text, in the context, and so allegory is reported speech. However, in Flisar's drama there is first and foremost literal meaning, in the here and now. In this play, he deals with a specific problem that could be delineated by concepts such as environmentalism, survival, self-sufficiency and utopia – not necessarily in that order and often inextricably interwoven. And thus his dramatic speech is not "reported", but is rather "transported" into the drama, direct from our reality. At the same time, he is also truly allegorical: he is talking about a possible, general, fictitious situation, which is only assumed in the play, as well as about a possible denouement, which is not the only one possible, but is definitely radical and critical in a Flisaresque way.

One interesting aspect is Flisar's morality or talking about morality, which initially creates the impression of moralising, i.e. of preaching morality and adopting a moral stance towards (the understanding of) problems or the world as such. Although Flisar is a morally engaged author, he is constantly aware of the danger of moralising and avoids it through original dramatic approaches. The most prominent of these is (self-)irony: Flisar's characters are, with regard to their dialogue, some of the most lucid in modern Slovene drama, whilst still expressing their own opinions rather than the author's. Nearly every statement or reply in the *Comedy* is equivocal, ironic, paradoxical and aphoristic, with a surprising sub-text. In his dialogue, Flisar constantly evades unambiguity and linearity, placing his characters in situations where they have to (rhetorically) cope, to reply in the true meaning of the word, i.e. offer a lucid and polemical response to a cue or provocation. In this way, the stating of the (moral) truth in Flisar's dramas never proceeds in a linear fashion, but is always winding, twisted, even wrapped in linguistic bravura, which requires that the reader be a match for it. Perhaps it is in this way that Flisar continues the Ortonesque tradition of equivocality: without this "key", Orton as a dramatist cannot be understood and his comedies (such as *What the Butler Saw* or *Loot*) at first sight look like frivolous bedroom farces. It is not necessary to emphasise that it is only in this way that Flisar's dramatic truth becomes relevant and worthy of consideration; without this approach it would remain at the level of cheap, journalistic pamphleteering.

The third dramatic-ideological category of the comedy to which Flisar adds new and intriguing connotations is utopia. As already noted, Mayerhold's project in the *Comedy* is a utopian one. But Flisar's utopia is modern, not the "romantic" utopia of the past, which saw its object outside this world, i.e. in an indeterminate future that was not (yet) our concrete reality. Flisar (spontaneously?) goes along with the current, critical understanding of utopia: it refers to an actual (political) reality; utopia is a political programme that is not directed at an indeterminate (and fictitious) future, but is more or less here, in the present, and on the basis of specific political strategies also realisable (it is "critical discourse for the reconfiguration of the world", as Rancière put it, or "the utopia of the possible"). And utopia is, in fact, the only tangible programme for existence which establishes a dialogue with the world rather than avoiding it. Capitalism sees utopia differently, directed at the imaginary, symbolic and allegorical, and connects it with pure fiction, which is no longer an ideological form of utopia, but merely the pragmatism of entertainment (for example, film production in the science fiction genre or the mass production of computer games). Flisar thus locates his utopia in a reality which is narrower than the former, universal dimensions of utopia, whilst offering to us in a dramatic form both its positive and negative dimensions, as well as its critical and rebellious ones, helping us through drama (the domain of art), in a Rancierè-like manner, to understand or see reality differently and steering us towards changing it.

In the space formed by the overlap of all these aspects of Flisar's *Comedy About the End of the World*, we can follow his typical characters and situations. A unique "concatenation" and elusiveness, instability and equivocality also appear at a narrower, formal-dramaturgic level. None of Flisar's characters, except Joe Orton (who is, "in reality" not Joe Orton but his unsuccessful reincarnation), are what they pretend to be. Confusion starts with the names: if we rely on the *dramatis personae* and the author's allocation of names, we become confused since we soon encounter Mayerhold, who is also called Ebenšpanger, Robnik, Vehovar and even Konjevič, although the latter, as claimed by the author in the same list of characters, is a different person, who is stalking Mayerhold and who calls himself Novak. In addition, Elvira, according to a hint from Konjevič, which we may choose to accept or not, is Silvana. And so on. Moreover, not only the names, but the actual identity and the past of the characters are mysterious: what is Konjevič's real profession? (An employee of the town water supply service, a police officer, or Inspector Truscott from Orton's *Loot*?). What does Elvira actually want, and what does Joe Orton actually do? Where was Mayerhold really, when he says that he was "in the desert"? Are all his achievements, enumerated by Konjevič, real or does he only attribute them to him, in the style of a sacrificial lamb that capitalism needs for its activities? Some other situations show similar characteristics, but these may be more of a technical-dramaturgic character (playing with weapons, for instance).

All this attests to a difficult to capture, unstable or at least semi-stable world and a system which, on the other hand, is never completely random and evasive. On the contrary: it grows before our eyes as something intense, pronounced, solid, and, if we pay sufficient attention, pulls us in. If thus far we have mentioned only alienating or ironic effects, let us now look at what opportunities the play offers for a sense of identification. *Comedy About the End of the World* is, in fact, an environmental farce. Not farcical at the level of the themes with which it deals, i.e. environmentalism and the "belief" in it, but at the level of various stereotypes and clichés, ineffective and impossible ways of solving environmental problems, and particularly at the level of romanticism and mystification, which overlooks the true nature of the problem that lies at the very heart of capitalist production. The play is environmental at another level, not just with regard to the primary theme: Flisar's environmentalism not refers only to the exploration or staging of man's harmful encroachments upon the environment in the narrow sense, but understands it broadly as the protection of the human spirit, of humanity itself, which is disappearing in the expansion of late capitalism. It would be difficult to say that Flisar is moralistic here, this much should be clear by now, but we cannot overlook his genuine engagement and commitment to the preservation of man and his spirit, in spite of the fact that the author is constantly (self-)mocking this commitment or at least regarding it with a smile. Therein lies the deeper Flisaresque truth: whilst we can still laugh and poke fun, we are preserving ourselves, our humanity, our spirit, our truth; it will be the absence of laughter (irony, parody, paradox, the absurd) that causes us to sink irrevocably into the very heart (and breeding ground) of capitalism, from which we will no longer be able to find our way into the light. In order for Flisar's play to have an effect, it is not "belief" that is needed, but doubt, common sense, lucid (self-) awareness and the ability to see things – at best, a belief in reason and its endless power. In Flisar's dramatic world, all else is condemned to failure and immediately ridiculed.

This is revealed in the *Comedy* in the carefully considered verbal and situational order. For quite some time, we do not know what the play is really about, what sort of a world we have found ourselves in and what the characters really want. We can believe the description of what is going on and the complications created by the text itself: "Into a neglected house on the outskirts of a city, in which an aged nymphomaniac and a failed student, who is supporting both by selling drugs, are vegetating in the hope that something will change, comes a Saviour!" But as soon as we doubt this, the plot, as we have already indicated several times, thickens. Mayerhold's big project is a garden which will, as it slowly emerges, allow self-sufficiency during the imminent end of the world (of which there is no doubt). Mayerhold has in mind both the present and the future of this world: the present marked by an obsessive state, or the possible, but still unavoidable future, foretold by the news on the radio, from which even more than the fatal transformation of nature as such, it is possible to decipher the destructive effects of capitalism. The garden itself is a unique system, consisting of a series of trenches; in it is concealed a real survival philosophy and not just agronomy. The garden is more than just cultivated soil, it is "pregnant", concealing in itself the possibility of new life or at least a continuation of life, i.e. survival; it is a prototype of the Garden of Eden and a symbol of a new beginning. Mayerhold's mysterious games belong not only to the (criminal) genre, they are much more ideological: regardless of how we interpret him (perhaps a genius, a crazy scientist wanting to save humankind from its own demise, or a psychiatric patient diagnosed with environmental paranoia), Mayerhold is hiding from the system that is trying to either destroy him, eliminate him because his ideas are harmful, or incorporate him, "sponsor" him, and then take his scientific discoveries and build them into its own business model – or, to put it simply, make money from them. And Mayerhold really is, it transpires, constantly under surveillance: it does not matter whether he escaped from an asylum or whether Konjevič is only his other pole, his alter ego, supervisor, stalker or perhaps even a co-patient from the same re-educational psychiatric institution (the nature of modern public institutions as such); what is important, is that in capitalism utopia is allowed only as fiction and not as a realistic political project. And last but not least: the self-sufficiency project that negates the principle of the neo-liberal market, since it establishes different interpersonal relations based on new relationships of exchange, where symbolic exchange once more comes into existence, most powerfully undermines the capitalist system, since through the large-scale expansion of the ideology of self-sufficiency and the appearance of a community whose foundations appear from within, rather than from without (although the most perverse capitalist doctrine tries to prove the "internal nature" or the deep human roots of the system), capitalism is suddenly left without a market, i.e. without a space for its own development. However, is not all this self-sufficiency and self-renewable resources and sustainable development etc., yet another derivative of the all-encompassing capitalist doctrine?

This is one of the possible interpretations of Flisar's comedic ideology, which is again not without its ambiguity and ironic twist. Let us see what kind of a community appears before the reader of the comedy in this suburban refuge. A whore, a junky, a lunatic and a swindler, all entangled in erotic-manipulative games – a beautiful image of a possible future without a future. Flisar is not naive and, employing his characteristic gallows humour, often bordering on (Beckettesque) cynicism, he offers the following denouement: big ideas are usually condemned to failure or, more precisely, they usually degenerate into their opposite, and the world that remains is the Devil's, long abandoned by God; however, this Devil does not bring the ultimate horror, but offers us the opportunity for a (final?) laugh. The (vegetable) Garden of

Eden, which was hinting at viable redemption, will now (planted with poppies for the production of opium) present an opportunity for another kind of redemption, for escaping into intoxication, a fictitious paradise. For capitalism, utopia is a dystopia, the future can be artificially created and then controlled – but only (as) its substitute, abiding in our false consciousness. In contrast to Mayerhold, who would give utopia to humankind, capitalism sells it, always knowing what it wants in exchange. Capitalism replaces the survival of mankind with its own survival, whilst environmentalism is merely a disturbance that is most frequently manifested in the form of excess: legal proceedings or damages. Flisar sees all this as a farce rather than as a lesson in morality, as a sharp and radical image of the times, which is generalised at a certain level and into which we are rushing – if not already dwelling in.

In his *Comedy*, Flisar offers different variants of the denouement or ways of facing up to the threat of the "end of the world": the end of the world is nothing but a capitalist pop song, which needs to be (and which can be) unmasked and demystified; the end of the world requires man to act, the real threat can be opposed, resisted, and then the world can be (re)built anew. But threats can also be profited from, marketed and got rich from; it is possible to use threats as manifestations of conspiracy to ensure control and power, or at least unlimited scope for manipulation; one can simply escape into the world of intoxication and hallucination, the substitute world of drugs and other such aids through which it is possible to forget and to leave others to come up with a solution.

COMEDY ABOUT THE END OF THE WORLD

Translated by the author

Characters

Joe Orton, 25
Elvira, 48
Mayerhold, 55
Konjevič, 50

Place:
suburbia,
anywhere in the world

Time:
today,
tomorrow,
after tomorrow

*Thank you for the inspiration, Joe Orton,
dead since 1967.
Lucky you!*

The play must be performed fast and with dead seriousness!

Act 1

Scene 1

Room. At the back on the right, a door to the first-floor landing (the corridor). On the left, a door to a small room, a cubicle. A large mirror hangs on the wall next to the door that leads to the corridor. Sofa, armchair, coffee table, chest of drawers. On the chest, two stacks of old newspapers. Next to it, an ancient radio receiver. Everything looks faded, disordered, neglected.

In the darkness, a radio report: Representatives of the Pacific islands of Tuvalu have signed a contract with the government in Wellington to allow the entire population of their eight atolls to move to New Zealand. Tuvalu, the tropical paradise of sandy beaches and palm plantations, lies only five metres above the sea level. Due to the greenhouse effect, the sea is expected to rise by seven metres before the end of the century. The inhabitants of Tuvalu want to protect themselves in advance. They can afford that because there are only eleven thousand of them. But what of the inhabitants of Florida, or of the one hundred million in Bangladesh, which will be flooded before we shall see the end of the icebergs covering Greenland? Opinions on how soon we will reach the point of no return are divided…

During the report, lights gradually reveal the stage. Joe Orton comes out of his cubicle. He is smoking a joint. Slowly inhaling, he proceeds to the radio and switches it off.

ORTON: Blah blah blah. *Goes back to his room, slams the door.*

*(*ELVIRA *enters from the corridor. She is followed by* MAYERHOLD.*)*

ELVIRA: Not very big. But comfortable.
MAYERHOLD *(appraises the room)*: This is it?
ELVIRA: You're not impressed.
MAYERHOLD: What about the ground floor? I'd love to open the door and step straight into the garden.
ELVIRA: You can do that from my bedroom! But... *(She looks him up and down.)*
MAYERHOLD: Of course. You can't just ... *(His eyes rove quickly over her body.)*
ELVIRA: For the time being you can look at the garden through the window.

(MAYERHOLD goes to the window, looks out. Turns.)

MAYERHOLD: Bathroom?
ELVIRA: Next to my bedroom.
MAYERHOLD: I'd like to take a shower once a week.
ELVIRA: Once a week! You can do it every day.
MAYERHOLD: Oh...
ELVIRA: It's true that the door can't be locked, but I'm not in the habit of barging in. Especially not if there is a man inside.

(She offers him a smile, more sugary than seductive.)

MAYERHOLD: You shower every day?
ELVIRA: Personal hygiene is very important to me.
MAYERHOLD: Quite right.
ELVIRA: You know how immoral the world has become. If we have to do dirty things, let's at least do them clean.
MAYERHOLD *(astonished by her words)*: Forgive me, but... what did you study?
ELVIRA: I successfully finished elementary school.
MAYERHOLD: Oh... Congratulations!
ELVIRA: I had to complete my last year at a reform school.
MAYERHOLD: And? Have you been reformed?
ELVIRA: These things need time.
MAYERHOLD: Of which there isn't much left.
ELVIRA: And you? Professor? Doctor?
MAYERHOLD *(looking at Orton's door)*: And this door?
ELVIRA: This door... how should I say... leads to some sort of... pantry.
MAYERHOLD: May I look?
ELVIRA: Now? Rather awkward.

MAYERHOLD: Why?
ELVIRA: It's locked.
MAYERHOLD: And the key?
ELVIRA: The key... I'll get it. I hope I find it!

> (ELVIRA, *trying to hide her embarrassment, exits into the corridor.* MAYERHOLD *returns to the window and looks out at the garden. The door on the left opens.* JOE ORTON *emerges silently from his cubicle and watches* MAYERHOLD. *Then he tiptoes over until he is standing right behind him.*)

JOE ORTON: Booooooooo! (MAYERHOLD *turns, pushing his right hand under his jacket as if to pull out a gun.*) Who are you?
MAYERHOLD: Who am I? Who are *you*?
JOE ORTON: Today I'm almost hundred percent Joe Orton. Occasionally I think I'm Harold Pinter. Or Samuel Beckett.
MAYERHOLD: Complicated.
JOE ORTON: Not at all. I really am Joe Orton. I merely pretend to be the others.
MAYERHOLD: Where have you come from?
JOE ORTON: From the other side. Having died rather young, I told myself to give life another try. And you?
MAYERHOLD: I'd like to rent this room.
JOE ORTON: You don't look like the type who goes to live in a rented place.
MAYERHOLD: I need a roof over my head.
JOE ORTON: You look like the type who makes a *living* by renting out rooms.

> (ELVIRA *returns. She twitches when she sees* ORTON.)

ELVIRA: I didn't know you were home.
JOE ORTON: The Devil has chucked me out of hell because I dared to suggest his food wasn't up to scratch. As punishment I'll have to spend two days on earth.
ELVIRA: This is Joe Orton, my lodger.
JOE ORTON (*suddenly enraged*): No, I'm not! I'm a member of the family. And I will resist every attempt to downgrade my privileged status, (*turns to* MAYERHOLD) and I don't give a damn who you are, a lawyer, tax inspector *or* undercover cop. I'm staying, and you – *via via*, the sooner the better.

> (*He goes back to his room and slams the door.*)

ELVIRA: He's afraid of men with black shoes. Especially if they wear neatly pressed trousers.

MAYERHOLD: Why?

ELVIRA: He's convinced they want to take over the world.

MAYERHOLD: That may be so, but there are some who want to save the world and wear neatly pressed trousers for camouflage.

ELVIRA: I'd like to meet one of those.

MAYERHOLD: And this... whatever-you-call-him... lives in your pantry?

ELVIRA: You know we live in difficult times. I manage to satisfy my sexual needs, one way or another, but financial ones are a different matter. One has to compromise.

MAYERHOLD: Ma'am...

ELVIRA: Elvira.

MAYERHOLD: I'll be honest. You're offering me a room without any privacy. You have a madman next door who claims to be a dead English playwright when his name is more likely Danny or Ron or Trevor. As for you, you're a woman with a shady past.

ELVIRA: Maybe so, but Joe Orton is the real Joe Orton. Reincarnated. It's true that at first I didn't believe him, but he has found a way to convince me. You don't believe in reincarnation?

MAYERHOLD (*sighs*): Never mind. The fact is I was attracted by your garden.

ELVIRA: Surely you mean the neighbour's garden!

MAYERHOLD: You don't have any neighbours.

ELVIRA: Yes, the house *is* rather isolated.

(MAYERHOLD *approaches the window, looks out.*)

MAYERHOLD: Your garden is – forgive the expression – the most perfect example of neglect I have ever seen in an urban area. Is this the result of careful planning?

ELVIRA: I very much doubt it.

MAYERHOLD: In other words, gardening isn't one of your hobbies.

ELVIRA: It would be, but when I look at the desert out there I lose the will. And I say to myself, "Soon the whole world will look like that." So, why bother?

MAYERHOLD: Desert? I've lived in a desert, a real one.

ELVIRA: Really?! Why?

MAYERHOLD: When you live in a desert you don't think about reasons.

ELVIRA: Too hot for thinking, I imagine.

MAYERHOLD: In the desert you're completely absolved of the duty to ask questions and look for answers.
ELVIRA: Unpleasant duty, I agree.
MAYERHOLD: And if you stay long enough, everything becomes clear in the end. The world ceases to be a puzzle.
ELVIRA: You must've had a very good job, if you stayed that long.
MAYERHOLD: Well, a few years.
ELVIRA: My God! That's why you're so tanned! (*Her eyes rove over his body.*) All over, no doubt.

(JOE ORTON *opens the door of his room and sticks his head out.*)

JOE ORTON: And another thing, Mr. Harold Pinter. I don't like your shirt. People who wear shirts like that and smell of aftershave are responsible for the world being the pigsty it has become.

(*He slams the door.*)

ELVIRA: You must be patient with him. Very often his words are merely bits of dialogue from the play he is trying to write. He can be quite charming. When he makes the effort.
MAYERHOLD: How often is that?
ELVIRA: He has no regular income. He is forced to live with the feeling that nobody likes him.
MAYERHOLD: I can't help him there I'm afraid.
ELVIRA: That's all right. I take care of him.
MAYERHOLD: Very Christian of you.
ELVIRA: Lost young men *need* a shoulder to cry on, don't you think?
MAYERHOLD: In my time young men were made of sterner stuff.
ELVIRA: Where are those times? And those young men? The world has become rather flaccid, don't you think?

(MAYERHOLD *gives her another once-over.*)

MAYERHOLD: In your experience, too?
ELVIRA: In the end, women will be forced to wear trousers.
MAYERHOLD: I hope we can avoid a misfortune like that.
ELVIRA: You prefer women in skirts.

COMEDY ABOUT THE END OF THE WORLD

MAYERHOLD: I prefer not to talk about women. (*He stares at a point in the distance.*) The best thing about living in a desert is you don't have to listen to other people.
ELVIRA: Yes, that *is* quite an effort.
MAYERHOLD: Only wind, and a lost goat here and there. Maybe thunder once a month. Possibility of misunderstanding reduced to zero.
ELVIRA: How nice.
MAYERHOLD: I also hate discussing ideas. If they're good, there is no need to talk about them; if they are bad, they don't deserve to be mentioned.
ELVIRA: A pity Joe didn't hear that.
MAYERHOLD: Why?
ELVIRA: He would instantly put your words in his play. It's true that he has been writing it for a number of years now, but soon it will be staged by the National Theatre, he says. I'll be sitting in the front row.
MAYERHOLD: I'm sorry but I *must* know: do you have any other lodgers?
ELVIRA: Only two.
MAYERHOLD: Two?! Where is the other one?
ELVIRA: That's you.

(MAYERHOLD *goes to the window and takes another look at the garden. Turns and looks at the room.*)

MAYERHOLD: You said the room was very comfortable.
ELVIRA: The sofa converts into a bed. I'd be happy to prepare it for you every evening, and make it up the next morning.
MAYERHOLD: Really?
ELVIRA: I worked as a chambermaid for a while in my younger days. Making the bed for gentlemen like you filled me with great satisfaction. I could say that those were my only true moments of happiness.
MAYERHOLD: But – don't take it personally – this room is a mess.
ELVIRA: Only because Joe entertains his friends here. The pantry is so small he can hardly move around. But that will stop. If you rent the room, he will have to respect your privacy.
MAYERHOLD: Can the door be locked?
ELVIRA: Of course. I've brought the key. (*She shows him the key.*)
MAYERHOLD: Then I would prefer to have it locked.
ELVIRA: Difficult.
MAYERHOLD: Why?

ELVIRA: Joe wouldn't be able to get out.
MAYERHOLD: Is this the only exit?
ELVIRA: There is a window. But I doubt it Joe would accept that. He'd need a ladder, which we don't have. And what would the neighbours say?
MAYERHOLD: You don't have any neighbours.
ELVIRA: That's true. But the postman keeps coming. Bringing bills I can't pay.
MAYERHOLD: I can make him a ladder. I'm quite handy.
ELVIRA: He is afraid of heights. He told me he would have become a commercial pilot if not for that.

(MAYERHOLD *walks around the room, looks at the garden again.*)

MAYERHOLD: I also have a few pairs of shoes, a couple of suits, two ties, shirts – things like that.
ELVIRA: Of course, a gentleman like you.
MAYERHOLD: And two boxes of science books. Where am I to store all that?
ELVIRA: There is a wardrobe on the landing.
MAYERHOLD: Right. But we must come to an agreement, in writing if possible, on how often the boy can come out of his room.

(ELVIRA *fails to hide her joy.*)

ELVIRA: Joe can be very considerate. I'm sure you will become friends in no time.
MAYERHOLD: I'm afraid you don't understand. The only reason I want to stay is your garden. It's big enough. It surrounds the house. It's protected by a hedge so high that even a giraffe would have to climb a tree to look in. Complete privacy. On top of which it's been so neglected that even the weeds failed to survive, as far as I can see. In short, your garden is ideal.
ELVIRA: It'll take me a while to get used to your sense of humour!
MAYERHOLD: I have no sense of humour. Let others have it if they need it. I don't.
(ELVIRA *laughs, covers her mouth with both hands.*)
ELVIRA: As you can see... you have made me laugh!

(*She sits on the sofa, keeps laughing.* MAYERHOLD *looks at her, rather worried.*)

MAYERHOLD: Can I help you?
ELVIRA: I'm only laughing.

MAYERHOLD: We live in a time where laughter is almost always a sign of serious illness.

(ELVIRA *stops laughing and rises.*)

ELVIRA: Financial reasons oblige me to ask you a question.
MAYERHOLD: Go ahead.
ELVIRA: Will you take the room or not?

(MAYERHOLD *goes to the window, takes another look at the garden, turns.*)

MAYERHOLD: I'm interested in the garden. The room is a punishment I'll just have to put up with.

(*Blackout.*)

Scene Two

A month or so later. The room looks different. The sofa is pulled out, the bed is carefully made. A meter-high wooden fence runs along the rear wall, from the corridor entrance to the wall on the left. MAYERHOLD is dressed in a woolen jumper and corduroy trousers. He is sitting in the armchair with a drawing board on his knees, sketching something.

In the darkness, we hear a radio report: This year Europe suffered the worst drought in the last 500 years. China was a victim of the worst tsunami in the last one hundred years. Kansas suffered the most frequent and the most violent tornadoes in history. New York and Japan found themselves under the thickest snowfall in history. Canada lived through its hottest summer ever. Sydney, Australia, celebrated the hottest New Year in history, and the worst floods in the last hundred years brought to an end the worst drought ever in South Africa. In spite of this the world leaders at the recent conference couldn't agree on how to reduce greenhouse gas emissions...

During the report, lights gradually reveal the room. The report is interrupted by JOE ORTON *who comes out of his cubicle, goes to the radio and switches it off.*

JOE ORTON: Blah blah blah.

MAYERHOLD: Aren't you worried about the future?
JOE ORTON: No. All I'm aware of is the present. (*Looks out of the window.*) I don't believe it!
MAYERHOLD (*half rises, worried*): What?
JOE ORTON: The whole garden's been dug up! You've planted something.
MAYERHOLD (*sinking back*): How come you haven't noticed that before? Where have you been?
JOE ORTON: In our landlady's bedroom. With sporadic forays into the kitchen to replenish the spent energy. But mostly in my room. Bent over my unfinished manuscript. Which is going to be a bomb! It'll blow the audience to pieces.
MAYERHOLD: You never go out?
JOE ORTON: The world out there no longer interests me.
MAYERHOLD: You could look for work, for example.
JOE ORTON (*looking at* MAYERHOLD): Mister, you and I have a problem.
MAYERHOLD: Sorry to hear that.
JOE ORTON: Half the time I don't know what you're talking about, and half the time you yourself have no idea.
MAYERHOLD: You're a playwright. You should understand everything.
JOE ORTON: I'm writing a farce.
MAYERHOLD: This is hardly the time for a farce. Reality demands serious plays.
JOE ORTON: Reality *is* a farce. Have you lived so far away that you haven't noticed?
MAYERHOLD: Does this masterpiece of yours have a title?
JOE ORTON: A working one. For the time being. *What Happened to Our Fucking Values.*
MAYERHOLD: I'd keep it. It'll run for years.
JOE ORTON: You bet.
MAYERHOLD: But while you're waiting for this break you could work for me. Five euros an hour.

(*Pause.* JOE ORTON *goes behind the fence to the door of his room. He turns and stares at* MAYERHOLD. *He wants to say something, changes his mind, enters the room and slams the door. Then he opens it again and looks out.*)

JOE ORTON: Let me tell you something: She doesn't like you. She likes me. Make no mistake about that.
MAYERHOLD: A woman with taste, what else can I say.

JOE ORTON: This isn't a room, this is a corridor. You have no legal rights. She can throw you out any time she wants to.

MAYERHOLD: I always land on my feet.

JOE ORTON: And this fence! Impossible to believe. I turn my back for five minutes, and already there is a Berlin wall behind me.

MAYERHOLD: Which means that turning one's back may not be the best idea.

JOE ORTON: We've had a pretty good time, Elvira and I. I'm not denying that things could've been better, especially with the food and sexual entertainment. She hasn't been very generous lately. But on the whole I would say we've had a pretty good time.

MAYERHOLD: Congratulations.

JOE ORTON: If things will now change for the worse, some people under this roof won't like that one little bit. I thought I should warn you.

MAYERHOLD: Thanks.

JOE ORTON: I don't know what she told you about me, but I'm OK as long as I'm OK, if you know what I mean. But when I'm not OK, I can triturate a man before he can check that word in the dictionary.

MAYERHOLD: Looking forward to that.

JOE ORTON: And let one thing be clear: I write down everything that's happening here. Because this is the biggest farce of all.

MAYERHOLD: I agree.

JOE ORTON: Fuck you. (*He goes back to his room, slams the door, quickly opens the door again and sticks out his head.*) And if one of your plants crawls through the window into my room, I'll see you in court.

(*Blackout.*)

Scene Three

MAYERHOLD *and* ELVIRA *are drinking tea. She sits on the edge of the bed; he sits in the armchair.*

In the darkness, we hear a radio report: According to the latest news, a few hundred, perhaps even a thousand Antarctic icebergs are floating towards New Zealand. The iceberg expert of the Australian Antarctic Department said that the giant chunks of ice were located with the help of satellite photography. Sea transport is under threat, and all ships in the area have been warned. The swimming pieces of ice measure on average two hundred metres across and oppose the assumptions that the Antarctic ice is melting more slowly than the ice on the North Pole...

During the report, lights gradually reveal the stage. ELVIRA *rises, goes to the radio and switches it off. She returns and sits on the edge of the bed, closer to* MAYERHOLD.

ELVIRA: Blah blah blah.
MAYERHOLD: Does this radio receive only one programme?
ELVIRA: All the others have gone off the air, says Joe Orton. For lack of money. (*Reaches for the teapot.*) Another cuppa?
MAYERHOLD: You drink too much tea. Bad habit.
ELVIRA (*puts the teapot down*): My only one. I lack the courage for others. Although I still remember days when I had too much of it.
MAYERHOLD: In my experience one bad habit quickly leads to another. And so on, until you resemble a garden overgrown by weeds.
ELVIRA: That's what my life has been like until now! A total desert. Just like my garden before you decided to make this house your new home.
MAYERHOLD: Well...
ELVIRA: I don't know what you planted there, but the garden looks as if ... as if ... it's pregnant!

(MAYERHOLD *rises, goes to the window, looks out. Turns.*)

MAYERHOLD: I'm glad that our mutual obligations are clearly set out in a contract.
ELVIRA: There's one thing I still haven't told you. In my younger days I used to work as a model.
MAYERHOLD: Really?
ELVIRA: I wanted to become an actress, of course. But unlike most women I came to a timely conclusion that I had no talent.
MAYERHOLD: That sort of thing requires courage.
ELVIRA: Not really. I realized, quite simply, that it was easier to undress than to dress up.
MAYERHOLD: Isn't the purpose of being a model to show off new clothes?
ELVIRA: Of course. But also to take them off, piece by piece.
MAYERHOLD: You were a stripper?

ELVIRA: Photo model. My picture was published in two explicit magazines for men. I can show you. If you're interested. (MAYERHOLD *is silent.*) No obligation, of course. (MAYERHOLD *remains silent.*) But that sort of work is available only until you reach the age of thirty.

MAYERHOLD: So says the law?

ELVIRA: The law of supply and demand. The skin must be tight, smooth and clear. Like the skin of a two-year-old baby.

MAYERHOLD: A highly competitive field, no doubt.

ELVIRA: A slaughterhouse, Mr. Mayerhold! A slaughterhouse. On top of which I began my career with a handicap. An appendectomy scar. (*Confidentially.*) In the shape of a heart, because the surgeon fell in love with me during the operation! (*Coquettishly.*) Have you ever seen a scar in the shape of a sweet little heart?

MAYERHOLD: No.

ELVIRA: I've learned to be careful. A single glance can turn the meekest of men into a violent beast.

MAYERHOLD (*produces a nervous cough and rises*): Most men are violent beasts without having to look at your scar.

ELVIRA (*pause*): Occasionally I get the feeling that I fall short of your expectations.

MAYERHOLD: I'm not complaining.

ELVIRA: That's what worries me. Most men would have indicated by now that I'm giving them less than they expected. Are you sure you aren't too modest?

MAYERHOLD: Positive.

ELVIRA (*rises*): My life has changed since you came. I used to cry a lot, I was withdrawn, I lacked self-assurance. It was so bad that I began to stammer again. I used to do that as a child. (*She makes a move with her hand as if to wipe a tear.*) But all the time a little voice inside me kept saying that someone would come and give me back my belief in myself. And my strength. And my determination. A man who gets down to things and carries them out. Every time I wake up in the morning and look at the garden I feel a little knot in my throat. I look at the gentle furrows of soil surrounding the house, and I feel something beautiful throbbing inside them. Something that could be our child. I hope it doesn't bother you if I tell you this.

MAYERHOLD: No, it just embarrasses me.

ELVIRA: Well, I apologize.

MAYERHOLD: I paid my rent in advance –

ELVIRA: You've misunderstood me.

MAYERHOLD: Maybe so.

ELVIRA: Of course, the garden is yours for a year. And I don't care what you plant there, although you could at least have told me. But the garden is not important –

MAYERHOLD: It is very important to me.

ELVIRA: Perhaps you find my desire to make you feel at home here intrusive ...

MAYERHOLD: Simply superfluous.

ELVIRA (*fighting tears*): Will a verbal apology do? Or do you want it in writing, sent as registered mail, perhaps? (*She walks to the door.*)

MAYERHOLD: The fact is... (ELVIRA *stops and looks at him.*) I need your help.

ELVIRA (*confused*): I don't understand anything anymore.

MAYERHOLD: In a week or two I'll need an additional pair of hands. There will be hoeing to do, and weeding. And, above all, regular watering.

ELVIRA: Meaning?

MAYERHOLD: I'll have to hire someone.

ELVIRA: Good news for the unemployed!

MAYERHOLD: And there's one right here under your roof.

ELVIRA: But Joe is a playwright!

MAYERHOLD: He can carry on writing in his spare time. As far as I'm concerned, he can write a hundred farces a day. What's more, he can have a hundred a month performed on stage. But, as far as I can see, he needs money now. Unless you want to support him indefinitely.

ELVIRA: Me? Ten years ago I might have been able to, but the recent crisis has drained me dry. To be honest, most of the time I'm just feeling my age. The years just refuse to stop piling up.

MAYERHOLD: Of course, I expect loyalty and hard work from the great artist.

ELVIRA: And what do you expect me to do? Knock loyalty and love for work into him? Two weeks won't be enough.

MAYERHOLD: Tell him the advantages of working for me. He won't have to travel to work…

ELVIRA: He hasn't got any work.

MAYERHOLD: Healthy activity in fresh air. Pleasant surroundings. And, of course, excellent pay. Four euros an hour.

ELVIRA: Why don't you ask him yourself?

MAYERHOLD: You know him intimately.

ELVIRA: If he told you that he was exaggerating. Perhaps not entirely, but to know someone intimately is rather beyond me, I fear.

MAYERHOLD: Let me explain something. Everything you told me about yourself has… well… really moved me.

ELVIRA: Really?!

MAYERHOLD: You mustn't think that my rudeness has anything to do with my true feelings for you.

ELVIRA (*overjoyed*): No!?

MAYERHOLD: These feelings are a great source of surprise for me too. The only problem is that I... need time.

ELVIRA (*with a sweet smile*): Because you're a little old-fashioned, right?

MAYERHOLD: I'd like to suggest that we start by using first names. If you don't mind.

ELVIRA (*with a broad smile*): Oh no, I don't mind at all!

(*Blackout.*)

Scene Four

Elvira is sitting in the armchair. Joe Orton is pacing the room, cracking his knuckles.

JOE ORTON: I'll have to think about it.

ELVIRA: We can all live here as a happy family.

JOE ORTON: He isn't my father.

ELVIRA: No, but you can have a father figure in him.

JOE ORTON: In that clown?

ELVIRA: It would do you no harm to show some respect for a man who surpasses you in so many ways.

JOE ORTON: Are you referring to the number of garish ties and neatly pressed trousers that he's got?

ELVIRA: Also in other ways.

JOE ORTON: Don't tell me you have already familiarized yourself with his hidden dimensions!

ELVIRA: I'll pretend I didn't hear that.

JOE ORTON: With his hand under your skirt and yours in his wallet the result will certainly be to your advantage.

ELVIRA: I will ask you for the last time: are you willing to accept Mr. Mayerhold's generous offer?

JOE ORTON: Give me a month to think it over.

ELVIRA: Right. Until then you can visit the nearest soup kitchen. I refuse to cook for you.

JOE ORTON: You can't do that to me!

ELVIRA: It's the only weapon I have.

JOE ORTON: What about him, does he like your "cooking," for want of a better word?

ELVIRA: Yes or no?

JOE ORTON: You know perfectly well I have higher aims. As for the money…

ELVIRA: A new shirt would hardly endanger your aims. I have decided not to patch up your old ones anymore.

JOE ORTON: I have nothing against doing him a favour now and then. I just don't want to be employed in the sense that I would have to do what he tells me to do.

ELVIRA: I know that's the usual attitude to work in this country, but Mr. Mayerhold has spent many years in the desert and is rather old-fashioned in his expectations.

JOE ORTON: This man is dangerous, Elvira! He never stops bringing God knows what stuff in that banger of his, and he never stops plotting and scheming!

ELVIRA: Mr. Mayerhold is a decisive and upright man capable of changing our lives.

JOE ORTON: Whether we like it or not.

ELVIRA: Thank God there are still men in this world who know what they want and waste no time in achieving their goals!

JOE ORTON: A flattering description of someone whose goal is to grow cucumbers, turnips and cabbage.

ELVIRA: The garden is his, he's rented it. It's not my business what he does there.

JOE ORTON: But what you do in your bedroom is my business. Obviously that fascist has already annexed it.

ELVIRA (*failing to hide her disappointment*): Not only hasn't he done so, but I get the feeling he doesn't even think about it.

JOE ORTON: Perhaps he is used to dealing with women who also have brains in addition to a good pair of tits.

ELVIRA: I've heard that women like that exist, and I'm sorry not to be one of them. But that hasn't encouraged you to avoid my bed. Maybe because you too are not endowed with brains.

JOE ORTON: Your bedroom was my Riviera. That's where I went for holiday every night.

ELVIRA: As of now you'll need a visa. And you won't get one until you sign an employment contract with Mr. Mayerhold.

(*They look at each other. Joe Orton approaches Elvira and embraces her.*)

JOE ORTON: Where do you want me to sign? Here?

(He puts his right hand on her left breast and squeezes.)

ELVIRA: I'm too generous – that's my problem.

(They kiss.)

(Blackout.)

Scene Five

MAYERHOLD enters from the corridor and stands by the window. Suddenly, he opens it and leans out.

MAYERHOLD: How many times have you watered the outer ring?
JOE ORTON *(under the window)*: I don't remember.
MAYERHOLD: Ask yourself.
JOE ORTON: Can't disturb myself during rest.
MAYERHOLD: Get up and carry on with the work or I'm going to halve your wage.
JOE ORTON: I'm not doing this for the money! I'm doing this to please Elvira. As for you, why don't you turn into one of your pumpkins?
MAYERHOLD: I'll ask her to stop cooking for you.
JOE ORTON: Well, that's that, as far as I'm concerned.

(We hear the sound of a tin bucket hitting the ground. ELVIRA brings a tray with a pot of tea and two cups. She starts to pour.)

MAYERHOLD: He refuses to work. Talk to him.
ELVIRA: Why me?
MAYERHOLD: You hired him.
ELVIRA: I asked him to do me a favour because I wanted to do *you* a favor!
MAYERHOLD: Only you can convince him.
ELVIRA: If you knew what price I'm paying for his obedience you wouldn't force me to beg him again.
MAYERHOLD: Allow me to explain... *(With visible effort, MAYERHOLD produces a smile and leads her to the sofa. ELVIRA responds warmly, full of hope. They*

sit down together She takes hold of his hand, which he carefully withdraws.) Are you aware of the nature of reality in which we're forced to live?

ELVIRA: Not very well. If you're forced to live in it, you never find the time to look at it from the outside.

MAYERHOLD: What I want to say is we are all levers in a complicated mechanism. Each of us depends on the lever above, which has command of the lever below.

(ELVIRA, *who isn't listening, offers him a cup of tea.*)

ELVIRA: Green tea, good for health.

(*MAYERHOLD takes a sip and puts the cup back on the tray.*)

MAYERHOLD: Tell me, Elvira: why did you blackmail this slob into accepting my offer?

ELVIRA: He's not a slob, he's an artist, and he had an unhappy childhood –

MAYERHOLD: Why, Elvira?

ELVIRA: He needs the money.

MAYERHOLD: The truth, Elvira.

ELVIRA (*jumps to her feet*): Why are you doing this? Why... why are you...? I've never been lucky with men. I've always been attracted to the wrong type. But you... you're the first in my life who... who is different... you're so...

(*Not very convincingly, she pretends to cry. MAYERHOLD rises and looks at her.*)

MAYERHOLD: Elvira... (*She stops "crying" and looks at him.*) Go and tell the boy to carry on watering.

ELVIRA: Will you then respect me a little more? Will you like me? At least a little?

MAYERHOLD: I don't know what that means. These words of yours. Can't you be more specific? You can raise my rent. Ten percent?

ELVIRA: Ten percent of love isn't enough for me. (*She wipes her eyes and leaves.*)

(*Blackout.*)

COMEDY ABOUT THE END OF THE WORLD

Scene Six

In the darkness, we listen to a radio report: ... according to the latest reports we will run out of oil much sooner than predicted by the experts of the International Energy Agency. According to the official report, the world should reach the maximum production of 120 million barrels a day by 2030, after which the production would go into a rapid decline. Fearing worldwide panic, the agency kept the real facts to itself. But soon we will be facing a much more serious shortage: water. Forty percent of the world's population are already feeling its effects. In fifty years' time lack of water will affect three billion people...

During the report, lights gradually reveal the stage. MAYERHOLD *is standing at the window, looking at the garden.* JOE ORTON *enters from the corridor and goes behind the fence towards his door. He stops, turns, walks back to the radio and switches it off. Then he looks at* MAYERHOLD.

MAYERHOLD: Blah blah blah?
JOE ORTON: I'd like to make a proposal.
MAYERHOLD: Neighbour to neighbour?
JOE ORTON: Businessman to businessman.
MAYERHOLD: I'm not a businessman.
JOE ORTON: Then why do you grow ten kinds of vegetables? You want to sell them and make a profit. You rented a room for a pittance and got a huge garden in the bargain. How clever! I bet everything down there is genetically modified.
MAYERHOLD: Really?
JOE ORTON: I bet you're carrying out illegal experiments. That's why you chose a place most people would find only by chance, if at all. If I hadn't any moral qualms I'd report you.
MAYERHOLD: That would be a serious mistake.
JOE ORTON: No more so than you refusing my proposal.
MAYERHOLD: Which is?
JOE ORTON: I've noticed that among the circles of your plants, between cabbage and turnip, and turnip and cauliflower, and so on, there is still space.
MAYERHOLD: It's required for the plants to grow unhindered.
JOE ORTON: They can do that even we plant marijuana in that space.
MAYERHOLD (*pause*): Marijuana.

JOE ORTON: We can split the profits. Fifty-fifty. More than generous. Especially as I would water and hoe the garden for free.
MAYERHOLD: This is your proposal?
JOE ORTON: More of an offer, really.
MAYERHOLD: People your age sail around the world and manage to get their names in the Guinness Book of Records.
JOE ORTON: People *your* age make millions on Wall Street and hope they won't end up in prison.
MAYERHOLD: What are you trying to tell me?
JOE ORTON: What are *you* trying to tell *me*?
MAYERHOLD: I know you smoke pot. I know you keep the stuff under your bed. I know you sell things far worse than marijuana.

(JOE ORTON *grabs* MAYERHOLD *by the lapels of his jacket.* MAYERHOLD *slams his knee into Orton's crotch.* JOE ORTON *bends over with pain.*)

JOE ORTON: Who gave you the right to poke around in my room?
MAYERHOLD: I did. In the interest of the project I have to protect.
JOE ORTON: I'm going to trample your project to the ground!
MAYERHOLD: And who gave *you* the right to go through *my* things?
JOE ORTON: It wasn't me, it was Elvira. She has every right to know what sort of madman she has taken under her roof. All right, I was the one who rummaged among your things, but only because she asked me to. We all have the right to protect ourselves, not only you. It's not my fault the world has become what it is.
MAYERHOLD: The world has become what it is because of people like you.
JOE ORTON: Oh yeah? And people like you are going to save it, I suppose.
MAYERHOLD: Precisely so.
JOE ORTON: Who would have thought! A decrepit house on the outskirts of a godforsaken town, where an ageing nymphomaniac and a college dropout who peddles drugs to make ends meet, vegetate in the hope that sooner or later things will improve, has been visited by a Saviour! Woohoo!

(MAYERHOLD *slaps his face.*)

JOE ORTON: Right. I'll stop talking about your garden and you'll be quiet about my marijuana.

MAYERHOLD: Never in my life have I passed secrets to the police.
JOE ORTON: You mean it's possible to survive without doing that? Good news.
MAYERHOLD: This cynicism of yours, the easiest way out for your generation, is a sign of unbelievable intellectual sloth.
JOE ORTON: No doubt.
MAYERHOLD: "It's not my fault that humanity is on the brink of extinction. Let those who have made the world what it is try to save it. Why should *I* care?"
JOE ORTON: You mean I *should* care about this world? No way. I prefer to surrender my life to fate. I want to be the first piece of dirt that washes away when the sea levels rise high enough.
MAYERHOLD: Good idea. But you will continue to water the garden tomorrow.
JOE ORTON: I'll do it now.

(*He leaves.* MAYERHOLD *sits on the sofa and reaches for a book.* ELVIRA *enters from the corridor.* MAYERHOLD *looks at her.*)

ELVIRA: I'd like to complain a bit, if I may.
MAYERHOLD: You as well?
ELVIRA: In the two moths you've been here you haven't once asked me how I feel.
MAYERHOLD: It's too dangerous to take any interest in how other people feel.
ELVIRA: I didn't know I was other people.

(*She sits next to him on the sofa.* MAYERHOLD *rises and moves away.*)

MAYERHOLD: Perhaps I *am* a little distant, but that's closely connected with the importance of the project I've set up.
ELVIRA: Growing cabbages and cucumbers.
MAYERHOLD: What about broccoli, potatoes, cauliflower, zucchini, onions, garlic, runner beans? Peppers, tomatoes?

(ELVIRA *rises, goes to the window, looks out.*)

ELVIRA: You have surrounded the house with ten rings of vegetables. Ten perfect rings, ten trenches, ten walls. You've imprisoned us in the house and forced us to serve and work for you. You've locked us in your project, made us a part of it, but not really, because we're not allowed to ask any questions or know anything. We are expected to stay outside, especially me. Why else would you push me away as if I had an infectious disease?

(*Brief silence.*)

MAYERHOLD: What do you want from me?

ELVIRA: A little understanding.

MAYERHOLD: Women have an exceptional gift for turning banalities into romantic stories. What you're trying to get me into is nothing more and nothing less than… than…

ELVIRA: What?

MAYERHOLD: Sex.

ELVIRA: Oh! … Are you telling me you're a virgin?

MAYERHOLD: I have no objection to amending our business contract to include such transactions as well. As long as everything remains emotionless and strictly within the bounds of reason. Nothing beats the scientific approach.

ELVIRA (*walks to the door*): There'll be chicken broth for dinner. I know you don't like it but I've run out of ideas.

MAYERHOLD (*waves a hand*): Anything… Anything.

ELVIRA (*at the door*): Next week I can cook some cabbage. Those heads out there are just about ready.

MAYERHOLD (*horrified*): What are you saying?!

ELVIRA: Cabbage stew is one of the things I do best. You'll like it.

MAYERHOLD: Cabbage from the garden?

ELVIRA: Why not? Are those cabbages sacred or what?

MAYERHOLD: I forbid you to touch them.

ELVIRA: Oh, for God's sake, you sound as if… Alright. No problem. If you want to sell them, every one of them –

MAYERHOLD: Who says I want to sell them?

ELVIRA: What else can you do with cabbage?

MAYERHOLD: I'm at a loss for words.

ELVIRA: You can eat it or sell it. Or let it rot.

MAYERHOLD: Must you really put everything in your mouth?

ELVIRA: Not everything.

MAYERHOLD: Don't you know what we are facing?

ELVIRA (*stops in front of the mirror by the door*): Old age? Wrinkles? Sagging skin? Regret for the opportunities that we missed? (*Looks at him.*) Or turned down?

(*For a while they look at each other. There is a knock at the door.* KONJEVIČ *enters.*)

KONJEVIČ: I'm sorry, but the boy sent me right up.

ELVIRA: Who are you?
KONJEVIČ: Konjevič. City Water Authority. Can you direct me to your meter?

(ELVIRA *and* MAYERHOLD *exchange glances.*)

ELVIRA: I don't understand. Why should the City Water Authority be interested in my meter?
KONJEVIČ: The good old days are long gone, ma'am. It's true that last week a flash flood washed away half a village not far from here, but that's not the same water the city authorities are charging you. Water may be leaking into the ground for no justifiable purpose.
ELVIRA: We should have been notified of any restrictions.
KONJEVIČ: The city authorities have no time to notify people of what they expect of them. Do the police notify you of the radar they have set up in the bushes behind the corner?
ELVIRA: I don't drive, so I don't expect that.
KONJEVIČ: Madam, no authority behaves reasonably, so you must forgive me if I don't behave reasonably either. It is, after all, my duty. I can't let my employer down. These days good jobs, and even bad ones, don't hang in the trees like pears ready for plucking.
ELVIRA: I don't think I have a meter. I can't remember seeing one.
KONJEVIČ: I haven't come to check your memory, ma'am. I've come to check how much water you've used in the last six months. If you can't lead me to the meter, I'll have to guess where it might be, and so, on a hunch, I dare say it's behind that door.

(*Points at the door of Joe Orton's room.*)

ELVIRA: In the pantry? You can't be serious.
KONJEVIČ: Ma'am, if I told you the unusual places where people install water meters, you wouldn't believe me. Are you sure it isn't there? Under the bed, maybe?
ELVIRA: What would a bed do in the pantry?
KONJEVIČ: Oh, if I gave you a list of objects people cram into their pantries, you'd say I was ripe for the mental ward. May I look?
ELVIRA: The door is locked.
KONJEVIČ: May I ask why you lock the door to your pantry?
ELVIRA: I have lodgers in the house. You know you can't trust anyone these days. I can't even vouch for myself, that I'm capable of being honest.

KONJEVIĆ: A sensible attitude. The key is in your possession, I take it?

ELVIRA: It must be somewhere in the house. But I haven't the faintest idea where.

KONJEVIĆ: You don't know where the meter is, and you can't find the key. A less gullible man in my place would suspect that you are trying to prevent a city official from carrying out his work.

ELVIRA: I'm the most sincere woman for miles around. Even Mr. Mayerhold can confirm that.

KONJEVIĆ (*for the first time since his arrival looks at MAYERHOLD*): Mayerhold?

MAYERHOLD: Why don't you look for the water meter where you have the best chance of finding it? On the ground floor? Next to the main door?

KONJEVIĆ: Sooner or later I would have to check the pantry as well. And since I'm already here I'd like to save myself another climb up the stairs. It's quite an effort for me. I suffer from a heart problem.

MAYERHOLD: I personally assure you that the meter is not in the pantry.

KONJEVIĆ (*ignoring him*): Will you bring the key, ma'am?

(ELVIRA *hesitates. She goes to the door, then turns.*)

ELVIRA: And what will you do when you find the meter?

KONJEVIĆ: If it turns out that it hasn't been tampered with, I'll make a note of the appropriate numbers and you'll get a bill. If I discover irregularities, I'm duty-bound to use my discretion. Then we can start negotiating.

ELVIRA: Why wait for the meter, why not negotiate about the key? What do you want?

KONJEVIĆ: This could be taken as an attempt to bribe an official person.

ELVIRA: I'm only asking what you want to drink while waiting for me to find the key to the room where there is no meter. Coffee or tea?

KONJEVIĆ: Neither, actually. I will engage this gentleman in a philosophical debate and the time will pass as if in a hurry to escape its own clutches.

ELVIRA (*looks at her reflection in the mirror*): Well said. That's how the time passes. (*Exits.*)

Scene Seven

KONJEVIĆ *paces up and down, looks at the room from all sides, pauses by the window, looks out.*

KONJEVIĆ: A man gets really hungry, seeing all that. Especially cucumbers. They're huuuuuge! And incredibly juicy.

MAYERHOLD: Are you a vegetarian?

KONJEVIĆ: As a conscientious servant of the city authorities I can't afford to stray too far from normality. Wiener Schnitzel is my favourite dish.

MAYERHOLD: Very unhealthy, like most of the things connected with the city authorities.

KONJEVIĆ: Even civil servants are only victims of capricious powers, especially since we are also their executive organ. That's why occasionally we have to act according to our better judgment, rather than follow official instructions. Let that remain between you and me.

MAYERHOLD: Regarding the use of water...

KONJEVIĆ: Don't worry about that, Mr. Ebenšpanger. We will find a solution. You to me, I to you, and everyone will be happy and grateful.

MAYERHOLD: Mayerhold, not Ebenšpanger.

KONJEVIĆ: Are you sure?

MAYERHOLD: Why did you call me Ebenšpanger?

KONJEVIĆ: Probably because you resemble a man called Ebenšpanger. Or who may have been called that until recently. After being called Robnik. And before that Konjevič.

MAYERHOLD: You said *you* were Konjevič.

KONJEVIĆ: That's what I said? Complete confusion. Result of the minor stroke I suffered recently. In fact my name is Novak.

MAYERHOLD: And you really are from the City Water Authority?

KONJEVIĆ: I never make a mistake about that. I merely lie about it if the circumstances call for it. I only get the names mixed up.

MAYERHOLD: Mr. Novak, then.

KONJEVIĆ: You can go on calling me Konjevič, otherwise the confusion may get even worse. Let's say that today I'm Konjevič, tomorrow Novak, and then again something else. Why not keep everything simple?

MAYERHOLD: And who is Ebenšpanger, whom you say I resemble?

KONJEVIĆ: An interesting fellow. He invented a theory about the circular flow of money on the global level. A kind of financial system of chain letters that would make all currencies convertible and enable all countries, even the poorest ones, to achieve a phenomenal economic growth without borrowing money. A kind of monetary *perpetuum mobile*.

MAYERHOLD: Not a bad idea.

KONJEVIČ: A work of genius. Unfortunately, as it often happens, it remained a theory. You know politicians. (*Looks out at the garden.*) Those cabbages! And broccoli! Organically produced? Genetically modified? Science is science, no two ways about it.
MAYERHOLD: And what else has this… Ebenšpanger done?
KONJEVIČ: Don't you know?
MAYERHOLD: How could I?
KONJEVIČ: For some time he was well-known. Mostly because everyone laughed at his theories. I still have a pile of newspaper clippings at home.
MAYERHOLD: You collected clippings about his work?
KONJEVIČ: I was young. You know what we're like in the first quarter of life. We get excited about new ideas no matter how crazy they are. Later, in middle age, as we call the decay that only those who die young can avoid, we're gripped by paranoia. So we settle for a compromise that puts a steak on our dining table at least once a week.
MAYERHOLD: And become City Water Authority inspectors.
KONJEVIČ: For example.
MAYERHOLD: If you really are that, you're exceptionally well-educated.
KONJEVIČ: I love reading. And I cut out everything I might find useful one day. About Ebenšpanger, for example, I've been collecting data for years.
MAYERHOLD: Why?
KONJEVIČ: So I'm ready. In case the man surfaces under a different name. With a new project.
MAYERHOLD: Ready in what sense?
KONJEVIČ: Ready to join him.
MAYERHOLD: Why?
KONJEVIČ (*confidentially*): Just between you and me, as an inspector for the City Water Authority, I have been deprived of so many things that I keep telling myself, "Life must be more than this! One has to become a man of action, risk everything, sacrifice oneself for noble ideas. Serve mankind."
MAYERHOLD: No longer one's country?
KONJEVIČ: Where have you been for the last ten years? It's mankind that's in fashion now – whether it will survive the next fifty years.
MAYERHOLD: And what do you think? Will it?
KONJEVIČ: That is the reason I'd like to meet Mr. Ebenšpanger. Alias Robnik. I've been on his trail for years, but he is slippery, as slippery as an eel.
MAYERHOLD: Is he trying to run away from someone?
KONJEVIČ: Yes! People who can't or won't understand him.

MAYERHOLD: I'm surprised he still bothers to carry on with his plans.

KONJEVIĆ: Not only that, many people feel he's gone overboard. He has invented a number of ways to remove greenhouse gasses from the atmosphere. Pure genius, if you ask me. Global reforestation of deserts by shooting seedlings into the ground from overflying aircraft. Forests, as you know, absorb carbon dioxide and turn it into oxygen.

MAYERHOLD: I know.

KONJEVIĆ: But what an idea! And not the only one. Plankton, too, as you know, absorbs carbon dioxide. This gentleman with a dozen different names has invented a way to increase the volume of plankton in the world's oceans by a factor of ten. Which would stop the greenhouse effect in its tracks. Although it would also kill most of the remaining fish.

MAYERHOLD: Better the lesser evil.

KONJEVIĆ: I'm glad you think along the lines of Mr. Ebenšpanger Robnik Vehovar. Who also invented plastic covers for glaciers. Which would retract sunrays and prevent glaciers from melting. Just think of the originality of this idea, Mr. Ebenšpanger!

MAYERHOLD: Mayerhold.

KONJEVIĆ: Of course, I apologize. But the similarity is really uncanny. Are you sure you haven't got a twin brother?

MAYERHOLD: Why does this gentleman keep changing his name?

KONJEVIĆ: To avoid his creditors. He had many sponsors. When his projects collapsed, they all demanded their money back. Finally, with debts in every part of the world, the only solution was to disappear in a desert.

MAYERHOLD: Really?

KONJEVIĆ: I found the news about it in the tabloids I read every day. For practical reasons, of course, not because I need additional education. I decided to look for him. Not only to look for him, but to find him.

MAYERHOLD: And did you?

KONJEVIĆ: Without a problem. Unfortunately, they wouldn't let me speak to him in person.

MAYERHOLD: Who wouldn't?

KONJEVIĆ: Psychiatrists. The desert turned out to be the municipal madhouse, if I may use a politically incorrect term. That's where our genius ended up.

MAYERHOLD: With what diagnosis?

KONJEVIĆ: Ecological paranoia. Imagine that. And apparently he isn't the only one suffering from this new form of mental illness. Which is all the more unusual because not long ago Discovery TV featured all his inventions, describing them in great detail, together with the names of investors who want to back their implementation.

MAYERHOLD: This world is mad.

KONJEVIČ: I have nothing to add.

MAYERHOLD: Every honest man should be glad it isn't going to last much longer.

KONJEVIČ: Precisely. On the other hand…

MAYERHOLD: Yes. There is always the other hand.

KONJEVIČ: Our mental patient escaped from the madhouse and started a new project. God knows what, God knows where.

MAYERHOLD: How did he manage to escape?

KONJEVIČ: He dressed up as a doctor, waved good-bye to everyone, and drove off in the director's Jaguar. Everybody waved back at him. The question is who is really mad – the fugitive, or those who were supposed to cure him?

MAYERHOLD: Is he dangerous?

KONJEVIČ: He hasn't shown any violent tendencies. But you know how it is. Some additional pressure, a tiny thing going overboard, and even the gentlest of men may grab the gun.

MAYERHOLD: They are probably looking for him.

KONJEVIČ: Who?

MAYERHOLD: The police.

KONJEVIČ: The police have more important tasks than to pursue an escaped lunatic. They must catch drivers who go five kilometres an hour over the speed limit.

MAYERHOLD: So you're the only one on his trail, as you put it.

KONJEVIČ: Is that what I said?

MAYERHOLD: To join him, you said.

KONJEVIČ: Oh dear! What would a genius do with a City Water Authority inspector? Because of the boring nature of my work I do indeed give in to daydreaming once in a while. Perfectly normal, don't you think? It's also true that this gentleman fascinates me, even obsesses me. And one day we shall meet. No doubt about that.

MAYERHOLD: And then?

(ELVIRA *enters.*)

ELVIRA: I'm sorry, but I can't find the key. You'll have to break down the door. If you don't find the water meter, I'll call the police and have you charged with breaking and entering. I'll sue for damages. The city is rolling in money it stole from the poor under the guise of taxes, so I'll demand a million.

KONJEVIČ: My dear lady, I would love to break into your pantry, if only to see who lives behind that door. Unfortunately (*he consults his watch*) my work shift ended a minute ago. So I wouldn't be breaking in as a city official, but as a private citizen. That is punishable by law. But this matter is far from over. I will be back. (*He bows.*) Mr. Ebenšpanger...

(*He turns to Elvira and bows even more ceremoniously.*) Madam... (*He leaves.*)

ELVIRA: What a gentleman.
MAYERHOLD: A complete lunatic.
ELVIRA: He must be. Why else would he call you Ebenšpanger?

(*She looks at him.*)

(*Blackout.*)

Act Two

Scene Eight

MAYERHOLD *is sitting in the armchair with his drawing board, sketching. The coffee table is covered with old newspapers.* ELVIRA *is putting peppers into glass jars. Two are already filled, she is about to close the third. Next in line are tomatoes.*

But first, in the darkness, we listen to a radio report: ... it is a fact that professions are disappearing and will soon be as obsolete as medieval feuds. In the near future most of the work will be done by machines. We shall depend on them in the same way our distant ancestors depended on wild animals. Most of the workforce is already superfluous. What has developed is a surrogate economy of psychotherapy, designer religions and spiritual boutiques whose only aim is to entertain the masses that have nothing to do. In its shadow stands the industry of drugs and sexual services. It seems that already one half of the world's population lives to entertain the other half..."

During the report, lights slowly reveal the stage.

    ELVIRA *rises and switches off radio.*

ELVIRA: I'm glad I'm not yet superfluous as a workforce. (*Loudly.*) Joe, come and take these jars of peppers down to the pantry. The real pantry.
JOE ORTON (*comes out of his room, bristling*): Where is my grass?
ELVIRA (*with a quick glance at* MAYERHOLD): Down in the garden, although there isn't much of it left. Don't tell me you're taking grass to your room.
JOE ORTON: Don't try to act like you're even more brainless than you appear to be.

45

ELVIRA: What will Mr. Mayerhold think of *your* brains when he realizes you've pulled out grass from the garden and taken it to your room to dry?

JOE ORTON: (*picks up one of the jars*): What will Mr. Mayerhold think of his own brains when I smash a jar of his eco-paprika on his head?

ELVIRA: Joe Orton, your visa has just run out, and your application for a new one will be denied.

(JOE ORTON *keeps holding the jar over Mayerhold's head.* MAYERHOLD, *not in the least perturbed, continues sketching.* JOE ORTON *puts the jar back on the coffee table.*)

JOE ORTON: He took it, didn't he? The one from the City Water Authority.

ELVIRA: Is this from the play you're writing?

JOE ORTON: *He* went through everything in the house. Not because he wanted to find the meter, far from it. I could see from seven miles away he was a cop.

ELVIRA: Mr. Konjevič never even entered your room. He did, however, promise, that he'll be back.

JOE ORTON: And in the meantime Mr. Mayerhold did his duty and reported me. (*Leans over MAYERHOLD.*) Right?

ELVIRA: Don't forget that you're talking to your employer.

JOE ORTON: Ex-employer. I've just given notice.

(*MAYERHOLD rises, puts the drawing board and the pencil on the seat, goes down on his knees, reaches past Elvira's feet under the sofa and pulls out a brown box. Blows dust off its cover and hands it to* JOE ORTON. JOE *removes the cover, looks inside and replaces the cover.*)

JOE ORTON: How did this box get under the sofa?

MAYERHOLD: I put it there.

JOE ORTON: Why?

MAYERHOLD: Because I knew that sooner or later someone would come sniffing around the house. I didn't want the box to be found in your room.

ELVIRA: Thank Mr. Mayerhold for protecting you.

JOE ORTON (*confused*): I don't know what to say.

ELVIRA: How about thank you? But, of course, you're out of practice.

JOE ORTON: Why did you do this?

MAYERHOLD: For selfish reasons. I didn't want to remain without an assistant.

JOE ORTON: Then there is no need to say thank you.

ELVIRA (*rises*): *I* decide what you're going to say. And if you fancy another holiday on the Riviera, from where you always return refreshed and satisfied with the world regardless of its sorry state, you will offer your hand to Mr. Mayerhold and say, "Thank you, Mr. Mayerhold. Thank you for saving me from months behind bars, maybe even worse."

JOE ORTON: I'll say nothing of the kind.

ELVIRA: Then you'll have to say, "Good-bye, Elvira, and thank you for being kind to me until I proved to you that your kindness is something I don't deserve."

JOE ORTON: I'll put the box back under the sofa; that's the safest place for it.

(*He goes down on his knees.*)

ELVIRA: Joe Orton!

JOE ORTON (*straightens up*): Thank you, Mr. Mayerhold, for taking care of the stuff I have to peddle in the back streets of the city so I can pay the rent every month!

ELVIRA: Food and lodging are not among the things that are free in this house. If the arrangement doesn't suit you, you can always leave. Mr. Mayerhold and I will survive.

MAYERHOLD: Give me the box. I'll put it back.

JOE ORTON: I can do it myself.

(*He goes down on his knees to push the box under the sofa. His attention is caught by something further inside. He puts the box on the floor, reaches deep under the sofa and pulls out a rifle. He rises and weighs it in his hands.*)

ELVIRA: Oh Jesus! Who gave you permission to bring this thing into the house? Surely not you, Mr. Mayerhold?

MAYERHOLD: Give me the gun, Joe.

JOE ORTON: Such a beautiful toy *begs* to be played with. I doubt its owner has a license. And if he doesn't, the gun belongs to all of us.

ELVIRA: Joe, give the gun back to Mr. Mayerhold.

JOE ORTON: Open the window, Elvira.

(ELVIRA *looks at* MAYERHOLD, *who nods. She opens the window and quickly steps aside.* JOE ORTON *approaches the window and aims the gun at something outside.*)

ELVIRA: Joe, we have enough troubles as it is.
JOE ORTON: At what should I aim? Cauliflower? Pumpkin? Or should I shatter a head of cabbage? No, a tomato! So it'll look bloody, not only butchered.

(*He presses the trigger. We hear a click.* JOE, *surprised, presses the trigger once more. Another click.* MAYERHOLD, *in the meantime, has pulled a revolver from his trouser pocket and is aiming it at* JOE ORTON. JOE *turns and stares at the revolver.*)

MAYERHOLD: May I have that?

(JOE ORTON *hands him the rifle without a word.* MAYERHOLD *pushes it back under the sofa. He rises, still aiming the revolver at* JOE.)

ELVIRA: I knew something would go wrong. I had a horrible nightmare.
MAYERHOLD: Promise you won't touch the gun anymore.
JOE ORTON: Elvira, you've let the room to a gangster!
ELVIRA: Mr. Mayerhold is a man of kind disposition who is trying to secure our future.
MAYERHOLD: Raise your hand and say, "I swear I won't touch the gun anymore."
ELVIRA: Joe, it's thanks to Mr. Mayerhold you're not yet in jail.
JOE ORTON: It's him who'll be there if he doesn't stop threatening me.

Scene Nine

There is a noise in the back.

KONJEVIČ (*in the corridor*): Hello... Where are you? (*He enters a second after* MAYERHOLD *stashes the revolver back in his pocket.*) I thought I'd find you in the garden, all three of you, watering your prolific plants.
ELVIRA: The pantry is open. You can check it.
KONJEVIČ: Thank you, ma'am, I've already done so. On the ground floor, in the newly built lean-to, where you intend to keep the vegetables from the garden, in tightly closed jars, for rainy days, am I right?
ELVIRA: Surely we are entitled to winter supplies.
KONJEVIČ: Of course. One can never be too careful. Soon we may run out of fuel for transport, shelves in the supermarkets will remain empty, there will be

general panic. But you'll be fine. Safe in your little fortress, you'll be sucking your pickled cucumbers and waiting for the evening, when you'll be able to stuff yourself with juicy cabbage stew.

ELVIRA: And what's wrong with that?

KONJEVIČ: Nothing at all. But it hasn't escaped my notice that the garden is now surrounded by a three-metre-high fence. With a locked iron gate. I had to climb over it to reach you. You're prepared for a siege.

ELVIRA: What's that got to do with the City Water Authority?

KONJEVIČ: I don't work for them anymore. I was fired. They didn't even bother to tell me why.

ELVIRA: And now?

KONJEVIČ: Fortunately, the city police took pity on me. You know they welcome anything that comes crawling in.

ELVIRA: So you are what? A policeman?

KONJEVIČ: Special Investigations Division. Connected with cases that might endanger state security.

ELVIRA: Then I don't understand why you've come back. We're the ones who are endangered, *by* the state.

KONJEVIČ: I've come back for personal reasons. Something's been bothering me, and I'd like to get to the bottom of it. (*Looks at MAYERHOLD.*)

JOE ORTON: And what would that be?

KONJEVIČ: I'd like to find out which way the wind blows. So I can turn in the right direction. We live in a time when only opportunism still has any value.

JOE ORTON: Has it ever been any different?

KONJEVIČ: Oh, you're still young and don't know. But we had ideals, hadn't we, Mr. Konjevič? We believed in progress.

ELVIRA: That's Mr. Mayerhold. You are Konjevič.

KONJEVIČ: My name is Novak, ma'am. I don't remember introducing myself as Konjevič. Although that's not impossible. But I'm employed by the police as Novak. You can phone the director and ask him. And this, of course, is Mr. Ebenšpanger, I really have no idea why I addressed him as Konjevič.

ELVIRA: He's Mr. Mayerhold.

KONJEVIČ: Really? Well, you should know, a wife should be familiar with the surname of her husband, isn't that so, Mrs. Mayerhold?

ELVIRA: Mr. Mayerhold is my lodger.

KONJEVIČ: And whose is the garden?

ELVIRA: Mine. But it is part of a rental agreement, and everything that grows there belongs to Mr. Mayerhold.

KONJEVIČ: Including the tomatoes in these jars?

ELVIRA: Even the jars belong to him. He bought them.

KONJEVIČ: Mr. Mayerhold must be very well off. He is also a man of brilliant ideas. You are blessed, being able to enjoy his protection. You'll never go hungry. The only question is have you become self-sufficient too early or too late.

ELVIRA: I don't understand.

KONJEVIČ: An optimist would never exclude himself from the society, find two hostages – taking land from one and blackmailing the other into a slave labour relationship – let alone surround himself with a high fence as if the Turks were only a day's ride away.

JOE ORTON: And what would a pessimist do?

KONJEVIČ: He would conclude that salvation, if anyone bothered to look for it, would in any case come too late. He would rent or buy a piece of land, plant the basics required for survival, and he would surround the land with a high fence, possibly an electric one.

ELVIRA: We're too poor to afford an electric fence.

KONJEVIČ: Don't you read the newspapers? You have some on the table.

ELVIRA: They are five years old.

KONJEVIČ: People in America are leaving the large cities in ever increasing numbers. The imminent lack of food and water will hit the cities harder and claim its first victims there. People are moving to remote areas, building simple huts and taking up basic farming in the hope that the hungry millions, when they leave the cities in search of food, won't find them the very first day.

ELVIRA: Americans are known to panic at the first sign of trouble.

KONJEVIČ: Gun shops are registering huge increases in profits. People know they have to defend their survival plots. Possessing guns in America is legal, of course. But I'm not sure if it's legal here. In fact, it isn't. As you probably know. That's why guns can't just hang on a hook by the door here. They have to be hidden away in wardrobes. Or, even better, under the bed. Or, in your case, under the sofa.

(*He makes a step towards the sofa.* MAYERHOLD *pulls out his revolver, aims it at* KONJEVIČ *and motions to* JOE ORTON, *who goes down on his knees, pulls out the rifle and points it at* KONJEVIČ.)

ELVIRA: I think I'm going to faint.

KONJEVIČ: Congratulations, Mr. Ebenšpanger.

MAYERHOLD: Sit down, Mr. Novak. Not on the sofa, in the armchair. You never know. A bomb may be hidden under the sofa as well.

KONJEVIČ (*sits in the armchair*): We can come to a friendly agreement without threats, Mr. Vehovar.

MAYERHOLD: That's what I had in mind. Of course, I count on your cooperation.

KONJEVIČ: If that excludes watering the garden, we are half done.

MAYERHOLD: A glass of wine, perhaps? Whisky? Green tea?

KONJEVIČ: That could have inconvenient consequences for my ailing heart.

MAYERHOLD: As you wish.

KONJEVIČ: I would, however, like to smoke some of that weed you're hiding in the green box under the sofa. I can see it quite clearly from here. The last person smoking didn't push it back far enough. Careless, I must say. I warned you I'd be back.

MAYERHOLD: You said that as an employee of the City Water Authority, not as a policeman concerned with state security.

KONJEVIČ: We live in a time when a man never knows for sure who he is working for and what his duties are.

MAYERHOLD: Joe, put the gun down and roll a joint for our visitor.

JOE ORTON: I can't give him my best grass! Not unless he pays for it. Not even Elvira gets it for free.

MAYERHOLD: But she is paying in kind, which you probably don't expect from Mr. Novak.

JOE ORTON: That's the reason he can't have it for free.

MAYERHOLD: Mr. Novak is our guest.

JOE ORTON: Ohhhrrr ...

(*He puts the gun on the sofa, pulls out the box, removes the cover and starts rolling a joint.*)

ELVIRA: Would Mr. Novak appreciate a professional shoulder massage?

KONJEVIČ: Since I am here, and you are all being so kind to me, my shoulders probably wouldn't object to gentle kneading by a pair of experienced hands. As long as no one gets jealous because of it!

ELVIRA: In this house we have said good-bye to immature feelings. Except for Mr. Orton, but he too must learn to live in the real world.

(*ELVIRA moves behind the armchair and starts massaging Konjevič's shoulders.*)

KONJEVIČ: Ahhhh... You should open a massage parlour.
ELVIRA: That's all behind me, Mr. Novak. A sensible woman knows when it's time to leave the game.
KONJEVIČ: The rhythm of your kneading tells me we have met before.
ELVIRA: That wouldn't surprise me. We all know each other, one way or another, don't we? The world is much smaller than we think.
KONJEVIČ: I have always wanted to meet a woman capable of uttering, even inadvertently, something so clever.
ELVIRA: You're too kind, Mr. Konjevič.
KONJEVIČ: Novak.

(JOE *has prepared a joint. He offers it to* KONJEVIČ *who puts it in his mouth and waits for someone to light it.* JOE *pulls a lighter from his pocket and does so.* KONJEVIČ *draws the smoke deeply into his lungs.*)

JOE ORTON: Real pleasure, watching a cop smoking pot. Where is your camera, Elvira? You never know when this sort of evidence may come in handy.
KONJEVIČ: I'm not very photogenic.
MAYERHOLD: Right. I must bring the fun to an end and steer our conversation away from the essential towards the peripheral and unimportant. Joe, take the gun. If Mr. Novak makes any suspicious move, shoot him in the knee.
JOE ORTON (*takes the gun and aims it at* KONJEVIČ): I can't aim very well, so I'll just shoot. It's up to God to decide whether the bullet is going to end up in his knee or heart.
ELVIRA: Mr. Novak, would you like me to continue with the massage, or would you like to concentrate on smoking?

(KONJEVIČ *begins to cough as if on the verge of suffocating.* ELVIRA *pounds him on the back with her fist.*)

JOE ORTON: Should I take that as a suspicious move? (*Raises the gun.*)
ELVIRA: He's just coughing, Joe. Keep your itchy fingers under control. We must find out who Mr. Novak is and what he wants first.

(MAYERHOLD *moves behind the armchair, pushes* ELVIRA *aside and delivers a heavy blow to Konjevič's back.* KONJEVIČ *stops coughing, leans back and sits still with eyes closed.*)

ELVIRA: Mr. Novak? (*Shakes him by the shoulders.* KONJEVIČ *doesn't respond.*) Is it possible for a man to suffocate on his own cough?

JOE ORTON: The police are capable of anything. (*Takes the remainder of the joint from Konjevič's hand.*) I knew he would try to saddle us with a corpse.

(*He presses the burning end of the joint against Konjevič's palm.*)

KONJEVIČ (*jumping out of the armchair and dancing around the room*): Aaaahhhh... Aaaaaaah...

ELVIRA: Thank God! We wouldn't know where to bury him.

JOE ORTON: We could use him as fertilizer.

KONJEVIČ: Mr. Ebenšpanger, I never expected a man of your calibre to have a sense of humor that even a five-year-old child would be ashamed of.

ELVIRA: Don't get overexcited, Mr. Novak. Sit back in the armchair and I will massage your shoulders for another five minutes.

KONJEVIČ: Thank you, ma'am, but the circumstances have changed and I would prefer to come back some other time. Good-bye, Mr. Ebenšpanger.

MAYERHOLD: You're not going anywhere.

KONJEVIČ: My curiosity has taken me a little too far. I have paid the penalty and now I'd like to take my leave.

MAYERHOLD: First we must know what you're going to do on the other side of the fence.

KONJEVIČ: I am a man with a weak but exceptionally good heart. I wouldn't dream of causing you any harm.

MAYERHOLD: You could, for example, still be an employee of the City Water Authority. You could arrange for our water to be cut off. That would destroy our garden and we would all die of hunger. That story about working for the police is a pure fabrication, isn't that so?

KONJEVIČ: It's against the rules, but I'll make an exception this time.
(*He pulls a badge out of his pocket and hands it to* MAYERHOLD, *who examines it.*)

MAYERHOLD: You told us the truth. With one exception. Here it says "Konjevič," not "Novak."

KONJEVIČ: Really? I never noticed. Surely a mistake. Hardly surprising, since we are dealing with the police. Actually, I may be partly to blame. I never told them my real name.

MAYERHOLD: And what is your real name?

KONJEVIČ: Same as yours. Ebenšpanger.

(*Pause. They stare at each other.*)

MAYERHOLD: My name is Mayerhold.

KONJEVIČ: Right. From now on you'll be Mayerhold, and I will be Ebenšpanger. We have managed to solve at least one problem.

MAYERHOLD: Quite. And Joe Orton will be Special Agent Konjevič, working for the National Security Agency. (*Hands the badge to* ORTON.)

JOE ORTON: The conversion of a criminal into a policeman is surprisingly short! (*Pushes the badge into his pocket.*) This is going to be fun!

ELVIRA: You can take me to the policeman's ball. There's bound to be many handsome men there.

JOE ORTON: Did you hear that, Mr. Mayerhold? This woman simply can't control her urges. (*To* ELVIRA.) I'll arrest the first guy who comes near you.

KONJEVIČ (*confidentially*): Between you and me, Mr. Mayerhold, you've been dealt a bad hand when it comes to companions for your Garden of Eden. I hope the selection process isn't over and there is room for one more. In case you need someone to keep order.

MAYERHOLD: Your offer must be discussed by a committee of three.

KONJEVIČ: I suggest you discuss it in my absence. I shall return to hear your decision tomorrow afternoon. (*Walks to the door.*)

JOE ORTON (*aiming the gun at him*): Where do you think you're going?

KONJEVIČ: I bet there are no bullets in that gun.

MAYERHOLD: But there are some in this one. (*Aims his revolver at KONJEVIČ.*) Sit back in the armchair, Mr. Ebenšpanger.

(KONJEVIČ *returns, sits in the armchair.*)

MAYERHOLD: Joe, do you have some duct tape?

(JOE ORTON *lays the gun on the sofa, bends down and pulls a large ring of brown duct tape from under the coffee table.*)

KONJEVIČ: What else have you got there?

MAYERHOLD (*to* ORTON): Go ahead. You've seen how it's done in the movies.

JOE ORTON: That was before Elvira pawned the TV set. Can we get it back? I'm getting bored. Nothing ever happens here.

(*He wraps duct tape round and round Konjevič's chest and the backrest until* KONJEVIČ *is completely bound to the armchair.*)

KONJEVIČ: I could protest, but we have seen that in movies as well. So I'll keep quiet.
JOE ORTON (*covering Konjevič's mouth with duct tape*): Good idea.

(*Blackout.*)

Scene Ten

Konjevič, duct-taped to the armchair.

In the darkness, a radio report: ... but we do not develop and strengthen values just because they are values, we develop and strengthen them so we can live more fully and more meaningfully. Recent history has taught us that it is indeed possible to die in the name of society, but we have begun to forget that an individual cannot live meaningfully outside society. In other words, an individual is involved in an uneasy relationship with his chosen community, a relationship which is subject to a continuous process of identification…

During the report, lights gradually reveal the stage.

MAYERHOLD, JOE ORTON *and* ELVIRA *enter from the corridor.* JOE *switches the radio off.*

JOE ORTON: Blah blah blah.
ELVIRA: Did you enjoy yourself, Mr. Konjevič?
JOE ORTON: Pleasant dreams? Mine are usually wild after smoking pot. Another joint?

(KONJEVIČ *squirms and makes funny noises.*)

ELVIRA: I think he's trying to tell us something.

(MAYERHOLD *motions to* JOE ORTON, *who removes the tape from* KONJEVIČ'S *mouth.*)

KONJEVIČ: You left me alone all night!
ELVIRA: In this house we have always been very considerate.

COMEDY ABOUT THE END OF THE WORLD

KONJEVIČ: And this bloody radio switched on by itself!
ELVIRA: Besides, we needed some rest as well.
KONJEVIČ: In your bedroom? All three of you?
ELVIRA: Mr. Mayerhold resisted the arrangement at first. Then Joe sulked. He hasn't yet accepted the idea that good things must be shared. He's young. Nevertheless, we have reached an agreement that satisfies all three of us.
KONJEVIČ: But you never thought about me.
ELVIRA: On the contrary. I suggested three times that we should invite you to join us, considering that you're our guest. But these two gentlemen were dead set against it.
KONJEVIČ: What I meant was you never thought I'd have trouble breathing. I could have suffocated!
ELVIRA: What would you like for breakfast? Scrambled eggs, bread with jam?
KONJEVIČ: I want to be freed! I want to leave!
ELVIRA: We like you, Mr. Konjevič. So we're going to keep you a little while longer.
KONJEVIČ: Not duct-taped to this armchair!
ELVIRA: Why not?
KONJEVIČ: I can't even scratch my nose!
ELVIRA: Joe, scratch Mr. Konjevič's nose.
KONJEVIČ (*to* ORTON): Come near me and I'll spit on you.
JOE ORTON: Unbelievable! You give the man your best grass, and what do you get in return?
KONJEVIČ: I'm dehydrated!

(MAYERHOLD *looks at* ELVIRA.)

ELVIRA: A servant in my own house. It's my fault. (*Leaves.*)
MAYERHOLD: So. We are alone. Tell us now: who are you really, and what has brought you to this house?
KONJEVIČ: Why don't you free me, so I can relax my joints and do a few push-ups? Then I'll tell you things beyond your dreams.
MAYERHOLD: Joe, remove the tape and allow the gentleman to do a few push-ups.
JOE ORTON: He'll escape!
MAYERHOLD (*pulling out the revolver*): No, he won't.

(JOE ORTON *removes the duct tape and frees* KONJEVIČ. *With some difficulty,* KONJEVIČ *rises from the armchair, stretches out his arms and starts doing push-ups.*)

JOE ORTON: Are we going to watch him exercise for an hour?
KONJEVIČ (*gets to his feet*): May I have some more of your excellent grass before I confess? It'll help loosen my tongue.
MAYERHOLD: First the confession.
KONJEVIČ: You're cruel, but I don't deserve anything better. I have told you so many stupid lies that I'll regret for the rest of my life.
MAYERHOLD: Get to the point.
KONJEVIČ: You need a manager, Mr. Ebenšpanger.
MAYERHOLD: First time I hear that.
KONJEVIČ: What you have created here cries out for marketing. It's true that the free market has brought the world to its knees, and in addition destroyed it, but that doesn't mean it can't lessen the pain of our final moments.
JOE ORTON: You attended evening philosophy classes! That's why you look familiar.
KONJEVIČ: I look familiar because I bought weed from you a few times.
JOE ORTON: Impossible. I don't have any Konjevič or Novak in my client list.
KONJEVIČ (*pulls a piece of paper from his pocket*): You mean this one?
JOE ORTON: Where did you get that? Give it back!
KONJEVIČ: Give me back my fake police badge first. (*Extends his arm.*)
JOE ORTON (*to* MAYERHOLD): May I kick his face in?
MAYERHOLD: Later.

(ELVIRA *enters with a plastic bottle of water.* KONJEVIČ *grabs it and drinks until the bottle is empty. He gives it back to* ELVIRA.)

ELVIRA: Have I come at the wrong moment?
KONJEVIČ: No, no, Miss Silvana, you've come at the right moment, just in time to hear my business proposal.
ELVIRA: How did you know my name is Silvana?
KONJEVIČ: You were Silvana before you retired to spend the rest of your years in middle-class decency. Although this house is only an approximation of what you had hoped for. A little earlier I merely hinted that I know you, but now I can confirm that I have enjoyed the delights of your professional expertise a number of times.
ELVIRA: Why have you come?
KONJEVIČ: To shatter the illusions that would sooner or later bury you.
ELVIRA: Who do you work for?
KONJEVIČ: For myself. Only fools still work for others. Don't tell me I've told you something you didn't know.

JOE ORTON (*grabs the rifle and aims it at* KONJEVIČ): Enough, enough, enough!
KONJEVIČ: There are no bullets in that gun.
JOE ORTON: No?

(*He turns the rifle towards the ceiling and presses the trigger. We hear a horrendous bang. Everybody is shocked, most of all* ORTON.)

KONJEVIČ: May I tell you something?
JOE ORTON (*aiming the rifle at him*): First I'm going to tell you *what* you're going to tell us.
KONJEVIČ: I'll tell you what I was going to tell you before you interrupted me.
JOE ORTON: Things have changed, *I* am asking the questions now.
ELVIRA: Mr. Mayerhold, why did you put away your revolver when Joe Orton grabbed the rifle?
MAYERHOLD: I felt he needed to blow off steam. His confidence was shattered during the night, after all. There's no better way to compensate for that than waving a large gun around.

(JOE ORTON *aims the rifle at* MAYERHOLD *and is about to press the trigger. Suddenly he doubles up, throws the rifle on the floor, collapses in the armchair, covers his face with his hands and starts to cry.*)

(ELVIRA *sits on the side of the armchair, puts her right arm around Orton's shoulders and strokes the back of his head with the left one.*)

ELVIRA: Don't worry, Little Mousey, Mama Mouse has always been happy with you. I am sorry for all the nasty things I said to you.

(*Orton's crying slowly ebbs.*)

KONJEVIČ: The youth of today have gone soft, can't stand up straight anymore. But the world needs forceful thrusts more than ever. The youth of today are only capable of small, flaccid stories. Useless wanking on Facebook, that's all they are capable of.
ELVIRA: Joe doesn't have a Facebook account. He uses the Internet only for pornography. And not even every day.
KONJEVIČ: A little paradise is all they are capable of creating. A moment of ecstasy, of oblivion, of relief. Something that cannot be shared with anybody.

Puny, selfish gestures are their stories. But you, Mr. Ebenšpanger, have created a great story in the tradition of great stories. A great, unique garden in which fleeting moments of pleasure no longer matter. What matters is the survival of the human race.

MAYERHOLD: The world on the other side of the fence is no longer of any interest to me.

KONJEVIĆ: Excellent! By turning your back on the world and clutching at selfishness as the last straw, you have given yourself the ideal chance to save mankind.

MAYERHOLD: You are drowning in contradictions.

KONJEVIĆ: You have created a prototype of the garden you can sell to everyone on the surface of the Earth. Ten types of scientifically grown self-seeding vegetables, with enough vitamins for a healthy life, a kind of nutritional *perpetuum mobile*, enough for a three-, even four-member family. Do you realize what that means?

MAYERHOLD: Tell me.

KONJEVIĆ: The end of trade, the end of transport, the end of the need for fossil fuels, the end of exhaust fumes, the end of the greenhouse effect, the end of our fear of the end of the world!

JOE ORTON: He is mad, isn't he? (*Looks at* ELVIRA.)

ELVIRA: Yes, Mousey. Utterly mad.

KONJEVIĆ: You must patent this idea of yours immediately.

MAYERHOLD: Why?

KONJEVIĆ: Because intellectual property has become the main target of villains of every kind.

MAYERHOLD: I didn't know that.

KONJEVIĆ: We'll sign a contract giving me the exclusive right to market the prototype of your Garden of Eden throughout the world. I'm telling you, they'll go crazy in the States, they'll trample each other to death in their euphoria.

MAYERHOLD: And what good will that do us?

KONJEVIĆ: We'll be rich, Mr. Ebenšpanger! Enjoying extraordinary comforts till the end of our lives. All of us.

MAYERHOLD: All of us?

KONJEVIĆ: Yes, all four of us.

JOE ORTON: Oh, suddenly there are four of us.

ELVIRA: That's up to Mr. Mayerhold, Mousey. He alone knows what's good for us.

KONJEVIĆ: What do you say, Mr. Mayerhold? We can enlarge the garden, buy up the neighboring plots, demolish houses, evict the inhabitants, you name it.

All legally, of course. We can turn twenty rings of vegetables into a hundred, two hundred, even more!

MAYERHOLD: And so on?

KONJEVIČ: And so on. Then we can invite guests into our little heaven. Perhaps a young man with a one-track mind for Ms. Elvira. For myself, a vivacious girl in need of regular workouts so I don't feel lonesome at night. And also someone for you, Mr. Mayerhold. In line with your orientation of course. I'm not a racist, you can choose an Eskimo or a Tuareg. I won't utter a word of objection.

ELVIRA: On one condition. It must be a man.

KONJEVIČ: Think about it, Mr. Vehovar. Not because of me, or yourself. Because of these two. They are both helpless, completely dependent on you. Think it over, take your time, there's no rush.

MAYERHOLD: That's good, because you'll be here for quite a while.

KONJEVIČ: I know that. So, don't hold it against me if I ask you where the privy is. During the night, as you know, I was prevented from emptying my bladder as befits a gentleman of my standing.

JOE ORTON: I thought he smelled of piss!

MAYERHOLD: Joe, take the gun and accompany the gentleman to the toilet. Make sure he doesn't try to escape out the window. When he's done, bring him back.

(JOE *picks up the gun and waits for* KONJEVIČ *to walk to the door. He follows him out into the corridor. Brief pause.*)

ELVIRA: I wish I could understand what's going on.

MAYERHOLD: Give yourself time.

ELVIRA: Do you think God is testing us because of our sins?

MAYERHOLD: God has given up on this world a long time ago. Only the Devil still persists, in the hope that he will have the last laugh.

ELVIRA: Suppose he does work for the City Water Authority?

(*A big bang is heard from somewhere below. Pause.*)

ELVIRA: Unusual sound.

MAYERHOLD: I fear that any time now we'll be faced with unpleasant news.

(JOE ORTON *returns with the rifle.*)

JOE ORTON: He tried to escape out the window.
MAYERHOLD: I told you to bring him back alive.
JOE ORTON: He didn't keep his word! I refuse to accept responsibility for something that isn't my fault.
MAYERHOLD: How's he doing?
JOE ORTON: A lot less lively than before. With his mouth wide open, but completely silent. As if he has lost interest in his surroundings.
ELVIRA: Joe Orton, how can I ever forgive you?
JOE ORTON: Every new thing in history needs at least one victim.
ELVIRA: Now we will never know who he was and what he wanted.
MAYERHOLD: We'll amuse ourselves with that question during the long winter months. Joe, grab a spade, sacrifice a few cabbages and bury the gentleman deep enough so no one accidentally digs him up.
JOE ORTON: Shit! I've burdened myself with unnecessary labour.

(JOE ORTON *leaves, taking the rifle with him. Pause.*)

ELVIRA: They'll come looking for him.
MAYERHOLD: Who?
ELVIRA: His pals. City Water Authority. The police. Secret service. Or doctors, to take him back to the madhouse. How should I know?
MAYERHOLD: You know nothing, Elvira. For all of us, that's the best.
ELVIRA: Do you love me?
MAYERHOLD: Don't you think the moment demands a slightly more intelligent question?

(*Blackout.*)

Scene Eleven

In the darkness, a radio report: ... most people still think that an immediate threat to the survival of mankind is futuristic nonsense created by those with nothing better to do. Unfortunately that is not so. Apocalypse is a ship we have already boarded; it has left the harbour and will not return. No one knows how this is going to affect our relationships. Perhaps we'll come to realize that this is our final century and become less selfish, perhaps even sacrifice our personal goals and unite our energies into steering the ship on which we have found ourselves because we did nothing while there was still time. We're powerless to avoid the shipwreck – that much is clear. The only question is whether the ship will sink this year, in ten years, or at best in a hundred years...

During the report, lights gradually reveal the stage.

MAYERHOLD *enters and switches the radio off.*

MAYERHOLD: Blah blah blah.

> (*He picks up his drawing board, sits on the sofa and begins to sketch.* ELVIRA *enters, bringing tea. She puts the tray on the coffee table and sits next to* MAYERHOLD *on the sofa.* MAYERHOLD *looks at her.*)

ELVIRA: Joe is still making his usual rounds.
MAYERHOLD: Hasn't he always?
ELVIRA: Yes, but he could stop peddling weed now. I mean… now that we have a garden.
MAYERHOLD: I have disciplined him as much as I could.
ELVIRA: I thought we'd be happy, now that terrible things are behind us.
MAYERHOLD (*rises*): What are you talking about? Terrible things are before us. That's why we have created this refuge. Even if we survive a week longer than everyone else, our efforts will not have been in vain.
ELVIRA: Is an additional week worth all these efforts?
MAYERHOLD: What efforts have you contributed?
ELVIRA: Oh, really. Who's been cooking, cleaning, resolving conflicts, offering moral support all this time?! Not to mention other things.
MAYERHOLD: You mean nights in your bedroom?

> (ELVIRA *rises, picks up the tray and walks to the door.*)

MAYERHOLD: I haven't finished my tea.
ELVIRA: And you're not going to.

> (*At the door she bumps into* KONJEVIČ, *who enters from the corridor.*)

KONJEVIČ: I'll finish it. Put it back on the table. (*Rubs his hands together.*) It'll do me good, it's quite chilly out there.

(MAYERHOLD *and* ELVIRA *stare at him open-mouthed.*)

ELVIRA (*to* MAYERHOLD): I'm not hallucinating, am I? There is no one here except you and I?
KONJEVIČ: I was hoping you'd embrace me and thank God I'm alive.
ELVIRA: This isn't the first time I get the feeling this house is haunted.
KONJEVIČ (*takes the tray from Elvira's hands, puts it on the coffee table, pours himself tea*): Ghosts are not in the habit of drinking tea.
ELVIRA: But you are lying out there in the garden, six feet under the ground!
KONJEVIČ: So deep? I wouldn't be able to breathe. And breathing is my favourite pastime. (*Takes a deep breath.*) Although fresh air is in short supply around here.
MAYERHOLD: There is only one way to find out if we are facing a ghost.

(*He pulls a revolver from his pocket and aims it at* KONJEVIČ.)

KONJEVIČ: I think that in a couple of seconds we are going to hear a boom.

(*He smiles and sips tea.*)

(MAYERHOLD *fires.* ELVIRA *jumps,* KONJEVIČ *raises the teacup and smiles.*)

KONJEVIČ: If I'm not mistaken, we're about to hear another boom.
MAYERHOLD: Perhaps he is wearing a protective jacket.

(MAYERHOLD *steps close to* KONJEVIČ *and shoots him in the head at close range.*)

KONJEVIČ: There goes my eardrum!
MAYERHOLD (*staring at his revolver*): Does Joe Orton keep any hard stuff as well? LSD, mescal? Could he have put something in our food?

(JOE ORTON *enters with the rifle in his hands.*)

JOE ORTON: Absent for less than five minutes, and already I'm accused of the most heinous crimes.
ELVIRA: Joe, for God's sake, where have you been?

JOE ORTON: I've become a hunter. I shoot animals, so we don't have to stick to a vegan diet. And Mr. Ebenšpanger, what's he shooting at?
KONJEVIČ: Ghosts.
MAYERHOLD: Joe, how many people do you see in this room?
JOE ORTON: Three.
ELVIRA: What about the ghost?
JOE ORTON: Ghost, where?
ELVIRA: It's standing in front of you, drinking tea!
JOE ORTON: That's not a ghost. That's Mr. Konjevič.
ELVIRA: Joe, you shot Mr. Konjevič in the toilet and buried him in the garden!
JOE ORTON: Maybe I missed.
ELVIRA: We watched you from the window while you buried him!
JOE ORTON: You did?
ELVIRA: You even planted back the cabbage heads you removed for the purpose. To cover the tracks, you said.
JOE ORTON: In that case he must have risen from the dead. Perhaps we are witnessing the resurrection foretold in the Bible.
ELVIRA: Joe –
JOE ORTON: I thought you'd be glad I'm not a murderer. You should embrace and kiss me. We should all, and I mean all four of us, retire to the bedroom and celebrate the turn of events with a sweaty Moan & Groan party.
MAYERHOLD (*opens the cylinder of his revolver and finds it filled with blanks*): I must be really stupid.
JOE ORTON: We've known that for some time.
KONJEVIČ: Let him be. It's not noble to kick a man whose self-possession has fizzled out before his very eyes.
ELVIRA: Will someone explain to me what's going on?
JOE ORTON: Nothing that hasn't happened at least a million times in history.
ELVIRA: I don't understand.
JOE ORTON: How could you, since you're no more than a large hole that needs to be filled all the time so that a grain of intelligence wouldn't accidentally enter it?
KONJEVIČ: Not so. We have to be considerate to women even as we despise them.
MAYERHOLD: When did this conspiracy start?
JOE ORTON: Do you remember, Mr. Konjevič?
KONJEVIČ: A while ago, I think. Definitely before I was buried in the garden.
MAYERHOLD: Before you came?
KONJEVIČ: Perhaps, but that's very much beside the point. Now we are where we are.

ELVIRA: My God! Joe Orton, how could you be so deceitful?
JOE ORTON (*hissing*): I'm not the one faking orgasms.
ELVIRA (*hissing* back): I usually don't, but with you I'm left with no other choice!
JOE ORTON: Thanks for the compliment. Your rent just went considerably higher.
ELVIRA: Rent?
JOE ORTON: Yes. The rent you'll be paying us, starting tomorrow.
ELVIRA: Mr. Mayerhold, why aren't you defending me?
MAYERHOLD: I've become a victim of my own naivety.
KONJEVIČ: A victim of your pronounced lack of business sense, I'd say. Didn't I offer you an agreement that would leave your position untouched, while securing a comfortable life for all of us till the end of our days?
MAYERHOLD: What do you intend to do?
JOE ORTON: Nothing dramatic. Until now we've been growing ten different kinds of vegetables. But starting tomorrow –
MAYERHOLD: I know, marijuana.
JOE ORTON: No. Poppies.
MAYERHOLD: Opium? Heroin?
KONJEVIČ: Why not? Considering the size of the plot and the soil structure, the return will be considerably higher.
MAYERHOLD: Drug trafficking? You won't be growing food, you'll be sowing the seeds of illness and death? I won't allow it.
ELVIRA: Me neither. The house and the garden are registered in my name.
JOE ORTON: I knew there'd be problems.
KONJEVIČ: Nothing to worry about. Problems can be solved, we're all reasonable people. Transfer of ownership is hardly a complicated matter. All that's required is a little promise, accompanied by a little threat. Isn't that so, Ms. Elvira? Isn't that so, Mr. Mayerhold? We must stick to our values even while relentlessly pursuing our goals.
MAYERHOLD: Your values, Mr. Konjevič-Novak, aren't worth a spit.
ELVIRA: Which I'll give him anyway! (*Spits on* **KONJEVIČ**.)
KONJEVIČ: Values are what we invent to legalize our goals. In other words, fiction.
JOE ORTON: And anything goes in fiction, even my farces. I have earned myself a place in history.
MAYERHOLD: You're a nit that hardly deserves a place on the skin of a mangy dog. Mankind is standing on the edge of extinction, and you two –
JOE ORTON: We only want to lessen its terminal suffering. Aren't we noble? Fun, oblivion, pleasure and a few years of comfortable life for us – what could beat that?

KONJEVIČ: With the profits from the sale of opium, we'll be able to buy ten times as many vegetables as you'd be able to grow in the garden.

JOE ORTON: And meat.

KONJEVIČ: All kinds of meat. Including young, pretty and firm. (*Looks at* ELVIRA.)

ELVIRA: Mr. Mayerhold, won't you protect my dignity?

MAYERHOLD: The game is lost.

KONJEVIČ: Not necessarily. There is still time to join the winning side.

MAYERHOLD: We will not fraternize with villains.

ELVIRA: Bravo, Mr. Mayerhold! (*Suddenly worried.*) On the other hand, things like this call for reflection. Am I right, Mr. Konjevič?

KONJEVIČ: Very much so, Ms. Elvira.

MAYERHOLD: We'll think about it. In a court of law.

KONJEVIČ: But courts are outside the fence, which you erected so no one could climb inside, Mr. Ebenšpanger. No court has jurisdiction here. There is nothing and nobody inside the fence except the four of us.

MAYERHOLD: You'll have to kill me.

KONJEVIČ: We are not murderers, like you, Mr. Ebenšpanger, shooting people in the head at close range.

JOE ORTON: Look out the window, Mr. Mayerhold.

(MAYERHOLD *and* ELVIRA *approach the window, look out.*)

ELVIRA: Who is that girl?

JOE ORTON: A new addition to the workforce. Hired two hours ago.

MAYERHOLD: Wait a minute... I can't believe this. What is she doing?

JOE ORTON: Removing the vegetables and preparing the soil for the planting of poppies.

ELVIRA: She is very young.

KONJEVIČ: That's how it is, ma'am. Today doesn't last very long. Before you manage to turn around, it's already yesterday. And tomorrow keeps knocking at our door even while we sleep.

ELVIRA: And what else is she going to do, apart from preparing the soil for planting?

KONJEVIČ: She shows willingness to consider some of our suggestions – mine and Joe's. You know these girls from poor families. They never refuse an extra piece of bread for something as nebulous as virginity.

ELVIRA: And where will you carry out these suggestions? In my bedroom?

KONJEVIČ: I did peek inside, and it does seem quite suitable for... well, let me spare you the details.

ELVIRA: God will punish you! (*She starts beating his chest with her fists.*) God will punish you! (*She slides to the floor, wraps her arms around his knees, starts to cry bitterly.*) Please be merciful...

JOE ORTON: What a circus!

ELVIRA (*almost inaudibly*): God has punished me...

(MAYERHOLD *walks to the door.*)

KONJEVIČ: Where are you going?

MAYERHOLD: In search of new adventures.

JOE ORTON: We've already taken care of that. From now on your adventures will be as follows...

MAYERHOLD: I'm not interested.

JOE ORTON (*aiming the rifle at* MAYERHOLD): Oh yes, you are.

MAYERHOLD: I'm a scientist.

KONJEVIČ: That's why, Mr. Ebenšpanger. That's why you have been assigned the tasks that only a man of your abilities can carry out successfully.

JOE ORTON: You're in charge of the laboratory for turning opium into heroin.

KONJEVIČ: You'll have regular meals and a roof over your head. Not a small thing, considering the times we live in.

JOE ORTON: Think of the billions of people who live on a dollar a day.

KONJEVIČ: In Los Angeles alone one hundred thousand people live on the pavements.

ELVIRA (*rising*): What about me? What duties have you assigned to me?

MAYERHOLD: Are you going to sell yourself?

ELVIRA (*insulted*): Never in my life have I done that. It's true I've done things that not every woman would do, but I always tried to combine pleasure with profit. I just happen to be one of those women who like to cooperate. Who move with the times. Who adapt.

KONJEVIČ: Ms. Elvira, it's been years since our last meeting, but I still remember one particular position we tried. Do you think you could still do it, considering that your joints are no longer as flexible as they used to be?

(ELVIRA *slaps his face.*)

JOE ORTON: A little respect wouldn't be out of place, otherwise we may remain without a cook.

ELVIRA: Mr. Mayerhold... The world has become too unpredictable for personal pride to remain more than a fatal mistake.

KONJEVIČ: Clever woman. You should listen to her.

JOE ORTON: Stupid as a roadside lamp, but this time she has managed to utter something with which I wholly agree.

MAYERHOLD (*to* KONJEVIČ): I don't know who or what you are, except that you are a swindler of the first order and could much more profitably exploit your talents on the London Stock Exchange –

KONJEVIČ: I know my limits, Mr. Vehovar.

MAYERHOLD: But you, Joe Orton, are something else. Regardless of the impression you create, you are reasonably at home in the field of human thought.

JOE ORTON: Thank you.

MAYERHOLD: Greed, which you have chosen to guide you through life, won't bring you anything except a short-term satisfaction of your basest needs and infinitely long hours of remorse.

JOE ORTON: A cat rolls about in the sun and then falls asleep. A man rolls about in his life and then falls asleep. Neither can escape the miserable fact that it is who it is and that it is what it is.

ELVIRA: I wish I could understand all this!

JOE ORTON: Why shouldn't we await the end of the world in a state of hazy euphoria, in a state of happiness which may indeed be artificial but is, at least, happiness? Trying to forget is a characteristic of all living beings. That's why pleasure will be the rule in this house.

MAYERHOLD: Maybe so, but without me. (*Turns to go.*)

KONJEVIČ: Mr. Ebenšpanger, you know very well we can't allow that.

MAYERHOLD: Then what are you going to do with me?

KONJEVIČ: Sooner or later you'll have to go to the toilet. Joe Orton will accompany you with the gun. When you try to escape out the window, he will shoot you in the back and we will bury you under the rows of poppies. You will become fertilizer.

(*Pause.*)

ELVIRA: Mr. Mayerhold, stay with us. Your rent has been paid till the end of the year. Then we will see. Our expectations aren't unreasonable. Right, Joe?

JOE ORTON: Let him decide for himself.

KONJEVIĆ: Mr. Ebenšpanger, considering the times we live in, dying for your principles, which are no more than momentary urges, would be an anachronism. I appeal to you not to surrender to such childish desire for heroism.

(*Pause.*)

ELVIRA (*gently*): Mr. Mayerhold?
MAYERHOLD: I have no choice, do I?
KONJEVIĆ: I'd say.
MAYERHOLD (*deciding*): Right. Then I'll just pop into town to get some books on opium. I'll be back in less than an hour.
KONJEVIĆ: I can't see any problems, but it all depends on what Joe Orton says. He's the playwright and director of this show of ours, after all.
JOE ORTON: Half an hour.
ELVIRA: Plus a five-minute allowance due to traffic.
MAYERHOLD: Half an hour is all I need.

(*He leaves in a hurry. A brief silence follows.*)

ELVIRA: I'm so glad that emotions, not reason, have won the day.
JOE ORTON: Everything is going according to plan.

(KONJEVIĆ *goes to the window, looks out.*)

KONJEVIĆ: He's walking down the path towards the gate.
JOE ORTON: How far is he?
KONJEVIĆ: About halfway.
JOE ORTON: Open the window, Elvira.

(ELVIRA *goes to the window and opens it.*)

ELVIRA: He's reached the gate. He's going to make it!
KONJEVIĆ: He's climbing up the railings to the top of the gate.
JOE ORTON (*pushing* KONJEVIĆ *aside*): A little more and he'll be sorry he added sharp spikes to the railings.
KONJEVIĆ: Yes, real spears!

(JOE ORTON *raises the gun and aims out of the window.*)

ELVIRA: Wait.
JOE ORTON: What's the matter?
ELVIRA (*moves away from the window*): I know I'm only a sentimental woman, but here, in my heart, I feel such a pressure that I can hardly breathe.

(*A horrifying scream is heard from a hundred yards away.*)

What was that?

KONJEVIČ (*returns to the window*): Our fugitive lost his grip at the top and slipped.
JOE ORTON: One of the spears has pierced his heart.
KONJEVIČ: Impaled on the sharpest point of his success!
ELVIRA: Jeezus, it's all our fault.
JOE ORTON: Our fault?! He ordered those spikes from Switzerland, the local ones were not sharp enough.
ELVIRA: He wanted to protect us!
JOE ORTON: Those are the worst, the protectors.
KONJEVIČ: We must remove the body before some passerby spreads the news to the outside world.

(JOE ORTON *and* KONJEVIČ *go to the door.* KONJEVIČ *turns around.*)

KONJEVIČ: Everything will be all right, Ms. Elvira. A sip of green tea can do wonders for frayed nerves.

(*They leave.* ELVIRA *stands, not knowing what to do. She goes to the mirror and tries to rearrange her hair. She stands, dejected, looking at her reflection.*)

ELVIRA: What a relief, to be allowed to grow old and die.

(*Curtain.*)

Komedija o koncu sveta
Grumova nagrada za najboljšo dramo leta 2013
Utemeljitev žirije

Komedija o koncu sveta je farsa o farsi, znotraj katere je še ena farsa. Je farsa, kot je naša resničnost farsa, čeprav, kot se izrazi njen junak, »ni čas za farse. Resničnost zahteva resne drame.« Resničnost zahteva, kakor avtor natančno ugotovi, da se vprašamo o koncu sveta, da se vprašamo, ali bo treba zasaditi in ograditi lasten zelenjavni vrt ali še naprej saditi le travo – in jo preprodajati ... Natanko to se na obrobju mesta v hiši z zapuščenim vrtom, na skoraj beckettovskem prizorišču, sprašujejo štiri osebe, vse zaznamovane s svojo namišljeno gledališko resničnostjo, a vendar vse zlahka prepoznavne iz naše neposredne resničnosti. Podnajemnik Joe Orton, nerealiziran dramatik, lastnica Elvira, nerealizirana igralka, novi podnajemnik Majerhold, okoljski znanstvenik pod krinko, in Konjevič, človek z različnimi izmišljenimi identitetami, se o namembnosti vrta in reševanju sveta ne morejo sporazumeti in tako nam avtorjeva vse prej kot optimistična dramska napoved načina reševanja aktualnih težav družbe na pragu konca sveta daje jasno vedeti, da bodo v bitki načelnih inovatorjev in brezvestnih zaslužkarjev kakor že tolikokrat in kljub apokaliptičnim napovedim zmagali slednji. Zraven pa se ob tem dramskem besedilu s spretno izpisanimi dialogi in polnem aforizmov ter inteligentnih besednih iger sprašujemo, kaj je v njem in tudi sicer sploh resnično, kdo je pristen in kdo se skriva pod krinko, in predvsem, ali je konec sveta prihajajoča realnost ali zgolj kulisa bitke med različnimi interesi, bitke, v kateri so v ilegali tako revolucionarni znanstveniki kot izkoriščevalski dobičkarji. *Komedija o koncu sveta* se tako na nevsiljiv in svež način ukvarja z najbolj žgočimi globalno-lokalnimi temami ter nam živo odslikava domače in tuje stanje duha, ob tem pa daje slutiti, da je ves svet le oder in da zato morda nikoli ne bomo poznali odgovora na vprašanje iz naslova nikoli napisane Ortonove drame: »Zakaj so propadle vse kurčeve vrednote?«

dr. Blaž Lukan

Ali nam res ostane samo še (po)smeh?

Komedija o koncu sveta že s svojo prvo stranjo, torej z naslovom, s seznamom oseb, z navodili o kraju, času in načinu igranja ter motom vzpostavi značilen flisarjevski dramski prostor oz. kontekst. "Komedija o koncu sveta" je več kot le naslov, je značilna Flisarjeva sintagma: konec sveta ni nekaj, nad čemer bi zresnjeni moralizirali in obupovali, temveč ponuja nemalo razlogov za (po)smeh, za komedijo; med osebami v dramatis personae prepoznamo vsaj dve imeni iz dramskega oz. gledališkega sveta, angleškega dramatika Joeja Ortona in pa znamenitega ruskega režiserja iz prve polovice 20. stoletja, ki sicer z ničemer drugim ne spominja nanj (in tudi njegovo ime običajno pišemo kot Mejerhold), razen morda s svojim utopičnim projektom, ki ni bil tuj tudi ruskemu avantgardistu; kraj in čas dogajanja nas vodita v alegorični svet, kamor nas usmerja že sam naslov ("konec sveta" je slejkoprej alegorična utopija ali utopična alegorija, kakor hočemo, ki pravzaprav pripoveduje o tem svetu tukaj in zdaj; a o tem več kasneje), način igranja pa je ponovno namig na tipično flisarjevsko dramsko oz. gledališko strategijo: komedija je možna le, če jo igramo smrtno resno, vendar tudi hitro, da nam ne ponudi časa za preglobok premislek: ironija na meji z absurdom je tako rekoč na dlani; in navsezadnje moto ali posvetilo mrtvemu Joeju Ortonu: o konkretni inspiraciji ne pove veliko, sam Joe Orton pa s svojo (srečno-nesrečno) življenjsko usodo tudi ne ponuja dobesednih navezav na *Komedijo*, vendar pripomore k temu, da celotno dogajanje še bolj zaplete, in to v medbesedilno mrežo, ki ji doda neke vrste avtorjev metadramski komentar ("Lucky you!", torej "srečen ti, ki si se koncu sveta izognil" – ali nekaj podobnega), na kakršnega v komediji naletimo še nekajkrat.

Na ta način Flisar zagotovi bralcu drame oz. gledalcu možne uprizoritve zanesljiva oporišča za njeno razumevanje. Če rečemo zanesljiva, pa to ne pomeni, da so zlahka (raz)berljiva in kakorkoli linearna. Ravno nasprotno. Flisar je mojster zapletanja samoumevnega in dvoumnega razpletanja. Kaj je, denimo, v komediji z alegorijo, omenjeno zgoraj? Pravi pomen alegorije navadno leži zunaj besedila,

KOMEDIJA O KONCU SVETA

v kontekstu, alegorija je preneseni govor. A pri Flisarju gre kljub vsemu najprej za neko dobesednost, današnjost, tukajšnjost. V svoji komediji se namreč loti aktualnega problema, ki bi ga lahko zamejili s pojmi, kot so ekologija, preživetje, samooskrba, utopija, ne nujno v tem vrstnem redu in pogosto neločljivo prepletenimi. Torej svojega dramskega govora nikamor ne "prenaša", temveč ga v dramo sámo "prinaša", in to iz naše neposredne stvarnosti. Hkrati pa je seveda tudi zares alegoričen: govori nam o neki možni, splošni, fiktivni situaciji, ki jo v svoji drami le predpostavlja, in prav tako o nekem možnem razpletu, ki ni edini mogoč, je pa zagotovo flisarjevsko radikalen in kritičen.

Zanimiva je flisarjevska morala oz. govor o njej, ki na prvi pogled vzbuja vtis moraliziranja, torej pridiganja morale in moralnega odnosa do (razumevanja) problemov oz. sveta kot takega. Flisar je resda moralno angažiran avtor, vendar se nevarnosti moraliziranja nenehno zaveda in se ji izogiba z izvirnimi dramskimi postopki. Najmočnejši postopek je (avto)ironija: Flisarjeve osebe so dialoško ene najizrazitejših in najlucidnejših v sodobni slovenski dramatiki, pa pri tem še vedno izražajo svoja lastna stališča, in ne avtorjevih. Skoraj vsaka izjava oz. dialoška replika v *Komediji* je dvoumna, ironična, paradoksna, aforistična, s presenetljivim podtekstom; Flisar se v dialogu nenehno izmika enopomenskosti, linearnosti in svoje like postavlja v situacije, v katerih se morajo (retorično) znajti, v pravem pomenu besede replicirati, torej navreči luciden in polemičen odgovor na dialoško iztočnico ali provokacijo. Na ta način izrekanje (moralne) resnice v Flisarjevi dramatiki ni nikdar premočrtno, temveč vselej vijugasto, zavito, celo uvito v jezikovno bravuro, ki od bralca zahteva, da ji je kos; morda ravno tu Flisar nadaljuje ortonovsko tradicijo dialoške dvoumnosti: Ortona kot dramatika brez tega "ključa" ni mogoče razumeti, njegova komedija (recimo *Kaj je videl butler?* ali *Plen*) je na prvi pogled videti kot lahkoživa bulvarka. In ni treba posebej poudarjati, da šele na ta način Flisarjeva dramska resnica postane relevantna, upoštevanja vredna; brez tega postopka bi ostala na ravni cenenega publicističnega pamfletizma.

Tretja dramsko-ideološka kategorija komedije, ki ji Flisar dodaja nove in intrigantne konotacije, je utopija. Majerholdov projekt v *Komediji* je, kot rečeno, utopičen. Vendar je Flisarjeva utopija sodobna, ne nekdanja, "romantična" utopija, ki predmet svoje obravnave vidi zunaj tega sveta, torej v neki prihodnosti, ki (še) ni naša konkretna stvarnost. Tu Flisar (spontano?) pritegne aktualnemu kritičnemu razumevanju utopije: to se nanaša na konkretno (politično) realnost, utopija je politični program, ki ni usmerjen v neko nedoločno (in fiktivno) prihodnost, temveč je že domala tu, v sedanjosti, na podlagi konkretnih političnih strategij tudi uresničljiv (gre za "kritični diskurz za rekonfiguracijo sveta", kot bi rekel Rancière, ali za "utopijo mogočega"), in utopija je pravzaprav edini oprijemljivi program našega delovanja, ki vzpostavlja dialog s svetom in se mu ne izmika. Kapitalizem utopijo razume drugače, vidi jo usmerjeno v imaginarno, simbolno in alegorično in jo povezuje s čisto fikcijo, ki pa ni več ideološka oblika utopije, temveč zgolj pragmatizem zabave (recimo filmska proizvodnja znanstvenofantastičnih žanrov ali masovna produkcija računalniških iger). Flisar svojo utopijo torej locira v realnem, ki je ožje od nekdanjih univerzalnih dimenzij utopije, pri tem pa nam v dramski obliki podaja tako njene pozitivne kot negativne in kritične, uporne dimenzije, pri čemer nam s pomočjo drame (torej iz polja umetnosti) po ranciérovsko pomaga razumeti oz. drugače videti realnost in nas usmerja v njeno spreminjanje.

V prostoru, ki ga zarisuje prekrivanje zgoraj omenjenih presečnih množic Flisarjeve *Komedije o koncu sveta*, lahko sledimo njegovim značilnim dramskim likom in njihovim situacijam. Svojevrstna "presečnost" in neulovljivost, labilnost, dvoumnost se kaže tudi na ožji, formalno-dramaturški ravni. Nobena od Flisarjevih oseb, razen Joeja Ortona (ki pa "v resnici" ni Joe Orton, temveč njegova ponesrečena reinkarnacija), namreč ni to, za kar se izdaja. Zadrega nastopi že na ravni imen: če se zanašamo na dramatis personae in avtorjevo superiornost pri podeljevanju imen, smo že pri Majerholdu zmedeni: v igri mu je namreč ime tudi Ebenšpanger pa Robnik, Vehovar ali celo Konjevič, pri čemer je Konjevič, vsaj tako nam zatrjuje avtor v istem seznamu oseb, neka druga oseba, ki pravzaprav zalezuje Majerholda, zase pa pravi, da se piše Novak. In tudi Elvira je, sledeč nekemu Konjevičevemu namigu, ki mu lahko verjamemo ali pa tudi ne, gospa Silvana ... Ob imenih je zagonetna še tako aktualna identiteta oz. provenienca kot preteklost oseb: kaj je Konjevič zares po poklicu (uslužbenec mestnega vodovoda, policist ali inšpektor Truscott iz Ortonovega *Plena*); kaj bi Elvira pravzaprav rada; in kaj zares počne Joe Orton? Pa tudi, kje je bil Majerhold v resnici, ko pravi, da je bil v "puščavi", in ali so vsi njegovi dosežki, ki jih našteva Konjevič, resnični, ali mu jih samo pripisuje, pač v slogu žrtvenega jagnjeta, ki ga za svoje delovanje potrebuje kapitalizem? Podobne značilnosti kažejo še nekatere druge situacije, ki pa so morda bolj tehnično-dramaturške narave (igrice z orožjem denimo ipd.).

Vse to nam priča o težko ulovljivem, nestabilnem ali vsaj parastabilnem svetu in sistemu, ki pa, po drugi strani, vendarle ni nikdar popolnoma poljuben in izmuzljiv. Ravno nasprotno: intenziven, izrazit in čvrst zraste pred bralčevimi očmi in ob primerni pozornosti ga tudi potegne vase. A če smo do zdaj omenjali predvsem njegove potujevalne oz. ironične učinke, si zdaj poglejmo, kakšne možnosti ponuja za poistovetenje, identifikacijo. *Komedija o koncu sveta* je pravzaprav ekološka farsa. Farsična ni na ravni problematiziranja teme, ki jo uprizarja, torej ekologije in "vere" vanjo, temveč najrazličnejših stereotipov in klišejev, pa neučinkovitih in nemogočih načinov reševanja ekoloških problemov, zlasti pa na ravni njenega romantičnega in mistifikacijskega razumevanja, ki spregleda pravo naravo, ki tiči v sami naravi kapitalistične produkcije. In ekološka je Flisarjeva komedija še na drugi, ne samo primarni tematski ravni: flisarjevska ekologija se pravzaprav ne nanaša samo na preučevanje ali uprizarjanje škodljivih človekovih posegov v okolje v ožjem smislu, temveč jo razume kar najširše, kot varovanje človeškega duha, celo same človečnosti, ki v okoliščinah ekspanzije poznega kapitalizma v resnici izginja. Tu bi težko rekli, da je Flisar moralističen, to smo menda že razčistili, ne moremo pa spregledati njegovega avtentičnega angažmaja, zavzetosti za ohranitev človeka in duha, pa čeprav se tej zavzetosti nenehno (samo)posmehuje ali vsaj nasmiha. In ravno tu tiči globlja flisarjevska resnica: dokler se lahko še smejemo, tudi posmehujemo, še ohranjamo sami sebe, svojo človečnost, duha, resnico, in odsotnost smeha (ironije, parodije, paradoksa, absurda) nas bo brezizhodno potopila v samo jedro (in leglo) kapitalizma, iz katerega ne bomo več našli poti na svetlo. Za učinek Flisarjeve komedije potemtakem ni potrebna "vera", temveč prej dvom, zdravi razum, lucidna (samo)zavest in sposobnost pogleda za stvari, torej kvečjemu vera v razum in njegovo neskončno moč. Vse drugo je v flisarjevskem dramskem svetu obsojeno na neuspeh in nemudoma osmešeno.

Omenjeno se v komediji razkriva v natančno premišljenem verbalno-situacijskem zaporedju. Dolgo ne vemo, za kaj v igri pravzaprav gre, v kakšnem svetu smo se znašli in kaj osebe v resnici hočejo. Lahko sicer verjamemo opisu dogajanja oz. njegovemu zapletu, ki ga proizvede sam tekst, torej: "V zanemarjeno hišo na obrobju mesta, v kateri ostarela nimfomanka in faliran študent, ki oba preživlja s prodajo drog, životarita v upanju, da se bo vendarle kaj spremenilo, je prišel Odrešenik!", čim pa vanj podvomimo, se stvar, kot že večkrat rečeno, zaplete. Majerholdov veliki projekt je vrt, ki bo, kakor se počasi izkaže, omogočal samooskrbo ob prihajajočem (o tem ni dvoma) koncu sveta.. Majerhold misli istočasno na sedanjost in prihodnost tega sveta, na sedanjost, zaznamovano z obsednim stanjem, ali na tisto možno, a vendarle neizbežno prihodnost, ki jo napovedujejo radijska poročila, iz katerih pa je bolj kot usodno spreminjanje narave kot take mogoče razbrati uničujoče delovanje kapitalističnega sistema. Ta vrt je tudi sam svojevrsten sistem, sestavljen iz vrste okopov, skozenj pa se skriva prava preživetvena filozofija, ne zgolj agronomija. Ta vrt je več kot samo obdelana zemlja, je, kot je rečeno v komediji, "noseč", torej v sebi skriva možnost novega življenja ali vsaj nadaljevanja, torej preživetja, je prototip rajskega vrta in simbol novega začetka. Majerholdove misteriozne skrivalnice niso samo stvar (kriminalnega) žanra, temveč so mnogo bolj ideološke: kakorkoli že ga razumemo (npr. genialni, kar pomeni nori znanstvenik, ki želi rešiti človeštvo pred propadom, ali psihični bolnik z diagnozo ekološke paranoje), se Majerhold skriva pred sistemom, ki ga hoče ali uničiti, torej eliminirati, saj so njegove ideje

KOMEDIJA O KONCU SVETA

škodljive, ali ga vanj vklopiti, ga "sponzorirati" in nato njegova znanstvena odkritja povzeti v lasten poslovni model, preprosto rečeno, z njim zaslužiti. In Majerhold je resnično, kakor se izkaže, nenehno nadzorovan: ni toliko pomembno, ali je pobegnil iz norišnice in ali je Konjevič samo njegov drugi pol, alter ego, nadzornik, zalezovalec ali morda celo njegov sopacient iz iste psihiatrične ustanove za prevzgojo (kar pa so javne ustanove v moderni kot take), pomembno je, da je utopija v kapitalizmu dovoljena zgolj kot fikcija, ne pa tudi kot realni politični projekt. In navsezadnje: projekt samooskrbe, ki negira princip neoliberalističnega trga, saj vzpostavi drugačne medčloveške relacije, utemeljene na novih menjalnih razmerjih, kjer ponovno začne veljati simbolna menjava, najmočneje spodkoplje kapitalistični sistem, saj ob množični ekspanziji samooskrbne ideologije in ob pojavu skupnosti, ki se utemeljuje od znotraj in ne od zunaj (čeprav najperverznejša kapitalistična doktrina dokazuje ravno "ponotranjenost" oz. globok človeški izvor tega sistema), kapitalizem nenadoma ostane brez trga, torej brez polja za lasten razmah. Vendar: ali ni vse to, torej samooskrba, pa samoobnovljivi viri, trajnostni razvoj ipd., le nov odvod vseobsežne kapitalistične doktrine?

Taka je potemtakem ena od možnih izpeljav Flisarjeve komedijske ideologije, a tudi ta ni brez dvoumnosti in ironičnega obrata. Poglejmo, kakšna skupnost se pojavi pred bralcem komedije v tem predmestnem zatočišču? Kurba, narkoman, norec in prevarant, zapleteni v erotično-manipulativne igrice – lepa slika možne prihodnosti, ki pravzaprav nima prihodnosti ... Flisar ni naiven in v svojem obešenjaštvu, pogosto celo na meji (beckettovskega) cinizma, ponudi naslednjo razrešitev: velike ideje so praviloma obsojene na propad, točneje, najpogosteje se izrodijo v svoje nasprotje, in svet, ki ostaja, je hudičev svet, bog ga je že zdavnaj zapustil – a ta hudič vendarle ne prinaša ultimativne groze, temveč nam ponuja možnost (poslednjega?) smeha. Rajski (zelenjavni) vrt, ki je namigoval na realno odrešitev, bo zdaj (posajen z makom za proizvodnjo opija, torej droge) priložnost za neko drugo odrešitev, za beg v omamo, v fiktiven rajski svet. Utopija je za kapitalizem distopija, prihodnost je mogoče umetno ustvarjati in jo nato nadzirati – a le (kot) njen nadomestek, prebivajoč v naši lažni zavesti. Kapitalizem utopije, za razliko od Majerholda, ki bi jo podaril človeštvu, ne podarja, temveč prodaja oz. trži in vselej ve, kaj hoče v zameno zanjo. Preživetje človeštva nadomesti z lastnim preživetjem, ekologija pa je pravzaprav motnja, ki se najpogosteje manifestira v obliki ekscesov: sodnih procesov ali odškodnin. A vse to Flisar vidi kot farso, ne kot učno uro iz moralne vzgoje, kot ostro in radikalno, na neki ravni posplošeno sliko časa, v katerega pospešeno drvimo, ali ga že živimo.

Flisar v *Komediji* ponudi različne variante razrešitve oz. soočenja z grožnjo "konca sveta": konec sveta ni nič drugega kot kapitalistični "šlager", ki ga je potrebno (in mogoče) razkrinkati oz. demistificirati; konec sveta terja od človeka dejanja, realni grožnji se je mogoče zoperstaviti, upreti in svet nekako (vz)postaviti na novo; grožnje je mogoče tudi unovčiti, jih tržiti in z njimi obogateti; z grožnjami kot manifestacijami teorije zarote si je mogoče zagotoviti nadzor in oblast ali vsaj neomejene možnosti manipulacije; iz vsega skupaj pa je mogoče preprosto eskapistično pobegniti v svet omame in prividov, v nadomestni svet droge in drugih pripomočkov za pozabo in ukvarjanje z rešitvijo prepustiti drugemu.

KOMEDIJA O KONCU SVETA

Osebe

Joe Orton, 25
Elvira, 48
Majerhold, 55
Konjevič, 50

Kraj dogajanja:
predmestje,
kjerkoli na svetu

Čas dogajanja:
danes,
jutri,
pojutrišnjem

*Thank you for the inspiration, Joe Orton,
dead since 1967.
Lucky you!*

Dramo je treba igrati hitro in smrtno resno!

Prvo dejanje

1. prizor

Soba. Zadaj vhod s hodnika, na desni okno, na levi vhod v stransko sobo. Na steni ob vratih s hodnika veliko stensko ogledalo. Kavč, naslonjač, mizica, omarica, predalnik. Na predalniku dve skladovnici starih časopisov. Na omarici starinski radio. Vse je precej oguljeno, zanemarjeno.

V temi zaslišimo radijsko poročilo: "Predstavniki tihomorskega otočja Tuvalu so z vlado Nove Zelandije podpisali pogodbo o preselitvi celotnega prebivalstva z osmih atolov svoje državice v Novo Zelandijo. Ta tropski raj s peščenimi plažami in palmovimi nasadi leži samo pet metrov nad morsko gladino, ki utegne zaradi učinkov tople grede še v tem stoletju narasti za sedem metrov. Tuvalujci se hočejo zavarovati vnaprej. To si lahko privoščijo, ker ji ni več kot enajst tisoč. Toda kam naj se izselijo prebivalci Floride in stomilijonskega Bangladeša, ki jih bo morje preplavilo, še preden se do konca stali led, ki prekriva Grenlandijo? Mnenja o tem, kako hitro bomo dosegli točko, s katere ni več povratka, so zaenkrat deljena ..."

Med poročilom se oder postopoma osvetli. Joe Orton pride iz stranske sobe. Kadi nerodno zvito cigareto, v kateri je očitno hašiš. Zapre oči in z užitkom povleče. Počasi gre do radia in ga ugasne.

JOE ORTON: Bla bla bla. *Gre nazaj v sobo, zaloputne z vrati.*

S hodnika vstopi Elvira. Sledi ji Majerhold.

ELVIRA: Ni velika. Je pa udobna.

KOMEDIJA O KONCU SVETA

Majerhold si ogleda sobo.

MAJERHOLD: To je to?
ELVIRA: Niste navdušeni.
MAJERHOLD: Kaj pa v pritličju? Všeč mi je, če lahko odprem vrata in stopim direktno na vrt.
ELVIRA: To lahko naredite iz moje spalnice. Ampak ... *Si ga ogleda od glave do pet.*
MAJERHOLD: Seveda. Ne morete kar ... *Njegove oči se na hitro posprehodijo po njenem telesu.*
ELVIRA: Zaenkrat si lahko vrt ogledujete skozi okno.

Majerhold gre k oknu, pogleda ven. Se obrne.

MAJERHOLD: Kopalnica?
ELVIRA: Poleg moje spalnice.
MAJERHOLD: Vsaj enkrat na teden bi se rad stuširal.
ELVIRA: Lahko vsak dan. Vrat žal ni mogoče zakleniti. Vendar nimam navade vdirati. Še posebej ne, če je pod tušem moški.

Mu podari nasmeh, bolj osladen kot zapeljiv.

MAJERHOLD: Vi se tuširate vsak dan?
ELVIRA: Osebna higiena mi je izjemno pomembna.
MAJERHOLD: Pravilno.
ELVIRA: Saj veste, kako nemoralen je postal svet. Če že moramo početi umazane stvari, jih počnimo vsaj čisti.

Majerhold je osupel nad njeno izjavo.

MAJERHOLD: Smem vprašati, kaj ste po izobrazbi?
ELVIRA: Absolventka osnovne šole.
MAJERHOLD: Čestitam!
ELVIRA: Zadnje leto šolanja sem opravila v poboljševalnici.
MAJERHOLD: In? Ste se poboljšali?
ELVIRA: Nekatere stvari potrebujejo čas.
MAJERHOLD: Tega pa je čedalje manj, a ne?
ELVIRA: In vi? Verjetno magister, profesor, doktor?

KOMEDIJA O KONCU SVETA

MAJERHOLD: In tale vrata?
ELVIRA: Tale ... kako bi rekla ... hom ... Tale vrata vodijo v neke vrste ... shrambo.
MAJERHOLD: Lahko pogledam?
ELVIRA: A zdajle? Malce nerodno.
MAJERHOLD: Zakaj?
ELVIRA: Zaklenjena so.
MAJERHOLD: In ključ?
ELVIRA: Prav. Prinesla ga bom. Upam, da ga bom našla!

Elvira, v hudi zadregi, odide skozi vrata na hodnik. Majerhold se vrne k oknu, pritisne obraz k šipi, si ogleduje vrt. Vrata na levi se odpro, skoznje vstopi Joe Orton. Si ogleduje Majerholda. Ta ga ne opazi. Joe Orton se mu po prstih približa.

JOE ORTON: Buuuuuuuuuuu! *Majerhold se sunkovito obrne, z desno roko seže pod suknjič, kot da želi izvleči pištolo.* Kdo pa ste?
MAJERHOLD: Sveti duh. Kdo si pa ti?
JOE ORTON: Pojma nimam. So dnevi, ko imam krizo identitete. Danes sem skoraj stoprocentno Joe Orton. So pa dnevi, ko sem prepričan, da sem Harold Pinter. Ali Samuel Beckett.
MAJERHOLD: Zapleteno.
JOE ORTON: Ni. Joe Orton sem v resnici, one druge pa si domišljam.
MAJERHOLD: Od kod si se vzel?
JOE ORTON: Reinkarniral sem se. Ker sem mlad umrl, sem si rekel: poskusmo še enkrat. Kaj pa vi?
MAJERHOLD: Sobo bi rad najel.
JOE ORTON: Ne zgledate kot nekdo, ki bi hotel stanovati Bogu za hrbtom.
MAJERHOLD: Potrebujem streho nad glavo.
JOE ORTON: : Bolj ste podobni nekomu, ki stanovanja oddaja.

Elvira se se vrne. In se zdrzne, ko zagleda Ortona.

ELVIRA: Nisem vedela, da si doma.
JOE ORTON: Lucifer me je vrgel iz pekla. Drznil sem si izjaviti, da je njihova hrana zanič. Celo slabša od tvoje.
ELVIRA: To je Joe Orton, moj podnajemnik.

Joe Orton se razburi.

KOMEDIJA O KONCU SVETA

JOE ORTON: Niti slučajno. Sem član družine. Uprl se bom vsakršnemu poskusu, da se mi ta ugodnost prekliče, *se obrne k Majerholdu* in briga me, kaj ste, odvetnik, davčni inšpektor ali policaj v civilu. Jaz ostajam, vi pa – *via via*, čim prej tem bolje.

Gre nazaj v svojo sobo in zaloputne z vrati.

ELVIRA: Boji se moških s črnimi čevlji. Še posebej če nosijo zlikane hlače.
MAJERHOLD: Zakaj?

ELVIRA: Prepričan je, da hočejo prevzeti svet.

MAJERHOLD: Že mogoče, ampak med njimi so tudi taki, ki hočejo svet odrešiti in uporabljajo zlikane hlače za kamuflažo.
ELVIRA: Takšnega bi prav rada spoznala.
MAJERHOLD: In temu zmedencu oddajate shrambo.
ELVIRA: Sami veste, v kakšnih časih živimo. Svoje spolne potrebe še na neki način potešim, pri finančnih pa se je treba znajti.
MAJERHOLD: Gospa ...
ELVIRA: Elvira.
MAJERHOLD: Bom kar odkrit. V najem mi ponujate prehodno sobo brez zasebnosti. Pod streho imate norca, ki se izdaja za umrlega angleškega dramatika, v resnici pa mu je ime Janez. Ali Jože. Vi pa ste, brez zamere, ženska s sumljivo preteklostjo.
ELVIRA: Mogoče res, ampak Joe Orton je pravi Joe Orton, reinkarniran. Dolgo mu nisem verjela, ampak na koncu me je prepričal. Vi ne verjamete v reinkarnacijo?
MAJERHOLD *zavzdihne* Pustimo to. Dejstvo je, da me je pritegnil vaš vrt.
ELVIRA: Gotovo imate v mislih sosedovega.
MAJERHOLD: Nimate sosedov.
ELVIRA: Res stoji hiša precej na samem.

Majerhold stopi k oknu, pogleda ven.

MAJERHOLD: Vaš vrt je – oprostite izrazu – najpopolnejši primer zanemarjenosti, kar sem jih videl v urbanem okolju. Je to rezultat skrbnega načrtovanja?
ELVIRA: Prej bi rekla, da ne.
MAJERHOLD: Sklepam, da vas vrtnarjeneje ne zanima.

ELVIRA: Saj bi me, ampak ob pogledu na to puščavo tam zunaj me mine volja. In si rečem: kmalu bo takšen ves svet, zakaj bi se trudila.
MAJERHOLD: Jaz sem dolgo živel v puščavi.
ELVIRA: A res?! Zakaj?
MAJERHOLD: Ko človek živi v puščavi, o razlogih sploh ne razmišlja.
ELVIRA: Prevroče za kaj takega, najbrž.
MAJERHOLD: V puščavi ste odrešeni dolžnosti, da sebi in drugim postavljate vprašanja in skušate poiskati odgovore.
ELVIRA: Neprijetna dolžnost, strinjam se.
MAJERHOLD: In če ostanete dovolj dolgo, vam na koncu postane vse jasno. Svet brez ugank.
ELVIRA: Verjetno ste imeli zelo dobro službo, če ste bili tako dolgo tam.
MAJERHOLD: No, nekaj let.
ELVIRA: Moj Bog! Zato ste tako zagoreli! *S pogledom se sprehodi po njem.* Po celem telesu, ne dvomim.

Joe Orton pomoli glavo iz svoje sobe.

JOE ORTON: In še nekaj, gospod Harold Pinter. Ni mi všeč vaša srajca. Ljudje, ki nosijo srajce z manšetnimi gumbi in smrdijo po afteršejvu, so odgovorni za to, da je svet postal svinjak, kakršen je.

Zaloputne vrata.

ELVIRA: Ne smete mu zamerit njegovih izpadov. Velikokrat je to, kar pove, samo dialog iz drame, ki jo skuša napisati. Prav šarmanten zna biti, kadar se potrudi.
MAJERHOLD: Kako pogosto pa se?
ELVIRA: Nima rednih dohodkov. Prisiljen je živeti z občutkom, da ga nihče ne mara.
MAJERHOLD: Kar se tega tiče, mu ne morem pomagati.
ELVIRA: Saj mu že jaz. Skrbim zanj, kot da je moj sin.
MAJERHOLD: Krščansko od vas.
ELVIRA: Izgubljeni mladeniči potrebujejo rame, na katerem se lahko zjokajo, če je treba. Se vam ne zdi?
MAJERHOLD: V mojih časih so bili mladeniči narejeni iz bolj trpežnega materiala.
ELVIRA: Oh, kje so tisti časi! In kje so tisti mladeniči? Svet je postal nekam mlahav, se vam ne zdi?

Majerhold jo še enkrat premeri od glave do pet.

MAJERHOLD: Tudi v vaši izkušnji?
ELVIRA: Na koncu bomo ženske prisiljene nositi hlače.
MAJERHOLD: Upam, da nas kaj takega ne bo doletelo.
ELVIRA: Raje imate ženske, ki nosijo krila?
MAJERHOLD: O ženskah se raje ne pogovarjam. *Zastrmi se v daljavo.* Najlepša plat življenja v puščavi je, da vam ni treba poslušati drugih ljudi.
ELVIRA: Včasih je res naporno.
MAJERHOLD: Samo veter, tu in tam izgubljena koza. Morda enkrat na mesec grom. To je vse. Možnost nesporazuma zreducirana na nulo.
ELVIRA: Kako lepo.
MAJERHOLD: Tudi o idejah nerad govorim. Če so dobre, ni razloga, da bi o njih razpravljali. Če so slabe, pa sploh niso vredne, da o njih govorimo.
ELVIRA: Škoda, da vas ni slišal Joe.
MAJERHOLD: Zakaj?
ELVIRA: Vaše besede bi takoj dal v svojo dramo. Res jo piše že nekaj let, ampak zdajle kmalu, pravi, jo bo uprizorilo Narodno gledališče. Sedela bom v prvi vrsti.
MAJERHOLD: Oprostite, ampak to moram vedeti: imate še kakšnega podnajemnika?
ELVIRA: Samo dva.
MAJERHOLD: Dva?! Kje pa je drugi?
ELVIRA: To ste vi.

Majerhold gre k oknu in si skozi šipo še enkrat ogleda vrt. Se obrne in si ogleda sobo.

MAJERHOLD: Rekli ste, da je soba zelo udobna.
ELVIRA: Kavč se raztegne v posteljo. Z veseljem bi vam vsak večer postlala, in naslednje jutro pospravila.
MAJERHOLD: A res?
ELVIRA: V mlajših letih sem nekaj časa bila zaposlena kot sobarica. Postiljati za elegantne gospode me je polnilo z zadovoljstvom. Lahko bi rekla, da so bili to edini trenutki v življenju, ko sem bila zares srečna.
MAJERHOLD: Ampak, saj ne zamerite, ta soba je precej razmetana.
ELVIRA: Samo zato, ker Joe tukaj sprejema prijatelje. Shramba je tako majhna, da se v njej še sam komaj obrne. Ampak to se bo nehalo. Če najamete sobo, bo moral spoštovati vašo zasebnost.

MAJERHOLD: Je mogoče njegova vrata zakleniti?
ELVIRA: Seveda. Prinesla sem ključ. *Mu pokaže ključ.*
MAJERHOLD: Potem bi jih raje videl zaklenjena.
ELVIRA: Težko.
MAJERHOLD: Zakaj?
ELVIRA: Joe ne bi mogel iz sobe.
MAJERHOLD: To je edini izhod?
ELVIRA: Razen okna. Dvomim, da bi se Joe navdušil nad to idejo. Potreboval bi lestev, ki je nimamo. In kaj bi rekli sosedje?
MAJERHOLD: Sosedov nimate.
ELVIRA: To je res. Ampak poštar prihaja. Vsak dan prinese položnice.
MAJERHOLD: Lestev mu lahko izdelam, imam spretne roke.
ELVIRA: Boji se višin. Pred časom mi je povedal, da bi postal komercialni pilot, če ga ne bi mučil ta strah.

Majerhold se posprehodi po sobi, še enkrat pogleda skozi okno na vrt.

MAJERHOLD: Imam tudi nekaj čevljev, oblek, dve kravati, take stvari.
ELVIRA: Seveda, takšen gospod.
MAJERHOLD: In dve škatli znanstvenih knjig. Kam bi lahko vse to spravil?
ELVIRA: Na hodniku za vrati je vgrajena omara.
MAJERHOLD: Prav. Ampak moramo se natančno dogovoriti, najbolje v pisni obliki, kolikokrat na dan sme fant priti iz sobe in se vrniti vanjo.

Elvira ne more skriti veselja.

ELVIRA: Joe zna biti zelo uvideven. Prav nič ne dvomim, da bosta hitro postala prijatelja.
MAJERHOLD: Bojim se, da me sploh ne razumete. Ostal bom, ker mi je všeč vaš vrt. Je dovolj velik. Obdaja hišo. Obdan je z živo mejo, ki je dovolj visoka, da lahko čeznjo pokuka samo žirafa. Popolna zasebnost. Predvsem pa je tako zapuščen, da ni na njem, kot sem opazil, preživel niti plevel. Na kratko, vaš vrt je idealen.
ELVIRA: Kar nekaj časa bo trajalo, da se navadim na vaš humor!
MAJERHOLD: Ga nimam, gospa. Naj ga imajo drugi, če mislijo, da jim koristi, jaz ga ne potrebujem.

Elvira se zasmeje, si z rokami pokrije usta.

ELVIRA: Kot vidite ... ste me spravili v smeh!

Sede na kavč in se kar naprej smeje. Majerhold jo gleda. Zaskrbljeno.

MAJERHOLD: Vam lahko kakor koli pomagam?
ELVIRA: Samo smejem se.
MAJERHOLD: Živimo v časih, ko je smeh skoraj v vseh primerih znamenje resne bolezni.

Elvira se neha smejati in vstane.

ELVIRA: Finančni razlogi me silijo, da vam postavim vprašanje.
MAJERHOLD: Izvolite.
ELVIRA: Boste vzeli sobo ali ne?

Majerhold gre k oknu, si ogleduje vrt, se obrne.

MAJERHOLD: Zanima ma vrt. Soba je kazen, s katero se bom moral sprijazniti.

Zatemnitev.

2. prizor

Minilo je nekaj časa. Soba je zdaj drugačna. Kavč je raztegnjen v posteljo, ki je skrbno postlana. Vzdolž zadnje stene teče do vhodnih vrat v Ortonovo sobo meter visoka lesena ograja. Majerhold ima na sebi voleno jopico in žametne hlače. Sedi v naslonjaču z risalnim blokom na kolenih in nekaj skicira.

Še preden se prižgejo luči, slišimo poročilo pa radiu: "Letos je Evropa doživela najhujšo sušo v zadnjih 500 letih. Kitajska je doživela najhujši tajfun v sto letih, Kansas pa je bil žrtev nenavadno pogostih in silovitih tornadov. New York in Japonska sta se znašla pod najdebelejšo snežno odejo v zgodovini, Kanada je doživela svoje najtoplejše poletje. Sydney je praznoval najbolj vroče Novo leto v zgodovini, najhujše poplave v sto letih pa so prekinile najhujšo sušo v Južni Afriki. Kljub temu se svetovni voditelji na konferenci tudi tokrat niso uspeli dogovoriti o zmanjšanju emisijskih plinov..."

KOMEDIJA O KONCU SVETA

Med poročilom se oder postopoma osvetli. Poročilo prekine Joe Orton, ki pride iz sobe, gre do radia in ga izklopi.

JOE ORTON: Bla bla bla.
MAJERHOLD: Te nič ne skrbi prihodnost?
JOE ORTON: Zame obstaja samo sedanjost. *Se ozre skozi okno, se zdrzne.* Ne morem verjet!
MAJERHOLD: Kaj? *Se napol dvigne, zaskrbljen.*
JOE ORTON: Ves vrt je prekopan! Nekaj ste posadili.
MAJERHOLD *se zlekne nazaj*: Kje si pa bil, da nisi tega že prej opazil?
JOE ORTON: V spalnici najine najemodajalke. Z občasnimi skoki v kuhinjo, da obnovim potrošeno energijo. V glavnem pa v svoji sobi. Sklonjen nad svoj nedokončani tekst. Ki bo bomba! Celotno občinstvo bo raznesla na prakoščke.
MAJERHOLD: Ven nikoli ne greš?
JOE ORTON: Svet tam zunaj me ne zanima.
MAJERHOLD: Lahko bi si našel kakšno delo.
JOE ORTON *ga nekaj časa gleda*: Gospod, midva imava en velik problem.
MAJERHOLD: To je pa škoda.
JOE ORTON: Pol časa se meni ne sanja, o čem govorite, pol časa pa niti sami nimate pojma.
MAJERHOLD: Saj si dramatik. Razumeti bi moral vse.
JOE ORTON: Pišem farso.
MAJERHOLD: To ni čas za farse. Resničnost zahteva resne drame.
JOE ORTON: Resničnost *je* farsa. Kje pa ste živeli doslej, da vam to še ni jasno?
MAJERHOLD: In kakšen naslov ima ta tvoja mojstrovina?
JOE ORTON: Zaenkrat delovnega. "Zakaj so propadle vse kurčeve vrednote."
MAJERHOLD: Jaz bi ga ohranil. Ljudje bodo drli v gledališče.
JOE ORTON: O tem ne dvomim.
MAJERHOLD: Dokler pa še čakaš na ta preboj, bi se lahko za pet evrov na uro zaposlil pri meni.

Premor. Joe Orton gre po prehodu za ograjo do vrat svoje sobe. Se obrne, strmi v Majerholda. Hoče nekaj reči, si premisli, gre v svojo sobo, zaloputne z vrati. Že naslednji trenutek pomoli glavo ven.

JOE ORTON: Lahko vam povem eno stvar, o kateri ni dvoma. Niste ji všeč. Všeč sem ji jaz.
MAJERHOLD: Ženska z okusom, ni kaj.

KOMEDIJA O KONCU SVETA

JOE ORTON: To sploh ni soba, to je hodnik. Tu ste brez pravne zaščite. Kadarkoli vas lahko vrže ven.

MAJERHOLD: Vedno padem na noge.

JOE ORTON: In ta ograja. Sploh ne morem verjeti: samo hrbet obrnem, pa za menoj že zraste berlinski zid!

MAJERHOLD: Kar pomeni, da ni dobro obračati hrbta.

JOE ORTON: Doslej sva se imela lepo, Elvira in jaz. Stvari bi lahko bile boljše, tega ne zanikam, predvsem kar zadeva hrano in seksualno zabavo. Zadnje čase ni najbolj radodarna. Ampak na splošno bi rekel, da sva se imela lepo.

MAJERHOLD: Čestitam.

JOE ORTON: Če se bodo stvari zdaj poslabšale, to nekaterim ljudem v tej hiši ne bo niti malo všeč. Na to vas moram opozoriti.

MAJERHOLD: Hvala.

JOE ORTON: Ne vem, kaj vam je rekla o meni, ampak jaz sem v redu, dokler sem v redu, če veste, kaj mislim. Kadar pa nisem, sem sposoben človeka sfaširati, preden utegne v slovarju preveriti, kaj beseda pomeni.

MAJERHOLD: Se že veselim.

JOE ORTON: In naj vam bo jasno. Vse, kar se dogaja tukaj, si zapisujem. Ker to je največja farsa od vseh.

MAJERHOLD: Strinjam se.

JOE ORTON: Fuck you.

Se obrne, odide v svojo sobo, zaloputne z vrati. Jih ponovno odpre in pomoli glavo ven.

In če mi katera od vaših rastlin skozi okno prileze v sobo, se vidiva na sodišču.

Zatemnitev.

3. prizor

Majerhold in Elvira pijeta čaj. Ona sedi na kavču, ki je še vedno raztegnjen in postlan, on sedi v naslonjaču.

Še preden se prižgejo luči, slišimo glas po radiu: "Po najnovejših vesteh nekaj sto, morda celo tisoč antarktičnih ledenikov plava proti Novi Zelandiji. Ledeniški izvedenec Avstralskega antarktičnega oddelka je izjavil, da so velikanske odlomljene kose ledu locirali s satelitskim fotografiranjem. Morski promet je ogrožen, vse ladje v območju so bile posvarjene. Plavajoči kosi ledu merijo v povprečju dvesto metrov počez in postavljajo na laž trditve, da se antarktični led topi počasneje kot led na severnem polu ..."

Med poročilom se oder postopoma osvetli. Elvira stopi k radiu in ga ugasne. Se vrne na kavč.

ELVIRA: Bla bla bla.
MAJERHOLD: A ta radio lovi samo en program?
ELVIRA: Joe Orton pravi, da so vse druge programe ukinili. *Seže po ročki.* Še malo čajčka?
MAJERHOLD: Preveč ga popijete. Slaba navada.
ELVIRA *odloži ročko*: Ampak moja edina. Za druge imam premalo poguma. Čeprav še pomnim čase, ko sem ga imela preveč.
MAJERHOLD: V moji izkušnji ena slaba navada hitro pripelje do druge. In tista do tretje. In tako naprej, dokler človek ne spominja na vrt, ki ga je prerasel plevel.
ELVIRA: Takšno je bilo moje življenje doslej! Popolna pustinja. Tako kot moj vrt, preden ste si to hišo izbrali za svoj novi dom.
MAJERHOLD: No ...
ELVIRA: Ne vem, kaj ste posadili tam spodaj, ampak vrt je videti, kot da je ... noseč!

Majerhold nemirno vstane, stopi k oknu, pogleda ven, se obrne.

MAJERHOLD: Veseli me, da so najine medsebojne obveznosti jasno navedene v pogodbi.
ELVIRA: Ampak ene stvari vam še nisem povedala. V mladih letih sem bila manekenka.
MAJERHOLD *jo premeri z očmi*: A res?
ELVIRA: Hotela sem postati igralka, seveda. Ampak v nasprotju z večino žensk sem pravočasno sprevidela, da nimam talenta.
MAJERHOLD: Temu se reče pogum.
ELVIRA: Ne bi rekla. Sprevidela sem, zelo enostavno, da se je laže slačiti kot oblačiti.
MAJERHOLD: A ni glavni namen manekenstva v tem, da razkazujete oblačila?
ELVIRA: Seveda. Ampak tudi v tem, da jih drugo za drugo slačite.

MAJERHOLD: Bili ste slačipunca?
ELVIRA: Fotomodel. Moja slika je bila objavljena v dveh revijah za moške. Lahko vam pokažem. Če vas zanima. *Majerhold molči.* Brez obveznosti, seveda. *Majerhold molči.* Ampak takšno delo je ženski na voljo kvečjemu do tridesetega leta.
MAJERHOLD: Tako pravi zakon?
ELVIRA: Zakon tržišča. Koža mora biti napeta in brez vsakega madeža. Gladka in čista. Kot koža dojenčka.
MAJERHOLD: Področje, na katerem ne manjka konkurence.
ELVIRA: Klavnica, gospod Majerhold! Klavnica. Poleg tega sem posel začela s hendikepom. Brazgotina po operaciji slepiča. *Zaupno.* Ki pa ima, ker se je kirurg med operacijo vame zaljubil, obliko srca! *Koketno.* Ste že videli brazgotino v obliki majhnega srčka?
MAJERHOLD: Ne.
ELVIRA: Naučila sem se biti previdna. En sam pogled lahko spremeni moškega v divjo zver.
MAJERHOLD *pokašlja in vstane*: Tudi brez tega so skoraj vsi moški divje zveri.
ELVIRA *po premoru*: Na trenutke dobim občutek, da mogoče ne izpolnjujem vaših pričakovanj.
MAJERHOLD: Ne pritožujem se.
ELVIRA: Ravno to me skrbi. Večina moških bi zdaj že nakazala, da pričakujejo več, kot jim dajem. Ste prepričani, da niste preskromni?
MAJERHOLD: Popolnoma.
ELVIRA *vstane*: Moje življenje je drugačno, odkar ste prišli. Veliko sem jokala, bila sem odmaknjena, manjkalo mi je samozavesti. Tako hudo je bilo, da sem začela ponovno jecljati. To sem počela kot otrok. *Naredi gib, kot da skuša utrniti solzo.* Ampak ves čas mi je neki glasek govoril, da bo prišel nekdo, ki mi bo vrnil samozavest. In odločnost. In moč. Moški, ki se loti stvari in jih izpelje. Vsakič, ko se zjutraj zbudim in pogledam skozi okno na vrt, se mi v grlu naredi kepa. Ogledam si nežne brazde prsti, ki obdajajo hišo, in začutim, da pod njimi utripa nekaj lepega. Nekaj, kar bi lahko bil najin otrok. Saj vas ne moti, če vam to govorim?
MAJERHOLD: Ne moti me. Me pa spravlja v zadrego.
ELVIRA: No, se opravičujem.
MAJERHOLD: Najemnino sem plačal vnaprej –
ELVIRA: Narobe ste razumeli.
MAJERHOLD: Mogoče res.

ELVIRA: Seveda je vrt za leto dni vaš. In vseeno mi je, kaj ste tam posadili, čeprav bi bilo prijazno, da me o tem vsaj obvestite. Ampak vrt ni pomemben –
MAJERHOLD: Zame zelo.
ELVIRA: Mogoče se vam zdi moja želja, da bi se v tej hiši počutili dobro, vsiljiva ...
MAJERHOLD: Preprosto odveč.
ELVIRA *skuša zadržati solze*: Bo ustno opravičilo dovolj? Ali ga hočete v pisni obliki, poslanega s priporočeno pošto, morda? *Se napoti k izhodu.*
MAJERHOLD: Stvar je v tem ... *Elvira se ustavi in ga pogleda.* Stvar je v tem, da potrebujem vašo pomoč.
ELVIRA *zmedena*: Zdaj pa res ničesar več ne razumem.
MAJERHOLD: Čez teden, dva mi bo začelo primanjkovati rok. Potrebno bo okopavanje, odstranjevanje plevela. Predvsem pa zalivanje.
ELVIRA: Kaj to pomeni?
MAJERHOLD: Najeti bom moral delovno silo.
ELVIRA: Dobra novica za tisoče brezposelnih!
MAJERHOLD: Od katerih imate enega tukaj, pod streho.
ELVIRA: Ampak Joe je vendar dramatik!
MAJERHOLD: Saj lahko piše naprej. Kar se mene tiče, lahko napiše tisoč fars na dan. Še več: kar se mene tiče, mu jih lahko sto na mesec uprizorijo. Ampak ta trenutek potrebuje denar. Kolikor vidim. Razen če ga vzdržujete vi.
ELVIRA: Jaz? Pred desetimi leti bi ga morda še lahko, zdaj pa je ekonomska kriza tudi mene dotolkla. Predvsem, se bojim, zaradi mojih let. Ki sem jih nehala šteti, pa si kljub temu nočejo privoščiti pavze.
MAJERHOLD: Seveda bom od mladega gospoda dramatika pričakoval predanost in trdo delo.
ELVIRA: In kaj želite od mene? Da mu privzgojim predanost in ljubezen do dela? Dva tedna ne bosta dovolj.
MAJERHOLD: Lahko mu podrobno opišete, kakšne prednosti bo imel, če bo delal zame. Ne bo se mu treba voziti v službo ...
ELVIRA: Saj je nima.
MAJERHOLD: Zdravo delo na svežem zraku. Prijetno okolje. In seveda, dober zaslužek. Pet evrov na uro.
ELVIRA: Zakaj ga ne vprašate sami?
MAJERHOLD: Vi ga poznate intimno.
ELVIRA: Če vam je to povedal, je pretiraval. Morda ne popolnoma, ampak zares intimno poznati nekoga, ne vem, če sem tega sposobna.
MAJERHOLD: Nekaj bi rad pojasnil. Vse, kar ste mi danes povedali, me je zelo ganilo.

ELVIRA: A res?!
MAJERHOLD: Nikar ne mislite, da je osornost mojega odziva povezana s pravimi občutki, ki jih gojim do vas.
ELVIRA *presrečna*: Ne!
MAJERHOLD: Ti občutki so vir presenečenja tudi zame. Edini problem je, da ... potrebujem čas.
ELVIRA *se sladko nasmehne*: Ste pač staromoden gospod.
MAJERHOLD: Zaenkrat bi predlagal, da se začneva tikati. Če vas to ne moti.
ELVIRA *s širokim nasmehom*: Če nas to ne moti?! Ne, to nas prav nič ne moti!

Zatemnitev.

4. prizor

Elvira sedi v naslonjaču, Joe Orton hodi po sobi in poka s členki.

JOE ORTON: Moral bom temeljito razmisliti.
ELVIRA: Tukaj lahko živimo kot srečna družina.
JOE ORTON: Saj ni moj oče.
ELVIRA: Lahko pa v njem vidiš očetovsko figuro.
JOE ORTON: V tem klovnu?
ELVIRA: Ne bi ti škodovalo, da pokažeš nekoliko spoštovanja do človeka, ki te v vseh pogledih prekaša.
JOE ORTON: Misliš glede števila kravat in zlikanih hlač?
ELVIRA: Tudi sicer.
JOE ORTON: Pa ne, da si se že seznanila z njegovimi dimenzijami?
ELVIRA: To bom preslišala.
JOE ORTON: Z njegovo roko pod tvojim krilom in s tvojo v njegovi denarnici bo izid zate vsekakor ugodnejši kakor zanj.
ELVIRA: Vprašala te bom zadnjič: si pripravljen sprejeti zaposlitev, ki ti jo velikodušno ponuja gospod Majerhold?
JOE ORTON: Daj mi mesec dni za premisek.
ELVIRA: Prav. Do tedaj bom prisiljena sprejeti ukrep, zaradi katerega te bodo pogosto videvali v študentski menzi.
JOE ORTON: To bi mi naredila?
ELVIRA: Edino orožje, ki ga imam.
JOE ORTON: Kaj pa on, mu je všeč tvoje kuhanje?

ELVIRA: Da ali ne?

JOE ORTON: Dobro veš, da imam višje cilje. In kar se tiče denarja ...

ELVIRA: Kakšna dodatna srajca bi ti prav prišla, ne bom ti več krpala lukenj.

JOE ORTON: Nič nimam proti temu, da tu in tam kaj postorim. Nočem pa biti zaposlen v smislu, da bi moral početi to, kar mi reče.

ELVIRA: Vem, da je to prevladujoč odnos do dela v tej državi, ampak gospod Majerhold je dolga leta preživel v puščavi in je glede teh stvari staromoden.

JOE ORTON: Ta človek je nevaren, Elvira! Kar naprej nekaj dovaža s to svojo kripo, kar naprej nekaj snuje in načrtuje.

ELVIRA: Gospod Majerhold je odločen in pokončen mož, ki je sposoben spremeniti naša življenja.

JOE ORTON: Pa če to hočemo ali ne.

ELVIRA: Hvala Bogu, da so še moški na svetu, ki vedo, kaj hočejo in pri doseganju svojih ciljev ne izgubljajo časa!

JOE ORTON: Laskav opis za nekoga, ki si je za cilj zadal gojenje kumaric, repe in zelja.

ELVIRA: Vrt je njegov, najel ga je. Vseeno mi je, kaj tam počne.

JOE ORTON: Meni pa ni vseeno, kaj ti počneš v svoji spalnici. Očitno jo je fašist že aneksiral.

ELVIRA *ne skriva razočaranja*: Ne samo da je ni, občutek imam, da o tem sploh ne razmišlja.

JOE ORTON: Mogoče se je vajen družiti z ženskami, ki imajo poleg joškov tudi možgane.

ELVIRA: Sem slišala, da obstajajo tudi take, in žal mi je, da nisem ena od njih, ampak tebi to nikdar ni preprečilo druženja z mano. Mogoče zato, ker si bolj ali manj tudi ti brez možganov.

JOE ORTON: Tvoja spalnica je bila moja riviera. Tja sem vsako noč šel na dopust.

ELVIRA: Po novem boš potreboval vizum. In ne boš ga dobil, dokler z gospodom Majerholdom ne podpišeš sporazuma o zaposlitvi.

Premor. Gledata se. Joe Orton stopi k Elviri in jo objame.

JOE ORTON: Kje naj podpišem? Tukaj?

Položi ji roko na dojko in stisne.

ELVIRA: Preveč radodarna sam, to je moj problem.

Poljubita se.

Zatemnitev.

5. prizor

Majerhold vstopi s hodnika. Stoji pri oknu. Nenadoma ga odpre in se nagne ven.

MAJERHOLD: Kolikokrat si zalil zunanji krog?
JOE ORTON *pod oknom*: Ne spomnim se.
MAJERHOLD: Vprašaj se.
JOE ORTON: Ne smem se motiti med počitkom.
MAJERHOLD: Vstani in nadaljuj z delom, ali pa ti prepolovim tarifo.
JOE ORTON: Saj tega ne počnem za denar! To počnem zato, da bi ugodil Elviri. Vi pa se lahko spremenite v eno od svojih buč.
MAJERHOLD: Rekel ji bom, naj preneha kuhati zate.
JOE ORTON: No, to je to, kar se mene tiče.

Slišimo zvok vedra, ki je padlo ob tla.

Elvira prinese pladenj z ročko čaja in dvema skodelicama. Začne nalivati.

MAJERHOLD: Noče delati. Pogovori se z njim.
ELVIRA: Zakaj pa jaz?
MAJERHOLD: Ti si ga najela.
ELVIRA: Prosila sem ga, naj mi naredi uslugo, ker sem hotela *tebi* narediti uslugo!
MAJERHOLD: Ti si edina, ki ga lahko prepriča.
ELVIRA: Če bi vedel, kakšno ceno plačujem za to, da me uboga, me ne bi silil, naj ga še enkrat prosim.
MAJERHOLD: Dovoli mi, da pojasnim ...

Z opaznim naporom sproducira nasmeh, jo popelje do kavča. Elvira, polna upanja, se odzove toplo in vdano. Skupaj sedeta na kavč, ona ga prime za roko, ki jo on previdno umakne.

Ne vem, ali se zavedaš narave resničnosti, v kateri živimo ...

ELVIRA: Bolj slabo. Kdor je prisiljen živeti v njej, nikoli ne najde časa, da bi si jo ogledal od zunaj.
MAJERHOLD: Hočem reči naslednje. Ljudje smo kot vzvodi v zelo zapletenem mehanizmu. Vsak je odvisen od vzvoda nad sabo, ima pa oblast nad vzvodom pod sabo.

Elvira, ki ga sploh ne posluša, mu ponudi skodelico čaja.

ELVIRA: Zeleni čaj, dober za zdravje.

Majerhold srkne čaj in odloži skodelico na pladenj.

MAJERHOLD: Povej mi, Elvira: zakaj si tega lenuha z izsiljevanjem pripravila do tega, da sprejme mojo ponudbo?
ELVIRA: Saj ni lenuh, umetnik je, in imel je nesrečno otroštvo –
MAJERHOLD: Zakaj, Elvira?
ELVIRA: Brez denarja je.
MAJERHOLD: Resnico, Elvira.
ELVIRA *vznemirjena, skoči na noge*: Zakaj to počneš? Zakaj me ... zakaj me ...? Nikoli nisem imela sreče z moškimi, vedno me je pritegnil napačen tip človeka – ampak ti, ti si prvi v mojem življenju – drugačen – ti si tako ...

Zagrebe obraz v dlani in narejeno zahlipa. Majerhold vstane in jo gleda.

MAJERHOLD: Elvira ...

Elvira neha jokati in ga pogleda.

Pojdi in povej fantu, naj nadaljuje z zalivanjem vrta.
ELVIRA: Me boš potem bolj cenil? Me boš imel rad? Vsaj malo?
MAJERHOLD: Ne vem, kaj to pomeni. Te tvoje besede. Lahko ti dam kaj konkretnega. Lahko mi zvišaš najemnino. Deset odstotkov?
ELVIRA: Deset odstotkov ljubezni je zame premalo. *Si obriše oči in odide.*

Zatemnitev.

KOMEDIJA O KONCU SVETA

6. prizor

V temi slišimo radio: "... po najnovejših podatkih bo nafte zmanjkalo veliko prej, kot so uradno predvidevali strokovnjaki Mednarodne agencije za energijo. Uradno naj bi svet dosegel optimalno produkcijo 120 milijonov sodov na dan šele leta 2030, nakar bi proizvodnja začela strmo upadati. Zdaj pa kaže, da je agencija v strahu pred splošno paniko prikrivala resnične podatke. Veliko prej kot nafte bo začelo primanjkovati vode. Štirideset odstotkov svetovnega prebivalstva že zdaj čuti pomanjkanje. Čez petdeset let pa bo brez vode tri milijarde ljudi ..."

Med poročilom se oder postopoma osvetli. Majerhold stoji pri oknu in gleda na vrt. Joe Orton vstopi in gre za ograjo proti svojim vratom. Se ustavi. Gre nazaj in ugasne radio. Pogleda Majerholda.

MAJERHOLD: Bla bla bla?
JOE ORTON: Rad bi vam nekaj predlagal.
MAJERHOLD: Kot sosed sosedu?
JOE ORTON: Poslovnež poslovnežu.
MAJERHOLD: Nisem poslovnež.
JOE ORTON: Zakaj potem gojite deset vrst zelenjave? Prodati jo hočete in zaslužiti. Za majhen denar ste najeli sobo in zraven zastonj dobili velikansko parcelo. Zelo prefrigano. Stavim, da je vse tam spodaj gensko modificirano.
MAJERHOLD: A res?
JOE ORTON: Stavim, da izvajate eksperiment, ki mora ostati skrit očem javnosti. Zato ste izbrali kraj, kamor večina ljudi zaide samo pomotoma. Če ne bi imel moralnih zadržkov, bi vas prijavil.
MAJERHOLD: Mislim, da bila to napaka.
JOE ORTON: Napaka bo tudi, če ne sprejmete mojega predloga.
MAJERHOLD: Kakšnega?
JOE ORTON: Opazil sem, da je med krogi vaših nasadov, med zeljem in repo, in repo in cvetačo, in tako dalje, še kar nekaj prostora.
MAJERHOLD: Ta prostor je potreben, da se lahko zelenjava svobodno razraste.
JOE ORTON: Še vedno ga bo ostalo dovolj, če v te koncentrične kroge zasadimo konopljo.
MAJERHOLD *premor*: Konopljo.
JOE ORTON: Izkupiček bi si delila. Fifty-fifty. Več kot pošteno. Za nameček bi vrt zalival in okopaval zastonj.
MAJERHOLD: To je tvoj predlog?

KOMEDIJA O KONCU SVETA

JOE ORTON: To je moj predlog.
MAJERHOLD: Ljudje tvojih let jadrajo okoli sveta in se zapisujejo v Guinessovo knjigo rekordov.
JOE ORTON: Ljudje vaših let služijo milijone na Wall Streetu in upajo, da ne bodo končali v zaporu.
MAJERHOLD: Kaj mi hočeš povedati?

JOE ORTON: In kaj mi hočete povedati vi?
MAJERHOLD: Vem, da kadiš, vem, da imaš rezervo pod posteljo, vem, da preprodajaš tudi kaj hujšega, kot je hašiš.

Joe Orton skoči k Majerholdu in ga zgrabi za ovratnik. Majerhold ga s kolenom brcne v mednožje. Joe Orton se skrči od bolečine.

JOE ORTON: Kdo vam je dal pravico, da stikate po moji sobi?
MAJERHOLD: Vzel sem si jo. V interesu projekta, ki ga moram zaščititi.
JOE ORTON: Grem in bom vse pomendral!
MAJERHOLD: In kdo je dal tebi pravico, da stikaš po mojih stvareh?
JOE ORTON: To počne Elvira. Ki ima vso pravico vedeti, kakšnega norca je vzela pod streho. Prav, stikal sem jaz, ampak na njeno željo. Vsak bi se rad zaščitil, ne samo vi.
Nisem kriv, da je svet takšen, kot je.
MAJERHOLD: Svet je takšen, kot je, po zaslugi takšnih, kot si ti.
JOE ORTON: Aja? Po zaslugi takšnih, kot ste vi, pa bo odrešen?
MAJERHOLD: Natanko tako.
JOE ORTON: Kdo bi si mislil! V zanemarjeno hišo na obrobju mesta, v kateri ostarela nimfomanka in faliran študent, ki oba preživlja s preprodajo drog, životarita v upanju, da se bo vendarle kaj spremenilo, je prišel Odrešenik! Juhu!

Majerhold stopi k njemu in mu primaže klofuto.

JOE ORTON: Prav. Vi ne boste nikomur omenjali hašiša, mene pa ne zanima, kaj ste posadili na vrtu.
MAJERHOLD: Še nikoli v življenju nisem nikogar zatožil.
JOE ORTON: Tudi tako se da preživeti? Dobra novica.
MAJERHOLD: Ta tvoj cinizem, ki tvoji generaciji predstavlja najlažji izhod iz stiske, je znamenje pošastne intelektualne lenobe.
JOE ORTON: Prav gotovo.

KOMEDIJA O KONCU SVETA

MAJERHOLD: "Nisem jaz kriv, da človeštvo ne bo preživelo tega stoletja, zato naj svet rešujejo tisti, ki so ga spravili tako daleč." Kajmebriga!
JOE ORTON: A ta svet naj me briga? Raje se prepustim usodi. Hočem biti prva smet, ki jo odplaknejo valovi, ko se gladina vode dvigne dovolj visoko.
MAJERHOLD: Kljub temu boš jutri nadaljeval z zalivanjem vrta.

JOE ORTON: Bom kar zdaj. *Odide.*

Majerhold sede na kavč in seže po knjigi. Vstopi Elvira. Majerhold jo pogleda.

ELVIRA: Rada bi malo potarnala.
MAJERHOLD: A ti tudi?
ELVIRA: V dveh mesecih, kar si tukaj, me nisi enkrat vprašal, kako se počutim.
MAJERHOLD: Prenevarno se je zanimati za občutke drugih ljudi.
ELVIRA: Nisem vedela, da sem drugi ljudje.

Se počasi približa, sede poleg njega na kavč. Majerhold vstane.

MAJERHOLD: Mogoče se ti res zdim odmaknjen, ampak to je povezano s pomembnostjo projekta, ki ga izvajam na vrtu.
ELVIRA: Kumare in zelje gojiš.
MAJERHOLD: Kaj pa brokoli, krompir, cvetača, bučke, čebula, česen, stročji fižol? Paprika, paradiž?

Elvira vstane, gre k oknu, pogleda ven.

ELVIRA: Hišo si obdal z desetimi krogi nasadov. S popolnimi krogi, ki delujejo kot deset obročev, deset okopov, deset obzidij. Zaprl si nas v hišo in nas pripravil do tega, da ti služimo, da delamo zate, vkleščil si nas v svoj projekt, ampak ne zares, saj hočeš, da nič ne vemo, da ostanemo zunaj, še posebej jaz, ki me sploh ne pustiš do sebe, kot da bi imela nalezljivo bolezen ...

Premor.

MAJERHOLD: Kaj hočeš od mene?
ELVIRA: Nekoliko razumevanja.
MAJERHOLD: Ženske imate izjemen dar za preoblačenje banalnosti v romantične zgodbe. Ugotovil sem, da ni to, v kar bi me rada vpletla, nič drugega kot ... *išče besedo*

ELVIRA: Kaj?
MALEJRHOLD: Seks.
ELVIRA: Oh! ... Pa ne, da si pri svojih letih nedolžen?
MAJERHOLD: Saj nimam nič proti, če se poslovni dogovor razširi tudi na tovrstne transakcije. Dokler ostane vse skupaj razumsko, premišljeno. Na vseh področjih se najbolj obnese znanstven pristop.
ELVIRA: A res? Z znanstveniki imam bolj malo izkušenj.
MAJERHOLD: Ne razumeš.
ELVIRA *gre proti izhodu*: Za večerjo bo piščančja obara. Vem, da je ne maraš, ampak zmanjkalo mi je idej.
MAJERHOLD *odmahne*: Karkoli ... Karkoli.
ELVIRA *pri vratih*: Naslednji teden pa lahko skuham zelje. Te velikanske glave tam zunaj so iz dneva v dan debelejše.
MAJERHOLD *zgrožen*: Kaj si rekla?!
ELVIRA: Naredila bom sarmo. Všeč ti bo.
MAJERHOLD: Zelje z vrta?
ELVIRA: Zakaj pa ne, a so te zeljne glave svete, ali kaj?
MAJERHOLD: Prepovedujem ti, da se jih dotakneš.
ELVIRA: Oh, za božjo voljo, zveniš kot da ... Prav, v redu. Če jih hočeš vse od prve do zadnje prodati, pa daj.
MAJERHOLD: Kdo pravi, da jih nameravam prodati?
ELVIRA: Kaj pa lahko z zeljem drugega narediš?
MAJERHOLD: Za božjo voljo ...
ELVIRA: Lahko ga poješ, lahko ga prodaš. Ali pa dovoliš, da zgnije.
MAJERHOLD: A je res treba vsako stvar takoj dati v usta?
ELVIRA: Vsake že ne.
MAJERHOLD: A ne veš, kaj nas čaka?
ELVIRA *se ustavi pred ogledalom pri vratih*: Stara leta? Gube, usahla koža? Obžalovanje priložnosti, ki smo jih zamudili? *Se obrne in ga pogleda*. Ali zavrnili?

Nekaj časa se gledata. Nekdo potrka na vrata. Vstopi Konjevič.

KONJEVIČ: Opravičujem se, ampak fant me je poslal kar gor.
ELVIRA: Kdo pa ste?
KONJEVIČ: Konjevič. Mestni vodovod. Mi lahko poveste, kje je vaš vodomer?

Elvira in Majerhold se spogledata.

KOMEDIJA O KONCU SVETA

ELVIRA: Ne razumem, zakaj bi se Mestni vodovod zanimal za moj vodomer.
KONJEVIČ: Dobrih starih časov ni več, gospa. Res so v sosednji dolini pred kratkim imeli poplave, ki so odnesle pol vasi, ampak to ni isto kot voda, ki vam jo zaračunava mesto. In ki mogoče odteka v tla brez potrebe.
ELVIRA: O omejitvi porabe bi nas mesto moralo obvestiti.
KONJEVIČ: Mesto nima časa, da bi ljudi obveščalo o tem, kaj od njih zahteva. A vas policija obvešča, za katerim vogalom vas čaka radar?
ELVIRA: Tega ne pričakujem, saj nimam izpita.
KONJEVIČ: Gospa, nobena oblast ni razumna, zato ne zamerite, če se bom po službeni dolžnosti precej nerazumno obnašal še jaz. Nočem se izneveriti svojemu delodajalcu; živimo v časih, ko delovna mesta ne bingljajo na drevesu kot hruške.
ELVIRA: Mislim, da vodomera sploh ni. Vsaj jaz se ne spomnim, da bi ga videla.
KONJEVIČ: Nisem prišel preverjat vašega spomina, gospa. Prišel sem preverit porabo vode. Če me ne morete popeljati k napravi, bom moral uganiti, kje bi utegnila biti, in takole na pamet bi rekel, da je za tistimi vrati.

Pokaže proti vratom v shrambo.

ELVIRA: V shrambi pa že ne.
KONJEVIČ: Gospa, če bi vam povedal, kam vse si ljudje dajo montirati vodomer, mi ne bi verjeli. Ste prepričani, da ga ni tam? Kje pod posteljo?
ELVIRA: Kaj bi v shrambi počela postelja?
KONJEVIČ: Oh, če bi vam povedal, kaj vse si ljudje natlačijo v shrambe, bi rekli, da pretiravam. Lahko pogledam?
ELVIRA: Ne, ker so vrata zaklenjena.
KONJEVIČ: Smem vprašati, zakaj zaklepate vrata v shrambo?
ELVIRA: V hiši imam podnajemnike. Dobro veste, da ni mogoče nikomur zaupati. Časi so taki, da še zase ne vem, ali sem sposobna biti poštena.
KONJEVIČ: Pravilen odnos. Ključ imate verjetno vi.
ELVIRA: Zanesljivo je kje v hiši. Ne bi pa vedela, kje.
KONJEVIČ: Ne veste, kje je vodomer, ne najdete ključa; lahko bi pomislil, da mi skušate nekaj prikriti.
ELVIRA: Sem najbolj odkritosrčna ženska na svetu. To lahko potrdi gospod Majerhold.
KONJEVIČ *prvič po prihodu pogleda Majerholda*: Majerhold?
MAJERHOLD: Res je. Zakaj ne bi poiskali vodomera tam, kjer imate največ možnosti, da ga najdete? Recimo v pritličju? Blizu vhodnih vrat?

KONJEVIČ: Prej ali slej bom moral preveriti tudi shrambo. Ker sem že tukaj, bi si rad prihranil še eno pot po stopnicah. To je zame velik napor, sem srčni bolnik.
MAJERHOLD: Jaz osebno vam zagotavljam, da v shrambi ni vodomera.
KONJEVIČ *ga ignorira*: Boste prinesli ključ, gospa?

Elvira se obotavlja. Gre do vrat. Se obrne.

ELVIRA: In kaj boste naredili, ko najdete vodomer?
KONJEVIČ: Če se izkaže, da dela normalno, si bom zapisal stanje porabe in dobili boste račun. Če odkrijem nepravilnosti, pa mi službena dolžnost nalaga, da ravnam po svoji presoji. In potem se lahko začnemo pogajati.
ELVIRA: Ne vidim razloga, zakaj bi se pogajali o vodomeru, ko se lahko pogodimo že kar o ključu. Kakšna so vaša pričakovnja?
KONJEVIČ: To bi lahko razumel kot poskus podkupovanja uradne osebe.
ELVIRA: Vprašala sem, kakšna so vaša pričakovanja v zvezi z napitkom, s katerim vam lahko krajšam čas, dokler iščem ključ za vrata v shrambo, v kateri ni vodomera. Čaj ali kavo?
KONJEVIČ: Ne eno ne drugo. S temle gospodom bova udarila eno filozofsko debato, pa bo čas minil, kot bi mignil.
ELVIRA *se še enkrat ozre v ogledalo ob vratih*: Ja, saj. Čas ima navado, da mine, kot bi mignil. *Odide.*

7. prizor

Konjevič se posprehodi po sobi, si jo ogleda, se ustavi pri oknu, pogleda ven.

KONJEVIČ: Človek postane kar lačen, ko tole vidi. Še posebej kumare. Ogromne! In neverjetno sočne.
MAJERHOLD: Ste vegetarijanec?
KONJEVIČ: Kot mestni uslužbenec si ne morem privoščiti odstopanja od normale. Dunajski zrezek je moja najljubša jed.
MAJERHOLD: Zelo nezdravo, kot večina tega, kar počne mesto.
KONJEVIČ: Tudi uslužbenci smo samo žrtve muhaste oblasti, toliko bolj, ker smo hkrati njen izvršni organ. Zato pač moramo na trenutke ravnati po svoji vesti, v nasprotju z navodili. Naj to ostane med nama.

MAJERHOLD: Glede porabe vode ...
KONJEVIČ: Naj vas to ne skrbi, gospod Ebenšpanger. Bomo že uredili. Vi meni, jaz vam, pa smo vsi zadovoljni.
MAJERHOLD: Majerhold, ne Ebenšpanger.
KONJEVIČ: Ste prepričani?
MAJERHOLD: Zakaj ste mi rekli Ebenšpanger?
KONJEVIČ: Verjetno zaradi podobnosti z nekom, ki se piše Ebenšpanger. Oziroma se je pisal tako do nedavnega. Potem ko se je pred tem pisal Robnik. In še pred tem Konjevič.
MAJERHOLD: Konjevič se pišete vi.
KONJEVIČ: Tako sem rekel? Prava zmeda. Posledica manjše kapi, ki sem jo doživel pred kratkim. V resnici se pišem Novak.
MAJERHOLD: In ste res uslužbenec mestnega vodovoda?
KONJEVIČ: O tem se nikoli ne zmotim. O tem se kvečjemu zlažem, če okoliščine tako zahtevajo. Samo z imeni imam težave.
MAJERHOLD: Gospod Novak, torej.
KONJEVIČ: Mirno mi še naprej recite Konjevič, da ne bo zmeda še večja; recimo, da sem danes Konjevič, jutri pa spet Novak, ali morda kaj tretjega.
MAJERHOLD: In kdo je bil Ebenšpanger, ki bi mu naj bil podoben?
KONJEVIČ: Zanimiv možak. Izdelal je teorijo o krožnem toku denarja na svetovni ravni. Nekakšen finančni sistem verižnih pisem, ki bi zagotovil konvertibilnost vsem valutam in omogočil vsem državam po vrsti, tudi najrevnejšim, da dosežejo visoko stopnjo gospodarske rasti brez zadolženosti. Nekakšen monetarni perpetuum mobile.
MAJERHOLD: Dobra ideja.
KONJEVIČ: Genialna. Žal je njegov načrt ostal na papirju. Saj poznate politike. *Pogleda skozi okno.* Kakšno zelje! Kkašne bučke! Organsko pridelane? Gensko modificirane? Znanost je znanost, ni kaj.
MAJERHOLD: In kaj je še počel ta Ebenšpanger?
KONJEVIČ: Saj to veste, a ne?
MAJERHOLD: Kako bi vedel?
KONJEVIČ: Nekaj časa je bil zelo znan. Predvsem zato, ker so se iz njegove teorije vsi norčevali. Še zdaj imam doma spravljene članke.
MAJERHOLD: Izrezovali ste jih?
KONJEVIČ: Takrat sem bil mlad. Saj veste, kakšni smo na začetku življenja: navijamo za nove ideje, pa naj so še tako nore. Pozneje, v zrelih letih, kot se reče gnilobi, ki se ji nihče ne izogne, pa nas pograbi paranoja. Takrat na hitro sklenemo kompromis, da bi vsaj enkrat na teden imeli na mizi goveji zrezek.

MAJERHOLD: In postanemo uslužbenci mestnega vodovoda.
KONJEVIČ: Recimo.
MAJERHOLD: Če ste res to, in ne kaj drugega, ste zelo razgledani.
KONJEVIČ: Rad berem, to je res. Že leta izrezujem članke, da jih imam pri roki. O Ebenšpangerju hranim dva fascikla.
MAJERHOLD: Zakaj?
KONJEVIČ: Treba je biti pripravljen. Za primer, da se možakar spet pojavi pod kakšnim drugim imenom. Z novim projektom.
MAJERHOLD: Pripravljen v kakšnem smislu?
KONJEVIČ: Da se mu pridružim.
MAJERHOLD: Zakaj?
KONJEVIČ *zaupno*: Naj to ostane med nama, ampak kot uslužbenec mestnega vodovoda odkrivam, da sem bil v življenju za marsikaj opeharjen. Življenje je več kot to, sem si rekel že stokrat. Treba je biti velikopotezen, tvegati vse, se žrtvovati za plemenite ideje, služiti človeštvu.
MAJERHOLD: Ne več narodu?
KONJEVIČ: Kje pa živite? Zdaj je v modi človeštvo, zdaj je v modi vprašanje, ali bomo preživeli naslednjih petdeset let.
MAJERHOLD: In kaj mislite, bomo?
KONJEVIČ: Ravno zato bi rad srečal gospoda Ebenšpangerja. Oziroma Robnika. Že leta ga zasledujem. Je pa zmuzljiv, prava jegulja.
MAJERHOLD: Pred kom pa beži?
KONJEVIČ: Pred ljudmi, ki ga nočejo ali ne morejo razumeti.
MAJERHOLD: Čudno, da se potem sploh še trudi.
KONJEVIČ: Ne samo trudi, nekateri menijo, da pretirava. Izdelal je več načrtov za odstranjevanje toplogrednih plinov iz ozračja. Same genialne ideje. Masovno pogozdovanje opustelih površin s sadikami, ki bi jih znotraj kovinskih projektilov zabijali v tla iz letal.
Gozdovi, kot veste, vsrkavajo ogljikov dioksid in ga predelujejo v kisik.
MAJERHOLD: Vem.
KONJEVIČ: Ampak kakšna ideja! In ne samo ta. Tudi plankton, kot veste, vsrkava ogljikov dioksid. In ta gospod z več imeni je izdelal načrt za desetkratno pomnožitev planktona v oceanih. Kar bi v resnici stabiliziralo negativne učinke tople grede. Res pa je tudi, da bi pobilo večino rib.
MAJERHOLD: Raje manjše kot večje zlo.
KONJEVIČ: Me veseli, da razmišljate podobno kot Ebenšpanger Robnik Vehovar. Ki je med drugim izumil tudi plastične prevleke za ledenike. Prevleke bi odbijale sončne žarke in ledeniki bi se nehali topiti. Zamislite si genialnost te ideje, gospod Ebenšpanger!

MAJERHOLD: Majerhold.
KONJEVIČ: Seveda, opravičujem se. Ampak podobnost je res nenavadna. Ste prepričani, da nimate brata dvojčka?
MAJERHOLD: In zakaj je ta gospod kar naprej spreminjal ime?
KONJEVIČ: Da bi se izognil dolžnikom. Imel je veliko sponzorjev. Ko so projekti propadli, so zahtevali svoj denar nazaj. Nazadnje mu, zadolženemu na vseh koncih sveta, ni preostalo drugega, kot da se umakne v puščavo.
MAJERHOLD: A res?
KONJEVIČ: Novico o tem sem zasledil v rumenem tisku, ki ga redno prebiram. Po službeni dolžnosti seveda, ne zato, ker potrebujem dodatno izobraževanje. Seveda sem se takoj odločil, da ga poiščem.
MAJERHOLD: Ste ga našli?
KONJEVIČ: Brez težav. Žal mi niso dovolili, da bi se srečal z njim iz oči v oči.
MAJERHOLD: Kdo vam ni dovolil?
KONJEVIČ: Psihiatri. Puščava je bila mestna norišnica, če smem uporabiti politično nekorekten izraz. Tam je končal naš genij.
MAJERHOLD: S kakšno diagnozo?
KONJEVIČ: Ekološka paranoja. Zamislite si. In baje ni edini, ki boleha za to novo obliko mentalne iztirjenosti. Kar je toliko bolj nenavadno, ker sem pred kratkim gledal program na Discoveryju, v katerem so vse njegove izume natančno opisali in celo predstavili investitorje, ki jih nameravajo uresničiti.
MAJERHOLD: Ta svet je nor.
KONJEVIČ: Nimam kaj dodati.
MAJERHOLD: Poštenemu človeku skoraj ne bi smelo biti žal, da ga bo kmalu konec.
KONJEVIČ: Natanko tako. Po drugi strani ...
MAJERHOLD: Seveda. Zmeraj obstaja druga stran.
KONJEVIČ: Česar se dobro zaveda tudi naš duševni bolnik. Pobegnil je iz norišnice in se lotil novega projekta. Bogve kje, bogve kakšnega.
MAJERHOLD: Kako pa mu je uspelo pobegniti?
KONJEVIČ: Preoblekel se je v zdravnika, se od vseh poslovil, sedel v direktorjev avto in se odpeljal. In še mahali so mu vsi. Pojavlja se vprašanje, kdo je v resnici nor. On, ali tisti, ki naj bi ga zdravili.
MAJERHOLD: Je nevaren?
KONJEVIČ: Doslej ni kazal znamenj, da je nagnjen k nasilju. Ampak saj veste, kako je s tem. En dodatni pritisk, majcena stvar čez rob, pa tudi najmilejši človek seže po puški.
MAJERHOLD: Verjetno ga iščejo.

KONJEVIČ: Kdo?
MAJERHOLD: Policija.
KONJEVIČ: Policija ima pomembnejše delo, kot da lovi pobegle norce. Policija mora loviti voznike, ki pri omejitvi petdeset kilometrov na uro vozijo pet kilometrov več.
MAJERHOLD: Vi ste torej edini, ki ga zasledujete, kot ste rekli.
KONJEVIČ: To sem rekel?
MAJERHOLD: Da bi se mu pridružili.
KONJEVIČ: Oh, kaj bi tak genij počel z uslužbencem mestnega vodovoda? Zaradi dolgočasnega dela se na trenutke vdam sanjarijam; to je vse. Res pa je, da me ta gospod fascinira, naravnost obseda. In enkrat se bova srečala, o tem ne dvomim.
MAJERHOLD: In potem?
KONJEVIČ: Potem –

Vstopi Elvira.

ELVIRA: Žal mi je, ampak ključa ne najdem nikjer. Morali boste vlomiti v shrambo. Če vodomera ne najdete, bom takoj poklicala policijo in vložila tožbo za odškodnino.
Mesto se valja v denarju, ki ga pod pretvezo pobiranja davkov krade nedolžnim ljudem, zato bom zahtevala milijon.
KONJEVIČ: Spoštovana gospa, z veseljem bi vlomil v vašo shrambo, že zato, da vidim, kdo prebiva za tistimi vrati. Žal se je *pogleda na uro* pred eno minuto iztekel moj delovni čas. Vloma torej ne bi zagrešil kot mestni uslužbenec ampak kot fizična oseba. To pa je kaznivo dejanje. Seveda s tem zadeve ni konec, vrnil se bom. *Se obrne k Majerholdu in se nalahno prikloni.* Gospod Ebenšpanger ...

Se obrne k Elviri in se prikloni nekoliko globlje.

Gospa ... *Odide.*

ELVIRA: Kako prijazen gospod.
MAJERHOLD: Popolnoma nor.
ELVIRA: Že mora biti, če te kliče Ebenšpanger. *Ga pogleda.*

Zatemnitev.

KOMEDIJA O KONCU SVETA

Drugo dejanje

8. prizor

Majerhold sedi v naslonjaču in nekaj skicira. Mizica je prekrita s časopisnim papirjem. Elvira vlaga papriko v steklene posode. Tri so že polne, četrto pravkar zapira.

Najprej v temi poslušamo radio: "... kajti dejstvo je, da poklici izginjajo in bodo kmalu tako arhaični kot so srednjeveška posestva. V bližnji prihodnosti bodo za nas večino del opravljali stroji; od njih bomo odvisni, tako kot so naši predniki bili odvisni od divjih živali. Večina delovne sile je že zdaj odveč. Razvila se je nadomestna ekonomija psihoterapij, dizajnerskih religij in duhovnih butikov, katere edini namen je zabavanje nožic, ki nimajo kaj početi. V senci za njo stoji industrija mamil in spolnih uslug. Zdi se, da se že danes polovica ljudi preživlja tako, da zabava drugo polovico ljudi ..." *Med poročilom se oder postopoma osvetli.*

Elvira vstane in izklopi radio.

ELVIRA: Veseli me, da kot delovna sila še nisem odveč. *Glasno*. Joe, pridi in odnesi te paprike v shrambo!
JOE ORTON *pride iz svoje sobe, naježen*: Kam je izginila moja trava?
ELVIRA *z očmi poblisne po Majerholdu*: Trava je spodaj na vrtu, čeprav je ni ostalo kaj prida. Trave menda ne nosiš v sobo.
JOE ORTON: Ne delaj se bolj neumno, kot si.
ELVIRA: Kaj si bo gospod Majerhold mislil o tvojih možganih, če res kradeš travo na vrtu in jo nosiš v sobo, da bi se tam posušila v seno?

JOE ORTON *dvigne eno od steklenih posod*: Kaj si bo gospod Majerhold mislil o *svojih* možganih, ko mu na glavi razbijem steklenico njegovih eko-pridelanih paprik?

ELVIRA: Joe Orton, tvoj vizum je pravkar potekel, novega pa ne bom izdala.

Joe Orton še nekaj časa drži posodo s papriko nad Majerholdovo glavo. Majerhold se za to ne zmeni in mirno skicira naprej. Joe Orton is naposled premisli in odloži posodo na mizico.

JOE ORTON: On jo je vzel, a ne, oni z mestnega vodovoda?

ELVIRA: A je to iz drame, ki jo ravnokar pišeš?

JOE ORTON: On je stikal po hiši. Pa ne zato, da bi našel vodomer. Že na daleč se mu je videlo, da je špicelj.

ELVIRA: Gospod Konjevič sploh ni vstopil v tvojo sobo. Je pa obljubil, da se bo vrnil.

JOE ORTON: In medtem me je gospod Majerhold prijazno prijavil. *Se skloni proti Majerholdu.* A ne?

ELVIRA: Ne pozabi, da govoriš s svojim delodajalcem.

JOE ORTON: Bivšim. Pravkar sem dal odpoved.

Majerhold vstane, odloži blok in svinčnik na sedež, stopi do kavča, se spusti na kolena, seže mimo Elvirinih nog pod kavč in izvleče kartonsko škatlo. Vstane, odpihne prah z nje, jo izroči Ortonu. Ta sname pokrov in pogleda v škatlo. Zapre pokrov.

JOE ORTON: Kako je ta škatla prišla pod kavč?

MAJERHOLD: Skril sem jo, ker sem vedel, da bo prej ali slej prišel kdo vohljat po hiši, in nisem hotel, da jo najde v tvoji sobi.

ELVIRA: Zahvali se gospodu Majerholdu za skrb.

JOE ORTON *zmeden*: Ne vem, kaj naj rečem.

ELVIRA: Običajno se reče hvala.

JOE ORTON: Nisem vajen, da bi kdo kaj naredil zame.

MAJERHOLD: Nisem hotel ostati brez delavca.

JOE ORTON: No, potem mi tudi hvala ni treba reči.

ELVIRA *vstane*: Jaz odločam o tem, kaj boš rekel. In če te mika še kakšen dopust na rivieri, od koder se vsakič vrneš poživljen in zadovoljen s svetom ne glede na to, kakšen je, boš gospodu Majerholdu ponudil roko in rekel: hvala, gospod Majerhold. Hvala, da ste mi prihranili mesec dni za zapahi ali celo kaj hujšega.

KOMEDIJA O KONCU SVETA

JOE ORTON: Nič takega ne bom rekel.

ELVIRA: Potem pa reci: zbogom, Elvira, in hvala, ker si bila prijazna do mene, dokler ti nisem dokazal, da si tvoje prijaznosti ne zaslužim.

JOE ORTON: Položil bom škatlo nazaj pod kavč; tam bo še najbolj na varnem.

Se skloni.

ELVIRA: Joe Orton!

JOE ORTON *se vzravna*: Hvala, gospod Majerhold, ker ste poskrbeli za stvar, ki jo moram razpečavati po mestu, da lahko vsak mesec poravnam najemnino!

ELVIRA: Hrana in stanovanje nista med stvarmi, ki so v tej hiši zastonj. Če ti aranžma ne ustreza, lahko spakiraš kar zdaj, z gospodom Majerholdom bova že preživela.

MAJERHOLD: Kar meni daj škatlo, jo bom jaz dal nazaj.

JOE ORTON: Saj lahko sam.

Se spusti na kolena, da bi porinil škatlo pod kavč. Se zastrmi v prostor pod kavčem. Odloži škatlo na tla, porine roko globlje pod kavč in izvleče puško. Vstane in jo potežka.

ELVIRA: O Bog nam pomagaj! Kdo ti je dovolil prinesti to stvar v hišo?! Saj mu niste vi, gospod Majerhold?

MAJERHOLD: Daj mi puško, Joe.

JOE ORTON: Takna lepa igrača kar prosi, da se z njo nekdo poigra. Dvomim, da ima njen lastnik dovoljenje zanjo. In če ga nima, je puška skupna last.

ELVIRA: Joe, vrni puško gospodu Majerholdu.

JOE ORTON: Odpri okno, Elvira.

Elvira pogleda Majerholda, ki pokima. Elvira odpre okno, se takoj umakne. Joe Orton se približa oknu in pomeri skozenj.

ELVIRA: Joe, težav imamo že zdaj preveč.

JOE ORTON: Komu bomo preluknjali glavo? Cvetači? Buči? Ali bomo raztreščili glavo zelja? Ne, paradižnik. Da bo tudi krvavo, ne samo razmesarjeno.

Pritisne na sprožilec. Slišimo klik. Joe, presenečen, pritisne še enkrat. Rezultat je enak. Majerhold je medtem iz hlačnega žepa potegnil pištolo in jo uperil v Ortona. Joe se obrne in strmi v pištolo.

KOMEDIJA O KONCU SVETA

MAJERHOLD *iztegne roko*: Puško.

Joe Orton mu brez ugovora izroči puško. Majerhold jo porine nazaj pod kavč. Vzravna se in s pištolo ponovno pomeri v Ortona.

ELVIRA: Sem vedela, da bo šlo nekaj narobe, vso noč me je tlačila mora.
MAJERHOLD: Zdaj pa obljubi, da se puške ne boš več dotaknil.
JOE ORTON: Elvira, v hišo si vzela kriminalca! *Se ritensko umika proti sobi.*
ELVIRA: Gospod Majerhold je blag človek milega srca, ki nam skuša zagotoviti prihodnost.
MAJERHOLD: Dvigni prste in reci: prisežem, da se puške ne bom več dotaknil.
ELVIRA: Joe, samo po zaslugi gospoda Majerholda še nisi v zaporu.
JOE ORTON: Bo pa kmalu tam on, če mi ne neha groziti.

9. prizor

Nekje zadaj se sliši ropot.

KONJEVIČ *na hodniku*: Halo ... Kje pa ste?

Vstopi sekundo za tem, ko je Majerhold porinil pištolo nazaj v žep.

Sem mislil, da vas bom našel na vrtu, vse tri, pri zalivanju vaše bujne rasti.

ELVIRA: Zdaj je pa shramba odklenjena in si jo lahko ogledate brez nadaljnjega.
KONJEVIČ: Hvala, gospa, sem si jo že. Spodaj v pritličju, v svežem prizidku, kjer nameravate hraniti zelenjavo z vrta, vloženo v steklenih posodah, za hude čase, ki so pred nami. Se motim?
ELVIRA: Menda smo upravičeni do ozimnice.
KONJEVIČ: Seveda. Poleg tega previdnost nikdar ni odveč. Že kmalu se lahko zgodi, da bo zmanjkalo goriva za transport, na policah v megamarketih bo zazijala praznina, zavladala bo splošna panika. Vi pa boste tukaj kot trije golobčki zadovoljno sesali vložene kumarice in nestrpno čakali na večerjo, ko se boste lahko nabasali s sarmo.
ELVIRA: Je s tem kaj narobe?
KONJEVIČ: Samo po sebi ne, gospa. Ni pa ušlo moji pozornosti, da vrt zdaj obdaja tri metre visoka ograja. Z železnimi vrati, ki sem jih moral preplezati, ker so zaklenjena. Vi se pripravljate na obleganje.

ELVIRA: Kaj ima s tem mestni vodovod?
KONJEVIČ: Ne delam več zanje. Kar tako, brez razloga, so me vrgli na cesto.
ELVIRA: In zdaj?
KONJEVIČ: Na srečo se me je usmilila policijska uprava. Saj veste, da je tam dobrodošlo vse, kar leze in gre.
ELVIRA: Torej ste kaj, policist?
KONJEVIČ: Delam na oddelku za posebne preiskave. Povezane s primeri, ki bi utegnili ogroziti državno varnost.
ELVIRA: Potem ne vem, zakaj ste prišli nazaj. Ogroženi smo mi, s strani države.
KONJEVIČ: Prišel sem, in naj to ostane med nami, iz osebnih razlogov. Že dolgo mi nekaj ne da miru, in tej stvari bi rad prišel do dna. *Pogleda Majerholda.*
JOE ORTON: In kaj je ta stvar?
KONJEVIČ: Rad bividel, v katero smer piha veter. Da se temu ustrezno obrnem. Živimo v časih, ko se splača samo še oportunizem.
JOE ORTON: Je bilo kdaj drugače?
KONJEVIČ: Oh, ti si še mlad, ampak imeli smo ideale, a ne, gospod Konjevič? Verjeli smo v napredek.
ELVIRA: To je gospod Majerhold. Konjevič ste vi.
KONJEVIČ: Jaz sem Novak, gospa, ne spomnim se, da bi se kdaj predstavil kot Konjevič, čeprav to ni izključeno. Na policiji sem zaposlen kot Novak, to lahko potrdi sam direktor.
To pa je seveda gospod Ebenšpanger; sploh mi ni jasno, zakaj sem mu rekel Konjevič.
ELVIRA: To je gospod Majerhold.
KONJEVIČ: A res? No, vi že veste, navsezadnje žena mora vedeti, kako se piše njen mož, a ne, gospa Majerhold?
ELVIRA: Gospod Majerhold je moj podnajemnik.
KONJEVIČ: Kdo pa je lastnik vrta?
ELVIRA: Jaz sem lastnica, ampak vrt je del podnajemne pogodbe, zato je vse, kar na njem raste, njegovo.
KONJEVIČ: Vključno s papriko v teh steklenih posodah?
ELVIRA: Tudi posode so njegove, on jih je kupil.
KONJEVIČ: Gospod Majerhold je očitno zelo premožen. Predvsem pa ima genialne ideje. Blagor vsem, ki uživajo njegovo zaščito. *Pogleda skozi okno.* Nikoli vam ne bo zmanjkalo hrane. Vprašanje je le, ali ste postali samozadostni prezgodaj ali prepozno.
ELVIRA: Ne razumem.

KOMEDIJA O KONCU SVETA

KONJEVIČ: Optimistu ne bi nikoli prišlo na misel, da se izloči iz družbe, si najde dva talca, zaseže enemu zemljo in drugega z izsiljevanjem prisili v tlačanski odnos, se obda z visoko ograjo, kot da so Turki oddaljeni samo še nekaj hoda.
JOE ORTON: In kaj bi naredil pesimist?
KONJEVIČ: Rekel bi si, da bo rešitev, tudi če se bo našel kdo, ki jo bo skušal zares poiskati, prišla prepozno. In bi takoj najel ali kupil kos zemlje, na katerem bi zasadil osnovne stvari, ki so potrebne za preživetje, in ta kos zemlje bi obdal z visoko ograjo, morda z električno žico.
Predvidevam, da gledate televizijo.
ELVIRA: Nismo dovolj premožni, da bi si jo privoščili.
KONJEVIČ: No, potem berete časopise. Nekaj jih imate na mizi.
ELVIRA: Ti so stari pet let.
KONJEVIČ: Tako ali drugače, v Ameriki ljudje že nekaj časa množično zapuščajo velemesta, kjer bo pomanjkanje hrane in vode terjalo prve žrtve. Selijo se v odročne kraje na podeželju, kjer si postavljajo kolibe in se lotevajo poljedelstva. V upanju, da jih milijoni sestradancev, ko se bodo odpravili iskat hrano, ne bodo našli že prvi dan.
ELVIRA: Američani so znani po tem, da se jih takoj loti panika.
KONJEVIČ: Trgovine z orožjem beležijo visoke dobičke. Ljudje vedo, da bodo morali svoje nasade braniti. V Ameriki je to zakonito, seveda. Nisem pa prepričan, da tudi pri nas. Pravzaprav ni. Kot najbrž veste. Zato pri nas strelno orožje ne more viseti na kavlju ob vratih, ampak mora biti skrito v omari. Ali, še bolje, pod posteljo. Ali, v vašem primeru, pod kavčem.

Naredi korak proti kavču. Majerhold izvleče pištolo in jo uperi v Konjeviča. Pomigne Ortonu. Ta se spusti na kolena, izvleče puško, vstane in jo uperi v Konjeviča.

ELVIRA: Bojim se, da bom vsak hip omedlela.
KONJEVIČ: Čestitam, gospod Ebenšpanger. Prehiteli ste me.
MAJERHOLD: Sedite, gospod Novak. Kar tja, v naslonjač. Mogoče se pod kavčem skriva celo kakšna bomba.
KONJEVIČ *sede v naslonjač*: Grožnje niso potrebne, gospod Vehovar, o vsem se lahko sporazumeva kot prijatelja.
MAJERHOLD: Natanko to sem imel v mislih. Seveda računam na vaše sodelovanje.
KONJEVIČ: Če to izključuje zalivanje vrta, sva že napol zmenjena.
MAJERHOLD: Bi kozarec vina, mogoče? Viski? Zeleni čaj?

113

KOMEDIJA O KONCU SVETA

KONJEVIČ: To bi utegnilo imeti neugodne posledice za moje srce.
MAJERHOLD: Kakor želite.
KONJEVIČ: Bi pa z veseljem pokadil nekaj tiste trave, ki jo skrivate v zeleni škatli pod kavčem. Od tukaj je kar lepo vidna, zadnji uporabnik je ni porinil nazaj dovolj daleč. Zelo neprevidno. Povedal sem, da se bom vrnil.
MAJERHOLD: To ste povedali kot uslužbenec mestnega vodovoda, ne kot policaj, ki skrbi za državno varnost.
KONJEVIČ: Časi so taki, da človek nikoli zanesljivo ne ve, za koga dela in kaj so njegove dolžnosti.
MAJERHOLD: Joe, odloži puško in gospodu Novaku zvij cigareto.
JOE ORTON: Ne bom mu dal svoje najboljše trave! Razen če zanjo plača. Niti Elvira je ne dobi zastonj.
MAJERHOLD: Ampak ona plačuje v naravi, česar verjetno ne pričakuješ od gospoda Novaka.
JOE ORTON: Prav zato mu je ne morem dati zastonj.
MAJERHOLD: Gospod Novak je naš gost.
JOE ORTON: Ohhhrrr ...

Odloži puško, potegne škatlo izpod kavča, začne zvijati cigareto.

ELVIRA: Mogoče bi gospoda Novaka razveselila masaža ramen.
KONJEVIČ: Ker sem že tukaj in ste vsi tako prijazni do mene, bi se moja ramena gotovo razveselila ženskih rok. Da le ne bo kdo ljubosumen!
ELVIRA: V tej hiši smo opravili z nezrelimi čustvi. Razen gospoda Ortona, ampak tudi on bo kmalu sprevidel, da je treba živeti v realnem svetu.

Elvira stopi za naslonjač in začne Konjeviču masirati ramena.

KONJEVIČ: Uhhhh ... Morali bi odpreti masažni salon.
ELVIRA: Vse to je za mano, gospod Novak. Pametna ženska ve, kdaj se je dobro umakniti iz igre.
KONJEVIČ: Ritem vašega gnetenja me napeljuje na misel, da sva se enkrat že srečala.
ELVIRA: Ne bi me presenetilo. Vsi se na neki način poznamo, a ne, svet je veliko manjši, kot si predstavljamo.
KONJEVIČ: Vedno sem si želel spoznati žensko, ki bi znala, četudi po golem naključju, povedati kaj tako bistroumnega.
ELVIRA: Preveč ste prijazni, gospod Konjevič.

KOMEDIJA O KONCU SVETA

KONJEVIČ: Novak.

Joe je zvil cigareto. Ponudi jo Konjeviču, ki si jo vtakne v usta in čaka, da mu jo Joe prižge. Joe iz žepa potegne vžigalnik in to stori. Konjevič globoko potegne dim vase.

JOE ORTON: Pravi užitek, videti policaja, kako kadi travo. Kje imaš fotoaparat, Elvira? Nikoli ne veš, kdaj nam bo prav prišlo dokazno gradivo.
KONJEVIČ: Nisem najbolj fotogeničen.
MAJERHOLD: Tako, zdaj pa moram zabavo prekiniti in preusmeriti pogovor od bistvenega k nepomembnim podrobnostim. Joe, vzemi puško in če gospod Novak naredi kakršno koli sumljivo kretnjo, ga ustreli v koleno.
JOE ORTON *vzame puško in jo uperi v Konjeviča*: Ne znam dobro ciljati, bom kar ustrelil. Kam ga zadenem, naj bo stvar božje volje.
ELVIRA: Gospod Novak, bi radi, da nadaljujem z masažo, ali se boste posvetili kajenju?

Konjevič se začne divje daviti. Elvira ga s pestjo tolče po hrbtu.

JOE ORTON: Naj to razumem kot sumljivo kretnjo? *Dvigne puško.*
ELVIRA: To je kašelj, Joe, ne vem, zakaj te tako srbijo prsti. Najprej moramo izvedeti, kdo gospod Novak je, in kaj hoče.

Majerhold stopi za naslonjač, odrine Elviro in silovito udari Konjeviča po hrbtu. Konjevič neha kašljati, se nasloni nazaj in zaprtih oči obmiruje.

ELVIRA: Gospod Novak? *Potrese Konjeviča za rame. Ta se ne odzove.* A je mogoče, da se človek zadavi z lastnim kašljem?
JOE ORTON: Policija je vsega sposobna. *(Potegne napol pokajeno cigareto Konjeviču iz roke.)* Ves čas sem vedel, da nam bo skušal naprtiti truplo.

Pritisne tleči del cigarete Konjeviču ob dlan.

KONJEVIČ *plane pokonci in poskakuje po sobi*: Aaaahhhhhh ... Aaaaaaah ...
ELVIRA: Še dobro, saj ga ne bi imeli kje zakopati.
JOE ORTON: Lahko bi ga uporabili kot gnojilo.
KONJEVIČ: Gospod Ebenšpanger, nisem pričakoval, da ima človek vašega kova smisel za humor, kakršnega bi se sramoval petletni otrok.

KOMEDIJA O KONCU SVETA

ELVIRA: Ne razburjajte se, gospod Novak, sedite lepo nazaj v naslonjač, pa vam še enkrat zmasiram ramena.
KONJEVIČ: Hvala, gospa, ampak razmere so take, da bi se raje vrnil kdaj drugič. Na svidenje, gospod Ebenšpanger.
MAJERHOLD: Sajaj nikamor ne greste.
KONJEVIČ: Moja radovednost me je zanesla predaleč, doletela me je zaslužena kazen, spokoril sem se in bi se rad poslovil.
MAJERHOLD: Najprej moramo ugotoviti, kaj boste storili na drugi strani železne ograje.
KONJEVIČ: Sem človek šibkega, vendar dobrega srca, niti pomislil ne bi na to, da vam kakorkoli škodujem.
MAJERHOLD: Lahko ste, recimo, še vedno uslužbenec mestnega vodovoda. In bi dosegli, da nam odklopijo vodo. Vrt bi se posušil in mi bi od gladu umrli. Tisto o policiji ste si kratko malo izmislili, kar priznajte.
KONJEVIČ: Naredil bom izjemo, ki mi jo pravilnik sicer prepoveduje.

Izvleče kartico v usnjenem ovitku in jo izroči Majerholdu. Ta si jo ogleda.

MAJERHOLD: Povedali ste resnico. Z eno izjemo. Tukaj piše Konjevič, ne Novak.
KONJEVIČ: A res? Nisem opazil. Gotovo pomota. Saj veste, koliko neumnosti zagreši policija. Morda sem kriv tudi sam, ker jim nisem povedal, kako se pišem v resnici.
MAJERHOLD: In kako se v resnici pišete?
KONJEVIČ: Ebenšpanger. Tako kot vi.

Premor. Konjevič in Majerhold se gledata.

MAJERHOLD: Jaz se pišem Majerhold.
KONJEVIČ: Prav. Bodite od zdaj naprej Majerhold, jaz bom pa Ebenšpanger. Pa sva rešila vsaj en problem. Velja?
MAJERHOLD: Velja. Joe Orton pa je od zdaj naprej Konjevič, uslužbenec posebnega oddelka policije. *Izroči kartico Ortonu.*
JOE ORTON: Levitev kriminalca v policista je včasih presentljivo kratka. *Zadovoljno si porine kartico v žep.* Uuuh, kaj vse si bom s tem privoščil!
ELVIRA: Lahko me boš peljal na kak policijski žur, tam se zbere veliko postavnih možakarjev.
JOE ORTON: A ste slišali, gospod Majerhold? Ta ženska ne more iz svoje kože. *Elviri* Prvega, ki se ti približa, bom aretiral.

KOMEDIJA O KONCU SVETA

KONJEVIČ *zaupno*: Med nama rečeno, gospod Majerhold, pri izbiri družbe za svoj rajski vrt niste imeli srečne roke. Upam, da izbor ni dokončen in je na voljo še kakšno mesto. Če slučajno potrebujete koga, da vzdržuje red.
MAJERHOLD: O vaši ponudbi se mora posvetovati tročlanski odbor.
KONJEVIČ: Predlagam, da opravite ta posvet v moji odsotnosti. Po odgovor se vrnem jutri popoldne. *Se napoti k vratom.*
JOE ORTON *s puško pomeri v Konjeviča*: Kam pa greste?
KONJEVIČ: Stavim, da v v tej puški ni nabojev.
MAJERHOLD: So pa v tej pištoli. *Pomeri v Konjeviča.* Sedite nazaj v naslonjač, gospod Ebenšpanger.

Konjevič se vrne, sede v naslonjač.

MAJERHOLD: Joe, kje imaš lepilni trak?

Joe Orton odloži puško, se skloni in izpod mizice potegne širok lepilni trak.

KONJEVIČ: Kaj vse pa imate tam spodaj?
MAJERHOLD *Ortonu*: Daj. Saj si že videl v filmih.
JOE ORTON: Preden je Elvira zastavila televizor. A ga lahko dobimo nazaj? Postaja mi dolgčas. Tukaj se nič ne dogaja.

Prilepi začetek lepilnega traku ob stranico naslonjača in ga zvije okrog Konjevičevih prsi. Potem začne Konjeviča zaotavati v naslonjač.

KONJEVIČ: Lahko bi protestiral, a tudi to smo že videli v filmih. Zato bom kar tiho.
JOE ORTON *mu potegne trak čez usta*: Najbolje.

Zatemnitev.

10. prizor

Konjevič v naslonjaču, popolnoma prevezan z lepilnim trakom.

V temi poslušamo radio: "...vrednot pa ne razvijamo in jih ne krepimo samo zaradi njih samih, ampak zato, da bi bolj polnokrvno in bolj smiselno živeli. Polpretekla zgodovina nas je naučila, da je res mogoče v imenu skupnosti nesmiselno umirati, hkrati pa smo začeli pozabljati, da posameznik zunaj skupnosti smiselno ne more živeti. Se pravi, da je posameznik z izbrano skupnostjo zapleten v nelahko razmerje, v katerem nenehno potekajo procesi identifikacije ..." *(Med poročilom se oder postopoma osvetli.)*

Majerhold, Joe Orton in Elvita vstopijo s hodnika. Joe ugasne radio.

JOE ORTON: Bla bla bla.
ELVIRA: Ste se imeli lepo, gospod Konjevič?
JOE ORTON: Prijetne sanje? Moje so ponavadi divje, kadar pokadim cigareto. A bi še eno?

Konjevič grči in se zvija.

ELVIRA: Mislim, da bi gospod rad nekaj povedal.

Majerhold pomigne Ortonu. Ta sname trak s Konjevičevih ust.

KONJEVIČ: Vso noč ste me pustili samega!
ELVIRA: Res je, v tej hiši smo bili vedno obzirni.
KONJEVIČ: In ta prekleti radio se je vključil kar sam!
ELVIRA: Poleg tega smo si tudi sami morali odpočiti.
KONJEVIČ: V vaši spalnici? Vsi trije skupaj?
ELVIRA: Gospod Majerhold se je na začetku upiral. Potem se je začel kujati Joe, ki še ni sprejel, da je treba dobre stvari deliti z drugimi. Kaj hočete, mlad je še. Na koncu smo se sporazumeli.
KONJEVIČ: Name pa niste pomislili.
ELVIRA: Nasprotno. Jaz sem trikrat predlagala, da bi vas povabili dol, pač glede na to, da ste gost. Ampak ta dva gospoda sta bila trmasto proti.
KONJEVIČ: Hočem reči, da niste pomislili, da mogoče ne morem dihati in se bom zadušil!
ELVIRA: Kaj želite za zajtrk? Ocvrta jajčka, žemljico z marmelado?
KONJEVIČ: Hočem oditi.
ELVIRA: Všeč ste nam, gospod Konjevič, zato bi vas do nadaljnjega zadržali.
KONJEVIČ: Pa ne z lepilnim trakom pripetega v naslonjač!
ELVIRA: Zakaj ne?
KONJEVIČ: Še po nosu se ne morem popraskati!

KOMEDIJA O KONCU SVETA

ELVIRA: Joe, popraskaj gospoda Konjeviča po nosu.
KONJEVIČ *Ortonu*: Pljunil bom vate, če se približaš.
JOE ORTON: Ne morem verjeti! Človeku šenkaš najboljšo travo vseh časov, in kaj dobiš v zahvalo!
KONJEVIČ: Dehidriran sem!

Majerhold pogleda Elviro.

ELVIRA: Služabnica v lastni hiši. Sama sem kriva. *Odide.*
MAJERHOLD: Tako, zdaj smo sami. Kdo ste v resnici, in kaj vas je prineslo v to hišo?
KONJEVIČ: Osvobodite me, da si razgibam sklepe in naredim nekaj počepov, pa boste izvedeli stvari, o katerih se vam niti ne sanja.
MAJERHOLD: Joe, odstrani lepilni trak in dovoli gospodu, da naredi pet počepov.
JOE ORTON: Pobegnil bo!
MAJERHOLD: Ne verjamem. *Izvleče pištolo.*

Joe Orton stopi h Konjeviču in mu odstrani lepilni trak. Konjevič se s težavi dvigne, se pretegne, naredi nekaj počepov. Vstane, naredi nekaj zamahov z rokami.

JOE ORTON: A zdaj bomo pol ure gledali, kako telovadi?
KONJEVIČ: Bi lahko pokadil še malo tvoje izvrstne trave? Tako bo moja izpoved, ki se ji očitno ne morem izogniti, bolj tekoča.
MAJERHOLD: Najprej izpoved.
KONJEVIČ: Kruti ste, ampak saj si drugega ne zaslužim. Natrapal sem vam toliko oslarij, da se bom kesal do konca življenja.
MAJERHOLD: Čimprej do bistva.
KONJEVIČ: Potrebujete menedžerja, gospod Ebenšpanger.
MAJERHOLD: Prvič slišim.
KONJEVIČ: To, kar ste tukaj ustvarili, naravnost kliče po marketingu. Res je svobodni trg spravil svet na kolena, in mu jih za povrh še zdrobil, vendar to ne pomeni, da nam ne more olajšati zadnjih zdihljajev.
JOE ORTON: Hodili ste na večerni tečaj filozofije! Zato se mi zdite znani.
KONJEVIČ: Znan se ti zdim, ker sem od tebe že nekajkrat kupil travo.
JOE ORTON: Stranke imam na poimenskem seznamu. Na njem ni niti Konjeviča niti Novaka.
KONJEVIČ *iz žepa izbrska kos papirja*: A na temle?

119

KOMEDIJA O KONCU SVETA

JOE ORTON: Od kod vam to? Vrnite mi!
KONJEVIČ: Ti pa meni ponarejeno izkaznico direktorata policije. *Iztegne roko.*
JOE ORTON *Majerholdu*: A ga lahko obrcam?
MAJERHOLD: Pozneje.

Vstopi Elvira z veliko ročko vode. Konjevič jo pograbi in pije, dokler je ne izprazni. Vrne ročko Elviri.

ELVIRA: A sem prišla v nepravem trenutku?
KONJEVIČ: Ne ne, gospa Silvana, ravno pravi čas, da slišite moj poslovni predlog.
ELVIRA *se zdrzne*: Kako veste, da mi je ime Silvana?
KONJEVIČ: Nič več, gospa Elvira. Silvana ste bili v časih, preden ste se upokojili, da bi preostanek svojih let preživeli meščansko spodobno. Čeprav je ta hiša zgolj približek tega, kar ste imeli v mislih. Prej sem zgolj bežno namignil, zdaj pa lahko povem, da sem bil kar nekajkrat vaša stranka.
ELVIRA: Zakaj ste prišli?
KONJEVIČ: Da bi vam razbil iluzije, ki bi vas prej ali slej pokopale.
ELVIRA: Za koga delate?
KONJEVIČ: Zase, gospa Elvira. V teh časih samo še bedaki delajo za druge. Pa ne, da sem vam povedal kaj novega?
JOE ORTON *pograbi puško in jo uperi v Konjeviča*: Dovolj, dovolj, dovolj! *Uperi puško v Konjeviča.*
KONJEVIČ: V tej puški ni nabojev.
JOE ORTON: A da ne?

Obrne puško proti stropu in ustreli. Strahovit pok. Vsi so šokirani, še najbolj Joe Orton.

KONJEVIČ: Bom nekaj povedal, če smem.
JOE ORTON *obrne puško proti njemu*: Najprej bom jaz povedal, *kaj* nam boste povedali.
KONJEVIČ: Povedal bom, kar sem hotel povedati, preden si me prekinil.
JOE ORTON: Karte so se premešale, zdaj postavljam vprašanja jaz.
ELVIRA: Gospod Majerhold, zakaj ste pospravili pištolo, ko je Joe Orton pograbil puško?

KOMEDIJA O KONCU SVETA

MAJERHOLD: Hotel sem mu dovoliti majhen izgred. Čutil sem, da ga potrebuje. Ponoči je izgubil nekaj svoje samozavesti, pa jo mora na neki način nadoknaditi. Najlaže tako, da maha po zraku z veliko puško.

Joe Orton obrne puško proti Majerholdu in se pripravi, da bi pritisnil na petelina. Se nenadoma sključi, vrže puško na tla, sede v naslonjač, si pokrije obraz z dlanmi in zahlipa.

Elvira sede na rob naslonjača, objame Ortona čez rame, ga boža po glavi kot otroka.

ELVIRA: Saj bo v redu, moj miškolin, mama Miška nikoli ni bila nezadovoljna s teboj, Oprosti mi za vse, kar sem ti kdaj grdega rekla.

Ortonovo hlipanje počasi pojenjuje.

KONJEVIČ: Mladina se je pomehkužila, ne zna več stati pokonci. Svet pa vendarle potrebuje krepke zamahe, bolj kot kdajkoli. Mladina si ustvarja majhne zgodbe, zgodbice, pa še to ne. Brezvezno drkanje po facebooku, s tem si tešijo dušo.
ELVIRA: Joe sploh ni na facebooku, internet uporablja samo za pornografijo! Pa še to ne vsak dan.
KONJEVIČ: Majhen raj je edino, kar so sposobni ustvariti. Trenutek ekstaze, trenutek pozabe, trenutek olajšanja. Nekaj, česar ni mogoče z nikomer deliti. Majhna, podla sebičnost, to so njihove zgodbe. Vi, gospod Ebenšpanger, pa ste ustvarili veliko zgodbo v tradiciji velikih zgodb. Velik, enkraten vrt, v katerem ne gre za bežne užitke, ampak za preživetje človeške vrste.
MAJERHOLD: Svet onkraj ograje me je nehal zanimati.
KONJEVIČ: Odlično! S tem, ko ste svetu obrnili hrbet in se kot rešilne bilke oklenili svoje sebičnosti, ste si zagotovili najidealnejšo možnost za rešitev sveta.
MAJERHOLD: Čedalje bolj se pogrezate v protislovja.
KONJEVIČ: Izdelali ste prototip vrta, ki ga lahko prodate vsakomur na zemeljski obli. Deset vrst znanstveno pridelane zelenjave, ki se iz leta v leto obnavlja, z dovolj vitamini za zdravo življenje, nekakšen prehrambeni perpetuum mobile, dovolj za tri, štiričlansko družino, a veste kaj to pomeni?
MAJERHOLD: Povejte mi.
KONJEVIČ: Konec trgovin, konec transporta, konec potrebe po fosilnih gorivih, konec izpušnih plinov, konec segrevanja ozračja, konec strahu pred koncem sveta!

JOE ORTON: A ne, da je nor? *Pogleda Elviro.*
ELVIRA: Da, Miškec. Popolnoma.
KONJEVIČ: Svojo idejo morate nemudoma patentirati.
MAJERHOLD: Zakaj?
KONJEVIČ: Zato ker je dandanes glavna tarča zlikovcev intelektualna lastnina.
MAJERHOLD: Nisem vedel.
KONJEVIČ: Podpisala bova pogodbo, da sem edini, ki sme vaš prototip vrta prodajati po vsem svetu. Povem vam, v Ameriki bo izbruhnila evforija, drug drugega bodo pohodili.
MAJERHOLD: In kaj bova imela od tega?
KONJEVIČ: Bogastvo, gospod Ebenšpanger. Udobje do konca življenja. Mi vsi.
MAJERHOLD: Vsi?
KONJEVIČ: Vsi štirje.
JOE ORTON: A zdaj smo naenkrat štirje?
ELVIRA: O tem odloča gospod Majerhold, Miškec. On je edini, ki ve, kaj je dobro za nas.
KONJEVIČ: Kaj pravite, gospod Majerhold? Vrt lahko razširimo, pokupimo sosednje parcele, porušimo hiše, ljudi izselimo. Vse legalno, seveda. Iz dvajsetih krogov zelenjave lahko naredimo sto, dvesto!
MAJERHOLD: In tako naprej?
KONJEVIČ: In tako naprej. Potem lahko v zatočišče znotraj ograje povabimo goste, gospa Elvira mogoče še kakšnega mladega fanta, bolj poskočnega, jaz kakšno mladenko, da mi ne bo dolgčas ponoči. Vi pa tudi, pač skladno z vašo orientacijo. Nisem rasist, sprejel bi tudi koga izpod Sahare.
ELVIRA: Pod pogojem, da je moški.
KONJEVIČ: Razmislite, gospod Vehovar. Ne zaradi sebe, ne zaradi mene. Zaradi teh dveh. Oba sta nemočna, oba odvisna od vaju. Vzemite si čas za premislek. Ne mudi se mi.
MAJERHOLD: To je dobro, kajti tukaj boste ostali kar nekaj časa.
KONJEVIČ: Tega se zavedam. Zato ne zamerite, če vprašam, kje je stranišče. Ponoči mi ni bilo dano, da opravim potrebo, kot se za moškega mojih let spodobi.
JOE ORTON: Se mi je zdelo, da je polulan!
MAJERHOLD: Joe, vzemi puško in pospremi gospoda na WC. Pazi, da ti ne skuša pobegniti skozi okno. Ko opravi, ga pripelji nazaj.

Joe pobere puško in počaka, da Konjevič gre do vrat. Sledi mu na hodnik. Kratek premor.

ELVIRA: Ničesar več ne razumem.
MAJERHOLD: Tudi jaz težko sledim.
ELVIRA: A misliš, da nas Bog preizkuša, ker grešimo?
MAJERHOLD: Bog je že zdavnaj naredil križ čez svet. Edino hudič še vztraja, v upanju, da se bo zadnji smejal.
ELVIRA: Kaj če res dela za mestni vodovod?

Nekje od spodaj se zasliši strel. Premor.

ELVIRA: Nenavaden zvok.
MAJERHOLD: Bojim se, da se bomo kmalu soočili z neprijetno novico.

Joe Orton se vrne s puško.

JOE ORTON: Hotel je pobegniti skozi okno.
MAJERHOLD: Rekel sem, da ga pripelji nazaj.
JOE ORTON: Ni se držal dogovora! Ne bom sprejel odgovornosti za nekaj, kar ni moja krivda.
MAJERHOLD: V kakšnem stanju pa je?
JOE ORTON: Precej manj živahen kot prej. Usta odprta, iz njih pa nobenih besed. Kot da ga ne bi nič več zanimalo.
ELVIRA: Joe Orton, kako ti naj to odpustim?
JOE ORTON: Vsaka nova stvar v zgodovini potrebuje vsaj eno žrtev.
ELVIRA: Nikoli ne bomo izvedeli, kdo je bil, kaj je hotel.
MAJERHOLD: Z iskanjem odgovora na to vprašanje si bomo kratili dolge zimske večere. Joe, pograbi lopato, žrtvuj nekaj zeljnih glav in zakoplji gospoda dovolj globoko, da ga ne bi kdaj pozneje po naključju izgrebli.
JOE ORTON: Šit! Nakopal sem si nepotrebno delo.

Se obrne in odide. Puško vzame s seboj. Premor.

ELVIRA: Prišli ga bodo iskat.
MAJERHOLD: Kdo?
ELVIRA: Tisti pač. Njegovi. Mestni vodovod. Policija. Tajne službe. Ali zdravniki, da ga odpeljejo nazaj v norišnico. Kaj pa vem.
MAJERHOLD: Nič ne veš, Elvira. In za vse nas je tako še najbolje.
ELVIRA: Me imaš rad?

KOMEDIJA O KONCU SVETA

MAJERHOLD: Se ti ne zdi, da trenutek zahteva nekoliko bolj inteligentno vprašanje?

Zatemnitev.

11. prizor

V temi poslušamo radio: "... večina ljudi še vedno misli, da so pogovori o neposrednji grožnji preživetju človeštva futurizem, s katerim se ukvarjajo tisti, ki nimajo pametnejših opravkov. Žal ni tako. Apokalipsa je ladja, na katero smo se že vkrcali, zapustila je pristanišče in ne bo se vrnila. Kako bo to vplivalo na naše medsebojne odnose, ne ve nihče. Vsekakor bi morali tisti, ki se zavedajo, da je to morda naše zadnje stoletje, postati manj sebični, osebne cilje bi morali podrediti skupnemu krmarjenju ladje, na kateri smo se znašli, ker nismo pravočasno ukrepali. Brodolomu se ne bomo izognili, to je jasno vsem razen slepim. Gre preprosto za to, ali brodolom letos, čez pet let ali v najboljšem primeru čez sto ..." *Med poročilom se oder postopoma osvetli.*

Vstopi Majerhold in ugasne radio.

MAJERHOLD: Bla bla bla.

Vzame svojo mapo, sede v naslonjač in začne skicirati. Vstopi Elvira in prinese čaj. Položi ga na mizico in prisede na kavč. Obsedi. Majerhold jo pogleda.

MAJERHOLD: Zaskrbljena?
ELVIRA: Joe se kar naprej potika po mestu.
MAJERHOLD: A se ni vedno?
ELVIRA: Zdaj bi res lahko nehal s to preprodajo. Zdaj ko imamo vrt.
MAJERHOLD: Discipliniral sem ga, kolikor se je dalo.
ELVIRA: Mislila sem, da bomo srečni, zdaj ko so grozne stvari za nami.
MAJERHOLD *vstane*: Kaj pa govoriš? Grozne stvari so *pred* nami. Zato smo si ustvarili zatočišče. Tudi če preživimo samo teden dni dlje kot drugi, smo nekaj dosegli.
ELVIRA: Pa je dodatni teden vreden teh naporov?
MAJERHOLD: Kakšne napore pa si vložila?

KOMEDIJA O KONCU SVETA

ELVIRA: Kdo pa je kuhal in pospravljal in miril duhove in nudil moralno podporo?! Pa še kaj bi se našlo.
MAJERHOLD: Misliš, noči v tvoji spalnici?

Vstane, vzame pladenj s čajem in se napoti k vratom.

MAJERHOLD: Nisem še popil čaja.
ELVIRA: Saj ga tudi ne boš.

Pri vratih skoraj trči v Konjeviča, ki vstopi s hodnika.

KONJEVIČ: Ga bom pa jaz. Kar na mizico ga postavite. *Si pomane roke.* Kar prileglo se bo, zunaj je začelo pihati.

Majerhold in Elvira strmita vanj odprtih ust.

ELVIRA *pogleda Majerholda*: Saj se ne motim? Saj ni tukaj nikogar razen naju?
KONJEVIČ: Upal sem, da mi bosta padla okoli vratu, me stisnila k sebi.
ELVIRA: Že večkrat se mi je zdelo, da v tej hiši straši.
KONJEVIČ *vzame pladenj Elviri iz rok, ga odnese na mizico, si dolije čaj*: Duhovi ne pijejo čaja.
ELVIRA: Ampak saj ležite na vrtu, dva metra pod zemljo!
KONJEVIČ: Tam bi zelo težko dihal. Diham pa rad. *Globoko vdihne.* Čeprav svežega zraka hudo primanjkuje.
MAJERHOLD: Samo na en način bova ugotovila, ali je pred nama duh ali ne.

Iz žepa potegne pištolo in jo uperi v Konjeviča.

KONJEVIČ: Občutek imam, da bomo vsak trenutek slišali bum bum.

Se nasmehne in srkne čaj.

Majerhold ustreli. Elvira poskoči, Konjevič dvigne skodelico čaja in se nasmehne.

KONJEVIČ: Če me občutek ne vara, bomo kmalu zaslišali še en bum bum.
MAJERHOLD: Mogoče nosi varnostni jopič.

Majerhold naredi korak proti Konjeviču in ga ustreli v glavo iz razdalje enega metra.

KONJEVIČ: Uh, skoraj mi je šel bobnič.
MAJERHOLD *si ogleduje pištolo*: Uživa Joe Orton še kaj drugega poleg hašiša? LSD, Mescal? Je mogoče, da nama je dal kaj v hrano?

Joe Orton vstopi s hodnika s puško v roki.

JOE ORTON: Pet minut me ni, pa sem že obtožen najhujših zločinov.
ELVIRA: Joe, za božjo voljo, kje se potikaš?
JOE ORTON: Postal sem lovec. Streljam podgane, da ne bomo jedli samo zelenjave. *Pogleda Majerholda.* Kaj pa strelja gospod Ebenšpanger?
KONJEVIČ: Duhove.
MAJERHOLD: Joe, koliko ljudi vidiš v tej sobi?
JOE ORTON: Tri.
ELVIRA: Kaj pa duh?
JOE ORTON: Duha ne vidim.
ELVIRA: Pred tabo stoji in pije čaj!
JOE ORTON: To ni duh. To je gospod Konjevič.
ELVIRA: Gospoda Konjeviča si ustrelil v kopalnici in zakopal na vrtu!
JOE ORTON: Mogoče ga nisem dobro zadel.
ELVIRA: Skozi okno sva videla, kako ga zakopavaš.
JOE ORTON: Ja?
ELVIRA: Celo odstranjene zeljne glave si posadil nazaj. Da bi zakril sledove, si rekel.
JOE ORTON: Mogoče je vstal od mrtvih. Mogoče se je končno začela biblijsko napovedana resurekcija.
ELVIRA: Joe –
JOE ORTON: A nista vesela, da nisem morilec? Morala bi me objeti, poljubiti. Vsi štirje bi morali takoj v spalnico in praznovati dogodek s hrupno zabavo.
MAJERHOLD *potegne šaržer iz pištole in vidi, da so v njem slepi metki*: Sem pa res neumen.
JOE ORTON: To vemo že dolgo.
KONJEVIČ: Pusti ga. Ni plemenito brcati človeka, ki se mu je simetrija sesula v kaos.
ELVIRA: Mi bo kdo pojasnil, kaj se dogaja?

KOMEDIJA O KONCU SVETA

JOE ORTON: Nič takega, kar se ni zgodilo že tisočkrat v zgodovini.
ELVIRA: Saj te sploh ne razumem.
JOE ORTON: Kako pa bi, ko te je od peta do glave ena sama luknja, ki mora biti vedno polna, da ne bi vanjo slučajno prodrlo zrnce pameti?
KONJEVIČ: Ne tako. Do žensk moramo biti obzirni tudi, če jih preziramo.
MAJERHOLD: Kdaj se je začela ta zarota?
JOE ORTON: A se vi spomnite, gospod Konjevič?
KONJEVIČ: Mislim, da nekaj časa nazaj. Vsekakor preden sem bil pokopan na vrtu.
MAJERHOLD: Preden ste prišli?
KONJEVIČ: Tudi to ni izključeno. Je pa brez pomena; zdaj je, kar je.
ELVIRA: Moj Bog! Joe Orton, kako si se mogel tako pretvarjati?
JOE ORTON *zasika*: A ti se pa ne, ko hliniš orgazem?
ELVIRA *strupeno*: Ponavadi ga ne, ampak pri tebi mi kaj drugega ne preostane!
JOE ORTON: Hvala za kompliment. Zaradi njega bo tvoja najemnina, ki jo boš začela plačevati jutri, bistveno višja.
ELVIRA: Gospod Majerhold, zakaj me ne branite?
MAJERHOLD: Postal sem žrtev svoje naivnosti.
KONJEVIČ: Prej pomanjkanja poslovnih sposobnosti. Ponujal sem vam dogovor, ki bi ohranil vaš položaj, vsem nam pa zagotovil udobje do konca dni.
MAJERHOLD: Kaj nameravata?
JOE ORTON: Nič dramatičnega. Doslej smo na vrtu gojili deset vrst zelenjave, odslej bomo –
MAJERHOLD: Vem, konopljo.
JOE ORTON: Ne. Mak.
ELVIRA: Makove potice nisem nikoli marala.
MAJERHOLD: Opij? Heroin?
KONJEVIČ: Glede na površino in sestavo prsti bo iztržek veliko boljši.
MAJERHOLD: Trgovino se bosta šla? Omamljala bosta ljudi? Ne bosta pridelovala hrane, ampak bolezen in smrt? Tega ne bom dopustil.
ELVIRA: Jaz tudi ne. Hiša in vrt sta vpisana v zemljiško knjigo na moje ime.
JOE ORTON: Sem vedel, da bodo težave.
KONJEVIČ: No, nič hudega, jih bomo že rešili, saj smo razumni ljudje. Prepis lastništva ni zapletena stvar. Majhna obljuba, majhna grožnja, pa bo. A ne, gospa Elvira? A ne, gospod Majerhold? Tudi v zasledovanju svojih ciljev moramo ohraniti človeške vrednote.
MAJERHOLD: Vaše vrednote, gospod Konjevič Novak, nisi vredne, da bi jih popljuval.

KOMEDIJA O KONCU SVETA

ELVIRA: Jaz jih pa bom! *Pljune proti Konjeviču.*
KONJEVIČ: Vrednote so nekaj, kar si izmislimo, da bi legalizirali cilje. Z drugo besedo, fikcija.
JOE ORTON: Na tem področju pa je že nekaj časa dovoljeno vse. Celo moje farse.
MAJERHOLD: Ti si gnida, ki si zasluži mesto kvečjemu na koži garjavega psa. Človeštvo stoji na pragu izumrtja, vidva pa –
JOE ORTON: – mu hočeva olajšati zadnje muke. A nisva plemenita? Zabava, pozaba, užitek in nekaj let udobja za nas – kaj lepšega?
KONJEVIČ: Z izkupički za pridelani opij si bomo lahko kupili stokrat več zelenjave, kot ste jo nameravali pridelati zunaj na vrtu.
JOE ORTON: In meso.
KONJEVIČ: In meso. Vseh vrst. Tudi mlado in čvrsto. (*Pogleda Elviro.*)
ELVIRA: Gospod Majerhold, a ne boste zaščitili mojega dostojanstva?
MAJERHOLD: Igra je izgubljena.
KONJEVIČ: Ni nujno. Preudarma kot sta, lahko še vedno prestopita na zmagovito stran.
MAJERHOLD: Ne bova se družila z lopovi.
ELVIRA: Bravo, gospod Majerhold! *Na obrazu se ji zariše skrb.* Po drugi strani pa je treba o takih stvareh razmisliti. A ne, gospod Konjevič?
MAJERHOLD: Bomo razmislili. Na sodišču.
KONJEVIČ: Ampak sodišče je zunaj vaše ograje, ki ste jo dali postaviti, da ne bi mogel nihče splezati v vrt, gospod Ebenšpanger. Znotraj ograje sodišče nima kompetenc, tukaj smo samo mi.
MAJERHOLD: Ubititi me bosta morala.
KONJEVIČ: Saj nisva morilca, tako kot ste vi, čeprav brezuspešni.
JOE ORTON: Poglejte skozi okno, gospod Majerhold.

Majerhold in Elvira se približata oknu, pogedata ven.

ELVIRA: Kdo je ta punca?
JOE ORTON: Nova delovna sila. Najeta pred dvema urama.
MAJERHOLD: Čakaj no ... Saj ne morem verjeti. Kaj pa dela?
JOE ORTON: Izkopava zelenjavo in rahlja prst za sajenje maka.
ELVIRA *prizadeto*: Mlada je.
KONJEVIČ: Tako to gre, gospa. Danes ne traja dolgo. Preden se trikrat obrnemo, je že včeraj. Jutri pa trka na vrata celo, kadar spimo.
ELVIRA: In kaj bo *še* počela, poleg tega, da rahlja prst?
KONJEVIČ: Pokazala je pripravljenost, da razmisli o nekaterih najinih predlogih.

Saj poznate punce iz revnih družin: nikoli se ne uprejo dodatnemu košček kruha na račun nedolžnosti.
ELVIRA: In kje boste izvajali te predloge? V moji spalnici?
KONJEVIČ: Mimogrede sem pokukal noter in se mi zdi kar primerna za ... no, da se ne spuščam v podrobnosti ...
ELVIRA: Bog vas bo kaznoval! *Plane k njemu in ga s pestmi tolče po prsih.* Bog vas bo kaznoval! *Zdrsne na kolena, ga objame okoli kolen, zahlipa.* Usmilite se ...
JOE ORTON: Kakšen cirkus!
ELVIRA *komaj slišno*: Bog me je kaznoval ...

Majerhold se napoti k vratom.

KONJEVIČ: Kam pa greste?
MAJERHOLD: Novim dogodivščinam naproti.
JOE ORTON: Za to smo že poskrbeli. Vaše dogodivščine bodo odslej naslednje –
MAJERHOLD: Me ne zanima.
JOE ORTON *uperi puško v Majerholda*: Jaz pa mislim, da vas.
MAJERHOLD: Jaz sem znanstvenik.
KONJEVIČ: Ravno zato, gospod Ebenšpanger. Ravno zato smo vam namenili dolžnosti, ki jih lahko opravlja samo človek z vašim strokovnim znanjem.
JOE ORTON: Vodili boste laboratorij za predelavo opija v heroin.
KONJEVIČ: Imeli boste hrano in streho nad glavo. Časi so taki, da to ni majhna reč.
JOE ORTON: Kar je več kot ima milijarda ljudi na svetu.
KONJEVIČ: Samo v Los Angelesu spi na pločnikih sto tisoč ljudi.
ELVIRA *vstane*: Kaj pa jaz? Kakšne bodo moje dolžnosti?
MAJERHOLD: A se nameravaš prodati?
ELVIRA *užaljeno*: Nikoli se nisem prodajala. Res sem počela stvari, ki jih ne počne vsaka ženska, ampak vedno sem združila koristno s prijetnim. Že po naravi sem človek, ki rad sodeluje. Ki se giblje s časom. Se prilagaja.
KONJEVIČ: Gospa Elvira, od najinega srečanja pred mnogimi leti se najbolj spomnim enega prav posebnega položaja. A mislite, da je še mogoč, glede na to, da vaši sklepi niso več tako prožni?

Elvira mu pripelje zaušnico.

JOE ORTON: Nekaj spoštovanja ne bo odveč, drugače bomo ostali brez kuharice.
ELVIRA: Gospod Majerhold ... Svet je postal preveč nepredvidljiv, da bi ponos lahko bil kaj več kot usodna napaka.

KONJEVIČ: Pametna ženska. Prisluhnite ji.
JOE ORTON: Neumna kot sraka, ampak tokrat je po naključju izjavila nekaj, s čimer se strinjam.
MAJERHOLD *Konjeviču*: Za vas ne vem, kdo ste, razen da ste prevarant prve lige in bi lahko svoje sposobnosti bolje vnovčili na mednarodni borzi.
KONJEVIČ: Poznam svoje meje, gospod Vehovar.
MAJERHOLD: Ti, Joe Orton, pa si nekaj drugega. Ne glede na vtis, ki ga ustvarjaš, si dokaj razgledan po svetu človeške misli.
JOE ORTON: Hvala.
MAJERHOLD: Pohlep, ki si ga izbral za svoje življenjsko vodilo, ti ne ne bo prinesel drugega kot kratkotrajno potešitev najnižjih potreb in neskončno dolge ure kesanja.
JOE ORTON: Mačka se valja na soncu in potem zaspi. Človek se valja v življenju in potem zaspi. Ne eden ne drugi se ne izogne usodnemu dejstvu, da je, kdor je, in da je to, kar je.
ELVIRA: Nične razumem.
JOE ORTON: Zakaj ne bi konca sveta dočakali v stanju zamegljene evforije, v občutenju sreče, ki je sicer umetna, je pa vsaj sreča? Iskanje pozabe je univerzalna lastnost vseh živih bitij. Zato bomo tukaj uživali.
MAJERHOLD: Brez mene. *Se obrne, da bi šel.*
KONJEVIČ: Gospod Ebenšpanger, dobro veste, da to ne pride v poštev.
MAJERHOLD: In kaj boste naredili z mano?
KONJEVIČ: Prej ali slej boste morali na stranišče, Joe Orton vas bo pospremil s puško, skušali boste pobegniti skozi okno, ustrelil vas bo v hrbet, zakopali vas bomo pod gredami maka. Postali boste gnojilo.

Premor.

ELVIRA: Gospod Majerhold. Ostanite z nami. Najemnino imate plačano do konca leta. Potem se bomo že domenili. Naše zahteve ne bodo nerazumne. A ne, Joe?
JOE ORTON: Naj se odloči odloči sam.
KONJEVIČ: Gospod Ebenšpanger. Umreti za načela, ki niso več kot trenutni domisleki, je v teh časih anahronizem. Apeliram na vas, da ne podležete otročji želji po heroizmu.

Premor.

ELVIRA *previdno*: Gospod Majerhold?

MAJERHOLD: Pravzaprav nimam izbire.
KONJEVIČ: Minimalno, bi rekel.
MAJERHOLD *se odloči*: Prav. Potem pa skočim v mesto po nekaj strokovne literature in sem v manj kot pol ure nazaj.
KONJEVIČ: Jaz ne vidim problema, odvisno je, kaj bo rekel Joe Orton, dramatik in režiser te predstave.
JOE ORTON: Pol ure.
ELVIRA: Z možnostjo majhne zamude. Do pet minut.
MAJERHOLD: Pol ure je vse, kar potrebujem. *Hitro odide.*

Premor.

ELVIRA: Tako sem vesela, da so prevladala čustva in ne razum.
JOE ORTON: Vse gre po načrtu.

Konjevič stopi k oknu, pogleda ven.

KONJEVIČ: Zdaj gre po potki proti železnim vratom.
JOE ORTON: Kako daleč je?
KONJEVIČ: Na pol poti.
JOE ORTON: Odpri okno, Elvira.

Elvira gre k oknu in ga odpre.

ELVIRA: Prišel je do vrat. Uspelo mu bo!
KONJEVIČ: Zdaj pleza po vratih proti vrhu.
JOE ORTON *odrine Konjeviča*: Še malo, pa mu bo žal, da je dal na vrh montirati ostre konice.
KONJEVIČ: Prave sulice.

Joe Orton dvigne puško in pomeri skozi okno.

ELVIRA: Počakaj.
JOE ORTON *jo pogleda*: Kaj ti pa je?
ELVIRA *se odmakne od okna*: Saj vem, da sem samo sentimentalna ženska, ampak tukajle, v srcu, me tišči, da komaj diham.

Od zunaj, iz razdalje sto metrov, se zasliši strahovit krik.

ELVIRA: Kaj je bilo to?
KONJEVIČ *se vrne k oknu*: Ubežniku je tik na vrhu spodrsnilo.
JOE ORTON: Ena od sulic mu je prebodla srce.
ELVIRA: O Jezus! Mi smo krivi.
JOE ORTON: Mi? Podaljške na vrhu si je naročil iz Švice, ker domači niso bili dovolj ostri!
ELVIRA *na robu obupa*: Hotel nas je zaščititi!
JOE ORTON: Taki so najhujši.
KONJEVIČ: Hitro ga moramo sneti, da naključni mimoidoči ne ponesejo novice v svet.

Joe Orton in Konjevič se napotita k vratom. Konjevič se obrne.

KONJEVIČ: Vse bo še v redu, gospa Elvira. Požirek zelenega čaja, pa bo.

Odideta. Elvira stoji in ne ve, kaj bi. Gre do ogledala, si popravi lase. Otožno si ogleduje svoj odsev.

ELVIRA: Kakšno olajšanje, da se človek sme postarati in umreti.

Zavesa.

Komödie vom Ende der Welt
Grum-Preis für das beste slowenische Theaterstück 2013
Die Begründung der Jury

Komödie vom Ende der Welt ist eine Farce über eine Farce, die eine weitere Farce enthält. Das Stück ist eine Farce, so wie unsere Wirklichkeit eine Farce ist, obwohl, wie der Held des Stückes sagt, es „wohl kaum die rechte Zeit für eine Farce [ist]. Die Wirklichkeit verlangt nach ernsthaften Stücken." Die Wirklichkeit verlangt, wie der Autor präzise feststellt, dass wir uns selbst zum Ende der Welt befragen. Dass wir uns fragen, ob wir es nötig haben, unseren eigenen Gemüsegarten zu pflanzen und einzuzäunen, oder ob wir weiterhin bloß Gras anbauen sollen - und es weiterverkaufen... Exakt dasselbe fragen sich, in einer nahezu Beckettschen Szenerie, vier Leute in einem Haus mit verwahrlostem Garten am Stadtrand. Sie alle sind gezeichnet von ihrer eigenen imaginären theatralischen Realität, doch sind sie alle auch leicht als unserer unmittelbaren Wirklichkeit entsprungen zu erkennen. Der Mieter Joe Orton, ein verhinderter Dramatiker, die Eigentümerin Elvira, eine verhinderte Schauspielerin, der neue Mieter Majerhold, ein verdeckt arbeitender Umweltwissenschaftler und Konjevič, ein Mann mit verschiedenen falschen Identitäten, können sich nicht über den Zweck des Gartens oder über die Rettung der Welt einigen, und so macht des Autors alles andere als optimistische dramatische Voraussage, wie man an der Schwelle zum Ende der Welt gegenwärtige soziale Probleme löst, deutlich, dass, wie schon so oft zuvor und trotz aller apokalyptischen Warnungen, im Krieg zwischen prinzipientreuen Innovatoren und skrupellosen Profiteuren die letzteren triumphieren werden. Zudem werden wir, als Reaktion auf einen dramatischen Text mit meisterhaft geschliffenem Dialog, der von Aphorismen und intelligenten Wortspielen nur so birst, dazu gebracht zu fragen, was tatsächlich wirklich ist, sowohl im Stück als auch im Allgemeinen, wer authentisch ist und wer sich bedeckt hält - und vor allem, ob das Ende der Welt eine nahe Realität ist, oder bloß eine Schlacht zwischen verschiedenen Interessengruppen hinter den Kulissen: eine Schlacht, in der revolutionäre Wissenschaftler und ausbeuterische Profiteure gleichermaßen im Untergrund operieren. So verhandelt *Komödie vom Ende der* Welt auf frische, unaufdringliche Weise die brennendsten global-lokalen Angelegenheiten und porträtiert anschaulich den Zeitgeist, sowohl im In- als auch im Ausland. Auf diese Weise lässt das Stück durchblicken, dass die ganze Welt Bühne ist, und wir daher niemals die Antwort auf die Frage aus dem Titel von Joe Ortons ungeschriebenem Drama erfahren werden: "Was ist mit unseren beschissenen Werten passiert?"

Dr. Blaž Lukan

Ist (spöttisches) Gelächter alles, was uns bleibt?

Die Titelseite der „Komödie vom Ende der Welt" – der Titel selbst, die Personenliste, Regieanweisungen zu Ort und Zeit, zur Art der Darstellung, das Motto – etabliert einen dramatischen Raum, beziehungsweise Kontext, der typisch für Flisar ist. „Komödie vom Ende der Welt" ist mehr als ein Titel. Es handelt sich um ein charakteristisches Flisarsches Syntagma: Das Ende der Welt ist nichts, worüber feierlich moralisiert werden oder woran man verzweifeln sollte, sondern bietet eine Vielzahl an Möglichkeiten für (spöttisches) Lachen, für die Komödie. Unter den Rollennamen erkennen wir zumindest zwei Personen aus der Welt des Theaters: den englischen Dramatiker Joe Orton und einen berühmten russischen Regisseur aus der ersten Hälfte des 20. Jahrhunderts, der lediglich dem Namen nach an das Original gemahnt (selbst dieser wird üblicherweise Meyerhold geschrieben) und vielleicht noch mit seinem utopischen Projekt, etwas, was der russischen Avantgarde nicht fremd war. Zeit und Ort des Stückes führen uns in eine allegorische Welt, auf die uns auch der Titel hinlenkt („Das Ende der Welt" ist letzten Endes eine allegorische Utopie oder eine utopische Allegorie, was immer wir vorziehen mögen, die uns über die Welt des Hier und Jetzt berichtet – doch mehr dazu später). Die Regieanweisung zur Spielweise des Stückes bietet einen weiteren Hinweis auf Flisars charakteristische dramatische Strategie: Komödie gelingt nur, wenn sie todernst und gleichzeitig schnell ausgeführt wird, um uns keine Zeit für tiefere Reflexion zu lassen. Wir sehen uns einer Ironie an der Grenze zum Absurden gegenüber. Und dann ist da noch das Motto, eine Widmung an den verstorbenen Joe Orton. Es gibt weder viel über eine spezifische Inspiration preis, noch bieten Joe Orton und seine (erfolgreiche-erfolglose) Lebensgeschichte selbst direkte Verbindungen zur *Komödie,* doch trägt es zu noch höherer Komplexität der Handlung und des intertextuellen Netzwerkes bei, dem es den metadramatischen Kommentar des Autors beifügt („Du Glücklicher!", was heißen soll „Du Glücklicher, der das Ende der Welt zu erleben vermieden hat." - oder etwas in dieser Art), der sich im Verlauf des Stückes einige Male wiederholt.

Damit bietet Flisar dem Leser oder dem Publikum eine zuverlässige Hilfestellung zum Verständnis des Stückes an. Wenn wir zuverlässig sagen, so bedeutet das nicht, dass das Stück leicht lesbar oder auf irgendeine Weise linear wäre. Im Gegenteil, Flisar ist ein Meister der Verkomplizierung des Eindeutigen und der zweideutigen Lösungen. Was geschieht zum Beispiel im Stück bezüglich der oben erwähnten Allegorie? Die wahre Bedeutung einer Allegorie liegt üblicherweise außerhalb des Textes, im Kontext, und dadurch ist Allegorie indirekte Rede. Allerdings gibt es in Flisars Drama in erster Linie buchstäbliche Bedeutung im Hier und Jetzt. In diesem Stück verhandelt er ein spezifisches Problem, das mit Konzepten wie Umweltbewusstsein, Überleben, Autarkie und Utopie umrissen werden könnte – nicht notwendig in dieser Reihenfolge und oft untrennbar miteinander verwoben. Und so geschieht es, dass seine dramatische Rede keine „indirekte" ist, sondern vielmehr direkt aus unserer Wirklichkeit ins Drama „eingebracht" ist. Gleichzeitig geht er aber auch wahrhaft allegorisch vor: er spricht von einer möglichen, allgemeinen, fiktiven Situation, die lediglich im Stück selbst angenommen wird, ebenso, wie über eine mögliche Lösung, die nicht die einzig mögliche, aber definitiv eine radikale und kritische in Flisarscher Manier ist.

Ein interessanter Aspekt ist Flisars Moral oder sein Sprechen über Moral, welches zunächst den Eindruck des Moralisierens erweckt, das heißt einer Moralpredigt und eines Einnehmens einer moralischen Haltung gegenüber den Problemen der Welt als solcher (und gegenüber deren Verständnis). Obwohl Flisar ein moralisch engagierter Autor ist, ist er sich doch ständig der Gefahr des Moralisierens bewusst und vermeidet diese durch originäre dramatische Herangehensweisen. Deren hervorstechendste ist die (Selbst-)Ironie: Flisars Charaktere gehören, was ihrer Dialoge betrifft, zu den luzidesten des modernen, slowenischen Dramas, doch bringen sie indes eher ihre eigenen Ansichten als die des Autors zum Ausdruck. Nahezu jede Aussage oder Antwort in der *Komödie* ist mehrdeutig, ironisch, paradox und aphoristisch und mit einem überraschenden Subtext versehen. In seinem Dialog vermeidet Flisar konstant Eindeutigkeit und Linearität, indem er seine Charaktere in Situationen stellt, in denen sie (rhetorisch) wetteifern müssen, zu erwidern haben – im wahrsten Sinne des Wortes, das heißt, eine luzide oder polemische Antwort auf ein Stichwort oder eine Provokation anbieten zu müssen. Auf diese Weise verläuft die Darlegung der (moralischen) Wahrheit in Flisars Dramen niemals linear, sondern immer gewunden, verdreht, auch in sprachliche Meisterschaft gehüllt, welche wiederum verlangt, dass der Leser/die Leserin dieser gewachsen ist. Vielleicht gelingt es Flisar gerade dadurch, die Ortonsche Tradition der Doppelsinnigkeit weiterzuführen: ohne diesen „Schlüssel" kann Orton als Dramatiker nicht verstanden werden, und seine Komödien (etwa „Was der Butler sah" oder „Beute") wirken ja auf den ersten

Blick wie frivole Schlafzimmer-Farcen. Es ist nicht notwendig hervorzuheben, dass Flisars dramatische Wahrheit nur auf diese Weise relevant und der Erörterung wert wird; ohne diese Vorgangsweise verbliebe sie auf dem Niveau billiger, journalistischer Pamphlete.

Die dritte dramatisch-ideologische Kategorie jener Komödie, der Flisar neue und faszinierende Konnotationen hinzufügt, ist die Utopie. Wie schon angemerkt, ist Majerholds Projekt in der *Komödie* ein utopisches. Doch Flisars Utopie ist eine moderne, nicht die „romantische" Utopie der Vergangenheit, die ihr Objekt außerhalb dieser Welt sah, das heißt in einer unbestimmten Zukunft, welche (noch) nicht unsere konkrete Realität darstellte. Flisar ist sich (spontan?) einig mit dem gegenwärtigen, kritischen Verständnis der Utopie: dieses bezieht sich auf eine tatsächliche (politische) Realität; die Utopie ist ein politisches Programm, das sich nicht an eine unbestimmte (und fiktive) Zukunft richtet, sondern mehr oder weniger im Hier und Jetzt situiert ist, in der Gegenwart, und die auf der Basis spezifischer politischer Strategien auch realisierbar ist (das bedeutet „kritischen Diskurs über die Umgestaltung der Welt," wie es Rancière ausdrückt, oder „die Utopie des Möglichen"). Und die Utopie ist, genau genommen, das einzige greifbare Programm für die Existenz, welches einen Dialog mit der Welt eher begründet als vermeidet. Der Kapitalismus sieht die Utopie anders, aufs Imaginäre ausgerichtet, aufs Symbolische und Allegorische, und er verbindet sie mit purer Fiktion, was keine ideologische Form der Utopie mehr darstellt, sondern lediglich den Pragmatismus des Entertainment (zum Beispiel in Form von Filmproduktionen im Science Fiction-Genre oder der Massenproduktion von Computerspielen). Flisar verortet dementsprechend sein Utopia in einer Realität, die enger gefasst ist als die früheren, universalen Dimensionen der Utopie, indem er uns in dramatischer Form sowohl ihre positiven, als auch ihre negativen – gleichwie ihre kritischen und rebellischen – Dimensionen offeriert, er hilft uns so auf eine Rancièrsche Art durch das Drama (die Domäne der Kunst), damit wir die Realität anders verstehen oder sehen können und führt uns so zu deren Veränderung.

In dem Raum, den die Schnittmenge all dieser Aspekte von Flisars *Komödie vom Ende der Welt* ausgeformt hat, können wir den für ihn typischen Charakteren und Situationen folgen. Eine einzigartige Verknüpfung von Schichten und Undefinierbarkeit, eine Instabilität und Doppelsinnigkeit tritt auch auf einem engeren, formal-dramaturgischen Niveau auf. Keiner von Flisars Charakteren, außer Joe Orton (der „in Wirklichkeit" nicht Joe Orton, sondern seine erfolglose Reinkarnation ist), ist das, was er zu sein vorgibt. Die Verwirrungen beginnen schon bei den Namen. Verlassen wir uns auf die Liste der Rollennamen und auf die Namenszuweisung durch den Autor, so geraten wir aus dem Konzept, da wir bald Majerhold begegnen, der auch Ebenšpanger, Robnik, Vehovar und sogar Konjevič genannt wird, obwohl letzterer, wie der Autor in derselben Personenliste behauptet, eine ganz andere Person ist, die Majerhold nachstellt und sich selbst Novak nennt. Des Weiteren ist Elvira, einer Andeutung von Konjevič zufolge, welche zu akzeptieren oder nicht gelten zu lassen wir uns aussuchen können, eine Frau Silvana. Und so weiter. Außerdem sind nicht nur die Namen geheimnisvoll, sondern auch die tatsächliche Identität und die Vergangenheit der Charaktere: Was ist der wirkliche Beruf von Konjevič? (Ist er Angestellter der städtischen Wasserbehörde, Polizeioffizier, oder ist er etwa Inspektor Truscott aus Ortons „Beute"?). Was will Elvira tatsächlich, und was macht Joe Orton in Wirklichkeit? Wo ist Majerhold in Wahrheit gewesen, wenn er sagt, dass er „in der Wüste" war? Sind alle seine Leistungen, wie sie Konjevič aufzählt, real, oder schreibt jener sie ihm bloß zu, ganz im Stil eines Opferlammes, welches der Kapitalismus aufgrund seiner Umtriebe braucht? Einige andere Situationen zeigen ähnliche Charakteristika, doch mögen diese eher technisch-dramaturgischen Charakters sein (zum Beispiel das Spielen mit Waffen).

All das belegt eine schwer fassbare, instabile oder zumindest nur teilstabile Welt und ein System, welches auf der anderen Seite nie völlig zufällig und evasiv ist. Im Gegenteil: Es entwickelt sich vor unseren Augen als etwas intensives, ausgeprägtes, solides, und es zieht uns in seinen Bann, sofern wir nur hinreichend aufmerksam sind.

Wenn wir bisher nur verfremdende oder ironische Effekte erwähnt haben, widmen wir uns nun den Möglichkeiten, die das Stück für ein Identifikationsgefühl anbietet. *Komödie vom Ende der Welt* ist im Grunde genommen eine Umwelt-Farce. Nicht farcenhaft auf der Ebene der Themen, mit denen sie sich beschäftigt, das meint Umweltschutzbewusstsein und den „Glauben" daran, sondern auf der Ebene verschiedener Stereotypen und Klischees, ineffektiver und unmöglicher Arten Probleme der Umwelt zu lösen und ganz besonders auf der Ebene des Romantizismus und der Mystifikation, auf welcher die wahre Natur des Problems, das tief im Herzen der kapitalistischen Produktion liegt, gern übersehen wird. Das Stück ist auch auf anderer Ebene ein Umwelt-Stück, nicht bloß in Bezug auf sein Hauptthema: Flisars Umweltbewusstsein bezieht sich nicht nur auf die Erforschung oder die Inszenierung der schädlichen Eingriffe des Menschen in die Umwelt im engeren Sinne, sondern versteht sich im weiteren Sinn als Schutz für den menschlichen Geist, für die Menschlichkeit selbst, welcher und welche durch die Ausbreitung des Spätkapitalismus am Verschwinden sind. Es wäre problematisch zu behaupten, dass Flisar hier moralisierend vorgeht, soviel sollte jetzt klar sein, doch können wir sein aufrichtiges Engagement und seinen Einsatz für den Schutz des Menschen und seines Geistes nicht übersehen, ungeachtet der Tatsache, dass der Autor diese Hingabe stets (selbst-)ironisiert oder zumindest mit einem Lächeln betrachtet. Darin liegt die tiefere Flisarsche Wahrheit: Solange wir noch lachen und uns lustig machen können, bewahren wir uns selbst, unsere Menschlichkeit, unsere Seele, unsere Wahrheit; es wird die Abwesenheit des Lachens (der Ironie, der Parodie, der Paradoxa, des Absurden) sein, die unser unwiderrufliches Absinken ins tiefste Herz (und die Brutstätte) des Kapitalismus bewirkt, von wo aus wir nicht mehr fähig sein werden, unseren Weg zum Licht zu finden. Damit Flisars Stück eine Wirkung erzielen kann, wird nicht ein „Glaube" gebraucht, sondern Zweifel, gesunder Menschenverstand, luzide (Selbst-)Erkenntnis und die Fähigkeit, Dinge zu erkennen – im besten Fall ein Glaube an die Vernunft und ihre unendliche Macht. In Flisars dramatischer Welt ist alles andere zum Scheitern verdammt und wird auf der Stelle der Lächerlichkeit preisgegeben.

All das wird in der *Komödie* in sorgfältig durchdachter verbaler und situativer Ordnung aufgezeigt. Eine Zeit lang wissen wir nicht, wovon das Stück wirklich handelt, in welcher Art von Welt wir uns befinden, und was die Charaktere wirklich wollen. Wir können die Darstellung der Vorgänge glauben und an die Komplikationen, die der Text selbst kreiert: „In ein heruntergekommenes Haus in den Außenbezirken einer Stadt, in welchem eine alternde Nymphomanin und ein Studienabbrecher, der die beiden durch Drogenverkauf unterstützt, in der Hoffnung, dass sich etwas ändern wird, dahinvegetieren, kommt ein Retter!" Sobald wir dies aber anzweifeln, wird die Sache, wie wir schon mehrmals angemerkt haben, langsam interessant. Majerholds Großprojekt ist ein Garten, der, wie sich langsam herausstellt, die Selbstversorgung während des bevorstehenden Endes der Welt (an dem es keinen Zweifel gibt) erlaubt. Majerhold hat sowohl die Gegenwart als auch die Zukunft der Welt im Auge: die Gegenwart, gekennzeichnet durch einen obsessiven Staat, oder die mögliche, aber dennoch unausweichliche Zukunft, von den Nachrichten im Radio vorausgesagt, von denen ausgehend es möglich ist – sogar noch mehr als durch die fatalen Veränderungen der Natur als solcher –, die destruktiven Auswirkungen des Kapitalismus zu entschlüsseln. Der Garten selbst ist ein einzigartiges aus einer Reihe von Gräben bestehendes System. In ihm liegt eine wahre Überlebensphilosophie verborgen, nicht bloß das Wissen um Ackerbaukunde. Der Garten ist mehr als bloß kultivierter Boden, er ist „schwanger," indem er in sich selbst die Möglichkeit neuen Lebens birgt, oder zumindest einer Fortführung des Lebens, d. h. des Überlebens; er ist ein Prototyp des Gartens Eden und das Symbol eines Neubeginns. Majerholds geheimnisvolles Treiben gehört nicht bloß dem (Kriminal-)Genre an, vielmehr ist es ein ideologisches: Unabhängig davon, wie wir seine Figur interpretieren (möglicherweise ist er ein Genie, ein verrückter Wissenschaftler, der die Menschheit vor ihrem Untergang bewahren will, oder ein Patient der Psychiatrie, bei dem Umweltparanoia diagnostiziert wurde), versteckt sich Majerhold vor dem System, das ihn entweder zu vernichten versucht, ihn wegen seiner schädlichen Ideen eliminieren will, oder ihn sich einverleiben will, ihn „sponsern," um ihm dann seine wissenschaftlichen Entdeckungen zu nehmen und sie ins eigene Geschäftsmodell zu integrieren – oder – einfach gesagt – Geld mit ihnen zu machen. Und Majerhold steht – wie sich herausstellt – wirklich unter ständiger Beobachtung. Es ist gleichgültig, ob er aus einer Anstalt entlaufen ist, oder ob Konjevič bloß seinen Gegenpol darstellt, sein Alter Ego, seinen Aufseher, Stalker oder vielleicht sogar einen Mitpatienten aus derselben re-edukativen psychiatrischen Institution (dem Wesen einer modernen öffentlichen Institution schlechthin). Wichtig ist, dass im Kapitalismus die Utopie nur als Fiktion und nicht als realistisches, politisches Projekt erlaubt ist. Und zu guter Letzt: Das Autarkie-Projekt, das das Prinzip des neoliberalen Marktes negiert, da es verschiedene interpersonelle Beziehungen, basierend auf neuen Verhältnissen des Tausches, etabliert, worin einmal mehr symbolischer Austausch entsteht, unterminiert auf das Mächtigste das kapitalistische System, da durch die großflächige Expansion der Ideologie der Autarkie und das Auftauchen einer Gemeinschaft, deren Grundfesten sich eher aus ihrem Inneren herausbilden als von außen beeinflusst sind (obwohl die perverseste kapitalistische Doktrin die „innere Natur" oder die tiefen menschlichen Wurzeln des eigenen Systems zu beweisen sucht), der Kapitalismus plötzlich ohne Markt dasteht, das heißt ohne einen Raum für seine eigene Entwicklung. Aber ist nicht all die Autarkie, sind all die selbst-erneuerbaren Ressourcen, die nachhaltige Entwicklung und so weiter nicht doch nur weitere Derivate der allumfassenden kapitalistischen Doktrin?

Das ist eine der möglichen Interpretationen von Flisars komödiantischer Ideologie, die wiederum nicht ohne Ambiguität und ironische Wendungen ist. Man betrachte bloß, welche Art von Gemeinschaft an diesem vorstädtischen Zufluchtsort vor dem Leser der Komödie erscheint. Eine Hure, ein Junkie, ein Verrückter und ein Schwindler, alle verstrickt in erotisch-manipulative Spielchen – ein schönes Bild einer möglichen Zukunft, die keine Zukunft hat. Flisar ist nicht naiv und er offeriert – seinen charakteristischen Galgenhumor, der oft an (Beckettschen) Zynismus grenzt, einsetzend – folgende Lösung: Große Ideen sind üblicherweise zum Scheitern verdammt, oder – präziser – sie verkommen üblicherweise zu ihrem Gegenteil, und die Welt, die übrig bleibt, ist des Teufels, lange schon von Gott verlassen. Aber dieser Teufel bringt nicht das ultimative Grauen, sondern bietet uns die Gelegenheit zu (letztem?) Gelächter. Der (Gemüse-) Garten Eden, der eine Rettung machbar erscheinen ließ, wird nun (mit Mohn zur Opiumproduktion bepflanzt) eine andere Rettungsmöglichkeit präsentieren, eine Möglichkeit zur Flucht in die Vergiftung, in ein fiktives Paradies. Für den Kapitalismus ist die Utopie eine Dystopie, die Zukunft kann künstlich erschaffen und dann kontrolliert werden – aber nur (als) ihr Surrogat, verbleibend in unserem falschen Bewusstsein. Im Gegensatz zu Majerhold, welcher der Menschheit die Utopie schenken würde, verkauft sie der Kapitalismus, immer genau wissend, was er im Tausch dafür haben will. Kapitalismus ersetzt das Überleben der Menschheit durch sein eigenes Überleben, während Umweltbewusstsein lediglich eine Störung darstellt, die sich am häufigsten in der Form des Exzesses manifestiert – im legalen Vorgehen oder in Zerstörungen. Flisar sieht all das eher als Farce denn als moralische Unterweisung, als ein scharfes und radikales Bild der Zeit, das auf einem bestimmten Niveau generalisiert wird, und auf welches wir zurasen – falls wir uns nicht schon darin befinden.

In seiner *Komödie* bietet Flisar verschieden Lösungsvarianten oder Möglichkeiten, der Bedrohung „vom Ende der Welt" ins Auge zu sehen. Das Ende der Welt ist nur ein kapitalistischer Popsong, der demaskiert und entmystifiziert werden kann (und muss); das Ende der Welt verlangt, dass der Mensch handelt, der wahren Bedrohung kann entgegengetreten werden, ihr kann widerstanden werden, und dann kann die Welt (wieder) aufgebaut werden. Aber Bedrohungen können auch Profit bringen, vermarktet werden und zu Reichtum verhelfen. Es ist möglich, Bedrohungen als Erscheinungen der Verschwörung zu nutzen, um sich der Kontrolle und Macht zu versichern, oder zumindest eines unbegrenzten Raumes zur Manipulation. Man kann einfach in die Welt der Vergiftung und Halluzination entfliehen, die Ersatzwelt aus Drogen und anderen ähnlichen Hilfsmitteln, durch die es möglich wird zu vergessen und es den anderen überlassen, eine Lösung zu finden.

KOMÖDIE VOM ENDE DER WELT

Deutsch von Alfred Haidacher

Personen

Joe Orton, 25
Elvira, 48
Majerhold, 55
Konjevič, 50

Ort:
Eine Vorstadt,
irgendwo auf der Welt

Zeit:
Heute,
morgen,
übermorgen

*Danke für die Inspiration, Joe Orton,
tot seit 1967.
Du Glücklicher!*

Das Stück muss schnell und todernst gegeben werden.

KOMÖDIE VOM ENDE DER WELT

Erster Akt

Szene 1

Ein Zimmer. Hinten rechts eine Tür zum Treppenabsatz des ersten Stocks (zum Gang). Links die Tür zu einem kleinen Zimmer, einer Arbeitsnische. Ein großer Spiegel hängt an der Wand neben der Tür, die zum Gang führt. Sofa, Fauteuil, Couchtisch, Kommode. Auf der Kommode zwei Stapel alter Zeitungen. Daneben ein uraltes Radio. Alles wirkt verblasst, ungeordnet, verwahrlost.

Im Dunkeln hört man einen Radiobericht: Vertreter der Pazifischen Inselgruppe Tuvalu haben einen Vertrag mit der Regierung in Wellington unterzeichnet, der es der Gesamtbevölkerung ihrer acht Atolle gestattet, nach Neuseeland umzusiedeln. Tuvalu, das Tropenparadies voller Sandstrände und Palmpflanzungen, liegt nur fünf Meter über dem Meeresspiegel. Wegen des Treibhauseffektes wird ein Anstieg des Meeresspiegels um sieben Meter bis zum Ende des Jahrhunderts erwartet. Die Einwohner Tuvalus wollen sich dagegen im Vorhinein schützen. Sie önnen sich das leisten, da es nur elftausend von ihnen gibt. Aber was ist mit den Einwohnern Floridas oder den hundert Millionen in Bangladesch, die überflutet sein werden, bevor wir noch das Ende der Eisberge, die Grönland bedecken, erleben werden? Die Ansichten, wie bald wir den Punkt, von dem es kein Zurück mehr gibt, erreichen werden, sind geteilt...

Während des Berichts enthüllen die Scheinwerfer langsam die Bühne. Joe Orton kommt aus seiner Nische. Er raucht einen Joint. Er inhaliert langsam, während er zum Radio geht und es ausschaltet.

ORTON: Blablabla. *Geht zurück in sein Zimmer, schlägt die Tür zu.*

KOMÖDIE VOM ENDE DER WELT

(ELVIRA *kommt vom Gang. Hinter ihr folgt* MAJERHOLD.)

ELVIRA: Nicht sehr groß. Aber bequem.
MAJERHOLD *(taxiert das Zimmer)*: Das ist es?
ELVIRA: Sie sind nicht beeindruckt.
MAJERHOLD: Wie wär's mit dem Erdgeschoß? Mir wäre es lieber, direkt in den Garten zu kommen, wenn ich die Tür aufmache.
ELVIRA: Das können Sie von meinem Schlafzimmer aus tun! Aber... (*Sie sieht ihn von oben bis unten an.*)
MAJERHOLD: Natürlich. Sie können nicht einfach ... (*Seine Augen streifen rasch über ihren Körper.*)
ELVIRA: Fürs Erste können Sie durchs Fenster auf den Garten schauen.

(MAJERHOLD *geht zum Fenster, sieht hinaus. Wendet sich um.*)

MAJERHOLD: Bad?
ELVIRA: Neben meinem Schlafzimmer.
MAJERHOLD: Ich würde gern einmal in der Woche duschen.
ELVIRA: Einmal in der Woche! Das können Sie jeden Tag tun.
MAJERHOLD: Oh...
ELVIRA: Es stimmt schon, dass man die Tür nicht abschließen kann, aber ich habe nicht die Angewohnheit dort hineinzuplatzen. Besonders nicht, wenn ein Mann drin ist.

(*Sie lächelt ihn an, eher zuckersüß als verführerisch.*)

MAJERHOLD: Sie duschen jeden Tag?
ELVIRA: Körperpflege ist mir wichtig.
MAJERHOLD: Sehr gut.
ELVIRA: Sie wissen ja, wie unmoralisch die Welt geworden ist. Wenn wir schon schmutzige Dinge tun müssen, dann lasst sie uns wenigstens sauber tun.
MAJERHOLD (*von ihren Worten überrascht*): Verzeihung, aber... was haben sie studiert?
ELVIRA: Ich habe die Volksschule erfolgreich abgeschlossen.
MAJERHOLD: Oh... Gratuliere!
ELVIRA: Mein letztes Jahr musste ich in einer Besserungsanstalt verbringen.
MAJERHOLD: Und? Wurden sie gebessert?
ELVIRA: Diese Dinge brauchen ihre Zeit.

KOMÖDIE VOM ENDE DER WELT

MAJERHOLD: Von der nicht mehr viel übrig ist.
ELVIRA: Und Sie? Professor? Doktor?
MAJERHOLD (*schaut zu Ortons Tür*): Und diese Tür?
ELVIRA: Diese Tür... wie soll ich sagen... führt zu einer Art... Speisekammer.
MAJERHOLD: Darf ich sehen?
ELVIRA: Jetzt? Ziemlich ungünstig.
MAJERHOLD: Warum?
ELVIRA: Sie ist versperrt.
MAJERHOLD: Und der Schlüssel?
ELVIRA: Der Schlüssel... Ich werde ihn holen. Ich hoffe, ich finde ihn!

(ELVIRA *versucht, ihre Verlegenheit zu verbergen und geht hinaus in den Gang.* MAJERHOLD *kehrt ans Fenster zurück und schaut in den Garten hinaus. Die Tür zur Linken öffnet sich.* JOE ORTON *taucht leise aus seiner Nische auf und beobachtet* MAJERHOLD. *Dann schleicht er sich auf Zehenspitzen hinter ihn.*)

JOE ORTON: Buuuuuuuuuh! (MAJERHOLD *wendet sich um und fährt mit seiner rechten Hand unter sein Jackett, so als ob er eine Pistole ziehen würde.*) Wer sind sie?
MAJERHOLD: Wer ich bin? Wer sind *Sie*?
JOE ORTON: Heute bin ich zu fast hundert Prozent Joe Orton. Manchmal halte ich mich für Harold Pinter. Oder Samuel Beckett.
MAJERHOLD: Kompliziert.
JOE ORTON: Überhaupt nicht. Ich bin wirklich Joe Orton. Ich tu nur so als ob ich die anderen wäre.
MAJERHOLD: Wo sind Sie hergekommen?
JOE ORTON: Von der anderen Seite. Da ich sehr jung gestorben bin, habe ich mir gesagt, ich sollte dem Leben eine neue Chance geben. Und Sie?
MAJERHOLD: Ich möchte dieses Zimmer mieten.
JOE ORTON: Sie sehen gar nicht so aus, als wären Sie der Typ für eine Mietwohnung.
MAJERHOLD: Ich brauche ein Dach überm Kopf.
JOE ORTON: Sie sehen so aus, als wären sie der Typ, der davon lebt, Wohnungen zu vermieten.

(ELVIRA *kehrt zurück. Sie zuckt zusammen, als sie* ORTON *sieht.*)

KOMÖDIE VOM ENDE DER WELT

ELVIRA: Ich hab gar nicht gewusst, dass sie zu Hause sind.
JOE ORTON: Der Teufel hat mich aus der Hölle rausgeschmissen, weil ich es gewagt habe anzudeuten, dass die Verpflegung dort zu wünschen übrig lässt. Zur Strafe muss ich zwei Tage auf der Erde verbringen.
ELVIRA: Das ist Joe Orton, mein Mieter.
JOE ORTON (*plötzlich erregt*): Nein, bin ich nicht! Ich bin ein Mitglied der Familie. Und ich werde jedem Versuch widerstehen, meinen privilegierten Status herabzustufen, (*zu* MAJERHOLD) und es ist mir verdammt gleichgültig wer Sie sind, ein Anwalt, ein Steuerprüfer oder ein verdeckter Ermittler. Ich bleibe, und Sie – *via via*, je eher desto besser.

(*Er geht zurück in sein Zimmer und knallt die Tür zu.*)

ELVIRA: Er hat Angst vor Männern mit schwarzen Schuhen. Besonders dann, wenn sie ordentlich gebügelte Hosen tragen.
MAJERHOLD: Warum?
ELVIRA: Er ist überzeugt, dass sie die Weltherrschaft übernehmen wollen.
MAJERHOLD: Das kann schon sein, aber es gibt auch welche, die die Welt retten wollen und ordentlich gebügelte Hosen tragen, um sich zu tarnen.
ELVIRA: Einen von denen würde ich gern einmal treffen.
MAJERHOLD: Und dieser... wie-auch-immer-Sie-ihn-nennen... wohnt in Ihrer Speisekammer?
ELVIRA: Sie wissen ja, wir leben in schwierigen Zeiten. Ich schaffe es, meine sexuellen Bedürfnisse auf die eine oder andere Art zu befriedigen, aber die finanziellen sind eine andere Sache. Man muss Kompromisse eingehen.
MAJERHOLD: Frau...
ELVIRA: Elvira.
MAJERHOLD: Ich will ehrlich sein. Sie bieten mir ein Zimmer ohne jegliche Privatsphäre an. Sie haben da einen Verrückten nebenan, der behauptet, ein toter englischer Dramatiker zu sein, wobei er wahrscheinlich eher Daniel, Ronald oder Werner heißt. Was Sie betrifft, Sie sind eine Frau mit einer zwielichtigen Vergangenheit.
ELVIRA: Kann schon sein, aber Joe Orton ist der echte Joe Orton. Wiedergeboren. Es stimmt, dass ich ihm zuerst auch nicht geglaubt habe, aber er hat herausgefunden, wie er mich überzeugen kann. Glauben Sie nicht an Wiedergeburt?
MAJERHOLD (*seufzt*): Egal. Tatsache ist, dass mich ihr Garten angezogen hat.
ELVIRA: Sie meinen sicher den Nachbargarten!
MAJERHOLD: Sie haben keine Nachbarn.

ELVIRA: Ja, das Haus steht ziemlich isoliert.

(MAJERHOLD *nähert sich dem Fenster und sieht hinaus.*)

MAJERHOLD: Ihr Garten ist – verzeihen Sie den Ausdruck – das perfekteste Beispiel für Verwahrlosung, das ich je im städtischen Raum gesehen habe. Ist das das Resultat sorgfältiger Planung?
ELVIRA: Das bezweifle ich sehr.
MAJERHOLD: Mit anderen Worten, Gärtnern zählt nicht zu Ihren Hobbys.
ELVIRA: Das würde es schon, aber wenn ich mir die Wüste da draußen ansehe, dann verlässt mich der Mut. Und ich sage mir, "Bald wird die ganze Welt so aussehen." Also, warum sich Sorgen machen?
MAJERHOLD: Wüste? Ich habe in einer Wüste gelebt, einer echten.
ELVIRA: Wirklich?! Warum?
MAJERHOLD: Wenn Sie in einer Wüste wohnen, denken Sie nicht über die Gründe dafür nach.
ELVIRA: Zu heiß zum Denken, könnte ich mir vorstellen.
MAJERHOLD: In der Wüste sind Sie völlig frei von der Verpflichtung Fragen zu stellen und die Antworten darauf zu suchen.
ELVIRA: Eine unerfreuliche Verpflichtung, da stimme ich zu.
MAJERHOLD: Und wenn Sie lang genug dort bleiben, wird schließlich alles klar. Die Welt hört auf, ein Rätsel zu sein.
ELVIRA: Da müssen Sie ja einen guten Job gehabt haben, wenn Sie so lange geblieben sind.
MAJERHOLD: Naja, ein paar Jahre.
ELVIRA: Mein Gott! Deshalb sind Sie so braun! (*Ihre Augen schweifen über seinen Körper.*) Ohne Zweifel überall.

(JOE ORTON *öffnet die Tür seines Zimmers und steckt den Kopf heraus.*)

JOE ORTON: Und noch was, Herr Harold Pinter. Ich mag Ihr Hemd nicht. Leute, die solche Hemden tragen und nach Aftershave riechen sind schuld daran, dass die Welt so ein Saustall geworden ist.

(*Er knallt die Tür zu.*)

ELVIRA: Sie müssen Geduld mit ihm haben. Sehr oft sagt er einfach Teile der Dialoge aus dem Stück, das er gerade zu schreiben versucht. Er kann auch ziemlich charmant sein. Wenn er sich Mühe gibt.

KOMÖDIE VOM ENDE DER WELT

MAJERHOLD: Wie oft tut er das?
ELVIRA: er hat kein regelmäßiges Einkommen. Er ist gezwungen mit dem Gefühl zu leben, dass ihn niemand leiden kann.
MAJERHOLD: Da kann ich ihm nicht helfen, fürchte ich.
ELVIRA: Das ist schon in Ordnung. Ich kümmere mich um ihn.
MAJERHOLD: Sehr christlich von Ihnen.
ELVIRA: Verlorenen junge Männer brauchen einfach eine Schulter, an der sie sich ausweinen können, glauben Sie nicht?
MAJERHOLD: Zu meiner Zeit waren junge Männer aus härterem Stoff gemacht.
ELVIRA: Wo sind diese Zeiten hin? Und diese jungen Männer? Die Welt ist sehr lasch geworden, finden sie nicht?

(MAJERHOLD *mustert sie noch einmal zur Gänze.*)

MAJERHOLD: Ihrer Erfahrung nach auch?
ELVIRA: Am Ende werden Frauen noch dazu gezwungen werden, Hosen zu tragen.
MAJERHOLD: Ich hoffe wir können ein derartiges Unglück vermeiden.
ELVIRA: Sie ziehen Frauen in Röcken vor.
MAJERHOLD: Ich ziehe es vor, nicht über Frauen zu sprechen. (*Er starrt auf einen Punkt in der Ferne.*) Das Beste am Leben in der Wüste ist, dass man nicht gezwungen ist, anderen Leuten zuzuhören.
ELVIRA: Ja, das ist wirklich ziemlich mühsam.
MAJERHOLD: Nur dem Wind und hier und da einer verirrten Ziege. Vielleicht einmal im Monat dem Donner. Die Möglichkeit eines Missverständnisses auf null reduziert.
ELVIRA: Wie nett.
MAJERHOLD: Ich hasse es auch, über Ideen zu diskutieren. Wenn Sie gut sind, muss man nicht über Sie reden; wenn sie schlecht sind, verdienen Sie die Erwähnung nicht.
ELVIRA: Schade, dass Joe das nicht hört.
MAJERHOLD: Warum?
ELVIRA: Er würde Ihre Worte sofort in seinem Stück verwenden. Es stimmt zwar, dass er jetzt schon einige Jahre daran schreibt, aber er sagt, dass es bald vom Nationaltheater aufgeführt werden wird. Und ich werde in der ersten Reihe sitzen.
MAJERHOLD: Tut mir leid, aber ich muss das jetzt wissen: Haben Sie noch irgendwelche anderen Mieter?
ELVIRA: Nur zwei.

MAJERHOLD: Zwei?! Wo ist der andere?
ELVIRA: Das sind doch Sie.

(MAJERHOLD *geht zum Fenster und schaut sich nochmals den Garten an. Wendet sich um und besieht das Zimmer.*)

MAJERHOLD: Sie sagten, das Zimmer wäre sehr bequem.
ELVIRA: Das Sofa kann zum Bett umgewandelt werden. Ich wäre glücklich, wenn ich es jeden Abend für Sie vorbereiten dürfte, und jeden Morgen würde ich es wieder zum Sofa machen.
MAJERHOLD: Wirklich?
ELVIRA: Als ich jünger war, habe ich einige Zeit als Zimmermädchen gearbeitet. Das Bettenmachen für Männer wie Sie hat mich immer mit großer Befriedigung erfüllt. Ich würde sogar sagen, dass das meine einzigen echten Glücksmomente waren.
MAJERHOLD: Aber – nehmen Sie's nicht persönlich – diese Zimmer ist ein Sauhaufen.
ELVIRA: Nur weil Joe seine Freunde hierher einlädt. Die Kammer ist so klein, dass er sich drin kaum umdrehen kann. Aber das wird aufhören. Wenn Sie das Zimmer mieten, dann wird er Ihre Privatsphäre respektieren müssen.
MAJERHOLD: Kann man die Tür absperren?
ELVIRA: Natürlich. Ich habe den Schlüssel mitgebracht.
(*Sie zeigt ihm den Schlüssel.*)
MAJERHOLD: Dann würde ich vorziehen, es versperrt zu halten.
ELVIRA: Schwierig.
MAJERHOLD: Warum?
ELVIRA: Joe könnte nicht mehr raus.
MAJERHOLD: Ist das der einzige Ausgang?
ELVIRA: Es gibt noch ein Fenster. Aber ich bezweifle, dass Joe das akzeptierte. Er würde eine Leiter brauchen, die wir nicht haben. Und was würden die Nachbarn sagen?
MAJERHOLD: Sie haben keine Nachbarn.
ELVIRA: Das ist wahr. Aber der Briefträger kommt regelmäßig. Und bringt Rechnungen, die ich nicht bezahlen kann.
MAJERHOLD: Ich kann ihm eine Leiter bauen. Ich bin ziemlich geschickt.
ELVIRA: Er hat Höhenangst. Er hat mir einmal erzählt, dass er Berufspilot geworden wäre, hätte er nicht Höhenangst.

(MAJERHOLD *geht im Zimmer herum, schaut wieder auf den Garten.*)

MAJERHOLD: Ich habe auch einige Paar Schuhe, ein paar Anzüge, zwei Krawatten, Hemden – solche Dinge.
ELVIRA: Selbstverständlich, ein Herr wie Sie.
MAJERHOLD: Und zwei Schachteln mit wissenschaftlichen Büchern. Wo soll ich das alles unterbringen?
ELVIRA: Im Flur ist ein Schrank.
MAJERHOLD: Gut. Aber wir müssen noch zu einer Übereinkunft kommen, wenn möglich schriftlich, wie oft der Knabe aus seinem Zimmer raus darf.

(ELVIRA *kann ihre Freude nicht verbergen.*)

ELVIRA: Joe kann sehr rücksichtsvoll sein. Ich bin mir sicher, Sie werden sofort Freunde werden.
MAJERHOLD: Ich fürchte, Sie verstehen nicht. Der einzige Grund, warum ich bleiben will, ist Ihr Garten. Er ist groß genug. Er umgibt das Haus. Er wird von einer Hecke geschützt, die so hoch ist, dass eine Giraffe auf einen Baum klettern müsste um hineinschauen zu können. Völlige Privatsphäre. Und das Beste ist, dass er so verwahrlost ist, dass nicht einmal das Unkraut hat überleben können, soweit ich sehen kann. Kurzum, Ihr Garten ist ideal.
ELVIRA: Ich werde eine Weile brauchen, um mich an Ihren Sinn für Humor zu gewöhnen!
MAJERHOLD: Ich habe keinen Sinn für Humor. Sollen andere einen haben, wenn sie das brauchen. Ich nicht.

(ELVIRA *lacht und bedeckt ihren Mund mit beiden Händen.*)

ELVIRA: Wie sie sehen... haben Sie mich zum Lachen gebracht!

(*Sie setzt sich aufs Sofa und lacht weiter.* MAJERHOLD *sieht sie an, ziemlich besorgt.*)

MAJERHOLD: Kann ich Ihnen helfen?
ELVIRA: Ich lache nur.
MAJERHOLD: Wir leben in einer Zeit, in der Lachen nahezu immer ein Anzeichen für eine ernsthafte Erkrankung ist.

(ELVIRA *hört auf zu lachen und erhebt sich.*)

KOMÖDIE VOM ENDE DER WELT

ELVIRA: Finanzielle Gründe zwingen mich, Ihnen eine Frage zu stellen.
MAJERHOLD: Nur zu.
ELVIRA: Werden Sie das Zimmer nehmen oder nicht?

(MAJERHOLD *geht ans Fenster, schaut noch einmal in den Garten, wendet sich um.*)

MAJERHOLD: Ich bin am Garten interessiert. Das Zimmer ist eine Strafe, mit der ich mich einfach abfinden muss.

(*Dunkel.*)

Szene 2

Ungefähr einen Monat später. Das Zimmer sieht anders aus. Das Sofa ist ausgezogen, das Bett ist sorgfältig gemacht. Ein meterhoher Holzzaun läuft die Rückwand vom Korridoreingang bis zur linken Wand entlang. MAJERHOLD *trägt einen Wollpullover und Cordhosen. Er sitzt mit einem Reißbrett auf den Knien im Fauteuil und zeichnet irgendetwas.*

Im Dunkel hören wir einen Radiobericht: Heuer hat Europa unter der schlimmsten Trockenheit seit hundert Jahren gelitten. China war Opfer des schlimmsten Tsunamis seit hundert Jahren. Kansas erlebte die häufigsten und gewaltigsten Tornados der Geschichte. New York und Japan sahen sich dem schlimmsten Schneefall in ihrer Geschichte gegenüber. Kanada durchlebte den heißesten Sommer aller Zeiten. Sydney, Australien, feierte den heißesten Neujahrstag seiner Geschichte, und die schlimmsten Überschwemmungen der letzten hundert Jahre beendeten die schrecklichste Trockenheit aller Zeiten in Südafrika. Dessen ungeachtet konnten sich die Führer der Welt nicht auf eine Reduktion der Treibhausgasemissionen einigen...

Während des Berichts enthüllen die Scheinwerfer langsam das Zimmer. Der Bericht wird von JOE ORTON *unterbrochen, der aus seinem Kämmerchen kommt, zum Radio geht und es ausschaltet.*

JOE ORTON: Blablabla.
MAJERHOLD: Machen Sie sich keine Sorgen über die Zukunft?

JOE ORTON: Nein. Ich habe nur Augen für die Gegenwart. (*Sieht aus dem Fenster.*) Das glaube ich nicht!
MAJERHOLD (*erhebt sich halb, besorgt*): Was?
JOE ORTON: Der ganze Garten ist umgegraben! Sie haben was gepflanzt.
MAJERHOLD (*sinkt zurück*): Wie kommt es, dass sie das nicht schon längst bemerkt haben? Wo sind Sie gewesen?
JOE ORTON: Im Schlafzimmer unserer Vermieterin. Unterbrochen von gelegentlichen Ausflügen in die Küche, um die verbrauchte Energie zu regenerieren. Aber meistens war ich in meinem Zimmer. Gebeugt über mein unvollendetes Manuskript. Das ein Knüller werden wird! Es wird das Publikum in die Luft sprengen.
MAJERHOLD: Sie gehen nie aus?
JOE ORTON: Die Welt draußen interessiert mich nicht mehr.
MAJERHOLD: Sie könnten sich zum Beispiel nach einer Arbeit umsehen.
JOE ORTON (*schaut auf* MAJERHOLD): Mein Herr, Sie und ich haben ein Problem.
MAJERHOLD: Tut mir leid das zu hören.
JOE ORTON: Die halbe Zeit weiß ich nicht worüber, Sie sprechen, und die andere Hälfte wissen Sie es selber nicht.
MAJERHOLD: Sie sind ein Dramatiker. Sie sollten alles verstehen.
JOE ORTON: Ich schreibe eine Farce.
MAJERHOLD: Das ist wohl kaum die rechte Zeit für eine Farce. Die Wirklichkeit verlangt nach ernsthaften Stücken.
JOE ORTON: Die Wirklichkeit ist eine Farce. Haben Sie so weit weg gelebt, dass Sie das nicht bemerkt haben?
MAJERHOLD: Hat dieses Meisterwerk von Ihnen einen Titel?
JOE ORTON: Einen Arbeitstitel. Fürs Erste. *Was ist mit unseren beschissenen Werten passiert.*
MAJERHOLD: Den würde ich beibehalten. Es wird jahrelang laufen.
JOE ORTON: Darauf können Sie wetten.
MAJERHOLD: Aber während Sie auf diesen Durchbruch warten, könnten Sie für mich arbeiten. Fünf Euro pro Stunde.

(*Pause.* JOE ORTON *geht hinter den Zaun, um die Tür zu seinem Zimmer zu öffnen. Er wendet sich um und starrt* MAJERHOLD *an. Er will etwas sagen, überlegt es sich, betritt sein Zimmer und schlägt die Tür hinter sich zu. Dann öffnet er sie wieder und schaut heraus.*)

JOE ORTON: Lassen Sie mich Ihnen was sagen: Sie mag Sie nicht. Sie mag mich. Täuschen Sie sich da bloß nicht.

MAJERHOLD: Eine Frau mit Geschmack, was kann man da sagen.

JOE ORTON: Das hier ist kein Zimmer, das ist ein Gang. Sie haben keine gesetzlichen Rechte. Sie kann Sie hinauswerfen, wann immer sie das will.

MAJERHOLD: Ich lande immer auf den Füßen.

JOE ORTON: Und dieser Zaun! Unglaublich. Für fünf Minuten weg, und schon steht eine Berliner Mauer hinter mir.

MAJERHOLD: Was bedeutet, dass nicht die beste Idee ist wegzuschauen.

JOE ORTON: Wir haben eine ziemlich gute Zeit miteinander gehabt, Elvira und ich. Ich leugne nicht, dass die Dinge auch besser hätten laufen können, speziell was das Essen und die sexuelle Unterhaltung betrifft. Sie war zuletzt nicht besonders großzügig. Aber im Großen und Ganzen würde ich sagen, wir hatten eine ziemlich gute Zeit.

MAJERHOLD: Gratuliere.

JOE ORTON: Wenn sich die Dinge nun zum Schlechteren ändern sollten, werden einige Leute unter diesem Dach das nicht im Geringsten mögen. Ich dachte, ich sollte Sie warnen.

MAJERHOLD: Danke.

JOE ORTON: Ich weiß nicht, was sie Ihnen über mich gesagt hat, aber ich bin OK, solange ich mich OK fühle, falls Sie wissen, was ich meine. Aber wenn ich mich nicht OK fühle, kann ich einen Mann malträtieren, bevor er das Wort noch im Lexikon nachschauen kann.

MAJERHOLD: Da freu ich mich drauf.

JOE ORTON: Und eins sollte klar sein: Ich schreibe alles auf, was hier passiert. Denn das ist die größte Farce überhaupt

MAJERHOLD: Ganz meine Meinung.

JOE ORTON: Scheiß auf Sie. (*Er geht zurück in sein Zimmer, schlägt die Tür zu, öffnet die Tür schnell wieder und steckt den Kopf heraus.*) Und wenn eine Ihrer Pflanzen durch das Fenster in mein Zimmer reinwächst, dann sehen wir uns vor Gericht.

(*Dunkel.*)

KOMÖDIE VOM ENDE DER WELT

Szene 3

MAJERHOLD *und* ELVIRA *trinken Tee. Sie sitzt am Bettrand; er sitzt im Fauteuil.*

Im Dunkeln hören wir einen Radiobericht: Laut den letzten Nachrichten treiben einige hundert, vielleicht sogar tausend Eisberge auf Neuseeland zu. Der Eisbergexperte des Australischen Antarktisreferats teilte mit, dass die gigantischen Eisbrocken mit Hilfe der Satellitenphotographie lokalisiert werden konnten. Der Überseetransport ist bedroht, alle Schiffe in diesem Raum wurden gewarnt. Die schwimmenden Eisblöcke haben durchschnittlich zweihundert Meter Durchmesser und widersprechen so der Annahme, dass das Eis der Antarktis langsamer schmilzt als das nordpolare Eis...

Während des Berichts enthüllen die Scheinwerfer langsam die Bühne. ELVIRA *erhebt sich, geht zum Radio und schaltet es ab. Sie kehrt zurück, setzt sich an den Bettrand, näher zu* MAJERHOLD.

ELVIRA: Blablabla.
MAJERHOLD: Empfängt dieser Radioapparat nur einen einzigen Kanal?
ELVIRA: Alle anderen haben den Sendebetrieb eingestellt, sagt Joe Orton. Aus Geldmangel. (*Greift nach der Teekanne.*) Noch eine Tasse?
MAJERHOLD: Sie trinken zu viel Tee. Schlechte Angewohnheit.
ELVIRA (*setzt die Teekanne ab*): Meine einzige. Für andere fehlt mir der Mut. Obwohl ich mich noch immer an Tage erinnern kann, als ich zu viele davon hatte.
MAJERHOLD: Nach meiner Erfahrung führt eine schlechte Angewohnheit schnell zur nächsten. Und so weiter, man einem von Unkraut überwucherten Garten gleicht.
ELVIRA: Genauso war Leben bis heute! Eine totale Wüste. Genau wie mein Garten war, bevor Sie sich entschieden haben, dieses Haus zu Ihrem neuen Heim zu machen.
MAJERHOLD: Also...
ELVIRA: Ich weiß nicht, was Sie dort angepflanzt haben, aber der Garten sieht aus, als ob ... als ob ... er schwanger wäre!

(MAJERHOLD *erhebt sich, geht ans Fenster, schaut hinaus. Wendet sich um.*)

MAJERHOLD: Ich bin froh, dass unsere gegenseitigen Verpflichtungen klar vertraglich geregelt sind.

ELVIRA: Es gibt da etwas, das ich Ihnen noch nicht erzählt habe. Als ich jünger war, habe ich meist als Model gearbeitet.

MAJERHOLD: Wirklich?

ELVIRA: Ich wollte natürlich Schauspielerin werden. Aber anders als die meisten Frauen bin ich rechtzeitig zu dem Schluss gekommen, dass ich kein Talent hatte.

MAJERHOLD: So etwas verlangt Mut.

ELVIRA: Nicht wirklich. Ich habe ganz einfach begriffen, dass es leichter war sich auszuziehen, als sich anzuziehen.

MAJERHOLD: Ist es nicht der Sinn eines Models, dass es neue Kleider vorführt?

ELVIRA: Natürlich. Aber auch sie auszuziehen – Stück für Stück.

MAJERHOLD: Sie waren Stripperin?

ELVIRA: Fotomodell. Mein Bild wurde in zwei einschlägigen Herrenmagazinen publiziert. Ich kann es Ihnen zeigen. Falls es Sie interessiert. (MAJERHOLD *schweigt.*) Natürlich ganz unverbindlich. (MAJERHOLD *schweigt weiter.*) Aber Arbeit wie diese bekommt man nur bis Dreißig.

MAJERHOLD: Ist das ein Gesetz?

ELVIRA: Das Gesetz von Angebot und Nachfrage. Die Haut muss straff sein, glatt und rein. Wie die Haut einer Zweijährigen.

MAJERHOLD: Zweifellos ein hart umkämpfter Bereich.

ELVIRA: Ein Schlachthaus, Herr Majerhold! Ein Schlachthaus. Darüber hinaus habe ich meine Karriere mit einem Handikap begonnen. Einer Blinddarmoperationsnarbe. (*Vertraulich.*) In Herzform, weil der Chirurg sich während der Operation in mich verliebt hat! (*Kokett.*) Haben Sie jemals eine Narbe in der Form eines süßen kleinen Herzens gesehen?

MAJERHOLD: Nein.

ELVIRA: Ich habe gelernt, vorsichtig zu sein. Ein einziger Blick darauf kann den sanftmütigsten Mann in eine gewalttätige Bestie verwandeln.

MAJERHOLD *(hustet nervös und erhebt sich)*: Die meisten Männer sind gewalttätige Bestien, ganz ohne Ihre Narbe anzuschauen.

ELVIRA *(pause)*: Manchmal habe ich das Gefühl, dass ich nicht Ihren Erwartungen entspreche.

MAJERHOLD: Ich beklage mich nicht.

ELVIRA: Genau das macht mir Sorgen. Die meisten Männer hätten mittlerweile angedeutet, dass ich Ihnen weniger gebe, als sie sich erwartet haben. Sind Sie sicher, dass Sie nicht zu bescheiden sind?

MAJERHOLD: Definitiv.

ELVIRA *(erhebt sich)*: Mein Leben hat sich verändert, seit Sie da sind. Ich habe früher viel geweint, ich lebte zurückgezogen, es mangelte mir an Selbstvertrauen. Es war so schlimm, dass ich wieder angefangen hatte zu stottern. Ich hatte schon als Kind gestottert. (*Sie macht eine Bewegung mit der Hand, als ob sie eine Träne wegwischte.*) Aber die ganze Zeit über hörte ich eine leise Stimme in mir, die nicht aufhörte mir zu sagen, dass jemand kommen und mir meinen Glauben an mich selbst zurückgeben würde. Und meine Kraft. Und meine Bestimmung. Ein Mann, der zum Kern der Dinge vordringt und sie auch ausführt. Jedes Mal, wenn ich morgens aufwache und auf den Garten schaue, fühle ich einen Kloß in der Kehle. Ich betrachte die sanften Erdfurchen, die das Haus umgeben, und ich spüre, dass etwas Schönes in ihnen pulsiert. Etwas, das unser Kind sein könnte. Ich hoffe, es macht Ihnen nichts aus, dass ich Ihnen das sage.
MAJERHOLD: Nein. Es ist mir nur peinlich.
ELVIRA: Also dann entschuldige ich mich.
MAJERHOLD: Ich habe meine Miete im Voraus bezahlt...
ELVIRA: Sie haben mich missverstanden.
MAJERHOLD: Vielleicht.
ELVIRA: Natürlich gehört Ihnen der Garten für ein Jahr. Und es kümmert mich nicht, was Sie dort anpflanzen, obwohl Sie mir das wenigstens hätten erzählen können. Aber der Garten ist nicht wichtig...
MAJERHOLD: Für mich ist er sehr wichtig.
ELVIRA: Möglicherweise finden Sie meinen Wunsch, dafür zu sorgen, dass Sie sich hier zu Hause fühlen, etwas aufdringlich...
MAJERHOLD: Einfach überflüssig.
ELVIRA (*kämpft mit den Tränen*): Reicht eine mündliche Entschuldigung? Oder wollen Sie sie möglicherweise schriftlich, als eingeschriebenen Brief? (*Sie geht zur Tür.*)
MAJERHOLD: Tatsache ist... (ELVIRA *bleibt stehen und sieht ihn an.*) Ich brauche Ihre Hilfe.
ELVIRA (*verwirrt*): Jetzt verstehe ich gar nichts mehr.
MAJERHOLD: In ein, zwei Wochen werde ich ein zusätzliches Paar Hände brauchen. Man wird harken müssen, und Unkraut jäten. Und vor allem regelmäßig gießen.
ELVIRA: Das heißt?
MAJERHOLD: Ich werde jemanden anstellen müssen.
ELVIRA: Eine gute Nachricht für die Arbeitslosen!
MAJERHOLD: Und es gibt einen, genau unter diesem Dach.

ELVIRA: Aber Joe ist Dramatiker!

MAJERHOLD: Er kann in seiner Freizeit weiter schreiben. Von mir aus kann er hundert Farcen pro Tag schreiben. Mehr noch, er kann hundert pro Monat aufführen lassen. Aber, soweit ich sehen kann, braucht er jetzt Geld. Außer sie wollen ihn bis in alle Ewigkeit unterstützen.

ELVIRA: Ich? Vor zehn Jahren hätte ich das gekonnt, aber durch die gegenwärtige Krise sitze ich auf dem Trockenen. Um ehrlich zu sein, die meiste Zeit fühle ich mich genauso alt wie ich bin. Die Jahre weigern sich einfach, damit aufzuhören sich anzuhäufen.

MAJERHOLD: Natürlich erwarte ich Loyalität und harte Arbeit vom großen Künstler.

ELVIRA: Und was erwarten Sie von mir? Ihm Loyalität und Liebe zur Arbeit einzubläuen? Zwei Wochen werden da nicht reichen.

MAJERHOLD: Erklären Sie ihm die Vorteile, die er hat, wenn er für mich arbeitet. Er wird nicht zur Arbeit fahren müssen…

ELVIRA: Er hat keine Arbeit.

MAJERHOLD: Gesunde Aktivität in frischer Luft. Angenehme Umgebung. Und natürlich ausgezeichnete Bezahlung. Vier Euro pro Stunde.

ELVIRA: Warum fragen Sie ihn nicht selber?

MAJERHOLD: Sie sind ihm aufs Intimste bekannt.

ELVIRA: Falls er Ihnen das erzählt hat, hat er übertrieben. Vielleicht nicht gänzlich, aber jemanden aufs Intimste zu kennen, geht weit über meinen Horizont, fürchte ich.

MAJERHOLD: Lassen Sie mich etwas erklären. Alles, was Sie mir über sich erzählt haben, hat… nun… hat mich wirklich bewegt.

ELVIRA: Wirklich?!

MAJERHOLD: Sie dürfen nicht glauben, dass meine Grobheit irgendetwas mit meinen wahren Gefühlen für Sie zu tun hat.

ELVIRA (*überglücklich*): Nein!?

MAJERHOLD: Diese Gefühle sind auch für mich ein Quell der Überraschung. Das einzige Problem ist, ich brauche… Zeit.

ELVIRA (*mit einem süßen Lächeln*): Weil Sie ein bisschen altmodisch sind, richtig?

MAJERHOLD: Ich würde gerne vorschlagen, dass wir damit anfangen, einander beim Vornamen zu nennen. Wenn es Ihnen nichts ausmacht.

ELVIRA (*mit breitem Lächeln*): Oh nein, es macht mir überhaupt nichts aus!

(*Dunkel.*)

KOMÖDIE VOM ENDE DER WELT

Szene 4

Elvira sitzt im Fauteuil. Joe Orton eilt im Raum auf und ab und knackt mit den Fingerknöcheln.

JOE ORTON: Ich muss darüber nachdenken.
ELVIRA: Wir können hier als glückliche Familie leben.
JOE ORTON: Er ist nicht mein Vater.
ELVIRA: Nein, aber in ihm kannst du eine Vaterfigur besitzen.
JOE ORTON: In diesem Clown?
ELVIRA: Es würde dir nicht schaden, ein wenig Respekt für einen Mann zu zeigen, der dich in so vieler Hinsicht übertrifft.
JOE ORTON: Beziehst du dich da auf die Anzahl an schreienden Krawatten und sauber gebügelten Hosen, die er besitzt?
ELVIRA: Auch in anderer Hinsicht.
JOE ORTON: Erzähl mir nicht, du hättest dich schon mit seinen verborgenen Dimensionen bekannt gemacht!
ELVIRA: Ich werde so tun, als hätte ich das nicht gehört.
JOE ORTON: Mit seiner Hand unter deinem Rock und deiner Hand in seiner Brieftasche, wird das Resultat sicher zu deinem Vorteil ausfallen.
ELVIRA: Ich frage dich jetzt zum letzten Mal: Bist du gewillt, Herrn Majerholds großzügiges Angebot anzunehmen?
JOE ORTON: Gib mir einen Monat Bedenkzeit.
ELVIRA: Gut. Bis dahin kannst du die nächstgelegene Ausspeisung aufsuchen. Ich weigere mich, für dich zu kochen.
JOE ORTON: Das kannst du mir nicht antun!
ELVIRA: Das ist meine einzige Waffe.
JOE ORTON: Was ist mit ihm, mag er deine „Kochkunst," in Ermangelung eines besseren Wortes?
ELVIRA: Ja oder nein?
JOE ORTON: Du weißt ganz genau, dass ich höhere Ziele verfolge. Was das Geld betrifft…
ELVIRA: Ein neues Hemd würde deine Ziele wohl kaum gefährden. Ich habe beschlossen, deine alten nicht mehr zu flicken.
JOE ORTON: Ich habe nichts dagegen, ihm hin und wieder einen Gefallen zu tun. Ich will nur nicht angestellt sein, in dem Sinn, dass ich tun müsste, was er mir sagt.

ELVIRA: Ich weiß ja, dass das die übliche Haltung gegenüber der Arbeit in diesem Land ist, aber Herr Majerhold hat viele Jahre in der Wüste und hat ziemlich altmodische Ansprüche.

JOE ORTON: Dieser Mann ist gefährlich, Elvira! Er hört nicht auf Gott weiß was für Zeug in seiner alten Klapperkiste anzubringen, hört nie auf Ränke zu spinnen und zu intrigieren!

ELVIRA: Herr Majerhold ist ein entschlossener und aufrechter Mann, dazu befähigt, unser Leben zu ändern.

JOE ORTON: Ob wir das wollen oder nicht.

ELVIRA: Gottseidank gibt es noch Männer auf diese Welt, die wissen, was sie wollen, und die keine Zeit verschwenden, ihre Ziele zu erreichen!

JOE ORTON: Eine schmeichelhafte Beschreibung von jemandem, dessen Ziel es ist Gurken, Rüben und Kohl zu züchten.

ELVIRA: Es ist sein Garten, er hat ihn gemietet. Es geht mich nichts an, was er dort treibt.

JOE ORTON: Aber was du in deinem Schlafzimmer treibst, geht mich was an. Offensichtlich hat dieser Faschist es bereits annektiert.

ELVIRA (*kann ihre Enttäuschung nicht verbergen*): Nicht nur hat er das nicht getan, sondern ich habe auch das Gefühl, dass er nicht einmal daran denkt.

JOE ORTON: Möglicherweise ist er daran gewöhnt, mit Frauen umzugehen, die zusätzlich zu einem Paar netter Titten auch ein Hirn haben.

ELVIRA: Ich habe davon gehört, dass solche Frauen existieren, und es tut mir leid, dass ich keine von ihnen bin. Aber das hat dich auch nicht dazu gebracht, mein Bett zu meiden. Vielleicht deshalb, weil du auch nicht mit einem Hirn beschenkt worden bist.

JOE ORTON: Dein Schlafzimmer war meine Riviera. Dorthin bin ich jede Nacht in die Ferien gefahren.

ELVIRA: Von jetzt an wirst du ein Visum brauchen. Und du wirst keins bekommen, solange du nicht einen Arbeitsvertrag mit Herrn Majerhold unterschreibst.

(*Pause. Sie sehen einander an. Joe Orton nähert sich Elvira und umarmt sie.*)

JOE ORTON: Wo soll ich unterschreiben? Hier?

(*Er legt seine rechte Hand auf ihre linke Brust und drückt sie.*)

ELVIRA: Ich bin zu großzügig – das ist mein Problem.

(Sie küssen einander.)

(Dunkel.)

Szene 5

MAJERHOLD *kommt vom Gang und stellt sich ans Fenster. Plötzlich öffnet er es und lehnt sich hinaus.*

MAJERHOLD: Wie oft hast du den äußeren Ring bewässert?
JOE ORTON *(unter dem Fenster)*: Kann mich nicht erinnern.
MAJERHOLD: Dann denk nach.
JOE ORTON: Ich kann mich nicht während meiner Ruhepause stören.
MAJERHOLD: Steh auf und mach weiter, oder ich halbiere deinen Lohn.
JOE ORTON: Ich mache das nicht wegen des Geldes! Ich mache das, um Elvira eine Freude zu machen. Was Sie betrifft, wieso werden Sie nicht einfach zu einem Ihrer Kürbisse?
MAJERHOLD: Ich werde sie bitten, dass sie damit aufhört für dich zu kochen.
JOE ORTON: Also, das wär's dann, soweit es mich betrifft.

(Wir hören einen Zinneimer am Boden aufschlagen.
ELVIRA bringt ein Tablett mit einer Teekanne und zwei Tassen. Sie schenkt ein.)

MAJERHOLD: Er weigert sich zu arbeiten. Reden Sie mit ihm.
ELVIRA: Warum ich?
MAJERHOLD: Sie haben ihn eingestellt.
ELVIRA: Ich habe ihn gebeten, mir einen Gefallen zu tun, weil ich Ihnen einen Gefallen tun wollte!
MAJERHOLD: Nur Sie können ihn überzeugen.
ELVIRA: Wenn Sie wüssten, welchen Preis ich für seinen Gehorsam zahlen muss, würden Sie mich nicht dazu zwingen, ihn noch einmal zu bitten.
MAJERHOLD: Darf ich erklären... *(Mit sichtlicher Mühe produziert MAJERHOLD ein Lächeln und führt sie zum Sofa. ELVIRA reagiert voller Wärme und Hoffnung. Sie setzen sich gemeinsam. Sie ergreift seine Hand, die er ihr vorsichtig entzieht.)* Sind Sie sich der Natur der Wirklichkeit, in der wir zu leben gezwungen sind, bewusst?

ELVIRA: Nicht allzu sehr. Wenn man gezwungen ist, darin zu leben, findet man niemals die Zeit, alles von außen zu betrachten.

MAJERHOLD: Was ich sagen will ist, dass wir alle Hebel in einem komplizierten Mechanismus sind. Jeder von uns hängt vom höheren Hebel ab, der das Kommando über den unteren Hebel hat.

(ELVIRA, *die ihm nicht zuhört, bietet ihm eine Tasse Tee an.*)

ELVIRA: Grüner Tee, sehr gesund.

(MAJERHOLD *nimmt einen Schluck und stellt die Tasse aufs Tablett zurück.*)

MAJERHOLD: Sagen Sie mir, Elvira: Warum haben Sie diesen Chaoten erpresst, mein Angebot anzunehmen?

ELVIRA: Er ist kein Chaot, er ist Künstler, und er hatte eine unglückliche Kindheit...

MAJERHOLD: Warum, Elvira?

ELVIRA: Er braucht das Geld.

MAJERHOLD: Die Wahrheit, Elvira.

ELVIRA (*springt auf*): Warum tun Sie das? Warum... Warum sind Sie...? Ich hatte nie Glück mit Männern. Ich bin immer dem falschen Typus verfallen. Aber Sie... Sie sind der Erste in meinem Leben... der anders ist... Sie sind so...

(*Sie gibt - nicht sehr überzeugend - vor, zu weinen.* MAJERHOLD *erhebt sich und sieht sie an.*)

MAJERHOLD: Elvira... (*Sie hört auf zu „weinen" und sieht ihn an.*) Gehen Sie und sagen Sie dem Knaben, dass er mit dem Gießen weitermachen soll.

ELVIRA: Werden Sie mich dann ein bisschen mehr respektieren? Werden Sie mich mögen? Wenigstens ein bisschen?

MAJERHOLD: Ich weiß nicht, was das heißen soll, was Sie da reden. Können Sie nicht etwas konkreter werden? Sie können meine Miete erhöhen. Zehn Prozent?

ELVIRA: Zehn Prozent Liebe sind nicht genug für mich. *(Sie wischt sich über die Augen und geht.)*

(*Dunkel.*)

KOMÖDIE VOM ENDE DER WELT

Szene 6

Im Dunkeln hören wir einen Radiobericht: ... Nach letzten Meldungen wird uns das Öl viel früher ausgehen als von den Experten der Internationalen Energieagentur vorhergesagt. Dem offiziellen Bericht zufolge wird die Welt die Maximalproduktion von 120 Millionen Barrel pro Tag 2030 erreichen. Danach wird die Produktion rapide abfallen. Aus Angst vor weltweiter Panik hat die Agentur die tatsächlichen Fakten für sich behalten. Aber schon bald werden wir uns einem weit ernsteren Mangel gegenübersehen: dem Mangel an Wasser. Vierzig Prozent der Weltbevölkerung spüren bereits seine Auswirkungen. In fünfzig Jahren wird der Wassermangel bereits drei Milliarden Menschen betreffen...

Während des Berichts enthüllen die Scheinwerfer langsam die Bühne. MAJERHOLD *steht am Fenster und schaut auf den Garten.* JOE ORTON *kommt vom Gang und geht hinter dem Zaun zu seiner Tür. Er bleibt stehen, wendet sich um, geht zurück zum Radio und dreht es ab. Dann sieht er* MAJERHOLD *an.*

MAJERHOLD: Blablabla?
JOE ORTON: Ich möchte einen Vorschlag machen.
MAJERHOLD: Von Nachbar zu Nachbar?
JOE ORTON: Von Geschäftsmann zu Geschäftsmann.
MAJERHOLD: Ich bin kein Geschäftsmann.
JOE ORTON: Warum züchten sie dann zehn verschiedene Gemüsesorten? Sie wollen sie verkaufen und Profit erwirtschaften. Sie haben für einen Klacks ein Zimmer gmietet und darüber hinaus noch einen riesigen Garten dazu bekommen. Wie klug! Ich wette, alles da unten ist genetisch modifiziert.
MAJERHOLD: Wirklich?
JOE ORTON: Ich wette, Sie führen illegale Experimente durch. Deshalb haben Sie einen Ort gewählt, den die meisten Leute bloß per Zufall finden würden, falls überhaupt. Wenn ich nicht noch ein paar Zweifel hätte, würde ich Sie anzeigen.
MAJERHOLD: Das wäre ein schwerer Fehler.
JOE ORTON: Auch kein größerer als der, den Sie machen, wenn Sie meinen Vorschlag ablehnen.
MAJERHOLD: Und der wäre?
JOE ORTON: Mir ist aufgefallen, dass zwischen den Ringbeeten Ihrer Pflanzen, zwischen Kohl und Rüben, Rüben und Karfiol und so weiter, noch immer Platz ist.
MAJERHOLD: Der dient dazu, dass die Pflanzen ungehindert wachsen können.

JOE ORTON: Das können sie auch tun, wenn wir an diesen Stellen Marihuana pflanzen.
MAJERHOLD (*pause*): Marihuana.
JOE ORTON: Wir können den Gewinn teilen. Fifty-fifty. Mehr als großzügig. Vor allem deswegen, weil ich den Garten gratis harken und gießen würde.
MAJERHOLD: Das ist dein Vorschlag?
JOE ORTON: Eigentlich mehr ein Angebot..
MAJERHOLD: Leute in deinem Alter segeln um die Welt und schaffen es, dass ihr Name ins Guinness Buch kommt.
JOE ORTON: Leute in Ihrem Alter machen Millionen an der Wall Street und hoffen, dass sie nicht im Gefängnis enden.
MAJERHOLD: Was versuchst du mir zu sagen?
JOE ORTON: Was versuchen Sie mir zu sagen?
MAJERHOLD: Ich weiß, dass du Pot rauchst. Ich weiß, dass du dieses Zeug unter deinem Bett versteckst. Ich weiß, dass du Zeug verkaufst, das viel schlimmer ist als Marihuana.

(JOE ORTON *packt* MAJERHOLD *an den Aufschlägen seines Jacketts.* MAJERHOLD *rammt* ORTON *das Knie in den Schritt.* JOE ORTON *windet sich vor Schmerzen.*)

JOE ORTON: Wer hat Ihnen das Recht gegeben, in meinem Zimmer herumzuschnüffeln?
MAJERHOLD: Ich. Im Interesse des Projektes, das ich schützen muss.
JOE ORTON: Ich werde Ihr Projekt zertrampeln!
MAJERHOLD: Und wer hat dir das Recht gegeben, meine Sachen zu durchsuchen?
JOE ORTON: Das war nicht ich, das war Elvira. Sie hat jedes Recht zu wissen, welche Art von Irren sie unter Ihrem Dach aufgenommen hat. Na gut, ich war derjenige, der in Ihren Sachen herumgekramt hat, aber nur, weil sie mich darum gebeten hat. Wir alle haben das Recht uns zu schützen, nicht nur Sie. Es ist nicht mein Fehler, dass die Welt so geworden ist wie sie nun einmal ist.
MAJERHOLD: Die Welt ist wegen Leuten wie dir so geworden wie sie ist.
JOE ORTON: Ach ja? Und Leute wie Sie werden sie retten, nehme ich an.
MAJERHOLD: Ganz genau.
JOE ORTON: Wer hätte das gedacht! Ein verlottertes Haus in den Außenbezirken einer von Gott vergessenen Stadt, wo eine alternde Nymphomanin und ein Schulabbrecher, der mit Drogen handelt, damit er über die Runden kommt, in

der Hoffnung dahinvegetieren, dass es früher oder später besser wird, ist von einem Retter besucht worden! Juhu!

(MAJERHOLD *gibt ihm eine Ohrfeige.*)

JOE ORTON: Gut. Ich werde aufhören über Ihren Garten zu reden und sie werden still halten, was mein Marihuana angeht.
MAJERHOLD: Nie in meinem Leben habe ich der Polizei Geheimnisse weitergegeben.
JOE ORTON: Sie meinen, es ist möglich zu überleben, ohne dass man das tut? Gute Nachrichten.
MAJERHOLD: Dein Zynismus, mit dem sich eure Generation alles leichter macht, ist ein Zeichen für unglaubliche, intellektuelle Trägheit.
JOE ORTON: Zweifellos.
MAJERHOLD: „Es ist nicht mein Fehler, dass die Menschheit am Rand der Auslöschung steht. Sollen doch die, die die Welt zu dem gemacht haben, was sie ist, versuchen sie zu retten. Warum sollte ausgerechnet ich mich darum kümmern?"
JOE ORTON: Sie meinen, ich sollte mich um diese Welt kümmern? Nie im Leben. Ich ziehe es vor, mein Leben dem Schicksal zu überlassen. Ich will das erste Stück Dreck sein, das weggespült wird, wenn der Meeresspiegel hoch genug ansteigt.
MAJERHOLD: Gute Idee. Aber du wirst morgen den Garten weiter gießen.
JOE ORTON: Ich werde es jetzt tun.

(*Er geht.* MAJERHOLD *setzt sich aufs Sofa und greift nach einem Buch.* ELVIRA *kommt vom Gang.* MAJERHOLD *sieht sie an.*)

ELVIRA: Ich möchte mich ein wenig beschweren, wenn ich darf.
MAJERHOLD: Sie auch?
ELVIRA: In den zwei Monaten, die Sie nun hier gewohnt haben, haben Sie mich nicht ein einziges Mal gefragt, wie ich mich fühle.
MAJERHOLD: Es ist viel zu gefährlich auch nur das kleinste bisschen Interesse dafür zu haben, wie sich andere Leute fühlen.
ELVIRA: Ich wusste nicht, dass ich andere Leute bin.

(*Sie kommt näher, setzt sich neben ihn aufs Sofa.* MAJERHOLD *erhebt sich und geht weg.*)

MAJERHOLD: Vielleicht bin ich ein wenig distanziert, aber das hängt aufs Engste mit dem Projekt zusammen, das ich angefangen habe.
ELVIRA: Kohl und Gurken züchten.
MAJERHOLD: Was ist mit Broccoli, Erdäpfeln, Karfiol, Zucchini, Zwiebeln, Knoblauch, Stangenbohnen? Pfeffer, Tomaten?

(ELVIRA *steht auf, geht zum Fenster, schaut hinaus.*)

ELVIRA: Sie haben das Haus mit zehn Ringbeeten voller Gemüse umgeben. Zehn perfekte Ringe, zehn Gräben, zehn Mauern. Sie haben uns im Haus eingesperrt und uns gezwungen Ihnen zu dienen und für Sie zu arbeiten. Sie haben uns in Ihrem Projekt eingesperrt, haben uns zu einem Teil davon gemacht, aber nicht wirklich, weil wir keine Fragen stellen und nichts wissen dürfen. Von uns erwartet man, draußen zu bleiben, besonders von mir. Warum sonst würden Sie mich wegstoßen, als ob ich eine ansteckende Krankheit hätte?

(*Kurze Stille.*)

MAJERHOLD: Was wollen Sie von mir?
ELVIRA: Ein bisschen Verständnis.
MAJERHOLD: Frauen haben die besondere Gabe aus Banalitäten Romanzen zu machen. Das, wofür Sie mich zu begeistern versuchen, ist nicht mehr als… als…
ELVIRA: Was?
MAJERHOLD: Sex.
ELVIRA: Oh! … Wollen Sie mir sagen, dass Sie noch Jungfrau sind?
MAJERHOLD: Ich habe keine Einwände unsere Geschäftsvereinbarung dahingehend zu ergänzen, dass auch solche Geschäftsvorgänge darin enthalten sind. Solange alles emotionslos und strikt in den Grenzen der Vernunft bleibt. Nichts schlägt den wissenschaftlichen Ansatz.
ELVIRA (*geht zur Tür*): Es gibt Hühnerbouillon zum Abendessen. Ich weiß, Sie mögen sie nicht, aber mir sind die Ideen ausgegangen.
MAJERHOLD (*winkt ab*): Irgendwas… Irgendwas.
ELVIRA (*an der Tür*): Nächste Woche kann ich Kohl machen. Die Kohlköpfe draußen sind so gut wie reif.
MAJERHOLD (*entsetzt*): Was sagen Sie da?!
ELVIRA: Gedünsteter Kohl gehört zu den Dingen, die ich am besten kann. Du wirst es mögen.

KOMÖDIE VOM ENDE DER WELT

MAJERHOLD: Kohl aus dem Garten?
ELVIRA: Warum nicht? Haben diese Kohlköpfe Angst oder was?
MAJERHOLD: Ich verbiete Ihnen sie anzurühren.
ELVIRA: Oh, um Gottes Willen, Sie klingen als ob... Gut. Kein Problem. Wenn Sie sie verkaufen wollen, alle ohne Ausnahme...
MAJERHOLD: Wer sagt, dass ich sie verkaufen will?
ELVIRA: Was kann man sonst mit Kohl machen?
MAJERHOLD: Mir fehlen die Worte.
ELVIRA: Man kann ihn essen oder verkaufen. Oder verfaulen lassen.
MAJERHOLD: Müssen Sie wirklich alles in den Mund nehmen?
ELVIRA: Nicht alles.
MAJERHOLD: Wissen Sie nicht, was uns bevorsteht?
ELVIRA (*bleibt vor dem Spiegel neben der Tür stehen*): Das Alter? Falten? Schlaffe Haut? Reue wegen der Gelegenheiten, die wir verpasst haben? (*Sieht ihn an.*) Oder nicht ergriffen?

(*Sie schauen einander eine Weile an. Es klopft an der Tür. KONJEVIČ tritt ein.*)

KONJEVIČ: Tut mir leid, aber der junge Mann hat mich gleich rauf geschickt.
ELVIRA: Wer sind Sie?
KONJEVIČ: Konjevič. Städtische Wasserbehörde. Können Sie mir Ihr Messgerät zeigen?

(ELVIRA *und* MAJERHOLD *tauschen Blicke.*)

ELVIRA: Ich verstehe nicht. Warum sollte sich die Städtische Wasserbehörde für mein Messgerät interessieren?
KONJEVIČ: Die gute alte Zeit ist lang vorbei, gnädige Frau. Vielleicht hat ja vergangene Woche eine Springflut ein halbes Dorf nicht weit von hier weggespült, aber das ist nicht dasselbe Wasser, das die städtischen Behörden Ihnen in Rechnung stellen. Wasser könnte hier ohne vertretbaren Grund in den Boden auslaufen.
ELVIRA: Wir hätten über etwaige Beschränkungen informiert werden sollen.
KONJEVIČ: Die städtischen Behörden haben keine Zeit, die Leute über das, was von Ihnen erwartet wird, zu informieren. Informiert Sie die Polizei vielleicht über die Radarkontrolle, die sie im Gebüsch an der Ecke aufgestellt hat?
ELVIRA: Ich fahre nicht, also erwarte ich das auch nicht.

KOMÖDIE VOM ENDE DER WELT

KONJEVIČ: Madame, keine Behörde verhält sich vernünftig, also müssen Sie mir verzeihen, dass ich mich ebenfalls nicht vernünftig verhalte. Das ist letzten Endes meine Pflicht. Ich kann meinen Arbeitgeber nicht enttäuschen. Heutzutage wachsen gute Jobs, ja, sogar die schlechten, nicht auf Bäumen, so dass man sie nur zu pflücken brauchte.

ELVIRA: Ich glaube nicht, dass ich ein Messgerät habe. Ich kann mich nicht erinnern, je eines gesehen zu haben.

KONJEVIČ: Ich bin nicht gekommen, um Ihre Merkfähigkeit zu prüfen, gnädige Frau. Ich bin hier um zu überprüfen, wie viel Wasser sie die letzten sechs Monate verbraucht haben. Wenn Sie mir das Messgerät nicht zeigen können, werde ich raten müssen, wo es sein könnte und daher, ganz intuitiv, wage ich zu behaupten, es ist hinter dieser Tür.

(*Zeigt auf die Tür zu* JOE ORTONS *Zimmer.*)

ELVIRA: In der Speisekammer? Das meinen Sie nicht ernst.

KONJEVIČ: Gnädige Frau, würde ich Ihnen von all den ausgefallenen Orten erzählen, an denen die Leute Wassermessgeräte installieren, würden Sie mir nicht glauben. Sind Sie sicher, dass es nicht dort ist? Vielleicht unter dem Bett?

ELVIRA: Was macht ein Bett in der Speisekammer?

KONJEVIČ: Oh, wenn ich Ihnen eine Liste aller Objekte gäbe, die die Leute in ihre Speisekammern stopfen, würden Sie sagen, ich wäre reif fürs Irrenhaus. Darf ich nachsehen?

ELVIRA: Die Tür ist versperrt.

KONJEVIČ: Darf ich fragen, warum Sie die Tür zu Ihrer Speisekammer versperren?

ELVIRA: Ich habe Mieter im Haus. Sie wissen ja, dass man heutzutage niemandem trauen kann. Ich würde mich nicht einmal für mich selbst verbürgen, dass ich fähig bin, ehrlich zu sein.

KONJEVIČ: Eine vernünftige Einstellung. Der Schlüssel ist in Ihrem Besitz, nehme ich an?

ELVIRA: Er muss irgendwo im Haus sein. Aber ich habe keine blasse Ahnung, wo.

KONJEVIČ: Sie wissen nicht, wo das Messgerät ist, und Sie können den Schlüssel nicht finden. Ein weniger leichtgläubiger Mann an meiner Stelle würde den Verdacht hegen, dass Sie versuchen, einen städtischen Beamten davon abzuhalten, seine Arbeit zu tun.

ELVIRA: Ich bin die ehrlichste Frau im Umkreis von Kilometern. Sogar Herr Majerhold kann das bestätigen.

KONJEVIČ (*zum ersten Mal seit seiner Ankunft schaut er* MAJERHOLD *an*): Majerhold?
MAJERHOLD: Warum suchen Sie das Wassermessgerät nicht dort, wo Sie die beste Chance haben es zu finden? Im Erdgeschoß? In der Nähe des Haupteingangs?
KONJEVIČ: Früher oder später würde ich ja doch auch die Speisekammer überprüfen müssen. Und da ich nun einmal schon hier bin, würde ich mir gerne ein weiteres Erklettern der Stiege ersparen. Das macht mir nämlich ziemliche Mühe. Ich leide an einem Herzproblem.
MAJERHOLD: Ich versichere Ihnen persönlich, dass das Messgerät nicht in der Speisekammer ist.
KONJEVIČ (*ignoriert ihn*): Werden Sie mir den Schlüssel bringen, gnädige Frau?

(ELVIRA *zögert. Sie geht zur Tür, wendet sich dann um.*)

ELVIRA: Und was werden Sie machen, wenn Sie das Messgerät finden?
KONJEVIČ: Wenn sich herausstellt, dass nicht daran manipuliert wurde, werde ich mir die entsprechenden Zahlen notieren, und Sie werden eine Rechnung erhalten. Falls ich Unregelmäßigkeiten entdecke, bin ich moralisch verpflichtet, meine Verfügungsfreiheit einzusetzen. Dann können wir anfangen zu verhandeln.
ELVIRA: Warum aufs Messgerät warten, warum nicht um den Schlüssel verhandeln? Was wollen Sie?
KONJEVIČ: Das könnte als Versuch, einen Beamten zu bestechen verstanden werden.
ELVIRA: Ich frage Sie nur, was Sie trinken möchten, während Sie darauf warten, dass ich den Schlüssel zu dem Zimmer finde, in dem kein Messgerät ist. Kaffee oder Tee?
KONJEVIČ: Eigentlich nichts. Ich werde diesen Herrn in eine philosophische Debatte verwickeln und die Zeit wird vergehen, als hätte sie Eile ihrer eigenen Umklammerung zu entwischen.
ELVIRA (*schaut ihr Bild im Spiegel an*): Gut gesagt. Genau so vergeht die Zeit. (*Geht ab.*)

Szene 7

KONJEVIČ *eilt auf und ab, besieht sich das Zimmer von allen Seiten, hält am Fenster an, sieht hinaus.*

KOMÖDIE VOM ENDE DER WELT

KONJEVIČ: Ein Mann wird wirklich hungrig, wenn er das alles sieht. Besonders die Gurken. Sie sind riiiiiiiesig! Und unglaublich saftig.
MAJERHOLD: Sind Sie Vegetarier?
KONJEVIČ: Als pflichtbewusster Diener der städtischen Behörden, kann ich mir nicht erlauben, allzu weit von der Normalität abzuweichen. Wiener Schnitzel ist meine Lieblingsspeise.
MAJERHOLD: Sehr ungesund, wie das meiste, das mit den städtischen Behörden zusammenhängt.
KONJEVIČ: Auch Beamte sind nur Opfer launischer Mächte, besonders seitdem wir auch ihre Exekutivorgan sind. Daher müssen wir gelegentlich gemäß unserer besseren Einsicht handeln, statt den offiziellen Unterweisungen zu folgen. Aber das bleibt unter uns.
MAJERHOLD: Bezüglich des Wasserverbrauchs...
KONJEVIČ: Machen Sie sich deshalb keine Sorgen, Herr Ebenšpanger. Wir werden eine Lösung finden. Sie für mich und ich für Sie, und Sie alle und ich werden glücklich und dankbar sein.
MAJERHOLD: Majerhold, nicht Ebenšpanger.
KONJEVIČ: Sind Sie sicher?
MAJERHOLD: Warum haben Sie mich Ebenšpanger genannt?
KONJEVIČ: Vielleicht, weil Sie einem Mann ähneln, der Ebenšpanger heißt. Oder der bis vor Kurzem so geheißen hat. Nachdem er Robnik geheißen hatte. Und davor Konjevič.
MAJERHOLD: Sie haben gesagt, Sie wären Konjevič.
KONJEVIČ: Das habe ich gesagt? Völlig verwirrt. Resultat eines leichten Schlaganfalles, den ich vor Kurzem erlitten habe. Tatsächlich heiße ich Novak.
MAJERHOLD: Und Sie sind wirklich von der Städtischen Wasserbehörde?
KONJEVIČ: Da mache ich nie einen Fehler. Ich lüge nur, wenn die Umstände danach schreien. Ich verwechsle nur immer die Namen.
MAJERHOLD: Herr Novak, also.
KONJEVIČ: Sie können mich weiterhin Konjevič nennen, sonst wird das Durcheinander vielleicht nur noch größer. Sagen wir, heute bin ich Konjevič, morgen Novak, und dann wieder irgendein anderer. Warum halten wir nicht alles einfach?
MAJERHOLD: Und wer ist dieser Ebenšpanger, dem ich ähnle, wie Sie sagen?
KONJEVIČ: Ein interessanter Bursche. Er hat eine Theorie über die Geldzirkulation auf globaler Ebene aufgestellt. Eine Art finanzielles Kettenbriefsystem, das alle Währungen konvertierbar machen würde und alle Länder, selbst die

Ärmsten, dazu befähigte, ein phänomenales Wirtschaftswachstum zu erlangen ohne Geld aufzunehmen. Eine Art monetäres Perpetuum Mobile.

MAJERHOLD: Keine schlechte Idee.

KONJEVIČ: Eine geniale Arbeit. Unglücklicherweise ist sie, wie das ja oft passiert, eine Theorie geblieben. Sie kennen die Politiker. (*Sieht in den Garten hinaus.*) Diese Kohlköpfe! Und der Broccoli! Biologisch produziert? Genetisch verändert? Wissenschaft ist Wissenschaft, das steht fest.

MAJERHOLD: Und was hat dieser... Ebenšpanger sonst noch getan?

KONJEVIČ: Das wissen Sie nicht?

MAJERHOLD: Wie sollte ich?

KONJEVIČ: Er war eine Zeit lang sehr berühmt. Hauptsächlich deshalb, weil jeder über seine Theorien gelacht hat. Ich habe noch immer einen ganzen Stapel Zeitungsausschnitte zu Hause.

MAJERHOLD: Sie haben Zeitungsausschnitte über seine Arbeit gesammelt?

KONJEVIČ: Ich war jung. Sie wissen ja, wie wir im ersten Lebensviertel sind. Wir begeistern uns für neue Ideen, ganz egal wie verrückt sie sind. Später, in den mittleren Jahren, wie wir den Verfall nennen, den nur die, die jung sterben, vermeiden können, werden wir von Paranoia gepackt. Also geben wir uns mit einem Kompromiss zufrieden, der uns wenigstens einmal pro Woche ein Steak auf unseren Esstisch bringt.

MAJERHOLD: Und werden Inspektoren der Städtischen Wasserbehörde.

KONJEVIČ: Zum Beispiel.

MAJERHOLD: Wenn Sie das wirklich sind, dann sind Sie außergewöhnlich gut gebildet.

KONJEVIČ: Ich liebe das Lesen. Und ich schneide alles aus, was ich eines Tages nützlich finden könnte. Über Ebenšpanger, zum Beispiel, habe ich jahrelang Daten gesammelt.

MAJERHOLD: Warum?

KONJEVIČ: Damit ich bereit bin. Falls der Mann unter einem anderen Namen auftaucht. Mit einem neuen Projekt.

MAJERHOLD: Bereit in welchem Sinn?

KONJEVIČ: Bereit, mich ihm anzuschließen.

MAJERHOLD: Warum?

KONJEVIČ (*vertraulich*): Nur unter uns beiden, als Inspektor der Städtischen Wasserbehörde sind mir so viele Dinge entgangen, dass ich mir immer wieder sage: „Das Leben muss mehr als das zu bieten haben! Man muss ein Mann der Tat werden, alles riskieren, sich aufopfern für edle Ideen. Der Menschheit dienen."

MAJERHOLD: Nicht mehr nur seinem Land?

KONJEVIČ: Wo waren Sie die letzten zehn Jahre? Es ist die Menschheit, die jetzt in Mode ist – und ob sie die nächsten fünfzig Jahre überleben wird.
MAJERHOLD: Und was denken Sie? Wird sie?
KONJEVIČ: Das ist der Grund, weswegen ich Herrn Ebenšpanger treffen möchte. Alias Robnik. Ich bin ihm jahrelang auf der Spur gewesen, aber er ist schlüpfrig, so schlüpfrig wie ein Aal.
MAJERHOLD: Versucht er, vor jemandem zu fliehen?
KONJEVIČ: Ja! Vor Leuten, die ihn verstehen können oder wollen.
MAJERHOLD: Ich bin überrascht, dass er sich noch immer damit aufhält, seine Pläne weiter zu verfolgen
KONJEVIČ: Nicht nur das, viele empfinden, dass er zu weit gegangen ist. Er hat eine Vielzahl von Methoden erfunden, Treibhausgase aus der Atmosphäre zu entfernen. Reines Genie, wenn Sie mich fragen. Globale Wiederaufforstung von Wüsten, indem aus Flugzeugen Setzlinge in den Boden geschossen werden. Wälder absorbieren, wie Sie wissen, Kohlendioxyd und wandeln es in Sauerstoff um.
MAJERHOLD: Ich weiß.
KONJEVIČ: Aber was für eine Idee! Und nicht die einzige. Plankton absorbiert, wie Sie wissen, ebenfalls Kohlendioxyd. Dieser Herr mit einem Dutzend verschiedener Namen hat eine Möglichkeit gefunden, die Planktonmenge in den Weltmeeren zu verzehnfachen. Was den Treibhauseffekt zum Stillstand bringen würde. Auch wenn das die meisten der übrigbleibenden Fische töten würde.
MAJERHOLD: Besser das geringere Übel.
KONJEVIČ: Ich freue mich, dass Sie in den gleichen Bahnen denken wie Herr Ebenšpanger Robnik Vehovar. der auch Plastikabdeckungen für Gletscher erfunden hat. Die würden die Sonnenstrahlen zurückwerfen und dadurch das Schmelzen der Gletscher verhindern. Halten Sie sich einfach die Originalität dieser Idee vor Augen, Herr Ebenšpanger!
MAJERHOLD: Majerhold.
KONJEVIČ: Natürlich, ich bitte um Verzeihung. Aber die Ähnlichkeit ist wirklich verblüffend. Sind Sie sicher, dass Sie keinen Zwillingsbruder haben?
MAJERHOLD: Warum ändert dieser Herr immer wieder seinen Namen?
KONJEVIČ: Um seinen Gläubigern aus dem Weg zu gehen. Er hatte viele Sponsoren. Als sein Projekt scheiterte, verlangten die alle ihr Geld zurück. Schließlich war - mit Schulden in jedem Weltteil - die einzige Lösung, in der Wüste zu verschwinden.
MAJERHOLD: Wirklich?

KONJEVIČ: Ich habe die Nachrichten darüber in den Boulevardzeitungen gefunden, die ich täglich lese. Natürlich aus praktischen Gründen, nicht weil ich zusätzliche Bildung benötige. Ich entschied, nach ihm zu suchen. Nicht nur nach ihm zu suchen, sondern ihn auch zu finden.
MAJERHOLD: Und - haben Sie ihn gefunden?
KONJEVIČ: Problemlos. Unglücklicherweise hat man mich nicht mit ihm persönlich sprechen lassen.
MAJERHOLD: Wer hat das verhindert?
KONJEVIČ: Psychiater. Die Wüste stellte sich als Gemeindeirrenhaus heraus, wenn ich diesen politisch unkorrekten Begriff verwenden darf. Dort endete der Weg unseres Genies.
MAJERHOLD: Mit welcher Diagnose?
KONJEVIČ: Ökologische Paranoia. Stellen Sie sich das vor. Und offensichtlich ist er nicht der Einzige, der an dieser neuen Form von Geisteskrankheit leidet. Was umso ungewöhnlicher ist, da vor nicht langer Zeit Discovery TV alle seine Erfindungen, bis ins kleinste Detail beschrieben, vorgestellt hat, gemeinsam mit den Namen aller Investoren, die ihre Realisierung unterstützen..
MAJERHOLD: Diese Welt ist verrückt.
KONJEVIČ: Dem habe ich nichts hinzuzufügen.
MAJERHOLD: Jeder ehrliche Mann sollte froh darüber sein, dass sie es nicht mehr lange machen wird.
KONJEVIČ: Ganz genau. Andererseits…
MAJERHOLD: Ja. Es gibt immer eine andere Seite.
KONJEVIČ: Unser Geisteskranker ist aus dem Irrenhaus entkommen und hat ein neues Projekt begonnen. Gott weiß was, Gott weiß wo.
MAJERHOLD: Wie hat er es geschafft, zu entkommen?
KONJEVIČ: Er hat sich als Arzt verkleidet, winkte allen zum Abschied und ist mit dem Jaguar des Direktors weggefahren. Jeder hat zurückgewinkt. Die Frage ist, wer wirklich verrückt ist – der Flüchtling, oder die, die ihn hätten heilen sollen?
MAJERHOLD: Ist er gefährlich?
KONJEVIČ: Er hat keinerlei gewalttätige Tendenzen gezeigt. Aber Sie wissen ja, wie es ist. Ein wenig zusätzlicher Druck, eine Kleinigkeit, die zu weit geht - und selbst der sanftmütigste Mensch greift zum Gewehr.
MAJERHOLD: Möglicherweise sucht man ihn.
KONJEVIČ: Wer?
MAJERHOLD: Die Polizei.
KONJEVIČ: Die Polizei hat Wichtigeres zu tun, als einen entsprungenen Irren zu

verfolgen. Sie muss Autofahrer fassen, die fünf km/h über der Geschwindigkeitsbeschränkung fahren.
MAJERHOLD: Also, so wie Sie das darstellen, sind Sie der Einzige, der ihm auf der Spur ist.
KONJEVIČ: Das habe ich gesagt?
MAJERHOLD: Um sich ihm anzuschließen, haben Sie gesagt.
KONJEVIČ: Ach du liebe Zeit! Was sollte ein Genie mit einem Inspektor der Städtischen Wasserbehörde anfangen? Wegen der langweiligen Natur meiner Arbeit ergebe ich mich ab und zu Tagträumereien. Völlig normal, finden Sie nicht? Es stimmt auch, dass dieser Herr mich fasziniert, ja mich geradezu heimsucht. Und eines Tages werden wir einander treffen. Darüber besteht kein Zweifel.
MAJERHOLD: Und dann?

(ELVIRA *tritt ein.*)

ELVIRA: Es tut mir leid, aber ich kann den Schlüssel nicht finden. Sie werden die Tür aufbrechen müssen. Wenn Sie das Wassermessgerät nicht finden, werde ich die Polizei rufen und Sie wegen Einbruch anzeigen. Ich werde Sie auf Schadenersatz klagen. Die Stadt scheffelt Geld, das Sie den Armen unter dem Deckmantel der Steuer gestohlen hat, also werde ich eine Million verlangen.
KONJEVIČ: Meine liebe Dame, ich würde wahnsinnig gern in Ihre Speisekammer einbrechen, und sei es nur, um zu sehen wer hinter dieser Tür wohnt. Unglücklicherweise (*er konsultiert seine Uhr*) ist meine Arbeitsschicht vor einer Minute zu Ende gegangen. Also würde ich nicht als städtischer Beamter, sondern als ein privater Bürger einbrechen. Das ist nach dem Gesetz strafbar. Aber diese Sache ist weit davon entfernt vorbei zu sein. Ich werde wiederkommen. (*Er verbeugt sich.*) Herr Ebenšpanger...

(*Er wendet sich* ELVIRA *zu und verbeugt sich noch feierlicher.*) Gnädige Frau... (*Er geht.*)

ELVIRA: Was für ein feiner Herr.
MAJERHOLD: Ein kompletter Irrer.
ELVIRA: Muss er wohl sein. Warum sonst würde er Sie Ebenšpanger nennen?

(*Sie sieht ihn an.*)

(*Dunkel.*)

Zweiter Akt

Szene 8

MAJERHOLD *sitzt mit seinem Reißbrett im Fauteuil und zeichnet. Der Beistelltisch ist mit alten Zeitungen bedeckt.* ELVIRA *füllt Pfefferschoten in Gläser. Zwei sind schon voll, sie ist dabei, das dritte zu verschließen. Als Nächstes sind die Tomaten dran.*

Aber zuerst hören wir im Dunkeln einen Radiobericht: Es ist eine Tatsache, dass ganze Berufszweige verschwinden und schon bald so ausgestorben sein werden wie mittelalterliche Fehden. In der nahen Zukunft wird die meiste Arbeit von Maschinen verrichtet werden. Wir werden von ihnen auf die gleiche Weise abhängen, wie unsere fernen Vorfahren von den Wildtieren abhängig waren. Die meiste Arbeitskraft ist heute schon überflüssig. Es hat sich eine Stellvertreterwirtschaft aus Psychotherapie, Designer-Religionen und spirituellen Boutiquen entwickelt, deren einziges Ziel es ist, die Massen, die nichts zu tun haben, zu unterhalten. In ihrem Schatten existiert die Industrie aus Drogen und sexuellen Dienstleistungen. Es scheint, dass jetzt bereits die Hälfte der Erdbevölkerung davon lebt, die andere Hälfte zu unterhalten…"

Während des Berichtes enthüllen die Scheinwerfer langsam die Bühne.

ELVIRA *erhebt sich und schaltet das Radio aus.*

ELVIRA: Ich bin froh, dass ich noch keine überflüssige Arbeitskraft bin. (*Laut.*) Joe, komm und bring diese Pfeffergläser runter in die Speisekammer. In die richtige Speisekammer.

JOE ORTON *(kommt sich sträubend aus seinem Zimmer)*: Wo ist mein Gras?

ELVIRA (*mit einem Seitenblick auf* MAJERHOLD): Unten im Garten, obwohl nicht mehr viel davon da ist. Sag nicht, dass du Gras mit auf dein Zimmer nimmst.

JOE ORTON: Versuch nicht so zu tun, als wärest du noch hirnloser als du ohnehin wirkst.

ELVIRA: Was wird Herr Majerhold von deinem Hirn denken, wenn er dahinterkommt, dass du im Garten Gras ausgerupft und zum Trocknen mit auf dein Zimmer genommen hast?

JOE ORTON: (*nimmt eins der Einweckgläser*): Was wird Herr Majerhold von seinem eigenen Hirn denken, wenn ich ein Glas mit seinem Ökopaprika auf seinem Schädel zerschlage?

ELVIRA: Joe Orton, dein Visum ist abgelaufen und dein Ansuchen um ein neues wird abgelehnt werden.

(JOE ORTON *hält weiter das Glas über* MAJERHOLDS *Kopf.* MAJERHOLD, *nicht im Geringsten beunruhigt, zeichnet weiter.* JOE ORTON *stellt das Glas zurück auf den Couchtisch.*)

JOE ORTON: Er hat's mitgenommen, oder? Der Typ von der Städtischen Wasserbehörde.

ELVIRA: Ist das aus dem Stück, das du gerade schreibst?

JOE ORTON: Er hat alles in diesem Haus durchsucht. Nicht, weil er das Messgerät finden wollte, ganz und gar nicht. Ich konnte aus zehn Kilometer Entfernung sehen, dass er ein Polizist war.

ELVIRA: Herr Konjevič hat niemals auch nur dein Zimmer betreten. Er hat allerdings versprochen, dass er wiederkommen wird.

JOE ORTON: Und in der Zwischenzeit hat Herr Majerhold seine Pflicht getan und mich angezeigt. (*Beugt sich über* MAJERHOLD.) Stimmt's?

ELVIRA: Vergiss nicht, dass du da mit deinem Arbeitgeber sprichst.

JOE ORTON: Ex-Arbeitgeber. Ich habe gerade gekündigt.

(MAJERHOLD *erhebt sich, legt Reißbrett und Bleistift auf den Sessel, kniet nieder, langt neben Elviras Füßen unter das Sofa und zieht eine braune Schachtel hervor. Er bläst den Staub vom Deckel und reicht sie* JOE ORTON. JOE *nimmt den Deckel ab, sieht hinein und verschließt die Schachtel wieder mit dem Deckel.*)

JOE ORTON: Wie ist diese Schachtel unter das Sofa gekommen?

MAJERHOLD: Ich habe sie dorthin getan.
JOE ORTON: Warum?
MAJERHOLD: Weil ich wusste, dass früher oder später jemand kommen würde, um im Haus herumzuschnüffeln. Ich wollte nicht, dass man die Schachtel in deinem Zimmer findet.
ELVIRA: Bedank dich bei Herrn Majerhold dafür, dass er dich beschützt hat.
JOE ORTON (*verwirrt*): Ich weiß nicht, was ich sagen soll.
ELVIRA: Wie wär's mit Danke? Aber du bist natürlich aus der Übung.
JOE ORTON: Warum haben Sie das getan?
MAJERHOLD: Aus Eigennutz. Ich wollte nicht ohne Assistenten zurückbleiben.
JOE ORTON: Dann gibt es ja keinen Grund, Danke zu sagen.
ELVIRA (*steht auf*): Ich entscheide, was du sagen wirst. Und wenn du scharf auf einen weiteren Urlaub an der Riviera bist, von wo du immer erholt und zufrieden mit dem Zustand der Welt, ungeachtet ihres katastrophalen Zustandes, zurückkommst, dann wirst du Herrn Majerhold deine Hand reichen und sagen: „Danke, Herr Majerhold. Danke, dass Sie mich vor Monaten hinter Gittern, wenn nicht vor Schlimmerem, bewahrt haben."
JOE ORTON: Ich werde nichts in dieser Art sagen.
ELVIRA: Dann wirst du sagen müssen: „Auf Wiedersehen, Elvira, und danke, dass du gut zu mir gewesen bist, bis ich dir bewiesen habe, dass ich deine Güte nicht verdiene."
JOE ORTON: Ich werde die Schachtel wieder unter das Sofa geben. Das ist der sicherste Platz dafür.

(*Er kniet sich nieder.*)

ELVIRA: Joe Orton!
JOE ORTON (*richtet sich auf*): Danke, Herr Majerhold, dass Sie sich um das Zeug gekümmert haben, das ich in den Seitengassen der Stadt verkaufen muss, damit ich jeden Monat meine Miete zahlen kann!
ELVIRA: Verpflegung und Unterkunft zählen nicht zu den Dingen, die es in diesem Haus gratis gibt. Wenn diese Vereinbarung dir nicht passt, kannst du jederzeit gehen. Herr Majerhold und ich werden's überleben.
MAJERHOLD: Gib mir die Schachtel. Ich werde sie zurückstellen.
JOE ORTON: Das kann ich selber machen.

(*Er kniet sich hin, um die Schachtel unter das Sofa zu schieben. Etwas noch weiter darunter erweckt seine Aufmerksamkeit. Er stellt die Schachtel auf den*

Boden, langt tief unter das Sofa und zieht ein Gewehr hervor. Er steht auf und wiegt es in seinen Händen.)

ELVIRA: Oh, Jesus! Wer hat dir erlaubt, das ins Haus zu bringen? Sicher nicht Sie, Herr Majerhold?
MAJERHOLD: Gib mir das Gewehr, Joe.
JOE ORTON: So ein hübsches Spielzeug bettelt ja geradezu darum, dass man damit spielt. Ich bezweifle, dass sein Eigentümer einen Waffenschein besitzt. Und falls nicht, gehört die Knarre uns allen.
ELVIRA: Joe, gib Herrn Majerhold das Gewehr zurück.
JOE ORTON: Öffne das Fenster, Elvira.

(ELVIRA *schaut zu* MAJERHOLD, *der nickt. Sie öffnet das Fenster und tritt schnell zur Seite.* JOE ORTON *nähert sich dem Fenster und zielt mit dem Gewehr auf etwas da draußen.)*

ELVIRA: Joe, so wie die Dinge liegen, haben wir schon genug Schwierigkeiten.
JOE ORTON: Was soll ich anvisieren? Den Karfiol? Den Kürbis? Oder soll ich einen Kohlkopf zerschmettern? Nein, eine Tomate! Damit es richtig blutig wirket, nicht bloß geschlachtet.

(Er betätigt den Abzug. Wir hören ein Klicken. JOE *ist überrascht und betätigt den Abzug erneut. Noch ein Klicken.* MAJERHOLD *hat in der Zwischenzeit einen Revolver aus der Hosentasche gezogen und richtet ihn auf* JOE ORTON. JOE *dreht sich um und starrt auf den Revolver.)*

MAJERHOLD: Darf ich das haben?

(JOE ORTON *übergibt ihm wortlos die Flinte.* MAJERHOLD *schiebt sie zurück unters Sofa. Er steht und zielt noch immer mit seinem Revolver auf* JOE.)

ELVIRA: Ich wusste, irgendwas würde schiefgehen. Ich hatte einen entsetzlichen Alptraum.
MAJERHOLD: Versprich mir, dass du das Gewehr nicht mehr anrührst.
JOE ORTON: Elvira, du hast das Zimmer einem Gangster gegeben!
ELVIRA: Herr Majerhold ist ein Mann von liebenswerter Gemütsart, der versucht, unsere Zukunft zu sichern.

KOMÖDIE VOM ENDE DER WELT

MAJERHOLD: Heb deine Hand und sage, „Ich schwöre, dass ich das Gewehr nicht mehr anrühren werde."
ELVIRA: Joe, du verdankst es Herrn Majerhold, dass du noch nicht im Gefängnis gelandet bist.
JOE ORTON: Dort wird er selber landen, wenn er nicht aufhört, mich zu bedrohen.

Szene 9

Lärm im Hintergrund.

KONJEVIČ (*im Gang*): Hallo... Wo sind Sie? (*Er tritt nur eine Sekunde nachdem* MAJERHOLD *den Revolver zurück in seine Tasche gesteckt hat ins Zimmer.*) Ich dachte ich würde Sie alle drei im Garten finden, beim Bewässern ihrer fruchtbaren Pflanzen.
ELVIRA: Die Speisekammer ist offen. Sie können sie überprüfen.
KONJEVIČ: Danke, gnädige Frau, das habe ich schon erledigt. im Erdgeschoß, im neu errichteten Anbau, worin Sie das Gemüse aus dem Garten in fest verschlossenen Einweckgläsern für Regentage aufheben wollen, hab ich recht?
ELVIRA: Wir haben doch wohl ein Recht auf Wintervorräte.
KONJEVIČ: Natürlich. Man kann nie vorsichtig genug sein. Bald wird uns das Benzin für Transporte ausgehen, die Regale in den Supermärkten werden leer bleiben, allgemeine Panik wird ausbrechen. Aber Sie werden es gut haben. Sicher in Ihrer kleinen Festung werden Sie an Ihren eingelegten Gurken nuckeln und auf den Abend warten, an dem Sie sich endlich mit saftigem Kohleintopf vollstopfen können.
ELVIRA: Und was ist falsch daran?
KONJEVIČ: Überhaupt nichts. Aber es ist meiner Aufmerksamkeit nicht entgangen, dass der Garten jetzt von einem drei Meter hohen Zaun umgeben wird. Mit einem verschlossenen Eisentor. Ich musste darüber klettern, um zu Ihnen vorzudringen. Sie sind ja auf eine Belagerung vorbereitet.
ELVIRA: Was hat das mit der Städtischen Wasserbehörde zu tun?
KONJEVIČ: Ich arbeite nicht mehr für sie. Man hat mich gefeuert. Sie haben sich nicht einmal die Mühe gemacht, mir zu sagen warum.
ELVIRA: Und jetzt?
KONJEVIČ: Glücklicherweise hat die städtische Polizei mit mir Mitleid gehabt. Sie wissen ja, die nehmen alles, was gekrochen kommt.
ELVIRA: Also sind sie jetzt was? Ein Polizist?

KONJEVIČ: Abteilung für Sonderermittlungen. Im Zusammenhang mit Fällen, die die Sicherheit des Staates bedrohen könnten.

ELVIRA: Dann verstehe ich nicht, wieso Sie zurückgekommen sind. Wir sind die, die bedroht sind - und zwar durch den Staat.

KONJEVIČ: Ich bin aus persönlichen Gründen zurückgekommen. Etwas hat mich beunruhigt und ich möchte der Sache auf den Grund gehen. (*Sieht* MAJERHOLD *an*.)

JOE ORTON: Und was wäre das?

KONJEVIČ: Ich würde gerne herausfinden, woher der Wind weht. Damit ich die richtige Richtung einschlage. Wir leben in einer Zeit, in der nur der Opportunismus noch irgendeinen Wert hat.

JOE ORTON: Ist das je anders gewesen?

KONJEVIČ: Oh, Sie sind noch jung und wissen das nicht. Aber wir hatten Ideale, stimmt's nicht, Herr Konjevič? Wir glaubten an den Fortschritt.

ELVIRA: Das ist Herr Majerhold. Sie sind Konjevič.

KONJEVIČ: Ich heiße Novak, gnädige Frau. Ich kann mich nicht daran erinnern, mich als Konjevič vorgestellt zu haben. Obwohl das nicht unmöglich ist. Aber ich bin bei der Polizei als Novak beschäftigt. Sie können den Direktor anrufen und ihn fragen. Und das ist natürlich, Herr Ebenšpanger, ich habe wirklich keine Ahnung, warum ich ihn als Konjevič angesprochen habe.

ELVIRA: Er ist Herr Majerhold.

KONJEVIČ: Wirklich? Also, eins sollten Sie wissen, einer Ehefrau sollte der Zuname ihres Mannes bekannt sein. Ist das nicht so, Frau Majerhold?

ELVIRA: Herr Majerhold ist mein Untermieter.

KONJEVIČ: Und wem gehört der Garten?

ELVIRA: Mir. Aber er ist Teil einer Mietvereinbarung, und alles, was dort wächst gehört Herrn Majerhold.

KONJEVIČ: Auch die Tomaten in diesen Gläsern?

ELVIRA: Selbst die Gläser gehören ihm. Er hat sie gekauft.

KONJEVIČ: Herr Majerhold muss ziemlich wohlhabend sein. Er ist auch ein Mann brillanter Ideen. Sie können sich glücklich schätzen, dass sie sich seines Schutzes erfreuen können. Sie werden niemals hungern. Die einzige Frage ist, ob Sie zu früh oder zu spät autark geworden sind.

ELVIRA: Ich verstehe nicht.

KONJEVIČ: Ein Optimist würde sich niemals aus der Gesellschaft ausschließen, zwei Geiseln finden - von der einen Land nehmen und die andere dazu erpressen, in einem Sklavenverhältnis zu arbeiten – ganz zu schweigen davon, sich mit einem hohen Zaun zu umgeben, als ob die Türken nur mehr einen Tagesritt weit entfernt wären.

JOE ORTON: Und was würde ein Pessimist tun?

KONJEVIČ: Er würde den Schluss ziehen, dass die Rettung, falls überhaupt irgendwer sich die Mühe machen würde, danach zu suchen, auf jeden Fall zu spät käme. Er würde ein Stück Land kaufen oder mieten, dort die Grundlagen fürs Überleben anpflanzen, und er würde das Grundstück mit einem hohen Zaun umgeben, möglicherweise sogar einem elektrischen.

ELVIRA: Wir sind zu arm, um uns einen elektrischen Zaun leisten zu können.

KONJEVIČ: Lesen Sie keine Zeitung? Da liegen ein paar auf dem Tisch.

ELVIRA: Die sind fünf Jahre alt.

KONJEVIČ: Die Menschen in Amerika verlassen in immer größerer Zahl die großen Städte. Der drohende Nahrungsmangel wird die Städte härter treffen und dort seine ersten Opfer fordern. Die Menschen ziehen in abgelegene Gegenden, bauen sich schlichte Hütten und beginnen mit einfacher Landwirtschaft, in der Hoffnung, dass die Millionen von Hungernden sie nicht aufspüren werden, sobald sie die Städte auf der Suche nach Nahrung verlassen.

ELVIRA: Amerikaner sind bekannt dafür, dass sie bei den ersten Anzeichen von Problemen in Panik geraten.

KONJEVIČ: Waffengeschäfte verzeichnen hohe Gewinnzuwächse. Die Leute wissen, dass sie ihre Überlebensparzellen verteidigen müssen. Natürlich ist Waffenbesitz in Amerika legal. Aber ich bin mir nicht sicher, ob er hier bei uns legal ist. Tatsächlich ist er es nicht. Wie Sie vielleicht wissen. Deshalb können Waffen hier nicht einfach an einem Haken neben der Tür hängen. Sie müssen in Kleiderkästen versteckt werden. Oder besser noch unterm Bett. Oder, wie in Ihrem Fall, unterm Sofa.

(*Er geht einen Schritt Richtung Sofa.* MAJERHOLD *zieht seinen Revolver, zielt auf* KONJEVIČ *und gibt* JOE ORTON *ein Zeichen, der sich niederkniet, das Gewehr hervorzieht und auf* KONJEVIČ *zielt.*)

ELVIRA: Ich glaube, ich werde ohnmächtig.

KONJEVIČ: Gratuliere, Herr Ebenšpanger. Sie sind schneller als ich.

MAJERHOLD: Setzen Sie sich, Herr Novak. Nicht aufs Sofa, in den Fauteuil. Man kann nie wissen. Unter dem Sofa könnte ja auch noch eine Bombe versteckt sein.

KONJEVIČ (*setzt sich in den Fauteuil*): Wir können ganz ohne Drohungen zu einer freundschaftlichen Übereinkunft kommen, Herr Vehovar.

MAJERHOLD: Genau das hatte ich vor. Natürlich zähle ich dabei auf Ihre Kooperation.

KONJEVIČ: Wenn die das Gießen des Gartens ausschließt, sind wir schon halb fertig.
MAJERHOLD: Ein Glas Wein vielleicht? Whisky? Grünen Tee?
KONJEVIČ: Das könnte unwillkommene Konsequenzen für mein krankes Herz nach sich ziehen.
MAJERHOLD: Wie Sie wünschen.
KONJEVIČ: Ich würde allerdings gerne etwas von dem Kraut rauchen, das Sie in der braunen Schachtel unterm Sofa verstecken. Ich kann sie von hier aus ganz deutlich sehen. Die letzte Person, die geraucht hat, hat sie nicht weit genug zurückgeschoben. Nachlässig, das muss ich sagen. Ich warnte Sie doch, dass ich wiederkommen würde.
MAJERHOLD: Als Angestellter der Städtischen Wasserbehörde haben Sie gesagt, nicht als Staatssicherheitspolizist.
KONJEVIČ: Wir leben in einer Zeit, in der ein Mann niemals sicher weiß, für wen er arbeitet und was seine Pflichten sind.
MAJERHOLD: Joe, leg das Gewehr weg und bau einen Joint für unseren Besucher.
JOE ORTON: Ich kann ihm doch nicht mein bestes Gras geben! Nicht, wenn er nicht bezahlt. Nicht einmal Elvira bekommt es gratis.
MAJERHOLD: Aber sie bezahlt in Sachleistungen, die du dir von Herrn Novak möglicherweise nicht erwartest.
JOE ORTON: Deshalb kann er's auch nicht gratis bekommen.
MAJERHOLD: Herr Novak ist unser Gast.
JOE ORTON: Ohhhrrr ...

(*Er legt das Gewehr aufs Sofa, zieht die Schachtel hervor, nimmt den Deckel ab und beginnt, einen Joint zu rollen.*)

ELVIRA: Wünscht Herr Novak eine professionelle Schultermassage?
KONJEVIČ: Da ich nun einmal hier bin, und da Sie alle so nett zu mir sind, hätten meine Schultern möglicherweise nichts gegen ein sanftes Durchkneten mit einem Paar erfahrener Hände einzuwenden. Solange keiner deshalb eifersüchtig wird!
ELVIRA: In diesem Haus haben wir uns von unreifen Gefühlen verabschiedet. Außer Herr Orton, aber auch er muss lernen, in der wirklichen Welt zu leben.

(ELVIRA *geht hinter den Fauteuil und fängt an, die Schultern von* KONJEVIČ *zu massieren.*)

KONJEVIČ: Ahhhh... Sie sollten einen Massagesalon aufmachen.
ELVIRA: Das liegt alles hinter mir, Herr Novak. Eine sensible Frau weiß, wann es Zeit ist, aus dem Spiel auszusteigen.
KONJEVIČ: Ihr Knetrhythmus verrät mir, dass wir einander schon früher begegnet sind.
ELVIRA: Das würde mich nicht überraschen. Wir alle kennen einander auf die eine oder andere Weise, oder? Die Welt ist kleiner als wir denken.
KONJEVIČ: Ich wollte schon immer eine Frau treffen, die fähig ist - wenn auch ungewollt - etwas so kluges zu äußern.
ELVIRA: Sie sind zu gütig, Herr Konjevič.
KONJEVIČ: Novak.

(JOE *hat den Joint fertig. Er bietet ihn* KONJEVIČ *an, der ihn in den Mund steckt und wartet, dass jemand ihm Feuer gibt.* JOE *zieht ein Feuerzeug aus der Tasche und tut das.* KONJEVIČ *zieht den Rauch tief in seine Lungen.*)

JOE ORTON: Ein wahres Vergnügen, einem Bullen beim Potrauchen zuzuschauen. Wo ist dein Fotoapparat, Elvira? Man weiß ja nie, wann einem solche Beweismittel gelegen kommen werden.
KONJEVIČ: Ich bin nicht sehr fotogen.
MAJERHOLD: Richtig. Ich muss den Spaß jetzt beenden und unsere Konversation vom Essentiellen zum Peripheren und Unwichtigen lenken. Joe, nimm das Gewehr. Wenn Herr Novak eine verdächtige Bewegung macht, schieß ihm ins Knie.
JOE ORTON (*nimmt das Gewehr und zielt auf* KONJEVIČ): Ich kann nicht sehr gut zielen, also werde ich einfach schießen. Es bleibt Gott überlassen zu entscheiden, ob ihm die Kugel ins Knie geht oder ins Herz.
ELVIRA: Herr Novak, möchten Sie, dass ich Sie weiter massiere, oder wollen Sie sich lieber aufs Rauchen konzentrieren?

(KONJEVIČ *beginnt zu husten als stünde er am Rand eines Erstickungsanfalls.* ELVIRA *klopft ihm mit ihrer Faust auf den Rücken.*)

JOE ORTON: Soll ich das als verdächtige Bewegung verstehen? (*Erhebt das Gewehr.*)
ELVIRA: Er hustet nur, Joe. Behalt deine juckenden Finger unter Kontrolle. Wir müssen zuerst herausfinden, wer Herr Novak ist und was er will.

KOMÖDIE VOM ENDE DER WELT

(MAJERHOLD *geht hinter den Fauteuil, schiebt* ELVIRA *zur Seite und gibt Konjevič einen harten Schlag auf den Rücken.* KONJEVIČ hört auf zu husten, lehnt sich zurück und sitzt mit geschlossenen Augen still da.)

ELVIRA: Herr Novak? (*Schüttelt ihn an den Schultern.* KONJEVIČ *reagiert nicht.*) Ist es möglich, dass ein Mann an seinem eigenen Husten erstickt?
JOE ORTON: Die Polizei ist zu allem fähig. (*Er nimmt* KONJEVIČ *den Jointstummel aus der Hand.*) Ich wusste, dass er versuchen würde, uns mit einer Leiche zu belasten.

(*Er drückt das brennende Ende des Joint in* KONJEVIČS *Handfläche.*)

KONJEVIČ (*springt aus dem Fauteuil und hopst im Zimmer herum*): Aaaahhhh... Aaaaaaah...
ELVIRA: Gott sei Dank! Wir hätten nicht gewusst, wo wir ihn begraben sollen.
JOE ORTON: Wir könnten ihn als Dünger nutzen.
KONJEVIČ: Herr Ebenšpanger, Ich hätte niemals gedacht, dass ein Mann Ihres Kalibers einen Sinn für Humor hätte, dessen sich schon ein Fünfjähriger schämen würde.
ELVIRA: regen Sie sich nicht künstlich auf, Herr Novak. Setzen Sie sich wieder in den Fauteuil und ich werde Ihre Schulterpartie noch einmal für fünf Minuten durch massieren
KONJEVIČ: Danke, gnädige Frau, aber die Umstände haben sich geändert und ich würde es vorziehen ein anderes Mal wieder zu kommen. Auf Wiedersehen, Herr Ebenšpanger.
MAJERHOLD: Sie gehen nirgends hin.
KONJEVIČ: Meine Neugier hat mich zu weit gehen lassen. Ich habe dafür die Strafe bezahlt und würde jetzt gern gehen.
MAJERHOLD: Zuerst müssen wir wissen, was Sie auf der anderen Seite des Zauns machen werden.
KONJEVIČ: Ich bin ein Mann mit einem schwachen, aber ausnehmend guten Herzen. Ich würde nicht einmal davon träumen, Ihnen irgendwelche Unannehmlichkeiten zu verursachen.
MAJERHOLD: Sie könnten zum Beispiel noch immer ein Angestellter der Städtischen Wasserbehörde sein. Sie könnten dafür sorgen, dass uns das Wasser abgedreht wird. Das würde unseren Garten zerstören, und wir alle könnten verhungern. Die Geschichte, dass Sie für die Polizei arbeiten, ist pure Erfindung, ist es nicht so?

KONJEVIČ: Es ist gegen die Regeln, aber ich werde diesmal eine Ausnahme machen.
(*Er zieht ein Abzeichen aus der Tasche, das er* MAJERHOLD *gibt, der es prüft.*)
MAJERHOLD: Sie haben die Wahrheit gesagt. Mit einer Ausnahme. Hier heißt es "Konjevič," nicht "Novak."
KONJEVIČ: Wirklich? Ist mir nie aufgefallen. Sicher ein Fehler. Kaum überraschend, da es sich hier um die Polizei handelt. Tatsächlich könnte aber zum Teil ich schuld daran sein. Ich habe Ihnen nie meinen richtigen Namen mitgeteilt
MAJERHOLD: Und wie heißen Sie wirklich?
KONJEVIČ: Genau wie Sie. Ebenšpanger.

(*Pause. Sie starren einander an.*)

MAJERHOLD: Ich heiße Majerhold.
KONJEVIČ: Richtig. Von nun an werden Sie Majerhold sein, und ich Ebenšpanger. Damit ist es uns gelungen, wenigstens ein Problem zu lösen.
MAJERHOLD: Durchaus. Und Joe Orton wird Spezialagent Konjevič sein, der für den Nationalen Sicherheitsdienst arbeitet. (*Übergibt* ORTON *das Abzeichen.*)
JOE ORTON: Die Verwandlung vom Kriminellen zum Polizisten geht überraschend schnell! (*Schiebt das Abzeichen in seine Hosentasche.*) Das wird Spaß machen!
ELVIRA: Du kannst mich auf den Polizeiball ausführen. Dort wird es zwangsläufig viele gutaussehende Männer geben.
JOE ORTON: Haben Sie das gehört, Herr Majerhold? Diese Frau kann einfach ihre Triebe nicht kontrollieren. (*Zu* ELVIRA.) Ich werde den ersten verhaften, der dir zu nahe kommt.
KONJEVIČ (*vertraulich*): Unter uns beiden, Herr Majerhold, Sie haben bezüglich der Partner für ihren Garten Eden ein schlechtes Blatt gezogen. Ich hoffe, dass der Auswahlprozess noch nicht zu Ende ist und dass da Platz für noch einen ist. Falls Sie jemanden brauchen, um die Ordnung aufrecht zu erhalten.
MAJERHOLD: Ihr Angebot muss von einem Dreierkomitee besprochen werden.
KONJEVIČ: Ich schlage vor, Sie besprechen es in meiner Abwesenheit. Ich werde morgen Nachmittag wiederkommen, um Ihre Entscheidung zu erfahren. (*Geht zur Tür.*)
JOE ORTON (*zielt mit dem Gewehr auf ihn*): Was glauben sie, wohin Sie gehen?
KONJEVIČ: Ich wette, das Gewehr ist nicht geladen.

MAJERHOLD: Aber der hier ist geladen. (*Er richtet seinen Revolver auf* KONJE-VIČ.) Setzen Sie sich wieder in den Fauteuil, Herr Ebenšpanger.

(KONJEVIČ *kehrt um, setzt sich in den Fauteuil.*)

MAJERHOLD: Joe, hast du ein bisschen Klebeband?

(JOE ORTON *legt das Gewehr aufs Sofa, beugt sich hinunter und zieht eine große Rolle braunes Klebeband unter dem Beistelltisch hervor.*)

KONJEVIČ: Was haben Sie sonst noch alles dort?
MAJERHOLD (*zu* ORTON): Mach weiter. Du hast ja wohl im Film gesehen, wie's geht.
JOE ORTON: Das war, bevor Elvira den Fernseher versetzt hat. Können wir ihn nicht zurückholen? Mir wird langsam langweilig. Hier passiert nie was.

(*Er wickelt wieder und wieder Klebeband um* KONJEVIČS *Brust und die Lehne, bis* KONJEVIČ *zur Gänze an den Fauteuil gefesselt ist.*)

KONJEVIČ: Ich könnte protestieren, aber das haben wir ja auch alles im Film gesehen. Also werde ich ruhig bleiben.
JOE ORTON (*klebt Klebeband über* KONJEVIČS *Mund*): Gute Idee.

(*Dunkel.*)

Szene 10

Konjevič, an den Fauteuil gefesselt.

In der Dunkelheit ein Radiobericht: Aber wir entwickeln und stärken Werte nicht einfach deswegen, weil sie Werte sind, wir entwickeln und stärken sie, damit wir erfüllter und sinnvoller leben können. Die jüngste Geschichte hat uns gelehrt, dass es tatsächlich möglich ist, im Namen der Gesellschaft zu sterben, aber wir haben angefangen zu vergessen, dass ein Individuum außerhalb der Gesellschaft nicht sinnvoll leben kann. Mit anderen Worten, ein Individuum ist in eine beunruhigende Beziehung mit der von ihm erwählten Gemeinschaft verstrickt. Eine Beziehung, die einem kontinuierlichen Identifikationsprozess unterworfen ist…

KOMÖDIE VOM ENDE DER WELT

Während des Berichts enthüllen die Scheinwerfer langsam die Bühne.

MAJERHOLD, JOE ORTON *und* ELVIRA *kommen vom Gang.* JOE *dreht das Radio ab.*

JOE ORTON: Blablabla.
ELVIRA: Haben Sie sich gut amüsiert, Herr Konjevič?
JOE ORTON: Angenehme Träume? Meine sind nach dem Potrauchen üblicherweise ziemlich wild. Noch einen Joint?

(KONJEVIČ *windet sich und macht komische Geräusche.*)

ELVIRA: Ich glaube, er versucht uns was zu sagen.

(MAJERHOLD *geht zu* JOE ORTON, *der das Klebeband von* KONJEVIČS *Mund abzieht.*)

KONJEVIČ: Sie haben mich die ganze Nacht allein gelassen!
ELVIRA: In diesem Haus sind wir schon immer sehr rücksichtsvoll gewesen.
KONJEVIČ: Und dieses verdammte Radio hat sich von selbst eingeschaltet!
ELVIRA: Außerdem haben wir auch ein bisschen Ruhe gebraucht.
KONJEVIČ: In Ihrem Schlafzimmer? Alle drei?
ELVIRA: Herr Majerhold hat sich zuerst gegen dieses Arrangement gewehrt. Dann war Joe eingeschnappt. Er hat sich noch nicht damit angefreundet, dass man Gutes teilen muss. Er ist jung. Nichtsdestoweniger sind wir zu einem Arrangement gelangt, das uns alle drei zufriedenstellt.
KONJEVIČ: Aber Sie haben nie an mich gedacht.
ELVIRA: Im Gegenteil. Ich habe dreimal vorgeschlagen, dass wir Sie einladen sollten, sich uns anzuschließen, mit Rücksicht darauf, dass Sie unser Gast sind. Aber diese beiden Herren waren absolut dagegen.
KONJEVIČ: Was ich meinte war, dass Sie nicht daran gedacht haben, dass ich Schwierigkeiten beim Atmen haben könnte. Ich könnte erstickt sein!
ELVIRA: Was möchten Sie zum Frühstück? Eierspeise, Marmeladebrot?
KONJEVIČ: Ich will losgemacht werden! Ich will gehen!
ELVIRA: Wir mögen Sie, Herr Konjevič. Also werden wir Sie noch ein Weilchen hier behalten.
KONJEVIČ: Aber nicht an diesen Fauteuil gefesselt!
ELVIRA: Warum nicht?

KOMÖDIE VOM ENDE DER WELT

KONJEVIČ: Ich kann mich nicht einmal an der Nase kratzen!
ELVIRA: Joe, kratz Herrn Konjevič an der Nase.
KONJEVIČ (*zu* ORTON): Kommen Sie näher und ich spucke Sie an.
JOE ORTON: Unglaublich! Du gibst dem Mann dein bestes Gras, und was bekommst du dafür?
KONJEVIČ: Ich bin dehydriert!

(MAJERHOLD *schaut zu* ELVIRA.)

ELVIRA: Eine Dienstmädchen im eigenen Haus. Es ist mein Fehler. (*Sie geht.*)
MAJERHOLD: So. Wir sind allein. Also erzählen Sie uns jetzt: Wer sind Sie wirklich und was hat Sie in dieses Haus geführt?
KONJEVIČ: Warum machen Sie mich nicht los, damit ich meine Gelenke lockern und ein paar Liegestütze machen kann? Dann werde ich Ihnen Dinge erzählen, die Ihre kühnsten Träume übertreffen.
MAJERHOLD: Joe, nimm das Klebeband ab und lass den Herrn ein paar Liegestütze machen.
JOE ORTON: Er wird entkommen!
MAJERHOLD (*zieht den Revolver*): Nein, wird er nicht.

(JOE ORTON *entfernt das Klebeband und befreit* KONJEVIČ. KONJEVIČ *erhebt sich mit einigen Schwierigkeiten aus dem Fauteuil, streckt seine Arme aus und fängt an, Liegestütze zu machen.*)

JOE ORTON: Sollen wir ihm jetzt stundenlang beim Trainieren zuschauen?
KONJEVIČ (*steht auf*): Kann ich noch etwas von Ihrem exzellenten Gras haben, bevor ich gestehe? Es wird helfen, mir die Zunge zu lösen.
MAJERHOLD: Zuerst das Geständnis.
KONJEVIČ: Sie sind grausam, aber ich verdiene es nicht besser. Ich habe Ihnen so viele dumme Lügen erzählt, dass ich es für den Rest meines Lebens bereuen werde.
MAJERHOLD: Kommen Sie zur Sache.
KONJEVIČ: Sie brauchen einen Manager, Herr Ebenšpanger.
MAJERHOLD: Das höre ich zum ersten Mal.
KONJEVIČ: Was Sie hier geschaffen haben, schreit nach Marketing. Es stimmt schon, dass der freie Markt die Welt in die Knie gezwungen und dann auch noch zerstört hat, aber das heißt ja nicht, dass er nicht den Schmerz unserer letzten Augenblicke lindern kann.

KOMÖDIE VOM ENDE DER WELT

JOE ORTON: Sie haben an der Abendschule Philosophie belegt! Deswegen kommen Sie mir so bekannt vor.
KONJEVIČ: Ich komme Ihnen bekannt vor, weil ich ein paar Mal Marihuana bei Ihnen gekauft habe.
JOE ORTON: Unmöglich. Ich habe keinen Konjevič oder Novak auf der Liste meiner Klienten.
KONJEVIČ (*zieht ein Blatt Papier aus seiner Tasche*): Meinen Sie diese?
JOE ORTON: Woher haben Sie das? Geben Sie's zurück!
KONJEVIČ: Geben Sie mir erst mein falsches Polizeiabzeichen zurück. (*Streckt den Arm aus.*)
JOE ORTON (*zu* MAJERHOLD): Darf ich ihm den Schädel einschlagen?
MAJERHOLD: Später.

(ELVIRA *tritt mit einer Plastikflasche Wasser ein.* KONJEVIČ *packt sie und trinkt, bis die Flasche leer ist. Er gibt sie* ELVIRA *zurück.*)

ELVIRA: Bin ich im falschen Moment gekommen?
KONJEVIČ: Nein, nein, Frau Silvana, Sie sind im richtigen Moment gekommen, genau rechtzeitig, um meinen Geschäftsvorschlag mit anzuhören.
ELVIRA: Woher wissen Sie, dass ich Silvana heiße?
KONJEVIČ: Sie waren Silvana, bevor Sie sich aus dem Berufsleben zurückgezogen haben, um den Rest Ihres Lebens in Mittelklassen-Anständigkeit zuzubringen. Obwohl dieses Haus nicht ganz Ihren Hoffnungen entspricht. Anfangs habe ich bloß durchblicken lassen, dass ich Sie kenne, aber jetzt kann ich bestätigen, dass ich mich viele Male an den Wonnen ihrer beruflichen Kompetenz erfreut habe.
ELVIRA: Warum sind Sie gekommen?
KONJEVIČ: Um die Illusionen zu zerschmettern, die Sie früher oder später ins Grab gebracht hätten.
ELVIRA: Für wen arbeiten Sie?
KONJEVIČ: Für mich. Nur Narren arbeiten noch für andere. Sagen Sie mir nicht, dass ich Ihnen damit etwas gesagt habe, was Sie nicht gewusst haben.
JOE ORTON (*packt die Flinte und zielt auf* KONJEVIČ): Genug, genug, genug!
KONJEVIČ: Das Gewehr ist nicht geladen.
JOE ORTON: Nein?

(*Er hält die Waffe gegen die Decke und betätigt den Abzug. Wir hören einen grauenhaften Knall. Jeder ist geschockt,* ORTON *am meisten von allen.*)

KONJEVIČ: Darf ich Ihnen etwas sagen?

JOE ORTON (*richtet das Gewehr auf ihn*): Erst einmal werde ich Ihnen sagen, *was* Sie uns sagen werden.

KONJEVIČ: Ich werde Ihnen sagen, was ich Ihnen erzählen wollte, als Sie mich unterbrochen haben.

JOE ORTON: Die Dinge haben sich geändert, *ich* stelle jetzt die Fragen.

ELVIRA: Herr Majerhold, warum haben Sie Ihren Revolver weggesteckt, als Joe Orton das Gewehr genommen hat?

MAJERHOLD: Ich habe gespürt, dass er ein wenig Dampf ablassen musste. Sein Selbstvertrauen ist schließlich während der Nacht zerschmettert worden. Es gibt nichts Besseres, um das zu kompensieren, als mit einem großen Gewehr herumzufuchteln.

(JOE ORTON *richtet das Gewehr auf* MAJERHOLD *und ist kurz davor abzudrücken. Plötzlich knickt er zusammen, wirft das Gewehr zu Boden, klappt im Fauteuil zusammen, bedeckt sein Gesicht mit den Händen und fängt an zu weinen.*)

(ELVIRA *setzt sich auf die Armlehne des Fauteuils, legt ihren rechten Arm um Ortons Schulter und streichelt seinen Hinterkopf mit der Linken.*)

ELVIRA: Mach dir nichts draus, kleines Mäuschen, Mama Maus ist immer glücklich mit dir gewesen. Es tut mir leid, dass ich all diese Gemeinheiten zu dir gesagt habe.

(*Ortons Weinen verebbt langsam.*)

KONJEVIČ: Die heutige Jugend ist weich geworden, kann nicht mehr aufrecht stehen. Aber die Welt braucht mehr denn je mächtige Schubkräfte. Die heutige Jugend ist nur zu kleinen, schlaffen Geschichten fähig. Nutzloses Gewichse auf Facebook, das ist alles, was sie zustande bringen.

ELVIRA: Joe hat keinen Facebook-Account. Er verwendet das Internet nur für Pornographie. Und nicht einmal täglich.

KONJEVIČ: Ein kleines Paradies, das ist alles was sie schaffen können. Einen Moment der Ekstase, des Vergessens, der Erleichterung. Etwas, das nicht mit jedem geteilt werden kann. Kümmerliche, selbstsüchtige Gesten, das sind ihre Geschichten. Aber Sie, Herr Ebenšpanger, haben eine große Geschichte in der

Tradition der großen Erzählungen geschaffen. Einen großen, einzigartigen Garten, in dem flüchtige Momente der Freude nicht mehr länger zählen. Was zählt, ist das Überleben der menschlichen Rasse.

MAJERHOLD: Die Welt auf der anderen Seite des Zauns ist nicht mehr länger von Interesse für mich.

KONJEVIČ: Wunderbar! Indem Sie der Welt den Rücken zukehren und nach der Selbstsucht als letztem Strohhalm greifen haben Sie sich die ideale Möglichkeit verschafft, die Menschheit zu retten.

MAJERHOLD: Sie ersaufen in Widersprüchen.

KONJEVIČ: Sie haben den Prototyp eines Gartens geschaffen, den man jedem auf der Erdoberfläche verkaufen kann. Zehn Sorten wissenschaftlich gezüchteter, sich selbst aussäender Gemüse, die genug Vitamine für ein gesundes Leben enthalten, eine Art Ernährungs-Perpetuum-Mobile, ausreichend für eine zwei-, drei-, ja sogar vierköpfige Familie. Begreifen Sie, was das bedeutet?

MAJERHOLD: Sagen Sie's mir.

KONJEVIČ: Das Ende des Handels, des Transports, das Ende des fossilen Brennstoffbedarfs, der Auspuffgase, das Ende des Treibhauseffekts, das Ende unserer Angst vorm Ende der Welt!

JOE ORTON: Er ist verrückt, oder? (*Schaut zu* ELVIRA.)

ELVIRA: Ja, Mäuschen. Vollkommen verrückt.

KONJEVIČ: Sie müssen diese Ihre Idee sofort patentieren lassen.

MAJERHOLD: Warum?

KONJEVIČ: Weil geistiges Eigentum zum Hauptziel von Schurken aller Art geworden ist.

MAJERHOLD: Das habe ich nicht gewusst.

KONJEVIČ: Wir werden einen Vertrag unterzeichnen, der mir das Exklusivrecht gibt, den Prototyp Ihres Garten Eden weltweit zu vermarkten. Ich sage Ihnen, die werden durchdrehen in den Staaten, sie werden einander tottrampeln in ihrer Euphorie.

MAJERHOLD: Und was wird uns das Gutes bringen?

KONJEVIČ: Wir werden reich sein, Herr Ebenšpanger! Bis ans Lebensende werden wir uns an außergewöhnlichem Komfort erfreuen. Wir alle.

MAJERHOLD: Wir alle?

KONJEVIČ: Ja, wir alle vier.

JOE ORTON: Oh, plötzlich sind wir vier.

ELVIRA: Das bleibt Herrn Majerhold überlassen, Mäuschen. Er allein weiß, was gut für uns ist..

KONJEVIČ: Was sagen Sie, Herr Majerhold? Wir können den Garten vergrößern, die benachbarten Grundstücke aufkaufen, Häuser abreißen, deren Bewohner delogieren, was immer Sie wollen.

MAJERHOLD: Und so weiter?

KONJEVIČ: Und so weiter. Dann können wir Gäste in unser kleines Himmelreich einladen. Vielleicht einen jungen Mann, der nur an Frau Elvira denkt. Für mich ein temperamentvolles Mädchen, das regelmäßiges Training braucht, damit ich mich nachts nicht einsam fühle. Und auch jemanden für Sie, Herr Majerhold. Natürlich im Einklang mit Ihrer Orientierung. Ich bin kein Rassist, Sie können einen Eskimo wählen oder einen Tuareg. Ich werde kein Wort des Widerspruchs äußern.

ELVIRA: Unter einer Bedingung: Es muss ein Mann sein.

KONJEVIČ: Denken Sie darüber nach, Herr Vehovar. Nicht wegen Ihret- oder meinetwegen, sondern wegen dieser beiden. Beide sind hilflos, völlig von Ihnen abhängig. Überdenken Sie alles, nehmen Sie sich Zeit, wir haben keine Eile.

MAJERHOLD: Das ist gut, denn Sie werden eine ganze Weile hierbleiben.

KONJEVIČ: Das weiß ich. Also nehmen Sie es mir nicht übel, wenn ich frage, wo das Klo ist. Während der Nacht war ich, wie Sie wissen, verhindert meine Blase so zu entleeren, wie es einem Herrn meines Standes geziemt.

JOE ORTON: Ich hab mir doch gleich gedacht, dass er nach Pisse stinkt!

MAJERHOLD: Joe, nimm das Gewehr und begleite den Herrn auf die Toilette. Sorg dafür, dass er nicht durchs Fenster zu fliehen versucht. Wenn er fertig ist, bringst du ihn zurück.

(*JOE nimmt das Gewehr und wartet darauf, dass KONJEVIČ zur Tür geht. Er folgt ihm hinaus auf den Gang. Kurze Pause.*)

ELVIRA: Ich wünschte, ich würde verstehen, was da vor sich geht.

MAJERHOLD: Geben Sie sich etwas Zeit.

ELVIRA: Glauben Sie nicht, dass Gott uns wegen unserer Sünden prüft?

MAJERHOLD: Gott hat diese Welt schon vor langer Zeit aufgegeben. Nur der Teufel hält sich noch hartnäckig, in der Hoffnung, dass er zuletzt lachen wird.

ELVIRA: Angenommen er arbeitet für die Städtische Wasserbehörde?

(*Ein lauter Knall ist von irgendwo unten zu vernehmen. Pause.*)

ELVIRA: Ungewöhnliches Geräusch.

MAJERHOLD: Ich fürchte, dass wir jetzt bald unerfreulichen Neuigkeiten ins Auge sehen müssen.

(JOE ORTON *kommt mit dem Gewehr zurück.*)

JOE ORTON: Er hat versucht, durchs Fenster zu entkommen.
MAJERHOLD: Ich hab dir befohlen, ihn lebendig wieder zu bringen.
JOE ORTON: Er hat sein Wort gebrochen! Ich weigere mich, Verantwortung für etwas zu übernehmen, das nicht meine Schuld ist.
MAJERHOLD: Wie geht's ihm?
JOE ORTON: Viel weniger lebendig als vorher. Mit weitoffenem Mund, aber vollkommen still. Als ob er das Interesse an seiner Umgebung verloren hätte.
ELVIRA: Joe Orton, wie kannst du dir das je verzeihen?
JOE ORTON: Alles Neue in der Geschichte verlangt nach wenigstens einem Opfer.
ELVIRA: Jetzt werden wir nie erfahren, wer er war und was er wollte.
MAJERHOLD: Wir werden uns mit dieser Frage während der langen Wintermonate beschäftigen. Joe, pack dir einen Spaten, opfere ein paar Kohlköpfe und begrabe den Herrn so tief, dass ihn keiner zufällig ausgraben kann.
JOE ORTON: Scheiße! Ich hab mir unnötige Arbeit gemacht.

(JOE ORTON *geht und nimmt das Gewehr mit. Pause.*)

ELVIRA: Sie werden kommen und nach ihm suchen.
MAJERHOLD: Wer?
ELVIRA: Seine Kollegen. Die Städtische Wasserbehörde. Die Polizei. Der Geheimdienst. Oder die Ärzte, um ihn wieder zurück ins Irrenhaus zu bringen. Woher soll ich das wissen?
MAJERHOLD: Du weißt nichts, Elvira. Das ist das Beste für alle von uns.
ELVIRA: Liebst du mich denn nicht?
MAJERHOLD: Glaubst du nicht, dass dieser Augenblick nach einer intelligenteren Frage verlangt?

(*Dunkel.*)

Szene 11

Im Dunkeln ein Radiobericht: Die meisten glauben immer noch, dass eine unmittelbare Bedrohung der Menschheit futuristischer Nonsens ist, erschaffen von jenen, die nichts besseres zu tun haben. Unglücklicherweise ist dem nicht so. Die Apokalypse ist ein Schiff, das wir bereits bestiegen haben. Es ist aus dem Hafen ausgelaufen und wird nicht wiederkehren. Niemand weiß, wie das unsere Beziehungen beeinflussen wird. Vielleicht begreifen wir, dass dies unser letztes Jahrhundert ist und werden weniger selbstsüchtig, vielleicht opfern wir unsere persönlichen Ziele und vereinigen unsere Energien, um das Schiff zu steuern, auf dem wir uns nun befinden, da wir nichts getan haben, als wir noch Zeit hatten. Es liegt nicht in unserer Macht, den Schiffbruch zu vermeiden – so viel ist klar. Die einzige Frage ist, ob das Schiff schon dieses Jahr sinken wird, in zehn Jahren oder in - bestenfalls - hundert Jahren...

Während des Berichts enthüllen die Scheinwerfer langsam die Bühne.

MAJERHOLD *tritt ein und dreht das Radio ab.*

MAJERHOLD: Blablabla.

(*Nimmt sein Reißbrett, setzt sich aufs Sofa und beginnt zu zeichnen.* ELVIRA *tritt ein und bringt Tee. Sie stellt das Tablett auf den Beistelltisch und setzt sich neben* MAJERHOLD *aufs Sofa.* MAJERHOLD *sieht sie an.*)

ELVIRA: Joe macht noch seine üblichen Runden.
MAJERHOLD: Hat er das nicht immer getan?
ELVIRA: Ja, aber jetzt könnte er aufhören, mit Marihuana zu handeln. Ich meine… jetzt, wo wir einen Garten haben.
MAJERHOLD: Ich habe ihn diszipliniert so gut ich konnte.
ELVIRA: Ich dachte wir würden glücklich sein, jetzt wo die schrecklichen Dinge hinter uns liegen.
MAJERHOLD (*erhebt sich*): Wovon redest du? Schreckliche Dinge liegen vor uns. Deshalb haben wir diese Zuflucht geschaffen. Selbst wenn wir eine Woche länger als alle anderen überleben, unsere Bemühungen werden nicht umsonst gewesen sein.
ELVIRA: Ist eine Woche mehr all diesen Aufwand wert?
MAJERHOLD: Was hast denn du beigesteuert?

ELVIRA: Oh, wirklich. Wer hat gekocht, geputzt, Konflikte gelöst, die ganze Zeit über moralische Unterstützung geboten?! Ganz zu schweigen von anderen Dingen.
MAJERHOLD: Du meinst die Nächte in deinem Schlafzimmer?

(ELVIRA *steht auf, nimmt das Tablett und geht zur Tür.*)

MAJERHOLD: Ich habe meinen Tee noch nicht ausgetrunken.
ELVIRA: Und das wirst du auch nicht.

(*An der Tür läuft sie in* KONJEVIČ, *der vom Gang her eintritt.*)

KONJEVIČ: Ich werde ihn austrinken. Stellen Sie ihn zurück auf den Tisch. (*Reibt sich die Hände.*) Der wird mir guttun, es ist ziemlich kühl draußen.

(MAJERHOLD *und* ELVIRA *starren ihn mit offenem Mund an.*)

ELVIRA (*zu* MAJERHOLD): Ich habe keine Halluzinationen, oder? Hier ist keiner außer dir und mir?
KONJEVIČ: Ich hatte gehofft, Sie würden mich umarmen und Gott danken, dass ich am Leben bin.
ELVIRA: Das ist nicht das erste Mal, dass ich das Gefühl habe, dass dies ein Spukhaus ist.
KONJEVIČ (*nimmt Elvira das Tablett aus den Händen, stellt es auf den Beistelltisch, gießt sich Tee ein*): Geister pflegen keinen Tee zu trinken.
ELVIRA: Aber Sie liegen da draußen im Garten, zwei Meter unter der Erde!
KONJEVIČ: So tief? Ich würde nicht atmen können. Und Atmen ist mein liebster Zeitvertreib. (*Atmet tief.*) Obwohl es hier an frischer Luft mangelt.
MAJERHOLD: Es gibt nur einen Weg herauszufinden, ob wir hier einem Geist gegenüberstehen.

(*Er zieht einen Revolver aus der Tasche und richtet ihn auf* KONJEVIČ.)

KONJEVIČ: Ich denke, dass wir in einigen Sekunden einen Knall hören werden.

(*Er lächelt und nimmt einen Schluck Tee.*)

(MAJERHOLD *feuert.* ELVIRA *springt auf,* KONJEVIČ *hebt die Teetasse und lächelt.*)

KONJEVIČ: Falls ich mich nicht irre werden wir gleich noch einen Knall hören.
MAJERHOLD: Vielleicht trägt er eine kugelsichere Weste.

(*MAJERHOLD tritt nah an KONJEVIČ heran und schießt ihm aus kurzer Distanz in den Kopf.*)

KONJEVIČ: Das war mein Trommelfell!
MAJERHOLD (*starrt auf den Revolver*): Hat Joe Orton etwa auch härteren Stoff? LSD, Meskalin? Könnte er uns was ins Essen getan haben?

(JOE ORTON *tritt mit dem Gewehr in der Hand ein.*)

JOE ORTON: Ich bin nur fünf Minuten weg und schon wirft man mir die allerschrecklichsten Verbrechen vor.
ELVIRA: Joe, um Gottes Willen, wo bist du gewesen?
JOE ORTON: Ich bin Jäger geworden. Ich schieße Tiere, damit wir nicht bei einer veganen Diät bleiben müssen. Und Herr Ebenšpanger, worauf schießt er?
KONJEVIČ: Geister.
MAJERHOLD: Joe, wieviele Leute siehst du in diesem Zimmer?
JOE ORTON: Drei.
ELVIRA: Was ist mit dem Geist?
JOE ORTON: Geist, wo?
ELVIRA: Er steht direkt vor dir und trinkt Tee!
JOE ORTON: Das ist kein Geist. Das ist Herr Konjevič.
ELVIRA: Joe, du hast Herrn Konjevič auf der Toilette erschossen und ihn im Garten begraben!
JOE ORTON: Vielleicht habe ich ihn verfehlt.
ELVIRA: Wir haben vom Fenster aus zugesehen, wie du ihn begraben hast!
JOE ORTON: Habt ihr das?
ELVIRA: Du hast sogar die Kohlköpfe, die du zu diesem Zweck entfernt hattest, wieder zurückgepflanzt. Um die Spuren zu verwischen, hast du gesagt
JOE ORTON: In diesem Fall muss er von den Toten auferstanden sein. Vielleicht sind wir Zeugen der Auferstehung wie sie in der Bibel vorhergesagt wird.
ELVIRA: Joe...
JOE ORTON: Ich habe geglaubt, du würdest dich freuen, dass ich kein Mörder bin. Du solltest mich umarmen und küssen. Wir alle, und ich meine uns alle vier, sollten uns ins Schlafzimmer zurückziehen und die Wendung der Ereignisse mit einer verschwitzten Stöhn-und-Seufz-Party feiern.

KOMÖDIE VOM ENDE DER WELT

MAJERHOLD (öffnet die Trommel seines Revolvers und entdeckt, dass sie mit Platzpatronen gefüllt ist): Ich bin wirklich blöd.
JOE ORTON: Wir wussten das schon seit einiger Zeit.
KONJEVIČ: Lassen Sie ihn in Ruhe. Es ist nicht edel, auf einen Mann hinzutreten, dessen Selbstbeherrschung vor seinen Augen verpufft ist.
ELVIRA: Erklärt mir vielleicht einer, was da vor sich geht?
JOE ORTON: Nichts, was nicht schon wenigstens eine Million mal in der Geschichte passiert ist.
ELVIRA: Ich verstehe nicht.
JOE ORTON: Wie könntest du auch, da du ja nicht mehr bist als ein großes Loch, das die ganze Zeit gefüllt werden muss, damit nicht versehentlich ein Körnchen Intelligenz hinein findet?
KONJEVIČ: Nicht so. Wir müssen Frauen gegenüber rücksichtsvoll sein, auch wenn wir sie verachten.
MAJERHOLD: Wann hat diese Verschwörung angefangen?
JOE ORTON: Erinnern Sie sich, Herr Konjevič?
KONJEVIČ: Vor einer Weile, denke ich. Definitiv aber, bevor ich im Garten begraben wurde.
MAJERHOLD: Bevor Sie gekommen sind?
KONJEVIČ: Vielleicht, aber das gehört absolut nicht zum Thema. Jetzt stehen wir, wo wir stehen.
ELVIRA: Mein Gott! Joe Orton, wie konntest du nur so hinterlistig sein?
JOE ORTON (zischt): Ich bin nicht derjenige, der Orgasmen vortäuscht.
ELVIRA (zischt zurück): Normalerweise mache ich das auch nicht, aber bei dir bleibt mir keine andere Wahl!
JOE ORTON: Danke für das Kompliment. Deine Miete ist soeben beträchtlich gestiegen.
ELVIRA: Miete?
JOE ORTON: Ja. Die Miete, die du uns von morgen an zahlen wirst.
ELVIRA: Herr Majerhold, warum verteidigen Sie mich nicht?
MAJERHOLD: Ich bin ein Opfer meiner Naivität geworden.
KONJEVIČ: Ein Opfer Ihres ausgeprägten Mangels an Geschäftssinn, würde ich sagen. Habe ich Ihnen nicht eine Vereinbarung angeboten, die Ihre Position unberührt gelassen hätte, während Sie ein bequemes Leben für uns alle bis ans Ende unserer Tage sichergestellt hätten?
MAJERHOLD: Was haben Sie jetzt vor?
JOE ORTON: Nichts Dramatisches. Bis jetzt haben wir zehn verschiedene Gemüsesorten gezüchtet. Aber von morgen an...

MAJERHOLD: Ich weiß, Marihuana.
JOE ORTON: Nein. Mohn.
MAJERHOLD: Opium? Heroin?
KONJEVIČ: Warum nicht? Wenn man die Größe des Grundstückes und die Bodenbeschaffenheit in Betracht zieht, wird der Ertrag um einiges höher ausfallen.
MAJERHOLD: Drogenhandel? Sie werden nicht Nahrungsmittel züchten, sondern die Saat von Krankheit und Tod säen. Ich werde das nicht erlauben.
ELVIRA: Ich auch nicht. Das Haus und der Garten sind auf meinen Namen registriert.
JOE ORTON: Ich wusste, es würde Probleme geben.
KONJEVIČ: Nichts, worüber man sich Sorgen machen müsste. Probleme können gelöst werden, wir alle sind vernünftige Leute. Eigentumsübertragung ist wohl kaum eine komplizierte Angelegenheit. Alles, was man braucht, ist ein kleines Versprechen, begleitet von einer kleinen Drohung. Ist das nicht so, Frau Elvira? Ist das nicht so, Herr Majerhold? Wir müssen uns an unsere Werte halten, selbst dann, wenn wir unerbittlich unsere Ziele verfolgen.
MAJERHOLD: Ihre Werte, Herr Konjevič-Novak, sind die Spucke nicht wert.
ELVIRA: Von mir kriegt er sie trotzdem! (*Spuckt* KONJEVIČ *an.*)
KONJEVIČ: Werte sind das, was wir uns ausdenken, um unsere Ziele zu legalisieren. Anders gesagt: Erdichtung.
JOE ORTON: Und in der Dichtung ist alles möglich, sogar meine Farcen. Ich habe mir meinen Platz in der Geschichte erarbeitet.
MAJERHOLD: Die bist eine Laus, die sich noch nicht einmal einen Platz auf der Haut eines räudigen Hundes verdient hat. Die Menschheit steht am Rand der Vernichtung, und ihr beide...
JOE ORTON: Wir wollen nur ihr tödliches Leiden lindern. Sind wir nicht edel? Spaß, Besinnungslosigkeit, Freude und ein paar Jahre des komfortablen Lebens für uns – was könnte es Besseres geben?
KONJEVIČ: Mit dem Profit aus dem Opiumverkauf werden wir auch zehnmal mehr Gemüse kaufen können, als Sie in Ihrem Garten züchten könnten.
JOE ORTON: Und Fleisch.
KONJEVIČ: Alle Sorten Fleisch. Darunter auch das junge, hübsche und kräftige. (*Sieht* ELVIRA *an.*)
ELVIRA: Herr Majerhold, wollen Sie nicht meine Würde schützen?
MAJERHOLD: Das Spiel ist verloren.
KONJEVIČ: Nicht unbedingt. Es ist noch immer Zeit, sich der Seite der Gewinner anzuschließen.
MAJERHOLD: Wir werden nicht mit Schuften gemeinsame Sache machen.

ELVIRA: Bravo, Herr Majerhold! (*Plötzlich besorgt.*) Andererseits, solche Dinge schreien nach Überlegung. Hab ich nicht recht, Herr Konjevič?
KONJEVIČ: Und wie, Frau Elvira.
MAJERHOLD: Wir werden darüber nachdenken. Vor einem ordentlichen Gericht.
KONJEVIČ: Aber Gerichte befinden sich außerhalb des Zauns, den Sie errichtet haben, damit niemand hereinklettern kann, Herr Ebenšpanger. Hier hat kein Gerichtshof seinen Zuständigkeitsbereich. Innerhalb des Zauns gibt es nichts und niemanden außer uns.
MAJERHOLD: Sie werden mich töten müssen.
KONJEVIČ: Wir sind keine Mörder wie Sie, Herr Ebenšpanger, der Leuten aus kurzer Distanz in den Kopf schießt.
JOE ORTON: Schauen Sie aus dem Fenster, Herr Majerhold.

(MAJERHOLD *und* ELVIRA nähern sich dem Fenster und sehen hinaus.)

ELVIRA: Wer ist dieses Mädchen?
JOE ORTON: Eine neue Ergänzung der Arbeitskräfte. Vor zwei Stunden eingestellt.
MAJERHOLD: Moment... Ich kann das nicht glauben. Ws macht sie da?
JOE ORTON: Sie entfernt das Gemüse und bereitet den Boden für die Mohnpflanzung vor.
ELVIRA: Sie ist sehr jung.
KONJEVIČ: So ist das eben, gnädige Frau. Das Heute dauert nicht sehr lang. Bevor Sie sich einmal umdrehen können ist es schon das Gestern. Und das Morgen klopft an unsere Tür, selbst während wir schlafen.
ELVIRA: Und was wird sie sonst noch tun, abgesehen davon, dass sie den Boden für das Pflanzen vorbereitet?
KONJEVIČ: Sie zeigt guten Willen einige unserer Vorschläge - meiner und Joes - in Betracht zu ziehen. Sie kennen ja diese Mädchen aus armen Familien. Sie lehnen niemals ein zusätzliches Stück Brot ab wegen etwas so Nebulösem wie der Jungfräulichkeit.
ELVIRA: Und wo werden Sie diese Vorschläge ausführen? In meinem Schlafzimmer?
KONJEVIČ: Ich habe einen kurzen Blick hineingeworfen, und es wirkt sehr geeignet für... also, lassen Sie mich Ihnen die Details ersparen.
ELVIRA: Gott wird Sie strafen! (*Sie beginnt seine Brust mit ihren Fäusten zu bearbeiten.*) Gott wird Sie strafen! (*Sie gleitet zu Boden, umschlingt seine Knie mit ihren Armen und fängt bitterlich zu weinen.*) Bitte, seien Sie gnädig...

JOE ORTON: Was für ein Zirkus!
ELVIRA (*fast unhörbar*): Gott hat mich gestraft…

(MAJERHOLD *geht zur Tür.*)

KONJEVIČ: Wo gehen Sie hin?
MAJERHOLD: Auf die Suche nach neuen Abenteuern.
JOE ORTON: Dafür haben wir bereits gesorgt. Von nun an wird es folgende neue Abenteuer geben…
MAJERHOLD: Interessiert mich nicht.
JOE ORTON (*richtet das Gewehr auf* MAJERHOLD): Oh doch, das tut es.
MAJERHOLD: Ich bin Wissenschaftler.
KONJEVIČ: Eben deswegen, Herr Ebenšpanger. Deswegen werden Ihnen die Aufgaben übertragen, die nur ein Mann mit Ihren Fähigkeiten erfolgreich auszuführen imstande ist.
JOE ORTON: Sie stehen dem Labor vor, das Opium zu Heroin synthetisiert.
KONJEVIČ: Sie werden regelmäßige Mahlzeiten und ein Dach über dem Kopf haben. Das ist nicht wenig, wenn man in Betracht zieht, in welchen Zeiten wir leben.
JOE ORTON: Denken Sie an die Milliarden Menschen, die von einem Dollar pro Tag leben.
KONJEVIČ: Allein in Los Angeles leben Hunderttausende auf der Straße.
ELVIRA (*steht auf*): Und ich? Welche Pflichten habt ihr mir übertragen?
MAJERHOLD: Wollen Sie sich verkaufen?
ELVIRA (*beleidigt*): Nie in meinem Leben habe ich das getan. Es stimmt, ich habe Dinge getan, die nicht jede Frau tun würde, aber ich habe immer versucht Freude und Profit zu verbinden. Ich bin einfach eine von den Frauen, die gerne kooperieren. Die mit der Zeit gehen. Die sich anpassen.
KONJEVIČ: Frau Elvira, seit unserem letzten Zusammentreffen sind Jahre vergangen, aber ich kann mich noch immer an eine bestimmte Position erinnern, die wir ausprobiert haben. Glauben sie, Sie könnten die noch immer machen, angesichts der Tatsache, dass ihre Gelenke nicht mehr so biegsam sind wie früher?

(ELVIRA *gibt ihm eine Ohrfeige.*)

JOE ORTON: Ein wenig Respekt wäre nicht fehl am Platz, sonst haben wir am Ende womöglich keine Köchin mehr.

KOMÖDIE VOM ENDE DER WELT

ELVIRA: Herr Majerhold... Die Welt ist viel zu unberechenbar geworden. Festhalten am persönlicher Stolz wäre ein mehr als verhängnisvoller Fehler.

KONJEVIČ: Kluge Frau. Sie sollten ihr zuhören.

JOE ORTON: Blöd wie eine Straßenlaterne, aber diesmal hat sie es geschafft etwas zu sagen, mit dem ich völlig übereinstimme.

MAJERHOLD (*zu* KONJEVIČ): Ich weiß nicht, wer oder was Sie sind, außer dass Sie ein Schwindler erster Güte sind und ihre Talente viel profitabler an der Londoner Börse ausschöpfen könnten...

KONJEVIČ: Ich kenne meine Grenzen, Herr Vehovar.

MAJERHOLD: Aber du, Joe Orton, du bist mir vielleicht einer. Trotz des Eindrucks, den du vermittelst, bist du auf dem Gebiet des menschlichen Denkens halbwegs zu Hause.

JOE ORTON: Danke.

MAJERHOLD: Die Gier von der du dich durchs Leben leiten lässt, wird dir nichts bringen außer eine kurzzeitige Befriedigung deiner niederträchtigsten Bedürfnisse und unendlich lange Stunden voller Gewissensbisse

JOE ORTON: Eine Katze wälzt sich in der Sonne herum und schläft dann ein. Ein Mann wälzt sich in seinem Leben herum und schläft dann ein. Keiner von beiden kann der traurigen Tatsache entkommen, dass er ist, wer er ist, und dass er ist, was er ist.

ELVIRA: Ich wollte, ich könnte das alles verstehen!

JOE ORTON: Warum sollten wir das Ende der Welt nicht in einem Zustand duftiger Euphorie erwarten, in einem Zustand des Glücks, das ja tatsächlich ein künstliches sein mag, aber eben, wenigstens, Glück ist? Vergessen wollen, das ist ein Charakteristikum aller Lebewesen. Deswegen wird das Vergnügen in diesem Haus die Leitlinie sein.

MAJERHOLD: Kann schon sein, aber ohne mich. (*Wendet sich zum Gehen.*)

KONJEVIČ: Herr Ebenšpanger, Sie wissen sehr gut, dass wir das nicht erlauben können.

MAJERHOLD: Was werden Sie also mit mir machen?

KONJEVIČ: Früher oder später werden Sie auf die Toilette gehen müssen. Joe Orton wird Sie mit dem Gewehr begleiten. Sobald Sie versuchen, durchs Fenster zu entkommen, wird er Ihnen in den Rücken schießen und wir werden Sie unter einem Mohnbeet begraben. Sie werden Dünger werden.

(*Pause.*)

ELVIRA: Herr Majerhold, bleiben Sie bei uns. Ihre Miete ist bis zum Jahresende bezahlt. Dann werden wir sehen. Unsere Erwartungen sind doch nicht unvernünftig. Stimmt's, Joe?
JOE ORTON: Lass ihn selbst entscheiden.
KONJEVIČ: Herr Ebenšpanger, angesichts der Zeiten, in denen wir leben, wäre es ein Anachronismus für Prinzipien zu sterben, die nicht mehr sind als ein augenblickliches Verlangen. Ich appelliere an Sie, einem so kindischen Verlangen nach Heldentum nicht nachzugeben.

(*Pause.*)

ELVIRA (*sanft*): Herr Majerhold?
MAJERHOLD: Ich habe keine Wahl, oder?
KONJEVIČ: So würde ich sagen.
MAJERHOLD (*entscheidet sich*): Gut. Dann spring ich nur einmal schnell in die Stadt, um ein paar Bücher über Opium zu besorgen. Ich werde in weniger als einer Stunde zurück sein.
KONJEVIČ: Ich sehe da kein Problem, aber es hängt alles davon ab, was Joe Orton sagt. Er ist schließlich der Autor und der Regisseur unserer Show.
JOE ORTON: Eine halbe Stunde.
ELVIRA: Plus ein Fünf-Minuten-Zuschlag wegen des Verkehrs.
MAJERHOLD: Ich brauche nur eine halbe Stunde.

(*Er geht hastig fort. Eine kurze Stille folgt.*)

ELVIRA: Ich freue mich so, dass Gefühle und nicht die Vernunft den Sieg davontragen.
JOE ORTON: Es läuft alles genau nach Plan.

(KONJEVIČ *geht zum Fenster und schaut hinaus.*)

KONJEVIČ: Er geht den Weg zum Tor hinunter.
JOE ORTON: Wie weit ist er?
KONJEVIČ: Schon fast bei der Hälfte.
JOE ORTON: Mach das Fenster auf, Elvira.

(ELVIRA *geht zum Fenster und öffnet es.*)

KOMÖDIE VOM ENDE DER WELT

ELVIRA: Er hat das Tor erreicht. Er wird's schaffen!
KONJEVIČ: Er klettert das Torgitter hinauf.
JOE ORTON (*stößt KONJEVIČ zur Seite*): Ein bisschen höher noch und er wird bedauern, dass er das Gitter mit scharfen Spitzen versehen hat.
KONJEVIČ: Ja, richtige Speere!

(JOE ORTON *hebt das Gewehr und zielt durch das Fenster.*)

ELVIRA: Warte.
JOE ORTON: Was ist los?
ELVIRA (*bewegt sich vom Fenster weg*): Ich weiß, ich bin nur eine sentimentale Frau, aber hier, im Herzen, spüre ich so einen Druck, dass ich kaum atmen kann. (*Ein schrecklicher Schrei ertönt in hundert Meter Entfernung.*)
Was war das?
KONJEVIČ (*geht zurück ans Fenster*): Unser Flüchtling hat ganz oben den Halt verloren und ist abgerutscht.
JOE ORTON: Einer der Speere hat sein Herz durchbohrt.
KONJEVIČ: Aufgespießt auf der Spitze seines Erfolges!
ELVIRA: Jesus, das ist alles unser Fehler.
JOE ORTON: Unser Fehler?! *Er* hat diese scharfen Spieße in der Schweiz bestellt, die hiesigen waren ihm nicht gut genug.
ELVIRA: Er wollte uns beschützen!
JOE ORTON: Das sind die Schlimmsten, die Beschützer.
KONJEVIČ: Wir müssen den Körper entfernen, bevor ein Passant die Nachricht in der Außenwelt verbreitet.

(JOE ORTON *und* KONJEVIČ *gehen zur Tür.* KONJEVIČ *dreht sich um.*)

KONJEVIČ: Alles wird gut, Frau Elvira. Ein Schluck grüner Tee wirkt Wunder, wenn man mit den Nerven am Ende ist.

(*Sie gehen.* ELVIRA *steht da, weiß nicht, was sie tun soll. Sie geht zum Spiegel und versucht, ihr Haar zu ordnen. Sie steht niedergeschlagen da, betrachtet ihr Spiegelbild.*)

ELVIRA: Was für eine Erleichterung, dass man alt werden und sterben darf.

(*Vorhang.*)

Commedia sulla fine del mondo
Il Premio Grum per la migliore commedia slovena del 2013
Motivazione della giuria

Commedia sulla fine del mondo è una farsa della farsa, dentro la quale c'è un'ulteriore farsa. E' farsa la nostra realtà sebbene, a detta di un suo protagonista," *non è tempo di farse. La realtà esige seri drammi."* La realtà, come l'autore constata esattamente, esige da noi di porci domande sulla fine del mondo, di domandarci se sarà necessario piantare e recintare il proprio orto o continuare a piantare solo l'erba – per venderla… Precisamente questo succede nella periferia di una città, in una casa con l'orto trascurato, in una scena quasi beckettiana, dove quattro personaggi, tutti e quattro segnati dalla fittizia realtà teatrale, eppure facilmente riconoscibili nella nostra realtà diretta: l'affittuario Joe Orton, drammaturgo fallito, la proprietaria Elvira, attrice fallita, il nuovo affittuario Majerhold, scienziato ecologico camuffato, e Konjevič, persona con parecchie identità inventate. Essi non riescono a mettersi d'accordo riguardo agli obiettivi dell'orto e alla salvezza del mondo. Quindi la previsione del dramma, tutt'altro che ottimistica, del modo in cui superare le difficoltà attuali della società sulla soglia della fine del mondo, ci fa sapere chiaramente che nella lotta fra gli innovatori, uomini di principi, e quelli privi di scrupoli, come è successo tante volte nella storia e nonostante le profezie apocalittiche, saranno questi ultimi a vincere. Inoltre, leggendo il testo della commedia, con i suoi dialoghi vivaci, pieno di aforismi e di intelligenti giochi di parole, ci chiediamo che cosa vi sia in esso di vero, chi sia autentico e chi si nasconda dietro la maschera, ma innanzitutto ci chiediamo se la fine del mondo sia una imminente realtà o solo una scena della lotta fra interessi diversi, lotta nella quale sono clandestini sia gli scienziati rivoluzionari, sia i profittatori e gli sfruttatori. *Commedia sulla fine del mondo* dunque affronta in modo equili brato e spontaneo i temi più scottanti, globali e locali, e riflette con vivacità le condizioni spirituali locali e altrui. Nel contempo fa intuire che il mondo è solo un palcoscenico, ragion per cui forse non sapremo mai rispondere alla domanda espressa dal titolo del dramma di Orton mai terminato, e cioè *"Perché sono scomparsi tutti i valori del cazzo?"*

UNA COMMEDIA SULLA FINE DEL MONDO

Dott. Blaž Lukan

Ci rimane davvero solo il (sor)riso?

La *Commedia sulla fine del mondo* già dalla sua prima pagina, con il suo titolo, con la lista dei nomi, con le avvertenze del luogo, del tempo e del modo in cui va recitata, e col suo motto, prepara un tipico spazio drammatico ovvero un contesto tipicamente flisariano. *Una commedia sulla fine del mondo* non è solo il suo titolo, ma è anche un peculiare sintagma di Flisar: la fine del mondo non è qualcosa di cui si moralizza seriamente e ci si dispera, bensì offre parecchie occasioni per ridere e per fare i commedianti.

Tra i personaggi del *dramatis personae* possiamo riconoscere almeno due nomi del mondo del teatro, cioè il drammaturgo inglese Joe Orton e il famoso regista russo della prima metà del Novecento, e ha in comune con il personaggio solo il nome (che però di solito viene scritto Mejerhold) e forse pure il progetto utopico che non era estraneo nemmeno all'avanguardista russo.

Il luogo e il tempo della vicenda ci conducono in un mondo allegorico verso il quale ci spinge già il titolo ("la fine del mondo" è un'utopia allegorica o un'allegoria utopica, a nostro piacimento, che racconta il nostro mondo *hic et nunc*, ma di ciò parleremo più tardi), il modo di recitare è nuovamente un'allusione alla tipica strategia drammatica ovvero teatrale di Flisar: la commedia è possibile solo se viene recitata con perfetta serietà, a grande velocità, senza lasciarci il tempo di riflettere: l'ironia al limite dell'assurdo è, per così dire, evidente. E in fondo c'è il motto, la dedica al morto Joe Orton. Ciò non ci dice molto della sua ispirazione concreta, lo stesso Joe Orton con il suo (felice – infelice) destino non offre connessioni letterali con la *Commedia*, ma contribuisce a complicare la vicenda. Lo fa nella rete intertestuale, alla quale aggiunge una specie di commento metadrammatico dell'autore ("Lucky you!" dunque Beato te! Che sei riuscito a evitare la fine del mondo – o qualcosa di simile), che nella commedia incontriamo ancora un paio di volte.

In tal modo Flisar assicura al lettore della *Commedia* ossia allo spettatore di una sua eventuale messa in scena, delle basi attendibili per la sua comprensione. Ma l'aggettivo attendibili non significa certo facilmente leggibili e lineari. Al contrario:

UNA COMMEDIA SULLA FINE DEL MONDO

Flisar è maestro della complicazione dell'evidenza e della soluzione dell'ambivalenza. Cosa succede, mettiamo, con l'allegoria menzionata sopra? Il vero significato dell'allegoria si trova di solito fuori dal testo, nel contesto, l'allegoria è un discorso metaforico. Ma per Flisar, nonostante tutto, contano in primo luogo il significato letterale, il tempo presente, l'atmosfera del luogo. Nella sua *Commedia*, egli affronta un problema attuale che potrebbe essere accompagnato da concetti quali: ecologia, sopravvivenza, autorifornimento, utopia, non necessariamente in questo ordine, anzi, spesso sono indissolubilmente intrecciati. Egli non "apporta" il suo linguaggio drammatico da altrove, bensì si limita a "trasporlo" nel dramma direttamente dalla nostra realtà. Nel contempo è naturalmente anche sul serio allegorico: ci descrive una possibile, astratta situazione immaginaria che nella sua *Commedia* si limita a prevedere. Ci parla pure di uno svolgimento dei fatti che non è l'unico possibile, ma è certo flisarianamente radicale e critico.

Interessante la morale flisariana ovvero il suo modo di parlarne che a prima vista dà l'impressione di moralizzare, cioè di predicare la morale e il rapporto morale nella comprensione dei problemi ovvero del mondo in quanto tale. Flisar è senza dubbio un autore moralmente impegnato, ma si rende conto del pericolo di cadere nella moralizzazione, e lo evita con originali soluzioni drammatiche. Il procedimento più efficace è l'(auto)ironia. I personaggi di Flisar sono, dal punto di vista del dialogo, tra i più espressivi e perspicaci della drammaturgia slovena contemporanea. Essi esprimono però i propri punti di vista, non quelli dell'autore. Quasi ogni dichiarazione ossia replica dialogica nella *Commedia* è ambivalente, ironica, paradossale, aforistica, con sorprendente sostrato. Nel dialogo, Flisar elude la monosemia, la linearità, e pone i personaggi in situazioni in cui devono reagire (retoricamente), cioè replicare nel vero senso della parola: offrire una risposta chiara e polemica alla premessa dialogica o provocazione. In tal modo la formulazione della verità (morale) nella drammaturgia fliseriana non è mai rettilinea, bensì sempre tortuosa, ambivalente, linguisticamente brillante, che esige dal lettore la fatica di comprendere. E forse è proprio qui che Flisar continua la tradizione ortoniana dell'ambivalenza dialogica: senza questa "chiave" non possiamo comprendere Orton drammaturgo, la sua commedia (mettiamo *Cos'ha visto il butler?* o *Il bottino*) a prima vista sembra una commediola frivola. Non è necessario rilevare che solo in questo modo la verità drammatica di Flisar diventa importante, degna di considerazione. Senza questa procedura rimarrebbe al livello di un banale pamphlet pubblicistico.

La terza categoria drammatico-ideologica della *Commedia* alla quale Flisar aggiunge nuove intriganti connotazioni, è l'utopia. Il progetto di Majerhold nella *Commedia*, come già detto, è utopistico. Ma l'utopia flisariana è attuale, non è l'antica utopia "romantica" che vede l'oggetto in discussione fuori dal nostro mondo,

UNA COMMEDIA SULLA FINE DEL MONDO

dunque in un futuro che non è (ancora) la nostra realtà concreta. A questo punto Flisar si associa (spontaneamente?) all'attuale comprensione critica dell'utopia: essa si riferisce alla concreta realtà politica. L'utopia è un programma politico che non è diretto in un futuro nebuloso (e immaginario), ma è quasi attuale, in base alle concrete strategie politiche pure realizzabile (si tratta del "discorso critico per la ricomposizione del mondo", come direbbe Rancière, o dell' "utopia del possibile"), e l'utopia è l'unico programma determinabile della nostra attività, capace di instaurare un dialogo con il mondo, senza evitarlo. Il capitalismo considera l'utopia diversamente, la vede protesa nell'immaginario simbolico e allegorico, e la collega alla pura finzione che non è più la forma ideologica dell'utopia, ma solamente il pragmatismo del divertimento (ad esempio la produzione di film di fantascienza e la produzione di giochi elettronici). Flisar situa la sua utopia nel reale che è più stretto delle dimensioni universali di un tempo, ma ci offre pure, in forma di dramma, tanto le sue dimensioni positive quanto quelle negative, critiche e sovversive. Con l'aiuto del dramma (proveniente dall'ambito culturale) ci fa capire (à la Rancière) ovvero vedere diversamente la realtà, e ci esorta a trasformarla.

Nello spazio tracciato dalla copertura delle summenzionate intersezioni di insiemi della *Commedia sulla fine del mondo* di Flisar, possiamo seguire i suoi caratteristici personaggi e le situazioni in cui si trovano. L'inconfondibile intersezione e l'inafferrabilità, lo squilibrio e l'ambivalenza sono evidenti anche a livello più basso, formale-drammaturgico. Nessuno dei personaggi di Flisar, eccetto Joe Orton (che però "in realtà" non è Joe Orton, ma la sua infelice reincarnazione) è ciò per cui si spaccia. L'imbarazzo nasce già a livello dei nomi: se ci fidiamo delle *dramatis personae* e della competenza dell'autore nella scelta dei nomi, restiamo confusi già al nome di Majerhold: nella *Commedia* si chiama pure Ebenspanger e Robnik, Vehovar e persino Konjevič, il quale, almeno così ci informa l'autore nello stesso elenco dei nomi, sarebbe un'altra persona che in effetti perseguita Majerhold e afferma di chiamarsi Novak. Pure Elvira, seguendo un cenno di Konjevič, al quale possiamo credere o no, sarebbe la signora Silvana…

Oltre ai nomi, è oscura pure l'attuale identità ovvero la provenienza e il passato delle persone: cosa è Konjevič veramente di professione (impiegato all'Acquedotto comunale, poliziotto o l'Ispettore Truscott del *Bottino* di Orton)? Cosa desidera Elvira e cosa fa veramente Joe Orton? Ma pure dove è stato realmente Majerhold quando afferma di essere stato nel "deserto"? E sono realmente suoi i risultati che cita Konjevič o glieli attribuisce soltanto, nello stile del capro espiatorio del quale il capitalismo necessita per funzionare? Pure alcune diverse situazioni hanno simili caratteristiche che sono però di stile più tecnico-drammaturgico (i giochetti con le armi, e simili).

UNA COMMEDIA SULLA FINE DEL MONDO

Tutto ciò ci testimonia un mondo e un sistema difficilmente comprensibile, instabile, eppure mai completamente facoltativo e scivoloso. Anzi, al contrario: cresce davanti ai nostri occhi, intensivo, espressivo e saldo e, se la nostra attenzione è sufficiente, ne veniamo risucchiati. Se sinora abbiamo menzionato soprattutto i suoi effetti ironici, è tempo di dare un'occhiata per sapere quali possibilità offre per la sua identificazione. La *Commedia sulla fine del mondo* è in effetti una farsa ecologica. Non è tale a livello della tematica problematizzata in scena, dunque dell'ecologia e della "fede" in essa, bensì dei più diversi stereotipi e cliscè, dei modi inefficienti e impossibili per risolvere i problemi ecologici, soprattutto a livello della sua comprensione romantica e mistificatoria, che non vede l'autentica natura che si trova nell'essenza stessa della produzione capitalistica. La *Commedia* di Flisar è ecologica pure a un livello secondario, non solo a quello primario: la sua ecologia non si riferisce solo allo studio o alla drammatizzazione degli interventi nocivi dell'uomo nell'ambiente nel suo significato ristretto, bensì la intende nel suo significato più ampio: come protezione della natura incorporea dell'uomo, persino dell'umanesimo che nelle circostanze d'espansione del tardo capitalismo, in effetti sta morendo. A questo punto sarebbe difficile affermare che Flisar è moralista, su ciò ci siamo già chiariti le idee, ma non possiamo non vedere il suo autentico impegno, i suoi sforzi per la conservazione dell'uomo e della sua componente spirituale, sebbene, ciò facendo, egli continui incessantemente a ridere o perlomeno a sorridere. Ed è proprio qui che si trova la verità più profonda di Flisar: finché possiamo ridere o almeno sorridere, conserviamo noi stessi, la nostra umanità, lo spirito, la verità, mentre la mancanza del riso (dell'ironia, della parodia, del paradosso, dell'assurdità) ci affonderà nel nucleo del capitalismo del quale non riusciremo più a liberarci e uscirne. Affinché la *Commedia* di Flisar faccia effetto non è dunque necessaria la "fede", anzi, è necessario piuttosto il dubbio, il buon senso, una coscienza perspicace e la capacità di vedere le cose, semmai la fiducia nell'intelletto e nella sua forza infinita. Tutto il resto, nel mondo del dramma fliseriano, è condannato all'insuccesso e immediatamente deriso.

Ciò che abbiamo menzionato, nella *Commedia* si svela in una successione verbale-situazionale ben ponderata nei minimi dettagli. Passa quindi parecchio tempo prima di scoprire di cosa tratti la *Commedia*, in quale mondo ci troviamo e cosa vogliano i suoi protagonisti. Naturalmente possiamo credere alla descrizione dei fatti ovvero al suo intreccio, offertoci dal testo. Quindi: "In una casa trascurata di periferia in cui una ninfomane in età e un eterno studente si guadagnano da vivere spacciando droga e vivono nella speranza che qualcosa cambi, è arrivato il Salvatore!" Ma appena ci sfiora il dubbio, come abbiamo detto più volte, tutto si complica. Il grande progetto di Majerhold è l'orto che, come diventa pian piano

UNA COMMEDIA SULLA FINE DEL MONDO

chiaro, permetterà l'autorifornimento nell'imminente ineluttabile fine del mondo. Majerhold pensa contemporaneamente al presente e al futuro di questo mondo; al presente contrassegnato dallo stato d'assedio, oppure al possibile ma comunque inevitabile futuro preannunciato dai notiziari radiofonici nei quali è possibile notare, più che il funesto cambiamento della natura, l'attività deleteria del sistema capitalista. L'orto è pure un sistema specifico, formato da una serie di terrapieni; attraverso di esso si nasconde non solo l'agronomia, ma una reale filosofia della sopravvivenza. L'orto è più di un terreno coltivato, esso è, come dice la *Commedia*, "incinto", dunque nasconde in sé la possibilità di una nuova vita, ovvero la sua continuazione, dunque la sopravvivenza, è il prototipo del paradiso terrestre e simbolo di un nuovo inizio. Il misterioso gioco sleale di Majerhold non è solo questione di stile (criminale) bensì è molto più ideologico: in qualsiasi modo lo interpretiamo (ad es. lo scienziato geniale che significa scienziato pazzo che desidera salvare l'umanità, o il malato psichico con diagnosi di paranoia ecologica), egli si nasconde al sistema che vuole distruggerlo, cioè eliminarlo, essendo le sue idee nocive, o inserirlo in se stesso, "sponsorizzarlo", quindi integrare le sue scoperte scientifiche in un proprio modello professionale; per dirla in breve: guadagnarci.

E, come diventa evidente, Majerhold è continuamente controllato: non importa se è fuggito dal manicomio o se Konjevič è solo il suo alter ego, il suo controllore, il suo inseguitore o forse persino un suo compagno dello stesso Istituto psichiatrico di rieducazione (che altro sono gli istituti moderni?). Il fatto più importante è che nel capitalismo l'utopia è permessa soltanto come finzione, mai come progetto politico reale. E alla fin fine: il progetto di autorifornimento che nega il principio del mercato neoliberista, instaurando diverse relazioni interpersonali, fondate su nuovi rapporti di scambio in cui riprende il suo valore lo scambio simbolico, scredita fortemente il sistema capitalista, in quanto nell'espansione di massa dell'ideologia di autorifornimento e alla comparsa della comunità che si fonda sui valori intimi e non su quelli esteriori (sebbene la più depravata dottrina capitalistica voglia dimostrare "l'interiorizzazione" ovvero la profonda origine umana di tale sistema), il capitalismo di punto in bianco rimane senza mercato, cioè senza campagna per la propria espansione. – Eppure: tutto ciò, l'autorifornimento e l'autorinnovamento delle riserve, l'evoluzione continuata e simili, non sono forse nient'altro che un'altra derivazione della universale dottrina capitalistica?

Tale è dunque una delle possibili deduzioni dell'ideologia commediografica flisariana, ma neppure questa è priva di ambivalenza e di una svolta ironica. Vediamo un po' che genere di comunità appare al lettore della *Commedia* in questo rifugio di periferia. Una puttana, un tossicodipendente, un pazzo e un imbroglione, tutti coinvolti in giochetti erotico-manipolatori. Bella scena di un possibile futuro

UNA COMMEDIA SULLA FINE DEL MONDO

che a dire il vero non ha futuro... Flisar non è certo ingenuo e, nella sua furfanteria, spesso è addirittura al limite del cinismo (beckettiano), offre la seguente soluzione: Le grandi idee sono regolarmente condannate alla rovina, più esattamente degenerano nel proprio contrario, e il mondo che rimane, è un mondo diabolico, Iddio lo ha abbandonato tanto tempo fa – ma il diavolo, nonostante tutto, non reca con sé un terrore ultimativo bensì ci offre la possibilità (estrema?) di ridere. L'orto del paradiso che alludeva a una salvezza reale, ora (con il papavero per la produzione dell'oppio, dunque di droga) offrirà l'occasione per una seconda salvezza, per la fuga nell'intontimento, in un finto mondo paradisiaco. Per il capitalismo, l'utopia è distopia: il futuro si può creare artificialmente e poi controllarlo – ma soltanto come suo surrogato che vive nella nostra falsa coscienza. Il capitalismo, diversamente da Majerhold che vorrebbe regalarlo all'umanità, non lo regala ma lo vende ed è sempre pronto ad esigere in cambio quello che vuole. Egli sostituisce la sopravvivenza degli uomini con la propria, l'ecologia invece è un disturbo che nella maggioranza dei casi si manifesta in forma di eccessi: processi civili o indennizzi. Ma tutto ciò viene visto da Flisar come farsa, non lezione di educazione morale, ma una severa e radicale, a un certo punto generalizzata immagine del tempo nel quale stiamo precipitando oppure in cui già ci troviamo.

Nella *Commedia*, Flisar ci offre diverse soluzioni ovvero confronti con la minaccia della *"fine del mondo"*: la fine del mondo non è altro che una "canzonetta" capitalista che è necessario (e possibile) smascherare ossia demitizzare. La fine del mondo esige dall'uomo delle azioni, alla minaccia reale ci si può opporre, ribellarsi e in certo qual modo ripristinare il mondo. Le minacce possono anche essere sfruttate, commercializzate e farci arricchire. Con le minacce, manifestazioni della teoria della congiura, è possibile garantirsi il controllo e il potere o almeno illimitate occasioni di manipolazione; da tutto è possibile semplicemente fuggire escapisticamente nel mondo della droga e delle allucinazioni, nel mondo sostitutivo della droga e di altri espedienti per l'oblio, e lasciare gli altri a occuparsi delle soluzioni.

Traduzione dallo sloveno Diomira Fabjan Bajc

COMMEDIA SULLA FINE DEL MONDO

Traduzione dallo sloveno Diomira Fabjan Bajc

Personaggi

**JOE ORTON, 25
ELVIRA, 48
MAJERHOLD, 55
KONJEVIČ, 50**

Luogo:
periferia di una qualsiasi città del mondo

Tempo:
oggi,
domani,
dopodomani

*Thank you for the inspiration,
Joe Orton, dead since 1967.
Lucky you!*

Il dramma va recitato con velocità e con perfetta serietà!

COMMEDIA SULLA FINE DEL MONDO

Atto primo

Scena prima

Una stanza. In fondo un uscio che dà sul corridoio, a destra una finestra, a sinistra un'entrata nella stanza laterale. Sulla parete presso l'entrata dal corridoio un grande specchio. Un divano, una poltrona, un tavolino, un armadietto, un cassettone. Sul cassettone due pile di vecchi giornali. Sull'armadietto un apparecchio radio antiquato. Tutto piuttosto trascurato e logoro.

Nel buio una voce legge il notiziario: " I rappresentanti delle Isole Tuvalu nell'Oceano Pacifico, hanno firmato con il Governo della Nuova Zelanda un contratto riguardante il trasferimento sulla Nuova Zelanda di tutti gli abitanti degli otto atolli del loro Stato. Questo paradiso tropicale con spiagge sabbiose e palmeti, raggiunge al massimo cinque metri sopra il livello del mare. Per l'effetto serra, il livello del mare potrebbe aumentare di sette metri prima della fine del secolo. I tuvalesi quindi vogliono risolvere quanto prima il grave problema. Essi hanno la possibilità di farlo, non essendo più di undicimila. Ma dove potrebbero emigrare gli abitanti della Florida o del Bangladesh con i suoi cento milioni, se il mare allagherà prima che si sciolga il ghiaccio in cui è attanagliata la Groenlandia? Attualmente vigono pareri contrastanti riguardo a quando raggiungeremo il punto di non ritorno…"

Durante il notiziario, la scena si illumina lentamente. Dall'uscio laterale entra Joe Orton. Sta fumando una sigaretta male arrotolata, evidentemente con hashish. Chiude gli occhi e aspira con voluttà. Si avvicina lentamente alla radio e la spegne.

JOE ORTON: Bla… bla… bla… *Ritorna in camera sua, sbattendo la porta.*

Dal corridoio arriva Elvira, seguita da Majerhold.

COMMEDIA SULLA FINE DEL MONDO

ELVIRA: Non è grande. Però è comoda.

Majerhold ispeziona la stanza.

MAJERHOLD: Dunque sarebbe questa?
ELVIRA: Non sembra troppo entusiasta.
MAJERHOLD: E una al pianterreno? Mi piacerebbe aprire la porta e trovarmi direttamente nell'orto.
ELVIRA: Lo può fare uscendo dalla mia camera. Però... *Lo squadra dalla testa ai piedi.*
MAJERHOLD: Certo. Non si può così... *Il suo sguardo la sfiora veloce.*
ELVIRA: Intanto può ammirare l'orto dalla finestra. *Majerhold si avvicina alla finestra, guarda fuori. Si volta.*
MAJERHOLD: E il bagno?
ELVIRA: Attiguo alla mia camera.
MAJERHOLD: Vorrei farmi la doccia almeno una volta alla settimana.
ELVIRA: Può farla anche ogni giorno. Purtroppo il bagno non si può chiudere a chiave. Ma non ho l'abitudine di farvi irruzione. Tanto meno se sotto la doccia è un uomo.

Gli regala un sorriso, più sdolcinato che seducente.

MAJERHOLD: Ma lei fa la doccia ogni giorno?
ELVIRA: Per me, l'igiene personale è eccezionalmente importante.
MAJERHOLD: Giustissimo!
ELVIRA: Lei sa come è diventato immorale questo nostro pianeta. Se siamo costretti a compiere porcherie, facciamole almeno puliti.

Udendo tale sentenza, Majerhold è sbalordito.

MAJERHOLD: Posso chiederle il suo titolo di studio?
ELVIRA: Ho il diploma delle elementari.
MAJERHOLD: Le mie congratulazioni!
ELVIRA: L'ultimo anno l'ho passato in riformatorio.
MAJERHOLD: E? E' stata riformata?
ELVIRA: Certe cose hanno bisogno di tempo.
MAJERHOLD: E ne abbiamo sempre meno, eh?

ELVIRA: E lei? Immagino che sia dottore, professore, master?
MAJERHOLD: E questa porta?
ELVIRA: Questa... come dire... ehm... Questa è la porta di una specie di... sgabuzzino.
MAJERHOLD: Posso dargli un'occhiata?
ELVIRA: In questo momento? Un po' problematico.
MAJERHOLD: Perché?
ELVIRA: E' chiuso a chiave.
MAJERHOLD: E la chiave dov'è?
ELVIRA: Va bene. Gliela darò. Spero di trovarla.

Elvira è molto imbarazzata. Esce dall'uscio sul corridoio. Majerhold ritorna alla finestra, schiaccia il viso sul vetro e osserva l'orto. L'uscio a sinistra si apre, entra Joe Orton. Osserva Majerhold. Quest'ultimo non lo vede. Joe Orton gli si avvicina in punta di piedi.

JOE ORTON: Buuuuuuuuuu! *Majerhold si volge di scatto, infila la mano destra sotto la giacca, come se volesse prendere la pistola.* Chi è lei?
MAJERHOLD: Lo Spirito Santo. E tu, chi sei?
JOE ORTON: Non ne ho la minima idea. In certe giornate ho crisi di identità. Oggi sono Joe Orton, quasi al cento per cento. Ma vi sono giorni in cui sono persuaso di essere Harold Pinter. O Samuel Beckett.
MAJERHOLD: Piuttosto complicato!
JOE ORTON: Niente affatto! Io sono effettivamente Joe Orton, gli altri invece me li immagino.
MAJERHOLD: Da dove vieni?
JOE ORTON: Sono un reincarnato. Morto giovane, mi sono detto: Proviamo una seconda volta! E lei?
MAJERHOLD: Vorrei prendere una camera in affitto.
JOE ORTON: Non sembra uno che vorrebbe vivere in capo al mondo.
MAJERHOLD: Ho bisogno di un tetto sopra la testa.
JOE ORTON: Lei assomiglia più a un affittacamere.

Elvira è di ritorno. Vedendo Orton, trasale.

ELVIRA: Non sapevo che fossi a casa.
JOE ORTON: Lucifero mi ha cacciato via. Ho osato dichiarare che il cibo era schifoso. Per castigo dovrò trascorrere due giorni sulla Terra.

COMMEDIA SULLA FINE DEL MONDO

ELVIRA: Questo è Joe Orton, mio affittuario.

Joe Orton è indignato.

JOE ORTON: Neanche per sogno. Io faccio parte della famiglia. E mi ribellerò a qualsiasi tentativo di revocarmi tale vantaggio, *poi, rivolgendosi a Majerhold,* e me ne frego se lei è avvocato, ispettore delle tasse o poliziotto in abiti civili. Io rimango qui, mentre lei – via, via, prima sparisce, meglio è.

Ritorna nella sua camera sbattendo la porta

ELVIRA: Teme gli uomini che calzano scarpe nere. Soprattutto se indossano anche calzoni stirati, con la piega.
MAJERHOLD: Perché ?
ELVIRA: Perché è persuaso che vogliano sottomettersi il mondo intero.
MAJERHOLD: Può darsi, ma fra di loro vi sono anche quelli che vogliono salvare il mondo e indossano calzoni stirati per camuffarsi.
ELVIRA: Mi piacerebbe conoscere un tipo così.
MAJERHOLD: E a questo squinternato lei affitta lo sgabuzzino?
ELVIRA: Lei sa bene in che tempi viviamo. Io riesco in certo qual modo a soddisfare i miei appetiti sessuali, ma per le necessità finanziarie uno deve arrangiarsi.
MAJERHOLD: Signora...
ELVIRA: Elvira.
MAJERHOLD: Sarò sincero. Lei mi offre in affitto un locale di disimpegno senza alcuna privacy. Inoltre ospita un folle che dice di essere un drammaturgo inglese morto, in realtà si chiama Giovanni o Peppino. E lei, Elvira, mi scusi, è una donna con un passato equivoco.
ELVIRA: Può anche darsi, ma Joe Orton è il vero Joe Orton, reincarnato. Lei non crede nella reincarnazione?
MAJERHOLD *sospira:* Lasciamo perdere. Il fatto è che sono attratto dal suo orto.
ELVIRA: Lei intende l'orto del vicino.
MAJERHOLD: Lei non ha vicini.
ELVIRA: Ha ragione, la casa è piuttosto isolata.

Majerhold si avvicina alla finestra e getta un'occhiata fuori.

MAJERHOLD: Il suo orto – mi scusi l'espressione – è l'esemplare più perfetto di trascuratezza mai vista in un ambiente urbano. E' forse il risultato di un'accurata pianificazione?

ELVIRA: Direi piuttosto di no.
MAJERHOLD: Ne deduco che il giardinaggio non è il suo forte.
ELVIRA: Quando vedo questa desolazione, mi passa la voglia. Allora mi dico: tra poco tutto il mondo sarà così. Perché dovrei faticare?
MAJERHOLD: Io ho vissuto molto tempo nel deserto.
ELVIRA: Sul serio? Perché?
MAJERHOLD: Quando uno vive nel deserto, non si pone certe domande.
ELVIRA: Probabilmente fa troppo caldo.
MAJERHOLD: Nel deserto si è dispensati dal dovere di porre a se stessi e agli altri certe domande, e di cercare le risposte.
ELVIRA: Sono d'accordo, è un dovere antipatico.
MAJERHOLD: E se vi rimanete abbastanza a lungo, alla fine tutto vi diventa comprensibile. Un mondo senza enigmi.
ELVIRA: Significa che lei aveva un ottimo impiego, se vi è rimasto tanto a lungo.
MAJERHOLD: Beh, per alcuni anni!
ELVIRA: Mamma mia! E' per questo che è così abbronzato! *Lo osserva da capo a piedi.* Tutto il corpo integralmente, immagino.

Joe Orton fa capolino dalla sua stanza.

JOE ORTON: Un'altra cosa, signor Harold Pinter. Non mi piace la sua camicia. Gli uomini che indossano camicie con gemelli ai polsini e puzzano di aftershave, sono responsabili che il mondo sia diventato quell'immondezzaio che è.

Sbatte la porta.

ELVIRA: Non deve aversela a male per le sue scenate. Spesso ciò che dice non è altro che un dialogo del dramma che sta tentando di scrivere. Quando ce la mette tutta, sa essere proprio affascinante.
MAJERHOLD: Capita spesso?
ELVIRA: Non ha redditi regolari. E' costretto a vivere con la sensazione di non essere ben visto da nessuno.
MAJERHOLD: Riguardo a ciò, non posso aiutarlo.
ELVIRA: Lo aiuto io. Ho cura di lui come se fosse mio figlio.
MAJERHOLD: Il suo è un comportamento da vera cristiana.
ELVIRA: I figlioli prodighi hanno bisogno di una spalla su cui piangere, se necessario. Non le pare?
MAJERHOLD: Ai miei tempi i giovani erano fatti di materiale più solido.

ELVIRA: Dove sono quei tempi! E dove sono quei giovani! Il mondo è più floscio, non le sembra?

Majerhold la squadra da capo a piedi.

MAJERHOLD: Anche lei ha questa esperienza?
ELVIRA: Alla fine, noi donne saremo proprio costrette a portare i calzoni.
MAJERHOLD: Spero che non ci tocchi una cosa simile!
ELVIRA: Preferisce le donne che indossano la gonna?
MAJERHOLD: Preferisco non pronunciarmi sulle donne. *Punta lo sguardo lontano.* Il lato più bello della vita nel deserto è di non essere costretti ad ascoltare gli altri.
ELVIRA: A volte è proprio faticoso.
MAJERHOLD: Solo vento, qua e là qualche capra smarrita. Forse, una volta al mese, un tuono. La possibilità di un malinteso ridotta al minimo.
ELVIRA: Magnifico.
MAJERHOLD: Non amo discutere neppure sulle idee. Se sono buone, non c'è motivo di discuterne. Se sono brutte, non meritano di essere prese in considerazione.
ELVIRA: Peccato che non l'abbia udito Joe.
MAJERHOLD: Perché ?
ELVIRA: Avrebbe inserito le sue parole nel dramma che scrive. E' vero che lo sta scrivendo da alcuni anni, ma tra poco – così dice – verrà messo in scena al Teatro nazionale. Io vi assisterò in prima fila.
MAJERHOLD: Mi scusi, ma devo saperlo: ha altri affittuari?
ELVIRA: No, solo due.
MAJERHOLD: Due? E dov'è il secondo?
ELVIRA: Il secondo è lei.

Majerhold si avvicina alla finestra e scruta con attenzione l'orto. Poi si volta e osserva la stanza.

MAJERHOLD: Ha detto che la stanza è molto comoda.
ELVIRA: C'è il divano letto. Sarò felice di prepararle il letto la sera, e di rifarglielo la mattina.
MAJERHOLD: Sul serio?
ELVIRA: Da giovane sono stata per un periodo cameriera ai piani. Rifare i letti ai signori mi riempiva di gioia. Potrei dire che sono stati gli unici momenti veramente felici della mia vita.

MAJERHOLD: Però, non me ne voglia, questa stanza è piuttosto in disordine.
ELVIRA: Solo perché qui Joe riceve gli amici. Il ripostiglio è così piccolo che neanche lui riesce a muoversi, là dentro. Ma non succederà più. Se lei prende la stanza in affitto, lui dovrà rispettare la sua privacy.
MAJERHOLD: Si può chiudere a chiave la sua porta?
ELVIRA: Certo, ho portato la chiave. *Gli fa vedere la chiave.*
MAJERHOLD: Allora preferirei vedere la porta chiusa a chiave.
ELVIRA: Sarà difficile.
MAJERHOLD: Perché?
ELVIRA: Joe non potrebbe uscire.
MAJERHOLD: E' questa l'unica uscita?
ELVIRA: Eccetto la finestra. Ma dubito che Joe sarebbe entusiasta di questa soluzione. Comunque avrebbe bisogno di una scala a pioli che non abbiamo. Eppoi cosa direbbero i vicini?
MAJERHOLD: Non avete vicini.
ELVIRA: E' vero. Ma viene il postino. Ci consegna ogni giorno le bollette da pagare.
MAJERHOLD: Potrei fabbricargli io una scala, sono abile nei lavori manuali.
ELVIRA: Eppoi teme le altezze. Tempo fa mi ha confessato che sarebbe potuto diventare pilota commerciale se non temesse le vertigini.

Majerhold passeggia su e giù, getta di nuovo un'occhiata dalla finestra sull'orto.

MAJERHOLD: Ho pure alcune paia di scarpe, dei vestiti, due cravatte e simili.
ELVIRA: Certo, un signore come lei.
MAJERHOLD: E due scatoloni di libri dal contenuto scientifico. Dove potrei riporre tutto?
ELVIRA: In corridoio, dietro la porta c'è un armadio a muro.
MAJERHOLD: Bene. Però dobbiamo metterci d'accordo, meglio per iscritto, quante volte al giorno il ragazzo può uscire dalla sua stanza e rientrarvi.

Elvira non può nascondere la sua soddisfazione.

ELVIRA: Joe sa essere molto comprensivo. Non ho alcun dubbio che farete amicizia.
MAJERHOLD: Temo che lei mi fraintenda. Io resterò qui da lei perché mi piace il suo orto. E' abbastanza vasto. Circonda la casa tutt'intorno. Ha una siepe alta che solo una giraffa può soverchiare. Privacy totale! Ma soprattutto è talmente

abbandonato che, come ho osservato, non vi cresce neppure l'erbaccia. Per dirla in breve: il suo orto è l'ideale.
ELVIRA: Passerà del tempo prima che io mi abitui al suo senso dell'umorismo.
MAJERHOLD: Non ce l'ho, signora. Ce l'abbiano pure gli altri, se credono nella sua utilità. Io non ne sento la necessità.

Elvira ride, si copre la bocca con le mani.

ELVIRA: Come vede… mi ha fatto ridere!

Si siede sul divano, continuando a ridere. Majerhold la guarda. Preoccupato.

MAJERHOLD: La posso aiutare in qulche modo?
ELVIRA: Non faccio che ridere.
MAJERHOLD: Viviamo in tempi in cui il riso è quasi in tutti i casi segnale di una seria malattia.

Elvira non ride più e si alza.

ELVIRA: Motivi finanziari mi costringono a farle una domanda.
MAJERHOLD: Prego.
ELVIRA: Prenderà in affitto la camera, o no?

Majerhold si avvicina alla finestra, osserva l'orto, si volta.

MAJERHOLD: Mi interessa l'orto. La camera è un castigo che dovrò addossarmi.

Buio.

Scena seconda

E' trascorso un po' di tempo. La stanza è diversa. Il divano è trasformato in letto, ed è rifatto a puntino. Lungo la parete centrale sino all'uscio di Orton è installato un recinto di legno, alto un metro. Majerhold indossa un golf di lana e calzoni di velluto. E' seduto in una poltrona, tiene sulle ginocchia un album da disegno e vi sta tracciando qualcosa.

COMMEDIA SULLA FINE DEL MONDO

Prima che si accendano le luci, si sente la radio: "... Quest'anno l'Europa ha subito la più tremenda siccità degli ultimi cinquecento anni. La Cina è stata colpita dal più terribile ciclone nell'arco di un secolo. Il Kansas è stato vittima di frequenti e terrificanti tornado. New York e il Giappone sono stati coperti dalla coltre di neve più spessa mai vista, il Canada ha registrato la sua estate più torrida. Sydney ha festeggiato il Capodanno più rovente della storia. Le più tremende inondazioni hanno interrotto la più spaventosa siccità nel Sud Africa. Nonostante tutto ciò, le autorità mondiali neppure in questo caso si sono accordate per una riduzione dei gas d'emissione ..."

Durante il notiziario, la scena si illumina lentamente. Il notiziario è interrotto da Joe Orton che esce dalla sua stanza, si avvicina alla radio e la spegne.

JOE ORTON: Bla... bla... bla...
MAJERHOLD: Non ti preoccupa il futuro?
JOE ORTON: Per me esiste solo il presente. *Getta un'occhiata fuori, sobbalza.* Non ci posso credere!
MAJERHOLD: Cosa? *Si solleva, preoccupato.*
JOE ORTON: L'orto è zappato! Avete piantato qualcosa.
MAJERHOLD *si distende:* Dov'eri, se non te ne sei accorto?
JOE ORTON: Nella camera da letto della nostra affittacamere. Con saltuarie visite in cucina per il rifornimento delle riserve energetiche. Ma in linea di massima ero in camera mia. Chino sul mio dramma in fieri. Che sarà una bomba! Il pubblico in totale sarà ridotto in micropezzettini.
MAJERHOLD: Non esci mai?
JOE ORTON: Il mondo là fuori non m'interessa.
MAJERHOLD: Potresti trovarti qualche lavoretto.
JOE ORTON *lo fissa per un po':* Signore, noi due abbiamo un grosso problema.
MAJERHOLD: Peccato!
JOE ORTON: Metà di ciò che lei mi racconta è per me arabo, l'altra metà è arabo anche per lei.
MAJERHOLD: Ma tu sei drammaturgo, dovresti comprendere tutto.
JOE ORTON: Sto scrivendo una farsa.
MAJERHOLD: Non sono tempi di farse. La realtà esige drammi seri.
JOE ORTON: La realtà è una farsa. Dov'è vissuto sinora, se questo non le è ben chiaro?
MAJERHOLD: E qual è il titolo del tuo capolavoro?
JOE ORTON: Per il momento è provvisorio: "Perché sono andati in rovina tutti i valori del cazzo".

COMMEDIA SULLA FINE DEL MONDO

MAJERHOLD: Io lo lascerei così. La gente si precipiterà in teatro a frotte.
JOE ORTON: Su questo non ho dubbi.
MAJERHOLD: Però finché aspetti di sfondare, potresti lavorare per me a cinque euro all'ora.

Pausa. Joe Orton raggiunge l'uscio della sua camera seguendo il passaggio dietro la recinzione. Si volta, fissa Majerhold. Vorrebbe dire qualcosa, cambia idea, entra nella sua camera, sbatte la porta. Dopo un attimo fa capolino.

JOE ORTON: Posso dirle una cosa su cui non ci piove. Lei non le piace. Io invece le piaccio.
MAJERHOLD: Una donna di buon gusto, indubbiamente.
JOE ORTON: Questa non è una stanza, è un corridoio. Lei è qui senza tutela giuridica. Possono buttarla fuori quando vogliono.
MAJERHOLD: Io cado sempre in piedi.
JOE ORTON: E questo recinto. Non ci posso credere: appena volto le spalle, già vi cresce il muro di Berlino!
MAJERHOLD: Il che dimostra che è meglio non voltare le spalle.
JOE ORTON: Sinora siamo stati bene, Elvira e io. Avremmo potuto star meglio, non lo nego, soprattutto riguardo al mangiare e al divertimento sessuale. Ultimamente è meno generosa. Ma, in generale, direi che ce la siamo passati bene.
MAJERHOLD: Congratulazioni.
JOE ORTON: Se la situazione peggiorerà, l'avverto che alcune persone in questa casa non ne saranno per niente contente.
MAJERHOLD: Grazie.
JOE ORTON: Non so che cosa le abbia raccontato di me, ma io funziono bene finché funziono bene, se capisce cosa intendo. Quando non funziono, sono capace di sconquassare una persona prima che abbia il tempo di controllare nel vocabolario il significato della parola.
MAJERHOLD: Già me ne rallegro.
JOE NORTON: E lo tenga ben presente. Io annoto tutto ciò che succede qui. Perché questa è la farsa più grande di tutte.
MAJERHOLD: Sono d'accordissimo.
JOE ORTON: Fuck you.

Si volta, va in camera sua, sbatte la porta. L'apre e fa capolino. Se qualcuna delle sue piante striscianti osa comparire in camera mia, ci vediamo in Tribunale.

Buio.

COMMEDIA SULLA FINE DEL MONDO

Scena terza

Elvira e Majerhold bevono il tè. Lei è seduta sul divano che è aperto e rifatto per la notte, lui sta seduto nella poltrona. Prima che si accendano le luci, si sente la voce alla radio: "… Secondo le ultime notizie, alcune centinaia o forse persino mille iceberg si stanno avvicinando alla Nuova Zelanda. Il ghiacciologo della Sezione antartica d'Australia ha dichiarato che enormi banchise sono state localizzate con l'aiuto delle fotografie satellitari. Il traffico marino è in pericolo, tutte le navi in circolazione nella zona, sono state avvertite. Le banchise polari misurano in media duecento metri in diagonale e dimostrano l'infondatezza delle affermazioni secondo le quali il ghiaccio antartico si scioglierebbe più lentamente di quello artico…"

Durante il notiziario, la scena si illumina lentamente. Elvira si avvicina alla radio e la spegne. Poi torna sul divano.

ELVIRA: Bla… bla… bla…
MAJERHOLD: Ma questa radio capta solo un programma?
ELVIRA: Joe Orton afferma che tutti gli altri programmi sono stati soppressi. *Prende la teiera.* Ancora un goccio di tè?
MAJERHOLD: Lei ne beve troppo. Un brutto vizio.
ELVIRA *posa la teiera:* Ma è il mio unico vizio. Per altri vizi mi manca il coraggio. Ricordo però bene i tempi in cui ne avevo troppo, di coraggio.
MAJERHOLD: Secondo la mia esperienza, una cattiva abitudine ci porta a una seconda cattiva abitudine. E questa a una terza. Eccetera, finché si diventa come un giardino pieno di erbacce.
ELVIRA: Tale è stata la mia vita sinora. Un deserto totale. Come il mio orto prima che lei si stabilisse a casa mia.
MAJERHOLD: Beh…
ELVIRA: Non so cosa vi abbia piantato, ma l'orto sembra… incinto!

Majerhold si alza inquieto, si avvicina alla finestra, guarda fuori, si volta.

MAJERHOLD: Sono contento che i nostri obblighi reciproci siano indicati chiaramente nel contratto.
ELVIRA: Ma c'è una cosa che ancora non le ho confessato. Da giovane sono stata indossatrice.
MAJERHOLD *la squadra con lo sguardo:* Davvero?
ELVIRA: Volevo diventare attrice, logicamente. Ma, al contrario della maggioranza, ho scoperto di non avere il talento necessario.

MAJERHOLD: Questo sì che si chiama coraggio!
ELVIRA: Non mi sembra. Semplicemente ho scoperto che è più facile spogliarsi che vestirsi.
MAJERHOLD: Lo scopo principale dell'indossatrice non è forse quello di far ammirare i vestiti?
ELVIRA: Certo. Ma anche di spogliarsi pezzo per pezzo...
MAJERHOLD: Faceva la spogliarellista?
ELVIRA: La fotomodella. La mia fotografia fu pubblicata in due riviste per uomini. Gliele posso far vedere. Se le interessano. *Majerhold tace.* Senza impegno, naturalmente. *Majerhold tace.* Ma questa professione è accessibile solo fino ai trent'anni.
MAJERHOLD: Per legge?
ELVIRA: Per legge di mercato. E' richiesta una pelle levigata e senza macchie. Liscia e pura. Come la pelle dei lattanti.
MAJERHOLD: In quest'ambito non manca la concorrenza.
ELVIRA: Un macello, signor Majerhold! Una carneficina. Eppoi ho cominciato la carriera con uno svantaggio. Una cicatrice lasciatami dall'operazione di appendicite. *Confidenziale.* Che però, poiché il chirurgo si è innamorato di me durante l'operazione, ha la forma di un cuoricino. *Civettuola.* Ha già visto qualche cicatrice dalla forma di un cuoricino?
MAJERHOLD: No.
ELVIRA: Ho imparato a essere prudente. Un solo sguardo può trasformare l'uomo in una belva feroce.
MAJERHOLD *tossisce e si alza:* Anche senza di ciò quasi tutti gli uomini sono belve feroci.
ELVIRA *dopo una pausa:* A momenti ho la sensazione di deludere le sue aspettative.
MAJERHOLD: Non mi lamento.
ELVIRA: E' questo che mi preoccupa. La maggioranza degli uomini mi avrebbe già fatto capire di aspettarsi più di quanto offro. E' sicuro di non essere troppo poco esigente?
MAJERHOLD: Sicurissimo.
ELVIRA *si alza:* La mia vita è cambiata da quando lei è qui. Prima piangevo spesso, ero emarginata, mi mancava la fiducia nelle mie capacità. La situazione era così grave che ricominciai a tartagliare, come mi succedeva da bambina. *Fa il gesto di volersi asciugare una lacrima.* Ma tutto il tempo una vocina mi diceva che sarebbe venuta una persona che mi avrebbe restituito la fiducia in me stessa. E la determinazione. E la forza. Un uomo che prende in mano i problemi

e li risolve. Ogni giorno, svegliandomi, guardo il giardino dalla finestra, e mi viene un nodo alla gola. Osservo le delicate aiuole di terra che circondano la casa, e sento che sotto di loro pulsa qualcosa di bello. Qualcosa che potrebbe essere nostro figlio. Spero che non la disturbi se le dico queste cose?

MAJERHOLD: Non mi disturba. Ma mi mette in imbarazzo.

ELVIRA: Allora mi scuso.

MAJERHOLD: L'affitto l'ho pagato in anticipo –

ELVIRA: Mi ha fraintesa.

MAJERHOLD: Può darsi.

ELVIRA: Naturalmente l'orto è suo per un anno. E mi è indifferente che cosa vi ha piantato. Però sarebbe gentile da parte sua almeno informarmene. Ma l'orto non è importante –

MAJERHOLD: Per me lo è. Molto.

ELVIRA: Forse il mio desiderio che lei si trovi bene in casa mia, le sembra indiscreto.

MAJERHOLD: Semplicemente superfluo.

ELVIRA *cerca di trattenere le lacrime:* Basterà una giustificazione orale? O la vuole scritta, magari spedita raccomandata? *Si dirige verso l'uscio.*

MAJERHOLD: Il problema è… *Elvira si ferma e gli dà un'occhiata.* Il problema è che ho bisogno del suo aiuto.

ELVIRA *confusa:* Ora non capisco proprio niente.

MAJERHOLD: Fra una settimana o due avrò bisogno di manodopera. Sarà necessario zappare, strappare le erbacce. Ma soprattutto annaffiare.

ELVIRA: Cosa significa tutto ciò?

MAJERHOLD: Dovrò ingaggiare della manodopera.

ELVIRA: Una buona notizia per migliaia di disoccupati!

MAJERHOLD: Uno ce l'ha lei sotto il suo tetto.

ELVIRA: Ma Joe è drammaturgo.

MAJERHOLD: Per me può tranquillamente continuare a scrivere. Per me può scrivere mille farse al giorno. Di più: per me gliene possono mettere in scena cento al mese. Ma in questo momento ha bisogno di soldi. Per quanto mi è dato vedere. Tranne se lo mantiene lei.

ELVIRA: Io? Dieci anni fa forse avrei potuto, ma ormai la crisi ha colpito anche me. Temo che la causa sia innanzitutto la mia età. Non conto più gli anni che, nonostante ciò, continuano a volare senza concedersi una pausa.

MAJERHOLD: Naturalmente, dal giovane signor drammaturgo esigerò dedizione e duro lavoro.

ELVIRA: E da me, cosa pretende? Che gli insegni a dedicarsi al lavoro con amore? Due settimane non saranno sufficienti.
MAJERHOLD: Gli può descrivere nel dettaglio quali saranno per lui i vantaggi se lavorerà alle mie dipendenze. Non sarà costretto a fare il pendolare per raggiungere il posto di lavoro...
ELVIRA: Il posto di lavoro non ce l'ha.
MAJERHOLD: Avrebbe un lavoro sano all'aria aperta. Un ambiente piacevole. E un buono stipendio a cinque euro all'ora.
ELVIRA: Perché non glielo chiede lei?
MAJERHOLD: Lei lo conosce più intimamente.
ELVIRA: Se glielo ha detto lui, esagerava. Conoscere una persona veramente nel suo intimo, non so se ne sarei capace.
MAJERHOLD: Vorrei chiarire un punto. Tutto ciò che lei mi ha confessato oggi, mi ha commosso profondamente.
ELVIRA: Davvero?
MAJERHOLD: Non deve credere che la mia risposta un po' brusca si riferisca ai sentimenti autentici che nutro per lei.
ELVIRA *felicissima:* No!
MAJERHOLD: Questi sentimenti sono una sorpresa anche per me. L'unico problema è che... ho bisogno di tempo.
ELVIRA *sorride dolcemente:* Lei è un signore di vecchio stampo.
MAJERHOLD: Per il momento proporrei di darci del tu. Certo, se non vi disturba!
ELVIRA *con un largo sorriso*: Se non ci disturba? No, non ci disturba per niente!

Buio.

Scena quarta

Elvira è seduta in poltrona, Joe Orton cammina su e giù schioccando con le dita.

JOE ORTON: Dovrò rifletterci seriamente.
ELVIRA: Qui possiamo vivere felici, come una famiglia.
JOE ORTON: Non è mica mio padre.
ELVIRA: Ma in lui potresti vedere una figura paterna.
JOE ORTON: In quel pagliaccio?
ELVIRA: Non ti nuocerebbe mostrare un po' di rispetto a una persona che ti è superiore in tutto.

JOE ORTON: Ti riferisci al numero di cravatte e ai pantaloni stirati?
ELVIRA: Anche al resto.
JOE ORTON: Non mi dirai che hai già fatto conoscenza con le sue dimensioni?
ELVIRA: Farò finta di non aver udito.
JOE ORTON: Con la sua mano sotto la tua gonna e con la tua nel suo portafoglio, il risultato sarà più soddisfacente per te che per lui!
ELVIRA: Ti chiedo per l'ultima volta: vuoi accettare l'occupazione che il signor Majerhold generosamente ti offre?
JOE ORTON: Dammi un mese di tempo per rifletterci su!
ELVIRA: Va bene. Per un mese sarò costretta a prendere dei provvedimenti secondo i quali dovrai mangiare alla mensa.
JOE ORTON: Tu mi faresti un tale affronto?
ELVIRA: E' l'unica arma che possiedo.
JOE ORTON: E lui, apprezza la tua cucina?
ELVIRA: Sì o no?
JOE ORTON: Lo sai bene che ho degli obiettivi più pretenziosi. E per quanto riguarda il denaro...
ELVIRA: Ti farebbe comodo qualche camicia in più, io non ho intenzione di rammendartele.
JOE ORTON: Non sono contrario a fare qualche lavoretto qua e là. Ma non voglio essere occupato nel senso di dover fare ciò che lui mi ordina.
ELVIRA: So benissimo che questo è il punto di vista predominante in questo Stato, riguardo al lavoro, ma il signor Majerhold ha trascorso molti anni nel deserto, ed è, riguardo a queste cose, un uomo di vecchio stampo.
JOE ORTON: Questo tizio è pericoloso, Elvira! Continua a trasportare qualcosa sul suo trabiccolo, non fa che complottare e progettare!
ELVIRA: Il signor Majerhold è un uomo deciso e retto, e sarebbe capace di cambiare la nostra vita.
JOE ORTON: Se lo vogliamo o no.
ELVIRA: Grazie al cielo in questo mondo esistono uomini che sanno quello che vogliono e non perdono tempo per raggiungere i loro obiettivi!
JOE ORTON: Descrizione lusinghiera di qualcuno il cui obiettivo è quello di coltivare cetrioli, rape e cavoli.
ELVIRA: L'orto è suo, lo ha preso in affitto. Me ne frego di quello che ci fa.
JOE ORTON: Invece io do importanza a ciò che fai nella tua camera da letto. Evidentemente il fascista l'ha già annessa.
ELVIRA *non nasconde la delusione:* Non solo non l'ha fatto, ma ho l'impressione che non ci pensi nemmeno.

JOE ORTON: Può darsi che sia abituato a cercare la compagnia delle donne che, oltre alle poppe, hanno anche un cervello.
ELVIRA: Ho sentito che esistono anche donne così, e mi dispiace di non essere una di loro, ma, per quanto ti riguarda, ciò non ti ha mai impedito di frequentarmi. Forse perché anche tu sei più o meno scervellato.
JOE ORTON: Per me, la tua camera da letto è stata la mia riviera. Ogni notte ci andavo in vacanza.
ELVIRA: Nella nuova situazione dovrai procurarti il visto. E non lo avrai fintanto che non firmi col signor Majerhold un contratto di lavoro.

Pausa. Si guardano. Joe Orton si avvicina a Elvira e l'abbraccia.

JOE ORTON: Dove firmo? Qui?

Le posa la mano sul seno e glielo strizza.

ELVIRA: Sono troppo generosa, questo è il mio problema.

Si baciano.
Buio.

Scena quinta

Majerhold entra dal corridoio. Si ferma presso la finestra. Improvvisamente la apre e si affaccia sull'orto.

MAJERHOLD: Quante volte hai annaffiato l'aiuola circolare esterna?
JOE ORTON *sotto la finestra:* Non me lo ricordo.
MAJERHOLD: Chiediteli!
JOE ORTON: Durante la pausa non mi devo distrarre.
MAJERHOLD: Alzati e riprendi il lavoro o ti dimezzo la tariffa.
JOE ORTON: Io qui non lavoro per i soldi. Io lavoro per fare un piacere a Elvira. Invece lei, per conto mio, si può trasformare in una delle sue zucche!
MAJERHOLD: Le dirò di non prepararti più i pasti.
JOE ORTON: Questo è il punto, per quel che mi riguarda.

Si sente il rumore di un secchio che cade per terra.
Elvira reca un vassoio con teiera e due tazze. Comincia a versare.

MAJERHOLD: Non vuole lavorare. Parlane con lui.
ELVIRA: Perché proprio io?
MAJERHOLD: E' tuo affittuario.
ELVIRA: Gli ho chiesto un favore perché volevo fare un favore a te.
MAJERHOLD: Tu sei l'unica che può convincerlo.
ELVIRA: Se tu sapessi a che prezzo mi obbedisce, non insisteresti a farmelo chiedere ancora una volta.
MAJERHOLD: Permettimi di chiarire...

Con evidente fatica produce un sorriso, l'accompagna al divano. Elvira, speranzosa, reagisce con calore e devozione. Si siedono insieme sul divano. Elvira gli afferra la mano che lui cautamente ritira.
Non so se ti rendi conto del tipo di realtà in cui viviamo.

ELVIRA: Piuttosto male. Chi è costretto a viverci dentro, non trova mai il tempo di uscirne per osservarla dall'esterno.
MAJERHOLD: Noi, esseri umani, siamo come leve di un intricatissimo meccanismo. Ciascuno dipende dalla leva che lo sovrasta, e può comandare a quella che è sotto di lui.

Elvira, che non lo ascolta affatto, gli offre una tazza di tè.

ELVIRA: Tè verde, fa bene alla salute.

Majerhold sorseggia il tè, poi depone la tazza sul vassoio.

MAJERHOLD: Elvira, dimmi: perché hai costretto questo scansafatiche ad accettare la mia offerta col ricatto?
ELVIRA: Non è uno scansafatiche, è uno scrittore, ha avuto un'infanzia difficile.
MAJERHOLD: Perché, Elvira?
ELVIRA: E' senza soldi.
MAJERHOLD: La verità, Elvira.
ELVIRA *turbata, scatta in piedi.* Perché fai queste cose? Perché mi... perché mi... Non ho mai avuto fortuna con gli uomini, sono sempre stata attratta dal tipo d'uomo sbagliato – ma tu, tu sei il primo nella mia vita diverso – sei così...

Si copre la faccia con le mani e singhiozza in modo artificioso. Majerhold si alza e la osserva.

MAJERHOLD: Elvira...

Elvira si ferma e lo guarda.

Va' e ordina al ragazzo di continuare ad annaffiare l'orto.

ELVIRA: Mi apprezzerai di più, dopo? Mi vorrai bene? Almeno un po'?
MAJERHOLD: Non so cosa significhi. Queste tue parole. Io ti posso dare qualcosa di concreto. Puoi aumentarmi l'affitto. Del dieci per cento, va bene?
ELVIRA: Il dieci per cento d'amore, per me è troppo poco. *Si asciuga le lacrime ed esce.*

Buio.

Scena sesta

Nel buio si sente la radio: "... Secondo le ultime notizie, le riserve di petrolio verranno a mancare prima delle previsioni ufficiali da parte dell'Agenzia Internazionale per l'Energia. Il mondo dovrebbe raggiungere la produzione ottimale di 120 barili al giorno nel 2030, da allora in poi la produzione dovrebbe diminuire rapidamente. Ora sembra che l'Agenzia, per paura di provocare il panico generale, abbia cambiato i dati. Prima del petrolio verrà a mancare l'acqua. Il quaranta per cento della popolazione mondiale ne sente già la mancanza. Fra cinquant'anni, non avranno l'acqua tre miliardi di persone..."

Durante il notiziario, la scena s'illumina lentamente. Majerhold sta presso la finestra e osserva l'orto. Joe Orton entra e si dirige verso la sua porta dietro la recinzione. Si ferma. Torna indietro e spegne la radio. Sbircia Majerhold.

MAJERHOLD: Bla... bla... bla...?
JOE ORTON: Vorrei proporle un affare.
MAJERHOLD: Da buon vicino?
JOE ORTON: Da uomo d'affari.
MAJERHOLD: Io non sono un uomo d'affari.
JOE ORTON: Perché allora coltiva dieci tipi di verdura? Vuole venderla e guadagnarci. Ha preso in affitto una camera per pochi spiccioli, con l'aggiunta di un enorme terreno. Molto furbo. Scommetto che laggiù è tutto transgenico.

MAJERHOLD: Davvero?

JOE ORTON: Scommetto che sta eseguendo un esperimento che deve restare nascosto agli occhi del pubblico. E' per questa ragione che ha scelto una località dove la maggioranza delle persone si trova solo per sbaglio. Se non avessi ostacoli di tipo morale, io la denuncerei.

MAJERHOLD: Credo che sarebbe un errore.

JOE ORTON: Sarà un errore anche se non accetterà la mia proposta.

MAJERHOLD: Quale proposta?

JOE ORTON: Ho notato che tra le aiuole circolari della sua piantagione, tra i cavoli e le rape, tra le rape e i cavolfiori ecc. c'è dello spazio libero.

MAJERHOLD: Lo spazio è indispensabile affinché la verdura possa crescere liberamente.

JOE ORTON: Continuerà a essere sufficiente anche nel caso che vi piantiamo la canapa.

MAJERHOLD *pausa:* Canapa.

JOE ORTON: Il ricavo ce lo spartiamo. Fifty-fifty. Più che onesto. Io continuerei ad annaffiare l'orto e a zappare gratis.

MAJERHOLD: Questa è la tua proposta?

JOE ORTON: Questa è la mia proposta.

MAJERHOLD: I giovani della tua età fanno il giro del mondo, il loro nome entra nel Guinness dei primati.

JOE ORTON: E la gente della sua età guadagna milioni a Wall Street nella speranza di non finire in galera.

MAJERHOLD: Cosa mi vuoi dire con ciò?

JOE ORTON: E lei, cosa mi vuol dire?

MAJERHOLD: Io so che fumi, so che hai delle riserve sotto il letto, so che traffichi con qualcosa di più forte, ad esempio l'hashish.

Joe Orton balza verso Majerhold, gli afferra il colletto. Majerhold gli dà col ginocchio un calcio all'inguine. Joe Orton si rattrappisce dal dolore.

JOE ORTON: Chi le ha dato il permesso di rovistare nella mia camera?

MAJERHOLD: Me lo sono preso da me. Nell'interesse del progetto che devo assolutamente salvaguardare.

JOE ORTON: Ora vado là e distruggo tutto.

MAJERHOLD: Chi ti ha dato il diritto di frugare nelle mie cose?

JOE ORTON: Lo fa Elvira. Che ha ogni diritto di sapere che tipo di pazzoide ospita in casa sua. Beh, sono stato io a rovistare nelle sue cose, ma per soddisfare il suo desiderio. Tutti vorrebbero tutelarsi, non solo lei. Non è colpa mia se il mondo è tale qual è.

MAJERHOLD: Il mondo è tale qual è per merito di coloro che sono come te.

JOE ORTON: Sul serio? Per merito di gente tale qual è lei, invece, il mondo sarà salvo?

MAJERHOLD: Esattamente.

JOE ORTON: Chi lo direbbe! In una casa trascurata di periferia dove una ninfomane di età avanzata e un eterno studente che mantiene entrambi trafficando droga, vivono nella speranza che qualcosa cambierà, ora è venuto il Salvatore! Evviva!

Majerhold gli si avvicina e gli molla una sberla.

JOE ORTON: Bene. Lei non farà a nessuno parola dell'hashish, a me non importa cosa ha piantato nell'orto.

MAJERHOLD: Mai, in tutta la mia vita, ho denunciato qualcuno.

JOE ORTON: Si può sopravvivere anche così? Ottima novità.

MAJERHOLD: Questo tuo cinismo che per la tua generazione rappresenta anche la soluzione dei problemi, è, purtroppo, segno di una mostruosa pigrizia intellettuale.

JOE ORTON: Ma indubbiamente.

MAJERHOLD: "Non ne ho colpa se l'umanità non sopravvivrà a questo secolo, perciò salvino il mondo coloro che lo hanno ridotto in questo stato". Chi se ne frega!

JOE ORTON: Questo mondo dovrebbe riguardarmi? Preferisco abbandonarmi al destino. Voglio essere la prima immondizia che le onde trascinano con sé, quando la superficie dell'acqua la solleva abbastanza in alto.

MAJERHOLD: Ciò nonostante, domani continuerai ad annaffiare l'orto.

JOE ORTON: Lo farò subito. *Se ne va.*

Majerhold si siede sul divano e prende in mano un libro. Entra Elvira. Majerhold le dà un'occhiata.

ELVIRA: Vorrei sfogarmi un po'.

MAJERHOLD: Anche tu?

ELVIRA: Nei due mesi che abiti qui, non mi hai mai chiesto come mi sento.

MAJERHOLD: E' troppo pericoloso informarsi dei sentimenti altrui.

ELVIRA: Non sapevo di essere solo una tra gli altri.

Si avvicina lentamente, si siede sul divano accanto a lui. Majerhold si alza.

MAJERHOLD: Forse ti sembro inaccessibile, ma ciò dipende dall'importanza del progetto che sto realizzando.
ELVIRA: Coltivi cetrioli e cavoli.
MAJERHOLD: E broccoli, patate, cavolfiore, zucchine, cipolla, aglio, fagiolini? Peperoni, pomodori?

Elvira si alza, va alla finestra, guarda fuori.

ELVIRA: Hai circondato la casa con dieci cerchi di colture. I cerchi, perfetti, funzionano come dieci trincee, dieci muri di cinta. Ci hai chiusi in casa e ci hai ridotti in servitù, dobbiamo lavorare per te, ci hai attanagliati nel tuo progetto, ma non sul serio perché vuoi che restiamo all'oscuro di tutto, vuoi che restiamo fuori, soprattutto io poiché non vuoi che mi avvicini a te, come se avessi una malattia infettiva…

Breve pausa.

MAJERHOLD: Cosa pretendi da me?
ELVIRA: Un po' di comprensione.
MAJERHOLD: Voi donne avete il dono eccezionale di travestire le banalità in storie romantiche. Ho scoperto che la cosa in cui vorresti coinvolgermi non è altro che… *cerca la parola.*
ELVIRA: Cosa?
MAJERHOLD: Sesso.
ELVIRA: Oh!… Non sarai per caso ancora vergine, alla tua età?
MAJERHOLD: Non sono contrario a simili incontri durante gli accordi d'affari. Finché tutto rimane nei limiti del ragionevole, ponderato. In tutti i campi riesce meglio un approccio scientifico.
ELVIRA: Davvero? Ho poca esperienza di scienziati.
MAJERHOLD: Non capisci.

Elvira si avvia verso l'uscita: Per cena abbiamo ragù di pollo. So che a te non piace, ma ho esaurito tutte le ricette.

MAJERHOLD *fa un cenno:* Qualsiasi cosa va bene.

COMMEDIA SULLA FINE DEL MONDO

ELVIRA *sulla porta:* La settimana prossima posso fare cavoli. Quelle teste là fuori si ingrossano a vista d'occhio.
MAJERHOLD *esterrefatto:* Cosa hai detto?
ELVIRA: Farò involtini di crauti. Ti piaceranno.
MAJERHOLD: Verdure dell'orto?
ELVIRA: Perché no? Le teste di cavolo cappuccio sono forse intoccabili?
MAJERHOLD: Io ti proibisco di toccarle.
ELVIRA: Oh, per carità, parli come se... Va bene, va bene. Se vuoi venderle proprio tutte, dalla prima all'ultima, va benissimo.
MAJERHOLD: Chi dice che ho intenzione di venderle?
ELVIRA: Che altro puoi farne, se non venderle?
MAJERHOLD: Per carità...
ELVIRA: Il cavolo puoi mangiarlo o venderlo. Tutt'al più puoi lasciarlo marcire.
MAJERHOLD: Ma è proprio inevitabile mettere ogni cosa in bocca?
ELVIRA: Certo non ogni cosa.
MAJERHOLD: Ma non sai cosa ci aspetta?
ELVIRA *sosta presso lo specchio vicino all'uscita:* La vecchiaia? Le rughe, la pelle secca? Il rammarico di non aver approfittato delle occasioni che abbiamo perso? *Si volta e lo guarda.* Oppure rifiutato?

Si fissano per un po'. Si sente bussare alla porta. Entra Konjevič.

KONJEVIČ: Scusatemi, il ragazzo mi ha mandato quassù.
ELVIRA: Ma lei, chi è?
KONJEVIČ: Konjevič. Acquedotto comunale. Mi potete dire dove si trova il vostro contatore dell'acqua?

Elvira e Majerhold si scambiano un'occhiata.

ELVIRA: Non capisco perché l'Acquedotto comunale dovrebbe interessarsi del mio contatore.
KONJEVIČ: Sono passati i bei tempi antichi, signora. Nella valle attigua alla nostra, poco tempo fa vi sono state alluvioni che hanno devastato mezzo paese, ma questa è tutt'altra cosa, non è l'acqua che lei deve pagare al Comune. Questa forse filtra nel terreno senza che lei possa usarla.
ELVIRA: Il Comune sarebbe tenuto ad avvisarci della riduzione dell'acqua.
KONJEVIČ: Il Comune non ha tempo di avvisare la gente delle sue esigenze. Forse la polizia l'avvisa dietro quale angolo l'aspetta il radar?

ELVIRA: Non me l'aspetto, non ho la patente!
KONJEVIČ: Signora, nessuna autorità è ragionevole, perciò la prego di non offendersi se, nell'adempimento dei miei doveri, anch'io mi comporterò in modo piuttosto irragionevole. Non voglio tradire il mio datore di lavoro, viviamo in tempi in cui i posti di lavoro non crescono sugli alberi come le pere.
ELVIRA: Credo che qua non ci sia nessun contatore dell'acqua. Almeno non ricordo di averlo mai visto.
KONJEVIČ: Signora, non sono venuto a controllare la sua memoria. Sono venuto a controllare il suo consumo dell'acqua. Se non può farmi vedere il contatore, allora dovrò indovinare dove potrebbe trovarsi, quindi, a occhio e croce, direi che si trova dietro quell'uscio.

Indica l'uscio del ripostiglio.

ELVIRA: Nel ripostiglio proprio no.
KONJEVIČ: Signora, se io le raccontassi dove la gente fa montare il contatore, lei non mi crederebbe. E' proprio sicura che non si trovi là dentro? Magari sotto un letto?
ELVIRA: Cosa ci farebbe un letto, nel ripostiglio?
KONJEVIČ: Oh, se vi raccontassi cosa stiva la gente nei ripostigli, mi direste che sto esagerando. Posso darci un'occhiata?
ELVIRA: No, la porta è chiusa a chiave.
KONJEVIČ: Può dirmi perché chiude a chiave la porta del ripostiglio?
ELVIRA: In casa mia ospito persone in affitto. Lei sa bene che non ci si può fidare di nessuno. In questi tempi non so nemmeno io se sono capace di essere onesta.
KONJEVIČ: Questo è l'atteggiamento giusto. La chiave, suppongo, ce l'ha lei.
ELVIRA: Sicuramente è da qualche parte in casa. Ma non saprei dove.
KONJEVIČ: Non sa dov'è il contatore, non trova la chiave: potrei pensare che mi sta nascondendo qualcosa.
ELVIRA: Io sono la donna più sincera del mondo. Lo può confermare il signor Majerhold.
KONJEVIČ *per la prima volta gli dà un'occhiata:* Majerhold?
MAJERHOLD: E' vero. Perché non cerca il contatore dove ha più probabilità di trovarlo? Mettiamo al pianterreno? Presso l'entrata?
KONJEVIČ: Prima o poi dovrò controllare anche il ripostiglio. Ma poiché sono qui, vorrei risparmiarmi le scale. Fare le scale, per me, è una gran fatica, sono malato di cuore.

MAJERHOLD: Io le assicuro personalmente che nel ripostiglio non c'è il contatore dell'acqua.
KONJEVIČ *lo ignora:* Signora, mi porterà la chiave?

Elvira è indecisa. Si avvicina alla porta. Si volge indietro.

ELVIRA: E cosa farà, quando trova il contatore?
KONJEVIČ: Se vedo che funziona normalmente, allora annoterò il consumo e lei riceverà la bolletta. Se invece scopro delle irregolarità, allora è mio dovere di comportarmi secondo il mio giudizio. In tal caso possiamo negoziare.
ELVIRA: Non vedo alcuna ragione per negoziare, se possiamo metterci d'accordo con la chiave. Che cosa si aspetta da noi?
KONJEVIČ: Questa sua proposta io potrei interpretarla come un tentativo di corruzione di pubblico ufficiale.
ELVIRA: Io le ho chiesto quali sono le sue aspettative in relazione alla bevanda che posso offrirle per ingannare il tempo mentre cerco la chiave del ripostiglio dove non c'è il contatore dell'acqua. Tè o caffè?
KONJEVIČ: Né l'uno né l'altro. Questo signore e io intavoleremo un dibattito filosofico, e il tempo volerà.
ELVIRA *si rivolge allo specchio:* Certo. Il tempo ha il vizio di passare veloce. *Esce.*

Scena settima

Konjevič fa un giro nella stanza, la ispeziona, si ferma presso la finestra, guarda fuori.

KONJEVIČ: Guardando queste verdure, a uno viene fame. Soprattutto i cetrioli. Enormi e incredibilmente succulenti.
MAJERHOLD: Lei è vegetariano?
KONJEVIČ: Essendo un dipendente comunale, non posso permettermi deroghe dal normale. Il mio cibo preferito è la cotoletta alla milanese.
MAJERHOLD: Poco sana, come la maggior parte delle cose che combina la città.
KONJEVIČ: Anche noi, dipendenti, siamo vittime dei capricci delle autorità, tanto più essendo nel contempo il suo organo esecutivo. Talora però siamo costretti a comportarci secondo la nostra coscienza e contro le direttive. Che ciò rimanga tra noi.
MAJERHOLD: Riguardo al consumo dell'acqua...
KONJEVIČ: Non è un problema, signor Ebenspanger. Sistemeremo tutto. Lei a me, io a lei, e saremo contenti tutti e due.

MAJERHOLD: Majerhold, non Ebenspanger.
KONJEVIČ: Ma è sicuro?
MAJERHOLD: Perché mi ha chiamato Ebenspanger?
KONJEVIČ: Probabilmente per la sua somiglianza con qualcuno che si chiama Ebenspanger. Ovvero si chiamava così fino a poco tempo fa. Il suo nome precedente era Robnik. E prima ancora, Konjevič.
MAJERHOLD: Konjevič si chiama lei!
KONJEVIČ: Ho detto così? Che confusione! Conseguenza di un leggero ictus di poco tempo fa. In effetti mi chiamo Novak.
MAJERHOLD: Ed è davvero un dipendente dell'Acquedotto comunale?
KONJEVIČ: Riguardo a questo, non sbaglio mai. Tutt'al più dico una bugia, se le circostanze lo esigono. Ho invece problemi con i cognomi.
MAJERHOLD: Signor Novak, dunque.
KONJEVIČ: Continui pure tranquillamente a chiamarmi Konjevič per evitare ulteriori garbugli. Mettiamo che io sia oggi Konjevič, domani Novak o forse qualcos'altro.
MAJERHOLD: E chi era Ebenspanger, al quale dovrei somigliare?
KONJEVIČ: Un tipo interessante. Ha elaborato una teoria sulla circolazione del denaro a livello mondiale. Una specie di sistema finanziario, composto da una catena di lettere, che dovrebbe assicurare la convertibilità a tutte le valute e permettere a tutti gli Stati, anche ai più poveri, un alto livello di crescita senza deficit. Una sorta di perpetuum mobile monetario.
MAJERHOLD: Ottima idea.
KONJEVIČ: Geniale. Purtroppo il suo progetto è rimasto sulla carta. Lei conosce i politici! *Dà un'occhiata dalla finestra.* Che cavoli! Che zucchine! Coltivate bio? Transgeniche? La scienza è scienza, nulla da obiettare!
MAJERHOLD: E che altro ha combinato questo Ebenspanger?
KONJEVIČ: Naturalmente lei lo sa!
MAJERHOLD: Come posso saperlo?
KONJEVIČ: Per un certo periodo si parlò molto di lui. Soprattutto perché molti lo prendevano in giro per la sua teoria. A casa ho ancora gli articoli che ne parlano.
MAJERHOLD: Li ha ritagliati dai giornali?
KONJEVIČ: Allora ero giovane. Lei sa com'è la gioventù. Fa il tifo per le nuove idee, anche le più pazze. Più tardi, nella maturità, come viene chiamato il marciume che nessuno riesce a evitare, diventiamo paranoici. Allora stipuliamo un compromesso per avere in tavola una cotoletta alla milanese almeno una volta alla settimana.

MAJERHOLD: E diventiamo dipendenti dell'Acquedotto comunale.
KONJEVIČ: Per esempio.
MAJERHOLD: Se lei lo è davvero, se non è qualcosa di diverso, vuol dire che è molto erudito.
KONJEVIČ: E' vero, mi piace leggere. Già da anni ritaglio gli articoli che mi capitano tra le mani. Su Ebenspanger conservo due fascicoli.
MAJERHOLD: Perché?
KONJEVIČ: Si deve essere preparati. Per il caso che il tipo riappaia sotto un nome diverso. Con un nuovo progetto.
MAJERHOLD: Preparato in che senso?
KONJEVIČ: Preparato per associarmi a lui.
MAJERHOLD: Perché?
KONJEVIČ *confidenziale:* Resti fra noi due, ma in veste di dipendente dell'Acquedotto comunale, sto scoprendo di essere stato spesso truffato. Ma la vita è più di questo, mi sono detto cento volte. Dobbiamo essere di larghe vedute, rischiare tutto, sacrificarci per idee nobili, servire l'umanità.
MAJERHOLD: Non più la nazione?
KONJEVIČ: Ma dove vive lei? Ora è di moda l'umanità, è di moda il problema se riusciremo a sopravvivere nei prossimi cinquant'anni.
MAJERHOLD: E qual è la sua opinione, sopravvivremo?
KONJEVIČ: Proprio per questo vorrei incontrare il signor Ebenspanger, ovvero Robnik. Sono anni che lo inseguo. Ma è sfuggevole, scivoloso, una vera anguilla.
MAJERHOLD: Da chi fugge?
KONJEVIČ: Dalla gente che o non lo vuole o non riesce a comprenderlo.
MAJERHOLD: E' strano che perseveri negli sforzi.
KONJEVIČ: Non solo persevera, alcuni affermano che sta esagerando. Ha elaborato parecchi progetti per la eliminazione dall'atmosfera dei gas dell'effetto serra. Si tratta di idee geniali. Massiccio imboscamento di superfici desertiche con piante che, dentro proiettili metallici, vengono sparate dagli aerei nel terreno. I boschi, come lei sa, assorbono il diossido di carbonio ed emettono ossigeno.
MAJERHOLD: Lo so.
KONJEVIČ: Ma che idea! E non solo questa. Anche il plancton, come lei sa, assorbe il diossido di carbonio. E questo signore dai vari cognomi, ha elaborato un progetto per decuplicare il plancton negli oceani. Ciò stabilizzerebbe effettivamente le conseguenze negative dell'effetto serra. Ma è anche vero che distruggerebbe la maggior parte dei pesci.
MAJERHOLD: Piuttosto il male minore che quello maggiore.

KONJEVIČ: Sono felice che le sue idee siano simili a quelle di Ebenspanger Robnik Vehovar. Il quale ha inventato pure rivestimenti per i ghiacciai. Queste fodere rifletterebbero i raggi solari e di conseguenza i ghiacciai non si scioglierebbero. Rifletta sulla genialità di questa idea, signor Ebenspanger!
MAJERHOLD: Majerhold.
KONJEVIČ: Certo, mi scusi. Ma la somiglianza è veramente eccezionale. E' sicuro di non avere un fratello gemello?
MAJERHOLD: E perché questo signore continuava a cambiare il cognome?
KONJEVIČ: Per sfuggire i debitori. Aveva parecchi sponsor. Quando i progetti fallirono, costoro pretesero la restituzione del denaro. Alla fine, carico di debiti in tutti i paesi del globo, non gli rimase altra soluzione che ritirarsi nel deserto.
MAJERHOLD: Davvero?
KONJEVIČ: Ho trovato la notizia nel giornale che leggo regolarmente. Naturalmente per senso del dovere, non perché abbia necessità di ulteriore istruzione. Allora ho deciso all'istante di cercarlo.
MAJERHOLD: E lo ha trovato?
KONJEVIČ: Senza difficoltà. Purtroppo non mi è stato permesso di incontrarlo a quattr'occhi.
MAJERHOLD: Chi non glielo ha permesso?
KONEVIČ: Gli psichiatri. Il deserto era il manicomio della città, se mi è permesso usare un'espressione politicamente scorretta. Il nostro genio è finito là dentro.
MAJERHOLD: Con che diagnosi?
KONJEVIČ: Paranoia ecologica. Pensi un po'. E pare che non sia l'unico ammalato di questa nuova forma di deviazione mentale. La cosa più strana è che poco tempo fa ho visto su Discovery un programma nel quale erano descritte dettagliatamente tutte le sue invenzioni, venivano presentati persino gli investitori che intendono realizzarle.
MAJERHOLD: Il mondo è pazzo.
KONJEVIČ: Non ho nulla da aggiungere.
MAJERHOLD: Gli onesti non dovrebbero piangere la propria imminente fine.
KONJEVIČ: Proprio così. D'altra parte…
MAJERHOLD: Certo. Esiste sempre un'altra parte.
KONJEVIČ: Di ciò si rende ben conto anche il nostro malato di mente. E' fuggito dal manicomio e ha ricominciato a progettare. Chissà dove, chissà come.
MAJERHOLD: Come è riuscito a fuggire?
KONJEVIČ: Si è travestito da medico, ha salutato tutti, si è seduto nella macchina del direttore e se l'è filata. Gli sventolavano i fazzoletti. Qui si pone il problema: chi è effettivamente pazzo. Lui o quelli che avrebbero dovuto curarlo?

MAJERHOLD: E' pericoloso?
KONJEVIČ: Finora non ha mostrato inclinazione alla violenza. Ma lei sa come vanno queste cose. Una pressione di troppo, una goccia che fa traboccare il vaso, e anche la persona più mite può afferrare il fucile.
MAJERHOLD: Probabilmente è ricercato.
KONJEVIČ: Da chi?
MAJERHOLD: Dalla polizia.
KONJEVIČ: La polizia ha obblighi ben più importanti della caccia ai matti evasi. La polizia deve inseguire gli automobilisti che superano di cinque chilometri la velocità nei tratti dove non è permesso superare i cinquanta.
MAJERHOLD: Lei è dunque l'unico che lo sta pedinando, come mi ha detto.
KONJEVIČ: Ho detto così?
MAJERHOLD: Ha detto che avrebbe voluto collaborare con lui.
KONJEVIČ: Oh, cosa se ne farebbe di un dipendente dell'Acquedotto comunale un genio di quel calibro? Per colpa del mio lavoro noioso, a volte mi abbandono ai sogni, ed è tutto. Devo però ammettere che questo signore mi affascina, addirittura ossessiona. Arriverà il giorno in cui ci incontreremo, ne sono sicuro.
MAJERHOLD: E poi?
KONJEVIČ: Poi...

Entra Elvira.

ELVIRA: Mi dispiace, ma non trovo la chiave. Dovrà forzare la porta del ripostiglio. Se non troverà il contatore, chiamerò la polizia e poi esigerò il risarcimento delle spese. La città nuota nei soldi che, con la scusa delle tasse, estorce ai cittadini innocenti. Perciò chiederò un milione.
KONJEVIČ: Gentile signora, farei volentieri irruzione nel suo ripostiglio, se non altro, per vedere chi vive dietro quella porta. Purtroppo, *sbircia l'orologio*, ho staccato un minuto fa. Quindi non farei irruzione in qualità di dipendente comunale, ma di cittadino privato. E questo sarebbe un atto criminoso. Con ciò la faccenda non è risolta, quindi ritornerò. *Si volge verso Majerhold e gli fa un leggero inchino.* Signor Ebenspanger... *Si volge verso Elvira e le fa un inchino un po' più profondo.* Signora... *Se ne va.*

ELVIRA: Che persona gentile.
MAJERHOLD: Pazzo da legare.
ELVIRA: Lo è di sicuro se ti chiama Ebenspanger. *Lo fissa.*

Buio.

Atto secondo

Scena ottava

Majerhold è seduto in poltrona e sta abbozzando degli schizzi. Il tavolino è coperto di giornali. Elvira sta mettendo peperoni sottaceto in contenitori di vetro. Tre sono già chiusi, lei sta chiudendo il quarto.

Innanzitutto ascoltiamo la radio: "... il fatto è che i mestieri stanno scomparendo, diventano arcaici come possedimenti medievali. Nel prossimo futuro la maggior parte dei lavori verrà fatta dalle macchine; dipenderemo da loro come i nostri avi dipendevano dagli animali selvaggi. La maggioranza della manodopera è in esubero. Al suo posto si è sviluppata un'economia di psicoterapie, di religioni della progettazione e di boutiques spirituali il cui unico scopo è di divertire le masse che non hanno niente da fare. All'ombra si trova l'industria delle droghe e dei servizi sessuali. All'apparenza già oggi la metà della gente si mantiene divertendo l'altra metà..." *Durante il notiziario la scena si illumina lentamente.*

Elvira si alza e spegne la radio.

ELVIRA: Sono contenta di non essere un esubero, nelle vesti di manodopera. *Ad alta voce.* Joe, vieni qua e porta questi peperoni nel ripostiglio!
JOE ORTON *esce dalla sua camera, irritato:* Dov'è sparita la mia erba?
ELVIRA *getta uno sguardo a Majerhold:* L'erba è giù nell'orto, ma non ne è rimasta molta. Spero che tu non te la porti in camera.
JOE ORTON: Non fare la finta tonta.
ELVIRA: Cosa penserà del tuo cervello il signor Majerhold, se veramente rubi l'erba nell'orto e te la porti in camera tua perché diventi fieno?

COMMEDIA SULLA FINE DEL MONDO

JOE ORTON *solleva un vaso di vetro:* Cosa penserà il signor Majerhold del proprio cervello quando gli romperò sulla testa un vaso dei suoi peperoni ecologici?
ELVIRA: Joe Orton, il tuo visto è scaduto un attimo fa, e non ho intenzione di rinnovarlo.

Joe Orton continua a tenere il vaso con i peperoni sopra la testa di Majerhold. Majerhold non reagisce e continua tranquillo ad abbozzare. Finalmente Joe Orton cambia idea e depone il vaso sul tavolino.

JOE ORTON: L'ha presa quell'altro, vero, quello dell'Acquedotto?
ELVIRA: Questo l'hai preso dal dramma che stai scrivendo?
JOE ORTON: E' stato lui a rovistare dappertutto. Ma non per trovare il contatore dell'acqua. Si vedeva da lontano che si trattava di una spia.
ELVIRA: Il signor Konjevič non ha messo piede in camera tua. Però ha promesso che sarebbe tornato.
JOE ORTON: Nel frattempo il signor Majerhold mi ha gentilmente denunciato. *Si china verso Majerhold.* Vero?
ELVIRA: Non dimenticare che stai parlando al tuo datore di lavoro.
JOE ORTON: Ex datore di lavoro. Mi sono licenziato un attimo fa.

Majerhold si alza, ripone l'album e la matita sulla poltrona, si avvicina al divano, cade in ginocchio, allunga la mano sotto il divano senza toccare le gambe di Elvira, e tira fuori una scatola di cartone. Si alza, soffia via la polvere dalla scatola e la consegna a Orton. Questi toglie il coperchio e vi getta un'occhiata dentro. Chiude il coperchio.

JOE ORTON: Come mai questa scatola si trovava sotto il divano?
MAJERHOLD: L'ho nascosta io: sapevo che prima o poi qualcuno sarebbe venuto a indagare in questa casa, e non volevo che la trovasse in camera tua.
ELVIRA: Ringrazia il signor Majerhold che ha pensato a te.
JOE ORTON *confuso:* Non so cosa dire.
ELVIRA: Di solito si dice grazie.
JOE ORTON: Non sono abituato che qualcuno faccia qualcosa per me.
MAJERHOLD: Non volevo restare senza un operaio.
JOE ORTON: Beh, allora non occorre che gli dica grazie.
ELVIRA *si alza*: Sono io che decido quello che dirai. E se desideri ancora qualche vacanza in riviera, da dove ritorni ogni volta stimolato e contento in questo mondo, senza pensare ai suoi difetti, allora offrirai al signor Majerhold la mano

e gli dirai: grazie, signor Majerhold. Grazie per avermi risparmiato un mese dietro le sbarre o anche qualcosa di peggio.
JOE ORTON: Io non dirò niente di simile.
ELVIRA: Allora dirai: Addio, Elvira, e grazie per la gentilezza con cui mi hai trattato finché non ti ho dimostrato di non meritarla.
JOE ORTON: Riporrò la scatola sotto il divano; là sarà al sicuro.

Si china.

ELVIRA: Joe Orton!
JOE ORTON *si raddrizza:* Grazie, signor Majerhold, per avermi procurato quella cosa che devo spacciare in città per poter pagare l'affitto ogni mese!
ELVIRA: Vitto e alloggio in questa casa non sono gratis. Se l'accordo non ti soddisfa, allora puoi fare le valigie. Il signor Majerhold e io sopravviveremo senza di te.
MAJERHOLD: Dammi la scatola, la rimetto io al suo posto.
JOE ORTON: Posso farlo da me.

Cade in ginocchio per spingere la scatola sotto il divano. Fissa lo spazio sotto il divano. Depone la scatola per terra, poi spinge la mano più in fondo e tira fuori un fucile. Si alza e lo soppesa.

ELVIRA: Oh, il cielo ci aiuti! Chi ti ha dato il permesso di portare questa cosa in casa mia? Spero che non sia stato lei, signor Majerhold?
MAJERHOLD: Joe, consegnami il fucile!
JOE ORTON: Un giocattolo così bello chiede di essere usato. Dubito però che il suo proprietario abbia il porto d'armi. E se non ce l'ha, allora il fucile è proprietà comune.
ELVIRA: Joe, restituisci il fucile al signor Majerhold.
JOE ORTON: Elvira, apri la finestra.

Elvira dà un'occhiata a Majerhold il quale annuisce. Elvira apre la finestra e si sposta. Joe Orton si avvicina alla finestra e punta fuori il fucile.

ELVIRA: Joe, abbiamo già troppi problemi.
JOE ORTON: A chi bucheremo la testa? Al cavolfiore? Alla zucca? Sfracelleremo una testa di cavolo? No, piuttosto un pomodoro. Sarà anche sanguinoso, non solo squarciato.

Preme il grilletto. Si sente un clic. Joe, stupido, preme di nuovo, con lo stesso risultato. Nel frattempo, Majerhold ha estratto dalla tasca una pistola e l'ha puntata verso Orton. Joe si gira e fissa la pistola.

MAJERHOLD *tende la mano:* Il fucile!

Joe Orton gli consegna il fucile senza protestare. Majerhold lo spinge sotto il divano. Si drizza in piedi e prende di nuovo di mira Orton.

ELVIRA: Io lo sapevo che qualcosa sarebbe andato storto, ho avuto incubi tutta la notte.
MAJERHOLD: E ora prometti che non toccherai più il fucile.
JOE ORTON: Elvira, hai accolto in casa un criminale! *Si avvicina a ritroso alla sua camera.*
ELVIRA: Il signor Majerhold è un uomo mite dal cuore tenero, che vuole aiutarci.
MAJERHOLD: Alza la mano e pronuncia: Giuro che non toccherò mai più il fucile.
ELVIRA: Joe, è solo grazie al signor Majerhold che non sei ancora in prigione.
JOE ORTON: Se non la finisce di minacciarmi, ci andrà presto lui.

Scena nona

Si sente un rumore in lontananza.

KONJEVIČ *dal corridoio:* Ehi... Dove siete?

Entra un secondo dopo che Majerhold ha infilato la pistola nella tasca.

Credevo di trovarvi nell'orto, tutti e tre, indaffarati ad annaffiare le piante lussureggianti.
ELVIRA: Ora il ripostiglio è aperto e lei può visitarlo subito.
KONJEVIČ: Grazie, signora, l'ho già fatto. Giù al pianterreno, nell'annesso costruito di recente, dove avete intenzione di conservare la verdura dell'orto, nei vasi di vetro, per i tempi futuri. Mi sbaglio, forse?
ELVIRA: Immagino che abbiamo il diritto di preparare le provviste per l'inverno.
KONJEVIČ: Naturale. Inoltre la previdenza non è mai troppa. Può succedere che fra breve venga a mancare il combustibile per i trasporti, allora gli ipermercati

si vuoteranno, regnerà il panico. Voi tre colombelle, invece, potrete tranquillamente godervi i cetrioli in sottaceto, in attesa della cena, per rimpinzarvi con gli involtini di crauti.

ELVIRA: Che c'è di sbagliato, in tutto ciò?

KONJEVIČ: Il fatto in sé non lo è. Ma ho notato che l'orto è circondato da una recinzione alta tre metri. Con un portone di ferro che ho dovuto scavalcare, perché era chiuso a chiave. Voi vi state preparando a un eventuale assalto.

ELVIRA: E cosa c'entra l'Acquedotto comunale, in tutto ciò?

KONJEVIČ: Non sono più alle loro dipendenze. Mi hanno gettato sul lastrico, senza alcuna ragione.

ELVIRA: E adesso?

KONJEVIČ: Per fortuna ha avuto pietà di me la Polizia amministrativa. Si sa che da loro chiunque è bene accetto.

ELVIRA: Allora che cos'è diventato? Poliziotto?

KONJEVIČ: Lavoro alla Sezione di ricerche speciali. Collegate ai casi che potrebbero minacciare la sicurezza dello Stato.

ELVIRA: Allora non capisco perché è tornato. Siamo noi i minacciati dallo Stato.

KONJEVIČ: Io sono tornato, resti fra noi, per ragioni personali. C'è una cosa che da molto tempo non mi dà pace, perciò vorrei andare fino in fondo alla questione. *Dà un'occhiata a Majerhold.*

JOE ORTON: E questa cos'è?

KONJEVIČ: Vorrei conoscere la direzione del vento. Per adeguarmici. Viviamo in un periodo nel quale conviene solo l'opportunismo.

JOE ORTON: E' mai stato diverso?

KONJEVIČ: Oh, tu sei ancora giovane, ma noi avevamo degli ideali, vero, signor Konjevič? Noi credevamo nel progresso.

ELVIRA: Questo è il signor Majerhold. Konjevič è lei.

KONJEVIČ: Signora, io sono Novak, non ricordo di essermi mai presentato col nome di Konjevič, sebbene non lo escluderei del tutto. Alla polizia mi conoscono col nome di Novak, lo può confermare il direttore in persona. Che è naturalmente il signor Ebenspanger. Non riesco a capire perché l'ho chiamato Konjevič.

ELVIRA: Questo è il signor Majerhold.

KONJEVIČ: Davvero? Lei deve saperlo, in fin dei conti la moglie deve conoscere il cognome del marito. Vero, signora Majerhold?

ELVIRA: Il signor Majerhold è mio affittuario.

KONJEVIČ: E chi è il proprietario dell'orto?

COMMEDIA SULLA FINE DEL MONDO

ELVIRA: La proprietaria sono io, ma l'orto fa parte del contratto che abbiamo stipulato, quindi tutto ciò che vi cresce è suo.
KONJEVIČ: Inclusi i peperoni sottaceto in questi vasi si vetro?
ELVIRA: Anche i vasi sono suoi, li ha comperati lui.
KONJEVIČ: Evidentemente il signor Majerhold è piuttosto benestante. In primo luogo però ha delle idee geniali. Beati coloro che godono la sua tutela. *Guarda fuori dalla finestra.* Il cibo non vi mancherà mai. L'unico vostro problema è se siete diventati autosufficienti troppo presto o troppo tardi.
ELVIRA: Non capisco.
KONJEVIČ: All'ottimista non verrebbe mai l'idea di allontanarsi dalla società, trovarsi due ostaggi, requisire a uno il terreno, costringere l'altro col ricatto a un rapporto servile, quindi circondarsi da un'alta recinzione, come se a pochi chilometri di distanza si trovassero in agguato i turchi.
JOE ORTON: E cosa farebbe il pessimista?
KONJEVIČ: Il pessimista direbbe che la salvezza arriverà troppo tardi anche nel caso che qualcuno la cercasse seriamente. Allora acquisterebbe o prenderebbe in affitto un lotto di terreno, e pianterebbe ciò che è necessario per la sopravvivenza. Alla fine circonderebbe il terreno con un alto reticolato, magari con filo elettrico. Suppongo che guardiate la televisione.
ELVIRA: Non siamo abbastanza ricchi per permettercela.
KONJEVIČ: Allora leggete i giornali. Vedo che li avete sul tavolino.
ELVIRA: Sono di cinque anni fa.
KONJEVIČ: In un modo o nell'altro, in America la gente già da parecchio tempo abbandona in massa le metropoli dove la mancanza di cibo e di acqua mieterà le prime vittime. Si trasferiscono in luoghi appartati in campagna dove costruiscono delle capanne e si dedicano all'agricoltura. Nella speranza che i milioni di affamati in cerca di cibo, non li scoprano già il primo giorno.
ELVIRA: Gli americani sono conosciuti per lasciarsi prendere facilmente dal panico.
KONJEVIČ: I negozi di armi registrano lauti guadagni. La gente sa che un giorno dovrà difendere le proprie piantagioni. In America questo è naturalmente permesso dalla legge. Ma non credo che lo sia da noi. Infatti non lo è, come ben sapete. Per questo da noi le armi non possono stare appese in anticamera, ma devono stare nascoste negli armadi. O, meglio, sotto il letto. O, come nel vostro caso, sotto il divano.

Fa un passo in direzione del divano. Majerhold estrae la pistola e la punta su Konjevič. Fa un cenno a Orton. Questi si inginocchia, estrae la pistola e la punta verso Konjevič.

ELVIRA: Ho paura di perdere i sensi.

KONJEVIČ: Le mie congratulazioni, signor Ebenspanger. Mi ha prevenuto.

MAJERHOLD: Si sieda, signor Novak. Là, sul divano. Forse sotto il divano è nascosta magari qualche bomba.

KONJEVIČ *si siede sul divano:* Signor Vehovar, non sono necessarie le minacce, possiamo discutere di tutto come buoni amici.

MAJERHOLD: Mi ha tolto la parola di bocca. Naturalmente conto sulla sua collaborazione.

KONJEVIČ: Se ciò significa non annaffiare l'orto, siamo già a metà strada.

MAJERHOLD: Un bicchiere di vino, forse? Un whisky? Del tè verde?

KONJEVIČ: Ciò potrebbe avere conseguenze nefaste per il mio cuore.

MAJERHOLD: Come desidera.

KONJEVIČ: Mi piacerebbe però fumare un po' di quell'erba che tenete nascosta in una scatola verde sotto il divano. Dal punto dove mi trovo è chiaramente visibile, l'ultimo consumatore non l'ha spinta sino in fondo. Molto incauto. Io vi ho avvertito che sarei tornato.

MAJERHOLD: Lei lo ha detto in veste di dipendente dell'Acquedotto comunale, non come poliziotto che si prende cura della sicurezza dello Stato.

KONJEVIČ: Viviamo in tempi in cui non si sa mai con sicurezza per chi si lavora e quali sono i nostri doveri.

MAJERHOLD: Joe, metti via il fucile e arrotola una sigaretta per il signor Novak.

JOE ORTON: Non gli darò la mia erba migliore! A meno che me la paghi. Neppure Elvira la riceve gratis.

MAJERHOLD: Ma lei paga in natura, cosa che non puoi aspettarti dal signor Novak.

JOE ORTON: Appunto perciò non gliela posso dare gratis.

MAJERHOLD: Il signor Novak è nostro ospite.

JOE ORTON: Ohhhrrr...

Depone il fucile, tira fuori la scatola, comincia ad arrotolare una sigaretta.

ELVIRA: Forse al signor Novak farebbe piacere il massaggio delle spalle.

KONJEVIČ: Giacché sono qui e siete così gentili con me, le mie spalle gradirebbero certamente il massaggio di mani femminili. A patto di non suscitare la gelosia di qualcuno!

ELVIRA: In questa casa abbiamo fatto piazza pulita con i sentimenti immaturi. Eccetto il signor Orton, ma pure lui non tarderà a capire che si deve vivere nel mondo reale.

COMMEDIA SULLA FINE DEL MONDO

Elvira si piazza dietro la poltrona e comincia a massaggiare le spalle a Konjevič.

KONJEVIČ: Uhhhhh... Dovrebbe aprire un salone per massaggi.
ELVIRA: Tutto ciò è alle mie spalle, signor Novak. Una donna saggia sa quando è il momento di abbandonare il gioco.
KONJEVIČ: Il ritmo del suo massaggio mi fa credere di esserci già incontrati.
ELVIRA: Per me non sarebbe una sorpresa. In un certo modo ci conosciamo tutti, vero, il mondo è molto più piccolo di quel che immaginiamo.
KONJEVIČ: Ho sempre desiderato conoscere una donna che sapesse dirmi, magari per puro caso, qualcosa di così perspicace.
ELVIRA: Lei è troppo gentile, signor Konjevič.
KONJEVIČ: Novak.

Joe ha arrotolato una sigaretta. La offre a Konjevič che la mette in bocca, in attesa che Joe gliela accenda. Joe estrae l'accendino dalla tasca e l'accende. Konjevič inspira profondamente il fumo.

JOE ORTON: E' una goduria vedere un poliziotto che fuma l'erba. Dove hai la macchina fotografica, Elvira? Non si sa mai quando può servire un documento probatorio.
KONJEVIČ: Non sono troppo fotogenico.
MAJERHOLD: Fatto. Ora devo interrompere il divertimento e dirottare la conversazione dall'essenziale ai dettagli più irrilevanti. Joe, prendi il fucile: se il signor Novak compie un qualsiasi gesto sospetto, sparagli in un ginocchio.
JOE ORTON *afferra il fucile e lo punta su Konjevič.* Non so mirar bene, sparerò a casaccio. Sia la volontà divina a decidere chi colpirò.
ELVIRA: Signor Novak, desidera che prosegua i massaggi o continuerà a dedicarsi al fumo?

Konjevič comincia a tossire fino quasi a strozzarsi. Elvira gli percuote la schiena col pugno.

JOE ORTON: Devo interpretarlo come un gesto sospetto? *Solleva il fucile.*
ELVIRA: Questa è tosse, Joe, non capisco perché ti prudono le mani. Prima dobbiamo aver ben chiaro chi è il signor Novak, e cosa vuole.

Majerhold si piazza dietro la poltrona, spinge via Elvira e dà un terribile colpo a Konjevič sulla schiena. Konjevič non tossisce più, appoggia il capo sullo schienale, rimane fermo e con gli occhi chiusi.

ELVIRA: Signor Novak? *Scuote Konjevič per le spalle. Konjevič non reagisce.* E' mai possibile che uno si strozzi con la propria tosse?

JOE ORTON: La polizia è capace di tutto. *Toglie di mano a Konjevič la sigaretta metà fumata.* Lo sapevo che avrebbe cercato di addossarci un cadavere.

Schiaccia la sigaretta accesa sul palmo della mano di Konjevič.

KONJEVIČ *fa un salto e continua a saltellare nella stanza:* Aaaahhhhhh… Aa-aaaaa…

ELVIRA: Meglio così, non avremmo saputo dove seppellirlo!

JOE ORTON: Avremmo potuto usarlo come concime.

KONJEVIČ: Signor Ebenspanger, non mi aspettavo che una persona come lei avesse un senso dell›umorismo del quale si vergognerebbe un bambino di cinque anni.

ELVIRA: Non si agiti, signor Novak, si sieda tranquillo in poltrona, e le massaggerò le spalle

KONJEVIČ: Grazie, signora, ma la situazione è grave, preferisco ritornare un'altra volta. Signor Ebenspanger, arrivederci.

MAJERHOLD: Lei non va da nessuna parte.

KONJEVIČ: La mia curiosità mi ha portato troppo lontano, ho avuto il castigo che mi meritavo. Ho fatto penitenza e ora vorrei prendere commiato.

MAJERHOLD: Dobbiamo prima sapere che cosa ha intenzione di fare, una volta che sarà dall'altra parte della cancellata.

KONJEVIČ: Sono una persona dal cuore debole, ma buono, non mi verrebbe neppure l'idea di farvi del male.

MAJERHOLD: Forse è ancora dipendente dell'Acquedotto comunale. In tal caso potrebbe chiuderci l'acqua. L'orto si seccherebbe e noi moriremmo di fame. Il fatto della polizia lei se l'è inventato di sana pianta, lo ammetta!

KONJEVIČ: Per voi farò un'eccezione che però il regolamento mi vieta.

Estrae un tesserino magnetico e lo consegna a Majerhold. Costui lo esamina.

MAJERHOLD: Lei ha detto la verità, ma con un'eccezione. Qua scrive Konjevič, non Novak.

KONJEVIČ: Davvero? Non l'ho notato. Lei sa quante stupidaggini scrive la polizia. Forse la colpa è anche mia, perché non gli ho detto il mio vero nome.

MAJERHOLD: E qual è il suo vero nome?

KONJEVIČ: Ebenspanger, come il suo.

Pausa. Konjevič e Majerhold si guardano.

MAJERHOLD: Io mi chiamo Majerhold.
KONJEVIČ: Bene. Da ora in poi sia Majerhold, io sarò Ebenspanger. Abbiamo così risolto almeno un problema. Va bene?
MAJERHOLD: Va bene. Da oggi in poi Joe Orton è Konjevič, dipendente della Sezione speciale di polizia. *Consegna il tesserino magnetico a Orton.*
JOE ORTON: Il passo da criminale a poliziotto è a volte incredibilmente breve. *Tutto felice infila il tesserino in tasca.* Uuuuh, quante cose potrò permettermi, con questo!
ELVIRA: Potrai accompagnarmi a qualche party della polizia, vi partecipano dei tipi molto attraenti.
JOE ORTON: Ma la sente, signor Majerhold? Questa donna non può cambiare pelle. *A Elvira.* Arresterò il primo che ti si avvicina.
KONJEVIČ *confidenzialmente:* Detto fra noi, signor Majerhold, non ha fatto una scelta felice per la compagnia nel suo orto. Spero che la scelta non sia definitiva e che abbia a disposizione ancora qualche posto. Caso mai avesse bisogno di qualcuno che mantenga l'ordine.
MAJERHOLD: Riguardo alla sua offerta, è d'obbligo consultare un comitato di tre persone.
KONJEVIČ: Propongo che la consultazione si faccia in mia assenza. Domani pomeriggio tornerò per la risposta. *S'incammina verso la porta.*
JOE ORTON *punta il fucile contro Konjevič:* Dove sta andando?
KONJEVIČ: Scommetto che il fucile è scarico.
MAJERHOLD: Questa pistola invece è carica. *Punta contro Konjevič.* Si sieda in poltrona, signor Ebenspanger.

Konjevič torna indietro, si siede in poltrona.

MAJERHOLD: Joe, dove hai il nastro adesivo?

Joe Orton ripone il fucile, si china e tira fuori da sotto il tavolino una larga striscia di nastro adesivo.

KONJEVIČ: Cosa tenete là sotto?
MAJERHOLD *a Orton:* Su. L'hai già visto in qualche film.
JOE ORTON: Prima che Elvira impegnasse il televisore. Possiamo riaverlo? Mi annoio. Qua non succede mai niente.

Incolla il nastro adesivo a un bracciolo della poltrona e lo avvolge intorno al petto di Konjevič. Poi comincia ad avvolgere Konjevič insieme con la poltrona.

KONJEVIČ: Potrei protestare, ma anche questo abbiamo già visto al cinema. Perciò non aprirò bocca.

JOE ORTON *gli copre la bocca col nastro adesivo:* Meglio di tutto.

Buio.

Scena decima

Konjevič in poltrona, completamente fasciato con nastro adesivo.

Nel buio ascoltiamo la radio: ... non sviluppiamo e non apprezziamo i valori solo per loro stessi, ma anche per vivere più pienamente e dare un senso alla vita. La storia recente ci ha insegnato che forse, in nome della comunità, è possibile morire senza dare un senso alla morte, ma nel contempo abbiamo cominciato a dimenticare che l'individuo, fuori dalla comunità, non può vivere e dare un senso alla propria vita. Il che significa che l'individuo è coinvolto, insieme alla comunità prescelta, in una relazione difficile, nella quale si svolgono continui processi di identificazione..." *Durante il notiziario, la scena si illumina lentamente.*

Majerhold, Joe Orton ed Elvira entrano dal corridoio. Joe spegne la radio.

JOE ORTON: Bla... bla... bla...
ELVIRA: Si è trovato bene, signor Konjevič?
JOE ORTON: Sogni piacevoli? I miei sono di solito selvaggi, se ho fumato una sigaretta. Ne vuole un'altra?

Konjevič rantola e si contorce.

ELVIRA: Credo che il signore vorrebbe dirci qualcosa.

Majerhold fa un cenno a Orton. Costui strappa il nastro dalla bocca di Konjevič.

COMMEDIA SULLA FINE DEL MONDO

KONJEVIČ: Mi avete lasciato solo tutta la notte.!
ELVIRA: E' vero, in questa casa siamo sempre stati rispettosi.
KONJEVIČ: E questa maledetta radio si è accesa da sola!
ELVIRA: Inoltre, anche noi avevamo bisogno di riposo.
KONJEVIČ: Nella sua camera da letto? Tutti e tre insieme?
ELVIRA: Sulle prime, il signor Majerhold si oppose. Poi è stato Joe a immusonirsi, non ha ancora accettato l'idea che le buone cose bisogna dividerle con gli altri. Che volete farci, è ancora giovane. Alla fine ci siamo messi d'accordo.
KONJEVIČ: A me però non avete pensato.
ELVIRA: Non è vero. Io ho proposto per ben tre volte di invitarla giù, in qualità di ospite. Ma questi due signori erano decisamente contrari.
KONJEVIČ: Voglio dire che non avete pensato che forse non potevo respirare e che mi sarei soffocato.
ELVIRA: Cosa volete per colazione? Uova al tegamino? Pane e marmellata?
KONJEVIČ: Io voglio essere liberato. Voglio andarmene.
ELVIRA: Lei ci piace, signor Konjevič, perciò vorremmo trattenerla un po'.
KONJEVIČ: Ma non legato alla poltrona con il nastro adesivo!
ELVIRA: E perché no?
KONJEVIČ: Non posso neanche grattarmi il naso!
ELVIRA: Joe, gratta il naso al signor Konjevič!
KONJEVIČ *a Orton:* Se ti avvicini, ti sputo addosso!
JOE ORTON: Non posso crederci! Uno gli regala la miglior erba di tutti i tempi, e cosa riceve in cambio?
KONJEVIČ: Sono disidratato!

Majerhold getta uno sguardo a Elvira.

ELVIRA: Serva in casa propria. La colpa è mia. *Se ne va.*
MAJERHOLD: Ecco, ora siamo soli. Chi è lei veramente? Che cosa è venuto a fare in questa casa?
KONJEVIČ: Liberatemi, devo sgranchimi gli arti e fare qualche flessione, allora vi farò sapere delle cose che non ve le sognate neppure.
MAJERHOLD: Joe, togli il nastro adesivo al signore e permettigli di fare cinque flessioni.
JOE ORTON: Se la svignerà!
MAJERHOLD: Non credo. *Estrae la pistola.*

Joe Orton si avvicina a Konjevič e gli strappa via il nastro adesivo. Konjevič si solleva con fatica, fa alcune flessioni, si alza in piedi, flette le braccia.

JOE ORTON: E ora staremo qui a guardarlo mezz'ora che fa ginnastica?
KONJEVIČ: Potrei fumare ancora un po' di quella tua erba deliziosa? La mia confessione che evidentemente non posso evitare, sarebbe più spigliata.
MAJERHOLD: Prima di tutto la confessione.
KONJEVIČ: Siete crudeli con me, ma non mi merito altro. Vi ho raccontato tante di quelle cretinate che me ne pentirò fino alla morte.
MAJERHOLD: Su, passiamo all'essenziale.
KONJEVIČ: Lei dovrebbe avere un manager, signor Ebenspanger.
MAJERHOLD: E' la prima volta che qualcuno me lo dice.
KONJEVIČ: Ciò che lei ha creato qui, esigerebbe il marketing. E' vero che il libero mercato ha costretto il mondo a sottomettersi, ma ciò non significa che non ci possa facilitare gli ultimi respiri.
JOE ORTON: Lei frequentava il corso serale di filosofia! Per questo mi sembra familiare.
KONJEVIČ: Ti sembro familiare perché qualche volta ho comperato da te l'erba.
JOE ORTON: I miei clienti li ho segnati in una lista, ma in essa non c'è né Konjevič né Novak.
KONJEVIČ *sfila dalla tasca un pezzo di carta:* E in questa?
JOE ORTON: Chi glielo ha dato? Me lo restituisca!
KONJEVIČ: E tu restituiscimi il tesserino falsificato della Polizia amministrativa. *Allunga la mano.*
JOE ORTON *a Majerhold:* Posso dargli un calcio?
MAJERHOLD: Più tardi.

Entra Elvira con un grande bricco di acqua. Konjevič lo afferra e beve fino a vuotarlo. Restituisce il bricco a Elvira.

ELVIRA: Sono venuta nel momento sbagliato?
KONJEVIČ: No, no, signora Silvana, è il momento giusto per sentire la mia proposta d'affari.
ELVIRA *impressionata:* Come sa che mi chiamo Silvana?
KONJEVIČ: Non più, signora Elvira. Lei era Silvana nel periodo precedente la pensione. Voleva vivere una dignitosa vita borghese nei suoi ultimi anni, sebbene questa casa non sia esattamente quello che sognava. Prima ho solo accennato di sfuggita, ma ora posso dirlo tranquillamente che sono stato piuttosto spesso suo cliente.
ELVIRA: Perché è venuto qui?
KONJEVIČ: Per toglierle le illusioni che prima o poi l'avrebbero seppellita.

ELVIRA: Per chi lavora?
KONJEVIČ: Per me stesso, signora Elvira. In questi tempi solo gli sciocchi lavorano per gli altri. E' mai possibile che le abbia detto qualcosa di nuovo?
JOE ORTON *afferra il fucile e lo punta verso Konjevič:* Basta, basta, basta! *Punta il fucile verso Konjevič.*
KONJEVIČ: Questo fucile è scarico.
JOE ORTON: Davvero?

Punta il fucile contro il soffitto e spara. Un terribile scoppio. Tutti sono scioccati, ma soprattutto Joe Orton.

KONJEVIČ: Vorrei dire una cosa, se posso.
JOE ORTON *rivolge il fucile verso di lui:* Prima le dirò io quello che lei ci dirà.
KONJEVIČ: Dirò quello che volevo dire prima che tu mi interrompessi.
JOE ORTON: Le carte sono mescolate, quindi le domande le faccio io.
ELVIRA: Signor Majerhold, perché ha riposto la pistola quando Joe Orton ha afferrato il fucile?
MAJERHOLD: Gli volevo permettere un piccolo sfogo. Sentivo che ne aveva bisogno. Durante la notte ha perso parte della sua sicurezza, e in qualche modo doveva pur riguadagnarla. Il modo più facile è quello di brandire un grosso fucile.

Joe Orton rivolge il fucile contro Majerhold e si prepara a sparare. Improvvisamente si china, getta il fucile sul pavimento, si siede in poltrona, si copre il volto con le mani e singhiozza.

Elvira si siede sul bracciolo della poltrona e abbraccia Orton sulle spalle, gli accarezza i capelli come si fa coi bambini.

ELVIRA: Vedrai che tutto andrà bene, Topino mio, la tua mamma Topina non è mai stata malcontenta di te. Perdonami tutte le brutte cose che ti ho detto.

I singhiozzi di Orton si fanno più radi.

KONJEVIČ: I giovani sono infiacchiti, non sanno più stare in piedi. Il mondo esige forti slanci, come mai prima. La gioventù invece crea piccole storie, storielle, oppure nulla. Masturbazione insensata su facebook, è questo il conforto dell'anima.

COMMEDIA SULLA FINE DEL MONDO

ELVIRA: Joe non è su facebook, usa internet solo per la pornografia! Ma non ogni giorno.

KONJEVIČ: L'unica cosa che sanno creare è un piccolo paradiso. Un momento di estasi, un momento di oblio, un momento di sollievo. Qualcosa che non si può dividere con nessuno. Piccolo abietto egoismo, questo sono le loro storie. Mentre lei, signor Ebenspanger, ha creato una grande storia, nella tradizione delle grandi storie. Un orto enorme, eccezionale, dove non si tratta di fugaci soddisfazioni, ma della sopravvivenza della specie umana.

MAJERHOLD: Il mondo al di là della recinzione non mi interessa più.

KONJEVIČ: Benissimo! Mostrando la schiena al mondo e abbracciando il salvifico egoismo, lei si è assicurato la possibilità più soddisfacente di salvare il mondo.

MAJERHOLD: Lei sta sprofondando sempre più nelle contraddizioni.

KONJEVIČ: Lei ha creato il prototipo d'orto che può vendere a qualsiasi abitante del nostro pianeta. Dieci specie di verdura coltivata scientificamente, che si rinnova ogni anno, con sufficienti vitamine per una vita sana, una sorta di perpetuum mobile alimentare, bastante per una famiglia di tre, quattro persone. Ma lo sa cosa significa?

MAJERHOLD: Me lo dica lei.

KONJEVIČ: Basta con i negozi, basta con i trasporti, basta con la necessità di combustibile fossile, basta con i gas di scarico, basta con il riscaldamento atmosferico, basta con la paura della fine del mondo!

JOE ORTON: Ma è proprio matto, eh? *Guarda Elvira.*

ELVIRA: Sì, Topino mio. Completamente.

KONJEVIČ: Lei deve quanto prima patentare la sua idea.

MAJERHOLD: Perché mai?

KONJEVIČ: Perché oggigiorno l'obiettivo principale dei delinquenti è la proprietà intellettuale.

MAJERHOLD: Non lo sapevo.

KONJEVIČ: Noi due firmeremo un contratto nel quale starà scritto che sono l'unico a poter vendere il suo prototipo di orto in tutto il mondo. Guardi che in America scoppierà una tale euforia che la gente si calpesterà a vicenda.

MAJERHOLD: E noi due che cosa ne ricaviamo?

KONJEVIČ: La ricchezza, signor Ebenspanger. La comodità fino alla morte. Tutti noi.

MAJERHOLD: Tutti?

KONJEVIČ: Tutti e quattro.

JOE ORTON: Siamo diventati di colpo quattro?

ELVIRA: Questo lo decide il signor Majerhold, Topino mio, l'unico che sappia qual è per noi la soluzione migliore.

KONJEVIČ: Cosa ne dice, signor Majerhold? E' possibile allargare l'orto, comperare dei lotti di terreno contigui, demolire le case, evacuare gli abitanti. Tutto legalmente, si capisce. Da venti aiuole di verdura si passerebbe a cento, duecento!

MAJERHOLD: Eccetera?

KONJEVIČ: Eccetera. Poi si potrebbero invitare nel rifugio dentro la recinzione, degli ospiti, la signora Elvira forse qualche vivace giovanotto, io qualche fanciulla per non annoiarmi la notte. Lei pure, in conformità con le sue tendenze. Non sono razzista, accetterei anche qualcuno che venisse dal Sahara.

ELVIRA: A patto che sia maschio.

KONJEVIČ: Ci rifletta, signor Vehovar. Non lo facciamo per noi due, ma per questi due. Sono entrambi deboli, entrambi dipendono da noi due. Si prenda pure il tempo necessario per pensarci su. Io non ho fretta.

MAJERHOLD: E' un bene, poiché dovrà rimanere qui per parecchio tempo.

KONJEVIČ: Me ne rendo conto. Perciò mi scusi se le chiedo dov'è il bagno. Stanotte non mi è stato possibile fare i miei bisogni nel modo che si addice a un uomo della mia età.

JOE ORTON: Mi pareva che fosse pisciato!

MAJERHOLD: Joe, prendi il fucile e accompagna il signore alla toilette. Attento che non prenda il volo dalla finestra! Quando ha finito, riconducilo qui.

Joe raccoglie il fucile e aspetta che Konjevič raggiunga la porta. Lo segue in corridoio. Breve pausa.

ELVIRA: Non capisco più nulla.

MAJERHOLD: Anch'io seguo con difficoltà.

ELVIRA: Ma tu credi che Dio ci metta alla prova perché siamo peccatori?

MAJERHOLD: Dio ha fatto una croce sopra il mondo già da molto tempo. L'unico che continua a perseverare è il diavolo, nella speranza di ridere ultimo.

ELVIRA: E se lavora veramente all'Acquedotto comunale?

Da un punto in basso si ode uno sparo. Breve pausa.

ELVIRA: Che rumore strano.

MAJERHOLD: Temo che dovremo, a momenti, affrontare una notizia spiacevole.

Joe Orton ritorna col fucile.

JOE ORTON: Voleva fuggire dalla finestra.
MAJERHOLD: Ti ho detto di ricondurlo qui.
JOE ORTON: Non ha mantenuto la parola data! Non accetterò la responsabilità per qualcosa che non è colpa mia.
MAJERHOLD: In che stato si trova?
JOE ORTON: Molto meno vivace di prima. La bocca aperta, ma senza parole. Come se niente lo interessasse.
ELVIRA: Joe Orton, come potrei perdonarti?
JOE ORTON: Ogni novità storica esige almeno una vittima.
ELVIRA: Mai sapremo chi era e cosa voleva.
MAJERHOLD: Cercando la risposta a questa domanda, inganneremo il tempo nelle lunghe serate invernali. Joe, prendi la pala, sacrifica qualche testa di cavolo e sotterra il signore abbastanza in profondità, in modo che un giorno non possa essere disotterrato per caso.
JOE ORTON: *Shit!* Mi sono procurato altro lavoro non necessario.

Si volta e se ne va. Prende con sé il fucile. Breve pausa.

ELVIRA: Verranno a cercarlo.
MAJERHOLD: Chi?
ELVIRA: Quelli. I suoi. L'Acquedotto comunale. La Polizia. I Servizi segreti. Oppure i dottori per riportarlo in manicomio. Che ne so.
MAJERHOLD: Tu non sai niente, Elvira. Ed è la cosa giusta per tutti noi.
ELVIRA: Mi vuoi bene?
MAJERHOLD: Non credi che il momento esiga una domanda un po' più intelligente?

Buio.

Scena undicesima

Nel buio ascoltiamo la radio: "… la maggioranza delle persone continua a credere che i discorsi sull'immediata minaccia alla sopravvivenza umana sia futurologia della quale si occupano coloro che non hanno niente di meglio da fare. Purtroppo non è così. L'Apocalisse è una nave sulla quale ci siamo già imbarcati, che ha

COMMEDIA SULLA FINE DEL MONDO

già abbandonato la banchina e non farà più ritorno. Nessuno sa come questi fatti influiranno sui nostri reciproci rapporti . Chi si rende conto che il nostro secolo è forse l'ultimo, dovrebbe sforzarsi di diventare meno egoista, dovrebbe sottomettere i propri obiettivi personali all'unanime guida della nave sulla quale ci troviamo, per non aver preso in tempo i provvedimenti necessari. Non riusciremo a evitare il naufragio, questo lo sappiamo tutti tranne i ciechi. Si tratta però o di un naufragio di quest'anno, o di un naufragio fra cinque anni o, nel migliore dei casi, fra cent'anni ..." *Durante il notiziario la scena si illumina lentamente.*

Entra Majerhold e spegne la radio.

MAJERHOLD: Bla... bla... bla...

Prende la propria cartella, si siede in poltrona e si mette a schizzare. Entra Elvira che porta il tè. Lo depone sul tavolino e prende posto sul divano. Resta seduta. Majerhold le dà un'occhiata.

MAJERHOLD: Preoccupata?
ELVIRA: Joe non fa che andare a zonzo in città.
MAJERHOLD: Ma non lo faceva anche prima?
ELVIRA: Ora potrebbe finirla di spacciare. Ora abbiamo l'orto.
MAJERHOLD: L'ho disciplinato quanto è stato possibile.
ELVIRA: Credevo che saremmo stati felici, ora che siamo sopravvissuti ai fatti tremendi.
MAJERHOLD *si alza in piedi:* Ma cosa dici? I fatti tremendi li dobbiamo ancora affrontare. E' per questo che ci siamo costruiti un rifugio. Anche se vivremo una sola settimana più a lungo degli altri, ne sarà valsa la pena.
ELVIRA: Ma una settimana in più si merita tutte queste fatiche ?
MAJERHOLD: Quante fatiche hai incontrato tu?
ELVIRA: Chi cucinava e puliva e sedava gli spiriti bollenti e offriva un appoggio morale? E potrei aggiungere altro.
MAJERHOLD: Volevi dire le notti in camera tua?

Elvira si alza, prende il vassoio e si dirige verso la porta.

MAJERHOLD: Non ho ancora bevuto il tè.
ELVIRA: E non lo berrai.

Sulla porta evita a malapena uno scontro con Konjevič che arriva dal corridoio.

KONJEVIČ: Lo berrò io. Lo posi pure sul tavolino. *Si frega le mani.* Mi farà bene, fuori soffia il vento.

Majerhold e Elvira lo fissano a bocca aperta.

ELVIRA *dà un'occhiata a Majerhold:* Spero di non sbagliarmi. Qui non c'è nessuno oltre noi due, vero?
KONJEVIČ: Speravo che mi avreste abbracciato stretto stretto.
ELVIRA: Più volte mi è sembrato che in questa casa ci fossero i fantasmi.
KONJEVIČ *prende dalle mani di Elvira il vassoio, lo porta sul tavolino, versa del tè:* I fantasmi non bevono tè.
ELVIRA: Ma lei giace nell'orto, a due metri di profondità!
KONJEVIČ: Là avrei difficoltà a respirare. E a me piace respirare. *Aspira profondamente.* Sebbene ci sia una grande mancanza di aria fresca.
MAJERHOLD: C'è solo un modo per accertare se davanti a noi ci sia un fantasma o no.

Toglie dalla tasca la pistola e la punta su Konjevič.

KONJEVIČ: Ho la sensazione che a momenti sentiremo bum bum.

Sorride e sorseggia il tè.
Majerhold spara. Elvira sussulta, Konjevič solleva la tazzina e sorride.

KONJEVIČ: Se l'intuizione non m'inganna, a momenti sentiremo un altro bum bum.
MAJERHOLD: Forse indossa il giubbotto di salvataggio.

Majerhold fa un passo verso Konjevič e gli spara in testa dalla distanza di un metro.

KONJEVIČ: Uh, mi è quasi saltato il timpano.
MAJERHOLD *esamina la pistola:* Oltre all'hashish, Joe Orton assume altre droghe? LSD? Mescal? E' possibile che ci abbia propinato qualcosa insieme al cibo?

COMMEDIA SULLA FINE DEL MONDO

Joe Orton entra dal corridoio col fucile.

JOE ORTON: Sto lontano cinque minuti, e già mi si accusa dei peggiori crimini.
ELVIRA: Joe, per carità, dove sei stato?
JOE ORTON: Sono diventato cacciatore. Mi sono messo a sparare agli animali, così non saremo più costretti a mangiare solo verdura. *Guarda Majerhold.* E il signor Ebenspanger, a chi spara?
KONJEVIČ: Ai fantasmi.
MAJERHOLD: Joe, quante persone vedi in questa stanza?
JOE ORTON: Tre.
ELVIRA: E il fantasma?
JOE ORTON: Il fantasma non lo vedo.
ELVIRA: E' qui davanti e beve il tè!
JOE ORTON: Non è un fantasma, è il signor Konjevič.
ELVIRA: Joe, al signor Konjevič hai sparato nel bagno e l'hai seppellito nell'orto!
JOE ORTON: Forse non l'ho colpito bene.
ELVIRA: Ma abbiamo visto dalla finestra che lo seppellivi.
JOE ORTON: Davvero?
ELVIRA: Hai persino ripiantato le teste di cavolo. Per cancellare le tracce, hai detto.
JOE ORTON: Forse è resuscitato. Forse è finalmente incominciata la resurrezione annunciata dalla Bibbia.
ELVIRA: Joe –
JOE ORTON: Non siete contenti che non sono un assassino? Avreste dovuto abbracciarmi, baciarmi. Tutti e quattro dovremmo andare direttamente in camera da letto e festeggiare l'avvenimento a più non posso.
MAJERHOLD *estrae il caricatore dalla pistola e vede che in esso ci sono solo cartucce da esercitazione:* Ma sono proprio stupido.
JOE ORTON: Noi lo sappiamo da parecchio tempo.
KONJEVIČ: Lascialo. Non è segno di nobiltà dare calci a colui cui la simmetria si è sfracellata nel caos.
ELVIRA: Qualcuno sarebbe tanto gentile da spiegarmi cosa sta succedendo?
JOE ORTON: Niente di diverso da quello che è successo migliaia di volte nella storia.
ELVIRA: Io proprio non riesco a capirti.
JOE ORTON: Come potresti, se da capo a piedi sei un vuoto che deve essere costantemente riempito affinché non vi possa entrare per caso nemmeno un granello di saggezza?

KONJEVIČ: Non parlare così. Noi uomini dobbiamo essere rispettosi con le donne, anche se le disprezziamo.
MAJERHOLD: Quando è iniziata questa cospirazione?
JOE ORTON: Lei se lo ricorda, signor Konjevič?
KONJEVIČ: Credo che sia passato un po' di tempo. Comunque prima che fossi seppellito nell'orto.
MAJERHOLD: Prima che fosse venuto da noi?
KONJEVIČ: Non è escluso. Ma non ha importanza; ormai è fatta.
ELVIRA: Dio mio! Joe Orton, come hai potuto mentire a tal segno?
JOE ORTON *sibila:* E tu forse non menti quando fingi l'orgasmo?
ELVIRA *velenosa:* Di solito non lo faccio, ma con te non mi resta nient'altro da fare.
JOE ORTON: Grazie del complimento. Per causa sua, domani, quando comincerai a pagare l'affitto, sarà molto più alto.
ELVIRA: Signor Majerhold, perché non mi difende?
MAJERHOLD: Sono vittima della mia ingenuità.
KONJEVIČ: Piuttosto della mancanza di capacità professionali. Io le offrivo un accordo che le avrebbe permesso di conservare la sua posizione, a tutti noi avrebbe garantito la comodità sino alla fine dei nostri giorni.
MAJERHOLD: Quali intenzioni avete voi due?
JOE ORTON: Niente di drammatico. Finora abbiamo coltivato nell'orto dieci varietà di verdure, da oggi in poi –
MAJERHOLD: Lo so, canapa.
JOE ORTON: No. Papavero.
ELVIRA: Non mi è mai piaciuta la torta di semi di papavero.
MAJERHOLD: Oppio? Eroina?
KONJEVIČ: Rispetto alla superficie e alla composizione del terreno, il ricavo sarà molto maggiore.
MAJERHOLD: Vi dedicherete al commercio? A narcotizzare la gente? Non coltiverete alimenti, bensì malattie e morte? Questo non lo permetterò.
ELVIRA: Io neppure. La casa e l'orto sono iscritti nel catasto a nome mio.
JOE ORTON: Prevedevo difficoltà.
KONJEVIČ: Niente di grave. Siamo gente ragionevole, risolveremo i problemi. La voltura catastale non è complicata. Una piccola promessa, una piccola minaccia, ed è fatta. Vero, signora Elvira? Vero, signor Majerhold? Anche nel perseguimento dei propri scopi dobbiamo conservare i valori umani.
MAJERHOLD: I suoi valori, signor Konjevič Novak, non si meritano neppure uno sputo.
ELVIRA: Io gli darò uno sputo. *Sputa verso Konjevič.*

KONJEVIČ: I valori sono quella cosa che inventiamo quando vogliamo legalizzare i nostri obiettivi. In parole povere: falsità.
JOE ORTON: E' da parecchio tempo che in questo campo è permesso praticamente tutto. Persino le mie farse. Mi guadagnerò un posto nella storia.
MAJERHOLD: Tu sei un pidocchio che si merita un posto tutt'al più sulla pelle di un cane rognoso. L'umanità si trova alla soglia dell'estinzione. E voi due –
JOE ORTON: Ma noi vogliamo lenire le ultime sofferenze. Non siamo nobili? Divertimento, oblio, godimento e anni di comodità per noi – che può esserci di più bello?
KONJEVIČ: Coi guadagni della vendita dell'oppio potremo comperarci cento volte più verdura di quanta ne avevate intenzione di coltivare fuori nell'orto.
JOE ORTON: E carne.
KONJEVIČ: E carne. Di ogni tipo. Anche giovane e soda. *Guarda Elvira.*
ELVIRA: Signor Majerhold, sarà tanto gentile da proteggere la mia dignità?
MAJERHOLD: Il gioco è perduto.
KONJEVIČ: Non necessariamente. Riflessivi come siete, potrete ancora passare dalla parte vincente.
MAJERHOLD: Non frequenteremo i mascalzoni.
ELVIRA: Bene, signor Majerhold! *Sul viso le si dipinge la preoccupazione.* D'altro canto è necessario riflettere su tali problemi. Vero, signor Konjevič?
MAJERHOLD: Vi rifletteremo. In Tribunale.
KONJEVIČ: Ma il Tribunale si trova all'esterno della vostra recinzione che avete sistemato perché nessuno potesse penetrare nell'orto, signor Ebenspanger. Il Tribunale non ha competenza all'interno di essa, qui siamo solo noi.
MAJERHOLD: Dovrete uccidermi, allora.
KONJEVIČ: Noi non siamo assassini come lei, che magari lo è senza successo.
JOE ORTON: Dia un'occhiata dalla finestra, signor Majerhold.

Majerhold ed Elvira si avvicinano alla finestra e guardano fuori.

ELVIRA: Chi è quella ragazza?
JOE ORTON: La nuova manodopera. Assunta due ore fa.
MAJERHOLD: Aspetta un po'... Non posso credervi. E cosa sta facendo?
JOE ORTON: Raccoglie la verdura ed erpica il terreno per piantarvi il papavero.
ELVIRA *colpita.* Ma è giovane.
KONJEVIČ: Così va il mondo, signora. Oggi nulla è durevole. Facciamo una piroetta, ed è già ieri. L'indomani bussa alla porta persino durante il sonno.
ELVIRA: E che altro farà, oltre a erpicare il terreno?

KONJEVIČ: Ha dimostrato di essere disposta a riflettere su alcune nostre proposte. Lei conosce le ragazze che provengono da famiglie indigenti: non rifiutano mai un pezzo di pane a scapito della castità.

ELVIRA: E dove avete intenzione di mettere in atto le proposte? Nella mia camera da letto?

KONJEVIČ: Passando di lì, ho gettato un'occhiata dentro e mi è parsa adatta per... lasciamo perdere, non entrerò nei dettagli...

ELVIRA: Iddio la castigherà! *Si precipita da lui e lo picchia con i pugni. Iddio la castigherà! Scivola in ginocchio, abbraccia le sue ginocchia, singhiozza.* Abbia pietà...

JOE ORTON: Che casino!

ELVIRA *sottovoce:* Iddio mi ha castigato...

Majerhold si dirige verso la porta.

KONJEVIČ: Dove sta andando?

MAJERHOLD: Incontro a nuove avventu re.

JOE ORTON: Vi abbiamo già provveduto. Da oggi in poi le sue avventure saranno –

MAJERHOLD: Non mi interessa.

JOE ORTON *punta il fucile su Majerhold:* Io credo invece che le interessi.

MAJERHOLD: Io sono uno scienziato.

KONJEVIČ: Proprio per questa ragione, signor Ebenspanger. Proprio per questo le abbiamo assegnato dei doveri che solo una persona con la sua esperienza professionale può assolvere.

JOE ORTON: Lei sarà direttore del laboratorio per la trasformazione dell'oppio in eroina.

KONJEVIČ: Sarà spesato per vitto e alloggio. Non è poco, visti i tempi che corrono.

JOE ORTON: E' più di quanto abbia un miliardo di esseri umani in tutto il mondo.

KONJEVIČ: Solo a Los Angeles centomila persone dormono sui marciapiedi.

ELVIRA: E io? Quali saranno le mie mansioni?

MAJERHOLD: Hai forse intenzione di prostituirti?

ELVIRA *offesa:* Io non mi sono mai prostituita. Ho fatto delle cose che non tutte le donne farebbero, ma ho sempre unito l'utile al dilettevole. Sono di natura una donna che collabora. Che si muove coi tempi. Che si adegua.

KONJEVIČ: Signora Elvira, del nostro incontro di tanti anni fa, ricordo in particolare una posizione speciale. Crede che potremmo ripeterla, tenendo conto del fatto che le sue giunture non sono più così flessibili?

Elvira gli appioppa uno schiaffo.

JOE ORTON: Un po' di rispetto non sarebbe superfluo, se no resteremo senza cuoca.
ELVIRA: Signor Majerhold... Il mondo è diventato troppo imprevedibile perché l'orgoglio possa essere più di un fatale errore.
KONJEVIČ: Donna saggia. Ascoltatela.
JOE ORTON: Stupida come una gazza, ma stavolta, per caso, ha affermato una cosa che approvo.
MAJERHOLD *a Konjevič:* Riguardo a lei, io non so chi sia, di sicuro è un imbroglione matricolato, e potrebbe vendere meglio le sue capacità alla borsa internazionale.
KONJEVIČ: Conosco i miei limiti, signor Vehovar.
MAJERHOLD: Invece tu, Joe Orton, sei tutt'altro. Senza tener conto dell'impressione che fai, sei piuttosto istruito sull'universo del pensiero umano.
JOE ORTON: Grazie.
MAJERHOLD: L'avidità, da te scelta come guida nella vita, non ti arrecherà altro che una breve soddisfazione dei bisogni più bassi, e delle infinitamente lunghe ore di pentimento.
JOE ORTON: Il gatto si voltola al sole, poi si addormenta. L'uomo si voltola nella vita, poi si addormenta. Né l'uno né l'altro può evitare il fatto funesto di essere ciò che è.
ELVIRA: Non capisco niente.
JOE ORTON: Perché non potremmo aspettare la fine del mondo in stato di nebulosa euforia, di felicità artificiale, ma comunque felicità? La ricerca dell'oblio è una caratteristica universale di tutti gli esseri viventi. Ecco perché noi, qui, ce la godremo.
MAJERHOLD: Senza di me. *Si volta per andarsene.*
KONJEVIČ: Signor Ebenspanger, lei sa bene di essere fuori questione.
MAJERHOLD: E come disporrete di me?
KONJEVIČ: Prima o poi dovrà andare in bagno, Joe Orton la accompagnerà munito di fucile, lei tenterà di fuggire dalla finestra, lui le sparerà alla schiena, la seppelliremo sotto le aiuole dei papaveri. Così lei diventerà concime.

Breve pausa.

ELVIRA: Signor Majerhold, rimanga con noi. Ha pagato l'affitto sino alla fine dell'anno. Poi ci metteremo d'accordo. Le nostre richieste non saranno eccessive. Vero, Joe?

JOE ORTON: Decida lui da solo.

KONJEVIČ: Signor Ebenspanger. Morire per dei principi che sono in effetti trovate provvisorie, in questi tempi è un anacronismo. Mi appello a lei di non lasciarsi affascinare dal desiderio infantile di eroismo.

Breve pausa.

ELVIRA *cauta:* Signor Majerhold?
MAJERHOLD: In effetti non ho scelta.
KONJEVIČ: Minima, direi.
MAJERHOLD *decide:* Va bene. Allora farò un salto in città a comperare alcuni libri di argomento scientifico, sarò di ritorno in meno di mezz'ora.
KONJEVIČ: Per me non vi sono problemi, dipende da cosa dirà Joe Orton, drammaturgo e regista di questo spettacolo.
JOE ORTON: Mezz'ora.
ELVIRA: Con la possibilità di un breve ritardo. Non più di cinque minuti.
MAJERHOLD: Mezz'ora mi basta. *Si allontana velocemente.*

Breve pausa.

ELVIRA: Sono così contenta che abbiano vinto i sentimenti e non la ragione.
JOE ORTON: Tutto va secondo i progetti.
Konjevič si avvicina alla finestra, guarda fuori.
KONJEVIČ: Sta percorrendo il sentiero che conduce al cancello.
JOE ORTON: Quanto è lontano?
KONJEVIČ: E' a metà strada.
JOE ORTON: Elvira, apri la finestra.

Elvira si avvicina alla finestra e la apre.

ELVIRA: Ha raggiunto il cancello. Ce la farà!
KONJEVIČ: Ora si arrampica sul cancello verso la cima.
JOE ORTON *spinge via Konjevič:* Ancora un po' e si pentirà di aver fatto montare punte così acuminate.
KONJEVIČ: Delle autentiche lance.

Joe Orton solleva il fucile e mira fuori dalla finestra.

ELVIRA: Aspetta.
JOE ORTON *la guarda:* Cosa vuoi?
ELVIRA *si allontana dalla finestra:* Io so di essere solo una donna sentimentale, ma in questo momento mi si stringe il cuore e riesco a malapena a respirare.

Fuori, alla distanza di cento metri, si sente un urlo tremendo.

ELVIRA: Cosa è successo?
KONJEVIČ *ritorna alla finestra:* Il fuggitivo è scivolato proprio sulla cima del portone.
JOE ORTON: Una lancia gli ha trafitto il cuore.
ELVIRA: Gesù mio! La colpa è nostra.
JOE ORTON: Nostra? Ha ordinato le punte delle lance in Svizzera, poiché le nostre gli sembravano poco affilate!
ELVIRA *ai limiti della disperazione:* Ci voleva proteggere!
JOE ORTON: Questi tipi sono i peggiori.
KONJEVIČ: Dobbiamo sfilarlo in fretta, i passanti casuali potrebbero diffondere la notizia.

Joe Orton e Konjevič si dirigono verso la porta. Konjevič si volta.

KONJEVIČ: Tutto si sistemerà, signora Elvira. Un sorso di tè verde, ed è fatta.

Se ne vanno. Elvira resta ferma e non sa cosa fare. Si avvicina allo specchio, si sistema i capelli. Guarda tristemente il proprio riflesso.

ELVIRA: Che sollievo, poter invecchiare e morire!

Sipario.

Comedia del fin del mundo
Premio Grum a la mejor obra dramática de 2013
Argumento del jurado

Comedia del fin del mundo es una farsa de una farsa que encierra otra farsa. Es una farsa como lo es nuestra realidad aunque, tal como lo expresa su héroe, "no sea el momento para farsas. La realidad exige dramas serios". La realidad, como lo averigua con precisión nuestro autor, nos hace preguntarnos sobre el fin del mundo, preguntarnos si hará falta plantar y cercar una huerta propia o seguir cultivando hierba – para traficar con ella... Es exactamente lo que, en una casa con jardín abandonado en las afueras de la ciudad, en un escenario casi beckettiano, se preguntan cuatro personajes, cada uno marcado por su imaginaria realidad teatral y, sin embargo, todos fácilmente reconocibles dentro de nuestra propia realidad. El inquilino Joe Orton, dramaturgo no consumado, la dueña Elvira, actriz no consumada, el nuevo inquilino Majerhold, secreto científico de medio ambiente, y Konjevič, hombre con diferentes identidades inventadas, no pueden ponerse de acuerdo sobre la finalidad del jardín y sobre la manera de salvar el mundo, de modo que el pronóstico dramático del autor, que es todo menos optimista, de la manera de solucionar los problemas actuales de la sociedad al umbral del fin del mundo nos revela con claridad que en la batalla entre los innovadores con principios y los usureros sin escrúpulos ganarán estos últimos, como tantas otras veces y a pesar de los pronósticos apocalípticos. Este texto dramático de diálogos hábiles, lleno de aforismos e inteligentes juegos de palabras, nos hace preguntarnos, además, qué es real, tanto dentro del texto como en general, quién es auténtico y quién está disfrazado y, sobre todo, si el fin del mundo es una realidad inminente o sólo un bastidor de la batalla entre los intereses creados, de la batalla en la que actuan en secreto tanto los científicos revolucionarios como los logreros explotadores. En fin, *Comedia del fin del mundo* trata de manera discreta y original los candentes temas globales-locales, reflejando con fidelidad el estado de ánimo dentro y fuera del país, y nos hace sospechar que todo el mundo es sólo un teatro y que tal vez por eso jamás lleguemos a conocer la respuesta a la pregunta del título del drama de Orton nunca escrito: "¿Por qué todos los valores se han ido a tomar por saco?"

COMEDIA DEL FIN DEL MUNDO

Traducido por Rosalina Perales

Personajes

JOE ORTON, 25
ELVIRA, 48
MAJERHOLD, 55
KONJEVIC, 50

Lugar:
afueras,
en cualquier parte del mundo

Tiempo:
hoy,
mañana,
pasado mañana

*Gracias por la inspiración, Joe Orton,
muertos desde 1967.
Eres afortunado!*

La obra debe realizarse rápidamente y con seriedad muertos!

COMEDIA DEL FIN DEL MUNDO

Primero Acto

Escena 1

Un cuarto. En la parte de atrás, a la derecha, una puerta que da al primer piso (al corredor). A la izquierda, una puerta que da a un cuarto pequeño, un cubículo. En la pared, al lado de la puerta que lleva al corredor hay un espejo grande. Sofá, butaca, mesita, gavetero. En el gavetero, dos paquetes de periódico. Al lado, un antiguo recibidor de radio. Todo se ve descolorido, desordenado, descuidado.

En la oscuridad se escucha un informe radial: "Representante de las islas Tuvalu en el Pacífico han firmado un contrato con el gobierno en Wellington que le permitirá a toda la población del estado, constituido por ocho atolones, mudarse a Nueva Zelanda. Tuvalu, el paraíso tropical de playas arenosas y palmares, descansa solamente a cinco metros sobre el nivel del mar. El mar, debido al efecto del calentamiento global, se espera que suba siete metros antes del fin del siglo. Los habitantes de Tuvalu quieren protegerse ahora. Esto se puede costear porque son solamente 11,000. Pero, ¿qué pasará con los habitantes de Florida o los cien millones de Bangladesh que se inundarán antes? ¿Qué pasará con los habitantes de Groenlandia cuando se derritan los glaciares que la cubren? Las opiniones sobre cuándo llegaremos al punto sin retorno están divididas…"

Durante el informe las luces van revelando gradualmente el escenario. Joe Orton sale de su cubículo. Está fumándose un cigarrillo de marihuana. Inhalando lentamente, se dirige al radio y lo apaga.

COMEDIA DEL FIN DEL MUNDO

Joe Orton Bla bla bla. (*Se va a su cuarto y restalla la puerta.*)

Elvira entra del corredor. Va seguida de Mayerhold.

Elvira No muy grande, pero cómodo.

Mayerhold examina el cuarto.

Mayerhold ¿Es todo?
Elvira No lo ha impresionado.
Mayerhold ¿Y qué tal el piso de abajo? Me encantaría abrir la puerta y salir directamente al jardín.
Elvira Usted puede hacer eso desde mi cuarto. Pero... (*Lo mira de arriba a abajo.*)
Mayerhold Por supuesto. Usted hasta podría... (*Sus ojos recorren el cuerpo de Elvira rápidamente.*)
Elvira Mientras tanto, usted podría mirar el jardín desde la ventana.
  (*Mayerhold va a la ventana y mira hacia afuera. Se vuelve.*)
Mayerhold ¿Y el baño?
Elvira Al lado de mi cuarto.
Mayerhold Me gustaría tomar una ducha una vez por semana.
Elvira ¿Una vez por semana? Se puede bañar todos los días.
Mayerhold Ummm...
Elvira Es cierto que la puerta no se puede cerrar con llave, pero yo no acostumbro invadir ese espacio. Especialmente si hay un hombre adentro. (*Le ofrece una sonrisa más azucarada que seductora.*)
Mayerhold ¿Usted se ducha todos los días?
Elvira La higiene personal es muy importante para mí.
Mayerhold Sí, claro.
Elvira Usted sabe cuán inmoral se ha vuelto el mundo. Si tenemos que hacer suciedades, por lo menos hagámoslas estando limpios.

Mayerhold asombrado por esas palabras.

Mayerhold Perdone, pero... ¿qué estudió usted?
Elvira Terminé la escuela primaria exitosamente.
Mayerhold Ah... ¡felicidades!
Elvira El último año lo tuve que completar en un reformatorio.

Mayerhold ¿Y? ¿La reformaron?
Elvira Hay cosas que necesitan tiempo.
Mayerhold De lo que no queda mucho.
Elvira ¿Y usted? ¿Profesor? ¿Doctor?
Mayerhold *(Mirando la puerta de Orton.)* ¿Y esta puerta?
Elvira Esta puerta... cómo lo digo... lleva a una especie de... alacena.
Mayerhold ¿Puedo verla?
Elvira ¿Ahora? ¡Que raro!
Mayerhold ¿Por qué?
Elvira Está cerrada con llave.
Mayerhold ¿Y la llave?
Elvira La llave... tengo que conseguirla. Espero encontrarla.

Elvira, tratando de esconder su bochorno, sale al corredor. Mayerhold regresa a la ventana y mira otra vez el jardín. La puerta de la izquierda se abre. Joe Orton sale silenciosamente de su cubículo y observa a Mayerhold. Después va de puntillas hacia él y se le para detrás.

Joe Orton ¡Buuuuuu! *(Mayerhold se vuelve, llevando su mano derecha hacia su chaqueta como trantanto de sacar un arma.)* ¿Quién es usted?
Mayerhold El punto sería, ¿quién es usted?
Joe Orton Hoy soy casi cien por ciento Joe Orton. Ocasionalmente pienso que soy Harold Pinter. O Samuel Beckett.
Mayerhold Complicado.
Joe Orton Para nada. En realidad soy Joe Orton. Todos los demás simplemente pretenden ser.
Mayerhold ¿De dónde viene usted?
Joe Orton Del otro lado. Porque yo morí bastante joven, pero me dije: "Vamos a tratar otra vez". ¿Y usted?
Mayerhold A mí me gustaría alquilar este cuarto.
Joe Orton Usted no parece alguien que quiera vivir alquilado.
Mayerhold Necesito un techo sobre mi cabeza.
Joe Orton Usted se ve como alguien que se gana la vida sin mucha dificulltad.

Elvira regresa. Se pone tensa cuando ve a Orton.

Elvira No sabía que estabas en casa.

COMEDIA DEL FIN DEL MUNDO

Joe Orton El diablo me ha sacado del infierno porque me atreví a sugerir que su comida no era la mejor. Como castigo tengo que estar dos días en la tierra.

Elvira Este es Joe Orton, mi inquilino.

Joe Orton estalla.

Joe Orton Nada más lejano. Soy un miembro de la familia y voy a resistir cualquier intento de degradación de mi estatus privilegiado. *(Se vuelve hacia Mayerhold.)* Y me importa un pito quién es usted: un abogado, un inspector de impuestos o un agente encubierto. Me quedo, y usted, a la calle; cuanto antes, mejor. *(Ya abajo, Orton vuelve a su cuarto restallando la puerta.)*

Elvira Les teme a los hombres con zapatos negros. Especialmente, si usan pantalones planchados.

Mayerhold ¿Por qué?

Elvira Está convencido de que quieren apoderarse del mundo.

Mayerhold Puede ser, pero hay algunos que quieren salvar el mundo y usan pantalones planchados como camuflaje.

Elvira Me gustaría encontrar uno de esos.

Mayerhold Comoquiera que se llame... vive en su alacena.

Elvira Usted sabe que vivimos tiempos difíciles. Yo puedo manejar mis necesidades sexuales satisfactoriamente de un modo u otro, pero las financieras son otra cosa; uno tiene que comprometerse.

Mayerhold Madam...

Elvira Elvira.

Mayerhold Le seré honesto. Usted me ofrece un cuarto sin ninguna privacidad. Tiene un loco en la puerta de al lado que reclama haber resucitado como un escritor inglés, cuando es más un Danny o Ron o Trevor. Y en cuanto a usted, es una mujer con un pasado dudoso.

Elvira Quizás, pero Joe Orton es verdaderamente Joe Orton. Reencarnado. Es verdad que al principio yo no le creía. Pero él ha encontrado la forma de convencerme. ¿Usted no cree en la reencarnación?

Mayerhold No se preocupe. El hecho es que me siento atraído por su jardín.

Elvira Se refiere al jardín de los vecinos.

Mayerhold Usted no tiene vecinos.

Elvira	Sí, la casa está un tanto aislada. *(Mayerhold se acerca a la ventana y mira hacia afuera.)*
Mayerhold	Su jardín es, disculpe la expresión, el ejemplo más perfecto de descuido que yo haya visto en una zona urbana. ¿Este es el resultado de una planificación cuidadosa?
Elvira	Lo dudo mucho.
Mayerhold	En otras palabras, la jardinería no es uno de sus pasatiempos.
Elvira	Lo sería, pero cuando miro al desierto que hay allá afuera, pierdo la voluntad. Me digo a mí misma: "Pronto el mundo entero se va a ver así, para qué voy a molestarme".
Mayerhold	¿Desierto? Yo he vivido en el desierto, un desierto de verdad.
Elvira	¿De verdad? ¿Por qué?
Mayerhold	Cuando usted vive en el desierto, no piensa en razones.
Elvira	Demasiado caliente para pensar, me imagino.
Mayerhold	En el desierto usted está completamente alejado de la tarea de preguntar y encontrar respuestas.
Elvira	Desagradable tarea, estoy de acuerdo.
Mayerhold	Y si usted se queda un tiempo suficiente, todo se ve claro al final. El mundo deja de ser un rompecabezas.
Elvira	Usted debió tener un buen trabajo si se quedó tanto tiempo.
Mayerhold	Bueno, unos cuantos años.
Elvira	¡Dios mío! ¡Por eso usted está tan bronceado! *(Le recorre el cuerpo con los ojos de arriba abajo, abiertamente.)*

Joe Orton abre la puerta de su cuarto y saca la cabeza.

Joe Orton	Y otra cosa, Sr. Harold Pinter, no me gusta su camisa. La gente que usa ese tipo de camisa y huele a loción de afeitar es responsable de lo asqueroso en que se ha convertido el mundo. *(Restalla la puerta.)*
Elvira	Debe tener paciencia con él. Muchas veces sus palabras son solamente fragmentos del diálogo de la obra dramática que está tratando de escribir. El puede ser encantador. Cuando hace un esfuerzo.
Mayerhold	¿Y cuán a menudo ocurre eso?
Elvira	No hay reglas. El pobre no tiene más remedio que vivir con esos sentimientos que sólo tiene él.
Mayerhold	Me temo que ahí no le puedo ayudar.
Elvira	Está bien, yo lo cuido.
Mayerhold	Usted es muy cristiana.

COMEDIA DEL FIN DEL MUNDO

Elvira Los hombres jóvenes que se pierden necesitan un hombro para llorar, si lo tienen que hacer, ¿usted no cree?
Mayerhold En mis tiempos los hombres jóvenes estaban hechos de un material más duradero.
Elvira ¡Dónde estarán esos tiempos! ¡Y esos hombres jóvenes! El mundo se ha vuelto cojo, ¿no cree?

Mayerhold la vuelve a escrutar.

Mayerhold ¿Es su experiencia también?
Elvira Al final las mujeres simplemente nos veremos forzadas a usar pantalones.
Mayerhold Espero que usted pueda evitar una desgracia como esa.
Elvira Usted prefiere las mujeres con faldas.
Mayerhold Yo prefiero no hablar de mujeres. *(Mira hacia la distancia.)* Lo mejor de vivir en el desierto es que uno no tiene que escuchar a otra gente.
Elvira Sí, requiere un gran esfuerzo.
Mayerhold Sólo viento, y alguna cabra perdida aquí o allá. Quizás un trueno alguna vez. La posibilidad de malentendidos se reduce a cero.
Elvira Que bien.
Mayerhold También odio discutir ideas. Si son buenas no hay necesidad de hablar de ellas y si son malas no merecen que se hablen de ellas.
Elvira ¡Qué lástima que Joe no escuchó eso!
Mayerhold ¿Por qué?
Elvira Hubiera puesto éstas palabras en su obra inmediatamente. Es verdad que ha estado escribiéndola por varios años, pero pronto se estrenará en el Teatro Nacional, dice él. Yo me sentaré en la primera fila.
Mayerhold Lo siento, pero debo saber: ¿Usted tiene otros inquilinos?
Elvira Sólo dos.
Mayerhold ¿Dos? Dónde está el otro?
Elvira Es usted.

Mayerhold va hacia la ventana y vuelve a mirar el jardín. Se vuelve y mira el cuarto.

Mayerhold Usted dijo que el cuarto es muy cómodo.
Elvira El sofá se convierte en cama. Me hará muy feliz preparársela todas las noches y arreglarla por la mañana.

Mayerhold ¿De verdad?
Elvira Trabajé como camarera por un tiempo, cuando era más joven. Preparar camas para los hombres como usted me llenaba de gran satisfacción. Podría decir que esos fueron mis únicos momentos de felicidad.
Mayerhold No lo tome como algo personal, pero este cuarto es un desastre.
Elvira Es porque Joe entretiene a sus amigos aquí. La alacena es tan pequeña que él casi no se puede poner de espaldas. Pero eso se va a acabar. Si usted alquila el cuarto, el tendrá que respetar su privacidad.
Mayerhold ¿La puerta se puede cerrar con llave?
Elvira Claro. Traje la llave. *(Le muestra la llave.)*
Mayerhold Entonces, yo prefiero que se cierre con llave.
Elvira Difícil.
Mayerhold ¿Por qué?
Elvira Joe no podría salir de ahí.
Mayerhold ¿Esta es la única salida?
Elvira Está la ventana. Pero, yo dudo que Joe acepte eso. Necesitaría una escalera, que él no tiene. Y, ¿qué dirían los vecinos?
Mayerhold Usted no tiene vecinos.
Elvira Es verdad. Pero el cartero siempre viene. Trae facturas que yo no puedo pagar.
Mayerhold Yo le puedo hacer una escalera; soy muy diestro.
Elvira El le teme a las alturas. Me dijo que hubiera sido un piloto comercial si no fuera por eso.

Mayerhold camina alrededor del cuarto y mira otra vez el jardín.

Mayerhold También tengo unos cuantos pares de zapatos. Algunos trajes, dos corbatas, camisas; cosas así.
Elvira Por supuesto, un caballero como usted…
Mayerhold Y dos cajas de libros científicos. ¿Dónde puedo guardarlos?
Elvira Hay un guardarropa en el piso de abajo.
Mayerhold Correcto. Pero tenemos que llegar a un acuerdo, por escrito de ser posible, sobre cuán a menudo este chico puede salir del cuarto.

Elvira fracasa en su intento de mostrarse complacida.

Elvira Joe puede ser muy considerado. Estoy segura que se van a hacer amigos en bien poco tiempo.

Mayerhold Me temo que no entiendo. La única razón por la que me quiero quedar es su jardín. Es suficientemente grande. Rodea la casa. Está protegido por arbustos tan altos que hasta una jirafa tendría que subirse a un árbol para mirar adentro. Privacidad completa. Para colmo, está tan descuidado según puedo observar, que ni siquiera la mala yerba puede sobrevivir. En síntesis, su jardín es ideal.
Elvira Me va a tomar un buen tiempo acostumbrarme a su sentido del humor.
Mayerhold No tengo sentido del humor. Deje que lo tengan otros que lo necesitan; yo no lo necesito.

Elvira se ríe; se cubre la boca con las manos.

Elvira Como ve, me ha hecho reír.

Se sienta en el sofá y sigue riéndose. Meyorhold la mira un tanto preocupado.

Mayerhold ¿La puedo ayudar?
Elvira Sólo estoy riéndome.
Mayerhold Vivimos unos tiempos en que la risa es una señal de alguna enfermedad seria.

Elvira deja de reírse y se levanta.

Elvira Razones financieras me obligan a hacerle una pregunta.
Mayerhold Adelante.
Elvira ¿Se va a quedar con el cuarto o no?

Mayerhold va a la ventana, le da otro vistazo al jardín y se vuelve.

Mayerhold Estoy interesado en el jardín. El cuarto es un castigo que tendré que soportar.

Oscuro

COMEDIA DEL FIN DEL MUNDO

Escena 2

Un mes después. El cuarto se ve diferente. El sofá se ha convertido en cama, que está cuidadosamente tendida. Una verja de un metro de alto, corre a lo largo de una pared trasera, que alcanza el corredor de la entrada y llega hasta la pared de la izquierda. Mayerhold está vestido con un sweter de lana y pantalones de curdoroy. Está sentado en el brazo de la butaca con una libreta de dibujos en las rodillas, dibujando algo.

En la oscuridad se escucha un informe radial: "Este año Europa ha sufrido la peor sequía de los últimos quinientos años. China fue víctima del peor tsunami de los últimos cien años. Kansas sufrió los más frecuentes y violentos tornados de su historia. Nueva York y Japón sufrieron las más intensas nevadas de su historia. Canadá vivió un verano más caluroso que nunca. En Australia, Sydney celebró el Año Nuevo más caluroso en su historia y vivió las peores inundaciones que han traído los últimos cien años y se ha vivido la peor sequía que se haya visto en Sur Africa. A pesar de esto, los líderes del mundo no pudieron ponerse de acuerdo sobre la reducción de los gases de la atmósfera, en una conferencia reciente..."

Durante el informe las luces han subido gradualmente. El informe es interrumpido por Joe Orton que sale del cubículo, se dirige al radio y lo apaga.

Joe Orton Bla bla bla.
Mayerhold ¿Ustedes no están preocupados por el futuro?
Joe Orton No. Todo lo que me preocupa es el presente. *(Mira por la ventana.)* No me lo creo.
Mayerhold ¿Qué? *(Medio se levanta, preocupado.)*
Joe Orton ¡Han excavado el jardín completo! Usted sembró algo.
Mayerhold *(Hundiéndose en la butaca)* ¿Dónde ha estado usted que no lo había notado antes?
Joe Orton En el cuarto de nuestra arrendadora. Con salidas esporádicas a la cocina para reponer las energías perdidas. Pero, mayormente en mi cuarto, trabajando en un texto no terminado. ¡Que va a ser una bomba! Va a volar al público en pedazos.

281

COMEDIA DEL FIN DEL MUNDO

Mayerhold ¿Usted no salió nunca?
Joe Orton El mundo de allá afuera ya no me interesa.
Mayerhold Podría buscar trabajo, por ejemplo.
Joe Orton *(Mirando a Mayerhold por largo rato)* Señor, usted y yo tenemos un problema.
Mayerhold Lamento escuchar eso.
Joe Orton La mitad del tiempo yo no sé de qué usted habla y la otra mitad usted mismo no tiene idea.
Mayerhold Usted es un dramaturgo. Debería entenderlo todo.
Joe Orton Estoy escribiendo una farsa.
Mayerhold Difícilmente estos son tiempos de farsas. La realidad requiere dramas serios.
Joe Orton La realidad es una farsa. ¿Dónde ha vivido usted que no lo ha notado?
Mayerhold Y esa obra maestra, ¿tiene título?
Joe Orton Un título de trabajo, por ahora: *¿Qué pasó con nuestros jodidos valores?*
Mayerhold Lo recordaré. Será difícil conseguir boletos.
Joe Orton Se lo aseguro.
Mayerhold Pero mientras usted espera por su oportunidad podría trabajar para mí. Cinco euros la hora.

Pausa. Joe Orton va detrás de la verja a la puerta de su cuarto. Se vuelve y mira a Mayerhold. Quiere decir algo, cambia de idea, entra al cuarto y restalla la puerta. En seguida la abre y mira hacia afuera.

Joe Orton Le puedo decir una cosa sobre lo que no hay duda. Usted no le cae bien a ella. YO le gusto.
Mayerhold Una mujer con buen gusto, qué más puedo decir.
Joe Orton Este no es mi cuarto, es el corredor. Usted no tiene protección legal. Ella lo puede botar cuando quiera.
Mayerhold Yo siempre caigo de pie.
Joe Orton ¡Y esta verja! No se puede creer. Doy la espalda cinco minutos y ya está el muro de Berlín detrás de mí.
Mayerhold Lo que significa que dar la espalda no es una buena idea.
Joe Orton Elvira y yo hemos pasado un buen tiempo juntos. No niego que las cosas podrían haber sido mejor, especialmente, lo concerniente a la comida y al entretenimiento sexual. Ella no ha sido muy generosa últimamente, pero en conjunto yo diría que hemos pasado un buen tiempo.

Mayerhold Felicidades.
Joe Orton Si las cosas empeoran ahora a alguna gente bajo este techo no le va a a gustar ni un poquito. Pensé que debía advertirle.
Mayerhold Gracias.
Joe Orton No sé lo que ella le habrá dicho de mí, pero yo estoy bien mientras estoy bien; usted sabe lo que quiero decir. Pero cuando yo no estoy bien, puedo cortar en pedacitos al hombre que esté frente a mí antes de que tenga tiempo de buscar una palabra en el diccionario.
Mayerhold Lo espero con ansias.
Joe Orton Y que quede claro que todo lo que ocurre aquí yo lo escribo. Porque esta es la mayor farsa de todas.
Mayerhold Estoy de acuerdo.
Joe Orton Jódete. *(Joe Orton regresa a su cuarto y restalla la puerta. Enseguida abre la puerta otra vez y saca la cabeza.)* Y si una de sus plantas se trepa por la ventana hasta mi cuarto, nos vamos a ver en el Tribunal.

Escena 3

Mayerhold y Elvira tomando té. Ella está sentada en el borde de la cama; el está sentado en el brazo de la butaca.

En la oscuridad se escucha un informe radial: "De acuerdo con las últimas noticias algunos cientos, quizás miles de témpanos de la Antártica van flotando hacia Nueva Zelanda. El experto en témpanos del Departamento Australiano de la Antártica dice que los pedazos de hielo fueron localizados con la ayuda de una fotografía de satélite. La transportación marítima está bajo amenaza, todos los barcos del área ya han recibido el aviso. Los pedazos de hielo flotantes miden un promedio de 200 metros de diámetro y se oponen a las suposiciones de que el hielo de la Antártica se está derritiendo más lentamente que el hielo del Polo Norte..."

Durante el informe, las luces suben gradualmente, mostrando la escena. Elvira se levanta, va al radio y lo apaga. Regresa y se sienta en el borde de la cama, más cerca de Mayerhold.

COMEDIA DEL FIN DEL MUNDO

Elvira Bla bla bla.
Mayerhold ¿Este radio recibe solamente un programa?
Elvira Joe Orton dice que a todos los otros los han sacado del aire. Por falta de dinero. (*Alcanza la tetera.*) ¿Otra taza?
Mayerhold Usted bebe demasiado té. Es un mal hábito.
Elvira (*Baja la tetera*) El único que tengo. Para cualquier otro me falta valor. Aunque todavía recuerdo los días cuando tenía demasiados.
Mayerhold Según mi experiencia, un mal hábito conduce a otro. Y así sucesivamente hasta que usted parece un jardín del que sobresalen las malas yerbas.
Elvira Así es como ha sido mi vida hasta ahora. Un desierto total. Exactamente como mi jardín antes que usted decidiera hacer de esta casa su nueva casa.
Mayerhold Bueno...
Elvira Yo no sé qué sembró usted allá abajo, pero el jardín parece como si... estuviera preñado.

Mayerhold se levanta, va hacia la venta y mira hacia afuera. Se vuelve.

Mayerhold Me alegro de que nuestras obligaciones mutuas estén claramente estipuladas en un contrato.
Elvira Hay algo que no le he dicho aún. En días más jóvenes yo trabajaba como modelo.
Mayerhold ¿De verdad?
Elvira Yo quería convertirme en actriz, por supuesto. Pero diferente a otras mujeres, llegué a una conclusión a tiempo: que yo no tenía talento.
Mayerhold Algo así requiere valor.
Elvira En realidad, no. Me di cuenta simplemente de que era más fácil desvestirse que vestirse.
Mayerhold ¿Y no es el propósito de una modelo mostrar ropas nuevas?
Elvira Por supuesto. Pero también lo es quitarse la ropa, pieza por pieza.
Mayerhold ¿Usted era una stripper?
Elvira Modelo fotográfica. Mi foto se publicó en dos revistas explícitas para hombres. Se las puedo enseñar. Si está interesado. (*Mayerhold se mantiene en silencio.*) Sin obligación, por supuesto. (*Mayerhold sigue en silencio.*) Este tipo de trabajo está disponible solamente hasta la edad de treinta años.
Mayerhold ¿Eso dice la ley?

Elvira La Ley de oferta y demanda. La piel debe estar muy estirada. Suave y clara. Como la piel de un bebé de dos años.
Mayerhold Un campo altamente competitivo, sin duda.
Elvira Un matadero, señor Mayerhold! Un matadero. Para colmo, yo empecé mi carrera con un problema. Una cicatriz de apendicitis. (*Confidencialmente*) Que como el cirujano se enamoró de mí durante la operación, tiene la forma de un corazón. (*Con coquetería*) Alguna vez usted ha visto una cicatriz con la forma de un dulce corazoncito?
Mayerhold No.
Elvira Yo he aprendido a tener cuidado. Una simple mirada puede convertir el más dulce de los hombres en la bestia más violenta.
Mayerhold (*Produce una toz nerviosa y se levanta.*): La mayor parte de los hombres son bestias violentas sin tener que mirar su cicatriz.
Elvira (*Después de una pausa*) De vez en cuando siento que me quedo corta respecto a sus expectativas.
Mayerhold No me estoy quejando.
Elvira Eso es lo que me preocupa. La mayor parte de los hombres ya hubiera dado indicio de que yo les estoy dando menos de lo que ellos esperan. ¿No será usted demasiado modesto?
Mayerhold Positivo.
Elvira (*Se levanta*) ¡Mi vida es tan diferente desde que usted llegó! Antes lloraba muchísimo, estaba perdida, me faltaba seguridad. Era todo tan malo que empecé a tartamudear otra vez. Yo acostumbraba a hacer eso cuando era niña (*hace un movimiento con la mano como tratando de secar una lagrima*), pero todo el tiempo una vocesita dentro de mí me decía que alguien vendría y me devolvería la confianza en mí misma. Y mi fortaleza. Y determinación. Una mujer que enfrenta las cosas y las hace. Cada vez que me levanto por la mañana y miro al jardín siento un nudo en mi garganta. Miro los surcos en la tierra alrededor de las casa y siento algo hermoso creciendo dentro de mí. Algo que podría ser nuestro niño. Espero que no le moleste si se lo digo de esta forma.
Mayerhold No, solamente me avergüenza.
Elvira Bueno, me disculpo.
Mayerhold Yo pago mi alquiler por adelantado.
Elvira Usted me ha malinterpretado.
Mayerhold Quizás.

Elvira Claro que el jardín es suyo por un año. Y a mí no me importa que usted lo siembre, aunque por lo menos me lo debió haber dicho. Pero el jardín no es tan importante...
Mayerhold Es muy importante para mí.
Elvira Quizás usted considere fastidioso mi deseo de hacerlo sentir bien en esta casa.
Mayerhold Simplemente superficial.
Elvira (*Peleando con sus lágrimas*) ¿Bastaría con una disculpa verbal? ¿O usted la quiere escrita? ¿Enviada por correo registrado, quizás? (*Camina hacia la puerta.*)
Mayerhold El hecho es que... (*Elvira se detiene y lo mira.*) que yo necesito ayuda.
Elvira (*Confundida*) Yo ya no entiendo nada.
Mayerhold Dentro de una o dos semanas voy a necesitar un par de manos adicionales. Habrá que usar la azada, desyerbar y, sobre todo, hay que regar.
Elvira ¿Qué significa eso?
Mayerhold Tengo que contratar a alguien.
Elvira ¡Buenas noticias para los desempleados!
Mayerhold Uno de los cuales usted tiene aquí bajo su techo.
Elvira ¡Pero, Joe es un dramaturgo!
Mayerhold Puede seguir escribiendo en su tiempo libre. Por lo que a mí concierne, puede hacer cien representaciones mensuales. Pero en este momento él necesita dinero, por lo que puedo ver. A no ser que usted piense que lo puede mantener indefinidamente.
Elvira ¿Yo? Hace diez años hudiera podido hacerlo, pero ahora la crisis me ha empobrecido a mí también. Mucho. Y para serle honesta, es por mi edad. Ya dejé de contar, pero ellos no se detienen.
Mayerhold Por supuesto, espero lealtad y trabajo duro de ese gran artista.
Elvira Y de mí, ¿qué espera usted que haga? ¿Inyectarle lealtad y amor al trabajo? Dos semanas no serán suficientes.
Mayerhold Descríbale las ventajas que tendrá trabajando conmigo. No tendrá que viajar al trabajo...
Elvira El nunca ha tenido trabajo.
Mayerhold Es una actividad saludable al aire libre. Los alrededores son agradables. Y, por supuesto, la paga es excelente. Cuatro euros la hora.
Elvira ¿Por qué no le pregunta a él?
Mayerhold Usted lo conoce íntimamente.
Elvira Si él le dijo eso no estaba exagerando. Quizás no del todo, pero conocer a alguien íntimamente va mucho más lejos que eso, me temo.

Mayerhold	Dejeme explicarle algo. Todo lo que usted me dijo sobre usted me ha… este… de verdad me ha conmovido.
Elvira	¿De verdad?
Mayerhold	No debe pensar que mi ruda respuesta tiene algo que ver con mis verdaderos sentimientos hacia usted.
Elvira	*(Regocijada)* ¿No?
Mayerhold	Estos sentimientos son una gran sorpresa para mí también. El único problema es que yo… necesito tiempo.
Elvira	*(Con una sonrisa dulce)* Porque usted es un poco anticuado, ¿verdad?
Mayerhold	Me gustaría sugerirle que empezáramos por usar nuestros nombres. Si no le molesta.
Elvira	*(Con sonrisa amplia)* ¿Si no me molesta? No, por supuesto que no.

Escena 4

Elvira está sentada en el brazo de la butaca. Joe Orton pasea por el cuarto sonándose los nudillos de las manos.

Joe Orton	Tendré que pensarlo.
Elvira	Podríamos vivir todos aquí como una familia feliz.
Joe Orton	El no es mi padre.
Elvira	No, pero tú podrías ver en él la figura de un padre.
Joe Orton	¿En ese payaso?
Elvira	No te lastimaría mostrar respeto a un hombre que te sobrepasa de muchas maneras.
Joe Orton	¿Quieres decir en el número de corbatas chillonas y pantalones planchados?
Elvira	De otros modos también.
Joe Orton	¡No me digas que ya estás familiarizada con sus dimensiones ocultas!
Elvira	Voy a pretender que no te escuché.
Joe Orton	Con su mano bajo tu falda y la tuya en su cartera el resultado te será desde luego ventajoso.
Elvira	Te voy a preguntar por última vez, ¿estás dispuesto a aceptar la oferta del señor Mayerhold?
Joe Orton	Dame un mes para pensarlo.

Elvira	Bien. Hasta entonces me veré forzada a implementar un régimen en el que llegarás a ser visitante regular de la cantina obrera más cercana.
Joe Orton	¡Tú no me harías eso!
Elvira	Es la única arma que tengo.
Joe Orton	Y él, ¿qué? ¿Le gusta que tú cocines por su deseo de un mundo mejor?
Elvira	¿Sí o no?
Joe Orton	Sabes perfectamente que tengo metas más altas. Respecto al dinero…
Elvira	Una camisa nueva no pondría en peligro tus metas. He decidido no remendar más tus viejas camisas.
Joe Orton	No tengo nada en contra de hacerle un favor aquí o allá. Pero no quiero estar empleado en el sentido que tenga que hacer lo que él quiera que tenga que hacer.
Elvira	Yo sé que esa es la actitud usual hacia el trabajo en este país, pero el señor Mayerhold ha pasado muchos años en el desierto y es bastante anticuado en sus expectativas.
Joe Orton	Este hombre es peligroso, Elvira. Nunca deja de traer quién sabe qué cosas de su antiguo bagaje; nunca deja de planear y programar.
Elvira	El Sr. Mayerhold es decisivamente un hombre vertical, que es capaz de cambiar nuestras vidas.
Joe Orton	Nos guste o no.
Elvira	Gracias a Dios todavía hay hombres en este mundo que saben lo que quieren y no pierden tiempo en conseguir sus metas.
Joe Orton	Una descripción halagadora para alguien cuya meta es sembrar pepinillos, nabos y repollos.
Elvira	El jardín es suyo, él lo alquiló. No es mi problema lo que hace con él.
Joe Orton	Pero sí es mi problema lo que tú haces en su cuarto. Obviamente este fascista ya se lo ha anexado.
Elvira	*(Sin lograr esconder su decepción.)* No solamente él no ha hecho eso, presiento que ni siquiera quiere hacerlo.
Joe Orton	Quizás el está acostumbrado a lidiar con mujeres que tienen cerebros además de un buen par de tetas.
Elvira	He escuchado que hay mujeres así y siento no ser una de ellas. Pero eso no te ha nimado a salir de mi cama. Quizás porque tú no estás muy dotado de cerebro.
Joe Orton	Tu cuarto era mi RIVIERA. Ahí era donde yo iba de fiesta todas las noches.
Elvira	Y ahora necesitas visa. Y no vas a conseguir una hasta que firmes un contrato de empleo con el Sr. Mayerhold.

Pausa. Se miran. Joe Orton se acerca a Elvira y la abraza.

Joe Orton ¿Dónde quieres que firme? ¿Aquí?

Pone su mano derecha en el seno izquierdo de Elvira y lo aprieta.

Elvira Yo soy muy generosa, ese es mi problema. *(Se besan.)*

Oscuro

Escena 5

Mayerhold entra del corredor. Se para en la ventana. De momento la abre y se inclina hacia afuera.

Mayerhold ¿Cuántas veces has regado la parte de afuera?
Joe Orton *(Debajo de la ventana)* No recuerdo.
Mayerhold Pregúntate.
Joe Orton No me puedo molestar mientras descanso.
Mayerhold Levántate y sigue tu trabajo o te voy a rebajar el sueldo a la mitad.
Joe Orton No estoy haciendo esto por dinero. Hago esto para complacer a Elvira. Respecto a usted, ¿por qué no se convierte en una de sus calabazas?
Mayerhold Le voy a pedir que no cocine más para ti.
Joe Orton Bueno, las cosas son así, por lo que a mí concierne.

Se escucha el ruido de un cubo de metal cayendo al suelo. Elvira trae una bandeja con una tetera y dos tazas. Empieza a servir.

Mayerhold Se niega a trabajar. Habla con él.
Elvira ¿Por qué yo?
Mayerhold Tú lo reclutaste.
Elvira Yo le pedí que me hiciera un favor porque quería hacerte un favor.
Mayerhold Sólo tú puedes convencerlo.
Elvira Si tú supieras el precio que estoy pagando por su obediencia, no me obligarías a rogarle otra vez.
Mayerhold Déjame explicarte…

> *Con un esfuerzo visible Mayerhold produce una sonrisa y la conduce al sofá. Elvira le responde tibiamente y llena de esperanza. Se sientan juntos, ella le toma la mano, que él cuidadosamente suelta.*

Mayerhold ¿Estás consciente del tipo de mundo que estamos obligados a vivir?
Elvira No mucho. Si uno está obligado a vivir en él nunca se encuentra el tiempo para mirarlo desde fuera.
Mayerhold Lo que quiero decir es esto. Todos somos parte de un complicado mecanismo. Cada cual depende del nivel superior y está a cargo del nivel inferior.

> *Elvira, que no está escuchando, le ofrece una taza de té.*

Elvira Té verde, para una buena salud.

> *Mayerhold lo prueba y devuelve la taza a la bandeja.*

Mayerhold Dime, Elvira, ¿por qué sobornaste a este tonto para que aceptara mi oferta?
Elvira El no es un tonto. Es una artista y tuvo una niñez desgraciada...
Mayerhold ¿Por qué, Elvira?
Elvira Necesita dinero.
Mayerhold La verdad, Elvira.
Elvira (*Levantándose bruscamente*) ¿Por qué estás haciendo esto? ¿Por qué? ¿Por qué tú? Nunca he tenido suerte con los hombres. Siempre me he sentido atraída a los tipos incorrectos. Pero, tú... Tú eres el primer hombre en mi vida... Que es diferente... Tú eres tan...

> *No muy convencida, pretende llorar. Mayerhold se levanta y la mira.*

Mayerhold Elvira... (*Elvira deja de "llorar" y lo mira.*) Ve y dile al chico que siga regando.
Elvira ¿Entonces, me vas a respetar un poquito más? ¿Crees que te gustaré? ¿Por lo menos un poquito?
Mayerhold No sé qué significa eso. Tus palabras. ¿Podrías ser más específica? Puedes aumentarme el alquiler. ¿Diez por ciento?

COMEDIA DEL FIN DEL MUNDO

Elvira   Diez por ciento de amor no es suficiente para mí. (*Se seca los ojos y sale.*)

Oscuro

Escena 6

*En la oscuridad se escucha un informe radial: "...*de acuerdo con los últimos informes, se va a acabar el combustible mucho antes de lo que predijo la Agencia Internacional de Energía. Oficialmente el mundo debe culminar su producción de 120 barriles al día para el 2030, después de lo cual la producción bajará rápidamente. Parece que la Agencia, temerosa del pánico mundial, ha mantenido los datos reales en secreto. Pero antes de que se termine el petróleo estaremos enfrentando una falta mucho más seria, de agua. Cuarenta por ciento de la población mundial ya siente estos efectos. En cincuenta años la falta de agua afectará tres billones de personas..."

Durante el informe, las luces suben gradualmente. Mayerhold está parado en la ventana mirando el jardín. Joe Orton entra del corredor y va detrás de la verja hacia su puerta. Se detiene, se vuelve, camina hasta el radio y lo apaga. Mira a Mayerhold.

Mayerhold   Bla bla bla.
Joe Orton   Me gustaría hacerle una sugerencia.
Mayerhold   ¿De vecino a vecino?
Joe Orton   De hombre de negocios a hombre de negocios.
Mayerhold   No soy un hombre de negocios.
Joe Orton   Entonces, ¿por qué ha sembrado diez tipos de vegetales? Usted quiere venderlos y hacer dinero. Alquiló un cuarto y obtuvo un gran jardín en una ganga. ¡Qué listo! Apostaría que todo lo que hay ahí abajo está modificado genéticamente.
Mayerhold   ¿De verdad?
Joe Orton   Apostaría que usted está haciendo un experimento que se debe mantener en secreto; fuera del ojo público. Por eso escogió un lugar por el que pasa poca gente, si es que pasan. Si no tuviera reparos morales, lo reportaría.

Mayerhold Eso sería un grave error.
Joe Orton No más que si usted no acepta mi sugerencia.
Mayerhold ¿Cuál es su sugerencia?
Joe Orton He notado que entre el círculo de plantas, entre el repollo y el nabo y entre el nabo y la coliflor, y así sucesivamente, todavía hay espacio.
Mayerhold Tiene que ser así para que tengan espacio para crecer.
Joe Orton Eso es así aunque sembremos marihuana.
Mayerhold (*Pausa*) ¿Marihuana?
Joe Orton Podemos dividir las ganancias. Cincuenta y cincuenta. Es más que generoso. Especialmente porque voy a arar y regar el jardín gratis.
Mayerhold ¿Esa es su sugerencia?
Joe Orton Es más que una oferta, de verdad.
Mayerhold La gente de su edad navega alrededor del mundo e intenta poner sus nombres en el libro de record de Guiness.
Joe Orton La gente de *su edad* hace millones de dólares en Wall Street y espera no terminar en la cárcel.
Mayerhold ¿Qué quiere decirme?
Joe Orton ¿Qué trata de decirme usted a mí?
Mayerhold Yo sé que usted fuma, sé que mantiene su porquería debajo de la cama, sé que usted vende cosas peores que marihuana.

Joe Orton agarra a Mayerhold por las solapas de su chaqueta. Mayerhold golpea con su rodilla la braqueta de Orton. Joe Orton se dobla con mucho dolor.

Joe Orton ¿Quién le dio el derecho de husmear en mi cuarto?
Mayerhold Lo hice por el interés del proyecto que tengo que proteger.
Joe Orton Yo voy a derrumbar su proyecto.
Mayerhold ¿Y quién le dio *a usted* el derecho de husmear *en mis* cosas?
Joe Orton No fui yo, fue Elvira. Ella tiene todo el derecho de saber qué tipo de loco ha metido bajo su techo. Está bien, fui yo el que husmeó en sus cosas, pero sólo porque ella me lo pidió. Todos tenemos el derecho de protegernos, no solamente usted. No es mi culpa que el mundo se haya convertido en esto.
Mayerhold El mundo se ha convertido en lo que es por gente como usted.
Joe Orton ¿Sí? Y gracias a tipos como usted se salvará, supongo.
Mayerhold Precisamente.
Joe Orton ¡Quién lo hubiera pensado! Una casa decrépita en las afueras de una

COMEDIA DEL FIN DEL MUNDO

ciudad perdida, en la que una ninfomaníaca envejeciente y un estudiante fracasado que trata de salvarlos vendiendo drogas, con la esperanza de que tarde o temprano las cosas mejorarán, ha sido visitada por el SALVADOR! ¡Yiiiiii!

Mayerhold le da una cachetada.

Joe Orton Por supuesto. Yo dejaré de hablar de su jardín y usted me dejará tranquilo con mi hashish.
Mayerhold Nunca en mi vida le he pasado secretos a la policía.
Joe Orton ¿Quiere decir que es posible sobrevivir sin hacer eso? Buenas noticias.
Mayerhold Su cinismo, es la forma más fácil de salir de problemas en su generación; es una señal de un increíble intelecto.
Joe Orton Sin duda.
Mayerhold "No es mi culpa que la humanidad esté a punto de extinguirse. Deje que los que pusieron al mundo como está que traten de salvarlo. ¿A mí que me importa?"
Joe Orton ¿Usted quiere decir que yo me debo preocupar por este mundo? Para nada. Prefiero rendir mi vida al destino. Yo quiero ser la primera porquería que arrastra el mar cuando el nivel suba lo suficiente.
Mayerhold Buen idea. Pero usted continuará regando mi jardín mañana.
Joe Orton Lo haré ahora mismo. (*Sale.*)

Mayerhold se sienta en el sofá y toma un libro. Elvira entra del corredor. Mayerhold la mira.

Elvira Quiero quejarme un poquito, si puedo.
Mayerhold ¿Usted también?
Elvira En los dos meses que usted ha estado aquí no me ha preguntado nunca como me siento.
Mayerhold Es demasiado peligroso interesarse en cómo se siente otra gente.
Elvira No sabía que yo fuera otra gente. (*Se le acerca, se sienta junto a el en el sofá. Mayerhold se levanta y se aleja.*)
Mayerhold Quizás soy un poquito distante, pero eso tiene que ver directamente con la importancia del proyecto que he iniciado.
Elvira Sembrar repollos y pepinillos.
Mayerhold ¿Qué hay del brécol, las papas, el coliflor, los calabacines, las cebollas, los ajos, las habichuelas? ¿Los pimientos, los tomates?

Elvira se levanta, va hacia la ventana y mira hacia fuera.

Elvira Usted ha rodeado la casa de diez anillos de vegetales. Diez anillos perfectos, diez trincheras, diez verjas. Usted ha encarcelado la casa y nos ha obligado a servirle; a trabajar para usted. Nos ha encerrado en su proyecto, nos ha separado; aunque no verdaderamente porque no nos permite hacerle preguntas para saber algo; se supone que quedemos fuera de todo, especialmente yo. ¿Por qué si no usted me habría alejado de usted como si yo tuviera una enfermedad infecciosa? (*Breve silencio.*)
Mayerhold ¿Qué quiere usted de mí?
Elvira Un poco de comprensión.
Mayerhold Las mujeres tienen un don excepcional para convertir las banalidades en historias románticas. Lo que usted está tratando de hacer conmigo no es ni más ni menos... que...
Elvira ¿Qué?
Mayerhold Sexo.
Elvira ¡Oh!... ¿Usted quiere decirme que es virgen?
Mayerhold No tengo problema en enmendar nuestro contrato de negocios para incluir estas transacciones también. Mientras todo se mantenga libre de emociones y estrictamente dentro de los límites de la razón. Nada le gana al acercamiento científico.
Elvira (*Camina hacia la puerta*) Habrá caldo de pollo para la cena. Sé que no le gusta, pero ya no me quedan ideas.
Mayerhold (*Moviendo la mano*) Cualquier cosa, cualquier cosa.
Elvira (*Desde la puerta*) La próxima vez puedo cocinar algún repollo. Los que están afuera están casi listos.
Mayerhold (*Horrorizado*) ¿Qué dijo?
Elvira Un guiso de repollo es lo que mejor hago. Le gustará.
Mayerhold ¿Repollo de nuestro jardín?
Elvira ¿Por qué no? ¿Esos repollos son sagrados o algo así?
Mayerhold Le prohíbo tocarlos.
Elvira Por Dios, usted suena como si... Está bien. No hay problema. Si usted quiere venderlos, todos y cada uno...
Mayerhold ¿Quién dijo que yo los quiero vender?
Elvira ¿Qué más se puede hacer con el repollo?
Mayerhold Me faltan palabras.
Elvira Usted puede comérselos o venderlos. O dejarlos podrir.

COMEDIA DEL FIN DEL MUNDO

Mayerhold ¿Usted tiene que poner todo en su boca?
Elvira No todo.
Mayerhold ¿Usted no sabe lo que estamos enfrentando?
Elvira (*Se detiene frente al espejo de la puerta*) ¿Vejez? ¿Arrugas, carnes blandas? ¿Lamentar las oportunidades perdidas? (*Lo mira.*) O, ¿ser rechazada?

Por un momento se miran uno al otro. Tocan a la puerta. Entra Konjevic.

Konjevic Lo siento, pero el chico me envió directamente aquí.
Elvira ¿Quién es usted?
Konjevic Konjevic. De la Oficina de Acueductos de la Ciudad. ¿Me puede indicar dónde está su contador?
  Elvira y Mayerhold intercambian miradas.
Elvira No entiendo por qué la Oficina de Acueductos de la Ciudad tiene interés en mi contador.
Konjevic Los días buenos hace tiempo que pasaron, querida Madam. Cierto que la semana pasada una inundación súbita se llevó la mitad de un pueblo no lejos de aquí, pero eso no es lo mismo que el agua que cobra las autoridades de la ciudad. Agua que se puede estar perdiendo en la tierra sin una justificación.
Elvira Debieron habernos notificado si había restricciones.
Konjevic Las autoridades de la ciudad no tienen tiempo de informar a la gente lo que ellos esperan de esta oficina. ¿Le informa la Policía, por ejemplo, de algún radar nuevo que colocan en la esquina?
Elvira Yo no guío, así que no espero eso.
Konjevic Madam, ninguna autoridad se comporta razonablemente, así que usted debe perdonarme si yo también me comporto de forma irracional. Después de todo, esa es mi tarea. No puedo fallarle a mi patrono. En estos días los trabajos buenos, y aun los malos, no cuelgan de los árboles como si fueran peras listas para caer.
Elvira Creo que nosotros no tenemos un contador. No recuerdo haber visto alguno.
Konjevic Yo no vine a revisar su memoria, Madam. Yo vine a revisar cuánta agua usted ha usado en los últimos seis meses. Si usted no me puede llevar al contador en cuestión, tendré que adivinar dónde puede estar y, en nada me aventuro a decir que está detrás de esa puerta.
  Señala la puerta del cuarto de Joe Orton.

295

COMEDIA DEL FIN DEL MUNDO

Elvira ¿En la alacena? No puede hablar en serio.
Konjevic Madam, si le hablo de los extraños lugares donde la gente instala los contadores, usted no me creería. ¿Está segura que no está ahí? ¿Debajo de la cama, quizás?
Elvira ¿Qué haría una cama en una alacena?
Konjevic Ah, si le diera una lista de los objetos que la gente mete en sus alacenas, usted diría que estoy listo para que me encierren. ¿Puedo mirar?
Elvira La puerta está cerrada con llave.
Konjevic ¿Puedo preguntarle por qué usted cierra la puerta de una alacena con llave?
Elvira Tengo inquilinos en la casa. Usted sabe que uno no puede confiar en nadie en estos días. Ni siquiera de mí misma puedo decir que soy honesta.
Konjevic Una actitud muy sensible. Usted tiene la llave, ¿me la puede dar?
Elvira Debe estar en algún sitio de la casa, pero no tengo la menor idea de dónde.
Konjevic Usted no sabe dónde está el contador, no puede encontrar la llave; hasta un ingenuo en mi lugar sospecharía que usted intenta prohibirle a un oficial de la ciudad hacer su trabajo.
Elvira Soy la mujer más sincera que existe en muchas millas alrededor. Hasta el Sr. Mayerhold puede confirmar eso.
Konjevic (*Por primera vez desde su llegada mira a Mayerhold*) ¿Mayerhold?
Mayerhold ¿Por qué no busca el contador de agua donde haya más posibilidad de encontrarlo? ¿En el piso de abajo? ¿Cerca de la puerta de entrada?
Konjevic Tarde o temprano tendré de que revisar la alacena también. Y ya que estoy aquí, quiero evitarme otra subida por las escaleras. Es un gran esfuerzo para mí. Sufro de un problema del corazón.
Mayerhold Le aseguro personalmente que el contador no está en la alacena.
Konjevic (*Ignorándolo*) ¿Quiere traer la llave, señora?
 Elvira duda. Va a la puerta. Se vuelve. Abre la puerta. Se vuelve.
Elvira ¿Y qué hará cuando encuentre el contador?
Konjevic Si resulta que no se ha regulado, pondré una nota sobre los dígitos correctos y usted recibirá una factura. Si descubro irregularidades, estoy autorizado a usar mi discreción. Entonces podemos empezar a negociar.
Elvira ¿Por qué esperar por el contador? ¿Por qué no negociar sobre la llave? ¿Qué espera encontrar?
Konjevic Esto se puede tomar como un intento de sobornar a un oficial autorizado.

	COMEDIA DEL FIN DEL MUNDO

Elvira   Le pregunté sobre sus expectativas respecto a que yo encuentre la llave para un cuarto donde no está el contador. ¿Café o té?
Konjevic   En realidad, ninguno. Voy a entrar en debate filosófico con este caballero y el tiempo va a pasar con la prisa de unas muletas en movimiento.
Elvira   (*Mira su reflejo en el espejo*) Bien dicho. Así es como pasa el tiempo.

(Sale.)

Escena 7

Konjevic se pasea de arriba a abajo, mira el cuarto desde todos los ángulos, se detiene en la ventana y mira hacia afuera.

Konjevic   A uno le da verdadera hambre mirando todo eso. Especialmente, los pepinillos. Son grandíííííímos! Y se ven increíblemente jugosos.
Mayerhold   ¿Usted es vegetariano?
Konjevic   Como servidor de las autoridades de la ciudad, con conciencia, no me puedo dar el lujo de alejarme de lo normal. Las salchichas son mi plato favorito.
MAyErhold   Poco saludable, como la mayor parte de las cosas que tienen que ver con las autoridades de la ciudad.
Konjevic   Aun los servidores públicos son víctimas de los caprichos del poder, especialmente cuando somos su órgano ejecutor. Es por eso que de vez en cuando tenemos que actuar de acuerdo con nuestro mejor juicio, en vez de seguir instrucciones. Que esto quede entre usted y yo.
Mayerhold   Sobre el uso del agua...
Konjevic   No se preocupe por eso, Sr. Ebenspanger. Encontraremos una solución. Usted para mí, yo para usted, y todo el mundo estará feliz y agradecido.
Mayerhold   Mayerhold, no Ebenspanger.
Konjevic   ¿Seguro?
Mayerhold   ¿Por qué me llamó Ebenspanger?
Konjevic   Probablemente porque usted se parece a un hombre llamado Ebenspager. O alguien llamado así recientemente. Después de llamarse Robnik. Y antes de eso, Konjevic.
Mayerhold   Usted dijo que *usted* era Konjevic.
Konjevic   ¿Eso fue lo que dije? Confusión total. Es el resultado de un pequeño ataque cerebral que sufrí recientemente. De hecho, mi nombre es Novak.

Mayerhold ¿De verdad usted es un oficial de la Autoridad de Aguas de la Ciudad?
Konjevic Nunca me equivoco sobre eso. Sólo miento si las circunstancias lo ameritan. Es con los nombres que me confundo.
Mayerhold Señor Novak, entonces.
Konjevic Puede continuar llamándome Konjevic. De otro modo la confusión sería peor. Digamos que hoy soy Konjevic, mañana Novak y después, alguna otra cosa. ¿Por qué no mantener las cosas así de simples?
Mayerhold ¿Y quién es Ebenspanger, que usted dice que se parece a mí?
Konjevic Un tipo interesante. Inventó la teoría de la circularidad del flujo del dinero a nivel global. Un tipo de sistema financiero de letras encadenadas que puede hacer todas las monedas intercambiables en cualquier país, aún en los más pobres, para lograr un crecimiento económico fenomenal, sin tomar dinero prestado. Un tipo de *perpetuum mobile* monetario.
Mayerhold: No es mala idea.
Konjevic El trabajo de un genio. Desafortunadamente, como ocurre a menudo, se quedó en papel. Usted conoce a los políticos. (*Mira al jardín.*) ¡Qué repollos! ¡Y el brécol! ¿Se producen orgánicamente? ¿Están modificados genéticamente? La ciencia es la ciencia, no hay dos formas sobre eso.
Mayerhold ¿Y qué más ha hecho este… Ebenspanger?
Konjevic Pero si usted lo sabe, ¿no es verdad?
Mayerhold ¿Cómo puedo saberlo?
Konjevic Por un tiempo fue muy conocido. Mayormente porque todo el mundo se reía de sus teorías. Todavía tengo un montón de periódicos acumulados en casa.
Mayerhold ¿Usted coleccionaba recortes de su trabajo?
Konjevic Era joven, usted sabe como es uno en ese primer cuarto de vida. Nos excitaban las nuevas ideas, por más locas que fueran. Después, ya mayores, cuando va llegando la decadencia que solamente los que mueren jóvenes pueden evitar, nos cae la paranoia, así que nos conformamos con algún compromiso que nos ponga un filete en la mesa, por lo menos una vez por semana.
Mayerhold: Y nos convertimos en oficiales de la Autoridad de Aguas de la Ciudad.
Konjevic Por ejemplo.
Mayerhold Si de verdad usted es lo que dice, está excepcionalmente bien informado.
Konjevic Me encanta leer. Y saco todo lo que pienso que me será útil en el futuro. Como Ebenspager, por ejemplo. He coleccionado sus datos por años.

Mayerhold ¿Por qué?
Konjevic Para estar listo en caso de que el hombre reaparezca con otro nombre. Con un nuevo proyecto.
Mayerhold ¿Listo en qué sentido?
Konjevic Listo para unírmele.
Mayerhold ¿Por qué?
Konjevic (*Confidencialmente*) Sólo lo entre usted y yo, como oficial de Autoridad de Aguas de la Ciudad se me han negado tantas cosas que yo me he dicho más de cien veces... la vida debe ser más que esto. Uno tiene que convertirse en un hombre de grandes gestos, arriesgarlo todo, sacrificarse por ideas nobles... servirle a la humanidad.
Mayerhold ¿Y no al país de uno?
Konjevic ¿Dónde ha vivido usted los últimos cien años? Lo que está de moda ahora es la humanidad completa. Si sobrevivirá los próximos cincuenta años.
Mayerhold Y usted, ¿qué piensa de eso? ¿Lo sobrevivirá?
Konjevic Por eso es que me gustaría conocer al señor Ebenspanger. Alias Robnik. He seguido sus rastros por años, pero es resbaloso, tan resbaloso como una anguila.
Mayerhold ¿Está tratando de esconderse de alguien?
Konjevic Sí. De gente que no puede o no quiere comprenderlo.
Mayerhold Me sorprende que todavía quiera continuar con sus planes.
Konjevic No sólo eso, alguna gente cree que se ha descarrilado. Ha inventado un sinnúmero de modos de remover los gases contaminantes de la atmósfera. Genio puro, si usted me pregunta. La reforestación global de los desiertos, disparando semillas en el suelo desde vehículos aéreos. Los bosques, como usted sabe, absorben dióxido de carbono que se convierte en oxígeno.
Mayerhold Lo sé.
Konjevic ¡Qué gran idea! Y no es la única. El plancton también, como usted sabe, absorbe dióxido de carbono. Este hombre que tiene como doce nombres diferentes, ha inventado una forma de aumentar el volumen de plancton en los océanos del planeta por un factor de diez. Esto detendría el efecto de los gases contaminantes. Aunque eso también mataría la mayor parte de los peces que queden.
Mayerhold Mejor salvar lo que daña menos.
Konjevic Me alegro de que usted piense como el Sr. Ebenspanger Robnik Vehovar. Quién también ha inventado cubiertas plásticas para los glaciares,

lo que alejará los rayos del sol para prevenir que los glaciares se derritan. Piense en la originalidad de esta idea, Sr. Ebenspanger.
Mayerhold Mayerhold.
Konjevic Por supuesto, disculpe. Es que la similitud es realmente asombrosa. ¿Está seguro de que usted no tiene un hermano gemelo?
Mayerhold ¿Por qué ese caballero sigue cambiándose el nombre?
Konjevic Para evitar los acreedores. El tenía muchos auspiciadores. Cuando su proyecto colapsó, lo demandaron para que les devolviera el dinero. Finalmente, con deudas por todo el mundo, la única solución fue perderse en el desierto.
Mayerhold ¿De verdad?
Konjevic Encontré estas noticias en los tabloides que leo todos los días. Por razones prácticas, claro. No porque yo necesite más educación. Decidí buscarlo no sólo por buscarlo, sino para encontrarlo.
Mayerhold ¿Y lo encontró?
Konjevic Sin problema. Desafortunadamente, no me permitieron hablar con ël personalmente.
Mayerhold ¿Quién no se lo permitió?
Konjevic Los siquiatras. El desierto era un manicomio municipal, si puedo usar ese término políticamente incorrecto. Ahí fue donde terminó nuestro genio.
Mayerhold ¿Con qué diagnóstico?
Konjevic Paranoia ecológica. Imagínese. Y aparentemente él no es el único que sufre de esta nueva enfermedad mental. Lo cual es extraño porque hace poco tiempo vi un programa de Discovery Channel en el que todos los inventos se describían al detalle junto con los nombres de sus inventores que querían comprobar su implementación.
Mayerhold Este mundo está loco.
Konjevic No tengo nada que añadirle a eso.
Mayerhold Todo hombre honesto debería alegrarse de que no va a durar mucho.
Konjevic Precisamente. Por otro lado...
Mayerhold Sí, siempre hay otro lado.
Konjevic De lo que está más que consciente hasta nuestro paciente mental. Se escapó del manicomio y empezó un nuevo proyecto. Dios sabrá qué. Dios sabrá dónde.
Mayerhold ¿Cómo se las arregló para escapar?
Konjevic Se disfrazó de medico, le dijo adiós con la mano a todo el mundo y se escapó guiando el Jaguar del Director. Todos le decían adiós. La

pregunta es, ¿quién está verdaderamente enfermo, el fugitivo o los que se supone que lo curen?
Mayerhold ¿Es peligroso?
Konjevic Hasta ahora no ha mostrado señales de inclinación a la violencia. Pero usted sabe como son estas cosas. Una presión adicional, cualquier cosita que lo altere y aun el más fino de los hombres puede agarrar un arma.
Mayerhold Quizás están buscándolo
Konjevic ¿Quién?
Mayerhold La Policía.
Konjevic La Policía tiene tareas más importantes que perseguir a un fugitivo lunático. Deben arrestar a los conductores que en vez de cincuenta kilómetros por hora, van a cincuenta y cinco.
Mayerhold Así que usted es el único con una pista. Como usted dice.
Konjevic ¿Eso es lo que dije?
Mayerhold Para encontrarse con él, es lo que dijo.
Konjevic ¡Ay, Señor! ¿Qué haría ese genio con un oficial de la Autoridad de Aguas de la Ciudad? Porque por la naturaleza aburrida de mi trabajo, yo todavía sueño despierto de vez en cuando. Es perfectamente normal, ¿no le parece? También es cierto que ese caballero me fascina, es más, me obsesiona. Un día nos vamos a encontrar. De eso no hay duda.
Mayerhold ¿Y entonces?
Konjevic Entonces...
Entra Elvira.
Elvira Lo siento, pero no pude encontrar la llave. Tendrá que romper la puerta. Si no encuentra la llave de paso, llamaré a la Policía inmediatamente para que le formulen cargos por invasión y ruptura de propiedad. Voy a exigir compensación. La ciudad está nadando en dinero robado a los pobres con el disfraz de impuestos, así que voy a demandar por un millón.
Konjevic Mi querida señora, me encantaría romperle su alacena, aunque fuera para ver quién vive detrás de esa puerta. Desafortunadamente – (*consulta su reloj*) – hace un minuto terminó mi horario. Así que no cometí ninguna infracción como oficial de la Ciudad, sino como una persona privada. Eso lo castiga la Ley, pero no significa que este asunto haya terminado; voy a regresar. (*Se inclina ante Mayerhold.*) Sr. Ebenspanger... (*Se vuelve hacia Elvira y se inclina todavía más ceremonialmente.*) Madam... (*Sale.*)

Elvira   Cuán caballeroso.
Mayerhold Completamente ga-ga
Elvira   El debe ser… Por qué si no él lo sigue llamando Ebenspanger. *(Lo mira.)*

Oscuro

Segundo Acto

Escena 1

Mayerhold está sentado en el brazo de la butaca dibujando algo en su libreta. La mesita está cubierta de periódicos viejos. Elvira está poniendo pimentón en botellas de cristal. Dos están ya llenas y está a punto de cerrar la tercera.

Pero primero, en oscuro, se escucha un informe radial: "... Es un hecho que las profesiones están desapareciendo y que pronto serán tan obsoletas como los feudos medievales. En un futuro próximo la mayor parte del trabajo lo harán las máquinas, de las que dependeremos de la misma forma que nuestros antepasados dependían de los animales salvajes. La mayor parte de la fuerza trabajadora ya es superflua, lo que ha desarrollado una economía subordinada de sicoterapia, diseñadores de religiones y boutiques espirituales, cuya meta es entretener a las masas que no tienen nada que hacer. A su sombra se levanta la industria de las drogas y los servicios sexuales. Parecería que ya la mitad de la población del mundo vive entreteniendo la otra mitad...".

Durante el informe las luces van mostrando lentamente a escena. Elvira se levanta y apaga el radio.

Elvira   Me alegra no ser parte de esa fuerza trabajadora superflua. (*En voz alta*) Joe, ven y lleva estos frascos de pimentón a la alacena. La alacena de verdad.

Joe Orton   (*Saliendo del cuarto*) ¿Dónde está mi yerba?

303

Elvira (*Con una mirada rápida a Mayerhold*) Abajo en el jardín, aunque ya no queda mucha. No me digas que estás llevando yerba a tu cuarto.

Joe Orton No trates de dar la impresión de que tienes menos cerebro del que ya has mostrado.

Elvira ¿Qué pensará el señor Mayerhold de tu cerebro cuando se dé cuenta de que tú sacas yerba del jardín y te la llevas al cuarto a secar?

Joe Orton (*Agarrando uno de los frascos.*) ¿Qué pensará el señor Mayerhold de su propio cerebro cuando yo le muela la cabeza con un frasco de eco-pimentón?

Elvira Joe Orton, tu visa expiró y la solicitud para una nueva fue rechazada.

Joe Orton sigue sosteniendo el frasco sobre la cabeza de Mayerhold, quien sin inmutarse, continúa dibujando. Joe Orton pone el frasco en la mesita de la sala.

Joe Orton El la tomó, ¿verdad? El de la Autoridad de Aguas de la Ciudad.

Elvira ¿Esa es la obra que estás escribiendo?

Joe Orton *El* revisó toda la casa. No porque quisiera encontrar la llave de paso; lejos de eso. Puedo ver desde una distancia de siete millas que es un policía.

Elvira El señor Konjevic ni siquiera entró a tu cuarto. Sin embargo, prometió que regresaría.

Joe Orton Y mientras tanto, el señor Mayerhold hizo su trabajo y me denunció. (*Se inclina hacia Mayerhold.*) ¿Verdad?

Elvira No olvides que estás hablando con tu patrono.

Joe Orton Ex-patrón. Acabo de avisarle que renuncio.

Mayerhold se levanta, pone la libreta de dibujo y el lápiz en el asiento, se pone de rodillas; se acuesta debajo del sofá, cerca de los pies de Elvira, y saca una caja marrón. Le sopla el polvo que la cubre y se la extiende a Joe Orton. Joe la abre y mira adentro. La vuelve a cerrar.

Joe Orton ¿Cómo es que esta caja está debajo del sofá?

Mayerhold Yo la puse allí.

Joe Orton ¿Por qué?

Mayerhold Porque sabía que tarde o temprano alguien vendría a husmear alrededor de la casa. No quería que encontrarla la caja en tu cuarto.

Elvira Gracias por protegernos, señor Mayerhold.

COMEDIA DEL FIN DEL MUNDO

Joe Orton (*Confundido*) No sé qué decir.
Elvira ¿Qué tal darle las gracias? Por supuesto, para eso te falta práctica.
Joe Orton ¿Por qué lo hizo?
Mayerhold Por razones egoístas. No quería quedarme sin asistente.
Joe Orton Entoces no hay que agradecerlo.
Elvira (*Se levanta*) Yo decido lo que vas a decir. Y si estás soñando con otra vacación en la Riviera, de donde siempre vuelves renovado y satisfecho con el mundo, sin que te importe el estado del mundo, tú le vas a ofrecer la mano al señor Mayerhold y a decirle, "gracias señor Mayerhold. Gracias por salvarme de caer en la cárcel o algo peor".
Joe Orton No voy a decir nada de eso.
Elvira Entonces tendrás que decir, "Adiós Elvira, y gracias por ser tan generosa conmigo. Me voy hasta que pueda probar que tu generosidad es algo que no merezco."
Joe Orton Voy a poner la caja debajo del sofá; es el lugar más seguro. (*Se arrodilla.*)
Elvira !Joe Orton¡
Joe Orton (*Se endereza*) Sr. Mayerhold, gracias por ocuparse de las cosas que tengo que vender en calles marginales para poder pagar mi renta todos los meses.
Elvira Casa y comida no son cosas que sean gratis en esta casa. Si el arreglo no es bueno para ti, siempre te puedes ir. El señor Mayerhold y yo sobreviviremos.
Mayerhold Dame la caja, la voy a poner donde estaba.
Joe Orton Lo puedo hacer yo mismo.

Se arrodilla para empujar la caja debajo del sofá. Se da cuenta de que hay algo más. Pone la caja en el piso, se arrastra más hacia el sofá y saca un rifle. Se levanta y lo sopesa.

Elvira ¡Jesús! ¿Quién te dio permiso para traer algo así a esta casa? Estoy segura de que no fue usted, señor Mayerhold.
Mayerhold Dame el arma, Joe.
Joe Orton Un juguete tan bonito *suplica* que se juegue con él. Dudo que su dueño tenga licencia. Y si no la tiene, el arma nos pertenece a todos.
Elvira Joe, devuélvele el arma al señor Mayerhold.
Joe Orton Abre la ventana, Elvira.

Elvira mira a Mayerhold, quien asiente. Abre la ventana y se retira rápidamente. Joe Orton se acerca a la ventana y apunta hacia afuera.

Elvira   Joe, ya tenemos bastantes problemas.
Joe Orton   ¿A qué le debo apuntar? ¿A los coliflores? ¿A las calabazas? ¿O debo destruir uno de los repollos? No, un tomate para que se vea además de descuartizado, sangriento.

Aprieta el gatillo. Escuchamos un click. Joe, sorprendido, aprita el gatillo una vez más. Otro click. Mayerhold mientras tanto ha sacado un revólver del bolsillo de su pantalón y le apunta a Joe Orton. Joe se vuelve y mira el arma.

Mayerhold   ¿Me lo das?

Joe Orton le da el rifle sin ninguna objeción. Mayerhold lo empuja debajo del sofá. Se levanta, todavía apuntándole a Joe.

Elvira   Yo sabía que algo iba a salir mal. Tuve una pesadilla horrible.
Mayerhold   Le prometo que él no va a tocar el arma otra vez.
Joe Orton   Elvira, le has dado el cuarto a un gangster.
Elvira   El Sr. Mayerhold es un hombre de buena disposición que está tratando de asegurarnos el futuro.
Mayerhold   Levante su mano y diga: "Juro que no voy a volver a tocar el arma."
Elvira   Joe, es gracias al señor Mayerhold que no estás en la cárcel.
Joe Orton   El es quien estará allí si no deja de amenazarme.

Escena 2

Se oye un ruido tras bastidores.

Konjevic   *(En el pasillo)* ¡Hola! ... ¿Dónde están? *(Entra un segundo después que Mayerhold ha escondido el arma en el bolsillo.)* Creía que los iba a encontrar en el jardín a los tres, regando su abundante cosecha.
Elvira   La alacena está abierta. Puede revisarla.
Konjevic   Gracias, Madam, ya lo hice. Estuve en el piso de abajo, en la recién construida baranda donde usted intenta guardar los vegetales del jardín en frascos sellados, para días lluviosos, ¿no es cierto?

Elvira	Tenemos absoluto derecho a guardar comida para el invierno.
Konjevic	Por supuesto. Hay que ser cuidadosos. Pronto estaremos escasos de transporte, las góndolas del supermercado estarán vacías, habrá un pánico general. Pero usted estará bien. Guardada en su pequeña fortaleza, usted estará saboreando sus pepinillos y esperando la noche para hacer un buen guiso de repollo.
Elvira	¿Y qué hay de malo en eso?
Konjevic	Nada, pero no se me ha escapado que el jardín ahora está rodeado de una verja de tres metros de altura. Con un portón de hierro que está asegurado. Tuve que subirme por la verja para llegar aquí. Ustedes están preparados para un asedio.
Elvira	Y eso, ¿qué tiene que ver con la Autoridad de Aguas de la Ciudad?
Konjevic	Ya no trabajo para ellos. Me despidieron. Ni siquiera se molestaron en decirme por qué.
Elvira	¿Y ahora?
Konjevic	Afortunadamente, la fuerza policíaca de la ciudad me tomó pena. Ustedes saben que ellos le dan la bienvenida a cualquiera que pase por allí.
Elvira	Entonces, ¿usted es qué? ¿Un policía?
Konjevic	Departamento de Investigaciones Especiales. Están conectados con los casos que ponen en peligro la seguridad nacional.
Elvira	Pues no entiendo por qué ha regresado. Somos nosotros los que estamos en peligro por causa del Estado.
Konjevic	He regresado por razones personales. Hay algo que me ha estado molestando y me gustaría llegar al fondo. (*Mira a Mayerhold.*)
Joe Orton	¿Qué?
Konjevic	Me gustaría averiguar por dónde sopla el viento para girar en la dirección correcta. Vivimos unos tiempos en los que lo único que tiene valor es el oportunismo.
Joe Orton	¿Y alguna vez fue diferente?
Konjevic	Usted todavía es joven y no sabe, pero nosotros teníamos ideales. ¿No es así, Sr. Konjevic? Creíamos en el progreso.
Elvira	Este es el señor Mayerhold, usted es Konjevic.
Konjevic	Mi nombre es Novak, Madam. No recuerdo haberme presentado como Konjevic, aunque no es imposible. Pero la Policía me empleó como Novak; puede llamar al director y preguntarle. Y este, por supuesto, es el Sr. Ebenspanger. De verdad no tengo idea de por qué lo llamé Konjevic.

COMEDIA DEL FIN DEL MUNDO

Elvira Este es el señor Mayerhold.
Konjevic ¿De verdad? Bueno, usted debe saber. Una esposa debe estar relacionada con el apellido del esposo. ¿No es así, Sra. Mayerhold?
Elvira El señor Mayerhold es mi inquilino.
Konjevic ¿Y de quién es el jardín?
Elvira Mío. Es parte de un arreglo del alquiler y todo lo que crece ahí le pertenece al Sr. Mayerhold.
Konjevic ¿Incluyendo los tomates en estos frascos?
Elvira Hasta los frascos le pertenecen. El los compró.
Konjevic El Sr. Mayerhold debe estar muy bien. Es también un hombre de ideas brillantes. Usted está bendecida teniendo su protección. Nunca pasará hambre. La pregunta es, ¿usted se ha vuelto autosuficiente demasiado temprano o demasiado tarde?
Elvira No entiendo.
Konjevic Un optimista no pensaría en excluirse de la sociedad, conseguir dos rehenes, quitarle la tierra a uno, chantajear al otro y convertirlo en esclavo y rodearlos a todos con una verja alta como si los turcos fueran a atacar.
Joe Orton ¿Y qué haría un pesimista?
Konjevic Concluiría que la salvación, si a alguien le preocupa, en todo caso llegaría tarde. Alquilaría un pedazo de tierra, sembraría lo básico para sobrevivir y cercaría la tierra con una verja alta, quizás eléctrica.
Elvira Somos muy pobres para poder costear una verja eléctrica.
Konjevic Pero usted debe estar leyendo los periódicos. Tiene algunos en la mesa.
Elvira Son de hace cinco años.
Konjevic De todos modos, en Norteamérica, la gente está abandonando las grandes ciudades en números cada vez mayores. Es en las ciudades que la falta de comida y de agua por venir reclamarán las primeras víctimas. La gente se está mudando a áreas remotas, construyendo cabañas simples y regresando a una agricultura básica. Tienen la esperanza de que cuando los millones de hambrientos dejen las ciudades en busca de comida, no los encuentren el primer día.
Elvira   A los americanos se les conoce por entrar en pánico con la primera señal de un problema.
Konjevic Las tiendas de armas obtienen grandes ganancias. La gente sabe que tienen que defenderse para sobrevivir. La posesión de armas en Norteamérica es legal, pero no estoy seguro de si es legal aquí. De hecho, no lo es, como usted debe saber. Por eso aquí las armas no se pueden

tener colgando de las puertas. Tienen que estar escondidas en los guardaropas. O aún mejor, debajo de la cama. O en su caso, debajo del sofá.

Se acerca hacia el sofá. Mayerhold saca el revólver y le apunta a Konjevic. Lo mueve hacia Orton. Joe se arrodilla, saca el rifle y le apunta a Konjevic.

Elvira Creo que me voy a desmayar.
Konjevic Felicidades, Sr. Ebenspanger. Usted es más rápido que yo.
Mayerhold Sientese, Sr. Novak. No en el sofá. En el brazo del sofá. Usted nunca sabe, puede haber una bomba escondida debajo del sofá.
Konjevic *(Se sienta en el brazo del sofá)* Podemos llegar a un acuerdo amistoso sin amenazas, Sr. Vehovar.
Mayerhold Eso es lo que tengo en mente. Por supuesto, cuento con su cooperación.
Konjevic Si eso excluye regar el jardín, tenemos un trato.
Mayerhold Una copa de vino, quizás. ¿Whisky? Té verde?
Konjevic Eso puede traer consecuencias desagradables para mi aquejado corazón.
Mayerhold Como usted quiera.
Konjevic Pero me gustaría fumar un poco de ese hashish que usted tiene escondido en la caja verde, debajo del sofá. La puedo ver claramente desde aquí, la última persona que lo fumó no la empujó suficiente. Descuido, diría yo. Lo previne de que volvería.
Mayerhold Usted dice eso como empleado de la Autoridad de la Ciudad, no como un policía preocupado por la seguridad del Estado.
Konjevic Vivimos en tiempos en que un hombre nunca sabe con certeza para quién trabaja y cuáles son sus obligaciones.
Mayerhold Joe, baja el arma y enrróllale un moto a nuestro visitante.
Joe Orton ¡No le puedo dar mi mejor yerba ¡No hasta que me pague! Ni siquiera Elvira la consigue gratis.
Mayerhold Pero ella está pagando en género, lo que probablemente usted no espera del Sr. Novak.
Joe Orton Por eso no se la podemos dar gratis.
Mayerhold El Sr. Novak es nuestro huésped.
Joe Orton Rrrgggk...

Pone el arma en el sofá, saca la caja, le saca la tapa y empieza a enrollar un moto.

309

COMEDIA DEL FIN DEL MUNDO

Elvira ¿El Sr. Novak apreciaría un masaje profesional en los hombros?
Konjevic Ya que usted está aquí, y es tan generosa, mis hombros probablemente no pondrían objeción a unas manos experimentadas. Mientras nadie se ponga celoso por eso.
Elvira En esta casa les dijimos adiós a los sentimietos inmaduros. Excepto el Sr. Orton, pero él también pronto se dará cuenta que vivimos en un mundo real.

Elvira se mueve detrás del brazo del sofá y empieza a masajear los hombros de Konjevic.

Konjevic Uuhhhhhh… Usted debe abrir un salón de masajes.
Elvira Eso ya lo deje atrás, Sr. Novak. Una mujer sensible sabe cuando es hora de dejar el juego.
Konjevic El ritmo de su masaje me dice que nosotros nos conocemos de antes.
Elvira No me sorprendería. Todos nos conocemos de un modo u otro, ¿no es así? El mundo es más pequeño de lo que uno piensa.
Konjevic Siempre he querido conocer una mujer que sea capaz de articular algo inteligente, aunque sea por descuido.
Elvira Usted es muy generoso, Sr. Konjevic.
Konjevic Novak.

Joe, ha preparado el moto. Se lo ofrece a Konjevic, quien se lo pone en la boca y espera a que alguien se lo encienda. Joe saca un encendedor de su bolsillo y lo hace. Konjevic aspira el humo profundamente.

Joe Orton Es un verdadero placer mirar a un policía fumando yerba. ¿Dónde está tu cámara, Elvira? Nunca se sabe cuando este tipo de evidencia puede servir.
Konjevic No soy muy fotogénico.
Mayerhold Cierto. Debo terminar el entretenimiento y llevar nuestra conversación de lo esencial hacia lo periferal y sin importancia. Joe, toma el arma y si el Sr. Novak hace un movimiento sospechoso, dispárale en la rodilla.
Joe Orton *(Toma el arma y le apunta a Konjevic)* No sé apuntar muy bien, así que dispararé. Dios sabrá si la bala termina en la rodilla o en el corazón.
Elvira Sr. Novak, ¿quiere que continúe con el masaje o prefiere concentrase en fumar?

Konjevic empieza a toser como si se estuviera asfixiando. Elvira lo golpea con rapidez repetidas veces, en la espalda.

Joe Orton ¿Debo interpretar eso como un movimiento sospechoso? (*Levanta el arma.*)
Elvira Esto es un ataque de tos, Joe. Controla tus impacientes dedos. Primero tenemos que averiguar quién es el Sr. Novak y qué quiere.

Mayerhold se mueve detrás de la silla, empuja a Elvira y le da un fuerte golpe a Konjevic en la espalda. Konjevic deja de toser, se reclina hacia atrás y queda sentado con los ojos cerrados.

Elvira ¿Sr. Novak? (*Lo sacude por los hombros. Konjecic no responde.*) ¿Será posible que un hombre se asfixie con su propia tos?
Joe Orton La Policía es capaz de cualquier cosa. (*Le saca el resto del moto a Konjevic de las manos.*) Yo sabía que quería endilgarnos un cadáver. (*Presiona el fuego del cigarrillo en la palma de la mano de Konjevic.*)
Konjevic (*Salta de la silla y "baila" alrededor del cuarto*) ¡Ayy! ¡Ayyy!
Elvira Gracias a Dios. No habríamos sabido dónde enterrarlo.
Joe Orton Lo podríamos usar como fertilizante.
Mayerhold Sr. Eberspanger, no esperaba que un hombre de su calibre tuviera un sentido del humor del que un niño de cinco años se avergonzaría.
Elvira No se exciten demasiado. Sr. Novak, siéntese en el brazo de la butaca para masajearle los hombros por cinco minutos más.
Konjevic Gracias, Madam, pero las circunstancias han cambiado y preferiría volver en otra ocasión. Adiós, Sr. Eberspanger.
Mayerhold ¿Por qué? Usted no se va a ningún sitio.
Konjevic Mi curiosidad me ha llevado un poquito lejos. Ya pagué la multa y ahora me gustaría irme.
Mayerhold Primero debemos averiguar qué va a hacer al otro lado de la verja.
Konjevic Soy un hombre con un corazón débil, pero excepcionalmente bueno. No se me ocurriría hacerles daño.
Mayerhold Usted podría, por ejemplo, ser todavía empleado de la Compañía de Aguas de la Ciudad. Podría arreglar que nos cortaran el agua. Eso destruiría nuestro huerto y nos moriríamos todos de hambre. La historia del trabajo con la Policía es pura fabricación, ¿no es cierto?
Konjevic Voy a hacer una excepcion a las reglas.

Saca una placa del bolsillo y se la extiende a Mayerhold, quien la examina.

Mayerhold Nos dijo la verdad. Con una excepción. Aquí dice Konjevic, no Novak.
Konjevic ¿De verdad? Nunca lo noté. Tiene que ser un error. No es de sorprender cuando se trata con la Policía. Es más, yo soy el culpable porque nunca les dije mi verdadero nombre.
Mayerhold ¿Y cuál es su verdadero nombre?
Konjevic El mismo que usted tiene, Eberspanger.

Pausa. Se miran.

Mayerhold Mi nombre es Mayerhold.
Konjevic Cierto. De ahora en adelante usted será Mayerhold y yo seré Ebenspanger. Hemos logrado resolver al menos un problema.
Mayerhold Más o menos. Y Joe Orton va a ser el agente especial Konjevic, que trabaja para el Departamento de Seguridad Nacional. (*Le extiende la placa a Orton.*)
Joe Orton La conversión de un criminal en policía puede ser sorpresivamente corta. *(Mete la placa a en su bolsillo.)* ¡Qué mucho me voy a divertir!
Elvira Me puedes llevar a los bailes de la Policía, donde debe haber muchos hombres guapos.
Joe Orton ¿Escuchó eso, Sr. Mayerhold? Esta mujer no puede dejar de ser lo que es. (*A Elvira*) Arrestaré al primero que se te acerque.
Konjevic (*Confidencial*) Entre usted y yo, Sr. Mayerhold, cuando escogió compañía para su jardín del Edén no tuvo suerte. Espero que el proceso de selección no haya terminado y que haya espacio para uno más. En caso de que necesite a alguien que mantenga el orden.
Mayerhold Su oferta tiene que discutirse por un comité de tres personas.
Konjevic Sugiero que lo discutan en mi ausencia. Regresaré mañana por la tarde para saber su decisión. (*Camina hacia la puerta.*)
Joe Orton (*Apuntándole con el rifle*) ¿A dónde va?
Konjevic Apuesto a que ese rifle no tiene balas.
Mayerhold Pero esta si tiene algunas. (*Le apunta a Konjevic.*) Siéntese en el brazo de la butaca, Sr. Ebenspanger.

Konjevic regresa y se sienta en el brazo de la silla.

Mayerhold Joe, ¿tienes cinta adhesiva?

Joe Orton pone el arma en el sofá y se inclina a buscar un rollo de cinta adhesiva debajo de la mesita de la sala.

Konjevic ¿Qué más tiene usted ahí?
Mayerhold *(A Orton)* Lo has visto en el cine.
Joe Orton Eso fue antes de que Elvira empeñara el televisor. ¿Lo podríamos recuperar? Me estoy aburriendo. Aquí no pasa nada.
Empieza a colocar la cinta adhesiva en el brazo de la butaca y se lo pasa Konjevic por el pecho. Sigue su labor hasta que Konjevic está totalmente atado a la butaca.
Konjevic Podría protestar, pero eso también lo hemos visto en el cine, asi que me quedaré quieto.
Joe Orton *(Le pone cinta adhesiva en la boca)* Buena idea.

Oscuro

Escena 10

Konjevic está atado a la silla con cinta adhesiva.

En la oscuridad se escucha un informe radial: "... pero no desarrrollamos y reforzamos los valores por sí mismos, reforzamos los valores para que podamos vivir más plenamente y con más sentido. La historia reciente nos ha enseñado que es realmente posible morir en nombre de la sociedad, pero se nos ha empezado a olvidar que la vida de un individuo no puede tener sentido fuera de la sociedad. En otras palabras, un individuo está involucrado en una relación con la comunidad que ha seleccionado, una relación que está sujeta a un proceso continuo de identificación..."

Durante el informe las luces empiezan a subir. Mayerhold, Joe Orton y Elvira entran del corredor. Joe apaga el radio.

Joe Orton Bla, bla, bla.
Elvira ¿Se divirtió, Sr. Konjevic?

Joe Orton ¿Tuvo sueños agradables? Los míos suelen ser salvajes+ después de una dosis de hashish. ¿Quiere otro porro?

Konjevic se returce y hace sonidos graciosos.

Elvira Creo que quiere decirnos algo.

Mayerhold le hace señales a Orton. Joe le quita la cinta adhesiva de la boca a Konjevic.

Konjevic Me dejaron aquí solo toda la noche.
Elvira En esta casa siempre siempre hemos sido muy considerados.
Konjevic Y este radio infernal que se prende solo...
Elvira Además, nosotros también necesitábamos descansar.
Konjevic ¿En su cuarto? ¿Los tres juntos?
Elvira El Sr. Mayerhold se resistió al principio. Después fue Joe el que empezó a enfurruñarse. Todavía no ha aceptado que las cosas buenas se comparten. Es joven todavía. Sin embargo, al final llegamos a un acuerdo que nos ha satisfecho a todos.
Konjevic Pero usted nunca pensó en mí.
Elvira Todo lo contrario. Sugerí tres veces que debíamos invitarlo a unírsenos, considerando que usted es nuestro huésped. Pero estos dos caballeros se negaron hasta el final.
Konjevic Lo que quiero decir es que usted nunca pensó que me podría haber asfixiado.
Elvira ¿Qué quiere de desayuno? ¿Huevos revueltos? ¿Pan con mermelada?
Konjevic Quiero que me liberen. Quiero irme.
Elvira Usted nos gusta, Sr. Konjevic. Así que lo vamos a retener un poquito más.
Konjevic ¡No atado a la silla con cinta adhesiva!
Elvira ¿Por qué no?
Konjevic No puedo ni rascarme la nariz.
Elvira Joe, ráscale la nariz al Sr. Konjevic.
Konjevic *(A Orton)* Lo voy a escupir si se me acerca.
Joe Orton No lo puedo creer. Le das a un hombre la mejor yerba del mundo y, ¿qué recibes a cambio?
Konjevic Estoy deshidratado.
Mayerhold mira a Elvira.

Elvira   Una sirvienta en mi propia casa. Es culpa mía. *(Sale.)*
Mayerhold Pues, bien. Estamos solos. Dígame ahora quién es realmente usted y qué lo ha traído a esta casa.
Konjevic ¿Por qué no me libera para que yo pueda relajar mis coyunturas y hacer algunas lagartijas? Y entonces le diré cosas que usted nunca habría soñado.
Mayerhold Joe, quítale el tape y permítale al caballero hacer algunas lagartijas.
Joe Orton ¡Se va a escapar!
Mayerhold No, no lo hará. *(Saca la pistola.)*
          Joe Orton le quita el tape a Konjevic y lo libera. Con dificultad, Konjevic se levanta del brazo de la butaca, estira los brazos y empieza a hacer lagartijas.
Joe Orton ¿Lo vamos a mirar hacer ejercicios por una hora?
Konjevic *(Levantándose)* ¿Me podrías dar un poquito más de tu excelente yerba? De ese modo mi confesión, que ya no se puede evitar, será más fluida.
Mayerhold Primero la confesión.
Konjevic Eres cruel, pero yo no merezco algo mejor. Le he dicho tantas mentiras que lo lamentaré el resto de mi vida.
Mayerhold Al punto.
Konjevic Va a necesitar un gerente, Sr. Ebenspanger.
Mayerhold Primera vez que oigo algo así.
Konjevic Lo que usted ha creado aquí necesita mercadeo. Cierto que el mercado liberal ha ha puesto al mundo de rodillas y además lo ha hecho pedazos, pero eso no significa que no pueda aminorar el dolor en nuestros últimos momentos.
Joe Orton Usted iba a las clases nocturnas de filosofía. Por eso me resulta familiar.
Konjevic Le resulto familiar porque le he comprado hashish varias veces.
Joe Orton Imposible. No hay ningún Konjevic o Novak en mi lista de clientes.
Konjevic *(Saca un papel del bolsillo)* ¿Este?
Joe Orton ¿Dónde consiguió eso? Devuélvamelo.
Konjevic Primero usted me devuelve mi falsa placa de policía. *(Estira el brazo.)*
Joe Orton *(A Mayerhold)* ¿Le rompo la cara?
Mayerhold Después.

          Entra Elvira con una botella plástica de agua. Konjevic la agarra y bebe hasta vaciarla. Se la devuelve a Elvira.

Elvira   ¿Llegué en un mal momento?

Konjevic	No, no, Miss Silvana. Ha llegado usted en el momento correcto, a tiempo para escuchar mi oferta de negocios.
Elvira	¿Cómo sabe que mi nombre es Silvana?
Elvira	No hace mucho, Madam Elvira, usted era Silvana, antes de retirase a pasar el resto de su vida en una clase media decente. Aunque esta casa es sólo una aproximación de lo que usted aspiraba. Hace un rato sólo insinué que la hubiera conocido, pero ahora puedo confirmar que disfruté de las delicias de su "expertise" profesional un gran número de veces.
Elvira	¿Por qué ha ha venido?
Konjevic	Para hacer trizas las ilusiones que tarde o temprano los enterrarán.
Elvira	¿Para quién trabaja?
Konjevic	Para mí mismo, Madam Elvira. Sólo los tontos todavía trabajan para otros. No me diga que le he dicho algo que usted no sabía.
Joe Orton	*(Toma el rifle y le apunta a Konjevic)* Suficiente. Suficiente. Suficiente.
Konjevic	Ese rifle no tiene balas.
Joe Orton	¿No? *(Agarra el rifle, apunta al techo y dispara. Se escucha una explosión horrible. Todos están en shock, sobre todo, Orton.)*
Konjevic	Déjeme deirle algo, si me permite.
Joe Orton	*(Le apunta con el rifle)* Primero le voy a decir lo que usted nos va a decir a nosotros.
Konjevic	Voy a decirle lo que iba a decirles antes de que usted me interrumpiera.
Joe Orton	Las cosas cambiaron. Ahora soy yo quien hace las preguntas.
Elvira	Sr. Mayerhold, ¿por qué desvió su arma cuando Joe Orton agarró su rifle?
Mayerhold	Pensé que necesitaba desahogarse. Perdió mucha de su confianza anoche y qué mejor manera de compensarlo que ondeando alrededor de un gran rifte.

Joe Orton le apunta con el rifle a Mayerhold y se apresta para disparar. De pronto se dobla, tira el rifle al suelo y colapsa en la butaca, se tapa la cara con las manos y empieza a llorar.

Elvira se sienta en el brazo de la butaca, pone su mano derecha en el hombro de Orton y le acaricia la parte posterior de la cabeza, con la izquierda.

Elvira	No te preocupes, Ratoncito, Mamá Ratona siempre ha sido feliz contigo. Lamento haberte dicho esas cosas feas.

Orton, llorando calladamente se aleja.

Konjevic La juventud de hoy se ha vuelto blanda; ya no pueden manejar las cosas como son. Pero el mundo necesita de empujes fuertes más que nunca. Esta juventud es capaz solamente de pequeñas historias, historias fláccidas. De masturbaciones inútiles en Facebook. Sólo de eso son capaces.

Elvira Joe no tiene cuenta de Facebook. La internet la usa sólo para la pornografía. Y ni siquiera todos los días.

Konjevic Sólo son capaces de crear pequeños paraísos. Un momento de éxtasis, de olvido, de desahogo. Algo que no se puede compartir con nadie más. Esmirriados gestos egoístas son sus historias. Pero, usted, Sr. Eberspanger, ha creado una gran historia dentro de la tradición de las grandes historias. Un gran jardín, único, en el que esos efímeros momentos de placer ya no importan. Lo que importa es la supervivencia de la raza humana.

Mayerhold El mundo al otro lado de la verja ya no me interesa.

Konjevic Excelente. Dándole la espalda al mundo y aferrándose a su egoísmo como última tabla de salvación, usted ha encontrado su ideal para salvar la humanidad.

Mayerhold Usted nada en contradicciones.

Konjevic Usted ha creado el proptotipo de huerto que se puede vender a cualquiera en la faz de la tierra. Diez tipos de vegetales creados científicamente, con vitaminas suficientes para una vida saludable, un tipo de móvil nutricional perpetuo. Suficiente para una familia de tres, hasta de cuatro. ¿Usted sabe lo que eso significa?

Mayerhold Dígamelo.

Konjevic Es el fin del comercio, de la transportación, el fin de la necesidad de los combustibles fósiles, el fin del humo, del efecto invernadero, el fin de nuestro temor a que se acabe el mundo.

Joe Orton Está loco, ¿verdad? (*Mira a Elvira.*)

Elvira Sí, Ratoncito. Absolutamente loco.

Konjevic Usted tiene que patentar esta idea suya inmediatamente.

Mayerhold ¿Por qué?

Konjevic Porque la propiedad intelectual se ha convertido en el objetivo de malvados de todo tipo.

Mayerhold No lo sabía.

COMEDIA DEL FIN DEL MUNDO

Konjevic Firmaremos un contrato en el que usted me da los derechos exclusivos para mercadear el prototipo de su Jardín del Edén, alrededor del mundo. Le digo que se volverán locos en Estados Unidos, se matarán unos a otros en medio de la euforia.
Mayerhold ¿Y qué beneficios nos traerá eso a nosotros?
Konjevic Seremos ricos, Sr. Ebenspanger. Disfrutaremos comodidades extraordinarias hasta el fin de nuestras vidas. Todos nosotros.
Mayerhold ¿Todos nosotros?
Konjevic Si, todos nosotros.
Joe Orton Ah, de pronto somos cuatro.
Elvira Eso depende del Sr. Mayerhold, Ratoncito. Sólo él sabe qué es lo mejor para nosotros.
Konjevic ¿Qué dice, Sr. Mayerhold? Podemos agrandar el jardín, comprar los terrenos de los vecinos, demoler las casas, deshauciar a los que vivan ahí, lo que usted diga. Todo legalmente, claro. Podemos convertir veinte círculos de vegetales en cien, doscientos, ¡más!
Mayerhold ¿Y así sucesivamente?
Konjevic Y así sucesivamente. Después podemos traer invitados a nuestro pequeño paraíso, quizás algún hombre joven y corto de mente. Para mí traería una chica vivaz que necesite ejercicio diario, para no sentirme solo de noche. Y usted podría hacer lo mismo, Sr. Mayerhold. De acuerdo con sus gustos, por supuesto. Yo no soy racista, así que puede escoger una esquimal o una tuareg. No mostraré ningún tipo de objeción.
Elvira Con una condición. Que sea un hombre.
Konjevic Piénselo, Sr. Vehovar. No por mí o por usted, sino por estos dos. Los dos son inútiles, completamente dependientes de usted. Piénselo; tómese su tiempo. No hay prisa.
Mayerhold Me alegro porque usted se va a quedar aquí por buen tiempo.
Konjevic Lo sé. Espero que no se moleste conmigo si le pregunto cómo llegar al baño. Anoche, como usted sabe, se me impidió vaciar la vejiga como lo debe hacer un caballero de mi clase.
Joe Orton Ya me parecía que olía a meao.
Mayerhold Joe, toma el arma y acompaña al caballero al baño. Asegúrate de que no intente escapar por la ventana. Cuando termine, tráelo para acá.

Joe toma el arma y espera que Konjevic llegue a la puerta. Lo sigue hacia el corredor. Pausa breve.

COMEDIA DEL FIN DEL MUNDO

Elvira Me gustaría entender lo que está pasando.
Mayerhold Dáte tiempo.
Elvira ¿Crees que Dios nos está probando por nuestros pecados?
Mayerhold Dios se rindió respecto al mundo hace mucho tiempo. El único que insiste es el Diablo, con la esperanza de que será el último en reír.
Elvira ¿Supongamos que no trabaja en la Autoridad de Aguas?

Se oye un fuerte golpe que proviene de abajo. Pausa.

Elvira Ese sonido es raro.
Mayerhold Me temo que en cualquier momento nos enfrentaremos a malas noticias.

Joe Orton regresa con el rifle.

Joe Orton Trató de escaparse por la verntana.
Mayerhold Te dije que lo trajeras vivo.
Joe Orton No mantuvo su palabra. Rehuso aceptar responsabilidades por algo que no fue mi culpa.
Mayerhold ¿En qué condición se encuentra?
Joe Orton Considerablemente menos vivo que antes. Con la boca abierta, pero absolutamente silencioso. Como si hubiera perdido interés en lo que lo rodea.
Elvira Joe Orton, ¿cómo podré perdonarte algún día?
Joe Orton Todo lo nuevo en el mundo necesita por lo menos una víctima.
Elvira Ahora nunca sabremos quién era y qué quería.
Mayerhold Nos divertiremos con esa pregunta durante los largos meses de invierno. Joe, agarra una pala, sacrifica algunos repollos y entierra al caballero bien hondo para que nadie accidentalmente pueda desenterrarlo.
Joe Orton ¡Coño! Me he echado encima un trabajo innecesario.

Joe Orton sale con el rifle. Pausa.

Elvira Van a venir a buscarlo.
Mayerhold ¿Quién?
Elvira Sus compañeros. Los de la Autoridad de Agua de la Ciudad. La Policía. El Servicio Secreto. O los médicos para devolverlo al manicomio. ¿Qué se yo?

Mayerhold No sabes nada, Elvira. Para todos nosotros, eso es lo mejor.
Elvira ¿No me amas?
Mayerhold ¿No crees que el momento amerita una pregunta un poquito más inteligente?

Oscuro.

Escena 11

En la oscuridad se escucha un informe radial: "...la mayor parte de la gente todavía piensa que hablar de una amenaza inmediata a la sobrevivencia de la humanidad es una tontería futurista de los que no tienen algo mejor que hacer. Desafortunadamente no es así. El Apocalipsis es un barco que ya abordamos, que ya salió del puerto y no regresará. Nadie sabe cómo esto puede afectar nuestras relaciones. Quizás los que han entendido que éste es nuestro último siglo deberían ser menos egoístas, quizás deberían sacrificar sus metas personales y dedicar su energía a manejar más comunitariamente el barco en el que nos encontramos porque no hicimos nada cuando aún había tiempo. No tenemos poder para evitar el naufragio. Eso está claro. La única pregunta es si el naufrgio es este año, en diez años, o con suerte, en cien años..."

Durante el informe las luces van subiendo. Mayerhold entra y apaga el radio.

Mayerhold Bla, bla, bla.

Toma su libreta de dibujo, se sienta en el sofá y empieza a dibujar. Entra Elvira con un servicio de té. Lo pone en la mesita y se sienta al lado de Mayerhold. El la mira.

Mayerhold ¿Preocupada?
Elvira Joe sigue haciendo sus rondas.
Mayerhold ¿No es lo que ha hecho siempre?
Elvira Sí, pero ya podría dejar sus *negocios*. Quiero decir...ahora que ya tenemos un huerto.
Mayerhold Lo he disciplinado todo lo que he podido.

COMEDIA DEL FIN DEL MUNDO

Elvira Pensé que podíamos ser felices ahora que hemos dejado atrás las cosas terribles.

Mayerhold (*Levantándose.*) ¿De qué hablas? Las cosas terribles están frente a nosotros. Por eso es que hemos creado este refugio. Aun si sobrevivimos una semana más que los demás, nuestros esfuerzos no habrán sido en vano.

Elvira ¿Una semana adicional merece todos estos esfuerzos?

Mayerhold ¿Y qué esfuerzos has aportado tú?

Elvira ¡Ah, qué bien! Y quién ha estado cocinando, limpiando, resolviendo conflictos, ofreciendo apoyo moral? Eso sin mencionar otras cosas.

Mayerhold ¿Te refieres a las noches en tu cuarto?

Elvira se levanta, toma la bandeja y se dirige a la puerta.

Mayerhold No he terminado mi té.

Elvira Ni lo vas a terminar.

En la puerta tropieza con Konjevic que entra por el corredor.

Konjevic Yo lo voy a terminar. Pónlo otra vez en la mesa. (*Se frota las manos.*) Me hará bien, hace bastante frío allá afuera.

Mayerhold y Elvira lo miran boquiabiertos.

Elvira (*A Mayerhold*) ¿No estoy alucinando, verdad? Aquí no hay nadie nada más que tú y yo?

Konjevic Yo esperaba que se abrazaran y le dieran gracias a Dios por por verme vivo.

Elvira Esta no es la primera vez que siento que esta casa está embrujada.

Konjevic (*Toma la bandeja de las manos de Elvira, la pone en la mesita y se sirve té*) Los fantasmas no acostumbran tomar té.

Elvira Pero, usted está enterrado en el jardín, seis pies bajo tierra.

Konjevic ¿Tan hondo? No voy a poder respirar. Y respirar es mi pasatiempo favorito. (*Respira profundamente.*) Aunque el aire fresco escasea por aquí.

Mayerhold Sólo hay una manera de averiguar si nos enfrentamos a un fantasma. (*Saca una pistola del bolsillo y le apunta a Konjevic.*)

321

Konjevic	Creo que en un par de segundos vamos a oír un bum bum. (*Sonríe y prueba el té. Mayerhold dispara. Elvira salta. Konjevic levanta la taza de té y sonríe.*)
Konjevic	Si no me equivoco vamos a escuchar otro bum bum.
Mayerhold	Quizás está usando un chaleco protector. Mayerhold se acerca a Konjevic y le dispara en la cabeza a corta distancia.
Konjevic	Allá va mi tímpano.
Mayerhold	*(Mirando su pistola)* ¿Será que Joe Orton de verdad usa drogas pesadas? ¿LSD, Mexcal? ¿Habrá puesto algo en nuestra comida? *Joe Orton entra con el rifle en las manos.*
Joe Orton	Me ausento por menos de cinco minutos y ya estoy acusado de crímenes horrendos.
Elvira	Joe, por amor de Dios, ¿dónde te habías metido?
Joe Orton	Me convertí en cazador. Les disparo a los animales para que no tengamos que tener una dieta vegana. Y el Sr. Ebenspanger, ¿a qué le está disparando?
Konjevic	A los fantasmas.
Mayerhold	Joe, ¿cuántas personas ves en esta sala?
Joe Orton	Tres.
Elvira	¿Y qué hay de los fantasmas?
Joe Orton	¿Fantasmas? ¿Dónde?
Elvira	Está parado frente a ti, tomando té.
Joe Orton	Ese no es un fantasma. Es el Sr. Konjevic.
Elvira	Joe, tú le disparaste al Sr. Konjevic en el baño y lo enterraste en el jardín.
Joe Orton	Quizas erré.
Elvira	Vimos por la ventana que lo estabas enterrando.
Joe Orton	¿Eso vieron?
Elvira	Hasta volviste a sembrar los repollos que habías arrancado con ese propósito. Para cubrir tus huellas, dijiste.
Joe Orton	En ese caso debe haberse levantado de entre los muertos. Quizás estamos viendo la resurrección de la que hablaba la Biblia.
Elvira	Joe...
Joe Orton	Pensé que se alegrarían de que no fuera un asesino. Deberían abrazarme y besarme. Deberíamos, y me refiero a nosotros cuatro, retirarnos al dormitorio y celebrar el curso de los acontecimientos con una sudorosa Fiesta de Gemidos y Gruñidos.

Mayerhold	*(Abre la pistola y descubre que está llena de balas de juguete)* De verdad debo ser estúpido.
Joe Orton	Eso lo sabemos hace tiempo.
Konjevic	Déjenlo en paz. No es noble patear a un hombre que ve como se disminye su estatura ante sus propios ojos.
Elvira	¿Alguien puede explicarme qué sucede?
Joe Orton	Nada que no haya ocurrido un millón de veces en la historia.
Elvira	No entiendo qué quieres decir.
Joe Orton	Cómo podrías si no eres nada más que un roto que necesita llenarse de vez en cuando para que una pizca de inteligencia no vaya a entrar accidentalmente.
Konjevic	No digas eso. Debemos ser considerados con las mujeres, aunque las despreciemos.
Mayerhold	¿Cuándo empezó esta conspiración?
Joe Orton	¿Usted lo recuerda, Sr. Konjevic?
Mayerhold	¿Antes de usted llegar aquí?
Konjevic	Eso no es imposible. Pero más allá de ese punto, ahora estamos donde estamos.
Elvira	Dios mío, Joe Orton, ¿cómo puedes fingir hasta ese punto?
Joe Orton	*(Silbando)* ¿Cómo puedes tú cuando finges un orgasmo?
Elvira	*(Con otro silbido)* Por lo regular no lo hago, pero contigo no me quedó más remedio.
Joe Orton	Gracias por el cumplido. Eso te subirá la renta muchísimo.
Elvira	¿Renta?
Joe Orton	Sí. La renta que que nos vas a pagar empezando mañana.
Elvira	Sr. Mayerhold, ¿por qué no me defiende?
Mayerhold	Yo me he convertido en víctima de mi ingenuidad.
Konjevic	Víctima de su profunda falta de sentido para los negocios, diría yo. ¿No le ofrecí un acuerdo que le hubiera dejado su posición intacta, asegurándonos a todos una vida cómoda hasta el fin de nuestros días?
Mayerhold	¿Qué intenta hacer?
Joe Orton	Nada dramático. Hasta ahora hemos intentado cosechar diez tipos de vegetales. Empezando man/ana...
Mayerhold	Ya sé, ¿marihuana?
Joe Orton	No. Amapolas.
Mayerhold	¿Opio? ¿Heroína?
Konjevic	¿Por qué no? Considerando el tamaño del solar y la estructura del terreno, el beneficio será considerablemente mayor.

Mayerhold ¿Tráfico de drogas? ¡Usted no va a sembrar comida, usted va a sembrar las semillas de la enfermedad y la muerte! No lo permitiré.
Elvira Yo tampoco. La casa y el huerto están registrados a mi nombre.
Joe Orton Sabía que iba a haber problemas.
Konjevic No hay que preocuparse. Los problemas se pueden resolver. Somos personas razonables. Transferir propiedades es un tema complicado. Todo lo que se requiere es una pequeña promesa, acompañada de de una pequeña amenaza. ¿No es así, Madame Elvira? ¿No es así, Sr. Mayerhold? Debemos mantener nuestros principios, mientras perseguimos nuestras metas de modo implacable.
Mayerhold Sus valores, Sr. Konjevic, Novak, no valen un un escupitajo.
Elvira Lo que voy a hacer de todos modos. (*Escupe a Konjevic.*)
Konjevic Valores son lo que inventamos para legalizar nuestras metas. En otras palabras, ficción.
Joe Orton Y en la ficción cabe cualquier cosa, aun mis farsas. Me he ganado un lugar en la historia.
Mayerhold Usted es una chispa de nada que ni siquiera merece un lugar en la piel de un perro sarnoso. La humanidad está al borde de la extinción y ustedes dos…
Joe Orton …quieren disminuir el sufrimiento final. ¿No es noble? Distracción, alienación, placer y unos cuantos años de vida cómoda para nosotros. ¿Qué podría superar esto?
Konjevic Con las ganacias de la venta de opio podremos comprar diez veces más vegetales, que usted podría sembrar en el huerto.
Joe Orton Y carne.
Konjevic Todo tipo de carne. Incluyendo la joven, hermosa, firme. (*Mira a Elvira.*)
Elvira Sr. Mayerhold, ¿no va a defender mi dignidad?
Mayerhold El juego está perdido.
Konjevic No necesariamente. Todavía hay tiempo para unirse al equipo ganador.
Mayerhold No vamos a fraternizar con granujas.
Elvira Bravo, Sr. Mayerhold. (*Preocupada de momento.*) Por el otro lado, cosas así llaman a una reflexión. ¿No estoy en lo correcto, Sr. Konjevic?
Konjevic Eso es muy cierto, Madam Elvira.
Mayerhold Lo pensaremos. En el Tribunal.
Konjevic Las cortes están fuera de la verja que usted construyó, de modo que nadie de afuera pudiera entrar, Sr. Ebenespanger. Los tribunales no tienen jurisdicción aquí dentro. No hay nada ni nadie dentro de esta verja, excepto nosotros cuatro.

COMEDIA DEL FIN DEL MUNDO

Mayerhold Tendrá que matarme.
Konjevic No somos asesinos como usted, Sr. Ebenespanger, que le dispara a la cabeza de la gente a corta distancia.
Joe Orton Mire por la ventana, Sr. Mayerhold.
Mayerhold y Elvira se acercan a la ventana y miran.
Elvira ¿Quién es esa chica?
Joe Orton Nueva fuerza laboral. Contratada hace dos horas.
Mayerhold Un momento... No puedo creer esto. ¿Qué está haciendo?
Joe Orton Sacando los vegetales y preparando el terreno para sembrar amapolas.
Elvira Es muy joven.
Konjevic Así es, Madam. El hoy no dura mucho. Antes de que usted dé la vuelta, ya es ayer. Y mañana sigue tocando a la puerta aun mientras dormimos.
Elvira ¿Yqué más va a hacer ella, además de preparar el terreno para la siembra?
Konjevic Ha mostrado estar lista para considerar algunas de mis sugerencias. Usted sabe, estas chicas de familias pobres nunca rechazan un pedazo de pan por palabras nebulosas como virginidad.
Elvira ¿Y dónde se van a llevar a cabo esas sugerencias? ¿En mi cuarto?
Konjevic Ya ojeé el cuarto y parece aceptable para... mejor déjeme ahorrarle los detalles.
Elvira ¡Dios lo va a castigar! *(Empieza a golpearse el pecho con los puños.)* Dios lo va a castigar! *(Se tira al piso, se abraza a sus rodillas y empieza a llorar amargamente.)* Por favor, sea piadoso...
Joe Orton ¡Vaya circo!
Elvira *(Casi ianudible)* Dios me ha castigado...
Mayerhold camina hacia la puerta.
Konjevic ¿A dónde va?
Mayerhold En busca de nuevas aventuras.
Joe Orton Ya nos encargamos de eso. En lo sucesivo sus aventuras serán como sigue...
Mayerhold No estoy interesado.
Joe Orton *(Le apunta a Mayerhold con el rifle)* Sí que lo está.
Mayerhold Soy un científico.
Konjevic Por eso, Sr. Ebenspanger. Por eso se le han asignado tareas que sólo un hombre con sus habilidades puede realizar exitosamente.
Joe Orton Se le ha puesto a cargo del laboratorio para que convierta el opio en heroína.
Konjevic Tendrá sus comidas regulares y un techo. No es poca cosa, considerando los tiempos que vivimos.

Joe Orton Piense en los billones de personas que viven con un dólar al día.
Konjevic Solamente en Los Angeles, cien mil personas viven en la calle.
Elvira *(Levantándose)* ¿Y yo? ¿Qué deberes me asignaron a mí?
Mayerhold ¿Te vas a vender?
Elvira *(Insultada)* Nunca en mi vida me he vendido. Es cierto que he hecho cosas que no todas las mujeres harían, pero siempre traté de combinar el placer con otros beneficios. Sucede que soy una de esas mujeres a las que les gusta cooperar. Que se mueve con los tiempos. Que se adapta.
Konjevic Madam Elvira, han pasado años desde nuestra última reunión, pero todavía recuerdo una posición muy particular que intentamos. ¿Cree que todavía puede hacerlo, tomando en cosideración que sus coyunturas ya no tienen la misma flexibiidad?

Elvira lo abofetea.

Joe Orton Un poquito de respeto no estaría mal, de otro modo podríamos quedarnos sin cocinera.
Elvira Sr. Mayerhold, el mundo se ha vuelto tan impredecible que en este momento el orgullo personal no es más que un error fatal.
Konjevic Una mujer hábil. Debe escucharla.
Joe Orton Es estúpida como una lámpara callejera, pero esta vez se las ha arreglado para decir algo con lo que estoy absolutamente de acuerdo.
Mayerhold *(A Konjevic)* No sé qué o quién es usted, excepto que es un timador de primer orden que le hubiera podido sacar más provecho a sus talentos en la Bolsa de Valores de Londres.
Konjevic Conozco mis limites, Sr. Vehovar.
Mayerhold ...pero tú, Joe Orton, tú eres otra cosa. Sin tomar en cuenta la primera impresión que causas, tu perteneces al campo del pensasmiento humano.
Joe Orton Gracias.
Mayerhold La codicia que has escogido para guiarte en la vida, no te traerá nada, excepto una breve satisfacción de tus necesidades más básicas e infinitas horas de remordimiento.
Joe Orton Un gato revolotea en el sol y después se duerme. Un hombre revolotea en su vida y después se duerme. Ninguno puede escapar el miserable hecho de que es quien es y que las cosas son como son.
Elvira Me gustaría entender todo esto.
Joe Orton ¿Por qué no podemos esperar el fin del mundo en un estado de aturdimiernto eufórico, en un estado de felicidad que podrá ser artificial,

	pero que al menos es felicidad? Tratar de olvidar es una característica de los seres vivos. Por eso es que en esta casa la regla es el placer.
Mayerhold	Quizás. Pero sin mí. *(Se vuelve para salir.)*
Konjevic	Sr. Ebenspanger, usted sabe muy bien que no le permitiremos hacer eso.
Mayerhold	Entonces, ¿qué van a hacer conmigo?
Konjevic	Tarde o temprano tendrá que ir al baño. Joe Orton lo acompañará con su arma. Usted tratará de escaparse por la ventana, él le disparará por la espalda y lo enterraremos debajo de las amapolas. Se convertirá en fertilizante.

Pausa.

Elvira	Sr. Mayerhold, quédese con nostros. Usted ya pagó su renta por un año. Después veremos. Nuestras expectativas podrían no ser razonables, ¿no es así, Joe?
Joe Orton	Déjalo decidir por su cuenta.
Konjevic	Sr. Ebenspanger, morir por principios que no son más que urgencias monetarias, dados los tiempos que vivimos, sería un anacronismo. Le suplico que no se rinda ante un deseo infantil de heroísmo.

Pausa.

Elvira	*(Gentil)* ¿Sr. Mayerhold?
Mayerhold	En realidad no tengo alternativa, ¿no es así?
Konjevic	Mínima, diría yo.
Majerhold	*(Decidiendo)* Bien. Entonces voy a la ciudad a buscar libros sobre el opio. Regresaré en menos de una hora.
Konjevic	No veo ningún problema, pero eso depende de lo que diga Joe Orton, el autor y director de este show que representamos.
Joe Orton	Media hora.
Elvira	Con la posibilidad de cinco minutos extra, por el tráfico.
Mayerhold	Media hora es todo lo que necesito. *(Sale apresurado.)*

Pausa.

Elvira	Me alegro de que las emociones y no la razón hayan ganado.
Joe Orton	Todo va de acuerdo con lo planeado.

Konjevic va a la ventana y mira afuera.

Konjevic   Va caminando hacia el portón.
Joe Orton   ¿Cuán lejos está?
Konjevic   Como a la mitad.
Joe Orton   Abre la ventana, Elvira.

Elvira va a la ventana y la abre.

Elvira   Ya llegó al portón. Lo va a lograr.
Konjevic   Está subiendo por el portón.
Joe Orton   (*Empujando a Konjevic*) Un poquito más y va a lamentar haber puesto filamentos como navajas encima de la verja.
Konjevic   Sí, son verdaderas lanzas afiladas.

Joe Orton levanta el rifle y apunta desde la ventana.

Elvira   Espera.
Joe Orton   ¿Qué te pasa?
Elvira   (*Se sale de la ventana*) Sé que sólo soy una mujer sentimental, pero aquí, en mi corazón, siento tanta presión que no puedo ni respirar.

Un grito horripilante se escucha a una distancia de unos 300 pies.

Elvira   ¿Qué fue eso?
Konjevic   (*Vuelve a la ventana*) Justo en la cima el fugitivo perdió el balance y resbaló.
Joe Orton   Una de las lanzas le horadó el corazón.
Konjevic   Empalado en el momento mas afilado de su éxito.
Elvira   ¡Oh, Dios! Es culpa nuestra.
Joe Orton   ¿Culpa nuestra? Fue él quien ordenó a Suiza esas rejas afiladas; las locales no le parecían suficientemente buenas.
Elvira   Quería protegernos.
Joe Orton   Esos son los peores, los protectores.
Konjevic   Debemos mover el cuerpo inmediatamente para que algún pasante no lleve la noticia al mundo exterior.

Joe Orton y Konjevic van hasta la puerta. Konjevic regresa.

Konjevic Todo está bien, Madam Elvira. Un sorbo de té verde hace maravillas con los nervios crispados.

Salen. Elvira se mantiene de pie sin saber qué hacer. Va al espejo y trata de arreglarse el pelo. Se detiene, abatida, mirando su reflejo.

Elvira Que alivio poder envejecer antes de morir.

Cortina

Komedija o smaku svijeta

Grumova nagrada za najbolju orginalnu dramu 2013. godine

Obrazloženje žirije

Komedija o smaku svijeta je farsa o farsi unutar koje je još jedna farsa. Farsa je onoliko koliko je sama naša stvarnost farsa, iako, kao što se je izrazio njen junak, »nije vrijeme za farse«. Stvarnost zahtjeva, kako autor točno konstatira, da se zapitamo o smaku svijeta, da se upitamo trebamo li posaditi i ograditi povrtnjak ili još ekstremnije, posaditi samo *travu* – te je preprodavati … Upravo se to, na periferiji grada, u kući sa zapuštenim vrtom na gotovo beckettovskoj pozornici, pitaju četiri osobe obilježene svojom izmišljenom kazališnom stvarnošću, a ipak sve tako lako prepoznatljive iz naše neposredne stvarnosti. Podstanar Joe Orton nerealizirani dramatičar, vlasnica Elvira nerealizirana glumica, novi podstanar Majerhold ekološki znanstvenik pod krinkom i Konjevič čovjek različitih izmišljenih identiteta, ne mogu se sporazumjeti o svrsi i namjeni vrta i spašavanju svijeta, te nam tako autorova sve prije nego optimistička dramska predviđanja načina rješavanja aktualnih društvenih problema na pragu smaka svijeta daju do znanja da će u bitci načelnih inovatora i nesavjesnih profitera, kao i toliko puta i unatoč apokaliptičkim predviđanjima, pobjediti ovi posljednji. Uz taj dramski tekst spretno napisanih dijaloga punih aforizama, te inteligentnih tekstualnih igara pitamo se što je to u njemu stvarno, tko je iskren, tko se skriva pod krinkom, a prije svega da li je smak svijeta realnost koja dolazi, ili samo kulisa bitke između različitih interesa, bitke u kojoj su u ilegali jednako revolucionarni znanstvenici, izrabljivači i profiteri. *Komedija o kraju svijeta* se tako, na nenametljiv i svjež način, bavi najaktualnijim globalno-lokalnim temama te nam živo odslikava domaće i strano stanje duha, a time daje naslutiti da je čitav svijet samo pozornica i da zato možda nikada nećemo saznati odgovor na pitanje iz naslova nikad napisane Ortonove drame: »Zašto su propale sve kurčeve vrijednosti?«

dr. Blaž Lukan

Ostaje li nam zaista samo još (pod)smijeh?

Komedija o smaku svijeta već na svojoj prvoj stranici, dakle naslovom, popisom likova, uputama o mjestu, vremenu i načinu igre, te motom, uspostavlja karakterističan flisarovski dramski prostor, odnosno kontekst. »Komedija o smaku svijeta« više je od samoga naslova; ona je karakteristična Flisarova sintagma: smak svijeta nije nešto nad čime bismo uozbiljeni moralizirali i očajavali, nego nudi nemalo razloga za (pod)smijeh, za komediju; među dramskim likovima u *dramatis personae* prepoznajemo bar dvije osobe iz dramskog, odnosno kazališnog svijeta; engleskog dramatičara Joea Ortona i Majerholda znamenitog ruskog režisera iz prve polovice 20. stoljeća koji, doduše, ničim drugim ne podsjeća na nj osim možda svojim utopijskim projektom koji nije bio stran ni ruskom avangardistu; mjesto i vrijeme događanja vode nas u alegorijski svijet kamo nas usmjerava već sam naslov »smak svijeta«. Alegorijska utopija ili utopijska alegorija (kako vam drago), zapravo pripovijeda o ovom svijetu ovdje i sad. Ona je način igre koji je opet tek nagovještaj tipično flisarovske dramske kazališne strategije: komedija je moguća samo ako je igramo smrtno ozbiljno, ali ipak brzo tako da nam ne ostavlja vremena za preduboko razmišljanje: ironija na granici apsurda leži nam na dlanu. I naposljetku, moto ili posveta mrtvome Joeju Ortonu: o konkretnoj inspiraciji ne govori dovoljno, a ni sam Joe Orton sa svojom (sretno-nesretnom) životnom sudbom ne nudi doslovne upute za *Komediju* ali pridonosi tomu da cijelokupno događanje još više zamrsi u intertekstualnu mrežu kojoj još dodaje neku vrstu autorskog metadramatičnog komentara »Lucky you!«, dakle »sretan ti koji si izbjegao krajsvijeta« - ili nešto slično, na što u komediji nailazimo još nekoliko puta.

Na taj način Flisar osigurava čitatelju drame, odnosno gledatelju mogućeg izvođenja na sceni, pouzdana uporišta za njeno razumijevanje. Ako kažemo pouzdana to ne znači da su lako (raz)umljiva/(raz)umna i na bilo koji način linearna. Upravo suprotno. Flisar je majstor zapleta i samorazumljivog dvoumnog/dvostrukog raspleta. Što je ostalo u alegorijskoj komediji od gore spomenutog? Pravo značenje

KOMEDIJA O SMAKU SVIJETA

alegorije obično leži izvan teksta, u samom kontekstu alegorija je preneseni govor. A kod Flisara, unatoč svemu, to se odnosi prije svega na doslovnost, današnjost, ovdašnjost. U svojoj komediji on se, naime, latio aktualnog problema kojega bismo mogli ograničiti pojmovima kao što su ekologija, preživljavanje, samoopskrbljivanje, utopičnost, ne nužno ovim redom i često neodvojivo isprepleteno. Dakle, svoj dramski jezik nikamo ne »prenosi« nego ga u dramu samo »unosi« i to iz naše neposredne stvarnosti. Ujedno je, naravno, i stvarno alegoričan: kazuje nam o nekoj mogućoj, općoj, fiktivnoj situaciji koju u svojoj drami samo pretpostavlja, ali isto tako i o nekom mogućem raspletu koji nije jedini moguć, ali je sigurno flisarovski radikalan i kritičan.

Zanimljiv je Flisarov moral odnosno razgovor o njemu koji na prvi pogled izaziva utisak moraliziranja, dakle propovijedanja morala i moralnog odnosa prema (razumijevanju) problema, odnosno svijeta kao takvog. Flisar je zaista moralno angažirani autor, no ipak neprestano svjestan opasnosti moraliziranja, pa mu izmiče orginalnim dramskim postupcima. Najjači postupak je (auto)ironija: Flisarovi junaci su dijaloški jedni od najizrazitijih i najlucidnijih u suvremenoj slovenskoj dramatici, ali pritom još uvijek izražavaju svoje vlastite, a ne autorove stavove. Gotovo svaka izjava odnosno dijaloška replika u *Komediji* je dvoznačna, ironična, paradoksalna, aforistička s iznenađujućim podtekstom; Flisar u dijalogu stalno izmiče jednoznačnosti, linearnosti i svoje likove stavlja u situacije u kojima se moraju (retorički) snaći, u pravom značenju riječi replicirati, dakle nabaciti lucidni i polemički odgovor na dijalošku natuknicu ili provokaciju. Na taj način izricanje (moralne) istine u Flisarovoj dramatici nije nikad pravocrtno, nego uvijek vijugavo, štoviše uvijeno u jezičnu bravuru koja od čitatelja zahtijeva da joj bude ravnopravan; možda upravo ovdje Flisar nastavlja ortonovsku tradiciju dijaloške dvoznačnosti: Ortona kao dramatičara bez tog »ključa« nije moguće razumjeti; njegove komedije (recimo *Što je vidio butler?* ili *Plijen*) na prvi su pogled plitke bulevarske predstave, pa nije potrebno posebno naglašavati da tek putem dijaloške dvoznačnosti Flisarova dramska istinitost postaje relevantnom i vrijedna uvažavanja; bez toga bi postupka ostala na razini jefinog publicističkog pamfletizma.

Treća dramsko-ideološka kategorija komedije kojoj Flisar dodaje nove i intrigantne konotacije, jest utopija. Majerholdov projekt u *Komediji,* kao što je bilo rečeno, jest utopičan. Ali Flisarova utopija je suvremena, ne nekadašnja, prošla »romantična utopija« koja predmet svoje rasprave vidi izvan ovog svijeta, dakle u nekakvoj budućnosti koja (još) nije naša konkretna stvarnost. Tu se Flisar (spontano?) približava aktualnom kritičkom razumijevanju utopije: ona se odnosi na konkretnu (političku) realnost; utopija je politički program koji nije usmjeren u neku neodređenu (i fiktivnu) budućnost nego je već gotovo tu u sadašnjosti, ostvarljiva je na temelju konkretnih političkih strategija (odnosi se na »kritički diskurs za rekonfiguraciju svijeta«, kao što bi rekao Ranciere, ili na »utopiju mogućeg«). Utopija je doista jedini mogući program opredjeljenja našeg djelovanja koji uspostavlja dijalog sa svijetom te od njega ne bježi. Kapitalizam utopiju razumijeva drukčije, vidi je usmjerenu u imaginarno, simbolično i alegorično te je povezuje s čistom fikcijom koja nije više ideološki oblik utopije nego samo pragmatizam zabave (recimo filmska proizvodnja znanstvenofantastičnih žanrova ili masovna produkcija računalnih igara). Flisar , dakle, svoju utopiju locira u realnom što je uže od nekadašnjih univerzalnih dimenzija utopije, uz to preko dramskog oblika pruža njezine pozitivne kao i negativne kritične, pobunjeničke dimenzije pri čemu nam pomoću drame (dakle s plana umjetnosti) rancierovski pomaže razumijeti odnosno drukčije vidjeti realnost, te nas tako usmjerava prema njezinoj promjeni.

U prostoru što ga zacrtava Flisarov postupak u *Komediji o smaku svijeta* možemo slijediti njegove karakteristične dramske likove i njihove situacije. Svojevrsna »nadmašivost« i neulovljivost, labilnost, dvoznačnost pokazuje se i na užem formalno-dramaturškom nivou. Naime, niti jedan od Flisarovih likova, osim Joeja Ortona (koji »u stvari« nije Joe Orton, nego njegova unesrećena reinkarnacija), nije to za što se izdaje. Nelagoda nastupa već na razini prezimena: ako se pouzdamo u *dramatis personae* i autorovu superiornost kod dodjele prezimena već kod Majerholda ostajemo smeteni: u igri se, naime, zove i Ebenšpanger, pa Robnik, Vehovar ili čak Konjevič prilikom čega je Konjevič, bar tako nam tvrdi autor, na istoj listi likova neka druga osoba koja zapravo prati Majerholda, a za sebe pak veli, da se preziva Novak. Također i Elvira je slijedeći nekom Konjevičevom nagovještaju, kojemu možemo vjerovati ili ne, gospođa Silvana… Uz prezimena je zagonetan itekako aktualan problem identiteta, odnosno provenienca kao prošlost osoba: što je Konjevič zaista po zanimanju (namještenik gradskog vodovoda, policajac ili inspektor Truscott iz Ortonovog *Plijena*); što bi Elvira zapravo htjela; i što stvarno radi Joe Orton? Pa čak i to gdje je u stvari bio Majerhold kad kaže, da je bio u »pustinji«, i jesu li sva postignuća koje Konjevič nabraja stvarna ili mu ih, kao žrtveno janje, pripisuje samo zato što su nužna za sam opstanak kapitalizma? Slične karakteristike pokazuju još neke situacije koje su možda više tehničko-dramaturške prirode (na primjer, igrice s oružjem itd.).

Sve to govori o teško ulovljivom, nestabilnom ili bar parastabilnom svijetu i sistemu koji u drugu ruku ipak nije nikad potpuno proizvoljan i neuhvatljiv. Upravo suprotno: intenzivan, izrazit i čvrst izrasta pred čitateljevim očima pa ga, uz primjerenu pozornost, usisava u sebe. Pa ako smo do sada prije svega spominjali njegove odnarođivane, odnosno ironične učinke, pogledajmo, kakve mogućnosti nudi za identifikaciju. *Komedija o smaku svijeta* zapravo je ekološka farsa. Nije farsična

335

na razini problematizacije teme koju uprizoruje, dakle ekologije i »vjere« u nju, nego najrazličitijih stereotipa i klišea te nedjelotvornih načina rješavanja ekoloških problema, pogotovo na nivou njenog romantičnog i mistifikacijskog razumijevanja koje predviđa pravu prirodu koja se nalazi u samoj naravi kapitalističke produkcije. Flisarova komedija je ekološka i na drugom, a ne samo primarno tematskom nivou: flisarovska ekologija se zapravo ne odnosi samo na proučavanje štetnih ljudskih intervencija u okolišu u užem smislu, ili njihovo jednostavno postavljanje na scenu, nego ju razumijeva mnogo šire kao čuvanje ljudskog duha čak i same čovječnosti koja u okolnostima ekspanzije kasnog kapitalizma u stvari nestaje. Teško bismo rekli da je Flisar moralističan, to smo navodno već rasčistili, ali ne možemo previdjeti njegov autentični angažman kao autora, zainteresiranost za očuvanje čovjeka i duha, premda se tom zauzimanju stalno (samo)podsmjehuje ili bar osmjehuje. I upravo tu opstoji dublja Flisarova istina: dok se još možemo smijati i podsmijavati, još čuvamo sami sebe, svoju ljudskost, duh, istinu, a odsutnost smijeha (ironije, parodije, paradoksa, apsurda) će nas bezizlazno potopiti u samu jezgru (i leglo) kapitalizma odakle nećemo više naći put ka svjetlu. Za učinak Flisarove komedije nije dakle potrebna »vjera« nego prije sumnja, zdrav razum, lucidna (samo)svijest i sposobnost pogleda na stvari, dakle u najboljem slučaju vjera u razum i njegovu beskonačnu snagu. Sve drugo je u Flisarovom dramskom svijetu osuđeno na neuspjeh i u startu osramoćeno.

Spomenuto se u komediji razotkriva u točno promišljenom vertikalno-situacijskom redoslijedu. Dugo ne znamo o čemu se u igri radi, u kakvom svijetu smo se našli i što likovi u stvari žele. Možemo, doduše, vjerovati opisu događanja, odnosno njegovom zapletu što ga stvara sam tekst. Dakle: »U zapuštenu kuću na kraju grada gdje ostarjela nimfomanka i propali student koji oboje uzdržava preprodajom droge životare u nadi da će se ipak nešto promijeniti, stigao je Spasitelj!«, a čim posumnjamo u njega stvar se, kao što je bilo već više puta rečeno, zaplete. Majerholdov veliki projekt je vrt koji će, kako se polako pokazuje, omogućiti samoopskrbu povodom nastupajućeg (u to nema sumnje) smaka svijeta. Majerhold istovremeno misli na sadašnjost i budućnost ovoga svijeta, na sadašnjost obilježenu opsadnim stanjem, ili na onu moguću, a ipak neizbježnu budućnost koju najavljuju radijski izvještaji iz kojih je moguće prepoznati, pored sudbonosnog mijenjanja prirode kao takve, i uništavajuće djelovanje kapitalističkog sistema. Ovaj vrt je i sam svojevrstan sustav sastavljen od niza opkopa, kroz koji djeluje prava filozofija preživljavanja, ne samo agronomija. Taj vrt je više od obrađene zemlje, on je, kao što je rečeno u komediji, »trudan«, dakle u sebi skriva mogućnost novog života ili bar nastavljanja, dakle preživljavanja, on je prototip rajskog vrta i simbol novog početka. Majerholdove misteriozne tajne i zagonetke nisu samo stvar (kriminalističkog) žanra, nego su bliže ideologiji: bez obzira kako ga razumijevamo (npr. genijalni, što znači ludi znanstvenik koji želi spasiti čovječanstvo pred propašću ili psihički bolesnik s dijagnozom ekološke paranoje), Majerhold se sakriva pred sustavom koji ga želi bilo uništiti, dakle eliminirati (ta njegove ideje su štetne), bilo ga u sebe uklopiti, »sponzorirati« i potom njegova znanstvena otkrića rekapitulirati u vlastiti poslovni model. Jednostavno rečeno, na njemu zaraditi. I Majerhold je stvarno, kako se na kraju pokaže, stalno nadziran: nije toliko važno je li pobjegao iz bolnice/ludnice, te da li je Konjevič samo njegov suprotni pol, alter ego, nadzornik, njuškalo ili možda čak njegov supacijent iz iste psihijatrijske ustanove za preodgoj (što su javne ustanove u modernom dobu), već je važno da je utopija u kapitalizmu dozvoljena samo kao fikcija, ali ne i kao realni politički projekt. I naposljetku: proces samoopskrbljivanja koji negira princip neoliberalističkog tržišta uspostavlja drukčije međuljudske relacije osnovane na novim odnosima jednostavne razmijene dobara gdje ponovo počinje važiti simbolička razmjena što snažno potkopava kapitalistički sistem koji uz masovnu ekspanziju samoopskrbne ideologije i uz pojavu zajednice koja se gradi iznutra, a ne izvana (iako najperverznija kapitalistička doktrina dokazuje upravo »pounutarnjenje« odnosno dubok ljudski izvor toga sustava), kapitalizam odjednom ostavlja bez tržišta, dakle bez područja za vlastiti razvoj. Ipak: nije li sve to, dakle samoopskrljivanje, samoobnovljivi izvori, trajni razvoj itd., samo novi odvod sveobuhvatne kapitalističke doktrine?

Takva je onda jedna od mogućih izvedbi Flisarove komedijske ideologije, a i ta nije bez nedooumica i ironijskog zaokreta. Pogledajmo kakva se zajednica pojavljuje pred čitateljem komedije u tom predgradskom utočištu. Kurva, narkoman, luđak i prevarant upleteni u erotično-manipulacijske igrice – lijepa slika moguće budućnosti koja zapravo nema budućnosti ... Flisar nije naivan i u svom obješenjaštvu često je čak na granici (beckettovskog) cinizma, pa nudi sljedeće razrješavanje: velike ideje su u pravilu osuđene na propast, točnije, najčešće se izrode u svoju suprotnost, a svijet koji ostaje je vražji svijet, Bog ga je već davno napustio – a taj vrag ipak ne donosi ultimativni užas nego nam nudi mogućnost (zadnjeg?) smijeha. Rajski (povrtni) vrt, koji je namigivao prema realnom spasu, biti će sad (posađen makom za proizvodnju opijuma, dakle droge) prilika za neki drugi spas, za bijeg u neko drugo drogiranje, u fiktivni rajski svijet. Utopija je za kapitalizam distopija, budućnost je moguće umjetno stvoriti, te je potom nadzirati – ali samo (kao) njen nadomjestak koji živi u našoj lažnoj savjesti. Kapitalizam utopije, za razliku od Majerholda koji bi je darovao čovječanstvu, ne daruje nego prodaje, odnosno trži i uvijek zna što želi dobiti u zamjenu. Preživljavanje čovječanstva nadomješta vlastitim preživljavanjem, ekologija mu je zapravo smetnja koja se najčešće manifestira u obliku ecesa: sudskih procesa ili odštete. A sve to Flisar vidi kao farsu, a ne kao sat poduke iz moralnog odgoja, kao oštru i radikalnu, na nekom nivou poopćenu sliku vremena u kojeg ubrzano jurimo, ili ga već živimo.

Flisar u *Komediji* nudi različite varijante razrješenja odnosno suočenja s prijetnjom »smaka svijeta«: smak svijeta nije ništa drugo nego kapitalistički »šlager« kojeg je potrebno (i moguće) raskrinkati odnosno demistificirati; kraj svijeta traži od čovjeka djela, realnoj prijetnji moguće se je suprotstaviti, oduprijeti se i svijet nekako (us)postaviti na novi način; prijetnje je moguće i unovčiti, tržiti i na njima se obogatiti; s prijetnjama kao manifestacijama teorije zavjere moguće je osigurati nadzor i vlast, ili bar neograničene mogućnosti manipulacije; od svega skupa moguće je jednostavno eskapistički pobjeći u svijet drogiranja i privida, u zamjenski svijet droge i drugih pomagala za zaborav, a bavljenje rješavanjem problema i odrješenja prepustiti drugome.

KOMEDIJA O SMAKU SVIJETA

Prevela Jadranka Matić - Zupančič

LICA

JOE ORTON, 25
ELVIRA, 48
MAJERHOLD, 55
KONJEVIČ, 50

Mjesto događanja:
predgrađe,
bilo gdje na svetu

Vrijeme događanja:
danas,
sutra,
prekosutra

*Thank you for the inspiration, Joe Orton,
dead since 1967.
Lucky you!*

Dramu treba igrati brzo i smrtno ozbiljno!

KOMEDIJA O SMAKU SVIJETA

Prvi čin

1. prizor

Soba. Straga ulaz iz hodnika, nadesno prozor, nalijevo ulaz u stražnju sobu. Na zidu do vrata hodnika veliko zidno ogledalo. Kauč, naslonjač, stolić, ormarić, ladičar. Na ladičaru dvije hrpe naslaganih starih novina. Na ormariću starinski radio. Sve je dosta oguljeno, zanemareno.

U tami slušamo radijske vijesti: «Predstavnici tihooceanskog otočja Tuvalu s vladom Novog Zelanda potpisali su ugovor o preseljenju cjelokupnog stanovništva s osam atola svoje državice na Novi Zeland. Taj tropski raj s pješčanim plažama i nasadima palmi leži samo pet metara nad površinom mora..Ona može, zbog *efekta staklenika*, još u ovom stoljeću narasti za sedam metara. Tuluvajci se žele unaprijed osigurati. To si mogu priuštiti stoga što ih nema više od jedanaest tisuća. Ali, kamo da se isele stanovnici Floride i stomilijunskog Bangladeša koje će more poplaviti prije nego se do kraja otopi led koji prekriva Grenland? Mišljenja o tomu kojom ćemo brzinom dosegnuti točku s koje više nema povratka, zasada su podijeljena...»

Za vrijeme trajanja vijesti scena se postupno osvijetli. Joe Orton ulazi iz stražnje sobe. Puši nespretno savijenu cigaretu u kojoj je očito hašiš. Sklopi oči i sa užitkom povuče. Polako prilazi radiju, te ga ugasne.

JOE ORTON: Bla bla bla. Ode natrag u sobu, zalupi vratima.

S hodnika uđe Elvira. Za njom Majerhold.

ELVIRA: Nije velika. Ali je udobna.

KOMEDIJA O SMAKU SVIJETA

Majerhold razgleda sobu.

MAJERHOLD: To je to?
ELVIRA: Niste oduševljeni.
MAJERHOLD: Što je u prizemlju? Sviđa mi se što mogu otvoriti vrata i izići direktno u vrt.
ELVIRA: To možete učiniti i iz moje spavaće sobe. No ... *Odmjeri ga od glave do pete.*
MAJERHOLD: Naravno. Ne možete baš ... *Njegove oči se na brzinu prošetaju njezinim tijelom.*
ELVIRA: Za sada vrt možete promatrati kroz prozor.

Majerhold ode prema prozoru, pogleda van. Okrene se.

MAJERHOLD: Kupaonica?
ELVIRA: Pored moje spavaće sobe.
MAJERHOLD: Rado bih se istuširao bar jednom tjedno.
ELVIRA: Možete svaki dan. Nažalost, vrata nije moguće zaključati. Svejedno, nemam ih običaj zaključavati. A posebno ne ako je pod tušem muškarac.

Daruje mu osmijeh, više sladunjav nego zavodljiv.

MAJERHOLD: Vi se tuširate svaki dan?
ELVIRA: Osobna higijena izuzetno mi je važna.
MAJERHOLD: Pravilno.
ELVIRA: Pa znate kako je svijet postao nemoralan. Ako već moramo raditi prljave stvari, bar ih radimo čisti.

Majerhold je zapanjen njenom izjavom.

MAJERHOLD: Smijem li upitati što ste po naobrazbi?
ELVIRA: Apsolventica osnovne škole.
MAJERHOLD: Čestitam!
ELVIRA: Zadnju godinu školovanja obavila sam u popravnom domu.
MAJERHOLD: I? Jeste li se popravili?
ELVIRA: Neke stvari zahtijevaju vrijeme.
MAJERHOLD: A njega je sve manje, zar ne?
ELVIRA: A vi? Vjerojatno magistar, profesor, doktor?

MAJERHOLD: A ta vrata?
ELVIRA: Pa ... kako bih rekla ... hm ... Ta vrata vode u neku vrstu ... ostave.
MAJERHOLD: Mogu li pogledati?
ELVIRA: Zar sad? Malo nezgodno.
MAJERHOLD: Zašto?
ELVIRA: Zaključana su.
MAJERHOLD: A ključ?
ELVIRA: U redu. Donijet ću ga. Nadam se, da ću ga naći!

Elvira u strašnoj nelagodi ode kroz vrata prema hodniku. Majerhold se vrati k prozoru, pritisne lice uz staklo, razgledava vrt. S lijeve strane otvaraju se vrata, kroz njih uđe Orton. Promatra Majerholda. Ovaj ga ne opaža. Joe Orton mu se približi na prstima.

JOE ORTON: Buuuuuuuuuuu! *Majerhold se naglo okrene, desnom rukom posegne pod sako kao da želi izvući pištolj.* Tko ste?
MAJERHOLD: Sveti duh. A tko si ti?
JOE ORTON: Nemam pojma. Postoje dani kad imam krizu identiteta. Danas sam skoro stopostotni Joe Orton. Postoje dani kad sam uvjeren da sam Harold Pinter. Ili Samuel Beckett.
MAJERHOLD: Komplicirano.
JOE ORTON: Nije. U stvari sam Joe Orton, one druge izmišljam.
MAJERHOLD: Od kuda si došao?
JOE ORTON: Reinkarnirao sam se. Budući da sam umro mlad, rekoh: pokušajmo još jednom. A što biste vi?
MAJERHOLD: Htio bih unajmiti sobu.
JOE ORTON: Ne izgledate kao netko tko bi htio stanovati Bogu za leđima.
MAJERHOLD: Trebam krov nad glavom.
JOE ORTON: : Više ste slični nekome tko stanove iznajmljuje.

Elvira se vrati. Trgne se kad spazi Ortona.

ELVIRA: Nisam znala da si kod kuće.
JOE ORTON: Lucifer me je izbacio iz pakla. Usudio sam se izjaviti da hrana ne valja. Za kaznu ću dva dana morati preživjeti na zemlji.
ELVIRA: To je Joe Orton, moj podstanar.

Joe Orton se uznemiri.

KOMEDIJA O SMAKU SVIJETA

JOE ORTON: Niti slučajno. Član sam ove obitelji. Pobunit ću se protiv svakog pokušaja da mi se ta pogodnost ukine, *okrene seMajerholdu* i baš me briga jeste li odvjetnik, porezni inspektor ili policajac u civilu. Ja ostajem, a vi ?– *via via*, čim prije tim bolje.

Vraća se u svoju sobu i zalupi vratima.

ELVIRA: Boji se muškaraca u crnim cipelama.A posebno ako nose ispeglane hlače.
MAJERHOLD: Zašto?
ELVIRA: Uvjeren je da žele preuzeti svijet.
MAJERHOLD: Moguće, ali među njima su i takvi koji žele svijetu donijeti odrješenje grijeha i koriste ispeglane hlače kao kamuflažu.
ELVIRA: Takvog bi baš rado upoznala.
MAJERHOLD: I tom smušenjaku iznajmljujete ostavu.
ELVIRA: Sami znate u kakvim vremenima živimo. Svoje seksualne potrebe na neki način još i zadovoljavam, ali kod financijskih potrebno se je snaći.
MAJERHOLD: Gospođo ...
ELVIRA: Elvira.
MAJERHOLD: Biti ću baš otvoren. U najam mi nudite prolaznu sobu bez privatnosti. Pod krovom imate luđaka koji se izdaje za umrlog engleskog dramatičara, u stvari, ime mu je Janez. Ili Jože. Vi ste, bez zamjerke, žena sumljive prošlosti.
ELVIRA: Možda zaista, no Joe Orton je pravi Joe Orton, reinkarniran. Dugo mu nisam vjerovala, ali na kraju me je uvjerio. Vi ne vjerujete u reinkarnaciju?
MAJERHOLD *uzdahne* Pustimo to. Činjenica je da me je privukao vaš vrt.
ELVIRA: Sigurno mislite na susjedov.
MAJERHOLD: Nemate susjeda.
ELVIRA: Stvarno, kuća stoji poprilično na osami.
Majerhold priđe prozoru, pogleda van.
MAJERHOLD: Vaš vrt je – oprostite na izrazu –najsavršeniji primjer zanemarenosti koji sam vidio u urbanom okolišu. Je li to rezultat brižnog planiranja?
ELVIRA: Prije bih rekla da nije.
MAJERHOLD: Zaključio sam da vas vrtlarstvo ne zanima.
ELVIRA: Pa moglo bi me, ali uz pogled na tu pustinju tamo vani prošla me volja. I velim si: uskoro će biti takav cijeli svijet, zašto bih se trudila.
MAJERHOLD: Ja sam dugo živio u pustinji.
ELVIRA: Stvarno?! Zašto?
MAJERHOLD: Kad čovjek živi u pustinji o razlozima uopće ne razmišlja.

ELVIRA: Vjerojatno je prevruće za takvo što,
MAJERHOLD: U pustinji ste oslobođeni dužnosti da sebi i drugima postavljate pitanja i pokušate naći odgovore.
ELVIRA: Neugodna dužnost, slažem se.
MAJERHOLD: Ali ako ostanete dovoljno dugo, na kraju vam sve postane jasno. Svijet bez zagonetki.
ELVIRA: Vjerojatno ste imali jako dobar posao čim ste mogli ondje ostati tako dugo.
MAJERHOLD: Pa, nekoliko godina.
ELVIRA: Moj bože! Zato ste tako preplanuli! *Pogledom prošeta po njemu.* Po cijelom tijelu, ne sumnjam.

Joe Orton proviri glavom iz svoje sobe.

JOE ORTON: I još nešto, gospodine Harold Pinter. Ne sviđa mi se vaša košulja. Ljudi koji nose košulje s manšetnim gumbima i zaudaraju po afteršejvu, odgovorni su za to što je svijet postao svinjac kakav je sad.

Zalupi vratima.

ELVIRA: Ne smijete mu zamjeriti na ispadima. Često je to što govori samo dijalog iz drame koju pokušava napisati. Kad se potrudi zna biti upravo šarmantan.
MAJERHOLD: A koliko je to često?
ELVIRA: Nema redovitih prihoda. Prisiljen je živjeti s osjećajem da ga nitko ne voli.
MAJERHOLD: Što se toga tiče, ne mogu mu pomoći.
ELVIRA: Ma ja mu već pomažem. Skrbim zanj kao da mi je sin.
MAJERHOLD: Kršćanski od vas.
ELVIRA: Izgubljeni mladići trebaju rame, na kojem se mogu isplakati ako treba. Ne čini li vam se?
MAJERHOLD: U moje vrijeme mladići su bili napravljeni od izdržljivijeg materijala.
ELVIRA: Oh, gdje su ona vremena! I gdje su oni mladići? Svijet je postao nekako mlohav, ne čini li vam se?

Majerhold je još jednom odmjeri od glave do pete.

MAJERHOLD: Zar i po vašem iskustvu?

ELVIRA: Na kraju ćemo mi žene biti prisiljene nositi hlače.
MAJERHOLD: Nadam se da nas takvo što neće zadesiti.
ELVIRA: Više volite žene koje nose suknje.
MAJERHOLD: O ženama radije ne razgovaram. *Zapilji se u daljinu.* Najljepša strana života u pustinji jest ta da ne morate slušati druge ljude.
ELVIRA: Ponekad je to zaista naporno.
MAJERHOLD: Samo vjetar, tu i tamo izgubljena koza. Možda jednom mjesečno grom. To je sve. Mogućnost nesporazuma reducirana je na nulu.
ELVIRA: Kako lijepo.
MAJERHOLD: I o idejama nerado govorim. Ako su dobre, nema razloga o njima raspravljti. Ako su loše, tek tad nisu vrijedne spomena.
ELVIRA: Šteta što vas Joe nije čuo.
MAJERHOLD: Zašto?
ELVIRA: Vaše riječi bi smjesta strpao u svoju dramu. Uistinu, piše je već nekoliko godina, ali sad kaže da će je ubrzo uprizoriti. Narodno kazalište. Sjedit ću u prvom redu.
MAJERHOLD: Oprostite, no moram to znati: imate li još kojega podstanara?
ELVIRA: Samo dva.
MAJERHOLD: Dva?! Gdje je drugi?
ELVIRA: To ste vi.

Majerhold prilazi prozoru i kroz staklo još jednom promatra vrt. Okrene se i razgleda sobu.

MAJERHOLD: Rekli ste da je soba veoma udobna.
ELVIRA: Kauč se razvlači u krevet. Svaku večer bih vam vrlo rado namjestila postelju, a iduće jutro pospremila.
MAJERHOLD: Zbilja?
ELVIRA: U mlađim sam godinama neko vrijeme bila zaposlena kao sobarica. Namještanje postelje za elegantnu gospodu ispunjavalo me je zadovoljstvom. Mogla bih reći da su to bili jedini trenuci u životu kad sam bila zaista sretna.
MAJERHOLD: No, ne zamjerite, ova soba je prilično nepospremljena.
ELVIRA: Samo zato jer Joe ovdje dočekuje prijatelje. Ostava je tako mala da se u njoj jedva sam okrene. No, to će prestati. Ako unajmite sobu morat će poštovati vašu privatnost.
MAJERHOLD: Je li moguće zaključati njegova vrata?
ELVIRA: Naravno. Donijela sam ključ. *Pokaže mu ključ.*
MAJERHOLD: Radije bih ih vidio zaključanima.

ELVIRA: Teško.
MAJERHOLD: Zašto?
ELVIRA: Joe ne bi mogao iz sobe.
MAJERHOLD: To je jedini izlaz?
ELVIRA: Osim prozora. Sumnjam da bi se Joe oduševio tom idejom. Trebao bi ljestve koje nemamo. A što bi rekli susjedi?
MAJERHOLD: Nemate susjede.
ELVIRA: To je istina. Ali poštar dolazi. Svaki dan donese uplatnice.
MAJERHOLD: Mogu mu napraviti ljestve, imam spretne ruke.
ELVIRA: Boji se visine. Prije nekog vremena rekao mi je da bi postao profesionalni pilot da ga nije mučio taj strah.

Majerhold se prošeta po sobi, još jednom pogleda kroz prozor na vrt.

MAJERHOLD: Imam i nešto cipela, odijela, dvije kravate, takve stvari.
ELVIRA: Naravno, takav gospodin.
MAJERHOLD: I dvije kutije znanstvenih knjiga. Gdje bih sve to mogao spremiti?
ELVIRA: Na hodniku iza vrata je ugrađeni ormar.
MAJERHOLD: Dobro. Ali, moramo se precizno dogovoriti, najbolje u pisanom obliku, koliko puta na dan smije mladić izići iz sobe i u nju se vratiti.

Elvira ne može sakriti veselost.

ELVIRA: Joe zna biti jako uviđavan. Uopće ne sumnjam da ćete ubrzo postati prijatelji.
MAJERHOLD: Bojim se da me uopće ne razumijete. Ostat ću jer mi se sviđa vaš vrt. Dovoljno je velik. Okružuje kuću. Okružen je živom ogradom koja je dovoljno visoka da kroz nju može proviriti samo žirafa. Potpuna privatnost. Prije svega, tako je zapušten da u njemu, kao što sam opazio, nije preživio niti korov. Ukratko, vaš vrt je idealan.
ELVIRA: Trebat će mi vremena da se naviknem na vaš humor!
MAJERHOLD: Nemam ga, gospođo. Neka ga imaju drugi ako misle da im koristi, meni ne treba.

Elvira se zasmije i rukama si prekrije usta.

ELVIRA: Kao što vidite ... natjerali ste me u smijeh!

KOMEDIJA O SMAKU SVIJETA

Sjedne na kauč te se neprestano smije. Majerhold je promatra. Zabrinuto.

MAJERHOLD: Mogu li vam kako pomoći?
ELVIRA: Samo se smijem.
MAJERHOLD: Živimo u vremenu kad je smijeh, gotovo u svim slučajevima, znak ozbiljne bolesti.

Elvira se se prestane smijati i ustane.

ELVIRA: Financijski razlozi me prisiljavaju da vam postavim pitanje
MAJERHOLD: Izvolite.
ELVIRA: Hoćete li uzeti sobu, ili ne?

Majerhold ode prema prozoru, promatra vrt, okrene se.

MAJERHOLD: Zanima me vrt. Soba je kazna s kojom ću se morati pomiriti.

Zamračenje.

2. prizor

Prošlo je već nešto vremena. Soba je sad drukčija. Kauč je razvučen u krevet koji je brižljivo pospremljen. Uzduž stražnjeg zida, sve do ulaznih vrata u Ortonovu sobu, proteže se metar visoka drvena ograda. Majerhold ima na sebi vunenu vestu in samtaste hlače. Sjedi u naslonjaču s crtaćim blokom na koljenima i nešto skicira.

Još prije nego se upale svjetla s radija čujemo izvještaj: »Ove godine Europa je doživjela najgoru sušu u zadnjih 500 godina. Kina je doživjela najgori tajfun u sto godina, Kanzas je pak bio žrtva neobično čestih i silovitih tornada. New York i Japan su se našli pod najdebljim snježnim pokrivačem u povijesti, Kanada je doživjela svoje najtoplije ljeto. Sydney je slavio najtopliju Novu godinu u povijesti, najgore poplave u sto godina prekinule su najgoru sušu u Južnoj Africi. Unatoč tome, na konferenciji se svjetske vođe ni ovaj put nisu uspjele dogovoriti oko smanjenja emisije stakleničkih plinova...«

Za vrijeme izvještaja scena se postupno osvijetli. Izvještaj prekine Joe Orton koji dođe iz sobe, ode do radija, te ga isključi.

JOE ORTON: Bla bla bla.
MAJERHOLD: Budućnost te nimalo ne zabrinjava?
JOE ORTON: Za mene postoji samo sadašnjost. *Osvrne se kroz prozor, trgne se. Ne mogu vjerovati!*
MAJERHOLD: Što? *Napola se uzdigne, zabrinut.*
JOE ORTON: Cijeli vrt je prekopan! Nešto ste posadili.
MAJERHOLD *ispruži se natrag*: Gdje si bio da to nisi već prije opazio?
JOE ORTON: U spavaćoj sobi naše iznajmljivačice. S povremenim skokovima u kuhinju da obnovim potrošenu energiju. Uglavnom, u svojoj sobi. Sagnut nad svoj nedovršeni tekst. Koji će biti bomba! Sva će publika biti raznesena na praelemente?.
MAJERHOLD: Nikad ne izlaziš?
JOE ORTON: Vanjski svijet me ne zanima.
MAJERHOLD: Mogao bi si naći kakav posao.
JOE ORTON *neko vrijeme ga gleda*: Gospodine, nas dvojica imamo jedan velik problem.
MAJERHOLD: To je šteta.
JOE ORTON: Pola vremena ni u snu ne znam o čemu govorite, pola vremena ni vi sami o tom nemate pojma.
MAJERHOLD: Pa dramatičar si. Sve bi morao razumjeti.
JOE ORTON: Pišem farsu.
MAJERHOLD: Ovo nije vrijeme za farse. Stvarnost zahtijeva ozbiljne drame.
JOE ORTON: Stvarnost je farsa. Gdje ste do sada živjeli da vam to još nije jasno?
MAJERHOLD: I kakav naslov ima ta tvoja majstorija?
JOE ORTON: Za sada radni. »Zašto su propale sve kurčeve vrijednosti?«
MAJERHOLD: Ja bih ga sačuvao. Ljudi će pojuriti u kazalište.
JOE ORTON: U to ne sumnjam.
MAJERHOLD: Dok čekaš na taj juriš mogao bi se zaposliti kod mene za pet eura po satu.

Pauza. Joe Orton odlazi prolazom iza ograde do vrata svoje sobe. Okrene se, nepomično gleda u Majerholda. Hoće nešto reći, predomisli se, odlazi u svoju sobu, zalupi vratima. Već narednog trenutka proviri glavom.

JOE ORTON: Mogu vam reći jednu stvar za koju nema sumnje. Ne sviđate joj se. Ja joj se sviđam.
MAJERHOLD: Nema što, žena od ukusa.

KOMEDIJA O SMAKU SVIJETA

JOE ORTON: To uopće nije soba, to je hodnik. Tu nemate pravnu zaštitu. Bilo kad vas može izbaciti.

MAJERHOLD: Uvijek se dočekam na noge.

JOE ORTON: I ta ograda. Uopće ne mogu vjerovati: tek što okrenem leđa iza mene nikne berlinski zid!

MAJERHOLD: Što znači da nije dobro okretati leđa.

JOE ORTON: Do sada je meni i Elviri bilo lijepo. Stvari bi mogle biti bolje, to ne niječem, prije svega što se tiče hrane i seksualne zabave. U zadnje vrijeme nije baš darežljiva. Ali sveukupno, rekao bih da nam je bilo lijepo.

MAJERHOLD: Čestitam.

JOE ORTON: Budu li se stvari sad pogoršale to se neće nimalo sviđati nekim ljudima u ovoj kući. Na to vas moram upozoriti.

MAJERHOLD: Hvala.

JOE ORTON: Ne znam što vam je rekla o meni, ali ja sam u redu dok sam u redu, ako znate što mislim. Kad nisam, sposoban sam čovjeka isfaširati, prije no što je u stanju u rječniku provjeriti što ta riječ znači.

MAJERHOLD: Već se veselim.

JOE ORTON: I neka vam bude jasno. Zapisujem sve što se ovdje događa, jer je to najveća od svih farsa.

MAJERHOLD: Slažem se.

JOE ORTON: Fuck you.

Okrene se, ode u svoju sobu, zalupi vratima. Ponovno ih otvori i pomoli glavu.

A ako mi koja od vaših biljki dopuže kroz prozor u sobu, vidimo se na sudu

Zamračenje.

3. prizor

Majerhold i Elvira piju čaj. Ona sjedi na kauču koji je još uvijek rastegnut i raspremljen, on sjedi u naslonjaču.

Prije no što se upale svjetla, čujemo glas s radija: »Prema najnovijim vijestima nekoliko stotina, možda čak i tisuća antarktičkih santi leda pluta prema Novom Zelandu. Ledenjački ekspert Australskog antarktičkog odjela izjavio je da su satelitskim fotografiranjem locirali goleme odlomljene sante leda. Morski promet je ugrožen, svi brodovi na tom području bili su upozoreni. Ploveće sante leda mjere u prosjeku dvjesto metara u promjeru i demantiraju laž da se antarktički led topi sporije od leda na Sjevernom polu ...«

Za vrijeme trajanja izvještaja scena se postupno rasvijetli. Elvira priđe radiju i ugasne ga. Vrati se na kauč.

ELVIRA: Bla bla bla.
MAJERHOLD: A taj radio lovi samo jedan program?
ELVIRA: Joe Orton veli da su sve druge programe ukinili. *Posegne za čajnikom.* Još malo čajeka?
MAJERHOLD: Previše ga pijete. Loša navika.
ELVIRA *odloži čajnik*: Ali, moja jedina. Za druge nemam dovoljno hrabrosti, iako još pamtim vremena kad sam je imala i previše.
MAJERHOLD: Prema mom iskustvu jedna loša navika brzo dovede do druge. A ova do treće. I tako dalje, dok čovjek ne postane sličan vrtu zaraslom u korov.
ELVIRA: Takav je bio moj dosadašnji život! Potpuna pustinja. Kao moj vrt prije no što ste ovu kuću izabrali za svoj novi dom.
MAJERHOLD: No ...
ELVIRA: Ne znam što ste posadili tamo dolje, ali vrt izgleda kao da je ... trudan!

Majerhold nemirno ustane, priđe prozoru, pogleda van, okrene se.

MAJERHOLD: Veseli me što su naše međusobne obaveze jasno navedene u pogodbi.
ELVIRA: Ali jednu stvar vam još nisam rekla. U mladim danima sam bila manekenka.
MAJERHOLD *odmjeri ju pogledom*: Zbilja?
ELVIRA: Htjela sam postati glumica, naravno. Ali suprotno većini pravovremeno sam shvatila da nemam talenta.
MAJERHOLD: Tome se može reći, odvažnost.
ELVIRA: Ne bih rekla. Vrlo jednostavno, shvatila sam da se je lakše svlačiti nego oblačiti.
MAJERHOLD: A nije li glavni cilj manekenstva u tome da pokazujete odjeću?
ELVIRA: Naravno. Ali i u tome da je svlačite jednu za drugom.
MAJERHOLD: Bili ste striptizeta?
ELVIRA: Fotomodel. Moja slika je bila objavljena u dva muška časopisa. Mogu vam pokazati. Ako vas zanima. *Majerhold šuti. Bez obaveza, naravno. Majerhold šuti.* Ali tim se poslom žena može baviti najviše do tridesete godine.

MAJERHOLD: Tako veli zakon?
ELVIRA: Zakon tržišta. Koža mora biti napeta i bez ijedne mrlje. Glatka i čista. Kao koža dojenčeta.
MAJERHOLD: Područje na kojemu ne nedostaje konkurencije.
ELVIRA: Klaonica, gospodine Majerhold! Klaonica. Pored toga, posao sam započela s hendikepom. Ožiljak nakon operacije slijepog crijeva. *Povjerljivo.* Koji ima, zato što se za vrijeme operacije kirurg zaljubio u mene, oblik srca! *Koketno.* Da li ste već vidjeli ožiljak u obliku malenog srčeka?
MAJERHOLD: Ne.
ELVIRA: Naučila sam biti oprezna. Jedan jedini pogled može muškarca pretvoriti u divlju zvijer.
MAJERHOLD *zakašljuca i ustane*: Čak i bez toga, gotovo svi muškarci su divlje zvijeri.
ELVIRA *nakon stanke*: Na trenutke imam osjećaj da možda ne ispunjavam vaša očekivanja.
MAJERHOLD: Ne žalim se.
ELVIRA: Upravo to me brine. Većina muškaraca sad bi već dala do znanja da očekuju više no što im pružam. Jeste li uvjereni da niste preskromni?
MAJERHOLD: Posve.
ELVIRA *ustane*: Moj život je drukčiji otkad ste došli. Često sam plakala, bila sam povučena, manjkalo mi je samosvijesti. Bilo je tako teško da sam ponovo počela mucati. To sam činila kao dijete. *Učini pokret kao da pokušava zaustaviti suzu.* Ali svo vrijeme mi je neki glasić govorio da će doći netko tko će mi vratiti samosvijest. I odlučnost. I snagu. Muškarac, koji se laća posla da bi ga dovršio? Svaki put kad se ujutro probudim i pogledam kroz prozor na vrt napravi mi se knedla u grlu. Pogledam na nježne brazde zemlje koje okružuju kuću i osjetim da pod njima treperi nešto lijepo. Nešto što bi moglo biti naše dijete. Nadam se da vam ne smeta što vam to govorim?
MAJERHOLD: Ne smeta mi. Ali me dovodi u nelagodu.
ELVIRA: Pa, ispričavam se.
MAJERHOLD: Najamninu sam platio unaprijed –
ELVIRA: Krivo ste razumijeli.
MAJERHOLD: Možda, uistinu.
ELVIRA: Naravno, vrt je vaš na godinu dana. I svejedno mi je što ste tamo posadili, iako bi bilo ljubazno od vas da me o tom barem obavijestite. Ali vrt nije važan–
MAJERHOLD: Za mene, jako.
ELVIRA: Možda vam se moja želja da se u ovoj kući dobro osjećate, čini nametljivom ...

KOMEDIJA O SMAKU SVIJETA

MAJERHOLD: Jednostavno, suvišnom.
ELVIRA *pokušava zadržati suze*: Hoće li usmeno opravdanje biti dovoljno? Ili ga hoćete u pismenom obliku, možda poslanog preporučenom poštom,? *Uputi se k izlazu.*
MAJERHOLD: Stvar je u tome ... *Elvira se zaustavi, pa ga pogleda.* Stvar je u tome da trebam vašu pomoć.
ELVIRA *smetena*: Sad baš ništa više ne razumijem.
MAJERHOLD: Kroz tjedan, dva počet će mi nedostajati ruku. Biti će potrebno okopavanje, odstranjivanje korova. Prije svega, zalijevanje.
ELVIRA: Što to znači?
MAJERHOLD: Morat ću unajmiti radnu snagu.
ELVIRA: Dobra vijest za tisuće nezaposlenih!
MAJERHOLD: Od kojih imate jednog ovdje, pod krovom.
ELVIRA: Ali Joe je, ipak, dramatičar!
MAJERHOLD: Pa može pisati i dalje. Što se mene tiče može napisati tisuću farsi na dan. Još više: što se mene tiče, mogu mu ih sto mjesečno i uprizoriti. Ali ovoga trenutka treba mu novac. Koliko vidim. Osim, ako ga ne izdržavate vi.
ELVIRA: Ja? Prije deset godina možda bih ga još i mogla, sad je ekonomska kriza dotukla i mene. Prije svega, strah me zbog mojih godina. Koje sam prestala brojati, ali koje, unatoč tome, ne žele načiniti stanku.
MAJERHOLD: Dakako da ću od mladog gospodina dramatičara očekivati predanost i pouzdan rad.
ELVIRA: I što želite od mene? Da mu *uzgojim* predanost i ljubav prema radu? Dva tjedna neće biti dovoljno.
MAJERHOLD: Možete mu detaljno opisati kakve prednosti će imati ako bude radio za mene. Neće mu biti potrebno putovati na posao ...
ELVIRA: Pa nema ga.
MAJERHOLD: Zdrav posao na svježem zraku. Ugodan okoliš. I naravno, dobra zarada. Pet eura na sat.
ELVIRA: Zašto ga ne upitate sami?
MAJERHOLD: Vi ga intimno poznajete.
ELVIRA: Ako vam je to rekao, pretjerao je. Istinski i do kraja nekoga intimno poznavati, ne znam jesam li za to sposobna.
MAJERHOLD: Htio bih vam nešto objasniti. Sve što ste mi danas rekli jako me je dirnulo.
ELVIRA: Zbilja?!
MAJERHOLD: Nemojte misliti da je otresitost u mojem reagiranju povezana s pravim osjećajima koje gajim prema vama.

ELVIRA *iznenađena*: Ne!
MAJERHOLD: Ti su osjećaji izvor iznenađenja i za mene. Jedini problem je u tome što mi ... treba vremena.
ELVIRA *se slatko zasmije*: Vi ste ipak staromodni gospodin.
MAJERHOLD: Zasad bih predložio, da si počnemo govoriti *ti*. Ako vas to ne smeta.
ELVIRA *sa širokim osmijehom*: Ako nam to ne smeta?! Ne, to nam uopće ništa ne smeta.

Zamračenje.

4. prizor

Elvira sjedi u naslonjaču, Joe Orton hoda po sobi i pucketa zglobovima.

JOE ORTON: Morat ću temeljito razmisliti.
ELVIRA: Ovdje možemo živjeti kao sretna obitelj.
JOE ORTON: Pa nije mi otac.
ELVIRA: Možda u njemu vidiš očinsku figuru.
JOE ORTON: U ovom klaunu?
ELVIRA: Ne bi ti naštetilo da pokažeš nešto više poštovanja prema čovjeku koji te u svakom pogledu nadilazi.
JOE ORTON: Misliš glede broja kravata i ispeglanih hlača?
ELVIRA: I inače.
JOE ORTON: Ma ne, nisi valjda već upoznala njegove dimenzije?
ELVIRA: To ću prečuti.
JOE ORTON: S njegovom rukom pod tvojom suknjom i s tvojom u njegovom novčaniku za tebe će rezultat biti svakako pogodniji nego za njega.
ELVIRA: Zadnji put ću te upitati: jesi li si spreman prihvatiti posao kojega ti velikodušno nudi gospodin Majerhold?
JOE ORTON: Daj mi mjesec dana da razmislim.
ELVIRA: U redu. Do tada ću biti prisiljena prihvatiti mjeru zbog koje će te često viđati u studentskoj menzi.
JOE ORTON: To bi mi učinila?
ELVIRA: Jedino oružje koje imam.
JOE ORTON: A on, sviđa li mu se tvoje kuhanje?
ELVIRA: Da ili ne?

KOMEDIJA O SMAKU SVIJETA

JOE ORTON: Dobro znaš da imam više ciljeve. A što se novca tiče ...
ELVIRA: Kakva dodatna košulja bi ti dobro došla, neću ti više krpati rupe.
JOE ORTON: Nemam ništa protiv toga da tu i tamo nešto obavim. Ne želim biti zaposlen u smislu da bih morao raditi to što mi netko naloži.
ELVIRA: Znam da je to u ovoj državi prevladavajući odnos prema radu, ali gospodin Majerhold je dugo godina proživio u pustinji pa je, što se tiče tih stvari, staromodan.
JOE ORTON: Taj čovjek je opasan, Elvira! Stalno nešto dovozi s tom svojom krntijom, stalno nešto snuje i planira.
ELVIRA: Gospodin Majerhold je odlučan i dosljedan muškarac, koji je sposoban promijeniti naše živote.
JOE ORTON: Htjeli mi to, ili ne.
ELVIRA: Hvala bogu da na svijetu još postoje muškarci koji znaju što žele i u postizanju svojih ciljeva ne gube vrijeme!
JOE ORTON: Laskav opis za nekoga tko si je za cilj postavio uzgoj krastavaca, repe i kupusa.
ELVIRA: Vrt je njegov, unajmio ga je. Svejedno mi je što tamo radi.
JOE ORTON: Meni pak nije svejedno što ti radiš u svojoj spavaonici. Očito da ju je fašist već anektirao.
ELVIRA *ne skrivajući razočaranje*: Ne samo da je nije, već imam osjećaj da o tome uopće ne razmišlja.
JOE ORTON: Moguće je da je naučio družiti se sa ženama koje osim sisa imaju i mozak.
ELVIRA: Čula sam da ima i takvih, žao mi je što nisam jedna od njih, ali tebe to nikad nije sprječavalo u druženju sa mnom. Možda zato jer si i ti, više ili manje bez mozga.
JOE ORTON: Tvoja spavaća soba bila je moja rivijera. Tamo sam svaku noć odlazio na godišnji odmor.
ELVIRA: Po novom ćeš trebati vizu. I nećeš je dobiti dok s gospodinom Majerholdom ne potpišeš ugovor o zapošljavanju.

Pauza. Gledaju se. Joe Orton priđe Elviri i zagrli ju.

JOE ORTON: Gdje da potpišem? Ovdje?

Ruku joj položi na dojku i stisne.

ELVIRA: Previše sam darežljiva, to je moj problem.

KOMEDIJA O SMAKU SVIJETA

Poljube se.

Zamračenje.

5. prizor

Majerhold uđe iz hodnika. Stoji uz prozor. Iznenada ga otvori i nagne se van.

MAJERHOLD: Koliko si puta zalio vanjski krug?
JOE ORTON *pod prozorom*: Ne sjećam se.
MAJERHOLD: Zapitaj se.
JOE ORTON: Ne smijem se dati ometati dok se odmaram.
MAJERHOLD: Ustani i nastavi s radom, ili ću ti prepoloviti tarifu.
JOE ORTON: Pa ne činim to zbog novca! To radim zato da bih ugodio Elviri. A vi se možete pretvoriti u jednu od svojih tikava.
MAJERHOLD: Reći ću joj neka ti prestane kuhati.
JOE ORTON: No, to je to što se mene tiče.

Čujemo zvuk kante koja je pala na zemlju.

Elvira donese pladanj s čajnikom i dvije šalice. Počne ulijevati.

MAJERHOLD: Ne želi raditi. Porazgovaraj s njim.
ELVIRA: A zašto ja?
MAJERHOLD: Ti si ga unajmila.
ELVIRA: Molila sam ga da mi učini uslugu, jer sam ja htjela *tebi* učiniti uslugu!
MAJERHOLD: Ti si jedina koja ga može uvjeriti.
ELVIRA: Kad bi znao kakvu cijenu plaćam za to da bi me slušao, ne bi me prisiljavao da ga još jednom molim.
MAJERHOLD: Dopusti mi da ti objasnim ...

Sa zamjetnim naporom namjesti osmijeh, povede je do kauča. Elvira, puna nade, odazove se toplo i odano. Zajedno sjednu na kauč, ona ga primi za ruku, koju on pažljivo otkloni.

Ne znam jesi li svjesna prirode stvarnosti u kojoj živimo ...

ELVIRA: Slabo. Tko je prisiljen živjeti u njoj nikada ne nalazi vremena da je izvana promotri.
MAJERHOLD: Hoću reći sljedeće. Mi ljudi smo kao poluge u jako kompliciranom mehanizmu. Svatko je ovisan o poluzi nad sobom, a ima vlast nad polugom pod sobom.

Elvira, koja ga uopće ne sluša, ponudi mu šalicu čaja.

ELVIRA: Zeleni čaj je dobar za zdravlje.

Majerhold srkne čaj i odloži šalicu na pladanj.

MAJERHOLD: Reci mi, Elvira: zašto si tu lijenčinu ucjenom prisilila da prihvati moju ponudu?
ELVIRA: Ma nije lijenčina, umjetnik je i imao je nesretno djetinjstvo –
MAJERHOLD: Zašto, Elvira?
ELVIRA: Bez novaca je.
MAJERHOLD: Istinu, Elvira.
ELVIRA *uznemirena, skoči na noge*: Zašto to radiš? Zašto me ... zašto me ...? Nikad nisam imala sreće s muškarcima, uvijek me je privlačio krivi tip muškarca – ali ti, ti si prvi u mom životu – drukčiji – ti si tako ...

Uroni lice u dlanove, neiskreno zagrca. Majerhold ustane te je gleda.

MAJERHOLD: Elvira ...

Elvira prestane plakati, pogleda ga.

Idi i reci mladiću neka nastavi sa zalijevanjem vrta.
ELVIRA: Hoćeš li me nakon toga više cijeniti? Hoćeš li me voljeti? Bar malo?
MAJERHOLD: Ne znam što to znači. Te tvoje riječi. Mogu ti dati nešto konkretno. Možeš mi povisiti najamninu. Deset postotaka?
ELVIRA: Deset posto ljubavi za me je premalo. *Obriše oči i ode.*

Zamračenje.

KOMEDIJA O SMAKU SVIJETA

6. prizor

U tami slušamo radio: »... prema najnovijim podacima nafte će nestati mnogo ranije no što su to službeno predviđali stručnjaci Međunarodne agencije za energiju. Svijet bi službeno dosegnuo optimalnu produkciju 120 milijuna barela na dan tek 2030. godine nakon čega bi proizvodnja počela naglo opadati. Sad se čini da je agencija, u strahu pred općom panikom, prikrivala stvarne podatke. Mnogo ranije no nafte počet će ponestajati vode. Četrdeset posto svjetskoga stanovništva već sada osjeća nestašicu. Za pedeset godina bez vode će biti tri milijarde ljudi ...«

Za vrijeme trajanja izvještaja scena se postupno osvijetli. Majerhold stoji na pozornici i gleda u vrt. Joe Orton uđe i ode iza ograde prema svojim vratima. Zaustavi se. Vraća se i ugasne radio. Pogleda Majerholda.

MAJERHOLD: Bla bla bla?
JOE ORTON: Htio bih vam nešto predložiti.
MAJERHOLD: Kao susjed susjedu?
JOE ORTON: Poslovni čovjek poslovnom čovjeku.
MAJERHOLD: Nisam poslovni čovjek.
JOE ORTON: Zašto onda uzgajate deset vrsta povrća? Želite ga prodati i zaraditi. Unajmili ste sobu za sitne novce i uz nju ste besplatno dobili ogromnu parcelu. Jako prefrigano. Kladim se da je sve to tamo genski modificirano.
MAJERHOLD: Ma ozbiljno?
JOE ORTON: Kladim se da izvodite eksperiment koji mora ostati skriven pred očima javnosti. Zato ste izabrali mjesto kamo većina ljudi naleti samo greškom. Da nemam moralnih skrupula, prijavio bih vas.
MAJERHOLD: Mislim da bi to bila greška.
JOE ORTON: Greška će biti ako ne prihvatite moj prijedlog.
MAJERHOLD: Kakav?
JOE ORTON: Opazio sam da je između krugova vaših nasada, među zeljem i repom, i repom i cvjetačom i tako dalje, još nešto prostora.
MAJERHOLD: Taj prostor je potreban da se povrće može slobodno razrasti.
JOE ORTON: Još uvijek će ga ostati dovoljno ako u te koncentrične krugove posadimo konoplju.
MAJERHOLD *pauza*: Konoplju?
JOE ORTON: Utržak bismo podijelili. Fifty-fifty. Više nego pošteno. Kao dodatni doprinos vrt bih zalijevao i okopavao besplatno.
MAJERHOLD: To je tvoj prijedlog?

KOMEDIJA O SMAKU SVIJETA

JOE ORTON: To je moj prijedlog.
MAJERHOLD: Ljudi tvojih godina jedre oko svijeta i upisuju se u Guinessovu knjigu rekorda.
JOE ORTON: Ljudi vaših godina zarađuju milijune na Wall Streetu i vjeruju da neće završiti u zatvoru.
MAJERHOLD: Što mi time hoćeš reći?
JOE ORTON: A što mi vi želite reći?
MAJERHOLD: Znam da pušiš, znam da imaš rezervu pod krevetom, znam da dilaš i nešto gore od hašiša.

Joe Orton skoči k Majerholdu i pograbi ga za ovratnik. Majerhold ga koljenom udari u međunožje. Joe Orton se zgrči od bola.

JOE ORTON: Tko vam je dao pravo da rujete po mojoj sobi?
MAJERHOLD: Uzeo sam ga sam. U interesu projekta kojeg moram zaštititi.
JOE ORTON: Idem i sve ću izgaziti!
MAJERHOLD: Ma tko ti je dao pravo da njuškaš po mojim stvarima?
JOE ORTON: To radi Elvira. Koja ima pravo znati kakvog luđaka je uzela pod krov. Dobro, preturao sam ja, ali na njenu želju. Svatko bi se htio zaštititi, ne samo vi. Nisam kriv što je svijet takav kakav je.
MAJERHOLD: Svijet je takav kakav je zaslugom takvih kao što si ti.
JOE ORTON: Ma nemojte? A zaslugom takvih kao što ste vi dobit će valjda odrješenje grijeha?
MAJERHOLD: Upravo tako.
JOE ORTON: Tko bi pomislio! U zapuštenu kuću u predgrađu, gdje propali student i ostarjela nimfomanka koja oboje uzdržava preprodajom droge, životare u nadi da će se ipak nešto promijeniti, stigao je Spasitelj! Juhuu!

Majerhold mu priđe i opali mu ćušku.

JOE ORTON: Dobro. Vi nećete nikome spominjati hašiš, a mene ne zanima što ste posadili u vrtu.
MAJERHOLD: Još nikada u životu nisam nikoga tužio.
JOE ORTON: I tako se može preživjeti? Dobra vijest.
MAJERHOLD: Taj tvoj cinizam koji tvojoj generaciji predstavlja najlakši izlaz iz nevolje, znak je grozne intelektualne lijenosti.
JOE ORTON: Sigurno.

KOMEDIJA O SMAKU SVIJETA

MAJERHOLD: »Nisam ja kriv što čovječanstvo neće preživjeti ovo stoljeće, zato neka svijet spašavaju oni koji su ga dovde doveli.« Baš me briga!
JOE ORTON: Zar da me brine ovaj svijet? Rađe ću se prepustiti sudbini. Želim biti prva trunčica koju će odnijeti valovi kad se površina vode podigne dovoljno visoko.
MAJERHOLD: Unatoč tome sutra ćeš nastaviti sa zalijevanjem vrta.
JOE ORTON: Hoću i to upravo sad. *Ode.*

Majerhold sjedne na kauč i posegne za knjigom. Ulazi Elvira. Majerhold je pogleda.

ELVIRA: Htjela bih se malo izjadati.
MAJERHOLD: Zar i ti?
ELVIRA: U dva mjeseca što si tu, nikad me nisi upitao kako se osjećam.
MAJERHOLD: Preopasno se je zanimati za osjećaje drugih ljudi.
ELVIRA: Nisam znala da sam drugi ljudi.

Polako se približi, sjedne na kauč pored njega. Majerhold ustane.

MAJERHOLD: Možda ti se činim udaljenim, ali to je povezano s važnim projektom kojega izvodim na vrtu.
ELVIRA: Uzgajaš krastavce i kupus.
MAJERHOLD: A što je s brokulom, krumpirom, cvjetačom, tikvom, lukom, češnjakom, mahunom? Paprika, rajčica?

Elvira ustane, pođe k prozoru, pogleda van.

ELVIRA: Kuću si okružio s deset kružnih nasada. S posve savršenim krugovima koji djeluju kao deset obruča, deset opkopa, deset bedema. Zatvorio si nas u kuću i doveo nas do toga da ti služimo, da radimo za tebe, priklještio si nas u svoj projekt, ali zapravo ne do kraja, istinski, jer želiš da ništa ne znamo, da ostanemo izvan, i to posebno ja koju uopće ne puštaš k sebi, kao da imam zaraznu bolest ...

Stanka.

MAJERHOLD: Što želiš od mene?
ELVIRA: Malo razumijevanja.

KOMEDIJA O SMAKU SVIJETA

MAJERHOLD: Vi žene imate izuzetan dar za presvlačenje banalnosti u romantične priče. Ustanovio sam da to, u što bi me htjela uplesti, nije ništa drugo nego ... *traži riječ*
ELVIRA: Što?
MALEJRHOLD: Seks.
ELVIRA: Oh! ... Pa nisi valjda u ovim svojim godinama nevin?
MAJERHOLD: Ma nemam ništa protiv da se poslovni ugovor proširi i na takve transakcije. Dok sve skupa ostaje razumno, promišljeno. Na svim područjima najbolje uspijeva znanstveni princip.
ELVIRA: Ozbiljno? Sa znanstvenicima imam malo iskustava.
MAJERHOLD: Ne razumiješ.
ELVIRA *ide prema izlazu*: Za večeru će biti pileća gusta juha. Znam, da je ne voliš, ali ponestalo mi je ideja.
MAJERHOLD *odmahne*: Bilo što ... Bilo što.
ELVIRA *kod vrata*: Sljedeći tjedan mogu skuhati zelje. Te ogromne glavice tamo vani iz dana u dan sve su krupnije.
MAJERHOLD *zaprepašten*: Što si rekla?!
ELVIRA: Napravit ću sarmu. Svidjet će ti se.
MAJERHOLD: Kupus iz vrta?
ELVIRA: Zašto ne? Jesu li te glavice kupusa svete, ili što već ne?
MAJERHOLD: Zabranjujem ti da ih dotakneš.
ELVIRA: Oh, za Boga miloga, zvučiš kao da ... Upravo tako, u redu. Ako ih želiš prodati sve, od prve do zadnje, pa daj.
MAJERHOLD: Tko veli da ih namjeravam prodati?
ELVIRA: A što drugo možeš napraviti sa zeljem?
MAJERHOLD: Za Boga miloga...
ELVIRA: Možeš ga pojesti, možeš ga prodati. Ili ćeš dopustiti da istrune.
MAJERHOLD: Je li stvarno potrebno svaku stvar odmah strpati u usta?
ELVIRA: Svaku, doduše, ne.
MAJERHOLD: Zar ne znaš što nas čeka?
ELVIRA *zaustavi se kod vrata pred ogledalom*: Starost? Bore, usahla koža? Kajanje zbog mogućnosti koje smo propustili? *Okrene se, te ga pogleda*. Ili otklonili?

Neko vrijeme se gledaju. Netko pokuca na vrata. Uđe Konjevič.

KONJEVIČ: Oprostite, ali mladić me je poslao gore.
ELVIRA: Tko ste?
KONJEVIČ: Konjevič. Gradski vodovod. Možete li mi reći, gdje je vaš vodomjer?

Elvira i Majerhold se pogledaju.

ELVIRA: Ne razumijem, zašto bi se Gradski vodovod interesirao za moj vodomjer.
KONJEVIĆ: Nema više dobrih starih vremena, gospođo. Istina je da su nedavno u susjednoj dolini imali poplave koje su odnijele polovicu sela, ali to nije isto što i voda koju vam zaračunava grad. I koja možda nepotrebno otječe u zemlju.
ELVIRA: Grad bi nas morao obavijestiti o ograničenju uporabe.
KONJEVIĆ: Grad nema vremena da ljude obavještava o tome što od njih zahtijeva. Obavještava li vas policija za kojim uglom vas čeka radar?
ELVIRA: To ne očekujem, jer nemam ispit.
KONJEVIĆ: Gospođo, nijedna vlast nije razumna, zato ne zamjerite što ću se, čak i ja, po službenoj dužnosti prilično nerazumno ponašati. Ne želim iznevjeriti svoga poslodavca; živimo u vremenima kad radna mjesta ne vise na granama kao kruške.
ELVIRA: Mislim da vodomjera uopće nema. Bar se ja ne sjećam da bih ga vidjela.
KONJEVIĆ: Nisam došao provjeravati vaše sjećanje, gospođo. Došao sam provjeriti potrošnju vode. Ako me ne možete odvesti do naprave morat ću pogoditi gdje bi mogla biti, a tako napamet rekao bih da je iza onih vrata.

Pokaže prema vratima ostave.

ELVIRA: U ostavi, ne, nikako.
KONJEVIĆ: Gospođo, kad bih vam rekao kamo sve si ljudi daju montirati vodomjer, ne biste mi vjerovali. Da li ste uvjereni da ga ondje nema? Negdje ispod kreveta?
ELVIRA: Što bi radio krevet u ostavi?
KONJEVIĆ: Oh, ako bih vam rekao što sve si ljudi naguraju u ostave, rekli bi da pretjerujem. Mogu li pogledati?
ELVIRA: Ne, jer su vrata zaključana.
KONJEVIĆ: Smijem li pitati zašto zaključavate vrata na ostavi?
ELVIRA: U kući imam podstanare. Dobro znate da nije moguće nikome vjerovati. Vremena su takva da ni za sebe nisam sigurna jesam li sposobna biti poštena.
KONJEVIĆ: Pravilan odnos. Ključ imate vjerojatno vi.
ELVIRA: Sigurno je negdje u kući. Ne bih znala gdje je.
KONJEVIĆ: Ne znate gdje je vodomjer, ne možete naći ključ; mogao bih pomisliti da mi nešto pokušavate sakriti.
ELVIRA: Ja sam najiskrenija žena na svijetu. To može potvrditi gospodin Majerhold.

KONJEVIČ *prvi put nakon dolaska pogleda Majerholda*: Majerhold?
MAJERHOLD: Da. Zašto ne bi potražili vodomjer tamo, gdje imate najveće mogućnosti da ga nađete? Recimo u prizemlju? Blizu ulaznih vrata?
KONJEVIČ: Prije ili kasnije ću morati provjeriti i ostavu. Budući da sam već ovdje, htio bih se poštedjeti još jednog hodanja po stepenicama. To je za mene veliki napor, ja sam srčani bolesnik.
MAJERHOLD: Ja vam osobno jamčim da u ostavi nema vodomjera.
KONJEVIČ *ignorira ga*: Hoćete li mi donijeti ključ, gospođo?

Elvira oklijeva. Ide prema vratima. Okrene se.

ELVIRA: I što ćete napraviti kad nađete vodomjer?
KONJEVIČ: Ako se pokaže da radi normalno zapisat ću stanje potrošnje i dobit ćete račun. Ako otkrijem nepravilnosti, službena mi dužnost nalaže da postupim prema svojoj prosudbi. A potom možemo početi pregovarati
ELVIRA: Ne vidim razloga zašto bi se dogovarali o vodomjeru kad se već sad možemo dogovoriti o ključu. Kakva su vaša očekivanja?
KONJEVIČ: To bih mogo protumačiti kao pokušaj potkupljivanja službene osobe.
ELVIRA: Pitala sam, kakva su vaša očekivanja u vezi s napitkom s kojim vam mogu skratiti vrijeme dok tražim ključ od vrata ostave u kojoj nema vodomjera. Čaj ili kavu?
KONJEVIČ: Ni jedno ni drugo. S ovim ćemo gospodinom opaliti jednu filozofsku diskusiju, pa će vrijeme proći dok trepneš.
ELVIRA *se još jednom se pogleda u ogledalo pored vrata*: Da. Vrijeme ima običaj da mine dok trepneš. *Otiđe.*

7. prizor

Konjevič prošeta po sobi, razgledava je, zaustavi se uz prozor, pogleda van.

KONJEVIČ: Čovjek baš ogladni kad to vidi. Posebno krastavce. Golemi! I nevjerojatno sočni!
MAJERHOLD: Jeste li vegetarijanac?
KONJEVIČ: Kao gradski namještenik ne mogu si priuštiti odstupanja od normale. Bečki odrezak je moje najdraže jelo.
MAJERHOLD: Jako nezdravo kao i većina onoga što čini grad.

KOMEDIJA O SMAKU SVIJETA

KONJEVIĆ: I mi službenici samo smo žrtve hirovite vlasti tim više što smo ujedno njen izvršni organ. Zato moramo na trenutke postupati prema svojoj savjesti u suprotnosti s odredbama. Neka to ostane među nama.
MAJERHOLD: Što se tiče potrošnje vode ...
KONJEVIĆ: Neka vas to ne brine, gospodine Ebenšpanger. Sredit ćemo. Vi meni, ja vama, i svi zadovoljni.
MAJERHOLD: Majerhold, ne Ebenšpanger.
KONJEVIĆ: Jeste li uvjereni?
MAJERHOLD: Zašto ste mi rekli Ebenšpanger?
KONJEVIĆ: Vjerojatno zbog sličnosti s nekim tko se zove Ebenšpanger. Odnosno, koji se donedavna tako zvao. Nakon što se prije toga prezivao Robnik. I još ranije, Konjevič.
MAJERHOLD: Vi se zovete Konjevič.
KONJEVIĆ: Tako sam rekao? Prava zbrka. Posljedica manjeg moždanog udara kojega sam nedavno preživio. U stvari, prezivam se Novak.
MAJERHOLD: I stvarno ste namještenik gradskog vodovoda?
KONJEVIĆ: U tome nikada ne griješim. O tome, u najgorem slučaju slažem, ako okolnosti tako zahtijevaju. Teškoće imam samo s prezimenima.
MAJERHOLD: Dakle, gospodine Novak.
KONJEVIĆ: Mirno me i dalje možete oslovljavati s Konjevič da ne bude zbrka još veća. Recimo da sam danas Konjevič, pa sutra opet Novak, ili možda nešto treće.
MAJERHOLD: A tko je bio Ebenšpanger, tko bi mu bio najsličniji?
KONJEVIĆ: Zanimljiv muškarac. Stvorio je teoriju o kružnom toku novca na svjetskoj razini. Nekakav financijski sustav lančanih pisama koji bi osigurao konvertibilnost svim valutama i omogućio svim državama po redu, čak i najsiromašnijim, da dosegnu visoki stupanj gospodarskog rasta bez zaduživanja. Nekakav monetarni perpetuum mobile.
MAJERHOLD: Dobra ideja.
KONJEVIĆ: Genijalna. Njegov plan je na žalost ostao na papiru. Pa poznate političare. *Pogleda kroz prozor.* Kakav kupus! Kakve tikve! Organski uzgoj? Genski modificirane? Znanost je znanost, nema što.
MAJERHOLD: I što je još radio taj Ebenšpanger?
KONJEVIĆ: Ma to znate, zar ne?
MAJERHOLD: Kako bih znao?
KONJEVIĆ: Neko vrijeme je bio jako poznat. Prije svega zbog toga jer su se svi rugali njegovoj teoriji. Još uvijek doma imam spremljene članke.

MAJERHOLD: Izrezivali ste ih?
KONJEVIĆ: Tada sam bio još mlad. Ma znate kakvi smo na početku života: zalažemo se za nove ideje, pa kad su još tako lude... A kasnije, u zrelim godinama, kao što se kaže truljenja kojeg nitko ne može izbjeći, pa još kad nas uhvati paranoja... Tad na brzinu sklapamo kompromis kako bismo bar jednom tjedno na stolu imali goveđi odrezak.
MAJERHOLD: I postanemo namještenici gradskog vodovoda.
KONJEVIĆ: Recimo.
MAJERHOLD: Ako ste to stvarno, a ne nešto drugo, onda ste veoma načitani.
KONJEVIĆ: Rado čitam, to je istina. Već godinama izrezujem članke da mi budu pri ruci. O Ebenšpangeru čuvam dva fascikla.
MAJERHOLD: Zašto?
KONJEVIĆ: Treba biti spreman. Za slučaj da se muškarac opet pojavi pod kakvim drugim imenom. S novim projektom.
MAJERHOLD: U kakvom smislu spreman?
KONJEVIĆ: Da mu se pridružim.
MAJERHOLD: Zašto?
KONJEVIĆ *povjerljivo*: Neka to ostane među nama, ali kao namještenik gradskog vodovoda otkrivam da sam u životu bio u koječemu prevaren. Život je više nego to, rekao sam si već sto puta. Treba činiti velike geste, riskirati sve, žrtovati se za plemenite ideje, služiti čovječanstvu.
MAJERHOLD: Ne više narodu?
KONJEVIĆ: Gdje vi živite? Sad je u modi čovječanstvo, sad je u modi pitanje hoćemo li preživjeti sljedećih pedeset godina.
MAJERHOLD: I što mislite, hoćemo li?
KONJEVIĆ: Upravo zbog toga bih htio susresti gospodina Ebenšpangera. Odnosno Robnika. Godinama ga već pratim. Svaki put mi izmigolji, prava jegulja.
MAJERHOLD: Pred kim bježi?
KONJEVIĆ: Pred ljudima koji ga ili neće, ili ne mogu razumjeti.
MAJERHOLD: Čudno što se još uopće trudi.
KONJEVIĆ: Ne samo da se trudi, neki misle, da pretjeruje. Izradio je više planova za otklanjanje posljedica efekta plasteničkih plinova iz atmosfere. Same genijalne ideje. Masovno pošumljavanje opustjelih površina sa sadnicama koje bi pomoću metalnih projektila iz aviona zabijali u zemlju. Šume, kao što znate, apsorbiraju ugljični dioksid i pretvaraju ga u kisik.
MAJERHOLD: Znam.
KONJEVIĆ: Kakva ideja! I ne samo ta. I plankton, kao što znate, apsorbira ugljični dioksid. A taj gospodin s više prezimena izradio je plan za desetorostruko

uvećavanje planktona u oceanima. Što bi u stvari stabiliziralo negativni utjecaj efekta staklenika. Također je istina da bi to pobilo većinu riba.
MAJERHOLD: Radije manje nego veće zlo.
KONJEVIĆ: Veseli me što razmišljate slično kao Ebenšpanger Robnik Vehovar. Koji je između ostalog izumio i plastične navlake za ledenjake. Navlake bi odbijale sunčane zrake i ledenjaci bi se prestali topiti. Zamislite genijalnost ove ideje, gospodine Ebenšpanger!
MAJERHOLD: Majerhold.
KONJEVIĆ: Naravno, ispričavam se. Ali sličnost je stvarno neobična. Jeste li uvjereni da nemate brata blizanca?
MAJERHOLD: A zbog čega je taj gospodin neprestano mijenjao prezime?
KONJEVIĆ: Da bi umaknuo onima kojima je dugovao. Imao je mnogo sponzora. Kad su projekti propali zahtjevali su natrag svoj novac. Na kraju mu, zaduženom na sve strane svijeta, nije preostalo drugo nego da se skloni u pustinju.
MAJERHOLD: Stvarno?
KONJEVIĆ: Vijest o tome otkrio sam u žutoj štampi koju redovito čitam. Po službenoj dužnosti, naravno, ne zbog toga što trebam dodatno obrazovanje. Naravno, odmah sam odlučio potražiti ga.
MAJERHOLD: Jeste li ga našli?
KONJEVIĆ: Bez problema. Nisu mi, nažalost, dozvolili da se susretnem s njim oči u oči.
MAJERHOLD: Tko vam nije dozvolio?
KONJEVIĆ: Psihijatri. Pustinja je bila gradska ludnica, ako smijem upotrijebiti politički nekorektan izraz. Tamo je završio naš genij.
MAJERHOLD: S kakvom dijagnozom?
KONJEVIĆ: Ekološka paranoja. Zamislite. I navodno nije jedini koji boluje od tog novog oblika mentalne otkvačenosti. Što je tim više neuobičajeno jer sam nedavno gledao program na Discoveryju u kojem su sve njegove izume podrobno opisali i čak predstavili investitore koji ih namjeravaju ostvariti.
MAJERHOLD: Ovaj svijet je lud.
KONJEVIĆ: Nemam ništa za dodati.
MAJERHOLD: Poštenom čovjeku skoro da ne bi smjelo biti žao što će mu uskoro doći kraj.
KONJEVIĆ: Upravo tako. S druge strane...
MAJERHOLD: Naravno. Uvijek postoji druga strana.
KONJEVIĆ: Toga je jako svjestan i naš duševni bolesnik. Pobjegao je iz ludnice, pa se latio novog projekta. Bogzna gdje, bogzna kakvog.
MAJERHOLD: Kako mu je uspjelo pobjeći.

KOMEDIJA O SMAKU SVIJETA

KONJEVIĆ: Preobukao se u doktora, oprostio se od svih, sjeo u direktorov auto, te se odvezao. I još su mu svi mahali. Postavlja se pitanje tko je u stvari lud. On ili oni koji bi ga morali liječiti.
MAJERHOLD: Je li opasan?
KONJEVIĆ: Do sada nije pokazivao znakova da je sklon nasilju. Ali znate kako je s tim. Dodatni pritisak, malešna sitnica preko ruba podnošljivog dovoljno je i da najljubazniji čovjek posegne za puškom.
MAJERHOLD: Vjerojatno ga traže.
KONJEVIĆ: Tko?
MAJERHOLD: Policija.
KONJEVIĆ: Policija ima važnijeg posla nego da lovi pobjegle luđake. Policija mora loviti vozače koji kod ograničenja od pedeset kilometara na sat voze pet kilometara više.
MAJERHOLD: Vi ste dakle jedini koji ga pratite, kao što ste rekli.
KONJEVIĆ: To sam rekao?
MAJERHOLD: I da biste se mu pridružili.
KONJEVIĆ: Oh, što bi takav genij radio s namještenikom gradskog vodovoda? Zbog dosadnog posla na trenutke se predajem sanjarijama; to je sve. Istina je da me taj gospodin fascinira, zapravo opsjeda. Ali jednom ćemo se sresti, u to ne sumnjam.
MAJERHOLD: A poslije?
KONJEVIĆ: Poslije –

Uđe Elvira.

ELVIRA: Žao mi je, ali ključ nisam nigdje našla. Morat ćete provaliti u ostavu. Ako ne nađete vodomjer, odmah ću pozvati policiju i uložiti tužbu za odštetu. Grad se valja u novcu što ga pod izgovorom utjerivanja poreza krade nedužnim ljudima, zato ću zahtijevati milijun.
KONJEVIĆ: Poštovana gospođo, s radošću ću provaliti u vašu ostavu, već i zbog toga da vidim tko živi iza onih vrata. Nažalost *pogleda na sat* prije jednu minutu isteklo je moje radno vrijeme. Provalu, dakle, ne bih skrivio kao gradski namještenik, nego kao fizička osoba. A to je kažnjiva radnja. Naravno, time nije stvar zaključena, vratit ću se. *Okrene se Majerholdu i lagano se nakloni.* Gospodine Ebenšpanger ...

Okrene se Elviri i nakloni se nešto dublje.

Gospođo ... *Ode.*

ELVIRA: Kako ljubazan gospodin.
MAJERHOLD: Potpuno lud.
ELVIRA: Pa mora biti ako te zove Ebenšpanger. *Pogleda ga.*

Zamračenje.

Drugi čin

8. prizor

Majerhold sjedi u naslonjaču i nešto skicira. Stolić je prekriven novinskim papirom. Elvira slaže papriku u staklenke. Tri su već pune, četvrtu upravo zatvara.

U tami prvo začujemo radio:«... jer činjenica je da profesije nestaju i da će uskoro biti tako arhaična kao što su srednjevjekovni posjedi. U bližoj budućnosti za nas će većinu posla obavljati strojevi ; ovisit ćemo o njima kao što su naši preci bili ovisni o divljim životinjama. Većina radne snage već je sada suvišna. Razvila se rezervna ekonomija, psihoterapija, dizajnerskih religija i duhovnih butika čija je jedina namjena zabavljanje mase koja nema što raditi. U njihovoj sjeni stoji industrija droge i seksualnih usluga. Čini se da već danas polovica ljudipreživljava tako što zabavlja drugu polovinu ...« *Za vrijeme trajanja izvještaja scena se postupno rasvijetli.*

Elvira ustane i isključi radio.

ELVIRA: Veseli me što kao radna snaga još nisam suvišna. *Glasno.* Joe, dođi i odnesi te paprike u ostavu!
JOE ORTON *dođe iz svoje sobe, nakostriješeno*: Gdje je nestala moja trava?
ELVIRA *očima sijevne na Majerholda*: Trava je dolje u vrtu, iako je nije puno ostalo. Pa ne nosiš valjda travu u sobu.
JOE ORTON: Ne pravi se glupljim nego što jesi.
ELVIRA: Što će gospodin Majerhold misliti o tvome mozgu ako stvarno kradeš travu u vrtu i nosiš je u sobu da bi se tamo posušila u sijeno?
JOE ORTON *podigne jednu od staklenki: Što će gospodin* Majerhold misliti o *svom* mozgu, kad mu o glavu razbijem staklenku njegovih eko-uzgojenih paprika?
ELVIRA: Joe Orton, tvoja viza je upravo istekla, a novu neću izdati.

Joe Orton još neko vrijeme drži staklenku s paprikom nad Majerholdovom glavom. Majerhold za to ne mari i mirno dalje skicira. Joe Orton se naposljetku predomisli i odloži staklenku na na stolić.

JOE ORTON: On ju je uzeo, a ne oni iz gradskog vodovoda?
ELVIRA: A je li to iz drame koju upravo pišeš?
JOE ORTON: On je njuškao po kući. Ali ne zato da bi našao vodomjer. Već se je izdaleka vidjelo da je njuškalo?
ELVIRA: Gospodin Konjevič uopće nije ušao u tvoju sobu. A obećao je da će se vratiti.
JOE ORTON: U međuvremenu me je gospodin Majerhold ljubazno prijavio. *Nagne se prema Majerholdu.* Zar ne?
ELVIRA: Ne zaboravi da govoriš sa svojim poslodavcem.
JOE ORTON: Bivšim. Upravo sam dao otkaz.

Majerhold ustane, odloži na sjedalo blok i olovku, dođe do kauča, spusti se na koljena, posegne mimo Elvirinih nogu pod kauč i izvuče kartonsku kutiju. Ustane, otpuhne prašinu s nje, izruči je Ortonu. Ovaj skine poklopac i pogleda u kutiju. Zatvori poklopac.

JOE ORTON: Kako je dospjela pod kauč?
MAJERHOLD: Sakrio sam je jer sam znao da će prije ili poslije netko doći njuškati po kući, pa nisam htio da je nađe u tvojoj sobi.
ELVIRA: Zahvali se gospodinu Majerholdu za brigu.
JOE ORTON *smeten*: Ne znam što reći.
ELVIRA: Obično se kaže, hvala.
JOE ORTON: Nisem naviknuo da itko išta učini za mene.
MAJERHOLD: Nisam htio ostati bez radnika.
JOE ORTON: No, onda ne moram reći hvala.
ELVIRA *ustane*: Ja odlučujem o tome što ćeš reći. Pa ako ti je primamljiv još kakav dopust na rivijeri odakle se svaki put vratiš osvježen i zadovoljan svijetom bez obzira kakav je, pružit ćeš gospodinu Majerholdu ruku i reći: hvala, gospodine Majerhold. Hvala što ste me spasili od jednomjesečnog zatvora ili još nečeg goreg.
JOE ORTON: Ništa takvog neću reći.
ELVIRA: Onda reci: zbogom, Elvira i hvala što si bila ljubazna prema meni sve dok ti nisam pokazao da tvoju ljubaznost ne zaslužujem.
JOE ORTON: Položit ću kutiju natrag pod kauč; tamo će biti još najsigurnija.

Sagne se.

ELVIRA: Joe Orton!

JOE ORTON *ispravi se*: Hvala, gospodine Majerhold jer ste se pobrinuli za stvar koju moram raspačavati po gradu kako bih mogao svaki mjesec platiti najamninu!

ELVIRA: Hrana i stan nisu među stvarima koje su u ovoj kući besplatne.
Ako ti ne odgovara aranžman, možeš se spakirati već sad; gospodin Majerhold i ja ćemo već nekako preživjeti.

MAJERHOLD: Daj mi kutiju, ja ću je vratiti.

JOE ORTON: Ma mogu sam.

Spusti se na koljena kako bi kutiju gurnuo pod kauč. Zagleda se u prostor pod kaučom. Spusti kutiju na tlo, ruku gurne dublje pod kauč i izvuče pušku. Ustane, pa je odvagne rukom.

ELVIRA: Oh, pomozi nam Bože! Tko ti je dozvolio unijeti tu stvar u kuću?! Ma niste mu valjda vi, gospodine Majerhold?

MAJERHOLD: Daj mi pušku, Joe.

JOE ORTON: Ovako lijepa igračka upravo moli da se njome netko poigra. Sumnjam da njen vlasnik ima dozvolu za nju. Pa ako je nema, puška je zajedničko vlasništvo.

ELVIRA: Joe, vrati pušku gospodinu Majerholdu.

JOE ORTON: Otvori prozor, Elvira.

Elvira pogleda Majerholda koji odobravajući kimne. Elvira otvori prozor i odmah se povuče. Joe Orton se približi prozoru i nacilja kroz njega..

ELVIRA: Joe, imamo već sada previše teškoća.

JOE ORTON: Komu ćemo probušiti glavu? Cvjetači? Tikvama? Ili ćemo rasturiti glavu kupusa? Ne, rajčica. Da bude i krvavo, a ne samo razmesareno.

Pritisne na okidač. Čujemo klik. Joe, iznenađen, pritisne još jednom. Rezultat je isti. U međuvremenu Majerhold je iz hlača izvadio pištolj, te ga uperio u Ortona. Joe se okrene i skamenjeno gleda u pištolj.

MAJERHOLD *ispruži ruku*: Pušku!

KOMEDIJA O SMAKU SVIJETA

Joe Orton mu bespogovorno izruči pušku. Majerhold ju gurne natrag pod kauč. Uspravi se i s pištoljem ponovo nacilja u Ortona.

ELVIRA: Znala sam da će nešto poći po krivu, svu noć me je mučila mora.
MAJERHOLD: A sad obećaj da pušku više nećeš ni dotaknuti.
JOE ORTON: Elvira, u kuću si uzela kriminalca!
ELVIRA: Gospodin Majerhold je blag čovek dobro srca koji nam pokušava osigurati budućnost.
MAJERHOLD: Podigni ruku i reci: zaklinjem se da pušku neću više dotaknuti!
ELVIRA: Joe, samo zaslugom gospodina Majerholda još nisi u zatvoru.
JOE ORTON: Ne prestane li mi prijetiti bit će uskoro ondje on.

9. prizor

Negdje straga se čuje štropot.

KONJEVIČ *na hodniku*: Halo ... Gdje ste?

Uđe sekundu nakon što je Majerhold gurnuo pištolj natrag u džep.

Mislio sam da ću vas sve troje naći u vrtu pri zalijevanju vaših bujnih biljki.

ELVIRA: Sad je ostava otključana i možete je razgledati bez odgađanja.
KONJEVIČ: Hvala, gospođo, već jesam. Dolje u prizemlju, u novoj dogradnji gdje namjeravate za nadolazeća teška vremena čuvati povrće iz vrta ukiseljeno u staklenkama. Da li griješim?
ELVIRA: Valjda imamo pravo na zimnicu.
KONJEVIČ: Naravno. Osim toga, opreza nikad dosta. Ubrzo se može desiti da ponestane goriva za transport, na policama u megamarketima zjapit će praznina, zavladat će opća panika. A vi ćete ovdje kao tri golubića sisati ukiseljene krastavce i nestrpljivo čekati na večeru kad ćete se moći nakrkati sarmom.
ELVIRA: Što je u tome loše?
KONJEVIČ: Ne, samo po sebi ništa, gospođo. Nije pobjeglo mojoj pozornosti da sada vrt okružuje ograda od tri metra sa željeznim vratima. Morao sam je prepuzati, jer su vrata bila zaključana. Vi se spremate na opsadu.
ELVIRA: Što ima s time gradski vodovod?
KONJEVIČ: Ne radim više za njih. Tek tako, bez razloga, izbacili su me na cestu.

ELVIRA: I sad?
KONJEVIĆ: Na sreću, smilovala se nada mnom policijska uprava. Pa znate da je tamo dobrodošlo sve što puzi i hoda.
ELVIRA: Onda ste, što, policajac?
KONJEVIĆ: Radim na odjelu za posebne istrage. Povezane sa slučajevima koji bi mogli ugroziti državnu sigurnost.
ELVIRA: Onda ne znam zašto ste se vratili. Ugroženi smo *mi* i to od strane države.
KONJEVIĆ: Došao sam, i to neka ostane među nama, iz osobnih razloga. Već dugo mi nešto ne da mira i tomu bih htio prodrijeti do srži. *Pogleda Majerholda.*
JOE ORTON: A što je to što vam ne da mira?
KONJEVIĆ: Htio bih vidjeti u kojem smjeru puše vjetar. Da se prema tome odgovarajuće okrenem. Živimo u vremenima kad se još samo oportunizam isplati.
JOE ORTON: Je li ikad bilo drukčije?
KONJEVIĆ: Oh, ti si još mlad, ali imali smo ideale, zar ne gospodine Konjevič? Vjerovali smo u napredak.
ELVIRA: Ovo je gospodin Majerhold. Vi ste Konjevič.
KONJEVIĆ: Ja sam Novak, gospođo, i ne sjećam se da sam se ikad predstavio kao Konjevič, iako ni to nije isključeno.U policiji sam zaposlen kao Novak, to može potvrditi i sam direktor. To je, naravno, gospodin Ebenšpanger; uopće mi nije jasno zašto sam ga nazvao Konjevičem.
ELVIRA: To je gospodin Majerhold.
KONJEVIĆ: Ah, stvarno? No, vi već znate, naposljetku žena mora znati kako se zove njezin muž, zar ne, gospođo Majerhold?
ELVIRA: Gospodin Majerhold je moj podstanar.
KONJEVIĆ: A tko je vlasnik vrta?
ELVIRA: Ja sam vlasnica, ali vrt je dio podstanarskog ugovora, zbog toga je sve što u njemu raste njegovo vlasništvo.
KONJEVIĆ: Uključujući i papriku u ovim staklenkama?
ELVIRA: I staklenke su njegove, on jih je kupio.
KONJEVIĆ: Gospodin Majerhold je očito vrlo bogat. Prije svega ima genijalne ideje. Blago svima koji uživaju njegovu zaštitu. *Pogleda kroz prozor.* Nikad vam neće ponestati hrane. Pitanje je samo da li ste postali samodostatni prerano ili prekasno.
ELVIRA: Ne razumijem.
KONJEVIĆ: Optimistu ne bi nikada palo na pamet da se izdvoji iz društva, da si nađe dva taoca, jednom zaplijeni zemlju, a drugog pokuša ucjenama prisiliti na

izrabljivački odnos, ni da se okruži visokom ogradom kao da su Turci udaljeni još samo nekoliko kilometara.
JOE ORTON: A što bi učinio pesimist?
KONJEVIĆ: Rekao bi da će rješenje, čak i kad bi se našao netko tko bi ga zaista pokušao potražiti, stići prekasno. I odmah bi unajmio ili kupio komad zemlje na kojem bi posadio osnovne stvari koje su potrebne za preživljavanje, a taj komad zemlje bi opasao visokom ogradom, možda električnom žicom. Pretpostavljam da gledate televiziju.
ELVIRA: Nismo dovoljno bogati da bi si ju mogli priuštiti.
KONJEVIĆ: No, onda čitate novine. Nekoliko ih imate na stolu.
ELVIRA: Te su stare pet godina.
KONJEVIĆ: Tako ili onako, u Americi ljudi već neko vrijeme masovno napuštaju velegrade u kojima će nestašica hrane i vode zahtijevati prve žrtve. Sele se u zabačene krajeve u provinciji gdje si postavljaju staništa i laćaju se poljoprivrede. U nadi da ih milijuni izgladnjelih, kad se budu zaputili tražiti hranu, neće pronaći već prvi dan.
ELVIRA: Amerikanci su poznati po tome da ih odmah hvata panika.
KONJEVIĆ: Trgovine oružjem bilježe visoke zarade. Ljudji znaju da će morati braniti svoje nasade. Naravno, u Americi je to zakonito. Nisam uvjeren da je i kod nas. Zapravo nije. Kao što vjerojatno znate. Zato kod nas vatreno oružje ne smije visiti na kuki pored vrata, nego mora biti sakriveno u ormaru. Ili još bolje, pod krevetom. Ili, u vašem slučaju, pod kaučom.

Napravi korak prema kauču. Majerhold izvuče pištolj, te ga uperi u Konjeviča. Namigne Ortonu. Ovaj se spusti na koljena, izvuče pušku, ustane te ju uperi u Konjeviča.

ELVIRA: Bojim se da ću se za trenutak onesvijestiti.
KONJEVIĆ: Čestitam, gospodine Ebenšpanger. Prestigli ste me.
MAJERHOLD: Sjedite, gospodine Novak. Baš tamo, u naslonjač. Možda se pod kaučom skriva čak i kakva bomba.
KONJEVIĆ *sjedne u naslonjač*: Prijetnje nisu potrebne, gospodine Vehovar, o svemu se možemo sporazumijeti kao prijatelji.
MAJERHOLD: Upravo to mi je bilo na pameti. Naravno, računam na vašu kooperativnost.
KONJEVIĆ: Ako to isključuje zalijevanje vrta, onda smo se već napola dogovorili.
MAJERHOLD: Želite li možda čašu vina? Viski? Zeleni čaj?
KONJEVIĆ: To bi moglo imati neugodne posljedice po moje srce.

MAJERHOLD: Kako želite.
KONJEVIĆ: Rado bih popušio nešto od one trave koju skrivate u zelenoj kutiji ispod kauča. Odavde je baš lijepo vidim, zadnji je korisnik nije gurnuo dovoljno daleko . Jako neoprezno. Rekao sam da ću se vratiti.
MAJERHOLD: To ste rekli kao namještenik gradskog vodovoda, ne kao policajac koji brine za državnu sigurnost.
KONJEVIĆ: Vremena su takva da čovjek nikada pouzdano ne zna za koga radi i što su njegove dužnosti.
MAJERHOLD: Joe, odloži pušku i gospodinu Novaku smotaj cigaretu.
JOE ORTON: Neću mu dati svoju najbolju travu! Osim ako je ne plati. Ni Elvira je ne dobije zabadava.
MAJERHOLD: Ali ona plaća u naturi, to vjerojatno ne očekuješ od gospodina Novaka.
JOE ORTON: Upravo zbog toga mu je ne mogu dati zabadava.
MAJERHOLD: Gospodin Novak je naš gost.
JOE ORTON: Brrrr...

Odloži pušku, izvuče kutiju ispod kauča, počne motati cigaretu.

ELVIRA: Možda bi gospodina Novaka razveselila masaža ramena.
KONJEVIĆ: Budući da sam već ovdje, a svi ste tako ljubazni prema meni, moja bi se ramena sigurno razveselila ženskim rukama. Samo da netko ne bude ljubomoran!
ELVIRA: U ovoj kući smo završili s nezrelim osjećajima. Osim gospodina Ortona, ali i on će uskoro uvidjeti da treba živjeti u realnom svijetu.

Elvira stupi iza naslonjača i počne Konjeviču masirati ramena.

KONJEVIĆ: Uhhhh ... Morali bi otvoriti salon za masažu.
ELVIRA: Sve to je iza mene, gospodine Novak. Pametna žena zna kad se je dobro povući iz igre.
KONJEVIĆ: Ritam vašega gnječenja navodi me na misao da smo se već jednom susreli.
ELVIRA: Ne bi me iznenadilo. Svi se na neki način poznamo, zar ne, svijet je puno manji no što možemo zamisliti.
KONJEVIĆ: Uvijek sam želio upoznati ženu koja bi znala, premda i igrom slučaja, reći nešto tako bistroumno.
ELVIRA: Previše ste ljubazni, gospodine Konjevič.

KOMEDIJA O SMAKU SVIJETA

KONJEVIČ: Novak.

Joe je smotao cigaretu. Ponudi je Konjeviču koji je stavi u usta i čeka da mu je Joe pripali. Joe iz džepa izvadi upaljač, te to učini. Konjevič duboko potegne dim.

JOE ORTON: Pravi je užitak vidjeti policajca kako puši travu. Gdje ti je fotoaparat, Elvira? Nikad ne znaš što nam može koristiti kao dokazni materijal.
KONJEVIČ: Nisam baš fotogeničan.
MAJERHOLD: Tako, sad moram prekinuti zabavu i razgovor preusmjeriti od bitnih k nevažnim pojedinostima. Joe, uzmi pušku i ako gospodin Novak napravi bilo kakav sumljiv pokret, ustrijeli ga u koljeno.
JOE ORTON *uzme puško i uperi je u Konjeviča*: Ne znam dobro ciljati, ali ću ga ustrijeliti. Kamo ću ga pogoditi, neka bude stvar Božje volje.
ELVIRA: Gospodine Novak bi li htjeli da nastavim s masažom, ili ćete se posvetiti pušenju?

Konjevič se počne divlje gušiti. Elvira ga s šakom udara po leđima.

JOE ORTON: Da to shvatim kao sumljivu kretnju?*Digne pušku.*
ELVIRA: To je kašalj, Joe, zar ne Znam zašto te tako svrbe prsti. Najprije moramo saznati tko je gospodin Novak i što hoće.

Majerhold ustane iz naslonjača, odgurne Elviru i jako udari Konjeviča po leđima. Konjevič prestane kašljati, opet se nasloni i ostane nepomičan sklopljenih očiju.

ELVIRA: Gospodine Novak? *Prodrma Konjeviča za rame. Ovaj se ne odazove.* Je li moguće, da se čovjek zadavi vlastitim kašljem?
JOE ORTON: Policija je za sve sposobna.*(Izvuče napola popušenu cigaretu Konjeviču iz ruke.)* Svo vrijeme sam znao da će nam pokušati naprtiti truplo.

Pritisne tinjajući dio cigarete Konjeviču o dlan.

KONJEVIČ *skoči, uspravi se i poskakuje po sobi*: Aaaahhhhhh ... Aaaaaaah ...
ELVIRA: Dobro je, pa ne bismo ga imali gdje zakopati.
JOE ORTON: Mogli bismo ga uporabiti kao gnojivo.
KONJEVIČ: Gospodine Ebenšpanger, nisam očekivao da čovjek vašega kova ima smisao za humor kakvog bi se posramilo i petogodišnje dijete.

ELVIRA: Ne uzbuđujte se, gospodine Novak, sjedite lijepo natrag u naslonjač, pa ću vam još jednom izmasirati ramena.

KONJEVIČ: Hvala, gospođo, ali prilike su takve da bi se radije vratio drugi put. Doviđenja, gospodine Ebenšpanger.

MAJERHOLD: Ma ne idete nikamo.

KONJEVIČ: Moja radoznalost me je previše ponijela, doletjela me zaslužena kazna, pokajao sam se i htio bih se oprostiti.

MAJERHOLD: Najprije moramo ustanoviti što ćete učiniti na drugoj strani željezne ograde.

KONJEVIČ: Čovjek sam slabog, a ipak dobrog srca, ne bih ni pomislio na to da vam na bilo koji način naštetim.

MAJERHOLD: Možda ste, recimo, još uvijek namještenik gradskog vodovoda. I možete postići da nam zatvore vodu. Vrt bi se posušio i mi bismo umrli od gladi. Ipak priznajte, ono o policiji ste jednom riječju izmislili,.

KONJEVIČ: Napravit ću izuzetak kojeg mi pravilnik, doduše, zabranjuje.

Izvuče karticu u kožnatom omotu i preda je Majerholdu. Taj je promotri.

MAJERHOLD: Rekli ste istinu. S jednom iznimkom. Ovdje piše Konjevič, a ne Novak.

KONJEVIČ: Zar stvarno? Nisam opazio. Sigurno pogreška. Pa znate koliko gluposti skrivi policija. Možda sam i sam kriv, jer im nisam rekao kako se zapravo zovem.

MAJERHOLD: A kako se zapravo zovete?

KONJEVIČ: Ebenšpanger. Isto kao vi.

Pauza. Konjevič i Majerhold se gledaju.

MAJERHOLD: Ja se zovem Majerhold.

KONJEVIČ: U redu. Od sada pa nadalje budite Majerhold, ja ću pak biti Ebenšpanger. Pa smo rješili bar jedan problem. Vrijedi?

MAJERHOLD: Vrijedi. Joe Orton je od sada nadalje Konjevič, namještenik specijalnog odjela policije. *Preda iskaznicu Ortonu.*

JOE ORTON: Preobrazba kriminalca u policajaca traje ponekad iznenađujuće kratko. *Zadovoljno gurne iskaznicu u džep.* Uuuh, što ću si sve moći s tim priuštiti!

ELVIRA: Moći ćeš me povesti na kakav policijski parti, ondje se skuplja mnogo naočitih muškaraca.

JOE ORTON: Jeste li čuli, gospodine Majerhold? Ova žena ne može iz svoje kože. *Elviri* Aretirat ću prvog koji ti se približi.

KONJEVIČ *povjerljivo:* Među nama rečeno, gospodine Majerhold, prilikom izbora društva za svoj rajski vrt niste bili sretne ruke. Nadam se da izbor nije konačan i da je slobodno još kakvo mjesto. Ako slučajno trebate nekog da održava red.

MAJERHOLD: O vašoj ponudi se mora posavjetovati tročlanski odbor.

KONJEVIČ: Predlažem da to vijećanje obavite u mojoj odsutnosti. Po odgovor ću se vratiti sutra popodne. *Uputi se vratima.*

JOE ORTON *s puškom nanišani u Konjeviča*: Kamo idete?

KONJEVIČ: Kladim se da u ovoj pušci nema metaka.

MAJERHOLD: Ali su u ovom pištolju. *Nanišani u Konjeviča.* Sjednite natrag u naslonjač, gospodine Ebenšpanger.

Konjevič se vrati, sjedne u naslonjač.

MAJERHOLD: Joe, gdje ti je ta samoljepiva traka?

Joe Orton odloži pušku, sagne se i ispod stolića povuče široku samoljepivu traku.

KONJEVIČ: Što sve imate ondje dolje?

MAJERHOLD *Ortonu*: Ma daj. Pa već si vidio u filmovima.

JOE ORTON: Prije no što je Elvira založila televizor u zalagaonici. Možemo li ga vratiti? Postaje mi dosadno. Ovdje se ništa ne događa.

Zalijepi početak samoljepive trake o stranicu naslonjača, pa ga zamota oko ga Konjevičevih grudi. Potom počne Konjeviča zamotavati u naslonjač.

KONJEVIČ: Mogao bih protestirati, ali i to smo već vidjeli u filmovima. Zato ću samo šutjeti.

JOE ORTON *mu potegne traku preko usta*: Najbolje.

Zamračenje.

10. prizor

Konjevič u naslonjaču, potpuno zavezan samoljepivom trakom.

KOMEDIJA O SMAKU SVIJETA

U tami slušamo radio: »...vrednote ne razvijamo i ne osnažujemo ih samo zbog njih samih, nego zbog toga da bi punokrvnije i smislenije živjeli. Poluprotekla povijest nas je naučila da je moguće u ime zajednice zaista besmisleno umirati, a ujedno smo počeli zaboravljati da pojedinac izvan zajednice ne može smisleno živjeti. To znači da je pojedinac sa izabranom zajednicom upleten u neugodan odnos u kojemu se stalno odvijaju procesi identifikacije ...« *Za vrijeme izvještaja scena se postupno osvijetli.*

Majerhold, Joe Orton i? Elvira uđu iz hodnika. Joe ugasi radio.

JOE ORTON: Bla bla bla.
ELVIRA: Jeste li uživali, gospodine Konjeviču?
JOE ORTON: Ugodni snovi? Nakon što popušim joint moji su obično divlji. Bi li još jedan?

Konjevič se grči i savija.

ELVIRA: Mislim da bi gospodin htio nešto reći.

Majerhold namigne Ortonu. Ovaj skine traku s Konjevičevih usta.

KONJEVIČ: Cijelu noć ste me ostavili samoga!
ELVIRA: Istina, u ovoj kući smo uvijek bili obzirni.
KONJEVIČ: A ovaj prokleti radio se je sam uključio!
ELVIRA: Uz to smo se i sami morali odmoriti.
KONJEVIČ: U vašoj spavaonici? Svi troje zajedno?
ELVIRA: Gospodin Majerhold se je na početku odupirao. Onda se je i Joe, koji još nije prihvatio da je potrebno dobre stvari dijeliti s drugima, počeo duriti. Što ćete, još je mlad. Na kraju smo se sporazumjeli.
KONJEVIČ: A na me niste pomislili.
ELVIRA: Obratno. Ja sam tri puta predlagala da vas pozovemo dolje s obzirom na to da ste naš gost. Ali ova dva gospodina bili su tvrdoglavo protiv.
KONJEVIČ: Hoću reći da niste ni pomislili da možda ne mogu disati i da ću se ugušiti!
ELVIRA: Što želite za doručak? Pečena jaja, žemičku s marmeladom?
KONJEVIČ: Hoću da me oslobodite. Želim otići.
ELVIRA: Sviđate nam se gospodine Konjeviču, zato bismo vas do daljnjega zadržali.

KOMEDIJA O SMAKU SVIJETA

KONJEVIĆ: Ali ne samoljepivom trakom privezanog za naslonjač!
ELVIRA: Zašto ne?
KONJEVIĆ: Pa ni nos ne mogu počešati!
ELVIRA: Joe, počeši gospodina Konjeviča po nosu.
KONJEVIČ *Ortonu*: Pljunut ću te ako se približiš.
JOE ORTON: Ne mogu vjerovati! Čovjeku pokloniš najbolju travu sviju vremena i što dobiješ kao zahvalnost!?
KONJEVIĆ: Dehidriran sam!

Majerhold pogleda Elviru.

ELVIRA: Sluškinja u vlastitoj kući. Sama sam kriva. *Ode.*
MAJERHOLD: Tako, sad smo sami. Tko ste zaista i što vas je dovelo u ovu kuću?
KONJEVIĆ: Oslobodite me da razgibam zglobove i napravim nekoliko čučnjeva, pa ćete saznati stvari o kojima ne možete ni sanjati.
MAJERHOLD: Joe, odstrani samoljepivu traku i dozvoli gospodinu da napravi pet čučnjeva.
JOE ORTON: Pobjeći će!
MAJERHOLD: Ne vjerujem. *Izvadi pištolj.*

Joe Orton priđe Konjeviču i odstrani mu samoljepivu traku. Konjevič se teško digne protegne se, napravi nekoliko čučnjeva. Ustane, napravi nekoliko zamaha rukama.

JOE ORTON: A sad ćemo pola sata gledati kako vježba?
KONJEVIĆ: Mogu li popušiti još malo te tvoje izvrsne trave? Tako će moja ispovijed, koju očito ne mogu izbjeći, biti protočnija.
MAJERHOLD: Najprije ispovijed.
KONJEVIĆ: Okrutni ste, ali ništa drugo ne zavrjeđujem. Namljeo sam vam toliko budalaština da ću se kajati do kraja života.
MAJERHOLD: Što prije do same biti.
KONJEVIĆ: Treba vam menadžer, gospodine Ebenšpanger.
MAJERHOLD: Prvi put čujem.
KONJEVIĆ: To što ste ovdje stvorili, naravno, zahtjeva marketing. Istina je da je slobodno tržište bacilo svijet na koljena, a uz to mu ih još i zdrobilo, ali to ne znači da nam ne može olakšati zadnje udisaje.
JOE ORTON: Išli ste na večernji tečaj filozofije! Zato mi se činite poznatim.
KONJEVIĆ: Činim vam se poznatim, jer sam od tebe već nekoliko puta kupio travu.

KOMEDIJA O SMAKU SVIJETA

JOE ORTON: Stranke su mi u adresaru. U njemu nema ni Konjeviča niti Novaka.
KONJEVIČ *iz džepa isčeprka komad papira*: A u tom?
JOE ORTON: Odakle vam to? Vratite mi!
KONJEVIČ: A ti meni krivotvorenu iskaznicu direktorata policije. *Ispruži ruku.*
JOE ORTON *Majerholdu*: Smijem li ga iscipelirati?
MAJERHOLD: Kasnije.

Ulazi Elvira s velikim glinenim vrčem vode. Konjevič ga pograbi i pije dok ga ne isprazni. Vrati vrč Elviri.

ELVIRA: Jesam li došla u nezgodan trenutak?
KONJEVIČ: Ne, ne, gospođo Silvana, upravo u pravom trenutku da čujete moj poslovni prijedlog.
ELVIRA *se trgne*: Kako znate da mi je ime Silvana?
KONJEVIČ: Više nije, gospođo Elvira. Silvana ste bili prije no što ste se umirovili kako biste ostatak svojih godina proživjeli građanski dolično. Iako je vaša kuća tek blijeda slika one koju ste imali u zamislima. Prije sam samo letimično dao nagovijestiti, a sad to mogu reći, da sam nekoliko puta bio vaša stranka.
ELVIRA: Zašto ste došli?
KONJEVIČ: Da bih vam razbio iluzije koje bi vas prije ili kasnije pokopale.
ELVIRA: Za koga radite?
KONJEVIČ: Za sebe, gospođo Elvira. U ovim vremenima samo još glupani rade za druge. Pa nije valjda da sam vam rekao nešto novo?
JOE ORTON *pograbi pušku i uperi je u Konjeviča*: Dosta, dosta, dosta!
KONJEVIČ: U ovoj pušci nema metaka.
JOE ORTON: Zar nema?

Okrene pušku prema stropu i zapuca. Strahovit prasak. Svi su šokirani, najviše Joe Orton.

KONJEVIČ: Nešto ću reći, ako smijem.
JOE ORTON *okrene pušku prema njemu*: Prvo ću ja reći što ćete nam vi reći.
KONJEVIČ: Reći ću što sam htio reći prije nego li si me prekinuo.
JOE ORTON: Karte su podijeljene, sad ja postavljam pitanja.
ELVIRA: Gospodine Majerhold, zašto ste pospremili pištolj kad je Joe Orton zgrabio pušku?

KOMEDIJA O SMAKU SVIJETA

MAJERHOLD: Htio sam mu dopustiti mali izgred. Osjećao sam da mu treba. Noću je izgubio nešto od svoje samosvijesti, pa je mora na neki način nadoknaditi. Najlakše će biti ako bude okolo mahao velikom puškom.

Joe Orton okrene pušku prema Majerholdu i sprema se pritisnuti okidač. Odjednom se poguri, baci pušku na tlo, sjedne u naslonjač, prekrije obraze dlanovima i zagrca.

Elvira sjedne na rub naslonjača, obgrli Ortona oko ramena, miluje ga po glavi kao dijete.

ELVIRA: Ma, sve će biti uredu, moj mišiću, mama Miška nikad nije bila nezadovoljna tobom. Oprosti mi za sve što sam ti ikad ružnoga rekla.

Ortonovo jecanje polako prestaje.

KONJEVIĆ: Mladež se je razmazila, ne zna više ni uspravno stajati. A svijetu treba snažan uzgon i polet više nego ikad. Mladež izmišlja sitne priče, pričice... ma čak ni to. Bezvezno drkanje po facebooku, time tješi dušu.
ELVIRA: Joe uopće nije na facebooku, internet koristi samo za pornografiju! Pa ni to ne svaki dan.
KONJEVIĆ: Maleni raj je jedino što su sposobni stvoriti. Trenutak ekstaze, trenutak zaborava, trenutak olakšanja. Nešto što nije moguće ni sa kim dijeliti. Malena podmukla sebičnost, to su njihove priče. Vi ste, gospodine Ebenšpanger, stvorili veliku priču u tradiciji velikih priča. Velik, neponovljiv vrt koji se ne koristi za kratkotrajne užitke, nego za opstanak ljudske vrste.
MAJERHOLD: Svijet onkraj ograde me je prestao zanimati.
KONJEVIĆ: Odlično! Time što ste svijetu okrenuli leđa i uhvatili se za svoju sebičnost kao za spasonosnu biljku, osigurali ste si najidealniju mogućnost za spas svijeta.
MAJERHOLD: Sve više tonete u proturječnost.
KONJEVIĆ: Dovršili ste prototip vrta kojega možete prodati svakome na zemaljskoj kugli. Deset vrsta znanstveno uzgojenog povrća koje se obnavlja iz godine u godinu s dovoljno vitamina za zdrav život, nekakav prehrambeni perpetuum mobile, dostatan za tro, četveročlanu obitelj. Znate li što to znači?
MAJERHOLD: Reci mi.
KONJEVIĆ: Kraj trgovina, kraj transporta, kraj potrebe za fosilnim gorivima, kraj ispušnih plinova, kraj zagrijavanja atmosfere, kraj straha od kraja svijeta!
JOE ORTON: Pa nije li lud? *Pogleda Elviru.*

ELVIRA: Da, Miškec. Potpuno.
KONJEVIĆ: Svoju ideju morate smjesta patentirati.
MAJERHOLD: Zašto?
KONJEVIĆ: Zato što je intelektualno vlasništvo dandanas glavna meta zlikovaca.
MAJERHOLD: Nisam znao.
KONJEVIĆ: Potpisat ćemo ugovor da sam jedini koji smije po cijelom svijetu prodavati vaš prototip vrta . Velim vam, u Americi će izbiti euforija, jedan drugog će pregaziti.
MAJERHOLD: I što ćemo od toga imati?
KONJEVIĆ: Bogatstvo, gospodine Ebenšpanger. Udobnost do kraja života. Svi mi.
MAJERHOLD: Svi?
KONJEVIĆ: Svi četvoro.
JOE ORTON: A sad smo odjednom četvoro?
ELVIRA: O tome odlučuje gospodin Majerhold, Miškiću. On je jedini koji zna što je dobro za nas.
KONJEVIĆ: Što kažete, gospodine Majerhold? Vrt možemo proširiti, pokupujemo susjedne parcele, srušimo kuće, iselimo ljude. Sve legalno, naravno. Od dvadeset kružnih nasada povrća možemo napraviti sto, dvjesto!
MAJERHOLD: I tako dalje?
KONJEVIĆ: I tako dalje. Onda možemo u utočište unutar ograde pozvati goste, gospođa Elvira možda još kakvog živahnog mladića, ja kakvu mladu djevojku da mi noću ne bude dosadno. Vi isto tako, u skladu s vašom orijentacijom. Nisam rasist, primio bih i nekog iz blizine Sahare.
ELVIRA: Pod uvjetom da je muškarac.
KONJEVIĆ: Razmislite, gospodine Vehovar. Ne zbog sebe, ne zbog mene. Zbog ovo dvoje. Oboje su nemoćni, oboje ovise o nama. Uzmite si vremena za razmišljanje. Ne žuri mi se.
MAJERHOLD: To je dobro, jer ćete ipak ovdje ostati još neko vrijeme.
KONJEVIĆ: Svjestan sam toga. Zato ne zamjerite što pitam gdje je toalet. Nisam ga mogao koristiti po noći kao što priliči muškarcu mojih godina.
JOE ORTON: Činilo mi se da je popišan!
MAJERHOLD: Joe, uzmi pušku i otprati gospodina na WC. Pazi da ti ne pokuša pobjeći kroz prozor. Kad obavi, dovedi ga natrag.

Joe pokupi pušku i pričeka da Konjevič dođe do vrata. Slijedi ga na hodnik. Kratka pauza.

ELVIRA: Ništa više ne razumijem.
MAJERHOLD: I ja teško slijedim.

KOMEDIJA O SMAKU SVIJETA

ELVIRA: Misliš li da nas Bog stavlja na kušnju jer griješimo?
MAJERHOLD: Bog je već odavno prekrižio čitav svijet. Jedino vrag još ustrajava u nadi da će se zadnji smijati.
ELVIRA: A što ako stvarno radi za gradski vodovod?

Negdje odozdo se začuje pucanj. Pauza.

ELVIRA: Neobičan zvuk.
MAJERHOLD: Bojim se, da ćemo se uskoro suočiti s neugodnom viješću.

Joe Orton se vrati s puškom.

JOE ORTON: Htio je pobjeći kroz prozor.
MAJERHOLD: Rekao sam da ga dovedeš natrag.
JOE ORTON: Nije se držao dogovora! Neću prihvatiti odgovornosti za nešto što nije moja krivnja.
MAJERHOLD: U kakvom je stanju?
JOE ORTON: Prilično manje živahan nego prije. Usta otvorena, iz njih nijedne riječi. Kao da ga više ništa ne zanima.
ELVIRA: Joe Ortone, zar da ti to oprostim?
JOE ORTON: Svaka nova stvar u povijesti treba bar jednu žrtvu.
ELVIRA: Nikad nećemo saznati tko je bio i što je htio.
MAJERHOLD: S traženjem odgovora na to pitanje kratit ćemo si duge zimske večeri. Joe, dohvati lopatu, žrtvuj nekoliko glavica kupusa i zakopaj gospodina dovoljno duboko da ga ne bi jednom slučajno iščeprkali.
JOE ORTON: Šit! Nakopao sam si nepotreban posao.

Okrene se i ode. Pušku uzme sa sobom. Pauza.

ELVIRA: Doći će ga tražiti.
MAJERHOLD: Tko?
ELVIRA: Pa oni. Njegovi. Gradski vodovod. Policija. Tajne službe. Ili liječnici da ga odvedu natrag u ludnicu. Ne bih znala.
MAJERHOLD: Ništa ne znaš, Elvira. A za sve nas je tako još najbolje.
ELVIRA: Voliš li me?
MAJERHOLD: Ne čini li ti se da trenutak zahtijeva poneš to inteligentnije pitanje?

Zamračenje.

11. prizor

U tami slušamo radio: »... većina ljudi još uvijek misli da su razgovori o neposrednoj prijetnji opstanku čovječanstva futurizam kojim se bave oni koji nemaju pametnijeg posla. Nažalost, nije tako. Apokalipsa je lađa na koju smo se već ukrcali, napustila je pristanište i neće se vratiti. Kako će to utjecati na naše međusobne odnose, ne zna nitko. Svakako bi oni koji su svjesni toga da je to možda naše zadnje stoljeće morali postati manje sebični, osobne ciljeve bi morali podrediti zajedničkom kormilarenju lađe na kojoj smo se zatekli, jer nismo pravovremeno djelovali. Brodolom nećemo moći izbjeći, to je jasno svima osim slijepima. Radi se jednostavno o tome da li brodolom ove godine, za pet godina, ili u najboljem slučaju za sto ...« *Za vrijeme izvještaja scena se postupno osvijetli.*

Uđe Majerhold i ugasi radio.

MAJERHOLD: Bla bla bla.

Uzme svoju mapu, sjedne u naslonjač i počne skicirati. Uđe Elvira i donese čaj. Spusti ga na stolić i sjedne na kauč. Ostane sjedeći. Majerhold je pogleda.

MAJERHOLD: Zabrinuta?
ELVIRA: Joe i nadalje skita gradom.
MAJERHOLD: Zar nije to činio uvijek?
ELVIRA: Sad bi stvarno mogao prestati s tom preprodajom. Sad kad imamo vrt.
MAJERHOLD: Disciplinirao sam ga koliko se je dalo.
ELVIRA: Mislila sam da ćemo biti sretni sad kad su grozne stvari iza nas.
MAJERHOLD *ustane*: Što govoriš? Grozne stvari su *pred* nama. Zato smo si stvorili utočište. Ako i preživimo samo tjedan dana dulje nego drugi, nešto smo postigli.
ELVIRA: Pa je li dodatan tjedan vrijedan tih napora?
MAJERHOLD: Kakve napore si pak ti uložila?
ELVIRA: Tko je kuhao i spremao i smirivao duhove i nudio moralnu potporu?! I još bi se toga našlo.
MAJERHOLD: Misliš, noći u tvojoj spavaonici?

Ustane, uzme pladanj s čajem i uputi se k vratima.

MAJERHOLD: Nisam još popio čaj.

KOMEDIJA O SMAKU SVIJETA

ELVIRA: I nećeš ga.

Kod vrata se gotovo sudari s Konjevičem koji uđe iz hodnika.

KONJEVIČ: Ja ću ga. Odložite ga na stolić. *Protrlja ruke.* Baš bi mi prijao, vani je počelo puhati.

Majerhold i Elvira zure u njega otvorenih usta.

ELVIRA *pogleda Majerholda*: Valjda ne griješim? Pa nema ovdje nikog osim nas?
KONJEVIČ: Nadao sam se da ćete mi pasti oko vrata, da ćete me privinuti k sebi.
ELVIRA: Učinilo mi se više puta da u ovoj kući ima duhova.
KONJEVIČ *uzme pladanj Elviri iz ruku, odnese ga na stolić, dolije si čaj:* Duhovi ne piju čaj.
ELVIRA: Pa ipak, ležite u vrtu dva metra pod zemljom!
KONJEVIČ: Tamo bih jako teško disao. Volim disati. *Duboko udihne.* Premda jako nedostaje svježeg zraka.
MAJERHOLD: Samo ćemo na jedan način ustanoviti je li pred nama duh ili nije.

Iz džepa izvadi pištolj i uperi ga u Konjeviča.

KONJEVIČ: Imam osjećaj da ćemo svakog trenutka začuti bum bum.

Nasmije se i srkne čaj.

Majerhold zapuca. Elvira poskoči, Konjevič digne šalicu čaja i nasmije se.

KONJEVIČ: Ako me osjećaj ne vara, uskoro ćemo čuti još jedan bum bum.
AJERHOLD: Možda nosi zaštitni prsluk.

Majerhold napravi korak prema Konjeviču i ustrijeli ga u glavu s udaljenosti jednog metra.

KONJEVIČ: Uh, skoro mi je puknuo bubnjić.
MAJERHOLD *razgledava pištolj*: Uživa li Joe Orton još nešto osim hašiša? LSD, Mescal? Je li moguće, da nam je stavio nešto u hranu?

Joe Orton uđe s hodnika s puškom u ruci.

KOMEDIJA O SMAKU SVIJETA

JOE ORTON: Nema me pet minuta i već sam optužen za najgore zločine.
ELVIRA: Joe, za Boga miloga, gdje se skićeš?
JOE ORTON: Postao sam lovac. Ubijam životinje da u vrtu ne bi jele povrće. *Pogleda Majerholda.* Na što puca gospodin Ebenšpanger?
KONJEVIČ: Na duhove.
MAJERHOLD: Joe, koliko ljudi vidiš u ovoj sobi?
JOE ORTON: Troje.
ELVIRA: A duh?
JOE ORTON: Ne vidim duha.
ELVIRA: Stoji pred tobom i pije čaj.
JOE ORTON: To nije duh. To je gospodin Konjevič.
ELVIRA: Joe, gospodina Konjeviča si ustrijelio u kupaonici i zakopao u vrtu!
JOE ORTON: Možda ga nisam dobro pogodio.
ELVIRA: Vidjeli smo kroz prozor kako ga zakopavaš.
JOE ORTON: Da?
ELVIRA: Čak si i uklonjene glavice zelja vratio i posadio opet! Da bi sakrio tragove, tako si rekao.
JOE ORTON: Možda je ustao iz mrtvih. Možda je konačno započelo Biblijom najavljen uskrsnuće?
ELVIRA: Joe –
JOE ORTON: Niste veseli što nisam ubojica? Morali bi me zagrliti, poljubiti. Svi četvero bismo odmah morali proslaviti događaj s bučnom zabavom u spavaćoj sobi.
MAJERHOLD *izvadi naboj iz pištolja i vidi da su u njemu slijepi meci:* Pa stvarno sam glup.
JOE ORTON: To već dugo znamo.
KONJEVIČ: Pusti ga. Nije plemenito udarati nogom čovjeka kojemu se simetrija sasula u kaos.
ELVIRA: Hoće li mi netko objasniti što se događa?
JOE ORTON: Ništa što se nije već tisuću puta dogodilo u povijesti?
ELVIRA: Uopće te ne razumijem.
JOE ORTON: A i kako bi kad si od glave do pete jedna jedina rupa koja mora biti uvijek puna kako u nju slučajno ne bi prodrlo zrno pameti?
KONJEVIČ: Ne tako. Prema ženama moramo uvijek biti obzirni čak i onda kad ih preziremo.
MAJERHOLD: Kad je započela urota?
JOE ORTON: Sjećate li se gospodine Konjeviču?
KONJEVIČ: Mislim, prije nekog vremena. Svakako prije moga ukopa u vrtu.

KOMEDIJA O SMAKU SVIJETA

MAJERHOLD: Prije no što ste došli?
KONJEVIĆ: Ni to nije isključeno. Ali je nevažno; što je tu je..
ELVIRA: Bože moj! Joe Orton, kako si se mogao tako pretvarati?
JOE ORTON *zasikće*: A ti se ne pretvaraš kad hiniš orgazam?
ELVIRA *otrovno*: Obično to ne činim, ali s tobom mi ništa drugo ne preostaje!
JOE ORTON: Hvala za kompliment. Zbog njega će tvoja najamnina koju ćeš sutra početi plaćati, biti značajno viša.
ELVIRA: Gospodine Majerhold, zašto me ne branite?
MAJERHOLD: Postao sam žrtva svoje naivnosti.
KONJEVIĆ: Prije zbog nedostatka poslovnih sposobnosti. Nudio sam vam ugovor koji bi vam očuvao položaj, a svima nama osigurao udobnost do kraja života.
MAJERHOLD: Što namjeravate?
JOE ORTON: Ništa dramatično. Dosad smo u vrtu uzgajali deset vrsta povrća, odsada ćemo –
MAJERHOLD: Znam, konoplju.
JOE ORTON: Ne. Mak.
ELVIRA: Nikad nisam voljela makovnjaču.
MAJERHOLD: Opijum? Heroin?
KONJEVIĆ: S obzirom na površinu i sastav zemlje utržak će biti puno bolji.
MAJERHOLD: Trgovat ćete? Drogirati ljude? Nećete proizvoditi hranu nego bolest i smrt? To neću dopustiti.
ELVIRA: Ni ja isto tako. Kuća i vrt su upisani u zemljišnu knjigu na moje ime.
JOE ORTON: Znao sam da če biti poteškoća.
KONJEVIĆ: No, ništa strašno, već ćemo ih rješiti, pa razumni smo ljudi. Prijepis vlasništva nije komplicirana stvar. Maleno obećanje, malena prijetnja, pa će biti uredu. Zar ne, gospođo Elvira? Zar ne, gospodine Majerhold? I prilikom ostvarivanja svojih ciljeva moramo sačuvati ljudske vrijednosti.
AJERHOLD: Vaše vrijednosti, gospodine Konjevič Novak, nisu vrijedne ni hračka.
ELVIRA: Ali, ja ću ih pljunuti! *Pljune prema Konjeviču.*
KONJEVIĆ: Vrijednosti su nešto što izmišljamo da bismo legalizirali svoje ciljeve. Drugom riječju, fikcija.
JOE ORTON: Na tom području je već neko vrijeme dopušteno sve. Čak i moje farse. Zaslužit ću si mjesto u povijesti
MAJERHOLD: Ti si uš koja zaslužuje da bude tek na koži šugavog psa. Ljudstvo stoji na pragu izumiranja, a vas dvojica –
JOE ORTON: – želimo mu olakšati zadnje muke. Zar nismo plemeniti? Zabava, zaborav, užitak i nekoliko godina udobnosti za nas – ima li što ljepšeg?

KONJEVIČ: S utrškom od proizvedenog opijuma moći ćemo si kupiti stoput više povrća od onoga kojeg ste namjeravali proizvesti van u vrtu.
JOE ORTON: I mesa.
KONJEVIČ: I mesa. Sviju vrsta. I mlado i čvrsto. (*Pogleda Elviru.*)
ELVIRA: Gospodine Majerhold, zar nećete zaštititi moje dostojanstvo?
MAJERHOLD: Igra je izgubljena.
KONJEVIČ: Nije nužno. Lukavi, kao što jeste, možete još uvijek prijeći na pobjedničku stranu.
MAJERHOLD: Nećemo se družiti s lopovima.
ELVIRA: Bravo, gospodine Majerhold! *Na licu joj se ocrta briga.* U drugu ruku, potrebno je razmisliti o takvim stvarima. Zar ne, gospodine Konjevič?
MAJERHOLD: Razmislit ćemo. Na sudu.
KONJEVIČ: Ali sud je izvan naše ograde koju ste dali postaviti kako se nitko ne bi mogao popeti u vrt, gospodine Ebenšpanger. Unutar ograde sud nema kompetencija, tu smo samo mi.
MAJERHOLD: Morat ćete me ubiti.
KONJEVIČ: Nismo takvi ubojice kao što ste vi. Iako ste neuspješni.
JOE ORTON: Pogledajte kroz prozor, gospodine Majerhold.

Majerhold i Elvira se približe prozoru, pogledaju van.

ELVIRA: Tko je ta djevojka?
JOE ORTON: Nova radna snaga. Unajmljena prije dva sata.
MAJERHOLD: Čekaj malo ... Ma ne mogu vjerovati? Što to radi?
JOE ORTON: Iskopava povrće i rahli zemlju za sadnju maka.
ELVIRA *pogođeno*: Mlada je.
KONJEVIČ: Tako to ide, gospođo. Danas ne traje dugo. Prije no što se triput okrenemo, već je jučer. Sutra kuca na vrata čak i kad spavamo.
ELVIRA: I što će *još* raditi pored toga što rahli zemlju?
KONJEVIČ: Pokazala je spremnost da razmisli o nekim našim prijedlozima. Djevojke iz siromašnih obitelji nikada se ne usprotive dodatnom komadiću kruha na račun nevinosti.
ELVIRA: A gdje ćete izvoditi te prijedloge? U mojoj spavaonici?
KONJEVIČ: Usput sam provirio unutra i čini mi se baš prikladna za ... no, da se ne upuštam u pojedinosti ...
ELVIRA: Bog će vas kazniti! *Skoči k njemu i šakama ga udara u prsa.* Bog će vas kazniti! *Klizne na koljena, obujmi ga oko koljena, zajeca.* Smilujte se ...

JOE ORTON: Kakav cirkus!
ELVIRA *jedva čujno*: Bog me je kaznio ...

Majerhold se uputi k vratima.

KONJEVIČ: Kamo idete?
MAJERHOLD: Novim dogodovštinama ususret.
JOE ORTON: Za to smo se već pobrinuli. Vaše dogodivštine će biti od sada sljedeće -
MAJERHOLD: Ne zanima me.
JOE ORTON *uperi pušku u Majerholda*: Ja ipak mislim, da vas zanimaju.
MAJERHOLD: Ja sam znanstvenik.
KONJEVIČ: Upravo zato, gospodine Ebenšpanger. Upravo zbog toga smo vam namijenili dužnosti koje može obavljati samo čovjek s vašim stručnim znanjem.
JOE ORTON: Vodit ćete laboratorij za preradu opijuma u heroin.
KONJEVIČ: Imat ćete hranu i krov nad glavom. Vremena su takva da to nije mala stvar.
JOE ORTON: Što je mnogo više no što ima milijarda ljudi na svijetu.
KONJEVIČ: Samo u Los Angelesu na pločnicima spava sto tisuća ljudi.
ELVIRA *ustane*: A što ću ja? Kakve će biti moje dužnosti?
MAJERHOLD: Da li se namjeravaš prodati?
ELVIRA *uvrijeđeno*: Nikad se nisam prodavala. Istina je da sam radila stvari koje ne radi svaka žena, ali uvijek sam povezivala korisno s ugodnim. Već sam po svojoj naravi čovjek koji rado sudjeluje. Koji se kreće s vremenom. Koji se prilagođava.
KONJEVIČ: Gospođo Elvira, iz našeg susreta prije mnogo godina najjasnije se sjećam jednog posebnog položaja. Mislite li da je još moguć s obzirom na to da vam zglobovi nisu više tako elastični?

Elvira mu udari ćušku.

JOE ORTON: Nešto poštovanja ne bi bilo suvišno, inače ćemo ostati bez kuharice.
ELVIRA: Gospodine Majerhold ... Svijet je postao suviše nepredvidljiv da bi ponos mogao biti nešto više od sudbinske pogreške.
KONJEVIČ: Pametna žena. Poslušajte je..
JOE ORTON: Glupa kao svraka, ali ovaj put je slučajno nešto izjavila s čime se slažem.

MAJERHOLD *Konjeviču*: Za vas ne znam tko ste osim da ste prevarant prve klase i da bi mogli svoje sposobnosti bolje unovčiti na međunarodnoj burzi.
KONJEVIČ: Znam svoje granice, gospodine Vehovar.
MAJERHOLD: Ti, Joe Ortone, ti si nešto drugo. Bez obzira na utisak kojeg ostavljaš, prilično si načitan i upoznat sa svijetom ljudske misli.
JOE ORTON: Hvala.
MAJERHOLD: Pohlepa koju si odabrao za svoje životno načelo neće ti donijeti ništa drugo osim kratkotrajnog utaženja najnižih potreba i beskonačno dugih sati kajanja.
JOE ORTON: Mačka se valja na suncu i potom zaspi. Čovjek se valja u životu i potom zaspi. Ni jedan ni drugi ne mogu izbjeći sudbinsku činjenicu da su oni koji jesu i da su ono što jesu.
ELVIRA: Ništa ne razumijem.
JOE ORTON: Zašto ne bi smak svijeta dočekali u stanju zamagljene euforije, s osjećajem sreće koja je doduše umjetna, ali je bar sreća? Traženje zaborava je univerzalna osobina svih živih bića. Zato ćemo ovdje uživati.
MAJERHOLD: Bez mene. *Okrene se da bi otišao.*
KONJEVIČ: Gospodine Ebenšpanger, dobro znate da to ne dolazi u obzir.
MAJERHOLD: I što ćete učiniti sa mnom?
KONJEVIČ: Prije ili kasnije morat ćete na zahod, Joe Ortonće će vas otpratiti s puškom, pokušat ćete pobjeći kroz prozor, ustrijelit će vas u leđa, zakopat ćemo vas ispod gredica maka. Postat ćete gnojivo.

Stanka.

ELVIRA: Gospodine Majerhold. Ostanite s nama. Najamninu imate plaćenu do kraja godine. Potom ćemo se već dogovoriti . Naši zahtjevi neće biti nerazumni. Zar ne, Joe?
JOE ORTON: Neka odluči sam.
KONJEVIČ: Gospodine Ebenšpanger. Umrijeti za načela koja nisu ništa više od trenutne dosjetke, u ovim je vremenima anakronizam. Apeliram na vas da ne podlegnete djetinjastoj žudnji za herojstvom.

Pauza.

ELVIRA *oprezno*: Gospodine Majerhold?
MAJERHOLD: U stvari, nemam izbora.
KONJEVIČ: Minimalno, rekao bih.

KOMEDIJA O SMAKU SVIJETA

MAJERHOLD *odluči:* U redu. Onda ću skočiti u grad po nešto stručne literature i za manje od pola sata sam natrag .
KONJEVIČ: Ja ne vidim problem, ovisi što će reći Joe Orton, dramatičar i režiser ove predstave.
JOE ORTON: Pola sata.
ELVIRA: S mogućnošću malog zakašnjenja. Do pet minuta.
MAJERHOLD: Pola sata je sve što trebam. *Brzo ode.*

Pauza.

ELVIRA: Tako sam radosna što su prevladali osjećaji, a ne razum.
JOE ORTON: Sve ide po planu.

Konjevič priđe prozoru, pogleda van.

KONJEVIČ: Sad ide putićem prema željeznim vratima.
JOE ORTON: Koliko je daleko?
KONJEVIČ: Na pola puta.
JOE ORTON: Otvori prozor, Elvira.

Elvira ode prema prozoru i otvori ga.

ELVIRA: Došao je do vrata. Uspjet će mu!
KONJEVIČ: Sad se penje po vratima prema vrhu.
JOE ORTON *odgurne Konjeviča*: Još malo pa će mu biti žao što je na vrh vrata dao montirati oštre šiljke.
KONJEVIČ: Prava koplja.

Joe Orton digne pušku i nacilja kroz prozor.

ELVIRA: Čekaj..
JOE ORTON *ju pogleda*: Što ti je?
ELVIRA *se odmakne od prozora*: Znam da sam samo sentimentalna žena, ali evo, ovdje u srcu stišće me tako da jedva dišem.

Izvana, s udaljenosti od sto metara, začuje se strahoviti krik.

ELVIRA: Što je to bilo?

KONJEVIČ *se vrati k prozoru:* Bjegunac se pokliznuo tik pod vrhom.
JOE ORTON: Jedan od šiljaka mu je probio srce.
ELVIRA: O, Isuse! Mi smo krivi.
JOE ORTON: Mi? Nastavke na vrhu naručio je iz Švicarske jer domaći nisu bili dovoljno oštri!
ELVIRA *na rubu očaja*: Htio nas je zaštititi!
JOE ORTON: Takvi su najgori.
KONJEVIČ: Brzo ga moramo skinuti da slučajni prolaznici ne pronesu vijest u svijet.

Joe Orton i Konjevič se upute k vratima. Konjevič se okrene.

KONJEVIČ: Sve će još biti u redu, gospođo Elvira. Gutljaj zelenoga čaja, pa bude.

Odu. Elvira stoji i ne zna što bi. Ode do ogledala, popravi si kosu. Otužno gleda svoj odraz.

ELVIRA: Kakvo olakšanje što čovjek smije ostarjeti i umrijeti.

Zavjesa.

Komedi Tentang Akhir Dunia
Grum Award untuk drama terbaik Slovenia 2013
Komentar Juri

Komedi Tentang Akhir Dunia adalah sebuah lelucon tentang lelucon, yang di dalamnya merupakan lelucon yang mendalam. Ini adalah cara melucu tentang realitas dunia yang lucu, meskipun para tokoh mengatakan: "Sudah tidak ada waktu untuk melucu. Realitas menuntut drama serius ". Penulis justru mengetengahkan, tuntutan realitas yang mengajak kita bertanya pada diri sendiri tentang akhir dunia. Apakah kita perlu menanam dan memagari kebun sayur kita sendiri atau hanya terus menanam rumput dan menjualnya, di pinggir kota, di sebuah rumah dengan taman yang diabaikan? Dalam suasana hampir seperti drama Samuel Beckett inilah, keempat tokoh bertanya pada dirinya sendiri. Kesemuanya tertandai dengan realitas imajinasi teatrikal mereka sendiri. Tetapi mereka semua juga mudah dikenali secara langsung melalui realitas hidup kita. Penyewa Joe Orton, seorang dramawan manqué, pemilik rumah. Elvira, seorang aktris manqué. Penyewa baru Majerhold, seorang ilmuwan lingkungan yang menyamar. Dan Konjevič, seorang pria dengan berbagai identitas palsu yang tidak setuju pada tujuan menciptakan kebun sebagai alat untuk menyelamatkan dunia dan ramalan pengarang yang optimis untuk memecahkan masalah sosial tentang dunia yang sedang berada di ambang akhir. Seperti yang sering disampaikan sebelumnya tentang peringatan kiamat, dalam peperangan antara ilmuwan dan koruptor yang tak bertanggung jawab. Selain itu, menanggapi teks dramatik dengan dialog yang terampil dan terasah, yang penuh dengan kata-kata mutiara dan permainan kata yang cerdas, kita dituntun untuk bertanya mana yang benar-benar nyata: antara sandiwara dan keseharian, mana yang asli dan mana yang berpura-pura. Hingga akhirnya bertanya, apakah kiamat memang benar-benar ada atau hanya skenario rekayasa kelompok-kelompok yang berkepentingan seperti perdebatan antara para ilmuwan revolusioner dan koruptor yang sama-sama beroperasi di bawah tanah. Dengan cara yang segar tanpa mengganggu jalannya cerita, Komedi Tentang Akhir Dunia menawarkan isu-isu lokal-global, isu kebakaran, serta potret gambaran spirit di rumah sendiri maupun di luar negeri. Mengisyaratkan bahwa seluruh dunia adalah panggung. Jadi, kita tidak akan pernah tahu jawaban atas pertanyaan dari judul drama yang tidak pernah ditulis Joe Orton ini: "Mengapa semua nilai-nilai kebajikan semakin runtuh?"

KOMEDI TENTANG AKHIR DUNIA

Diterjemahkan oleh Nunung Deni Puspitassari

Tokoh:

JOE ORTON, 25
ELVIRA, 48
MAJERHOLD, 55
KONJEVIČ, 50

tempat:
pinggiran kota,
dunia dimana pun berada

waktu:
hari ini,
besok,
lusa

Joe Orton, terima kasih untuk inspirasinya
Meninggal Tahun 1967.
Anda orang yang beruntung!

Drama harus dilakukan cepat dan dengan adegan kematian yang serius!

KOMEDI TENTANG AKHIR DUNIA

BABAK I

Adegan 1

Sebuah ruangan. Di bagian belakang sebelah kanan, terdapat pintu pertama menuju ke lantai bawah (lorong). Di sebelah kiri, terdapat pintu ke sebuah ruangan kecil, bilik. Sebuah cermin besar tergantung di dinding sebelah pintu yang mengarah ke lorong. Sofa, kursi, meja kopi, laci. Di kursi, terdapat dua tumpuk koran bekas. Di sampingnya, sebuah radio kuno. Semuanya tampak memudar, teratur, diabaikan.

Dalam kegelapan, suara radio melaporkan: Perwakilan dari pulau-pulau Pasifik Tuvalu telah menandatangani kontrak dengan pemerintah di Wellington untuk mengizinkan seluruh penduduk delapan pulau mereka untuk pindah ke Selandia Baru. Tuvalu, merupakan surga tropis, pantai berpasir dan perkebunan kelapa yang terletak hanya lima meter di atas permukaan laut. Karena efek rumah kaca, laut diperkirakan akan naik tujuh meter sebelum akhir abad ini. Penduduk Tuvalu ingin melindungi diri dari semua itu. Mereka bisa melakukannya karena hanya ada sebelas ribu penduduk. Tapi bagaimana dengan Florida, atau seratus juta penduduk di Bangladesh, yang akan tenggelam sebelum kita melihat akhir dari gunung es menyelimuti Greenland? Pendapat tentang seberapa cepat mereka akan kembali, disampaikan...

Selama radio melaporkan, lampu panggung perlahan menyala. Joe Orton keluar dari bilik itu. Dia merokok. Menghisap rokoknya dalam-dalam dan perlahan menghampiri radio, mematikannya.

JOE ORTON: Bla bla bla. *Kembali ke kamarnya, membanting pintu.*

(ELVIRA masuk ke lorong. Diikuti oleh MAJERHOLD.)

KOMEDI TENTANG AKHIR DUNIA

ELVIRA: Tidak begitu besar. Tapi nyaman.
MAJERHOLD (*menilai ruang*): Ini?
ELVIRA: Anda tidak tertarik.
MAJERHOLD: Bagaimana dengan lantai bawah? Saya berharap, saat membuka pintu bisa langsung melangkah ke kebun.
ELVIRA: Anda bisa melakukannya dari kamarku! Tapi ... (*ELVIRA memandang tubuh Majerhold dari atas hingga bawah.*)
MAJERHOLD: Tentu saja. Anda tidak bisa begitu saja... (*Mata MAJERHOLD menjelajahi tubuh ELVIRA.*)
ELVIRA: Saat ini Anda bisa melihat kebun melalui jendela.

(*MAJERHOLD mendekati jendela dan memandang keluar. Berbalik.*)

MAJERHOLD: Kalau kamar mandi?
ELVIRA: Di sebelah kamar saya.
MAJERHOLD: Saya ingin mandi seminggu sekali.
ELVIRA: Seminggu sekali! Anda bisa melakukannya setiap hari.
MAJERHOLD: Oh ...
ELVIRA: Pintunya memang tidak bisa dikunci, tapi saya bukan orang yang terbiasa masuk tanpa mengetuk pintu. Terutama jika ada seorang pria di dalam.

(*ELVIRA tersenyum, senyum manis menggoda.*)

MAJERHOLD: Anda mandi setiap hari?
ELVIRA: Kebersihan diri sangat penting buat saya.
MAJERHOLD: Benar.
ELVIRA: Anda tahu, betapa tidak bermoralnya dunia sekarang. Jadi, bila melakukan hal-hal kotor, marilah setidaknya kita membersihkannya.
MAJERHOLD (*heran dengan kata-katanya*): Maaf... Anda lulusan apa?
ELVIRA: Saya berhasil lulus di Sekolah Dasar.
MAJERHOLD: Oh ... Selamat!
ELVIRA: Saya harus menyelesaikan tahun terakhir saya di sekolah penjara.
MAJERHOLD: Dan? Apa Anda telah berubah?
ELVIRA: Itu perlu waktu.
MAJERHOLD: Dari yang terlihat, tidak banyak yang tersisa.
ELVIRA: Dan Anda? Profesor? Dokter?
MAJERHOLD (*melihat pintu Orton*): Dan pintu ini?
ELVIRA: Pintu ini ... bagaimana ya mengatakannya ... jalan pintas menuju ... dapur.

MAJERHOLD: Boleh saya lihat?
ELVIRA: Sekarang? Sepertinya belum.
MAJERHOLD: Kenapa?
ELVIRA: Ini terkunci.
MAJERHOLD: Dan kuncinya?
ELVIRA: Kuncinya ... akan saya cari. Semoga saya menemukannya!

(ELVIRA mencoba menyembunyikan rasa malunya, keluar ke lorong. MAJERHOLD kembali ke jendela dan memandangi kebun. Pintu di sebelah kiri terbuka. JOE ORTON muncul diam-diam dari bilik dan memandang MAJERHOLD. Dengan berjinjit ia melangkah mendekati MAJERHOLD hingga berdiri tepat di belakangnya.)

JOE ORTON: Booooooooo! *(MAJERHOLD berbalik, merogoh tangannya ke jaket dan seolah-olah hendak mengeluarkan pistol.)* Siapa kau?
MAJERHOLD: Siapa aku? Kau siapa?
JOE ORTON: Hari ini aku hampir seratus persen Joe Orton. Kadang aku pikir aku Harold Pinter. Atau Samuel Beckett.
MAJERHOLD: Rumit.
JOE ORTON: Tidak sama sekali. Aku benar-benar Joe Orton. Aku hanya berpura-pura menjadi orang lain.
MAJERHOLD: Dari mana asalmu?
JOE ORTON: Dari dunia lain. Setelah mati muda, aku bilang pada diriku sendiri untuk memberikan kesempatan pada kehidupan sekali lagi. Dan, kamu?
MAJERHOLD: Saya mau menyewa ruangan ini.
JOE ORTON: Kamu sepertinya bukan tipe orang yang tinggal di tempat sewaan.
MAJERHOLD: Saya perlu atap untuk melindungi kepala saya.
JOE ORTON: Kamu terlihat seperti tipe orang yang hidup tanpa tempat tinggal.

(ELVIRA kembali. Dia berkedut saat melihat ORTON.)

ELVIRA: Aku tidak tahu kau ada di rumah.
JOE ORTON: Iblis telah melemparku keluar dari neraka, karena aku berani menyarankan makanannya tidak di bersihkan. Sebagai hukuman, aku harus tinggal di bumi dua hari.
ELVIRA: Ini adalah Joe Orton, yang menyewa di rumah ini.
JOE ORTON *(tiba-tiba marah)*: Bukan, aku bukan penyewa. Aku adalah anggota keluarga. Dan aku menolak semua usaha yang akan menurunkan status

istimewaku, (*berbalik menghadap MAJERHOLD*) aku tidak peduli siapa kamu, pengacara, inspektur pajak atau polisi yang menyamar. Aku akan tetap tinggal, dan kamu silahkan meninggalkan tempat ini, lebih cepat lebih baik.

(*Dia kembali ke kamarnya dan membanting pintu.*)

ELVIRA: Dia takut dengan pria yang mengenakan sepatu hitam. Lebih takut pada pria yang mengenakan celana ketat.
MAJERHOLD: Kenapa?
ELVIRA: Dia yakin bahwa pria-pria dengan pakaian seperti itu ingin mengambil alih dunia.
MAJERHOLD: Bisa jadi, tetapi ada juga yang ingin menyelamatkan dunia dan mengenakan celana ketat untuk kamuflase.
ELVIRA: Saya ingin bertemu salah satu dari mereka.
MAJERHOLD: Dan orang tadi...siapapun Anda menyebutnya... dia tinggal di dapur Anda?
ELVIRA: Anda tahu, kita hidup di masa-masa sulit. Saya berhasil memenuhi kebutuhan seksual saya, dengan berbagai cara, tetapi urusan keuangan adalah hal yang berbeda. Kita harus berkompromi.
MAJERHOLD: Nyonya ...
ELVIRA: Elvira.
MAJERHOLD: Saya akan berkata jujur. Anda menawarkan pada saya sebuah ruangan tanpa privasi. Anda hidup bersama orang gila di ruang sebelah yang mengaku menjadi dramawan Inggris yang telah mati, yang bisa jadi namanya mungkin Danny atau Ron atau Trevor. Dan Anda, Anda seorang wanita dengan masa lalu yang gelap.
ELVIRA: Mungkin, tapi Joe Orton adalah Joe Orton yang ber-reinkarnasi. Memang benar bahwa pada awalnya saya tidak percaya, tapi nyatanya dia telah meya-kinkan saya. Anda tidak percaya pada reinkarnasi?
MAJERHOLD (*mendesah*): Sudahlah. Faktanya adalah saya tertarik dengan kebun Anda.
ELVIRA: Maksud Anda kebun tetangga!
MAJERHOLD: Anda tidak punya tetangga.
ELVIRA: Ya, rumah yang agak terisolasi.

(*MAJERHOLD mendekati jendela, memandang keluar.*)

MAJERHOLD: Kebun Anda – maaf – merupakan contoh kelalaian paling sempurna yang pernah saya lihat di daerah perkotaan. Apakah ini hasil dari perencanaan yang matang?

ELVIRA: Saya meragukannya.

MAJERHOLD: Dengan kata lain, berkebun bukanlah hobi Anda.

ELVIRA: Saya suka berkebun, tapi ketika saya melihat gurun di luar sana saya jadi berubah pikiran. Dan bilang pada diri saya sendiri, „Cepat atau lambat dunia akan berubah seperti gurun itu." Jadi, mengapa repot-repot?

MAJERHOLD: Gurun? Saya pernah tinggal di gurun yang sebenarnya.

ELVIRA: Benarkah ?! Mengapa?

MAJERHOLD: Bila Anda tinggal di gurun, Anda tidak akan pernah berpikir tentang alasan.

ELVIRA: Terlalu panas untuk berpikir, mungkin.

MAJERHOLD: Di gurun Anda benar-benar akan terbebas dari kewajiban untuk mengajukan pertanyaan dan mencari jawaban.

ELVIRA: Kewajiban yang menyenangkan. Saya sepakat.

MAJERHOLD: Dan jika Anda tinggal lama di gurun, semua pada akhirnya akan menjadi jelas. Dunia akan berhenti menjadi teka-teki.

ELVIRA: Anda pastinya punya pekerjaan yang sangat asyik, sehingga mau tinggal di gurun sangat lama.

MAJERHOLD: Ya, beberapa tahun.

ELVIRA: Ya Tuhan! Itulah mengapa Anda begitu kecokelatan! (*ELVIRA meneliti tubuh MAJERHOLD.*) Semuanya, tidak diragukan lagi.

(*JOE ORTON membuka pintu kamarnya dan menjulurkan kepalanya keluar.*)

JOE ORTON: Dan satu hal lagi, Pak Harold Printer. Aku tidak suka kemejamu. Orang-orang dengan kemeja seperti itu dan beraroma seperti orang yang habis bercukur, bertanggung jawab atas perubahan dunia yang menjadi seperti kandang babi.

(*Dia membanting pintu.*)

ELVIRA: Anda harus bersabar dengan dia. Kata-katanya sering hanyalah potongan-potongan dialog dari drama yang coba ia tulis. Dia bisa sangat menarik sebenarnya. Ketika ia mau berdandan.

MAJERHOLD: Seberapa sering itu?

ELVIRA: Dia tidak punya penghasilan tetap. Dia hidup dengan perasaan bahwa tak seorang pun suka dengannya.

MAJERHOLD: Saya tidak bisa menolongnya, saya takut.
ELVIRA: Tidak apa-apa. Saya yang merawatnya.
MAJERHOLD: Anda baik sekali.
ELVIRA: Pemuda yang labil hanya butuh sandaran untuk menangis, bukankah begitu?
MAJERHOLD: Saat masih muda saya seorang pemuda yang tegar.
ELVIRA: Di mana masa-masa itu? Dan pemuda semacam itu? Dunia telah melembek, bukankah begitu?

(*MAJERHOLD memandang ELVIRA.*)

MAJERHOLD: Itu pengalaman Anda?
ELVIRA: Pada akhirnya, perempuan dipaksa untuk memakai celana.
MAJERHOLD: Saya harap kita bisa mengindari ketidak beruntungan itu.
ELVIRA: Anda suka perempuan yang mengenakan rok.
MAJERHOLD: Saya lebih suka tidak berbicara tentang perempuan. (*Dia menatap satu titik di depan.*) Hal terbaik tentang hidup di gurun adalah Anda tidak harus mendengarkan orang lain.
ELVIRA: Ya, itu lebih baik.
MAJERHOLD: Hanya angin, kambing yang tersesat di sana-sini. Dan guntur yang menggelegar sebulan sekali. Kemungkinan kesalahpahaman pun, nol.
ELVIRA: Menyenangkan sekali.
MAJERHOLD: Saya juga tidak mendiskusikan ide-ide. Jika ide saya memang bagus, tidak perlu untuk dibicarakan, jika ide saya buruk, tidak pantas untuk disebutkan.
ELVIRA: Sayang sekali Joe tidak mendengar itu.
MAJERHOLD: Kenapa?
ELVIRA: Dia pasti akan menggunakan kata-kata Anda dalam pementasannya. Ya, dia memang menuliskannya hingga memakan waktu beberapa tahun, tapi pasti akan segera dipentaskan oleh Teater Nasional, katanya. Aku akan duduk di barisan paling depan.
MAJERHOLD: Maaf, saya ingin tahu, apakah masih ada penghuni lain di sini?
ELVIRA: Hanya dua.
MAJERHOLD: Dua ?! Mana yang lain?
ELVIRA: Anda.

(*MAJERHOLD melangkah ke jendela dan memandang ke kebun. berbalik dan memandangi ruangan.*)

KOMEDI TENTANG AKHIR DUNIA

MAJERHOLD: Anda bilang ruangannya sangat nyaman.
ELVIRA: Sofa yang bisa berubah menjadi tempat tidur. Saya akan dengan senang hati mempersiapkannya untuk Anda setiap malam, dan mengembalikan ke semula keesokan harinya.
MAJERHOLD: Benarkah?
ELVIRA: Saya pernah bekerja sebagai pelayan saat muda. Menyiapkan tempat tidur untuk pria seperti Anda menjadi kepuasan tersendiri buat saya. Bisa dikatakan itu adalah satu-satunya momen yang membahagiakan.
MAJERHOLD: Tapi jangan tersinggung ruangan ini berantakan.
ELVIRA: Hanya karena Joe mengundang teman-temannya di sini. Ruang dapur sangat kecil, jadi dia kesulitan untuk bergerak. Tapi itu akan berhenti. Jika Anda menyewa ruangan ini, dia harus menghormati privasi Anda.
MAJERHOLD: Pintunya bisa dikunci?
ELVIRA: Tentu saja. Saya yang membawa kuncinya. (*Menunjukkan kunci.*)
MAJERHOLD: Saya lebih senang kalau saya yang membawa kuncinya .
ELVIRA: Susah.
MAJERHOLD: Kenapa?
ELVIRA: Joe tidak akan bisa keluar.
MAJERHOLD: Apa ini, satu-satunya jalan keluar?
ELVIRA: Ada jendela. Tapi saya ragu Joe menyetujuinya. Dia akan membutuhkan tangga untuk masuk, sedangkan kita tidak punya tangga. Lagi pula, apa kata tetangga?
MAJERHOLD: Anda tidak punya tetangga.
ELVIRA: Benar. Tapi ada tukang pos yang akan datang terus. Membawa tagihan yang tidak bisa saya bayar.
MAJERHOLD: Saya bisa membuat tangga untuk Joe. Saya lumayan terampil dalam hal itu.
ELVIRA: Dia takut ketinggian. Dia bilang dia ingin menjadi pilot komersial jika tidak takut ketinggian.

(*MAJERHOLD berjalan di sekitar ruangan, melihat kebun lagi.*)

MAJERHOLD: Saya juga punya beberapa pasang sepatu, beberapa jas, dua dasi, kemeja, dan yang lainnya.
ELVIRA: Tentu saja, untuk seorang pria seperti Anda.
MAJERHOLD: Dan dua kotak buku ilmu pengetahuan. Saya bisa menyimpan semua itu di mana?
ELVIRA: Ada lemari di lantai bawah.

MAJERHOLD: Oke, tapi kita harus buat kesepakatan secara tertulis, juga pemberitahuan seberapa sering anak itu keluar masuk dari kamarnya.

(*ELVIRA gagal untuk menyembunyikan kegembiraannya.*)

ELVIRA: Joe bisa sangat tenggang rasa. Saya yakin Anda bisa berteman dengannya dalam waktu singkat.
MAJERHOLD: Anda tidak paham. Satu-satunya alasan saya ingin tinggal di sini adalah kebun Anda yang cukup besar dan mengelilingi rumah. Bahkan dilindungi oleh pagar yang begitu tinggi sehingga seekor jerapah pun harus memanjat pohon untuk melihat ke dalam. Privasi yang lengkap. Sejauh yang saya lihat kebun yang di atas sangat terabaikan sehingga tanaman gulma pun gagal bertahan. Singkatnya, kebun Anda sangat ideal.
ELVIRA: Saya rasa butuh waktu untuk bisa terbiasa dengan selera humor Anda!
MAJERHOLD: Saya tidak punya rasa humor. Biarkan orang lain memilikinya, jika mereka membutuhkannya. Saya tidak.

(*ELVIRA tertawa, menutup mulutnya dengan kedua tangan.*)

ELVIRA: Seperti yang Anda lihat ... Anda telah membuat saya tertawa!

(*ELVIRA duduk di sofa, terus tertawa. MAJERHOLD menatapnya, agak khawatir.*)

MAJERHOLD: Ada yang bisa dibantu?
ELVIRA: Saya hanya tertawa.
MAJERHOLD: Kita hidup dalam waktu di mana tertawa selalu merupakan gejala penyakit serius.

(*ELVIRA berhenti tertawa dan berdiri.*)

ELVIRA: Alasan keuangan mengharuskan saya untuk mengajukan pertanyaan.
MAJERHOLD: Silakan.
ELVIRA: Anda akan menyewa kamar ini atau tidak?

(*MAJERHOLD melangkah ke jendela, kembali memandang kebun, dan berbalik*)

KOMEDI TENTANG AKHIR DUNIA

MAJERHOLD: Saya tertarik dengan kebun. Kamar ini adalah hukumannya. Tapi saya harus menerima keduanya bersama. (*Black out.*)

Adegan 2

Sebulan lebih kemudian. Ruangan terlihat berbeda. Sofa ditarik keluar, tempat tidur ditata rapi. Pagar pembatas kayu tinggi di sepanjang dinding belakang, dari lorong pintu masuk ke dinding di sebelah kiri. MAJERHOLD mengenakan swieter terbuat dari wol dan celana korduroi. Dia duduk di kursi dengan papan gambar di lututnya, sedang membuat sketsa.

Dalam kegelapan, kita mendengar laporan radio: Tahun ini Eropa mengalami kekeringan terburuk dalam 500 tahun terakhir. Cina adalah korban tsunami terburuk dalam seratus tahun terakhir. Kansas paling sering menderita dengan banyaknya tornado paling kejam dalam sejarah. New York dan Jepang tertimbun hujan salju paling tebal dalam sejarah. Kanada melalui musim panas, terpanas yang pernah. Sydney, Australia, merayakan Tahun Baru terpanas dalam sejarah, dan banjir terburuk dalam seratus tahun terakhir diakhiri kekeringan terburuk yang pernah ada di Afrika Selatan. Meskipun begitu para pemimpin dunia di acara konferensi terbaru, tetap tidak bisa sepakat untuk mengurangi emisi gas rumah kaca...

Selama laporan itu, lampu perlahan terang. Laporan radio itu terhenti karena JOE ORTON keluar dari bilik, dan mematikan radio.

JOE ORTON: Bla bla bla.
MAJERHOLD: Apakah kau tidak khawatir tentang masa depan?
JOE ORTON: Tidak, aku lebih peduli pada masa depan. (*Memandang ke jendela.*) Aku tidak percaya!
MAJERHOLD (*Setengah berdiri, khawatir*): Apa?
JOE ORTON: Seluruh kebun tergali! Kau menanam sesuatu.
MAJERHOLD (*Duduk kembali*): Bagaimana mungkin anda tidak mengetahuinya? Kemana saja Anda selama ini?
JOE ORTON: Di kamar tidur induk semang kita. Dan jarang merampok ke dapur untuk mengisi energi. Tapi sebagian besar kuhabiskan di kamarku. Menyelesaikan naskahku yang belum selesai. Yang akan menjadi bom! Dan meledak, menghancurkan penonton berkeping-keping.
MAJERHOLD: Anda tidak pernah keluar?

KOMEDI TENTANG AKHIR DUNIA

JOE ORTON: Dunia di luar sana tidak lagi menarik lagi buatku.
MAJERHOLD: Anda bisa mencari pekerjaan, misalnya.
JOE ORTON (*Melihat MAJERHOLD*): Bung, kau dan aku punya masalah.
MAJERHOLD: Maaf.
JOE ORTON: Separuh waktu, aku tidak tahu apa yang kau bicarakan, dan separuh waktu kau sendiri tidak tahu apa yang kau bicarakan.
MAJERHOLD: Anda penulis drama. Anda harus memahami segalanya.
JOE ORTON: Saya penulis sebuah lelucon.
MAJERHOLD: Ini bukan waktunya melucu. Realitas menuntut kita untuk memainkannya secara serius.
JOE ORTON: Realitas adalah sebuah lelucon. Apakah kamu tinggal begitu jauh dari realitas sehingga kamu tidak menyadarinya?
MAJERHOLD: Apakah karyamu berjudul?
JOE ORTON: Ya, masih dalam proses. Untuk sementara berjudul, *Apa yang Terjadi dengan Nilai Kehidupan*.
MAJERHOLD: Saya yakin. Itu akan terselesaikan dalam waktu tahunan.
JOE ORTON: Berani bertaruh.
MAJERHOLD: Tapi, sambil menunggu Anda bisa bekerja untuk saya. Lima euro per jam.

(*Pause. JOE ORTON berjalan menuju pintu kamarnya. Ia berbalik dan menatap MAJERHOLD. Ia ingin mengatakan sesuatu, berubah pikiran, memasuki ruangan dan membanting pintu. Lalu ia membukanya lagi dan keluar.*)

JOE ORTON: Dengar, dia tidak menyukaimu. Dia menyukaiku. Jangan salah paham tentang itu.
MAJERHOLD: Seorang wanita dengan rasa, apa lagi yang bisa saya katakan.
JOE ORTON: Ini bukan kamar, ini adalah lorong. Kamu tidak punya hak secara hukum. Dia bisa mengeluarkanmu kapan pun dia mau.
MAJERHOLD: Saya selalu berdiri di atas kaki saya.
JOE ORTON: Dan pagar ini! Mustahil untuk dipercaya. Aku berbalik selama lima menit, dan sudah ada tembok Berlin di belakangku.
MAJERHOLD: Itu artinya, berbalik untuk sesaat mungkin bukan ide yang bagus.
JOE ORTON: Aku dan Elvira telah menghabiskan masa yang indah bersama. Aku tidak pernah menolak hal-hal yang lebih baik, terutama dengan makanan dan hiburan seksual. Dia memang tidak seperti biasanya akhir-akhir ini. Tapi, secara keseluruhan aku bisa katakan, kami menghabiskan waktu dengan baik.
MAJERHOLD: Selamat.

JOE ORTON: Jika hal-hal indah itu berubah menjadi buruk, orang-orang di bawah atap ini tidak akan menyukainya. Aku memperingatkanmu.

MAJERHOLD: Terima kasih.

JOE ORTON: Aku tidak tahu apa yang dia katakan tentang aku, tapi aku akan baik-baik saja selama aku baik-baik saja, mengerti. Tapi, kalau aku tidak baik-baik saja, aku akan menggiling seorang pria sebelum dia sempat memeriksa buku kamus.

MAJERHOLD: Tidak sabar menunggu saat itu.

JOE ORTON: Dan biar aku jelaskan: aku menuliskan semua yang terjadi di sini. Karena ini adalah lelucon terbesar yang pernah ada.

MAJERHOLD: Saya setuju.

JOE ORTON: Sialan kau. (*Dia kembali ke kamarnya, membanting pintu, dengan cepat membuka pintu lagi dan menjulurkan kepalanya.*) Dan jika salah satu dari tanamanmu menjalar melalui jendela kamarku, kau akan bertemu denganku, di pengadilan.

(*Blackout.*)

Adegan 3

MAJERHOLD dan ELVIRA minum teh. ELVIRA duduk di tepi tempat tidur. MAJERHOLD duduk di kursi.

Dalam kegelapan, kita mendengar laporan radio: Menurut berita terbaru, beberapa ratus, bahkan mungkin ribuan gunung es Antartika mengambang menuju Selandia Baru. Ahli gunung es dari Departemen Antartika Australia mengatakan bahwa potongan raksasa es terlihat dengan bantuan foto satelit. Transportasi laut berada di bawah ancaman, dan semua kapal di daerah tersebut telah diperingatkan. Potongan-potongan es yang mengambang berukuran rata-rata dua ratus meter dan menentang asumsi bahwa es Antartika mencair lebih lambat dari es di Kutub Utara...

Selama laporan, perlahan lampu panggung menyala. ELVIRA berdiri, melangkah menuju radio dan mematikannya. Dan kembali duduk di tepi tempat tidur, lebih dekat ke MAJERHOLD.

ELVIRA: Bla bla bla.

MAJERHOLD: Apakah radio ini hanya menerima satu program?

KOMEDI TENTANG AKHIR DUNIA

ELVIRA: Kata Joe Orton, yang lainnya hilang ke udara. Untuk mengurangi pengeluaran. (*Meraih teko.*) Mau teh lagi?

MAJERHOLD: Anda terlalu banyak minum teh. Kebiasaan yang tidak bagus.

ELVIRA (*Meletakkan teko*): Satu-satunya keburukan saya adalah mengurangi keberanian saya di depan orang lain. Meskipun saya ingat hari-hari di mana saya punya banyak keberanian.

MAJERHOLD: Sepengalaman saya, satu kebiasaan buruk akan menumbuhkan kebiasaan buruk yang lain, dan akan terus berkembang, hingga menyerupai kebun yang ditumbuhi gulma.

ELVIRA: Itulah saya sekarang! Sebuah gurun. Persis, seperti kebun saya, jauh sebelum Anda memutuskan menjadikan rumah ini sebagai rumah baru Anda.

MAJERHOLD: Yah ...

ELVIRA: Saya tidak tahu apa yang Anda tanam di sana, tapi kebunnya jadi telihat seolah-olah ... seolah-olah ... sedang hamil!

(*MAJERHOLD berdiri, melangkah ke jendela, menengok keluar. Berbalik.*)

MAJERHOLD: Saya senang, semuanya diatur dalam surat kontrak dengan jelas.

ELVIRA: Ada satu hal yang belum saya beritahukan pada Anda. Bahwa waktu muda saya pernah bekerja sebagai model.

MAJERHOLD: Benarkah?

ELVIRA: Saya ingin menjadi seorang aktris. Tapi, hampir semua mengatakan bahwa saya tidak punya bakat menjadi model.

MAJERHOLD: Hal semacam itu membutuhkan keberanian.

ELVIRA: Tidak juga. Saya akhirnya menyadari, bahwa lebih mudah untuk menanggalkan pakaian daripada berdandan.

MAJERHOLD: Bukankah tujuan menjadi model untuk memamerkan pakaian baru?

ELVIRA: Tentu saja. Tapi juga untuk melepaskannya, sepotong demi sepotong.

MAJERHOLD: Anda penari telanjang?

ELVIRA: Model untuk foto. Gambar saya dimuat di dua majalah eksplisit untuk pria. Saya bisa menunjukkannya. Jika Anda tertarik. (*MAJERHOLD diam.*) Tentu saja gratis. (*MAJERHOLD tetap diam.*) Tapi itu jenis pekerjaan singkat sampai usia Anda mencapai usia tiga puluh.

MAJERHOLD: Begitulah hukumnya?

ELVIRA: Hukum penawaran dan permintaan. Kulit harus ketat, halus dan jelas. Seperti kulit bayi dua tahun.

MAJERHOLD: Sebuah bidang yang sangat kompetitif, tidak diragukan lagi.

ELVIRA: Sebuah rumah jagal, Bung Majerhold! Sebuah rumah jagal. Saya memulai karir saya dengan cacat di tubuh. Bekas luka usus buntu. (*Rahasia.*) Dalam bentuk hati, karenanya seorang ahli bedah, jatuh cinta dengan saya selama operasi! (*Genit.*) Apakah Anda pernah melihat bekas luka yang berbentuk hati kecil dan manis?
MAJERHOLD: Tidak.
ELVIRA: Saya telah belajar untuk berhati-hati. Satu luka kecil mampu mengubah kelembutan seorang pria menjadi kebuasan seekor binatang.
MAJERHOLD (*Batuk-batuk dan berdiri*): Kebanyakan pria adalah binatang yang buas tanpa harus melihat bekas luka Anda.
ELVIRA (*Jeda*): Kadang-kadang saya merasa bahwa saya jauh dari harapan Anda.
MAJERHOLD: Saya tidak komplain.
ELVIRA: Itulah yang membuat saya khawatir. Kebanyakan pria menunjukkan bahwa sekarang aku memberikan hal yang tidak sesuai dengan yang mereka harapkan. Apakah Anda yakin Anda tidak terlalu sederhana?
MAJERHOLD: Positif.
ELVIRA (*Naik*): Hidup saya berubah sejak Anda datang. Saya dulu sering menangis, terpuruk, dan tidak memiliki keyakinan diri. Menangis sampai gemetar seperti seorang anak-anak (*ELVIRA menghapus air mata.*) Tapi, sepanjang waktu suara kecil dalam diri saya terus berkata bahwa seseorang akan datang dan memberikan kembali kepercayaan, kekuatan, dan tekad pada saya. Seorang pria yang akan merawat dan mengembalikan itu semua. Setiap kali saya bangun di pagi hari dan memandang kebun saya merasa ada yang menyesak di tenggorokan. Saya melihat alur-alur lembut tanah sekitar rumah, dan saya merasa sesuatu yang indah berdenyut di dalamnya. Sesuatu yang bisa menjadi anak kita. Saya berharap apa yang saya katakan tidak mengganggu Anda.
MAJERHOLD: Tidak, hanya saja saya malu.
ELVIRA: Maaf.
MAJERHOLD: Saya akan membayar uang sewa di muka.
ELVIRA: Anda salah paham.
MAJERHOLD: Mungkin begitu.
ELVIRA: Tentu saja, kebun ini milik Anda selama satu tahun. Dan saya tidak peduli apa yang Anda tanam di sana, meskipun setidaknya Anda bisa memberitahu saya. Tapi, kebun itu tidak penting.
MAJERHOLD: Ini sangat penting buat saya.
ELVIRA: Mungkin keinginan saya untuk membuat Anda merasa di rumah sendiri, sedikit mengganggu...

KOMEDI TENTANG AKHIR DUNIA

MAJERHOLD: Sebenarnya agak berlebihan.
ELVIRA (*Menahan air mata*): Apakah permintaan maaf secara lisan berlaku? Atau Anda ingin secara tertulis, dikirim lewat email? (*Sambil berjalan ke pintu.*)
MAJERHOLD: Faktanya adalah ... (*ELVIRA berhenti dan menatapnya.*) Saya butuh bantuan Anda.
ELVIRA (*Bingung*): Saya tidak mengerti.
MAJERHOLD: Dalam satu atau dua minggu saya membutuhkan bantuan. Untuk mencangkul, menyiangi, dan menyiram kebun secara teratur.
ELVIRA: Maksudnya?
MAJERHOLD: Saya harus mempekerjakan seseorang.
ELVIRA: Kabar baik bagi para penganggur!
MAJERHOLD: Dan ada satu orang yang pantas di sini, di bawah atap Anda.
ELVIRA: Tapi, Joe adalah seorang penulis drama!
MAJERHOLD: Dia bisa melanjutkan menulis di waktu luangnya. Sejauh yang saya ketahui, dia bisa menulis seratus naskah sehari. Dia bisa seratus kali tampil di panggung dalam sebulan. Tapi, sejauh yang saya lihat, ia butuh uang sekarang. Kecuali jika Anda ingin terus menerus mendukungnya.
ELVIRA: Saya? Sepuluh tahun yang lalu itu mungkin, tapi krisis baru-baru ini telah membuat saya kering. Jujur, setiap saat saya hanya berfikir umur saya. Tahun-tahun untuk menolak ketuaan.
MAJERHOLD: Tentu saja, saya berharap loyalitas dan kerja keras dari seniman besar.
ELVIRA: Dan apa yang Anda harapkan dari saya? Mengetuk kesetiaan dan cinta dia untuk bekerja? Dua minggu tidak akan cukup.
MAJERHOLD: Katakan padanya keuntungan bekerja dengan saya. Dia tidak perlu pergi jauh-jauh untuk bekerja.
ELVIRA: Dia tidak punya pekerjaan.
MAJERHOLD: Aktivitas yang menyehatkan dengan udara yang segar. Lingkungan yang menyenangkan. Dan, tentu saja, saya membayarnya dengan baik. Empat euro per jam.
ELVIRA: Mengapa Anda tidak memintanya sendiri?
MAJERHOLD: Anda tahu siapa dia.
ELVIRA: Jika dia mengatakan hal itu, dia terlalu melebih-lebihkan. Mungkin tidak sepenuhnya, tapi mengenali seseorang secara dekat bukanlah saya, saya takut.
MAJERHOLD: Mari saya jelaskan sesuatu. Segala sesuatu yang Anda katakan pada saya, tentang diri Anda yang ... hmm ... benar-benar mempengaruhi saya.
ELVIRA: Benarkah?!
MAJERHOLD: Anda jangan berfikir bahwa kekerasan yang saya lakukan terhadap Anda ada hubungannya dengan perasaan saya pada Anda.

ELVIRA (*Gembira*): Tidak !?
MAJERHOLD: Perasaan ini juga mengejutkan saya. Satu-satunya masalah saya, adalah ... perlu waktu.
ELVIRA (*Dengan senyum manis*): Karena kau agak kuno, kan?
MAJERHOLD: Bagaimana jika kita mulai dengan memanggil nama depan. Jika kau tidak keberatan.
ELVIRA (*Dengan senyum lebar*): Oh tidak, aku tidak keberatan sama sekali!

(*Blackout.*)

Adegan 4

ELVIRA duduk di kursi. Joe Orton mondar-mandir di ruangan, meremas jari-jarinya.
JOE ORTON: Aku harus memikirkannya.
ELVIRA: Kita semua bisa tinggal di sini, hidup layaknya sebuah keluarga yang bahagia.
JOE ORTON: Dia bukan ayahku.
ELVIRA: Memang bukan, tapi kamu bisa mendapatkan figur ayah dari dirinya.
JOE ORTON: Dari badut itu?
ELVIRA: Tidak akan ada yang membahayakanmu jika menunjukkan rasa hormat pada seseorang yang memperhatikanmu dengan berbagai cara.
JOE ORTON: Apakah kau sedang mengacu pada jumlah pakaian dan celana ketat yang dia punya?
ELVIRA: Juga dengan cara lain.
JOE ORTON: Jangan bilang kalau kau sudah terbiasa dengan kemisteriusannya.
ELVIRA: Aku akan berpura-pura tidak mendengar itu.
JOE ORTON: Dengan tangannya di bawah rokmu dan tanganmu dalam dompetnya tentunya akan menguntungkan buatmu.
ELVIRA: Aku akan memohon untuk terakhir kalinya: apa kau bersedia menerima tawaran Bung MAJERHOLD?
JOE ORTON: Beri aku satu bulan untuk memikirkan hal itu.
ELVIRA: Oke. Sampai saat itu kau bisa mengunjungi dapur umum terdekat. Aku tidak akan memasak untukmu.
JOE ORTON: Kau tidak bisa melakukan itu padaku!
ELVIRA: Ini satu-satunya senjata yang aku miliki.
JOE ORTON: Lalu, apakah dia suka dengan "masakanmu"?

KOMEDI TENTANG AKHIR DUNIA

ELVIRA: Ya dan tidak?

JOE ORTON: Kau tahu betul aku punya tujuan yang lebih tinggi. Ada pun uang...

ELVIRA: Sepasang baju baru tidak akan membahayakan tujuanmu. Aku sudah memutuskan untuk tidak menambal yang lama.

JOE ORTON: Aku tidak menolak dia berbuat baik sekarang atau nanti. Aku hanya tidak mau dipekerjakan olehnya. Disuruh untuk mengikuti apa pun yang dia inginkan.

ELVIRA: Aku tahu itu kebiasaan bekerja di negara ini, tapi Bung Majerhold telah menghabiskan waktunya bertahun-tahun di padang gurun dan orang yang agak kuno.

JOE ORTON: Orang ini berbahaya, Elvira! Dia tidak pernah berhenti membawa nama Tuhan tidak ada yang tahu isi *banger*- nya, dan dia, tidak akan pernah berhenti merencanakan hal-hal yang licik!

ELVIRA: Bung Majerhold adalah orang yang akan menentukan dan mengubah kehidupan kita.

JOE ORTON: Meskipun kita suka atau pun tidak.

ELVIRA: Terima kasih Tuhan masih ada laki-laki di dunia ini yang tahu apa yang mereka inginkan dan tidak melakukan apa-apa untuk mencapai tujuannya!

JOE ORTON: Sanjungan untuk seseorang yang tujuannya adalah menanam ketimun, lobak dan kubis.

ELVIRA: Kebunnya, dia menyewa itu. Dan bukan urusanku untuk tahu apa yang dilakukannya.

JOE ORTON: Tapi apa yang kau lakukan di kamar tidur adalah urusanku. Jelas-jelas seorang fasis yang telah mencaplokmu.

ELVIRA (*Gagal menyembunyikan kekecewaannya*): Dia bukan hanya tidak melakukannya, dia bahkan tidak memikirkannya.

JOE ORTON: Mungkin dia akan melakukannya dengan seorang wanita yang memiliki otak selain memiliki sepasang payudara.

ELVIRA: Aku pernah mendengar wanita seperti itu ada, dan aku minta maaf bukan salah satu dari mereka. Tapi itu belum cukup untukmu menghindari tempat tidurku. Mungkin karena kamu juga tidak punya otak.

JOE ORTON: Tempat tidurmu adalah *riviera* saya. Di situ aku liburan setiap malam.

ELVIRA: Saat ini kamu memerlukan visa untuk itu. Dan kamu tidak akan mendapatkannya sampai kamu menandatangani kontrak kerja dengan Bung Majerhold.

(*Jeda. Mereka berpandangan satu sama lain. Joe Orton pendekatan ke ELVIRA dan memeluknya.*)

KOMEDI TENTANG AKHIR DUNIA

JOE ORTON: Di mana kamu ingin aku menandatanganinya? Di sini?

(*Dia menempatkan tangan kanannya di payudara kiri dan meremasnya.*)

ELVIRA: Aku terlalu murah hati, itulah masalahnya.

(*Mereka berciuman.*)

(*Blackout.*)

Adegan 5

MAJERHOLD masuk dari lorong dan berdiri di dekat jendela. Tiba-tiba, ia membuka jendela dan bersandar keluar.

MAJERHOLD: Berapa kali kamu menyiram di luar pagar?
JOE ORTON (*Di bawah jendela*): Aku tidak ingat.
MAJERHOLD: Ingat-ingat.
JOE ORTON: Kau tidak bisa mengganggu diriku selama istirahat.
MAJERHOLD: Bangun dan lanjutkan pekerjaan atau aku akan memotong upahmu.
JOE ORTON: Aku tidak melakukan ini untuk uang! Aku melakukan ini untuk menyenangkan Elvira. Kenapa kamu tidak berubah saja menjadi salah satu labu itu?
MAJERHOLD: Aku akan meminta Elevira untuk berhenti memasak untukmu.
JOE ORTON: Yah, begitu, seperti yang saya khawatirkan.

(*Terdengar suara ember timah memukul tanah. ELVIRA membawa sebuah nampan dengan pot teh dan dua cangkir. Dia mulai menuangkan.*)

MAJERHOLD: Dia menolak untuk bekerja. Bicara padanya.
ELVIRA: Kenapa aku?
MAJERHOLD: Kau yang menyewanya.
ELVIRA: Aku memintanya untuk membantuku karena aku ingin membantumu!
MAJERHOLD: Hanya kamu yang dapat meyakinkan dia.
ELVIRA: Kalau saja kamu tahu, berapa harga yang aku bayar untuk ketaatannya, kamu tidak akan memaksaku untuk mengemis lagi.

KOMEDI TENTANG AKHIR DUNIA

MAJERHOLD: Aku mohon, biar aku menjelaskan... (*Dengan terpaksa, MAJERHOLD tersenyum dan mengarah ke sofa. ELVIRA merespon hangat, penuh harapan. Mereka duduk bersama. MAJERHOLD meraih dan menggenggam tangan ELVIRA, lalu dengan hati-hati menjauh...*) Apa kamu tahu kenyataan hidup di mana kita biasa dipaksa untuk hidup?

ELVIRA: Tidak. Jika Anda terpaksa harus hidup di dalamnya, Anda tidak akan pernah punya waktu melihat dari luar.

MAJERHOLD: Yang ingin saya katakan adalah kita semua tuas dalam mekanisme yang rumit. Kita masing-masing tergantung pada tuas di atas, yang memiliki perintah.

(*ELVIRA, tidak mendengarkan, dia menawarkan secangkir teh.*)

ELVIRA: Teh hijau, baik untuk kesehatan.

(*MAJERHOLD menyesap dan menempatkan cangkir kembali di atas nampan.*)

MAJERHOLD: Katakan padaku, Elvira: mengapa kau memaksa si Jorok ini, untuk menerima tawaran saya?

ELVIRA: Dia tidak jorok, dia seorang seniman, dan ia memiliki masa kanak-kanak tidak bahagia.

MAJERHOLD: Mengapa, Elvira?

ELVIRA: Dia membutuhkan uang.

MAJERHOLD: Kebenaran, Elvira.

ELVIRA (*Melompat berdiri*): Mengapa Anda melakukan ini? Kenapa... Kenapa kau...? Aku belum pernah beruntung dengan laki-laki. Aku selalu tertarik dengan jenis yang salah. Tapi, kau... Kau yang pertama dalam hidup saya yang... Yang berbeda... Kau begitu...

(*Pura-pura menangis. MAJERHOLD bangkit dan menatapnya.*)

MAJERHOLD: Elvira... (*ELVIRA berhenti "menangis" dan menatapnya*) pergi dan beritahukan anak itu untuk menyiram.

ELVIRA: Setelah itu kamu akan sedikit menghargaiku? Menyukaiku? Sedikit?

MAJERHOLD: Aku tidak mengerti, apa maksudmu? Apa kau bisa lebih jelas? Kau mau menaikkan uang sewanya. Sepuluh persen?

ELVIRA: Sepuluh persen cinta tidak cukup bagi saya. (*Dia menyeka mata dan daunnya.*)

(*Black out.*)

KOMEDI TENTANG AKHIR DUNIA

Adegan 6

Dalam kegelapan, terdengar laporan radio: ... menurut laporan terbaru kita akan kehabisan minyak lebih cepat dari yang diperkirakan oleh para ahli dari Badan Energi Internasional. Menurut laporan resmi, dunia telah mencapai produksi maksimum 120 juta barel per hari pada tahun 2030, dan akan segera menurun ke depannya. Ketakutan seluruh dunia menyebabkan panik, lembaga terus menyimpan kondisi yang sesungguhnya untuk kepentingan sendiri. Tapi kita segera akan menghadapi kekurangan jauh lebih serius: air. Empat puluh persen dari populasi dunia sudah mulai merasakan dampaknya. Dalam waktu lima puluh tahun kekurangan air akan mempengaruhi tiga miliar orang...

Selama laporan terdengar, lampu pelan-pelan menyala. MAJERHOLD berdiri di jendela, memandangi kebun. JOE ORTON masuk dari lorong dan berjalan di belakang pagar menuju pintu. Dia berhenti, berbalik, menuju ke radio dan mematikannya. Lalu ia melihat MAJERHOLD.

MAJERHOLD: Bla bla bla?

JOE ORTON: Aku mau buat proposal.

MAJERHOLD: Dari tetangga ke tetangga?

JOE ORTON: Dari seorang pengusaha ke pengusaha.

MAJERHOLD: Aku bukan seorang pengusaha.

JOE ORTON: Lalu kenapa kamu menanam sepuluh jenis sayuran? Kamu ingin mencari keuntungan dengan menjual sayur-sayur itu. Kamu menyewa ruang dengan harga murah dan mengusahakan sebuah kebun yang besar. Sangat pintar! Aku yakin ini semua ada usaha rekayasa genetika.

MAJERHOLD: Benarkah?

JOE ORTON: Aku yakin kau melakukan percobaan ilegal. Itulah sebabnya kau memilih tempat yang susah untuk ditemukan keberadaannya. Kalau aku jahat, aku akan melaporkanmu.

MAJERHOLD: Itu akan menjadi kesalahan serius.

JOE ORTON: Apalagi jika Anda menolak proposal saya.

MAJERHOLD: Yang isinya?

JOE ORTON: Aku perhatikan di antara tanamanmu, kubis dan lobak, lobak dan kembang kol, dan yang lain-lainnya, masih ada ruang kosong.

MAJERHOLD: Itu diperlukan agar tanaman tumbuh tanpa hambatan.

JOE ORTON: Tanaman itu pasti tumbuh, tapi kita bisa menanam ganja di ruang kosong tersebut.

MAJERHOLD (*Jeda.*): Marijuana.

JOE ORTON: Kita dapat membagi keuntungan. *Fifty-fifty*. Lumayan, kan. Terutama jika saya mencangkul dan menyiraminya tanpa bayaran.

MAJERHOLD: Itu tawaranmu?

JOE ORTON: Lebih dari tawaran.

MAJERHOLD: Orang lain di usiamu telah berlayar ke seluruh dunia dan berhasil memenangkan *Guinness Book of Records*.

JOE ORTON: Orang lain di usiamu telah menghasilkan jutaan di *Wall Street* dan berharap tidak berakhir di penjara.

MAJERHOLD: Apa yang sedang ingin kamu sampaikan?

JOE ORTON: Apa yang sedang ingin kau katakan?

MAJERHOLD: Aku tahu kau merokok ganja. Aku tahu kau menyimpan barang-barang di bawah tempat tidur. Aku tahu kau menjual barang jauh lebih buruk daripada ganja.

(*JOE ORTON meraih kerah jaket MAJERHOLD. MAJERHOLD menendang lututnya ke selangkangan Orton. JOE ORTON membungkuk kesakitan.*)

JOE ORTON: Siapa yang mengijinkanmu melihat-lihat di kamarku?

MAJERHOLD: Aku. Untuk melindungi proyekku.

JOE ORTON: Aku akan menginjak-injak proyekmu hingga rata dengan tanah!

MAJERHOLD: Dan siapa yang mengijinkanmu untuk menghancurkan proyekku?

JOE ORTON: Bukan aku, Elvira. Dia berhak tahu seperti apa orang gila yang telah dilindungi di bawah atap rumahnya. Oke, aku yang menggeledah barang-barangmu, itu karena Elvira yang memintanya. Kita semua berhak melindungi diri kita sendiri, bukan cuma kamu. Bukan salahku jika dunia menjadi seperti sekarang.

MAJERHOLD: Dunia menjadi seperti sekarang tentunya karena orang-orang seperti kamu.

JOE ORTON: Oh ya? Dan orang-orang sepertimu yang akan menyelamatkannya, bukan?

MAJERHOLD: Tepat.

JOE ORTON: Siapa yang akan mengira! Sebuah rumah jompo di pinggiran kota terkutuk, di mana *nymphomaniac* yang sudah tua dan putus sekolah. Menjajakan obat untuk memenuhi kebutuhan, lalu seorang vegetarian datang dengan harapan bahwa cepat atau lambat hal ini akan membaik. Wow, kita telah dikunjungi oleh Juru Selamat!

KOMEDI TENTANG AKHIR DUNIA

(*MAJERHOLD menampar wajah Joe Orton.*)

JOE ORTON: Oke. Aku akan berhenti mengurus kebunmu dan kamu akan diam tentang ganja saya.

MAJERHOLD: Belum pernah seumur hidup aku melewatkan sebuah rahasia pada polisi.

JOE ORTON: Maksudmu tak mungkin bisa bertahan hidup tanpa melakukan itu? Bagus.

MAJERHOLD: Sinisme adalah cara tergampang untuk generasimu, tanda kemalasan intelektual yang luar biasa.

JOE ORTON: Benar sekali.

MAJERHOLD: Bukan salahku jika manusia berada di ambang kepunahan. Biar mereka yang telah membuat dunia seperti itu yang menyelamatkannya. Buat apa aku peduli?

JOE ORTON: Maksudmu aku harus peduli pada dunia ini? Tidak. Aku lebih suka menyerahkan hidup pada nasib. Aku orang pertama yang akan menyapu sampah ketika permukaan air laut naik cukup tinggi.

MAJERHOLD: Ide bagus. Tapi kamu harus terus menyirami tanaman itu besok.

JOE ORTON: Aku akan melakukannya sekarang.

(*JOE pergi. MAJERHOLD duduk di sofa dan meraih sebuah buku. ELVIRA masuk dari lorong. MAJERHOLD menatapnya.*)

ELVIRA: Jika boleh saya ingin sedikit mengeluh.

MAJERHOLD: Kamu juga?

ELVIRA: Dua bulan tinggal di sini, kamu belum pernah bertanya bagaimana perasaanku.

MAJERHOLD: Terlalu berbahaya untuk peduli dengan perasaan orang lain.

ELVIRA: Oh, jadi aku, orang lain.

(*ELVIRA mendekat dan duduk di sofa samping MAJERHOLD yang segera berdiri dan menjauh.*)

MAJERHOLD: Mungkin aku berjarak, tapi itu ada hubungannya dengan berapa penting proyek yang aku buat.

ELVIRA: Pertumbuhan kubis dan mentimun.

KOMEDI TENTANG AKHIR DUNIA

MAJERHOLD: Juga brokoli, kentang, kembang kol, seledri, bawang, bawang putih, buncis? cabai, tomat?

(ELVIRA bangkit, menuju ke jendela, dan memandang keluar.)

ELVIRA: Anda telah mengepung rumah dengan sepuluh macam sayuran. Sepuluh macam yang sempurna, sepuluh parit, sepuluh dinding. Kamu memenjarakan kami di rumah sendiri dan memaksa kami bekerja dan melayanimu. Kamu telah mengunci kami dalam proyekmu, menjadikan kami bagian dari itu, tapi tidak menjadi bagian sepenuhnya, karena kami tidak diizinkan untuk mengajukan pertanyaan atau tahu apa-apa. Kami diharapkan untuk tinggal di luar, terutama aku. Dan kau mengusirku seolah-olah aku punya penyakit menular.
(Diam singkat.)

MAJERHOLD: Apa yang kau inginkan dariku?

ELVIRA: Sedikit perhatian.

MAJERHOLD: Perempuan memang punya bakat yang luar biasa untuk mengubah basa-basi menjadi cerita romantis. Apa yang kau coba katakan padaku hanyalah.... hanya...

ELVIRA: Apa?

MAJERHOLD: Sex.

ELVIRA: Oh! ... Apa kau sedang mengatakan bahwa kau masih perjaka?

MAJERHOLD: Aku tidak keberatan untuk mengubah kontrak bisnis kita dengan menyertakan transaksi "itu" juga. Selama semuanya berada dalam batas emosi yang wajar. Tidak ada yang bisa mengalahkan pendekatan ilmiah.

ELVIRA *(Berjalan ke pintu)*: Akan ada kaldu ayam untuk makan malam. Aku tahu kau tidak menyukainya tapi aku sudah kehabisan ide.

MAJERHOLD *(Melambaikan tangan)*: Apa pun... Apa pun.

ELVIRA *(Di pintu)*: Minggu depan aku bisa memasak beberapa kubis. Beberapa sudah siap untuk diolah.

MAJERHOLD *(Ngeri)*: Apa yang kau katakan?!

ELVIRA: Memasak kubis rebus adalah salah satu keahlian terbaikku. Kamu akan menyukainya.

MAJERHOLD: Kubis dari kebun?

ELVIRA: Kenapa tidak? Apa kubis itu terlalu suci atau apa?

MAJERHOLD: Aku melarangmu untuk menyentuh mereka.

ELVIRA: Ya, Tuhan, kamu terdengar seolah-olah... Baiklah. Tidak masalah jika kau ingin menjual semua kubis-kubis itu.

MAJERHOLD: Siapa yang bilang aku ingin menjualnya?
ELVIRA: Apa lagi yang bisa kau lakukan dengan kubis?
MAJERHOLD: Aku tidak bisa menjelaskannya.
ELVIRA: Kamu hanya bisa memakannya atau menjualnya. Atau biarkan membusuk.
MAJERHOLD: Haruskah kamu memasukkan semua ke mulutmu?
ELVIRA: Tidak semuanya.
MAJERHOLD: Kamu tahu apa yang kita hadapi?
ELVIRA (*Berhenti di depan cermin dengan pintu*): Usia tua? Keriput? Kulit kendur? Menyesal untuk peluang yang lewat? (*Memandang MAJERHOLD.*) Atau jatuh?

(*Untuk sementara mereka melihat satu sama lain. Ada ketukan di pintu. KONJEVIĆ masuk.*)

KONJEVIĆ: Maaf, tapi seorang bocah dari atas mengirim saya.
ELVIRA: Siapa kau?
KONJEVIĆ: Konjevič. Dari perusahaan air minum negara. Bisakah Anda menunjukkan meteran Anda?

(*ELVIRA dan MAJERHOLD bertukar pandang.*)

ELVIRA: Saya tidak mengerti. Mengapa perusahaan air minum negara harus tertarik pada meteran saya?......
KONJEVIĆ: Hari-hari baik sudah lama berlalu, Nyonya. Pekan lalu banjir bandang hampir menghanyutkan setengah desa tidak jauh dari sini. Tapi, itu asalnya bukan dari perusahaan air minum negara yang selama ini merupakan langganan Anda. Air memang bisa bocor ke tanah kapan saja tanpa dinyana-nyana.
ELVIRA: Kita seharusnya sudah tahu sejak kemarin-kemarin.
KONJEVIĆ: Pemerintah kota tidak punya waktu untuk memberitahu orang-orang tentang apa yang terjadi. Apakah polisi memberitahukan lewat radar yang disiapkan di semak-semak belakang sudut?
ELVIRA: Saya tidak tahu, jadi saya tidak mengharapkan itu.
KONJEVIĆ: Nyonya, tidak ada petugas dari perusahaan air minum negara yang bisa berperilaku baik. Sehingga Anda harus memaafkan saya jika saya tidak berperilaku cukup baik. Ini sudah menjadi tugas saya. Saya tidak bisa membiarkan majikan saya turun. Hari-hari di mana pekerjaan yang baik, dan bahkan yang buruk, tidak menggantung di pohon-pohon seperti pir yang siap dipetik.

KOMEDI TENTANG AKHIR DUNIA

ELVIRA: Saya tidak punya meteran, saya tidak ingat kalau punya.

KONJEVIČ: Saya datang bukan untuk memeriksa memori Anda, Nyonya. Saya datang untuk memeriksa berapa banyak air yang Anda gunakan dalam enam bulan terakhir. Jika Anda tidak bisa mengantar saya ke meteran, atau saya harus menebak dengan firasat saya? Maaf.

(*Pandangannya tertuju pada pintu kamar JOE ORTON*)

ELVIRA: Di dapur? Anda serius?

KONJEVIČ: Nyonya, jika saya katakan tempat yang tidak biasa di mana orang memasang meteran air, Anda tidak akan percaya pada saya. Apakah Anda yakin tidak ada di sana? Di bawah tempat tidur, mungkin?

ELVIRA: Siapa yang akan tidur di dapur?

KONJEVIČ: Oh, jika saya memberi Anda daftar orang-orang yang tinggal di dapur mereka, Anda akan mengatakan saya sakit mental. Boleh saya lihat?

ELVIRA: Pintunya terkunci.

KONJEVIČ: Boleh saya tahu, mengapa Anda mengunci pintu dapur?

ELVIRA: Ada penghuni lain yang menyewa rumah saya. Anda tahu Anda tidak bisa mempercayai siapa pun hari ini. Saya sendiri tidak mampu memastikan, bahwa saya mampu bersikap jujur.

KONJEVIČ: Sikap yang masuk akal. Kuncinya milik Anda, boleh saya pinjam?

ELVIRA: Pasti di suatu tempat di rumah ini. Tapi aku sama sekali tidak tahu dimana.

KONJEVIČ: Anda tidak tahu di mana meteran Anda, dan Anda tidak dapat menemukan kuncinya. Seorang detektif di tempat saya akan menduga bahwa Anda sedang mencoba untuk mencegah seorang pejabat kota melaksanakan tugasnya.

ELVIRA: Aku wanita yang paling tulus di daerah ini. Bahkan Pak Majerhold dapat menjadi saksinya.

KONJEVIČ (*Untuk pertama kalinya sejak kedatangannya melihat MAJERHOLD*): Majerhold?

MAJERHOLD: Mengapa Anda tidak mencari meteran air di tempat yang mudah Anda temukan? Di lantai dasar? Sebelah pintu utama?

KONJEVIČ: Cepat atau lambat saya harus memeriksa dapur juga. Selama di sini saya ingin menyelamatkan diri dari memanjat tangga. Saya menderita masalah jantung.

MAJERHOLD: Saya pribadi yakin bahwa meterannya tidak ada di dapur.

KONJEVIČ (*Mengabaikannya*): Apa Anda membawa kuncinya, Nyonya?

(*ELVIRA ragu. Dia pergi ke pintu, lalu berbalik.*)

ELVIRA: Dan apa yang akan Anda lakukan ketika menemukan meterannya?
KONJEVIČ: Jika belum rusak, saya akan mencatat nomornya dan memberikan tagihan pada Anda. Jika saya menemukan penyimpangan, saya berkewajiban untuk menggunakan wewenang saya. Kemudian kita bisa memulai negosiasi.
ELVIRA: Mengapa menunggu meteran, mengapa tidak bernegosiasi tentang kunci? Apa yang Anda inginkan?
KONJEVIČ: Ini saya anggap sebagai upaya untuk menyuap petugas.
ELVIRA: Saya hanya mau bertanya, Anda ingin minum apa sambil menunggu saya menemukan kunci ruang itu. Kopi atau teh?
KONJEVIČ: Tidak, terima kasih. Saya akan terlibat dalam perdebatan dengan pria ini tentang filosofi dan waktu akan segera berlalu. Saya juga akan segera kehabisan waktu.
ELVIRA (*Melihat bayangannya sendiri di cermin*): Yah, begitulah cara waktu berlalu (*Keluar.*)

Adegan 7

KONJEVIČ mondar-mandir, melihat ruang dari semua sisi, berhenti di dekat jendela, memandang keluar.

KONJEVIČ: Seseorang langsung kelaparan, begitu melihat semua ini. Terutama mentimun-mentimunnya. Sangat besaaar! Dan sangat segar.
MAJERHOLD: Apa Anda seorang vegetarian?
KONJEVIČ: Sebagai seorang petugas dari pemerintah kota saya tidak terlalu menyimpang dari normalitas. *Wiener Schnitzel* adalah makanan favorit saya.
MAJERHOLD: Sangat tidak sehat, sangat berhubungan dengan sifat pemerintah kota.
KONJEVIČ: Bahkan PNS hanya korban kekuasaan yang berubah-ubah, terutama karena kami juga organ eksekutif mereka. Itu sebabnya kadang-kadang kita harus bertindak sesuai dengan penilaian kita sendiri, daripada mengikuti petunjuk resmi. Biar itu tetap sama antara kau dan aku.
MAJERHOLD: Mengenai penggunaan air...
KONJEVIČ: Jangan khawatir tentang itu, Mr. Ebenšpanger. Kita akan menemukan solusinya. Anda kepada saya, saya kepada Anda, dan semua orang akan senang serta bersyukur.

MAJERHOLD: Majerhold, bukan Ebenšpanger.
KONJEVIČ: Anda yakin?
MAJERHOLD: Kenapa kau memanggilku Ebenšpanger?
KONJEVIČ: Mungkin karena Anda menyerupai seorang pria bernama Ebenšpanger. Atau yang memiliki panggilan itu hingga sekarang. Setelah dipanggil Robnik. Dan sebelum itu Konjevič.
MAJERHOLD: Kau bilang kau Konjevič.
KONJEVIČ: Begitulah, memang membingungkan. Hasil stroke kecil yang saya derita akhir-akhir ini. Sebenarnya, nama saya Novak.
MAJERHOLD: Dan Anda benar-benar berasal dari Perusahaan Air Minum Negara?
KONJEVIČ: Saya tidak pernah membuat kesalahan tentang itu. Saya hanya berbohong tentang panggilan. Nama yang saya ambil asal-asalan.
MAJERHOLD: Bung Novak, kalau begitu.
KONJEVIČ: Anda bisa terus memanggil saya Konjevič, jika itu cukup membingungkan. Mari kita nobatkan bahwa hari ini aku Konjevič, besok Novak, dan besok apa lagi. Dibuat gmpang saja.
MAJERHOLD: Dan siapa Ebenšpanger, yang Anda katakan mirip saya?
KONJEVIČ: Seorang teman yang menarik. Ia menemukan teori tentang aliran sirkulasi uang pada tingkat global. Semacam sistem keuangan berantai yang akan membuat semua mata uang dapat ditukar dan memungkinkan semua negara, bahkan yang paling miskin, untuk mencapai pertumbuhan ekonomi yang fenomenal tanpa meminjam uang. Semacam Multilevel Marketing.
MAJERHOLD: Bukan ide yang buruk.
KONJEVIČ: Sebuah karya jenius. Sayangnya, seperti yang sering terjadi, itu tetap teori. Kau tahu kan, politisi? (*Menengok keluar.*) Kubis itu! Dan brokoli! Dihasilkan organik? Dimodifikasi secara genetik? Sains adalah ilmu pengetahuan, tidak ada cara lain.
MAJERHOLD: Dan apa lagi... yang Ebenšpanger lakukan?
KONJEVIČ: Kau tidak tahu?
MAJERHOLD: Bagaimana caranya aku tahu?
KONJEVIČ: Untuk sementara dia menjadi terkenal. Terutama karena semua orang tertawa dengan teorinya. Saya masih memiliki tumpukan kliping koran di rumah.
MAJERHOLD: Anda mengumpulkan kliping tentang pekerjaannya?
KONJEVIČ: Saya masih muda. Kau tahulah apa yang kita sukai di seperempat umur kita. Kita akan tertarik dengan ide-ide baru dan tidak peduli betapa gila itu. Kemudian, di usia pertengahan, di mana kita menyebutnya usia pembusukan, di mana yang mati muda saja yang dapat menghindarinya. Kita

dicengkeram oleh paranoia. Jadi kita bisa puas berkompromi untuk bisa makan daging steak seminggu sekali.

MAJERHOLD: Dan menjadi petugas Perusahaan Air Minum Negara.

KONJEVIČ: Misalnya.

MAJERHOLD: Jika memang benar begitu, Anda sangat terdidik.

KONJEVIČ: Saya suka membaca. Dan saya mengkliping semua yang saya anggap berguna hari itu. Tentang Ebenšpanger, misalnya, saya sudah mengumpulkan datanya selama bertahun-tahun.

MAJERHOLD: Mengapa?

KONJEVIČ: Jadi aku siap. Jika wajah seseorang dinamai dengan nama yang berbeda. Dan dengan proyek baru.

MAJERHOLD: Siap dalam arti apa?

KONJEVIČ: Siap untuk bergabung dengannya.

MAJERHOLD: Mengapa?

KONJEVIČ (*Rahasia*): Ini di antara kita saja, sebagai inspektur dari Perusahaan Air Minum Negara, saya telah kehilangan begitu banyak hal yang membuat saya harus mengatakan pada diri saya bahwa, ,,Hidup harus lebih dari ini! Seseorang harus bertindak, mempertaruhkan segalanya, mengorbankan diri untuk ide-ide yang mulia. Melayani umat manusia."

MAJERHOLD: Kau tidak menemukannya di kota mana pun?

KONJEVIČ: Ke mana saja kau selama sepuluh tahun terakhir ini? Ini gaya manusia sekarang. Semoga ini akan bertahan lima puluh tahun ke depan.

MAJERHOLD: Dan apa yang Anda inginkan? Mengharapkannya?

KONJEVIČ: Itulah alasan saya ingin bertemu Mr. Ebenšpanger. Alias Robnik. Aku sudah menelusurinya selama bertahun-tahun. Tapi, dia licin seperti belut.

MAJERHOLD: Apa dia mencoba untuk melarikan diri dari seseorang?

KONJEVIČ: Ya! Orang-orang yang tidak mau dan tidak bisa memahaminya.

MAJERHOLD: Aku heran dia masih bersusah payah melanjutkan rencananya.

KONJEVIČ: Tidak hanya itu, banyak orang mengira dia menghilang begitu saja ke laut. Dia menciptakan berbagai cara untuk memusnahkan gas rumah kaca dari atmosfer. Kejeniusan. Reboisasi global gurun dengan menembakkan bibit ke dalam tanah dari pesawat *overflying*. Seperti yang Anda ketahui, hutan, menyerap karbondioksida dan mengubahnya menjadi oksigen.

MAJERHOLD: Aku tahu.

KONJEVIČ: Ide yang luar biasa, tapi bukan satu-satunya ide yang dia gagas. Plankton, juga, seperti yang Anda tahu, menyerap karbondioksida. Pria ini dengan selusin nama yang berbeda telah menemukan cara untuk meningkatkan volume plankton di lautan dunia dengan faktor sepuluh. Yang akan menghentikan efek rumah kaca di jalurnya. Meskipun itu juga akan membunuh sebagian besar ikan yang tersisa.

MAJERHOLD: Lebih baik kejahatan iblis.

KONJEVIČ: Aku senang kau berpikir begitu Mr. Ebenšpanger Robnik Vehovar. Yang juga menciptakan sampul plastik untuk gletser yang menolak sinar matahari untuk mencegah gletser mencair. Pikirkan tentang keaslian ide ini, Pak Ebenšpanger!

MAJERHOLD: Majerhold.

KONJEVIČ: Tentu saja, saya minta maaf. Tapi, kesamaan ini benar-benar luar biasa. Apakah Anda yakin Anda tidak punya saudara kembar?

MAJERHOLD: Mengapa pria ini terus berubah namanya?

KONJEVIČ: Untuk menghindari krediturnya. Dia memiliki banyak sponsor. Ketika proyeknya gagal, mereka semua menuntut uang mereka kembali. Akhirnya, dengan utang di setiap bagian dunia, satu-satunya solusi adalah menghilang di gurun.

MAJERHOLD: Benarkah?

KONJEVIČ: Saya menemukan berita itu di tabloid yang saya baca setiap hari. Untuk alasan praktis, tentu saja, aku memutuskan untuk mencarinya. Tidak hanya untuk mencarinya, tetapi untuk menemukannya.

MAJERHOLD: Dan kau menemukannya?

KONJEVIČ: Tanpa masalah. Sayangnya, mereka tidak akan mengijinkan saya berbicara dengan dia secara pribadi.

MAJERHOLD: Siapa yang tidak mengijinkan?

KONJEVIČ: Psikiater. Jika saya boleh menggunakan istilah politis, gurun ternyata berubah menjadi rumah sakit jiwa. Di situlah kejeniusan kita berakhir.

MAJERHOLD: Dengan diagnosa apa?

KONJEVIČ: Paranoia Ekologi. Bayangkan itu. Dan ternyata dia bukan satu-satunya yang menderita penyakit mental yang baru itu. Anehnya lagi, belum lama *TV Discovery* menampilkan semua penemuannya, menggambarkan dengan sangat rinci, bersama dengan nama-nama investor yang ingin menuntut penanaman modal mereka.

MAJERHOLD: Dunia memang gila.

KONJEVIČ: Benar sekali.

MAJERHOLD: Setiap orang yang jujur harus senang itu tidak akan bertahan lebih lama.

KONJEVIČ: Tepat, di sisi lain...

MAJERHOLD: Ya. Selalu ada sisi lain.

KOMEDI TENTANG AKHIR DUNIA

KONJEVIČ: Seorang pasien kami yang sakit jiwa melarikan diri dari rumah sakit jiwa dan memulai sebuah proyek baru. Tuhan tahu apa, hanya Tuhan yang tahu di mana.

MAJERHOLD: Bagaimana dia berhasil melarikan diri?

KONJEVIČ: Dia berpakaian seperti dokter, melambaikan tangan kepada semua orang, dan pergi dengan mobil Jaguar direktur. Semua orang melambai ke arahnya. Pertanyaannya adalah siapa yang benar-benar gila: para buronan itu, atau mereka yang seharusnya menyembuhkannya?

MAJERHOLD: Apakah dia berbahaya?

KONJEVIČ: Dia belum menunjukkan kecenderungan kekerasan. Tapi Anda tahulah. Stres tambahan, dan persoalan kecil yang semakin banyak, seorang pria lembut pun pasti akan menggunakan pistolnya.

MAJERHOLD: Mereka mungkin mencarinya.

KONJEVIČ: Siapa?

MAJERHOLD: Polisi.

KONJEVIČ: Polisi punya tugas yang lebih penting daripada mengejar orang gila yang melarikan diri. Mereka harus menangkap pengemudi ngebut di jalan.

MAJERHOLD: Jadi Anda satu-satunya sepakat dengan dia, seperti yang kau katakan.

KONJEVIČ: Apakah itu yang saya katakan?

MAJERHOLD: Anda bilang mau bergabung dengannya.

KONJEVIČ: Ya ampun! Kejeniusan macam apa yang bisa dilakukan oleh seorang Inspektur dari Perusahaan Air Minum Negara? Karena kebosanan saya pada pekerjaan membuat saya terbuai pada lamunan. Normal, bukan? Pria ini benar-benar membuat saya terpesona, bahkan terobsesi. Suatu hari nanti kami pasti akan bertemu. Saya yakin itu.

MAJERHOLD: Lalu?

(*ELVIRA masuk.*)

ELVIRA: Maaf, tapi aku tidak bisa menemukan kuncinya. Anda harus mendobrak pintunya. Jika Anda tidak menemukan meteran airnya, saya akan menelepon polisi dan mendakwa Anda karena telah menerobos masuk. Saya akan menuntut ganti rugi. Di kota ini sering terjadi pencurian terhadap orang miskin dengan kedok membayar pajak, jadi saya akan menuntut jutaan.

KONJEVIČ: Ibu yang baik, Saya sangat ingin masuk ke dapur Anda, untuk melihat yang tinggal di balik pintu itu. (*Sayangnya melihat arlojinya*). Kerja saya berakhir semenit yang lalu. Jadi saya tidak akan menerobos sebagai seorang pejabat kota, tapi sebagai warga sipil. Itu sebuah kesalahan bagi hukum. Tapi hal ini masih belum selesai. Aku akan kembali. (*Membungkuk.*) Mr. Ebenšpanger ...

(*Berbalik ke ELVIRA dan membungkuk dengan hormat.*) Nyonya ... (*Pergi.*)

ELVIRA: Pria yang *gentle*.
MAJERHOLD: Kegilaan yang lengkap.
ELVIRA: Pastinya. Mengapa dia memanggil Anda Ebenšpanger?

(*ELVIRA menatap MAJERHOLD.*)

(*Blackout.*)

BABAK DUA

Adegan 8

MAJERHOLD duduk di kursi dengan papan gambarnya, sketsa. Meja ditutupi dengan koran bekas. ELVIRA meletakkan paprika ke dalam stoples kaca. Dua sudah terisi, dia sedang menutup toples ketiga. Di baris berikutnya adalah tomat.

Tapi, dalam kegelapan, kita mendengarkan laporan radio: ... Inilah fakta bahwa profesi akan menghilang dan akan segera menjadi usang seperti permusuhan abad pertengahan. Dalam waktu dekat sebagian besar pekerjaan akan dilakukan oleh mesin. Kita akan bergantung pada mereka persis seperti nenek moyang kita yang bergantung pada hewan liar. Sebagian besar tenaga kerja sudah tidak berguna. Apa yang telah dikembangkan adalah ekonomi pengganti psikoterapi. Agama desainer dan butik spiritual yang bertujuan untuk menghibur massa sudah tidak beroperasi lagi. Terbayang industri obat-obatan dan layanan seksual. Tampaknya sudah satu setengah dari populasi dunia, hidup untuk menghibur setengah lainnya...

Selama radio melapor, lampu panggung perlahan-lahan menyala. ELVIRA bangkit dan mematikan radio.

ELVIRA: Aku senang masih berguna sebagai tenaga kerja. (*Keras.*) Joe, ke sini dan bawa botol paprika ke dapur. Dapur yang sebenarnya.

JOE ORTON (*Keluar dari kamarnya, meracau*): Mana rumputku?

ELVIRA (*Melirik MAJERHOLD*): Ambil di kebun, meskipun tidak banyak yang tersisa. Jangan bilang kau membawa rumput ke kamarmu.

JOE ORTON: Jangan mencoba untuk bersikap lebih bodoh dari yang sebenarnya.

ELVIRA: Apa yang akan Bung Majerhold pikirkan tentang otakmu, ketika ia menyadari bahwa kamu mencabut rumput dari kebun dan membawanya ke kamar untuk dikeringkan.

JOE ORTON: (*Mengambil salah satu botol*): Apa yang akan Bung Majerhold pikirkan pada otaknya sendiri, kalau aku melempar botol eco paprika di kepalanya?

ELVIRA: Joe Orton, visamu baru saja habis, dan aplikasi untuk visa baru akan ditolak.

(*JOE ORTON terus memegang botol di atas kepala MAJERHOLD itu. MAJERHOLD, tidak sedikit pun terganggu, terus membuat sketsa. JOE ORTON meletakkan kembali botolnya di meja*)

JOE ORTON: Dia mengambilnya, kan? Salah satu dari Perusahaan Air Minum Negara.

ELVIRA: Apa itu salah satu yang kamu tuliskan di naskahmu?

JOE ORTON: Ia memeriksa semua isi rumah ini. Bukan karena ia ingin menemukan meteran, bukan. Aku bahkan bisa melihat dari kejauhan kalau dia polisi.

ELVIRA: Mr. Konjevič bahkan tidak pernah memasuki ruanganmu. Meskipun dia berjanji akan kembali.

JOE ORTON: Rupanya Pak Majerhold melakukan tugasnya dan melaporkan saya. (*Membungkuk MAJERHOLD.*) Benar kan?

ELVIRA: Jangan lupa, kamu sedang berbicara dengan atasanmu.

JOE ORTON: Bekas majikan. Aku baru saja mengumumkan.

(*MAJERHOLD bangkit, menempatkan papan gambar dan pensil di kursi, berlutut, menyingkirkan kaki ELVIRA di bawah sofa dan menarik keluar kotak cokelat. Meniup debu dari sampulnya dan menyerahkannya pada JOE ORTON. JOE membukanya, menengok isinya dan menutupnya kembali.*)

JOE ORTON: Bagaimana kotak ini bisa ada di bawah sofa?
MAJERHOLD: Aku menaruhnya di sana.
JOE ORTON: Mengapa?
MAJERHOLD: Karena aku tahu bahwa cepat atau lambat seseorang akan datang dan mengendusnya. Aku tidak ingin kotak itu ditemukan di kamarmu.
ELVIRA: Terima kasih pada Bung Majerhold yang sudah melindungimu.
JOE ORTON (*Bingung*): Aku tidak tahu harus bilang apa.
ELVIRA: Bagaimana dengan terima kasih? Tapi, tentu saja, itu bukan kamu.

JOE ORTON: Mengapa kamu melakukan ini?
MAJERHOLD: Untuk alasan egois. Aku tidak ingin kehilangan asisten.
JOE ORTON: Kalau begitu tidak perlu mengucapkan terima kasih.
ELVIRA (*Bangkit*): Aku yang memutuskan apa yang akan aku katakan. Jika kamu suka liburan di Riviera, di mana kamu selalu kembali segar dan puas karena terlepas dari stres, kamu akan berjabat tangan dengan Bung Majerhold dan berkata, „Terima kasih, Bung Majerhold. Terima kasih karena telah menyelamatkanku dari jeruji besi selama sebulan, bahkan mungkin lebih buruk."
JOE ORTON: Aku tidak akan melakukannya.
ELVIRA: Kalau begitu kau akan mengatakan, „Selamat tinggal, Elvira, dan terima kasih karena sudah begitu baik padaku, sampai aku menyadari bahwa kebaikanmu tidak bisa kuterima."
JOE ORTON: Aku akan menaruh kembali kotak ini di bawah sofa; itu adalah tempat yang paling aman.

(*JOE berlutut.*)

ELVIRA: Joe Orton!
JOE ORTON (*Berdiri tegak*): Terima kasih, Pak Majerhold, sudah mengurusi barang yang kujajakan di jalanan belakang kota, sehingga aku bisa membayar sewa setiap bulan!
ELVIRA: Makanan dan penginapan bukan hal yang gratis di rumah ini. Jika kamu tidak suka dengan aturannya, kamu bisa pergi. Aku dan Bung Majerhold akan tetap di sini.
MAJERHOLD: Berikan kotaknya, aku akan mengembalikannya.
JOE ORTON: Aku bisa melakukannya sendiri.

(*JOE berlutut dan meletakkan kembali kotaknya di bawah sofa. Tiba-tiba dia merasakan sesuatu lain di dalam. Dia menempatkan kotak di lantai, mencapai jauh di bawah sofa dan mengeluarkan senapan. Dia bangkit dengan benda yang diambilnya dari dalam.*)

ELVIRA: Oh Yesus! Siapa yang mengijinkanmu membawa benda itu ke dalam rumah? Tentunya bukan kamu, Bung Majerhold?
MAJERHOLD: Berikan senapan itu, Joe.
JOE ORTON: Mainan yang asyik untuk dimainkan. Aku ragu pemiliknya memiliki izin. Dan jika tidak, senapan ini milik kita semua.
ELVIRA: Joe, kembalikan senapan itu pada Bung Majerhold.

KOMEDI TENTANG AKHIR DUNIA

JOE ORTON: Buka jendelanya, Elvira.

(ELVIRA melihat MAJERHOLD, yang mengangguk. Dia membuka jendela dan cepat menepi. JOE ORTON mendekati jendela dan mengarahkan senapan pada sebuah sasaran.)

ELVIRA: Joe, kita akan punya masalah jika kau melakukan itu.
JOE ORTON: Hmmm... mana yang harus aku tembak? Kembang kol? Labu? Atau aku harus menghancurkan kepala kubis? Tidak, tomat saja! Sehingga akan terlihat berdarah, bukan hanya terlihat hancur.
(Dia menekan pelatuk. Kemudian terdengar bunyi klik. JOE, terkejut, menekan pemicu sekali lagi. Suara klik yang lain. Sementara itu MAJERHOLD telah mengeluarkan pistol dari saku celananya dan mengarahkannya pada JOE ORTON. JOE berbalik dan menatap revolver.)

MAJERHOLD: Boleh saya minta itu?

(JOE ORTON diam dan menyerahkan senapannya. MAJERHOLD meletakkannya kembali di bawah sofa. Bangkit dan masih mengarahkan pistol pada Joe.)

ELVIRA: Aku tahu ada sesuatu yang tidak beres. Aku bermimpi buruk tentang itu.
MAJERHOLD: Berjanjilah kau tidak akan menyentuh senjata itu lagi.
JOE ORTON: Elvira, kamu sudah menyewakan kamarmu pada seorang gengster!
ELVIRA: Bung Majerhold adalah orang yang menata dan mengamankan masa depan kita.
MAJERHOLD: Angkat tanganmu dan bilang, „Aku bersumpah tidak akan menyentuh senapan itu lagi."
ELVIRA: Joe, berterima kasihlah pada Bung Majerhold kau belum di penjara.
JOE ORTON: Dia yang akan dipenjara jika dia tidak berhenti mengancamku.

Adegan 9

(Suara berisik di belakang.)

KONJEVIČ *(Di lorong)*: Halo... Di mana kau? *(Konjevic masuk setelah MAJERHOLD mengembalikan pistol ke sakunya.)* Saya kira saya akan menemukan kalian di kebun, kalian bertiga, menyiram tanaman produktif Anda.

ELVIRA: Dapurnya bisa dibuka. Anda dapat memeriksa.

KONJEVIČ: Terima kasih, Bu, saya sudah melakukannya. Di lantai dasar, yang baru dibangun, di mana Anda menyimpan hasil sayuran dari kebun, dalam stoples tertutup rapat, jika hari hujan, bukan begitu?

ELVIRA: Tentunya kita berhak untuk menyimpan persediaan di musim dingin.

KONJEVIČ: Tentu saja. Kita harus berjaga-jaga. Mungkin kita akan segera kehabisan bahan bakar untuk transportasi, rak di supermarket akan tetap kosong, akan ada kepanikan umum. Tapi, Anda akan baik-baik saja. Aman di benteng kecil Anda, Anda akan mengisap acar mentimun dan menunggu malam untuk menghabiskan jus kubis.

ELVIRA: Apa ada yang salah dengan itu?

KONJEVIČ: Tidak, sama sekali tidak. Tapi, tidak luput juga dari perhatian saya bahwa kebun ini dikelilingi oleh pagar tiga meter. Dengan gerbang besi yang terkunci. Saya harus memanjat untuk menangkap Anda. Anda sedang bersiap-siap dari penangkapan.

ELVIRA: Apa itu yang dilakukan oleh Perusahaan Air Minum Negara?

KONJEVIČ: Saya tidak bekerja untuk mereka lagi. Saya dipecat. Mereka bahkan tidak repot-repot untuk memberitahu saya mengapa.

ELVIRA: Dan sekarang?

KONJEVIČ: Untungnya, polisi kota merasa kasihan pada saya. Anda tahu mereka menyambut apa pun yang memohon sambil merangkak pada mereka.

ELVIRA: Jadi Anda siapa? Seorang polisi?

KONJEVIČ: Divisi Investigasi Khusus. Hubungannya dengan kasus yang mungkin membahayakan keamanan negara.

ELVIRA: Saya tidak mengerti mengapa Anda kembali. Kami orang-orang yang terancam punah, oleh negara.

KONJEVIČ: Saya datang kembali untuk alasan pribadi. Sesuatu telah mengganggu saya, dan saya ingin tahu ada apa di bawah sana. (*Memandang MAJERHOLD.*)

JOE ORTON: Dan apakah itu?

KONJEVIČ: Saya ingin tahu ke arah mana angin bertiup. Jadi saya bisa tahu ke mana yang benar. Kita hidup di zaman di mana opotunis sudah tidak dihargai.

JOE ORTON: Apakah pernah ada zaman yang berbeda?

KONJEVIČ: Oh, kau masih muda dan tidak tahu apa-apa. Tapi, kami punya cita-cita, bukankah begitu, Bung Konjevič? Kita percaya pada perkembangan.

ELVIRA: Dia itu Bung Majerhold, tuan Konjevic.

KONJEVIČ: Nama saya Novak, Nyonya. Saya tidak ingat memperkenalkan diri sebagai Konjevič. Meskipun itu juga tidak mungkin. Tapi, saya dipekerjakan oleh polisi sebagai Novak. Anda dapat menelepon direktur dan bertanya padanya. Dan ini, tentu saja, adalah Bung Ebenšpanger, aku benar-benar tidak tahu mengapa aku memanggilnya Konjevič.

ELVIRA: Dia Bung Majerhold.

KONJEVIČ: Benarkah? Nah, Anda harus tahu, seorang istri mestinya tahu nama panggilan suaminya, bukan begitu Bung Majerhold?

ELVIRA: Bung Majerhold adalah penyewa rumah saya.

KONJEVIČ: Dan siapa pemilik kebunnya?

ELVIRA: Saya. Tapi, itu adalah bagian dari perjanjian sewa, dan segala sesuatu yang tumbuh di sana milik Bung Majerhold.

KONJEVIČ: Termasuk tomat dalam stoples ini?

ELVIRA: Bahkan gucinya. Dia yang membelinya.

KONJEVIČ: Bung Majerhold pasti sangat kaya. Ia juga seseorang yang memiliki ide brilian. Anda beruntung bisa menikmati perlindungannya. Anda tidak akan pernah kelaparan. Satu-satunya pertanyaan adalah Anda menjadi mandiri terlalu dini atau terlalu terlambat.

ELVIRA: Saya tidak mengerti.

KONJEVIČ: Optimistik tidak akan pernah terpisah dari sisi sosial, menemukan dua sandera, mengambil tanah orang lain dan memeras orang lain dalam bentuk kerja paksa. Apalagi mengelilingi dirinya dengan pagar tinggi seperti seorang Turki yang hendak melarikan diri.

JOE ORTON: Dan apa pesimisnya?

KONJEVIČ: Dia akan menemukan keselamatannya. Kalau ada yang mau repot-repot mencarinya, pasti akan datang terlambat. Dia akan menyewa atau membeli sebidang tanah, menanam dasar-dasar yang diperlukan untuk bertahan hidup, dan ia akan mengelilingi tanah dengan pagar yang tinggi, atau bahkan pagar listrik.

ELVIRA: Kami terlalu miskin untuk membeli pagar listrik.

KONJEVIČ: Bukankah Anda membaca koran? Anda punya beberapa di atas meja.

ELVIRA: Itu koran-koran yang berusia hampir 15 tahun.

KONJEVIČ: Jumlah orang Amerika yang meninggalkan kota besar semakin meningkat. Kurangnya bahan makanan dan air akan menjadi pukulan keras bagi kota dan penyebab utama terjadi kekerasan. Orang-orang pindah ke daerah terpencil, membangun gubuk sederhana dan menggarap pertanian dengan harapan bahwa jutaan orang yang kelaparan akan meninggalkan kota untuk mencari makanan, dan mencari mereka.

ELVIRA: Orang Amerika dikenal sering panik dengan persoalan-persoalan itu.

KONJEVIČ: Toko senjata terdaftar sebagai pemasok keuntungan besar. Orang-orang tahu mereka harus mempertahankan kelangsungan hidup mereka. Memiliki

KOMEDI TENTANG AKHIR DUNIA

senjata di Amerika adalah legal, tentu saja. Tapi, aku tidak yakin apakah itu legal di sini. Yang kuketahui, tidak. Anda tahu, itu sebabnya senjata tidak diizinkan menggantung di pintu. Senjata harus tersembunyi di lemari. Atau, bahkan lebih baik, di bawah tempat tidur. Atau, dalam kasus Anda, disimpan di bawah sofa.

(KONJEVIČ membuat langkah menuju sofa. MAJERHOLD mengeluarkan pistolnya, mengarahkannya pada KONJEVIČ dan diikuti JOE ORTON yang segera berlutut di dekat sofa, mengeluarkan senapan, mengokang, dan mengarahkannya pada KONJEVIČ.)

ELVIRA: Saya rasa, saya akan pingsan.
KONJEVIČ: Selamat, Pak Ebenšpanger. Kau lebih cepat dari saya.
MAJERHOLD: Duduklah, Mr. Novak. Tidak di sofa, di kursi. Anda tidak pernah tahu. Sebuah bom mungkin juga tersembunyi di bawah sofa.
KONJEVIČ (*Duduk di kursi*): Kita bisa membuat kesepakatan tanpa ancaman, Bung Vehovar.
MAJERHOLD: Itulah yang sedang saya pikirkan. Tentu saja, saya mengandalkan kerja sama Anda.
KONJEVIČ: Jika itu tidak termasuk penyiraman kebun kita yang hampir selesai.
MAJERHOLD: Segelas anggur, mungkin? Whisky? Teh hijau?
KONJEVIČ: Itu tidak sesuai dengan jantung saya yang sakit.
MAJERHOLD: Terserah Anda.
KONJEVIČ: Bagaimana pun, saya ingin merokok sebagian rumput Anda yang bersembunyi dalam kotak hijau di bawah sofa. Aku bisa melihatnya dengan jelas dari sini. Orang terakhir yang merokoknya tidak mengembalikannya dengan baik. Sangat ceroboh. Saya peringatkan, saya akan kembali.
MAJERHOLD: Anda mengatakan bahwa Anda adalah karyawan Perusahaan Air Minum Negara, bukan sebagai polisi yang peduli dengan keamanan negara.
KONJEVIČ: Kita hidup di zaman ketika seorang pria tidak pernah tahu pasti untuk siapa dia bekerja dan apa tugasnya.
MAJERHOLD: Joe, turunkan pistolmu dan lintingkan rumputnya untuk pengunjung kita.
JOE ORTON: Aku tidak bisa memberinya rumput yang terbaik! Tidak, kecuali dia membayar untuk itu. Elvira bahkan tidak mendapatkannya secara gratis.
MAJERHOLD: Elvira membayar demi kebaikan, yang tidak mungkin kamu dapatkan dari Bung Novak.
JOE ORTON: Itulah alasan mengapa dia tidak bisa mendapatkannya secara gratis.

KOMEDI TENTANG AKHIR DUNIA

MAJERHOLD: Bung Novak adalah tamu kami.
JOE ORTON: Arrrgghhhhhhhh ...

(JOE mengembalikan senapan ke sofa, menarik keluar kotak, membuka penutupnya dan mulai melinting.)

ELVIRA: Apakah Bung Novak menghargai pemijat bahu profesional?
KONJEVIČ: Sejak saya di sini, dan Anda semua begitu baik pada saya, bahu saya mungkin tidak akan menolak remasan lembut sepasang tangan yang berpengalaman. Selama tidak ada yang merasa cemburu karena itu!
ELVIRA: Di rumah ini kami telah mengucapkan selamat tinggal pada kenaifan. Kecuali Bung Orton. Ia juga harus belajar untuk hidup di dunia nyata.

(ELVIRA mendekat ke belakang kursi dan mulai memijat bahu KONJEVIČ itu.)

KONJEVIČ: Ahhhh... Anda harus membuka panti pijat.
ELVIRA: Tergantung saya, Bung Novak. Seorang wanita akan tahu kapan saatnya untuk meninggalkan permainan.
KONJEVIČ: Irama remasan Anda seperti memberitahu saya kita pernah bertemu sebelumnya.
ELVIRA: Itu tidak akan mengejutkan saya. Kita semua tahu satu sama lain, dengan berbagai cara, bukan? Dunia ini jauh lebih kecil dari yang kita pikirkan.
KONJEVIČ: Saya selalu ingin bertemu seorang wanita yang mampu mengucapkan kata-kata itu, meskipun tidak sengaja, itu sesuatu yang sangat pintar.
ELVIRA: Kau terlalu baik, Bung Konjevič.
KONJEVIČ: Novak.

(JOE selesai melinting. Menyerahkannya pada KONJEVIČ yang menyelipkan rokok pada bibirnya dan menunggu seseorang untuk menyalakannya. JOE mengambil korek dari sakunya dan menyalakannya. KONJEVIČ menarik asap dalam ke paru-parunya.)

JOE ORTON: Sangat menyenangkan, melihat seorang polisi menghisap ganja. Di mana kameramu, Elvira? Hal ini mungkin akan menjadi bukti yang berguna.
KONJEVIČ: Saya tidak fotogenik.
MAJERHOLD: Benar. Aku harus mengakhiri kesenangan ini dan mengarahkan pembicaraan dari hal yang tidak penting. Joe, ambil pistolnya. Jika Bung Novak membuat gerakan yang mencurigakan, tembak lututnya.

KOMEDI TENTANG AKHIR DUNIA

JOE ORTON (*Mengambil pistol mengarahkannya pada KONJEVIČ*): Aku tidak bisa mengarahkan senapan dengan baik, aku hanya bisa menembak. Terserah pada Tuhan untuk memutuskan apakah peluru akan berakhir di lutut atau jantung.

ELVIRA: Bung Novak, Anda ingin saya melanjutkan pijatannya, atau Anda ingin berkonsentrasi pada merokok?

(*KONJEVIČ mulai sesak dan terbatuk. ELVIRA meninju bahu KONJEVIČ dengan kepalan tangannya.*)

JOE ORTON: Apakah saya bisa menganggap bahwa batuk itu adalah gerakan yang mencurigakan? (*Mengangkat pistolnya.*)

ELVIRA: Dia hanya batuk, Joe. Kontrol jemari tanganmu yang gatal itu. Kita harus mencari tahu siapa Bung Novak dan apa yang paling diinginkannya.

(*MAJERHOLD berpindah ke belakang kursi, mendorong ELVIRA ke samping dan memberikan pukulan keras kepada KONJEVIČ. KONJEVIČ berhenti batuk, bersandar, dan duduk dengan mata tertutup.*)

ELVIRA: Bung Novak? (*Menggosok bahu KONJEVIČ, KONJEVIČ tidak merespon.*) Apa pria ini tercekik dengan batuknya sendiri?

JOE ORTON: Polisi bisa melakukan apa saja. (*Mengambil sisa lintingan dari tangan KONJEVIČ itu.*) Aku tahu dia akan membebani kita dengan mayatnya. (*Menyentuhkan ujung bara lintingan ke telapak tangan KONJEVIČ.*)

KONJEVIČ (*Melompat dari kursi dan menari-nari di ruangan*): Aaaahhhh ... Aaaaaaah ...

ELVIRA: Terima kasih Tuhan! Kita tidak tahu di mana akan menguburnya.

JOE ORTON: Kita bisa menggunakan dia sebagai pupuk.

KONJEVIČ: Bung Ebenšpanger, aku tidak pernah mengira orang sekaliber Anda memiliki rasa humor di mana anak yang berumur 5 tahun pun akan malu memiliki rasa humor itu.

ELVIRA: Jangan berlebihan Bung Novak. Duduk di kursi dan saya akan memijat bahu Anda selama lima menit.

KONJEVIČ: Terima kasih, Nyonya. Saya berubah pikiran, tapi saya akan kembali lain waktu. Selamat tinggal, Bung Ebenšpanger.

MAJERHOLD: Anda tidak akan pergi kemana pun.

KONJEVIČ: Rasa ingin tahu telah membawa saya sejauh ini. Saya sudah mendapatkan hukuman, dan sekarang saya ingin pergi.

MAJERHOLD: Pertama, kami harus tahu apa yang kau lakukan di balik pagar.

KONJEVIČ: Saya seorang pria yang lemah, tapi baik hati. Saya tidak akan membahayakan Anda.

MAJERHOLD: Anda berbahaya, kalau Anda masih sebagai petugas Perusahaan Air Minum Negara. Anda bisa saja memotong saluran air kami. Itu akan menghancurkan kebun kami dan itu akan menyebabkan kami semua mati kelaparan. Cerita bahwa Anda polisi hanyalah cerita buatan, bukankah begitu?

KONJEVIČ: Ini melanggar aturan, tapi saya akan membuat pengecualian kali ini.

(Dia menarik lencana dari sakunya dan menyerahkan kepada MAJERHOLD, MAJERHOLD memeriksa lencana tersebut.)

MAJERHOLD: Anda memang mengatakan yang sebenarnya. Kecuali, di sini tertulis „Konjevič," bukan „Novak."

KONJEVIČ: Benarkah? Aku tidak pernah memperhatikannya. Kesalahan fatal. Tidak mengherankan jika kita berhadapan dengan polisi. Sebenarnya, mungkin ini juga kesalahan saya. Saya tidak pernah mengatakan nama asli saya.

MAJERHOLD: Dan siapa nama asli Anda?

KONJEVIČ: Sama seperti Anda. Ebenšpanger.

(Jeda. Mereka saling tatap.)

MAJERHOLD: Nama saya Majerhold.

KONJEVIČ: Benar. Mulai sekarang Anda akan Majerhold, dan saya Ebenšpanger. Setidaknya, kita telah berhasil memecahkan satu masalah.

MAJERHOLD: Cukup. Dan Joe Orton akan menjadi Agen Khusus Konjevič, bekerja untuk Agen Keamanan Nasional. *(Menyerahkan lencana pada JOE ORTON.)*

JOE ORTON: Perubahan dari seorang kriminal menjadi seorang polisi sangatlah singkat! *(memasukkan lencana ke dalam sakunya)* Ini akan menyenangkan!

ELVIRA: Anda bisa mengajak saya ke acara pesta dansa para polisi. Pasti akan banyak pria tampan di sana.

JOE ORTON: Kau dengar itu, Bung Majerhold? Wanita ini tidak bisa mengendalikan hasratnya. *(Memandang ELVIRA.)* Aku akan menangkap setiap pria yang mendekatimu.

KONJEVIČ *(Berbisik)*: Ini antara kau dan aku Bung Majerhold, Anda sudah membuat kesepakatan dengan orang yang keliru untuk kebun surga Anda. Saya berharap proses seleksi belum berakhir dan masih ada satu ruang untuk satu lagi. Lagi pula Anda butuh seseorang untuk menjaga keamanan.

MAJERHOLD: Tawaran Anda akan dibahas oleh komite tiga.

KONJEVIČ: Saya berharap Anda mendiskusikannya selama saya tidak ada. Saya akan kembali untuk mendengar keputusannya besok siang. (*Melangkah ke pintu.*)

JOE ORTON (*Mengarahkan pistol ke KONJEVIČ*): Anda mau pergi ke mana?

KONJEVIČ: Pistol itu tak berpeluru.

MAJERHOLD: Ada satu peluru. (*Masih menodongkan pistolnya pada KONJEVIČ.*) Duduk di kursi, Pak Ebenšpanger.

(*KONJEVIČ kembali duduk di kursi.*)

MAJERHOLD: Ada lakban, Joe?

(*JOE ORTON meletakkan pistol di sofa, membungkuk dan menarik lakban besar coklat dari bawah meja.*)

KONJEVIČ: Apalagi yang ada di sana?

MAJERHOLD (*Ke ORTON*): Ayo, kamu sudah melihat caranya di film-film.

JOE ORTON: Itu sebelum Elvira menggadaikan TV. Bisakah kita ambil lagi? Aku mulai bosan. Di sini benar-benar membosankan.

(*JOE ORTON mengikat tubuh KONJEVIČ di sandaran kursi dengan lakban.*)

KONJEVIČ: Aku bisa saja protes. Tapi, kita semua sudah pernah menyaksikan film-film seperti ini. Jadi, saya akan diam.

JOE ORTON (*Menutup mulut KONJEVIČ dengan lakban*): Ide bagus.

(*Blackout.*)

Adegan 10

KONJEVIČ terikat dengan lakban di kursi.

Dalam kegelapan, terdengar laporan radio: ... Kita tidak mengembangkan dan memperkuat nilai-nilai hanya karena nilai tersebut bernilai. Kita mengembangkan dan memperkuat nilai karena hidup kita bisa lebih lengkap dan bermakna. Sejarah telah mengajarkan kita untuk mati demi masyarakat, tapi kita lupa bahwa hidup seseorang tidak berarti tanpa masyarakat. Dengan kata lain, seseorang tidak bisa dengan mudah menjalin hubungan dengan komunitas yang dia pilih, hubungan menjadi subjek untuk terus diidentifikasi.

Selama laporan itu, lampu panggung perlahan-lahan menyala.

MAJERHOLD, JOE ORTON, dan ELVIRA masuk dari lorong. JOE mematikan radio.

JOE ORTON: Bla bla bla.
ELVIRA: Anda nyaman, Bung Konjevič?
JOE ORTON: Berkhayal? Pikiran biasanya menjadi liar setelah merokok ganja. Mau lintingan lagi?

(KONJEVIČ menggeliat dan mengeluarkan suara aneh.)

ELVIRA: Sepertinya dia ingin mengatakan sesuatu.

(MAJERHOLD memberi isyarat, JOE ORTON melepas lakban dari mulut KONJEVIČ.)

KONJEVIČ: Kamu membiarkanku sendirian semalaman!
ELVIRA: Di rumah ini kita selalu perhatian.
KONJEVIČ: Dan radio mengerikan ini, menyala sendiri!
ELVIRA: Lagi pula kami butuh istirahat.
KONJEVIČ: Di kamar tidurmu? Bertiga?
ELVIRA: Bung Majerhold awalnya menolak rencana itu. Tapi, Joe merajuk. Dia tidak menerima gagasan untuk membagi kesenangannya. Dia masih muda. Tapi, kami akhirnya menyepakati satu hal yang memuaskan kita bertiga.
KONJEVIČ: Tapi, Anda tidak memikirkan saya.
ELVIRA: Sebaliknya. Saya sudah tiga kali menyarankan untuk mengundang Anda bergabung dengan kami, mengingat bahwa Anda adalah tamu kami. Tapi, kedua pria itu mati-matian menentangnya.
KONJEVIČ: Maksud saya, apa Anda tidak berfikir bahwa saya sedang kesulitan untuk bernafas. Saya tercekik!
ELVIRA: Anda ingin sarapan apa? Orak-arik telur, roti dengan selai?
KONJEVIČ: Saya ingin bebas! Saya ingin pergi!

KOMEDI TENTANG AKHIR DUNIA

ELVIRA: Kami menyukai Anda, Bung Konjevič. Jadi, kita akan menahan Anda agak lama.
KONJEVIČ: Dengan kondisi terikat begini?
ELVIRA: Kenapa tidak?
KONJEVIČ: Aku tidak bisa menggaruk hidungku!
ELVIRA: Joe, garuk hidungnya Bung Konjevič.
KONJEVIČ (*Ke ORTON*): Sini, aku akan meludahimu.
JOE ORTON: Ya ampun! Aku memberikan ganja terbaikku pada seseorang, dan apa balasannya?
KONJEVIČ: Aku haus!

(*MAJERHOLD melirik ke ELVIRA.*)

ELVIRA: Menjadi pelayan di rumah sendiri. Ini kebodohanku. (*Pergi.*)
MAJERHOLD: Baiklah. Tinggal kita berdua. Beritahu aku sekarang, siapa kamu sebenarnya dan apa yang membawamu kemari?
KONJEVIČ: Bagaimana kalau saya dilepaskan dulu, biar saya bisa *push up* dan rileks? Setelah itu saya akan memberitahukan yang ingin Anda ketahui.
MAJERHOLD: Joe, lepas lakban itu dan dan biarkan dia *push up*.
JOE ORTON: Dia akan melarikan diri!
MAJERHOLD (*Mengeluarkan pistolnya*): Tidak akan.

(*JOE ORTON melepas lakban dan membebaskan KONJEVIČ. Dengan susah payah, KONJEVIČ bangkit dari kursi, membentang tangannya dan mulai push up.*)

JOE ORTON: Apa kita akan menyaksikan latihannya selama satu jam?
KONJEVIČ (*Berdiri*): Boleh saya minta ganjanya sebelum mengaku? Untuk melonggarkan lidah saya.
MAJERHOLD: Pengakuan dulu.
KONJEVIČ: Kau memang kejam, tapi saya tidak akan berharap banyak. Saya sudah banyak berbohong dan menyesal untuk itu.
MAJERHOLD: Langsung saja.
KONJEVIČ: Anda memerlukan seorang manajer, Bung Ebenšpanger.
MAJERHOLD: Saya baru mendengar tentang itu.
KONJEVIČ: Apa yang Anda lakukan di sini butuh seorang pemasaran. Memang benar bahwa pasar bebas telah membawa dunia bertekuk lutut, dan menghancurkannya juga, tapi bukan berarti kita tidak bisa menghindari masa-masa kehancuran itu.

KOMEDI TENTANG AKHIR DUNIA

JOE ORTON: Kamu datang di kelas filsafat malam! Itulah sebabnya kamu tampak tidak asing.
KONJEVIČ: Saya tidak asing karena saya sering membeli ganja Anda.
JOE ORTON: Tidak mungkin. Tidak ada Konjevič atau Novak dalam daftar klienmu.
KONJEVIČ (*Menarik selembar kertas dari sakunya*): Maksud Anda ini?
JOE ORTON: Dari mana kau dapat itu? Kembalikan!
KONJEVIČ: Kembalikan dulu lencana palsu saya. (*Memperpanjang lengannya.*)
JOE ORTON (*Ke MAJERHOLD*): Saya boleh menamparnya?
MAJERHOLD: Nanti.

(*ELVIRA masuk dengan botol air. KONJEVIČ menerimanya dan meneguk isi botol hingga kosong. Dan mengembalikannya ke ELVIRA.*)

ELVIRA: Apa saya datang pada waktu yang salah?
KONJEVIČ: Tidak, tidak, Nyonya Silvana, Anda telah datang pada saat yang tepat, tepat pada waktunya untuk mendengar tawaran bisnis saya.
ELVIRA: Bagaimana Anda tahu nama saya Silvana?
KONJEVIČ: Kau Silvana sebelum berhenti untuk menghabiskan sisa tahun di kelas kepribadian. Meskipun rumah ini merupakan impianmu sebelumnya. Awalnya saya hanya menebak-nebak tentang Anda, tapi sekarang saya bisa mengkonfirmasikan bahwa saya pernah menikmati keahlian profesional Anda beberapa kali.
ELVIRA: Kenapa Anda ke mari?
KONJEVIČ: Untuk menghapus khayalan yang cepat atau lambat akan mengubur Anda.
ELVIRA: Anda bekerja untuk siapa?
KONJEVIČ: Saya bekerja untuk diri sendiri. Hanya orang bodoh yang bekerja untuk orang lain. Jangan bilang saya mengatakan sesuatu yang sudah Anda ketahui.
JOE ORTON (*Meraih senapan dan menodongkannya pada KONJEVIČ*): Cukup, cukup, cukup!
KONJEVIČ: Pistol itu tidak ada pelurunya.
JOE ORTON: Oh ya?

(*JOE mengarahkan senapan ke arah langit-langit dan menekan pelatuknya. Kita mendengar suara ledakan. Semua orang terkejut, termasuk ORTON.*)

KONJEVIČ: Boleh saya mengatakan sesuatu?

JOE ORTON (*Menodongkan senapan*): Akan saya katakan, sebelum Anda mengatakannya.

KONJEVIČ: Akan saya katakan dulu sebelum Anda mengatakannya.

JOE ORTON: Halnya sudah berubah, saya akan mengajukan pertanyaan sekarang.

ELVIRA: Bung Majerhold, kenapa kau menyingkirkan pistolmu ketika Joe Orton mengambil senapan?

MAJERHOLD: Aku rasa dia perlu melepaskan kegelisahannya. Keyakinannya goyah sepanjang malam ini. Tidak ada cara yang lebih baik untuk mengobatinya selain mengarahkan senapan di sekitarnya.

(*JOE ORTON menodongkan senapan ke MAJERHOLD dan hampir menekan pelatuknya. Tiba-tiba tubuhnya terkulai, melempar senapan di lantai, runtuh di kursi, menutupi wajah dengan jari-jarinya dan mulai menangis.*)

(*ELVIRA duduk di samping kursi, merangkul bahu ORTON dengan tangan kanannya dan kepalanya terkulai lemah.*)

ELVIRA: Jangan khawatir, tikus kecil, ibu tikus selalu bangga padamu. Maafkan semua perkataanku yang buruk padamu.

(*Tangisan ORTON perlahan mereda.*)

KONJEVIČ: Anak muda ini sekarang mulai melemah, tidak bisa berdiri tegak lagi. Tapi dunia sedang butuh keberanian yang lebih. Anak muda sekarang mampu membuat cerita cengeng yang hanya bisa dinikmati di Facebook.

ELVIRA: Joe tidak memiliki akun Facebook. Dia menggunakan internet hanya untuk pornografi. Itu pun tidak setiap hari.

KONJEVIČ: Menciptakan surga kecil. Sebuah ekstasi, dilupakan, lega. Sesuatu yang tidak dapat dibagi dengan siapa pun. Lemah dan egois. Tapi Anda, Bung Ebenšpanger, telah menciptakan sebuah cerita besar dalam tradisi besar. Sebuah kebun besar yang unik, tanpa mempedulikan kesenangan sendiri. Hal yang terpenting adalah kelangsungan hidup umat manusia.

MAJERHOLD: Dunia di luar pagar ini, sudah tak lagi menarik buat saya.

KONJEVIČ: Keren! Dengan membalikkan dunia dan menggunakan keegoisan sebagai upaya terakhir, Anda telah menciptakan cara ideal untuk menyelamatkan umat manusia.

KOMEDI TENTANG AKHIR DUNIA

MAJERHOLD: Anda telah tenggelam dalam kontradiksi.

KONJEVIČ: Anda telah membuat sebuah model dari yang bisa dijual ke seluruh muka bumi dari kebun Anda. Sepuluh jenis benih ilmiah tumbuh sayuran, dengan vitamin yang bagus untuk kesehatan, gizi yang cukup untuk 2 atau 3 bahkan 4 orang anggota keluarga. Anda tahu apa artinya itu?

MAJERHOLD: Katakan.

KONJEVIČ: Akhir perdagangan, akhir transportasi, akhir kebutuhan untuk bahan bakar fosil, akhir asap knalpot, akhir efek rumah kaca, akhir ketakutan kita tentang akhir dunia!

JOE ORTON: Dia gila, kan? (*Memandang ELVIRA.*)

ELVIRA: Ya, tikus kecil. Benar-benar gila.

KONJEVIČ: Anda harus mematenkan ide ini untuk Anda.

MAJERHOLD: Kenapa?

KONJEVIČ: Karena kekayaan intelektual telah menjadi target utama semua penjahat.

MAJERHOLD: Saya tidak tahu itu.

KONJEVIČ: Kita akan menandatangani sebuah kontrak untuk memberi saya hak eksklusif memasarkan model kebun surga Anda ke seluruh dunia. Saya beritahu, orang-orang di Amerika akan menggila, mereka akan saling injak dan mati dalam euforia mereka.

MAJERHOLD: Dan apa manfaatnya untuk kita?

KONJEVIČ: Kita akan kaya, Bung Ebenšpanger! Menikmati kenyamanan yang luar biasa sampai akhir hidup kita. Kita semua.

MAJERHOLD: Kita semua?

KONJEVIČ: Ya, kami berempat.

JOE ORTON: Oh, tiba-tiba kita ada empat.

ELVIRA: Itu terserah Bung Majerhold, tikus kecil. Dia selalu tahu apa yang terbaik buat kita.

KONJEVIČ: Bagaimana, Bung Majerhold? Kita bisa memperbesar kebun, membeli tanah tetangga, menghancurkan rumah-rumah, mengusir penduduk, dan menggunakan tanah itu atas nama Anda. Semuanya legal, tentu saja. Kita bisa menambah dua puluh cincin sayuran menjadi seratus, dua ratus, lebih bahkan!

MAJERHOLD: Lalu?

KONJEVIČ: Lalu, kita bisa mengundang banyak tamu ke surga kecil kita. Mungkin seorang pemuda yang bisa menjadi pasangan Nyonya Elvira. Untuk saya, seorang gadis lincah yang membutuhkan perhatian, jadi saya tidak merasa kesepian di malam hari. Dan untuk Anda, Bung Majerhold yang sejalan dengan orientasi Anda tentu saja. Bukan bermaksud rasis, Anda dapat memilih Eskimo atau Tuareg. Saya tidak keberatan sama sekali.

ELVIRA: Dengan satu syarat: orang itu harus seorang pria.

KONJEVIČ: Pikirkan tentang hal ini, Bung Vehovar. Bukan untuk saya, tapi untuk Anda sendiri. Mereka berdua yang tidak berdaya sepenuhnya akan tergantung pada Anda. Pikirkan hal itu, tidak perlu terburu-buru.

MAJERHOLD: Bagus, karena Anda akan tetap berada di sini.

KONJEVIČ: Saya tahu itu. Jadi, tolong beritahu di mana toilet Anda. Sepanjang malam, saya menahan diri untuk mengosongkan kandung kemih saya.

JOE ORTON: Aku mencium bau kencing!

MAJERHOLD: Joe, ambil senapannya dan antar pria ini ke toilet. Pastikan dia tidak mencoba melarikan diri ke luar jendela. Kalau dia melakukannya, bawa dia kembali.

(JOE mengambil pistol dan menunggu KONJEVIČ untuk berjalan ke pintu. Dia mengikuti KONJEVIČ keluar lorong. Jeda sementara.)

ELVIRA: Aku berharap bisa tahu apa yang sedang terjadi.

MAJERHOLD: Carilah sendiri.

ELVIRA: Apakah Tuhan sedang menguji kita karena kita berdosa?

MAJERHOLD: Tuhan sudah menyerah pada dunia ini sejak lama. Hanya iblis yang masih bertahan, dengan harapan masih bisa menikmati tawa terakhirnya.

ELVIRA: Aku tebak iblis itu bekerja di Perusahaan Air Minum Negara?

(Suara tembakan terdengar dari bawah. Jeda.)

ELVIRA: Suara yang aneh.

MAJERHOLD: Saya rasa sekarang kita akan mendapatkan berita yang tidak menyenangkan.

(JOE ORTON kembali dengan senapan.)

JOE ORTON: Dia mencoba untuk melarikan diri ke luar jendela.

MAJERHOLD: Aku bilang untuk membawa dia kembali, hidup-hidup.

JOE ORTON: Aku tidak berjanji dengannya! Aku menolak untuk bertanggung jawab pada sesuatu yang bukan salahku.

MAJERHOLD: Bagaimana keadaan orang itu?

JOE ORTON: Hampir sama dengan sebelumnya. Hanya mulutnya sekarang terbuka lebar dan diam. Seperti sudah tidak tertarik lagi dengan yang ada di sekelilingnya.

ELVIRA: Joe Orton, bagaimana aku bisa memaafkanmu?
JOE ORTON: Butuh setidaknya satu korban untuk menciptakan sejarah yang baru.
ELVIRA: Sekarang kita jadi tidak tahu siapa dia, dan apa yang diinginkannya.
MAJERHOLD: Kami akan menghibur diri dengan pertanyaan itu sepanjang musim dingin. Joe, ambil sekop, korbankan beberapa lahan kubis dan kubur dia dalam-dalam hingga tidak ada yang bisa menemukannya.
JOE ORTON: Sial! Aku juga yang akhirnya harus bekerja.

(JOE ORTON pergi dengan senapannya. Jeda.)

ELVIRA: Akan ada orang yang datang mencarinya.
MAJERHOLD: Siapa?
ELVIRA: Teman-temannya, dari Perusahaan Air Minum Negara. Polisi. Dinas rahasia. Atau dokter, untuk membawanya kembali ke rumah sakit jiwa. Bagaimana saya bisa tahu?
MAJERHOLD: Kau tidak tahu apa-apa, Elvira. Itu yang terbaik bagi kita semua.
ELVIRA: Kau mencintaiku?
MAJERHOLD: Apa Anda tidak merasa kalau sekarang saatnya menyampaikan pertanyaan yang sedikit lebih cerdas?

(Blackout.)

Adegan 11

Dalam kegelapan, terdengar laporan radio: ... kebanyakan orang masih berpikir bahwa ancaman langsung terhadap kelangsungan hidup umat manusia adalah omong kosong futuristik yang diciptakan orang-orang terbaik. Sayangnya hal itu salah. Penemuan adalah kapal yang kita naiki, dan kapal itu telah meninggalkan pelabuhan selamanya. Tidak ada yang tahu bagaimana hal ini akan mempengaruhi hubungan kita. Mungkin kita mulai menyadari bahwa ini adalah abad terakhir dan menjadi semakin egois, bahkan mungkin mengorbankan tujuan pribadi kita untuk menyatukan energi dalam mengemudikan kapal yang membawa kita pada satu kesadaran bahwa kita tidak menggunakan waktu sebaik mungkin. Kita tidak berdaya menghindari kapal yang karam. Itu kenyataannya. Satu-satunya pertanyaan adalah, apakah kapalnya akan tenggelam tahun ini, sepuluh tahun ke depan, atau seratus tahun...

Selama laporan itu, lampu panggung perlahan-lahan menyala.

MAJERHOLD masuk dan mematikan radio.

MAJERHOLD: Bla bla bla.

(*Mengambil papan gambarnya, duduk di sofa dan mulai membuat sketsa. ELVIRA masuk, membawa teh. ELVIRA meletakkan nampan di meja dan duduk di samping MAJERHOLD. MAJERHOLD menatapnya.*)

ELVIRA: Joe masih berlaku aneh.
MAJERHOLD: Bukankah dia begitu?
ELVIRA: Ya, tapi ia bisa berhenti berjualan ganja sekarang. Maksudku... kita punya kebun sekarang.
MAJERHOLD: Aku sudah berusaha membuat disiplin.
ELVIRA: Aku kira kita akan hidup bahagia, tapi sekarang sesuatu yang buruk sedang mendatangi kita.
MAJERHOLD (*Bangkit*): Apa yang kau bicarakan? Hal-hal buruklah yang sedang kita singkirkan. Itu sebabnya kita menciptakan perlindungan. Bahkan jika kita bisa bertahan selama seminggu dari orang-orang, usaha kita tidak akan sia-sia.
ELVIRA: Apakah minggu tambahan cukup layak untuk usaha ini?
MAJERHOLD: Usaha apa yang sudah kau lakukan?
ELVIRA: Ohhh, siapa yang memasak, bersih-bersih, menengahi konflik, dan memberikan dukungan selama ini?! Belum lagi hal-hal lain.
MAJERHOLD: Hal lain? Maksudmu di kamar tidurmu.

(*ELVIRA bangkit, mengambil nampan, dan berjalan ke pintu.*)

MAJERHOLD: Aku belum selesai dengan tehku.
ELVIRA: Dan kamu tidak akan menyelesaikannya.

(*ELVIRA menabrak KONJEVIČ, yang masuk dari lorong.*)

KONJEVIČ: Aku yang akan menghabiskannya, letakkan di meja. (*meremas tangannya.*) Sangat dingin di sana, ini bagus untukku.

(*MAJERHOLD dan ELVIRA saling berpandangan dengan mulut ternganga.*)

ELVIRA (*Ke MAJERHOLD*): Aku tidak sedang berhalusinasi, kan? Tidak ada seorang pun di sini kecuali aku dan kamu?

KONJEVIČ: Saya berharap Anda akan merangkul saya dan bilang alhamdulillah kamu masih hidup.

ELVIRA: Ini bukan pertama kalinya aku merasa bahwa rumah ini berhantu.

KONJEVIČ (*Mengambil baki dari tangan ELVIRA, meletakkannya di meja, menuangkan tehnya sendiri*): Hantu tidak minum teh.

ELVIRA: Tapi Anda terbaring di luar sana, di kebun, enam meter di bawah tanah!

KONJEVIČ: Sedalam itu? Saya tidak akan bisa bernapas. Dan bernafas adalah favorit saya. (*Menghirup napas dalam-dalam.*) Meskipun sedikit pasokan udara segar di sekitar sini.

MAJERHOLD: Hanya ada satu cara untuk mengetahui apakah kita sedang menghadapi hantu.

(*Dia menarik pistol dari sakunya dan diarahkan pada KONJEVIČ.*)

KONJEVIČ: Dalam beberapa detik saya rasa kita akan mendengar suara ledakan.

(*KONJEVIČ tersenyum dan menyeruput teh.*)

(*MAJERHOLD naik darah. ELVIRA melompat, KONJEVIČ tersenyum dan mengangkat cangkir tehnya.*)

KONJEVIČ: Jika saya tidak salah, kita akan mendengar ledakan yang lain.

MAJERHOLD: Mungkin dia memakai jaket pelindung.

(*MAJERHOLD melangkah mendekati KONJEVIČ dan mengarahkan senjata ke kepalanya dari jarak dekat.*)

KONJEVIČ: Peluru itu akan menuju gendang telinga saya!

MAJERHOLD (*Menatap pistolnya*): Apakah Joe Orton menyimpan senjata yang lain? LSD, mescal? Mungkinkah dia telah memasukkan sesuatu ke dalam makanan kita?

(*JOE ORTON masuk dengan senapan di tangannya.*)

JOE ORTON: Absen selama kurang dari lima menit, dan sudah dituduh melakukan kejahatan yang paling keji.

ELVIRA: Joe, demi Tuhan, dari mana saja kau?

JOE ORTON: Menjadi pemburu. Aku memburu binatang, jadi kita tidak perlu menjadi vegan. Dan Bung Ebenšpanger, apa yang dia tembak?

KONJEVIČ: Hantu.

MAJERHOLD: Joe, berapa banyak orang yang kau lihat di ruangan ini?

JOE ORTON: Tiga.

ELVIRA: Apa kau lihat hantunya?

JOE ORTON: Hantu, mana?

ELVIRA: Ada di depanmu, sedang minum teh!

JOE ORTON: Itu bukan hantu. Itu Bung Konjevič.

ELVIRA: Joe, kau sudah menembak Bung Konjevič di toilet dan menguburkannya di kebun!

JOE ORTON: Mungkin aku salah.

ELVIRA: Kita menyaksikan dari jendela, saat kau menguburnya!

JOE ORTON: Kau melihatnya?

ELVIRA: Kau bahkan menanam kubis di atasnya. Untuk menutupi jejak, katamu.

JOE ORTON: Mungkin dia bangun lagi dari kematian. Mungkin kita sedang menyaksikan kebangkitan seperti yang diramalkan dalam Alkitab.

ELVIRA: Joe.

JOE ORTON: Aku pikir kau akan senang, aku bukan pembunuh. Kau harusnya merangkul dan menciumku. Kita semua, maksudku kita berempat mestinya beristirahat ke kamar tidur dan merayakan pergantian peristiwa dengan pesta keringat dan erangan.

MAJERHOLD (*Membuka wadah senjata dan menemukan tidak ada isinya*): Saya benar-benar bodoh.

JOE ORTON: Kami sudah mengetahui itu sebelumnya.

KONJEVIČ: Biarkan saja dia. Bukanlah hal yang mulia menendang seorang pria yang menemukan kebodohan diri di depan matanya.

ELVIRA: Apa ada seseorang yang bisa menjelaskan kepada saya, apa yang sedang terjadi?

JOE ORTON: Tidak ada yang belum pernah terjadi selama satu juta kali dalam sejarah.

ELVIRA: Aku tidak mengerti.

JOE ORTON: Bagaimana kau bisa mengerti, karena kau tidak lebih dari sebuah lubang besar yang harus diisi setiap saat sehingga pikiran seorang intelijen tidak sengaja masuk ke dalamnya?

KONJEVIČ: Jangan begitu. Kita harus memberi perhatian pada seorang perempuan meskipun kita membencinya.

MAJERHOLD: Kapan konspirasi ini dimulai?

JOE ORTON: Kamu ingat, Bung Konjevič?
KONJEVIČ: Beberapa waktu lalu, saya kira. Pastinya sebelum saya dimakamkan di kebun.
MAJERHOLD: Sebelum Anda datang?
KONJEVIČ: Mungkin, tapi itu tidak penting sekarang. Yang terpenting sekarang adalah di sinilah kita.
ELVIRA: Ya Tuhan! Joe Orton, bagaimana kau bisa begitu licik?
JOE ORTON (*Mendesis*): Aku bukan orang yang berpura-pura orgasme.
ELVIRA (*Mendesis kembali*): Aku tidak pernah melakukan itu, tapi denganmu, aku tidak punya pilihan lain!
JOE ORTON: Terima kasih atas pujiannya. Harga sewa untukmu akan sangat tinggi.
ELVIRA: Sewa?
JOE ORTON: Ya. Sewa yang akan kau bayarkan pada kami, dimulai besok.
ELVIRA: Bung Majerhold, mengapa kau tidak membelaku?
MAJERHOLD: Aku sudah menjadi korban dari kenaifanku sendiri.
KONJEVIČ: Menurut saya, Anda korban dari ketidaktegasan seorang pebisnis. Bukankah saya sudah menawarkan kesepakatan dengan memberikan posisi yang tinggi pada Anda, sembari mengamankan kehidupan yang nyaman bagi kita semua sampai masa tua?
MAJERHOLD: Apa yang akan kau lakukan?
JOE ORTON: Tidak ada yang dramatis. Sampai hari ini tumbuh sepuluh jenis sayuran. Tapi, mulai besok...
MAJERHOLD: Ya, aku tahu, akan ada ganja.
JOE ORTON: Tidak, poppies.
MAJERHOLD: Opium? Heroin?
KONJEVIČ: Kenapa tidak? Mengingat ukuran tanah dan struktur tanah, pertumbuhannya akan cepat.
MAJERHOLD: Perdagangan obat? Tidak akan bisa menumbuhkan makanan, Anda akan menabur benih penyakit dan kematian. Saya tidak akan membiarkan hal itu.
ELVIRA: Aku juga. Rumah dan kebun ini terdaftar atas namaku.
JOE ORTON: Aku tahu pasti akan ada masalah.
KONJEVIČ: Jangan khawatir. Masalah dapat diselesaikan, kita semua orang yang berakal. Perpindahan kepemilikan bukan masalah rumit. Hal yang dibutuhkan hanyalah perjanjian kecil, disertai dengan ancaman kecil. Bukankah begitu, Nyonya Elvira? Bung Majerhold? Kita harus tetap berpegang pada nilai-nilai bahwa kita akan terus berusaha mengejar tujuan kita.

MAJERHOLD: Nilai-nilai Anda, Bung Konjevič-Novak, tidak berharga seperti ludah.

ELVIRA: Aku akan memberikannya! (*Meludah pada KONJEVIČ.*)

KONJEVIČ: Nilai adalah rekaan untuk melegalkan tujuan kita. Disebut juga dengan: fiksi.

JOE ORTON: Dan apa pun yang terjadi dalam fiksi, hanyalah lelucon buatku. Aku sudah menempatkan diriku dalam sejarah.

MAJERHOLD: Kau adalah kutu yang bahkan bulu anjing kudisan pun menolaknya. Banyak orang menuju kepunahan, dan kalian berdua...

JOE ORTON: Kami hanya ingin mengurangi kumpulan penderitaan. Bukankah kita mulia? Bersenang-senang, lupa diri, kenikmatan dan beberapa tahun kehidupan yang nyaman bagi kita... Apa lagi yang bisa mengalahkan itu?

KONJEVIČ: Dengan keuntungan dari penjualan opium, kita akan dapat membeli sepuluh kali lebih banyak sayuran yang bisa tumbuh di kebun Anda.

JOE ORTON: Dan daging.

KONJEVIČ: Semua jenis daging. Termasuk yang muda, cantik dan tegas. (*Memandang ke ELVIRA.*)

ELVIRA: Bung Majerhold, Anda tidak melindungi martabat saya?

MAJERHOLD: Permainannya akan kalah.

KONJEVIČ: Belum tentu. Masih ada waktu untuk bergabung dengan pihak yang menang.

MAJERHOLD: Kami tidak akan bersahabat dengan penjahat.

ELVIRA: Selamat, Bung Majerhold! (*Tiba-tiba khawatir.*) Biasanya, hal-hal seperti ini disebut dengan refleksi. Bukan begitu, Bung Konjevič?

KONJEVIČ: Tentu saja, Nyonya Elvira.

MAJERHOLD: Kita akan memikirkannya. Di pengadilan.

KONJEVIČ: Tapi pengadilan berada di luar pagar yang kau dirikan sendiri, sehingga tidak ada yang bisa naik dan masuk ke dalam, Bung Ebenšpanger. Tidak ada pengadilan yuridis di sini, di dalam pagar, kecuali kita berempat.

MAJERHOLD: Anda harus membunuh saya.

KONJEVIČ: Kami bukan pembunuh, seperti Anda, Bung Ebenšpanger, menembak kepala orang dari jarak dekat.

JOE ORTON: Lihat dari jendela itu, Bung Majerhold.

(*MAJERHOLD dan ELVIRA mendekati jendela, melihat keluar.*)

ELVIRA: Siapa gadis itu?

KOMEDI TENTANG AKHIR DUNIA

JOE ORTON: Tambahan pekerja. Mulai disewa 2 jam yang lalu.

MAJERHOLD: Tunggu sebentar... Aku tidak percaya ini. Apa yang dia lakukan?

JOE ORTON: Mencabut tanaman sayuran dan menyiapkan tanah untuk menanam *Poppies*.

ELVIRA: Dia masih sangat muda.

KONJEVIČ: Begitulah, Nyonya. Hari tidak pernah berjalan dengan lama. Sebelum Anda berhasil berbalik, waktu sudah menjadi kemarin. Dan besok terus mengetuk pintu kita bahkan saat kita tidur.

ELVIRA: Dan apa lagi yang akan dia lakukan, selain menyiapkan tanah untuk penanaman?

KONJEVIČ: Dia menunjukkan kesediaan untuk mempertimbangkan beberapa saran saya dan Joe. Kau tahu, gadis ini berasal dari keluarga miskin. Mereka tidak pernah menolak tawaran sepotong roti untuk sesuatu yang disebut sebagai keperawanan.

ELVIRA: Dan, dimana Anda akan melakukan saran itu? Di kamar saya?

KONJEVIČ: Aku sudah mengintip ke dalam, dan itu tampaknya sangat cocok untuk ... Oke, biar aku jelaskan rinciannya.

ELVIRA: Tuhan akan menghukum Anda! (*Mulai memukul dada KONJEVIČ dengan tinjunya.*) Tuhan akan menghukum Anda! (*Menjatuhkan diri ke lantai, memeluk lututnya, dan mulai menangis pahit.*) Aku mohon, berbaik hatilah...

JOE ORTON: Sirkus macam apa ini!

ELVIRA (*Hampir tak terdengar*): Tuhan telah menghukum saya...

(*MAJERHOLD berjalan ke pintu.*)

KONJEVIČ: Anda akan pergi ke mana?

MAJERHOLD: Mencari petualangan baru.

JOE ORTON: Kami sudah menyiapkan petualangan untuk Anda. Mulai sekarang petualangan Anda akan sebagai berikut...

MAJERHOLD: Saya tidak tertarik.

JOE ORTON (*Menodongkan senapan ke MAJERHOLD*): Oh ya, tentu saja.

MAJERHOLD: Saya seorang ilmuwan.

KONJEVIČ: Itu sebabnya, Bung Ebenšpanger. Itu sebabnya Anda diserahi tugas, hanya seseorang yang punya kemampuan seperti Anda yang dapat melakukan itu.

JOE ORTON: Kau yang akan bertanggung jawab di laboratorium, mengubah opium menjadi heroin.

KOMEDI TENTANG AKHIR DUNIA

KONJEVIČ: Anda akan mendapat tempat tinggal dan makan dengan teratur. Bukan hal yang kecil, mengingat seperti apa kehidupan kita.

JOE ORTON: Pikirkan miliaran orang yang hidup dengan satu dolar sehari.

KONJEVIČ: Di Los Angeles saja seratus ribu orang tinggal di trotoar.

ELVIRA (*Naik*): Bagaimana dengan saya, apa tugas saya?

MAJERHOLD: Apa kau akan menjual dirimu?

ELVIRA (*Terhina*): Belum pernah, seumur hidup aku melakukan itu. Memang benar, aku sudah melakukan hal yang tidak setiap wanita melakukannya, tapi aku selalu mencoba untuk menggabungkan kesenangan dengan keuntungan. Aku hanya menjadi salah satu wanita yang ingin bekerja sama. Yang bergerak dengan waktu. Yang beradaptasi.

KONJEVIČ: Nyonya Elvira, sudah bertahun-tahun sejak terakhir kita bertemu, tapi aku masih ingat satu posisi yang pernah kita lakukan. Apakah Anda pikir sekarang Anda bisa melakukannya, mengingat sendi Anda tidak lagi fleksibel seperti dulu lagi?

(*ELVIRA menampar wajah KONJEVIČ.*)

JOE ORTON: Rasa hormat tidak akan pernah ada darinya, kalau tidak kita tetap bisa tanpa koki.

ELVIRA: Bung Majerhold... Dunia sudah sangat tak terduga untuk kebanggaan pribadi, untuk tetap bertahan pada satu kesalahan fatal.

KONJEVIČ: Pintar. Anda seharusnya mendengarnya.

JOE ORTON: Bodoh bagai tiang lampu jalanan, tapi kali ini dia telah berhasil mengucapkan sesuatu yang sangat kusetujui.

MAJERHOLD (*Ke KONJEVIČ*): Saya tidak tahu siapa dan apakah Anda ini, yang saya tahu Anda adalah seorang penipu ulung dan bakat Anda ini bisa bermanfaat di Bursa Efek London...

KONJEVIČ: Saya punya batasan, Bung Vehovar.

MAJERHOLD: Lain lagi denganmu, Joe Orton. Terlepas dari kesan yang kamu buat, kau cukup di rumah saja, di bidang pemikiran manusia.

JOE ORTON: Terima kasih.

MAJERHOLD: Keserakahan, yang telah Anda pilih untuk membimbing jiwa Anda, tidak akan memberikan apa-apa kecuali kepuasan jangka pendek atas kebutuhan paling dasar dan masa-masa penyesalan jangka panjang.

JOE ORTON: Seekor kucing selalu bergulung di bawah sinar matahari, kemudian tertidur. Seorang pria bergulung dalam kehidupannya dan kemudian jatuh tertidur. Tidak dapat melarikan diri fakta menyedihkan tentang itu adalah itu dan ini adalah ini.

KOMEDI TENTANG AKHIR DUNIA

ELVIRA: Aku berharap aku bisa memahami semua ini!

JOE ORTON: Mengapa kita harus menunggu kiamat, euforia hidup yang samar-samar, daripada menerima kebahagiaan yang mungkin memang buatan tapi itu nyata? Melupakan merupakan karakteristik dari semua makhluk hidup. Itu sebabnya kesenangan akan menjadi aturan di rumah ini.

MAJERHOLD: Mungkin begitu, tapi tanpa saya. (*Melangkah pergi.*)

KONJEVIČ: Bung Ebenšpanger, Anda tahu betul kita tidak bisa membiarkan itu.

MAJERHOLD: Lalu apa yang akan Anda lakukan pada saya?

KONJEVIČ: Cepat atau lambat Anda harus pergi ke toilet. Joe Orton akan menemani Anda dengan pistolnya. Ketika Anda mencoba untuk melarikan diri lewat jendela, ia akan menembak Anda dari belakang dan kami akan mengubur Anda di bawah deretan bunga poppy. Anda akan menjadi pupuk.

(*Jeda.*)

ELVIRA: Bung Majerhold, tinggallah bersama kami. Uang sewa telah dibayar sampai akhir tahun. Setelah itu kamu akan tahu, bahwa harapan kami beralasan, bukan begitu, Joe?

JOE ORTON: Biarkan dia memutuskannya sendiri.

KONJEVIČ: Bung Ebenšpanger, pertimbangkan semua, mati untuk prinsip-prinsip yang tidak lebih dari dorongan sesaat, akan menjadi sebuah anakronisme. Saya menawarkan pada Anda untuk tidak menyerah pada keinginan Anda yang kekanak-kanakan tentang kepahlawanan.

ELVIRA (*Lembut*): Bung Majerhold?

MAJERHOLD: Saya tidak punya pilihan kan?

KONJEVIČ: Begitulah.

MAJERHOLD (*Memutuskan*): Baiklah. Kalau begitu aku akan keluar sebentar, ke kota, untuk mendapatkan beberapa buku tentang opium. Lalu dalam waktu kurang dari satu jam, aku akan kembali.

KONJEVIČ: Aku tidak masalah dengan itu, tapi itu semua tergantung pada apa yang dikatakan Joe Orton. Dialah penulis naskah dan sutradara dari semua ini.

JOE ORTON: Setengah jam.

ELVIRA: Ditambah tunjangan lima menit karena macet.

MAJERHOLD: Saya hanya membutuhkan setengah jam.

(*MAJERHOLD segera pergi. Keheningan terjadi.*)

ELVIRA: Aku senang sekali, tanpa alasan, memenangkan hari ini.

KOMEDI TENTANG AKHIR DUNIA

JOE ORTON: Semuanya berjalan sesuai rencana.

(*KONJEVIČ melangkah ke jendela dan memandang keluar.*)

KONJEVIČ: Dia berjalan menyusuri pintu gerbang.
JOE ORTON: Seberapa jauh dia?
KONJEVIČ: Setengah perjalanan.
JOE ORTON: Buka jendela, Elvira.

(*ELVIRA pergi ke jendela dan membukanya.*)

ELVIRA: Dia mencapai pintu gerbang. Dia melakukannya!
KONJEVIČ: Dia memanjat pagar gerbang.
JOE ORTON (*Mendorong KONJEVIČ ke samping*): Sedikit lagi, dan dia akan menyesal telah menambahkan duri tajam ke pagar.
KONJEVIČ: Ya, duri yang sesungguhnya!

(*JOE ORTON mengeluarkan pistol dan mengarahkannya ke luar jendela.*)

ELVIRA: Tunggu.
JOE ORTON: Ada apa?
ELVIRA (*Bergerak menjauh dari jendela*): Aku tahu aku hanya seorang wanita yang sentimentil, tapi di sini, di dalam hatiku, aku merasakan tekanan yang kuat hingga hampir tidak bisa bernapas. (*Sebuah jeritan mengerikan terdengar dari jarak seratus meter.*) Apa itu?
KONJEVIČ (*Melihat ke jendela*): Buronan kita kehilangan pegangannya di atas dan tergelincir.
JOE ORTON: Salah satu duri telah menusuk hatinya.
KONJEVIČ: Tertusuk tajam di titik keberhasilannya!
ELVIRA: Ya Tuhan, itu semua kesalahan kita.
JOE ORTON: Kesalahan kita?! Ia yang memesan untuk memasang duri paling tajam dari Swiss, yang lokal tidak cukup baik.
ELVIRA: Dia ingin melindungi kita!
JOE ORTON: Dia adalah pelindung yang terburuk.
KONJEVIČ: Kita harus membersihkan tubuhnya sebelum beberapa pejalan kaki menyebarkan berita ini ke seluruh dunia.

(*JOE ORTON dan KONJEVIČ pergi ke pintu. KONJEVIČ berbalik.*)

KONJEVIČ: Semuanya akan baik-baik saja, Nyonya Elvira. Menghirup teh hijau bisa membantu melemaskan syaraf.

(*JOE ORTON dan KONJEVIČ pergi. ELVIRA berdiri, tidak tahu apa yang harus dilakukannya. Dia pergi ke cermin dan mencoba untuk menata rambutnya. ELVIRA berdiri, sedih, melihat bayangannya.*)

ELVIRA: Betapa kita selalu menjadi tua dan segera mati.

Világvége-komédia
A Grum-díjas 2013 legjobb szlovén nyelvű eredeti drámája
(a zsűri indoklása)

A *Világvége-komédia* bohózat a bohózatban, amelyben aztán még egy bohózat van. Úgy bohózat, ahogyan a mi valóságunk az, noha, ahogyan az egyik hőse mondja: „Nem bohózatba illő időket élünk. A valóság valós drámákat kíván.". A valóság, ahogyan azt a szerző pontosan megállapítja, azt kívánja, hogy elgondolkodjunk a világvégéről, hogy elgondolkodjunk azon, vajon saját zöldségeskertet ültessünk-e, és az kerítsük is alaposan be, vagy továbbra is csak füvet vessünk – és áruljunk... Pontosan ezen gondolkodik egy városszéli házban, annak elhanyagolt kertjében, ezen a becketti helyszínen négy személy – mindet a saját elképzelt színházi valósága jellemzi, de ismerősnek tűnhetnek a saját közvetlen valóságunkból is. Az albérlő Joe Orton, a jobb sorsra érdemes drámaíró; Elvira, a botcsinálta színésznő; Meierhold, az új albérlő, egyben álruhás ökológus; és végül Konjevič, a több kitalált identitással rendelkező ember, nem tudnak megegyezni a kert rendeltetéséről és a világ megmentéséről, és így a szerző optimistának nem igazán nevezhető drámai prognózisa a világvége aktuális társadalmi problémáinak a megoldásáról azt adja világosan a tudtunkra, hogy a vezető tudósok és a lelkiismeretlen haszonlesők harcában, ahogy már annyiszor, és éppen az apokaliptikus jóslatok ellenében, ez utóbbiak győznek. Az ügyesen megírt párbeszédeket, a sok aforizmát és szójátékot tartalmazó drámát olvasva az a kérdés merül föl, hogy vajon mi benne a valós, ki az, aki őszinte, ki az, aki álarc mögé bújik, és, mindenek előtt, vajon a világvége egy realitás, vagy csak a különböző érdekek harcának a kulisszája, amely harcban a forradalmi lelkületű tudósok és a hasznot húzó nyerészkedők egyaránt illegalitásba kényszerültek. A *Világvége-komédia* tapintatos és friss módon foglalkozik a legégetőbb globális-lokális témákkal, és élénken ábrázolja a mi lelkiállapotunkat és másokét is, miközben azt sejteti, hogy a világ csak egy színpad, és ezért talán soha nem fogjuk megismerni az arra kérdésre adható választ, amely Orton soha meg nem írt drámájának címében szerepel: „Miért ment minden a jó büdös francba?"

VILÁGVÉGE-KOMÉDIA

Fordította: Rajsli Emese

Személyek:

JOE ORTON, 25
ELVIRA, 48
MEIERHOLD, 55
KONJEVIČ, 50

Helyszín:
előváros, bárhol a világon

A történés ideje:
ma,
holnap,
holnapután

*Thank you for the inspiration,
Joe Orton, dead since 1967.
Lucky you!*

A drámát gyorsan és halálos komolysággal kell játszani!

VILÁGVÉGE-KOMÉDIA

Első felvonás

1. kép

Egy szoba. Hátul a folyosóra nyíló ajtó, jobbra egy ablak, balra a másik szoba ajtaja. A folyosóra nyíló ajtó mellett, a falon, nagy falitükör. Heverő, karosszék, asztalka, kis szekrény, komód. A komódon két rakás régi folyóirat. A kis szekrényen ódivatú rádió. Minden vedlett, elhanyagolt.

A sötétben fölhangzik a rádió: „A csendes-óceáni Tuvalu szigetcsoport képviselői megállapodást írtak alá az új-zélandi kormánnyal a nyolc atollból álló államocska teljes lakosságának Új-Zélandra költözéséről. Ez a trópusi paradicsom, a homokos strandjaival és pálmaültetvényeivel csupán öt méteres tengerszint fölötti magasságban fekszik. Az üvegházhatás következtében a tenger szintje azonban még ebben az évszázadban várhatóan hét méterrel megnő majd. A tuvaluiak szeretnék idejekorán bebiztosítani magukat. Ezt meg is engedhetik maguknak, hiszen alig ezren vannak. De vajon hova költözhetnének Florida vagy a százmilliós Banglades lakosai, akiket szintén elönt majd az ár, még mielőtt teljesen elolvadna a Grönlandot borító jég? A vélemények természetesen megoszlanak, hogy mikor érjük el azt a pontot, ahonnan többé nincs visszaút…"

A hír elhangzása közben a szín lassan kivilágosodik. Joe Orton bejön a másik szobából. Furcsán tekert cigarettát szív, nyilvánvalóan hasis van benne. Lehunyja a szemét és élvezettel megszívja. Lassan a rádióhoz megy, és kikapcsolja.

JOE ORTON: Bla-bla-bla. *Visszamegy a másik szobába, becsapja az ajtót.*

A folyosóról belép Elvira. Meierhold követi.

VILÁGVÉGE-KOMÉDIA

ELVIRA: Nem nagy. De kényelmes.

Meierhold a szobát szemléli.

MEIERHOLD: Ez lenne az?
ELVIRA: Nem valami lelkes.
MEIERHOLD: És a földszinten? Szeretem, ha a szobámból egyenesen a kertre nyílik az ajtót.
ELVIRA: Az csak a hálószobámból lenne lehetséges. De... *Tetőtől talpig végigméri a férfit.*
MEIERHOLD: Természetesen. Nem várhatom el csak úgy... *Szemét gyorsan végigfuttatja a nő idomain.*
ELVIRA: Egyelőre az ablakból nézheti a kertet.

Meierhold az ablakhoz lép, kinéz. Megfordul.

MEIERHOLD: A fürdőszoba?
ELVIRA: A hálószobám mellett.
MEIERHOLD: Hetente legalább egyszer szeretnék letusolni.
ELVIRA: Akár naponta is. Az ajtót, sajnos, nem lehet bezárni. De nincs szándékomban bemenni. Különösen akkor nem, ha férfi tusol odabent.

Rámosolyog a férfira, inkább émelyítően mint csábítóan.

MEIERHOLD: Ön naponta tusol?
ELVIRA: A személyes higiénia kifejezetten fontos számomra.
MEIERHOLD: Helyes.
ELVIRA: Hisz tudja, milyen erkölcstelen lett a világ. Ha már disznó dolgokat kell csinálnunk, legalább mi legyünk tiszták, miközben megtesszük.

Meierhold meglepődik a nő kijelentésén.

MEIERHOLD: Megkérdezhetem, mi a végzettsége?
ELVIRA: Végzős vagyok az általános iskolában.
MEIERHOLD: Gratulálok!
ELVIRA: Az utolsó iskolai évemet javítóintézetben töltöttem.
MEIERHOLD: És? Megjavult?
ELVIRA: Van, amihez idő kell.

VILÁGVÉGE-KOMÉDIA

MEIERHOLD: És abból egyre kevesebb van a világon, ugyebár.
ELVIRA: És Ön? Gondolom, magiszter, prof, doktor.
MEIERHOLD: És ez az ajtó?
ELVIRA: Hogy az?... Hogy is mondjam... az az ajtó... Egyfajta... kamrába vezet.
MEIERHOLD: Megnézhetem?
ELVIRA: Hogy most? Nem alkalmas.
MEIERHOLD: Miért?
ELVIRA: Zárva van.
MEIERHOLD: És a kulcsa?
ELVIRA: Igaza van. Hozom. Remélem, megtalálom.

Elvira zavartan kimegy a folyosóra vezető ajtón. Meierhold visszalép az ablakhoz, orrát az üveghez nyomja, a kertet nézi. A bal oldali ajtó kinyílik, belép Joe Orton. Meglátja Meierholdot. Az őt nem veszi észre. Joe Orton lábujjhegyen hozzálopakodik.

JOE ORTON: Búúúúúúúú! *Meierhold villámgyorsan megpördül, jobb kezével a zakója alá nyúl, mintha a fegyveréhez kapna.* Maga kicsoda?
MEIERHOLD: Jézusom! Te ki vagy?
JOE ORTON: Fogalmam sincs. Vannak olyan napok, amikor rám tör az identitáskrízis. Ma szinte száz százalékos biztonsággal Joe Orton vagyok. De van, amikor a fejemet tenném rá, hogy Harold Pinter vagyok. Vagy Samuel Beckett.
MEIERHOLD: Bonyolult lehet.
JOE ORTON: Nem az. Joe Orton vagyok, a többit csak kitalálom.
MEIERHOLD: Honnan kerültél ide?
JOE ORTON: Reinkarnálódtam. Mivel fiatalon haltam meg, azt mondtam magamnak: próbáljuk meg még egyszer. És maga?
MEIERHOLD: Szobát bérelnék.
JOE ORTON: Nem úgy néz ki, mint aki itt szeretne lakni, az isten háta mögött.
MEIERHOLD: Tető kell a fejem fölé.
JOE ORTON: Inkább lakástulajdonosra hasonlít.

Elvira visszatér. Összerezzen, amikor megpillantja Ortont.

ELVIRA: Nem tudtam, hogy itthon vagy.
JOE ORTON: Lucifer kitessékelt a pokolból. Azt a megjegyzést találtam tenni, hogy rossz a kaja. Büntetésből két napot a földön kell töltenem.
ELVIRA: Ő Joe Orton, az albérlőm.

VILÁGVÉGE-KOMÉDIA

Joe Orton fölháborodik.

JOE ORTON: Na álljon meg a menet. Én családtag vagyok. És ellenállok minden abbéli kísérletnek, hogy az ehhez kapcsolódó jogaimat semmibe vegyék. *Meierholdhoz fordul.* És nem érdekel, ügyvéd-e, adóellenőr vagy civilruhás rendőr. Én maradok, Ön pedig – fel is út, le is út, minél előbb, annál jobb.

Visszamegy a szobájába, becsapja az ajtót.

ELVIRA: Fél a feketecipős férfiaktól. Különösen, ha vasalt nadrágot viselnek.
MEIERHOLD: Miért?
ELVIRA: Meggyőződése, hogy el akarják foglalni a világot.
MEIERHOLD: Elképzelhető, de vannak köztük olyanok is, akik megmenteni akarják a világot, és a vasalt nadrágot csak rejtőzködés céljára használják.
ELVIRA: Egy ilyet én is szívesen megismernék.
MEIERHOLD: És közben ennek a zavart elméjűnek adja ki a kamráját.
ELVIRA: Ön is tudja, milyen időket élünk. Szexuális igényeimet még csak-csak kielégítem, de a pénzügyiek is épp annyira fontosak.
MEIERHOLD: Asszonyom...
ELVIRA: Elvira.
MEIERHOLD: Őszinte leszek. Egy átjárószobát akar nekem kiadni, ahol nincs lehetőségem félrevonulni. Egy fedél alatt él egy őrülttel, aki halott angol drámaírónak hiszi magát, de valószínűleg Janez a becsületes neve. Vagy Jože. Ön pedig, ha nem veszi zokon, egy gyanús múltú nőszemély.
ELVIRA: Talán igaza van, de Joe Orton az igazi Joe Orton, a reinkarnálódott. Sokáig nem hittem neki, de végül meggyőzött. Ön nem hisz a reinkarnációban?
MEIERHOLD: *sóhajt* Hagyjuk ezt. Tény, hogy a kertje vonzott ide.
ELVIRA: Nyilván a szomszédéra gondol.
MEIERHOLD: Nincsenek szomszédai.
ELVIRA: Valóban, elég magányosan áll itt a házam.

Meierhold az ablakhoz lép, kinéz rajta.

MEIERHOLD: Az Ön kertje – már elnézést, de – a legtökéletesebb példája az elhanyagoltságnak, amit urbánus környezetben valaha is volt szerencsém látni. Gondos tervezés eredménye?
ELVIRA: Nem hinném.
MEIERHOLD: Föltételezem, hogy a kertészkedés nem érdekli.

VILÁGVÉGE-KOMÉDIA

ELVIRA: De, tulajdonképpen érdekelne, de ha kinézek erre a pusztaságra, akkor elmegy a kedvem tőle. És azt mondom: hamarosan az egész világ ilyen lesz, minek törjem magam.
MEIERHOLD: Én sokáig a sivatagban éltem.
ELVIRA: Valóban?! Miért?
MEIERHOLD: Amikor az ember sivatagban él, az okokról nem gondolkozik.
ELVIRA: Túl nagy a forróság a gondolkodáshoz, gondolom.
MEIERHOLD: A sivatagban az embert nem nyomasztja a kötelesség, hogy magának és másoknak kérdéseket tegyen föl és megkíséreljen válaszolni.
ELVIRA: Kellemetlen kötelesség, szerintem is.
MEIERHOLD: És ha elég sokáig maradt ott, végül mindent megért. Rejtélyek nélküli világ.
ELVIRA: Bizonyára jó munkája lehetett, ha olyan sokáig ott maradt.
MEIERHOLD: Igen, végül is, néhány évig.
ELVIRA: Nahát! Akkor ott barnult le ennyire! *Tekintetével végigméri.* Az egész testén, gondolom.

Joe Orton kidugja a fejét az oldalsó ajtón.

JOE ORTON: Még valamit, Harold Pinter úr. Nem tetszik az inge. Azok az emberek, akik mandzsettagombos inget viselnek, és arcszeszre bűzlenek, felelősek azért, hogy a világ ilyen disznóóllá változott.

Becsapja az ajtót.

ELVIRA: Nem szabad haragudni rá. Sokszor csak a drámájából idéz, amit már egy ideje ír. Tud egészen kedves is lenni, ha veszi a fáradságot.
MEIERHOLD: És milyen gyakran veszi?
ELVIRA: Nincs rendszeres jövedelme. Azzal a tudattal kell élnie, hogy senki sem szereti.
MEIERHOLD: Ebben aligha tudok neki segíteni.
ELVIRA: Legalább én megteszem. Gondját viselem, mintha a fiam lenne.
MEIERHOLD: Keresztényi tett.
ELVIRA: Az eltévedt ifjaknak kell egy váll, amelyen kisírhatják magukat, ha kell. Nem gondolja?
MEIERHOLD: Az én időmben az ifjakat mintha ellenállóbb anyagból gyártották volna.

VILÁGVÉGE-KOMÉDIA

ELVIRA: Ó, persze. De hol vannak azok az idők? És azok az ifjak! A világ olyan lagymatag lett... Nem gondolja?

Meierhold még egyszer megnézi a nőt, tetőtől talpig.

MEIERHOLD: Ezt tapasztalta?
ELVIRA: Végül arra kényszerülnek majd a nők, hogy nadrágot húzzanak.
MEIERHOLD: Remélem, erre nem kerül sor.
ELVIRA: Jobban szereti a szoknyát viselő nőket?
MEIERHOLD: A nőkről inkább nem szeretnék beszélgetni. *A távolba mered.* A sivatagban élésnek a legjobb oldala az volt, hogy nem kellett másokat meghallgatni.
ELVIRA: Az néha tényleg terhes tud lenni.
MEIERHOLD: Csak a szél, és néha egy elkóborolt kecske. Esetleg havonta egy villámcsapás. Ez minden. A félreértések lehetősége nullára van redukálva.
ELVIRA: De szép is lehet!
MEIERHOLD: Az ötletekről se szeretek beszélni. Ha jók, nincs okunk vitatkozni róluk. Ha rosszak, akkor meg nem érdemlik meg, hogy időt vesztegessünk rájuk.
ELVIRA: Sajnálom, hogy Joe nem hallotta Önt.
MEIERHOLD: Miért?
ELVIRA: Azonnal beleírta volna a szavait a drámájába. Már több éve írja, de most azt mondja, hamarosan bemutatja a Nemzeti Színház. Az első sorban fogok ülni.
MEIERHOLD: Bocsásson meg, de tudnom kell: van még más albérlője is?
ELVIRA: Csak kettő.
MEIERHOLD: Kettő?! Hol a másik?
ELVIRA: Ön az.

Meierhold az ablakhoz megy, és még egyszer megnézi a kertet. Megfordul és szemügyre veszi a szobát.

MEIERHOLD: Azt mondta, hogy a szoba nagyon kényelmes.
ELVIRA: A heverőt ki lehet nyitni. Szívesen ágyat vetek Önnek este, és rendet rakok reggel.
MEIERHOLD: Valóban?
ELVIRA: Fiatal lányként egy darabig szobalányként dolgoztam. Élvezetes volt elegáns uraknak megágyazni. Még azt is megkockáztatnám, hogy csak azokban a pillanatokban voltam igazán boldog egész életemben.

VILÁGVÉGE-KOMÉDIA

MEIERHOLD: Ne vegye zokon, de ez a szoba most nagyon rendetlen.
ELVIRA: Csak azért, mert Joe itt fogadja a barátait. A kamra annyira kicsi, hogy ott ő maga is alig bír megfordulni. De ez megszűnik majd. Ha kibéreli a szobát, tiszteletben kell majd tartania az Ön igényeit.
MEIERHOLD: Be lehet zárni a kamrája ajtaját?
ELVIRA: Természetesen. Itt a kulcs. *Megmutatja.*
MEIERHOLD: Akkor jobban szeretném zárva tartani.
ELVIRA: Az nem fog menni.
MEIERHOLD: Miért?
ELVIRA: Mert akkor Joe nem tudna kijönni.
MEIERHOLD: Ez az egy kijárata van a kamrának?
ELVIRA: Az ablakon kívül. Bár kétlem, hogy Joe lelkesedne az ötlet hallatán. Létrára lenne szüksége, és az nincs. Meg egyébként is, mit szólnának a szomszédok?
MEIERHOLD: Nincsenek szomszédai.
ELVIRA: Ez igaz. De naponta jár a postás. Hozza a csekkeket.
MEIERHOLD: Tudok neki létrát csinálni, ügyes kezem van.
ELVIRA: Fél a magasságtól. Még régebben mesélte, hogy pilóta szeretett volna lenni, ha nem kínozta volna a tériszony.

Meierhold le-föl járkál, még egyszer kinéz az ablakon a kertre.

MEIERHOLD: Van néhány cipőm, ruhám, két nyakkendőm, ilyesmik.
ELVIRA: Ez természetes egy úr esetében.
MEIERHOLD: És két doboz tudományos könyvem. Mindezt hova tehetném?
ELVIRA: Van a folyosón, az ajtó mögött, egy beépített szekrény.
MEIERHOLD: Az jó lesz. De egészen pontosan meg kell állapodnunk, talán írásban lenne a legjobb, hányszor mehet át naponta a szobámon a fiatalember.

Elvira nem tudja leplezni örömét.

ELVIRA: Joe nagyon belátó is tud lenni. Nem kétlem, hogy gyorsan össze fognak barátkozni.
MEIERHOLD: Attól tartok, nem értett meg engem. Maradok, mert tetszik a kertje. Elég nagy. Körbeveszi a házat. És egy sövény is van, ami elég magas ahhoz, hogy csak egy zsiráf lásson át rajta. A tökéletes magány lehetősége. És nem utolsósorban: annyira elhanyagolt, hogy, ha jól láttam, egy fűszál se nő rajta. Röviden: a kertje ideális.

VILÁGVÉGE-KOMÉDIA

ELVIRA: Eltart majd egy darabig, amíg megszokom a humorát!
MEIERHOLD: Nekem nincs olyanom, asszonyom. Bíbelődjenek csak vele mások, ha hasznát látják, nekem nincs rá szükségem.

Elvira elneveti magát, kezét a szája elé kapja.

ELVIRA: Nos, láthatja... mégis sikerült megnevettetnie!

Leül a heverőre és egyre csak nevet. Meierhold aggódva nézi.

MEIERHOLD: Segíthetek?
ELVIRA: Csak nevetek.
MEIERHOLD: Olyan időket élünk, amikor a nevetés szinte minden esetben komoly betegség tünete lehet.

Elvira abbahagyja a nevetést és föláll.

ELVIRA: Az anyagi körülmények arra kényszerítenek, hogy föltegyek Önnek egy kérdést.
MEIERHOLD: Tessék.
ELVIRA: Kibérli a szobát vagy sem?

Meierhold az ablakhoz lép, megnézi a kertet, visszafordul.

MEIERHOLD: A kertje érdekel. A szoba büntetés, amellyel meg kell barátkoznom.

A szín elsötétül.

2. kép

Valamivel később. A szoba megváltozott. A heverő ággyá van nyitva, gondosan beágyazták. A hátsó fal mentén az ajtótól Orton szobájáig egy egy méter magas fakerítés vezet. Meierholdon kötött pulóver és bársonynadrág. A karosszékben ül, térdén rajzfüzet, valamit rajzol.

Még mielőtt fölgyulladnának a fények, híreket mondanak a rádióban: „Az idén 500 éve nem tapasztalt szárazság sújtotta Európát. Kínát letarolta az utóbbi száz év

VILÁGVÉGE-KOMÉDIA

legszörnyűbb tájfunja, Kansasra is hihetetlenül gyakran csapott le az erős tornádó. New Yorkot és Japánt minden idők legvastagabb hótakarója borította, Kanada pedig túlélte a valaha tapasztalt legmelegebb tavaszt. Sydneyben a történelem legmelegebb szilveszterét ünnepelték, és száz éve nem jegyzett árvizek vetettek véget az évszázad szárazságának Dél-Afrikában. Ennek ellenére a konferencián részt vevő nagyhatalmak vezetői ezúttal sem tudtak megegyezni a gázkibocsátás csökkentésében..."

A hír elhangzása közben a szín lassan kivilágosodik. A híradást Joe Orton szakítja félbe, aki kijön a szobájából, odamegy a rádióhoz és kikapcsolja.

JOE ORTON: Bla-bla-bla.
MEIERHOLD: Nem aggaszt a jövő?
JOE ORTON: Számomra csak a jelen létezik. *Kinéz az ablakon, meglepődik.* Nem hiszem el!
MEIERHOLD: Mit? *Aggódva fölemelkedik ültében.*
JOE ORTON: Az egész kert föl van ásva! Valamit elültetett.
MEIERHOLD *visszaül*: Hol voltál eddig, hogy nem vetted észre?
JOE ORTON: A főbérlőnk hálószobájában. A konyhába tett időnkénti kitérőkkel, energiamegújítás céljából. De leginkább a saját szobámban. A befejezetlen szövegem fölött görnyedve. Ami viszont nagyon ütős lesz! Az egész társadalmat fogja darabjaira szaggatni.
MEIERHOLD: Soha nem mész ki a házból?
JOE ORTON: A kinti világ nem érdekel.
MEIERHOLD: Esetleg találhatnál valami munkát.
JOE ORTON *egy ideig csak nézi Meierholdot*: Uram, van nekünk egy nagy gondunk.
MEIERHOLD: Igazán kár.
JOE ORTON: Az esetek felében halványlila gőzöm sincs, hogy miről beszél, a többi esetben pedig Önnek magának sincs.
MEIERHOLD: Hisz te drámaíró vagy. Mindent értened kéne.
JOE ORTON: Bohózatot írok.
MEIERHOLD: Nem bohózatba illő időket élünk. A valóság valós drámákat kíván.
JOE ORTON: A valóság *maga* egy bohózat. Hol élt eddig, hogy ezt még mindig nem érti?
MEIERHOLD: És mi a címe ennek a te mesterművednek?
JOE ORTON: Egyelőre munkacíme van. „Miért ment minden a jó büdös francba."
MEIERHOLD: Én megtartanám. Özönleni fognak rá a nézők.
JOE ORTON: Ez nem kétséges.

MEIERHOLD: De amíg erre a nagy áttörésre vársz, munkába állhatnál, öt eurós órabérért, nálam.

Csönd. Joe Orton a kerítés mögötti átjárón a szobája ajtajához megy. Megfordul, Meierholdra bámul. Valamit akar mondani, de meggondolja magát, bemegy a szobájába, becsapja az ajtót. Azonnal visszadugja a fejét.

JOE ORTON: Egy dolgot bizton állíthatok: maga nem tetszik neki. Én tetszem neki.

MEIERHOLD: Jó ízlésű nő, ez az egy dolog biztos.

JOE ORTON: Ez nem szoba, ez egy folyosó. Itt nem védi a jog. Bármikor kihajíthatja.

MEIERHOLD: Mindig talpra esem.

JOE ORTON: Na és ez a kerítés! Nem hiszem el: éppen csak hátat fordítok, és egy berlini fal támad a hátam mögött!

MEIERHOLD: Ami azt jelenti: nem jó hátat fordítani.

JOE ORTON: Eddig jól elvoltunk, Elvira és én. Lehetne jobb is, ezt nem tagadom, különösen ami a kaját és a szexuális élvezeteket illeti. Az utóbbi időben nincs igazán adakozó kedvében. De általánosságban azt mondhatnám, jól elvoltunk.

MEIERHOLD: Gratulálok.

JOE ORTON: De ha a dolgok tovább romlanak, az egyes embereknek ebben a házban nem fog tetszeni. Erre figyelmeztetnem kell.

MEIERHOLD: Köszönöm.

JOE ORTON: Nem tudom, mit mondott magának rólam, de én addig vagyok jól, amíg jól vagyok, már ha érti, mire gondolok. És ha nem vagyok, akkor bárkit föltrancsírozok, még mielőtt a szótárban meg tudná nézni, mit jelent ez a szó.

MEIERHOLD: Már most örülök.

JOE ORTON: Egyet azért tudnia kell. Mindent, ami itt történik, följegyzek magamnak. Mert ez az igazi bohózat.

MEIERHOLD: Szerintem is.

JOE ORTON: Fuck you.

Megfordul, bemegy a szobájába, becsapja az ajtót. Ismét kinyitja és kidugja a fejét.

És bármelyik növénye bemászik az ablakon át a szobámba, találkozunk a bíróságon.

A szín elsötétül

VILÁGVÉGE-KOMÉDIA

3. kép

Meierhold és Elvira teáznak. Elvira az ággyá alakított, beágyazott heverőn ül, Meierhold a karosszékben.

Még mielőtt fölgyulladnának a fények, híreket mondanak a rádióban: „A legfrissebb hírek szerint néhány száz, talán ezer antarktiszi jéghegy úszik Új-Zéland felé. Az Ausztrál Antarktiszi Intézet szakértője elmondta, hogy a hatalmas leszakadt jégtömbök mozgását műholdak segítségével kísérik. A tengeri forgalom veszélybe került, a területen tartózkodó összes hajóval kapcsolatban állnak. Az úszó jéghegyek átlagban 200 méter szélesek, és meglétük cáfolja azt az állítást, hogy az antarktiszi jég lassabban olvad, mint az északi sarki..."

A hír elhangzása közben a szín lassan kivilágosodik. Elvira odamegy a rádióhoz és kikapcsolja. Visszaül a heverőre.

ELVIRA: Bla-bla-bla.
MEIERHOLD: Ezen a rádión csak egy állomás jön be?
ELVIRA: Jor Orton szerint minden más adót beszüntettek. *A kanna után nyúl.* Még egy kis finom teát?
MEIERHOLD: Túl sokat iszik belőle. Rossz szokás.
ELVIRA *elengedi a kannát:* De az egyetlen, már ami engem illet. Máshoz nincs bátorságom. Habár még emlékszem azokra az időkre, amikor túlzottan bátor voltam.
MEIERHOLD: Az én tapasztalatom szerint az egyik rossz szokás hozza magával a másikat. Az meg a harmadikat. És így tovább, egészen addig, amíg aztán az ember egy gyomokkal benőtt kertre nem kezd hasonlítani.
ELVIRA: Ilyen volt az én életem egészen eddig! Egy adta pusztaság. Mint a kertem, mielőtt Ön új otthonául nem választotta a házamat.
MEIERHOLD: Nono...
ELVIRA: Nem tudom, mit ültetett odakint, de a kert olyan, mintha... viselős lenne!

Meierhold nyugtalanul föláll, az ablakhoz lép, kinéz, visszafordul.

MEIERHOLD: Örülök, hogy az egymás iránti kötelezettségeinket egyértelműen beleírtuk a szerződésbe.

ELVIRA: Egy dolgot még nem említettem Önnek. Fiatal koromban manöken voltam.
MEIERHOLD *végigméri*: Valóban?
ELVIRA: Színésznő szerettem volna lenni, természetesen. De a legtöbb nővel ellentétben, időben beláttam, hogy nincs hozzá tehetségem.
MEIERHOLD: Ezt nevezik bátorságnak.
ELVIRA: Nem hinném. Egészen egyszerűen beláttam, hogy könnyebb levetkőzni, mint felöltözni.
MEIERHOLD: A manökenség fő értelme nem abban rejlik, hogy ruhákat mutatnak be?
ELVIRA: Dehogynem. De abban is, hogy egyiket a másik után szépen leveti az ember.
MEIERHOLD: Sztiptíztáncosnő volt?
ELVIRA: Fotómodell. A fotóim két, férfiaknak szóló újságban jelentek meg. Meg tudom mutatni. Ha érdekli. *Meierhold hallgat.* Kötelezettségek nélkül, természetesen. *Meierhold hallgat.* De az ilyen munkát legföljebb harmincéves korukig végezhetik a nők.
MEIERHOLD: Ezt mondja a törvény?
ELVIRA: A piac törvénye. A bőrnek feszesnek kell lennie, szeplőtlennek. Simának és tisztának. Mint a csecsemő bőrének.
MEIERHOLD: Olyan terület ez, ahol nem mutatkozik hiány a konkurenciában.
ELVIRA: Vágóhíd az a javából, Meierhold úr, igazi vágóhíd! Ráadásul apró hendikeppel kezdtem a pályát. Van egy vakbélműtét utáni sebhelyem. *Bizalmasan.* Amely, mivel a sebész műtét közben belémszeretett, szív alakú! *Kacéran.* Látott már szívecske alakú műtéti heget?
MEIERHOLD: Nem.
ELVIRA: Megtanultam, hogy óvatosnak kell lennem. Egyetlen tekintet vadállattá változtathatja a férfiakat.
MEIERHOLD *köhint egyet, föláll*: Anélkül is már szinte minden férfi vadállat.
ELVIRA *rövid szünet után*: Időnként az a benyomásom, hogy nem teszek eleget az elvárásainak.
MEIERHOLD: Nem panaszkodom.
ELVIRA: Pont ez aggaszt. A férfiak többsége ilyenkor már bejelentette volna, hogy többet szeretnének, mint amit adok. Biztos benne, hogy nem túl szerény?
MEIERHOLD: Tökéletesen.
ELVIRA *föláll*: Az életem megváltozott, amióta Ön itt van. Korábban sokat sírtam, elvonultan éltem, nem volt önbizalmam. Olyan szörnyű volt, hogy ismét dadogni kezdtem. Gyerekként dadogtam, valamikor régen. *Olyan mozdulatot*

VILÁGVÉGE-KOMÉDIA

tesz, mintha kicsordulna a könnye. De mindvégig azt mondta egy hangocska, hogy majd jön valaki, aki visszaadja az önbizalmamat. És a határozottságomat. És az erőmet. Egy férfi, aki megragadja a dolgokat, és elindítja. Minden reggel, amikor fölébredek és kinézek az ablakon, gombóc keletkezik a torkomban. Elnézem a házat körülvevő föld játékos barázdáit, és érzem, hogy alattuk valami szépség ébredezik. Valami, ami lehetne akár a mi gyerekünk is. Remélem, nem zavarja, amit mondok.

MEIERHOLD: Nem zavar. Viszont zavarba hoz.

ELVIRA: Ó, elnézését kérem.

MEIERHOLD: A bérleti díjat előre kifizettem...

ELVIRA: Félreértett.

MEIERHOLD: Lehetséges.

ELVIRA: Természetesen a kert egy évre az Öné. És nem érdekel, mit ültetett oda, noha udvarias gesztus lenne, ha ezt közölné velem. De a kert nem fontos...

MEIERHOLD: Nekem nagyon is az.

ELVIRA: Talán erőszakosnak tűnik azon igyekezetem, hogy Ön ebben a házban jól érezze magát...

MEIERHOLD: Valóban.

ELVIRA *megkísérli visszatartani a könnyeit*: Megelégszik szóbeli bocsánatkéréssel? Vagy mégis írásban kéri, ajánlott postai küldeményben? *Kifelé indul.*

MEIERHOLD: Arról van szó... *Elvira megáll és ránéz.* Arról van szó, hogy szükségem lenne a segítségére.

ELVIRA *zavartan*: Most aztán végképp nem értek semmit.

MEIERHOLD: Egy-két héten belül már fogytán lesz az idő. El kell kezdeni a kapálást, a gyomlálást. És mindenekelőtt a locsolást.

ELVIRA: Ez mit jelent?

MEIERHOLD: Munkaerőt kell bérelnem.

ELVIRA: Jó hír ez a sok-sok munkanélkülinek!

MEIERHOLD: Egy itt lakik, velünk egy tető alatt.

ELVIRA: De hiszen Joe drámaíró.

MEIERHOLD: Írhat tovább. Ami engem illet, felőlem ezer bohózatot írhat naponta. Sőt: ami engem illet, akár százat színpadra is állíthatnak neki havonta. De pillanatnyilag pénzre van szüksége. Ha jól látom. Hacsak Ön nem tartja el.

ELVIRA: Én? Tíz évvel ezelőtt még meg is tehettem volna, de mostanra a gazdasági válság velem is leszámolt. Elsősorban a korom miatt aggódom. Már régóta nem számolom az éveimet, mégse állnak meg egy kis szünetet tartani.

MEIERHOLD: Természetesen az ifjú drámaíró úrtól odaadó és kemény munkát várok el.

VILÁGVÉGE-KOMÉDIA

ELVIRA: És mit kíván tőlem? Hogy *beleneveljem* a munka iránti odaadást és szeretetet? Két hét nem lesz elég.
MEIERHOLD: Részletesen elmagyarázhatná neki, milyen előnyökkel jár az, ha nekem dolgozik. Nem kell utaznia a munkahelyéig...
ELVIRA: Nincs is munkahelye.
MEIERHOLD: Egészséges munkát fog végezni a friss levegőn. Kellemes környezetben. És, természetesen, jó fizetést kap. Öt eurót óránként.
ELVIRA: Miért nem egyenesen őt keresi meg az ajánlatával?
MEIERHOLD: Ön intimebb kapcsolatban van vele.
ELVIRA: Ha ezt állította, túlzott. Nem is tudom, képes lennék-e, ha nem is teljes, da valóban intim kapcsolatban lenni valakivel.
MEIERHOLD: Szeretnék valamit megmagyarázni. Mindaz, amit ma elmondott nekem, nagyon meghatott.
ELVIRA: Valóban?!
MEIERHOLD: Ne gondolja, hogy nyers válaszaim bármi kapcsolatban állnak az Ön iránti érzelmeimmel.
ELVIRA *boldogan*: Nem gondolom!
MEIERHOLD: Ezek az érzelmek számomra is meglepőek. Az egyetlen gond az, hogy... időre van szükségem.
ELVIRA *édesen elmosolyodik:* Ön egy régivágású úriember.
MEIERHOLD: Egyelőre azt javasolnám, tegeződjünk. Ha ez nem zavarja.
ELVIRA *széles mosollyal*: Ha nem zavar? Nem, egy csöppet sem zavar!

A szín elsötétül.

4. kèp

Elvira a karosszékben ül, Joe Orton a szobában jár-kel és az ujjpereceit pattogtatja.

JOE ORTON: Alaposan végig kell gondolnom.
ELVIRA: Úgy élhetnénk itt, mint egy boldog család.
JOE ORTON: Hiszen nem az apám.
ELVIRA: De láthatnád benne az apafigurát.
JOE ORTON: Ebben a bohócban?
ELVIRA: Nem ártana, ha némi *tiszteletet* mutatnál az iránt az ember iránt, aki minden tekintetben túltesz rajtad.
JOE ORTON: A nyakkendőinek és a vasalt nadrágjainak a számára gondolsz.

VILÁGVÉGE-KOMÉDIA

ELVIRA: Arra is.
JOE ORTON: Csak nem derítettél fényt a méreteire is?
ELVIRA: Ezt nem is hallottam.
JOE ORTON: Az ő kezével a te szoknyád alatt, és a te kezeddel az ő pénztárcájában te mindenképpen jobban jársz, mint ő.
ELVIRA: Utoljára kérdem: kész vagy elfogadni az állást, amit Meierhold úr oly nagylelkűen fölajánlott?
JOE ORTON: Egy hónap gondolkodási időt kérek.
ELVIRA: Helyes. Addig is kénytelen leszek foganatosítani egy intézkedést, melynek nyomán sokszor megfordulsz majd a diákmenzán.
JOE ORTON: Képes lennél ezt megtenni?
ELVIRA: Ez az egyetlen fegyverem.
JOE ORTON: És neki? Neki ízlik a főztöd?
ELVIRA: Igen vagy nem?
JOE ORTON: Jól tudod, hogy céljaim vannak. Ami pedig a pénzt illeti...
ELVIRA: Egy-két új ing jól jönne már, nem foltozom meg többé a régieket.
JOE ORTON: Nincs semmi kifogásom az ellen, hogy itt-ott tegyek valamit. De nem akarok munkába állni, hogy aztán meg kelljen tennem, amire utasít.
ELVIRA: Tudom, hogy ez az általános hozzáállás a munkához ebben az országban, de Meierhold úr sok évet töltött a sivatagban, és e tekintetben régimódi.
JOE ORTON: Ez az ember veszélyes, Elvira! Folyton valamit fuvaroz azzal a tragaccsal, egyre csak álmodozik és tervezget.
ELVIRA: Meierhold úr határozott és egyenes ember, aki képes arra, hogy megváltoztassa az életünket.
JOE ORTON: Ha akarjuk, ha nem.
ELVIRA: Hál' Istennek, vannak még férfiak, akik tudják, mit akarnak, és nem vesztegetik az időt a céljuk elérése közben.
JOE ORTON: Hízelgő vélemény egy olyan emberről, akinek a célja uborka, répa és káposzta termesztése.
ELVIRA: A kert az övé, bérbe vette. Nekem mindegy, mihez kezd vele.
JOE ORTON: Nekem pedig nagyon is nem mindegy, mit csinálsz a hálószobádban. Nyilvánvaló, hogy ez a fasiszta már megszállta.
ELVIRA *nem rejti el csalódását*: Nem csak hogy nem szállta meg, de az a benyomásom, hogy erről még csak nem is gondolkodik.
JOE ORTON: Talán olyan nők barátságához szokott, akiknek a mellük mellett agyuk is van.
ELVIRA: Hallottam már, hogy vannak ilyen nők is, és sajnálom, hogy én nem tartozom közéjük, de téged ez soha nem akadályozott meg abban, hogy barátkozz velem. Talán azért, mert neked sincs túl sok agyad.

JOE ORTON: A hálószobád volt az én riviérám. Oda jártam nyaralni minden éjszaka.

ELVIRA: Úgy fest, most vízumra lesz szükséged. És nem kapod meg, amíg Meierhold úrral alá nem írod a munkaszerződést.

Szünet. Nézik egymást. Joe Orton Elvirához lép és megöleli.

JOE ORTON: Hol írjak alá? Itt?

A mellére teszi a kezét, és megszorítja.

ELVIRA: Túlzottan készséges vagyok, ez az én bajom.

Megcsókolják egymást.
A szín elsötétül.

5. kèp

Meierhold belép a folyosóról. Az ablaknál áll. Hirtelen kinyitja és kihajol a kertbe.

MEIERHOLD: Hányszor locsoltad meg a külső kört?
JOE ORTON *az ablak alól*: Nem emlékszem.
MEIERHOLD: Jusson eszedbe.
JOE ORTON: Most pihennem kell.
MEIERHOLD: Kelj föl és folytasd a munkát, vagy megfelezem a béredet.
JOE ORTON: De hisz nem a pénzért dolgozom! Azért teszem, hogy Elvira kedvébe járjak. Maga pedig válasszon, melyik tökké szeretne változni.
MEIERHOLD: Szólok neki, hogy ne főzzön rád.
JOE ORTON: Akkor ennyi volt mára, ami engem illet.

Leeső vödör zaját halljuk.
Elvira teáskannát hoz egy tálcán, két csészével. Tölteni kezd.

MEIERHOLD: Nem akar dolgozni. Beszélj vele.
ELVIRA: Miért én?
MEIERHOLD: Te bérelted föl.
ELVIRA: Megkértem egy szívességre, mert *neked* akartam szívességet tenni!

VILÁGVÉGE-KOMÉDIA

MEIERHOLD: Csak te győzheted meg.
ELVIRA: Ha tudnád, milyen árat fizetek azért, hogy hallgasson rám, nem kényszerítenél arra, hogy még egyszer megkérjem valamire.
MEIERHOLD: Engedd, hogy megmagyarázzam...

Látható erőfeszítéssel elmosolyodik, a heverő felé tereli Elvirát. Elvira, reménykedve, melegen és odaadóan engedelmeskedik. Leülnek a heverőre, Elvira megfogja Meierhold kezét, Meierhold óvatosan visszahúzza.

Nem tudom, tudatában vagy-e a valóság természetének, amelyben élünk...

ELVIRA: Nem igazán. Ha valakinek benne kell élnie, soha nem talál időt arra, hogy kívülről is megszemlélje.
MEIERHOLD: A következőt akarom mondani. Mi, emberek, olyanok vagyunk, mint az emelők valami nagyon bonyolult gépezetben. Mindegyikünk függ a fölötte levő emelőtől, és hatalommal bír az alatta levő fölött.

Elvira nem figyel oda, odakínálja a teáscsészét.

ELVIRA: Zöld tea, nagyon egészséges.

Meierhold iszik egy kortyot és leteszi a csészét a tálcára.

MEIERHOLD: Mondd, Elvira, miért vetted rá zsarolással ezt a semmittevőt arra, hogy elfogadja az ajánlatomat?
ELVIRA: Hisz nem semmittevő, ő művész, és szerencsétlen gyerekkora volt...
MEIERHOLD: Miért, Elvira?
ELVIRA: Nincs egy vasa se.
MEIERHOLD: Az igazat, Elvira.
ELVIRA *izgatottan talpra ugrik*: Miért teszed ezt velem? Miért... miért...? Soha nem volt szerencsém a férfiakkal, mindig tévedésnek bizonyult a választásom – de te, te vagy az első az életemben, aki más... te olyan...

Tenyerébe temeti arcát, mesterkélten fölzokog. Meierhold föláll és nézi őt.

MEIERHOLD: Elvira...

VILÁGVÉGE-KOMÉDIA

Elvira abbahagyja a sírást és ránéz.
Menj, és mondd meg a fiúnak, hogy folytassa a locsolást.

ELVIRA: És akkor jobban becsülsz majd? Szeretsz majd? Legalább egy kicsit?
MEIERHOLD: Nem tudom, mit jelentenek ezek a szavak. Viszont fölkínálhatok valami konkrétumot. Fölemelheted a bérleti díjamat. Tíz százalék?
ELVIRA: Tíz százalék szerelem nekem nem elég. *Megtörli a szemét és elmegy.*

A szín elsötétül.

6. kép

A sötétben fölhangzik a rádió: „...a legújabb adatok szerint sokkal korábban el fog fogyni a kőolaj, mint ahogyan azt hivatalosan a Nemzetközi Energiaügynökség szakértői állították. A hivatalos változat szerint a világ csal 2030-ra éri el a napi optimális 120 millió hordónyi kitermelést, amikor is a termelés hirtelen csökkenni kezd majd. Most viszont úgy tűnik, hogy az ügynökség, a világméretű pániktól tartva, eltitkolta a valós adatokat. Még mielőtt fogytán lenne a kőolaj, el fog fogyni a víz. Már most is a Föld lakosságának negyven százaléka érzékeli a víz hiányát. Ötven év múlva pedig hárommilliárd ember lesz víz nélkül..."

A hírek közben a szín lassan kivilágosodik. Meierhold az ablaknál áll és a kertet nézi. Belép Joe Orton és a kerítés mögött a szobája felé tart. Megtorpan. Visszalép és kikapcsolja a rádiót. Ránéz Meierholdra.

MEIERHOLD: Bla-bla-bla?
JOE ORTON: Szeretnék valamit javasolni.
MEIERHOLD: Mint szomszéd a szomszédnak?
JOE ORTON: Mint üzletember az üzletembernek.
MEIERHOLD: Nem vagyok üzletember.
JOE ORTON: Akkor miért termeszt tízféle zöldséget? El szándékozza adni és keresni akar rajta. Aprópénzért bérel szobát, és mellé hatalmas kertet kapott ingyen. Nagyon ravasz. Fogadnék rá, hogy az, ami ott lent nő, mind génmódosított.
MEIERHOLD: Valóban?
JOE ORTON: Fogadok, hogy kísérletet végez, amelynek rejtve kell maradnia. Ezért választotta ezt a helyet, ahol a madár se jár. Ha a lelkiismeretem nem tiltakozna, följelenteném.

VILÁGVÉGE-KOMÉDIA

MEIERHOLD: Az nagy hiba lenne.
JOE ORTON: Az is nagy hiba lenne, ha nem fogadná el a javaslatomat.
MEIERHOLD: Milyen javaslatot?
JOE ORTON: Megfigyeltem, hogy az ültetvénye sorai között, a káposzta és a répa, a répa és a karfiol, a satöbbi és a satöbbi között nem kevés hely van.
MEIERHOLD: Arra a helyre szükség van a növények növekedéséhez.
JOE ORTON: Arra marad akkor is, ha ezekbe a koncentrikus körökbe kendert ültetünk.
MEIERHOLD *szünet*: Kendert.
JOE ORTON: A bevételt elfeleznénk. Fifti-fifti. Több mint korrekt. Ráadásul a kertet ingyen kapálnám és locsolnám.
MEIERHOLD: Ez a te javaslatod?
JOE ORTON: Ez az én javaslatom.
MEIERHOLD: A korodbeliek körbehajózzák a földet és beírják nevüket a Guiness rekordok könyvébe.
JOE ORTON: A korabeliek milliókat keresnek a Wall Streeten és remélik, hogy nem végzik börtönben.
MEIERHOLD: Hova akarsz kilyukadni?
JOE ORTON: Hova akar maga kilyukadni?
MEIERHOLD: Tudom, hogy szívsz, tudom, hogy az ágyad alatt rejtegeted a tartalékot, tudom, hogy durvább dolgokat is árulsz, pl. hasist.

Joe Orton Meierholdhoz ugrik és megragadja a gallérját. Meierhold a térdével a lába közé rúg. Joe Orton összegörnyed a fájdalomtól.

JOE ORTON: Ki engedte meg, hogy a szobámban szaglásszon?
MEIERHOLD: Én magam, a projekt érdekében, amelyet meg kell védenem.
JOE ORTON: Megyek, és mindent letaposok a kertjében.
MEIERHOLD: És neked ki engedte meg, hogy az én ügyeimben szaglássz?
JOE ORTON: Azt Elvira csinálja. De joga van tudnia, milyen őrültet engedett be a házába. Igaz, én szaglásztam, de az ő kérésére. Mindenki szeretné megvédeni magát, nem csak maga. Nem az én hibám, hogy a világ olyan, amilyen.
MEIERHOLD: A világ az ilyenek miatt olyan, amilyen, mint te.
JOE ORTON: Ja, persze. Az olyanok miatt, mint maga, pedig megmenekül?
MEIERHOLD: Pontosan.
JOE ORTON: Ki gondolta volna! A városszéli elhanyagolt házba, ahol egy öreg nimfomán nőcske és egy botcsinálta diák drogárusításból tengeti napjait, valami változásban reménykedve, megérkezett a Megváltó. Juhé!

VILÁGVÉGE-KOMÉDIA

Meierhold odalép Joe Ortonhoz és lekever neki egy pofont.

JOE ORTON: Jó. Maga nem említi senkinek a hasist, engem meg nem fog érdekelni, mit ültet a kertben.
MEIERHOLD: Még soha senkit nem jelentettem föl.
JOE ORTON: Így is meg lehet élni? Jó hír.
MEIERHOLD: Ez a cinizmus, ami a nemzedékednek a legegyszerűbb kiutat jelenti a csapdából, az intellektuális lustaság kísérteties jele.
JOE ORTON: Nyilván.
MEIERHOLD: „Nem az én hibám, hogy az emberiség nem fogja túlélni ezt az évszázadot, ezért a világot azok mentsék meg, akik ide juttatták." Nemisérdekel!
JOE ORTON: Ez a világ érdekeljen? Inkább átengedem magam a sorsnak. Én akarok lenni az az első szemétkupac, amelyet a hullámok elmosnak, amikor a vízszint elég magas lesz már.
MEIERHOLD: Ennek ellenére folytatod holnap a kert locsolását.
JOE ORTON: Már most. *Elmegy.*

Meierhold leül a heverőre és a könyvért nyúl. Belép Elvira. Meierhold ránéz.

ELVIRA: Szeretnék egy kicsit panaszkodni.
MEIERHOLD: Te is?
ELVIRA: Két hónapja vagy itt, de még egyszer se kérdezted meg, hogy érzem magam.
MEIERHOLD: Veszélyes dolog más emberek érzései után érdeklődni.
ELVIRA: Nem tudtam, hogy én más ember vagyok.

Lassan közelebb lép, leül a férfi mellé a heverőre. Meierhold föláll.

MEIERHOLD: Talán valóban távolságtartónak tűnhetek, de ez a kertben végzett munkám fontosságával kapcsolatos.
ELVIRA: Uborkát és káposztát termesztesz.
MEIERHOLD: És mi van a brokkolival, a krumplival, a karfiollal, a tökkel, a hagymával, a fokhagymával, a zöldbabbal? És a paprikával, a paradicsommal?

Elvira föláll, odalép az ablakhoz, kinéz.

ELVIRA: A ház köré tíz kört ültettél. Teljes köröket, úgy festenek, mint tíz gyűrű, tíz sáncrendszer, tíz fal. Bezártál bennünket a házba, és oda jutottunk, hogy szolgálunk neked, hogy neked dolgozunk, beszorítottál bennünket ebbe a projektbe, de nem igazából, mert azt akarod, hogy ne tudjunk semmit, hogy kívül maradjunk, különösen én, akit nem is engedsz magadhoz, mintha fertőző beteg lennék...

Szünet.

MEIERHOLD: Mit akarsz tőlem?
ELVIRA: Némi megértést.
MEIERHOLD: Nektek, nőknek, kivételes tehetségetek van ahhoz, hogy banalitásokat romantikus történeteknek álcázzatok. Rájöttem, hogy az, amibe szeretnél belekeverni, nem más, mint... *keresi a szavakat*
ELVIRA: Mi?
MEIERHOLD: Szex.
ELVIRA: Óh! ... Csak nem azt akarod mondani, hogy ennyi idősen még szűz lennél?
MEIERHOLD: Nincs ellenemre, ha az üzleti megállapodásunk ilyen jellegű tranzakciókra is kiterjedne. Mindaddig, amíg értelmes, átgondolt keretek között marad minden. A tudományos hozzáállás minden területen célravezető.
ELVIRA: Valóban? A tudósokkal kevés tapasztalatom van.
MEIERHOLD: Nem érted.
ELVIRA *elindul kifelé*: Vacsorára csirkebecsinált lesz. Tudom, hogy nem szereted, de elfogytak az ötleteim.
MEIERHOLD *legyint*: Bármi jó lesz... Bármi.
ELVIRA *már az ajtóban*: A jövő héten főzhetnék káposztát. Azok a hatalmas fejek ott kinn napról napra egyre nagyobbak.
MEIERHOLD *elborzadva*: Mit mondtál?
ELVIRA: Töltött káposztát főzök majd. Ízleni fog.
MEIERHOLD: A kerti káposztából?
ELVIRA: Persze. Vagy tán szentek azok a káposztafejek?
MEIERHOLD: Megtiltom, hogy hozzájuk érj.
ELVIRA: Jesszusom, úgy beszélsz, mintha... Oké, oké. Ha mindet el akarod adni, hát legyen.
MEIERHOLD: Ki mondja, hogy el akarom adni?
ELVIRA: Mi mást tehetnél a káposztával?
MEIERHOLD: Istenem, segíts...
ELVIRA: Megeheted, vagy eladhatod. Vagy hagyod, hogy elrohadjon.
MEIERHOLD: Valóban mindent a szádba kell rágni?

VILÁGVÉGE-KOMÉDIA

ELVIRA: Mindent talán mégse.
MEIERHOLD: Nem tudod, mi vár ránk?
ELVIRA *megáll az ajtó melletti tükörnél*: Az öregség? A ráncok és a petyhüdt bőr? A lehetőségek siratása, amelyeket elmulasztottunk? *Megfordul és a férfira néz.* Vagy visszautasítottunk?

Egy ideig nézik egymást. Valaki kopog. Belép Konjevič.

KONJEVIČ: Elnézést, de a fiú küldött föl.
ELVIRA: Ki maga?
KONJEVIČ: Konjevič, a városi vízvezeték-szerelő. Meg tudják mondani, hol van a vízmérőjük?

Elvira és Meierhold egymásra néznek.

ELVIRA: Nem értem, miért érdeklődik a városi vízművek az én vízórám után.
KONJEVIČ: Elmúltak már a régi szép idők, asszonyom. Igaz, hogy a szomszéd faluban nemrég árvíz volt, ami elsodorta a fél falut, de az nem ugyanaz a víz volt, amelyet magának a város kiszámláz. És ami talán szükségtelenül folyik el a földbe.
ELVIRA: A vízhasználat korlátozásáról értesítést kellett volna kapnunk.
KONJEVIČ: A városnak nincs ideje értesíteni a polgárokat arról, amit elvár tőlük. Vagy a rendőrség értesítést küld arról, melyik sarok mögött méri a sebességet?
ELVIRA: Azt nem várom el, nincs jogosítványom.
KONJEVIČ: Asszonyom, egyetlen hatalom se ésszerű, ne vegye hát zokon, ha most, hivatali minőségemben én is érthetetlenül fogok viselkedni. De nem hagyhatom cserben a munkaadómat; olyan időket élünk, amikor a munkahelyek nem teremnek minden sarkon.
ELVIRA: Azt hiszem, nincs is vízmérőnk. Vagy legalábbis én nem emlékszem, hogy láttam volna.
KONJEVIČ: Nem a maga emlékezőtehetségét jöttem ellenőrizni, asszonyom. A vízhasználatot kell ellenőriznem. Ha nem tudja megmutatni, hol a műszer, magamnak kell kitalálnom, hol lehet, és elsőre azt mondanám: ott kéne lennie, az ajtó mögött.

Rámutat a kamraajtóra.

ELVIRA: A kamrában nem.

VILÁGVÉGE-KOMÉDIA

KONJEVIČ: Asszonyom, ha én elmesélném, hova mindenhova szereltetik az emberek a vízmérőt, el se hinné. Biztos benne, hogy nincs ott? Esetleg az ágy alatt?
ELVIRA: Miért lenne a kamrában ágy?
KONJEVIČ: Ó, ha én elmesélném, mi mindent gyömöszölnek be az emberek a kamrájukba, azt mondaná, túlzok. Megnézhetném?
ELVIRA: Nem, mert zárva van az ajtó.
KONJEVIČ: Megkérdezhetem, miért zárja a kamrajtót?
ELVIRA: Albérlőim vannak. Jól tudja, hogy senkiben nem lehet megbízni. Olyan időket élünk, hogy még abban se lehetek biztos, én magam becsületes tudok-e maradni.
KONJEVIČ: Helyes hozzáállás. Viszont a kulcs nyilván magánál van.
ELVIRA: Biztosan itt van valahol, a házban. De nem tudnám megmondani, hol.
KONJEVIČ: Nem tudja, hol a vízmérő, nem találja a kulcsot; arra is gondolhatnék, hogy valamit titkolni igyekszik.
ELVIRA: Én vagyok a legőszintébb nő a világon. Ezt Meierhold úr is tanúsíthatja.
KONJEVIČ *belépése óta először néz Meierholdra*: Meierhold?
MEIERHOLD: Való igaz. Miért nem keresi a vízmérőt ott, ahol a legvalószínűbb, hogy ráakad? Például a földszinten? A bejárati ajtó közelében?
KONJEVIČ: Előbb vagy utóbb le kell ellenőriznem a kamrát is. Ha már itt vagyok, szeretném megspórolni a lépcsőmászást. Az nekem igen nagy megerőltetés, szívbeteg vagyok.
MEIERHOLD: Én személyesen biztosítom önt, hogy a kamrában nincs vízmérő.
KONJEVIČ *nem figyel rá*: Előkeríti a kulcsot, asszonyom?

Elvira habozik. Az ajtóhoz megy. Megfordul.

ELVIRA: És mit fog csinálni, ha megtalálja a vízmérőt?
KONJEVIČ: Ha kiderül, hogy megfelelően működik, fölírom a fogyasztást, és kap majd egy számlát. Ha szabálytalanságot tapasztalok, azt diktálja a hivatali előírás, hogy cselekedjek saját belátásom szerint. És akkor elkezdhetünk alkudozni.
ELVIRA: Nem látom okát annak, hogy a vízóráról alkudozzunk, amikor már most, a kulcs kapcsán megalkudhatunk. Mik az elvárásai?
KONJEVIČ: Ezt értelmezhetném úgy is, mint a hivatalos személy megvesztegetésének kísérletét.
ELVIRA: Azt kérdeztem, mik az elvárásai annak az italnak a tekintetében, amivel lerövidíthetné a várakozás idejét, amíg a kamra kulcsát keresem, amelyben egyébként nincs vízmérő. Teát vagy kávét?

VILÁGVÉGE-KOMÉDIA

KONJEVIČ: Egyiket se. Ezzel az úrral belebocsátkozunk egy kis filozofálgatásba, és az idő egy szempillantás alatt tovaröppen.

ELVIRA *még egyszer megnézi magát az ajtó melletti tükörben:* Valóban. Az időnek az a szokása, hogy egy szempillantás alatt tovaröppen. *Elmegy.*

7. kèp

Konjevič bejárja a szobát, alaposan megnézi magának, megáll az ablaknál, kinéz.

KONJEVIČ: Az ember megéhezik, ha ezt látja. Különösen az uborkákat. Hatalmasak! És hihetetlenül zamatosak.

MEIERHOLD: Vegetáriánus?

KONJEVIČ: Városi alkalmazottként nem engedhetem meg magamnak az átlagtól való eltérést. A bécsi szelet a kedvenc ételem.

MEIERHOLD: Nagyon egészségtelen, mint minden egyéb, amit a város csinál.

KONJEVIČ: Az alkalmazottak is a szeszélyes hatalom áldozatai, annál is inkább, mert a végrehajtói is vagyunk egyben. Ezért kell időnként a saját lelkiismeretünkre bízni magunkat, az utasításokkal ellentétben. De ez maradjon köztünk.

MEIERHOLD: Ami a vízfogyasztást illeti...

KONJEVIČ: Ezen ne aggódjon, Ebenspanger úr. Megoldjuk. Ön nekem, én önnek, és mindannyian elégedettek leszünk.

MEIERHOLD: Meierhold, nem Ebenspanger.

KONJEVIČ: Biztos ebben?

MEIERHOLD: Miért nevezett Ebenspangernek?

KONJEVIČ: Valószínűleg azért, mert hasonlít valakire, akít így hívnak. Vagy legalábbis nemrég még így hívták. Azután, hogy korábban Robnik volt a neve. Még korábban pedig Konjevič.

MEIERHOLD: Ön mutatkozott be Konjevičként.

KONJEVIČ: Valóban? Micsoda zűrzavar. Ez egy kisebbfajta gutaütés következménye, amit nemrég éltem át. Novak az igazi nevem.

MEIERHOLD: És valóban a városi vízművek alkalmazottja?

KONJEVIČ: Ebben soha nem tévedek. Erre vonatkozóan legföljebb hazudni szoktam, ha a körülmények úgy kívánják. Csak a nevekkel vagyok bajban.

MEIERHOLD: Novak úr, tehát.

KONJEVIČ: Csak nyugodtan nevezzen továbbra is Konjevičnek, hogy ne legyen még nagyobb a kavarodás; mondjuk, ma Konjevič vagyok, holnap pedig ismét Novak, vagy valami más.

VILÁGVÉGE-KOMÉDIA

MEIERHOLD: És ki volt Ebenspanger, akire állítólag hasonlítok?
KONJEVIČ: Érdekes ember volt. Volt neki egy elmélete a pénz világszintű körforgásáról. Valami lánCleveleken alapuló pénzügyi konstrukció, ami biztosította volna minden valuta konvertibilitását, és minden országnak, még a legszegényebbeknek is, szép sorban, lehetővé tette volna az eladósodás nélküli, nagyléptékű gazdasági fejlődést. Egyféle monetáris perpetuum mobile.
MEIERHOLD: Jó ötlet.
KONJEVIČ: Zseniális. Sajnos, a tervei csak papíron maradtak fönn. Hisz ismeri a politikát. *Kinéz az ablakon.* Micsoda káposzták! Micsoda tökök! Organikus termesztés? Génmódosítás? A tudomány az tudomány, az biztos.
MEIERHOLD: És mit tett még ez az Ebenspanger?
KONJEVIČ: Azt bizonyára tudja.
MEIERHOLD: Honnan tudhatnám?
KONJEVIČ: Egy ideig igen ismert volt. Elsősorban azért, mert az elméletéből mindenki gúnyt űzött. Még ma is megvannak otthon az erről szóló cikkek.
MEIERHOLD: Kivagdosta őket?
KONJEVIČ: Fiatal voltam. Hisz tudja, milyenek vagyunk az élet kezdetén: az új ötleteknek szurkolunk, még ha őrültnek tűnnek, akkor is. Később, érett fejjel, már megsavanyodva, és ettől senki nem menekül, beszippant bennünket a paranoia. Ekkor gyorsan kompromisszumot kötünk, hogy legalább egyszer hetente kerüljön marhaszelet az asztalunkra.
MEIERHOLD: Ekkor lépünk a városi vízművek alkalmazásába.
KONJEVIČ: Például.
MEIERHOLD: Ha valóban alkalmazott, és nem valami más, akkor nagyon olvasott.
KONJEVIČ: Szeretek olvasni, ez tény. Már évek óta gyűjtöm a cikkeket, hogy kéznél legyenek. Ebenspangerről két irattartónyi anyagom van.
MEIERHOLD: Miért?
KONJEVIČ: Résen kell lenni. Ha például a pasas ismét megjelenne, más néven. Egy új projekttel.
MEIERHOLD: De miért kell résen lenni?
KONJEVIČ: Hogy csatlakozhassak.
MEIERHOLD: Miért?
KONJEVIČ *bizalmasan:* Ez maradjon közöttünk, de a városi vízművek alkalmazottjaként elmondhatom, hogy az életben többször becsaptak már. Az nem lehet, hogy az élet csak ennyi lenne, mondtam már magamnak százszor is. Nagy tervekben kell gondolkodni, mindent kockára tenni, áldozatot hozni a nemes ideákért, szolgálni az emberiséget.

VILÁGVÉGE-KOMÉDIA

MEIERHOLD: Már nem a népet?
KONJEVIČ: Hol él ön? Most az emberiség jött divatba, most az a központi kérdés, túléljük-e a következő ötven évet.
MEIERHOLD: És ön mit gondol, túléljük?
KONJEVIČ: Pont ezért szeretnék találkozni Ebenspanger úrral. Illetve Robnik úrral. Évek óta követem. De folyton kicsúszik a kezem közül, mint egy angolna.
MEIERHOLD: Ki elől menekül?
KONJEVIČ: Azok elől, akik nem akarják vagy nem tudják megérteni.
MEIERHOLD: Furcsa, hogy akkor még mindig próbálkozik.
KONJEVIČ: Nem csak hogy próbálkozik, egyesek szerint egyenesen túlzásba viszi. Több tervet dolgozott ki az üvegházi gázok eltávolítására a légkörből. Egyik zseniálisabb mint a másik. Az elhagyott, kopár területek beültetése úgy, hogy a fémkapszulába helyezett növényeket repülőről juttatnák a földbe. Az erdők, ezt nyilván tudja, elnyelik a szén-dioxidot és oxigént termelnek.
MEIERHOLD: Tudom.
KONJEVIČ: Micsoda ötlet, nem? És még nincs vége. A planktonok is elnyelik a szén-dioxidot. És ez a soknevű úr kidolgozott egy tervet, hogyan kell az óceánokban a tízszeresére növelni a planktonok számát. Ezzel stabilizálni lehetne az üvegházhatás negatív következményeit. Igaz viszont, hogy ennek során elpusztulnának a halak.
MEIERHOLD: Az azért kisebb baj amannál.
KONJEVIČ: Örülök, hogy Ebenspanger Robnik Vehovar úrhoz hasonlóan gondolkodik. Többek között föltalálta a jéghegyeket borító műanyag huzatot is. A huzatok visszavernék a napsugarakat, és a jéghegyek nem olvadnának tovább. Micsoda zseniális ötlet, Ebenspanger úr!
MEIERHOLD: Meierhold.
KONJEVIČ: Természetesen, elnézést. De az azonosság igazán megdöbbentő. Biztos benne, hogy nincs ikertestvére?
MEIERHOLD: És ez az úr miért változtatta meg folyton a nevét?
KONJEVIČ: Hogy a hitelezői ne találják meg. Sok szponzora volt. Amikor a projektek dugába dőltek, szerették volna visszakapni a pénzüket. Végül, amikor már a világ minden részén adósságba verte magát, a szerencsétlennek nem maradt más hátra, mint hogy a sivatagban keressen menedéket.
MEIERHOLD: Valóban?
KONJEVIČ: Az erről szóló hírre a bulvársajtóban akadtam rá, azt is rendszeresen olvasom. Munkakörömből kifolyólag, nem azért, mert további tanulásra lenne szükségem. Természetesen azonnal úgy döntöttem, hogy megkeresem.
MEIERHOLD: És sikerrel járt?

VILÁGVÉGE-KOMÉDIA

KONJEVIČ: Természetesen. Sajnos, azt nem engedték meg, hogy szemtől szembe találkozzunk.

MEIERHOLD: Kik nem engedték meg?

KONJEVIČ: A pszichiáterek. A sivatag a helyi bolondokháza volt, ha használhatom ezt a politikailag inkorrekt kifejezést. Ott végezte a mi zsenink.

MEIERHOLD: Milyen diagnózissal?

KONJEVIČ: Ökológiai paranoia. Most képzelje el. És állítólag nem ő az egyetlen, aki ebben az új fajta mentális kisiklásban szenved. Ám annál inkább furcsa, hogy nemrég láttam egy műsort a Discovery csatornán, amelyben részletesen ismertették az összes találmányát, sőt, bemutatták a befektetőket is, akik meg kívánják valósítani a terveit.

MEIERHOLD: Őrült ez a világ.

KONJEVIČ: Nincs mit hozzátennem.

MEIERHOLD: A becsületes ember szinte nem is sajnálja már, hogy hamarosan véget ér.

KONJEVIČ: Pontosan. Másrészt...

MEIERHOLD: Természetesen. Mindig létezik egy másik oldal.

KONJEVIČ: És ezt tudja a mi elmebetegünk is. Megszökött a bolondokházából és új tervekbe fogott. Isten tudja hol és milyen tervekbe.

MEIERHOLD: Hogyan tudott meglógni?

KONJEVIČ: Orvosnak öltözött, mindenkitől elbúcsúzott, beült az igazgató autójába és elhajtott. Még integettek is neki. Fölmerül a kérdés, ki a bolond. Ő, vagy azok, akik gyógyították.

MEIERHOLD: Veszélyes?

KONJEVIČ: Eddig nem volt jele annak, hogy erőszakos lenne. De tudja, hogy van ez. Egy kis váratlan nyomás, az utolsó hiányzó csepp, és a legbékésebb ember is fegyvert ragadhat.

MEIERHOLD: Valószínűleg keresik.

KONJEVIČ: Kik?

MEIERHOLD: A rendőrség.

KONJEVIČ: A rendőrségnek kisebb dolga is nagyobb annál, hogy szökött bolondokra vadásszon. A rendőrségnek azokat a sofőröket kell elkapnia, akik 5 km-rel túllépik a megengedett, 50 km-es segességkorlátot.

MEIERHOLD: Ön tehát az egyetlen, aki követi őt, ha jól értem.

KONJEVIČ: Ezt mondtam volna?

MEIERHOLD: Hogy csatlakozna hozzá.

KONJEVIČ: Óh, hát mihez kezdene egy ilyen zseni a városi vízművek alkalmazottjával? Az unalmas munkám közben időnként álmodozom, ez minden. Az

viszont igaz, hogy ámulattal tölt el az úr munkássága, szinte a megszállottja vagyok. Egyszer biztos találkozunk majd, ezt nem kétlem.
MEIERHOLD: És akkor?
KONJEVIČ: Akkor...

Belép Elvira.

ELVIRA: Sajnálom, de sehol nem találom a kulcsot. Be kell törnie a kamraajtót. Ha a vízmérő nem lesz ott, azonnal hívom a rendőrséget, és föijelentem károkozásért. A város dőzsöl a pénzben, amit adóbehajtás címén ellop a gyanútlan polgáraitól, ezért legalább egymilliós kártérítést fogok követelni.
KONJEVIČ: Kedves asszonyom, örömmel betörnék a kamrába, már csak azért is, hogy meglássam, ki rejtőzik a mögött az ajtó mögött. Sajnos, *az órájára néz* egy perce letelt a munkaidőm. Ezért a betörést nem városi vízművek alkalmazottjaként követném el, hanem magánszemélyként. Az pedig más büntetőjogi kategória. Természetesen, az ügynek ezzel nincs még vége, visszajövök. *Meierhold felé fordul, és könnyedén meghajol.* Ebenspanger úr...

Elvira felé fordul, kicsit mélyebben meghajol.
Asszonyom... *Elmegy.*

ELVIRA: Igazi úriember.
MEIERHOLD: Teljesen őrült.
ELVIRA: Annak kell lennie, ha már Ebenspangernek szólít. *Ránéz a férfira.*

A szín elsötétül.

Második felvonás

8. kép

Meierhold a karosszékben ül, valamit rajzol. A kisasztalt újságpapír borítja. Elvira paprikát rak el üvegedényekbe. Három már teli van, a negyediket éppen lezárja.

Még korábban, sötétben hallani a rádiót: „....hiszen tény, hogy a régi foglalkozások eltűnnek, lassan olyan archaikusnak számítanak majd, mint valami középkori földbirtokok. A közeljövőben minden munkát a gépek végeznek majd; tőlük függünk majd, ahogyan az őseink a vadállatoktól függtek. A munkaerő többsége már egy ideje fölöslegessé vált. Kialakult a pszichoterápia, a dizájnvallások és az ezoshopok párhuzamos gazdasága, ezek egyetlen célja a tétlen tömegek szórakoztatása. Mögöttük pedig ott áll a kábítószergyártás és a szexuális szolgáltatások ipara. Már ma az emberek fele abból él, hogy szórakoztatja az emberiség másik felét..." *A hír elhangzása közben a szín lassan kivilágosodik.*

Elvira feláll, és kikapcsolja a rádiót.

ELVIRA: Igazán örülök, hogy munkaerőnek még nem vagyok fölösleges. *Hangosabban.* Joe, gyere és vidd be ezeket a paprikákat a kamrába!
JOE ORTON *belép a szobájából, dühösen:* Hova lett a füvem?
ELVIRA *tekintetét egy pillanatra Meierholdra emeli:* A fű a kertben van, de nem sok maradt belőle. Egyébként se a szobába való.
JOE ORTON: Ne tettesd magad butábbnak, mint amilyen vagy.
ELVIRA: Mit gondol majd Meierhold úr a te észbeli képességeidről, ha kiderül, hogy valóban lopod a füvet e kertből, és beviszed a szobába, hogy ott elszáradjon?
JOE ORTON *fölemeli az egyik üvegedényt:* És mit gondol majd Meierhold úr a

VILÁGVÉGE-KOMÉDIA

saját észbeli képességeiről, ha a fején töröm szét ezt az üveget, benne az ökológiai gazdálkodásából származó paprikáival?
ELVIRA: Joe Orton, a vízumod éppen lejárt, és nem adok neked másikat.

Joe Orton egy ideig még tartja a paprikával teli üveget Meierhold feje fölött. Meierhold ügyet se vet rá, nyugodtan rajzol tovább. Joe Orton végül meggondolja magát és lerakja az edényt a kisasztalra.

JOE ORTON: Az a pasas vitte el, ugye, a városi vízművekből?
ELVIRA: Ez most egy rész a drámádból, amit éppen írsz?
JOE ORTON: Ő szaglászott a házban. És nem a vízmérőt kereste. Messziről lerítt róla, hogy spicli.
ELVIRA: Konjevič be se lépett a szobádba. Viszont megígérte, hogy még visszajön.
JOE ORTON: De közben Meierhold úr udvariasan följelentett. *Meghajol Meierhold felé.* Ugye?
ELVIRA: Ne feledd, hogy a munkaadóddal beszélgetsz.
JOE ORTON: Volt munkaadómmal. Éppen fölmondtam.

Meierhold föláll, a székre teszi a ceruzát és a vázlatfüzetet, a heverőhöz lép, térdre ereszkedik, Elvira lába mellett benyúl a heverő alá és kihúz egy kartondobozt. Föláll, lefújja a dobozról a port és Orton kezébe adja. Orton leemeli a doboz tetejét és belenéz. Visszacsukja.

JOE ORTON: Hogy került ez a doboz a heverő alá?
MEIERHOLD: Elrejtettem, mert tudtam, hogy előbb-utóbb valaki bejön szaglászni a házba, és nem akartam, hogy a te szobádban találjanak rá.
ELVIRA: Köszönd meg Meierhold úrnak a gondoskodást.
JOE ORTON *zavartan:* Nem tudom, mit mondhatnék.
ELVIRA: Általában elég egy köszönöm.
JOE ORTON: Nem vagyok hozzászokva, hogy valaki valamit tegyen értem.
MEIERHOLD: Nem akartam a munkavállalóm nélkül maradni.
JOE ORTON: Nos, akkor nincs szükség a köszönömre.
ELVIRA *föláll:* Én döntöm el, mit fogsz mondani. És ha esetleg vonz egy nyaralás a riviérán, ahonnan mindig kicsattanó jókedvvel és az életeddel elégedetten térsz vissza, függetlenül attól, milyen is valójában az életed, akkor most kezet nyújtasz Meierhold úrnak és azt mondod: köszönöm, Meierhold úr. Köszönöm, hogy megmentett engem egy hónap börtöntől, vagy valami még rosszabbtól.
JOE ORTON: Semmi ilyet nem fogok mondani.

VILÁGVÉGE-KOMÉDIA

ELVIRA: Akkor viszont azt fogod mondani: Isten veled, Elvira, és köszönöm a hozzám való jóságodat, amíg be nem bizonyítottam neked, hogy nem vagyok rá méltó.
JOE ORTON: Visszateszem a dobozt az ágy alá; ott lesz a legnagyobb biztonságban.

Lehajol.

ELVIRA: Joe Orton!
JOE ORTON *fölegyenesedik*: Köszönöm, Meierhold úr, hogy gondoskodott arról, amit városszerte kell árulnom, hogy havonta kifizethessem a lakbért!
ELVIRA: Az étel és a szállás nem tartoznak azok közé a dolgok közé, amit ebben a házban ingyen lehetne megkapni. Ha nem tetszik az ajánlat, máris csomagolhatsz, megleszünk mi ketten is Meierhold úrral.
MEIERHOLD: Add a dobozt, visszateszem.
JOE ORTON: Én is vissza tudom tenni.

Térdre ereszkedik, hogy visszatolja a dobozt a heverő alá. Úgy marad, a heverő alá nézve. Lerakja a dobozt a földre, benyúl a heverő alá és kihúz egy puskát. Föláll és megemelgeti, a súlyát méregetve.

ELVIRA: Uram, irgalmazz! Ki engedte meg, hogy ezt behozd a házba? Csak nem ön, Meierhold úr?
MEIERHOLD: Add ide a puskát, Joe.
JOE ORTON: Egy ilyen szép játékszer szinte könyörög, hogy valaki végre játsszon vele. Kétlem, hogy a tulajdonosának van engedélye a viselésére. És ha nincs, akkor a puska közös tulajdon.
ELVIRA: Joe, add vissza a puskát Meierhold úrnak.
JOE ORTON: Nyisd ki az ablakot, Elvira.

Elvira Meierholdra néz, aki bólint. Elvira kinyitja az ablakot, azonnal félrehúzódik. Joe Orton közelebb lép az ablakhoz és kikémlel rajta.

ELVIRA: Joe, már így is elég bajunk van.
JOE ORTON: Kinek fogjuk kilyukasztani a fejét? A karfiolnak? A töknek? Szétlövünk egy káposztafejet? Nem, inkább legyen egy paradicsom. Az legalább véres is lesz, nem csak darabokra szakad.

VILÁGVÉGE-KOMÉDIA

Meghúzza a ravaszt. Csak egy kattanást hallani. Joe, meglepődve, még egyszer meghúzza. Ismét a kattanás. Meierhold eközben nadrágja zsebéből elővesz egy pisztolyt és Ortonra fogja. Joe megfordul és a pisztolyra mered.

MEIERHOLD *kinyújtja a kezét*: A puskát.

Joe Orton ellenkezés nélkül átadja neki. Meierhold visszalöki a heverő alá. Fölegyenesedik, és a pisztolyt ismét Ortonra fogja.

ELVIRA: Tudtam, hogy ma valami balul fog elsülni, egész éjszaka rémálmaim voltak.
MEIERHOLD: Most pedig ígérd meg, hogy többé hozzá se nyúlsz a puskához.
JOE ORTON: Elvira, egy bűnözőt fogadtál a házadba!
ELVIRA: Meierhold úr egy békés, jószívű ember, aki a jövőnket próbálja biztosítani.
MEIERHOLD: Emeld föl a kezed és mondd: fogadom, hogy többé nem nyúlok a puskához.
ELVIRA: Joe, csak Meierhold úrnak köszönheted, hogy nem vagy még börtönben.
JOE ORTON: De ő hamarosan odajut, ha nem hagy föl a fenyegetéssel.

9. kèp

Valahol a háttérben robaj hallatszik.

KONJEVIČ a folyosóról: Halló... Hol vannak?

Egy pillanattal azután lép be, hogy Meierhold zsebre dugja a pisztolyt.

Arra gondoltam, hogy a kertben találom magukat, mindhármukat, ahogy a buja növényzetet locsolják.

ELVIRA: Most nyitva van a kamra, és minden további nélkül meg tudja tekinteni.
KONJEVIČ: Köszönöm, asszonyom, már megtekintettem. Lent, a földszinten, a frissen fölépült melléképületben, ahova a kertben nőtt zöldséget tervezik berakni, szépen üvegekbe dunsztolva, a ránk váró ínséges időkre. Vagy tévednék hogy az ott lent egy kamra?
ELVIRA: Talán jogunk van a télirevalóra.

VILÁGVÉGE-KOMÉDIA

KONJEVIČ: Természetesen. Ráadásul az óvatosságot sose lehet túlzásba vinni. A közeljövőben megtörténhet, hogy elfogy a szállításhoz nélkülözhetetlen üzemanyag, a megamarketek polcai üresen ásítoznak majd, és kitör az általános pánik. Maguk pedig, három galambocskához hasonlatosan, elégedetten szopogatják majd a savanyú uborkákat és türelmetlenül várják a vacsorát, amikor is telezabálhatják magukat töltött káposztával.

ELVIRA: Van ezzel valami gond?

KONJEVIČ: Önmagában semmi, asszonyom. De nem kerülte el e figyelmemet, hogy a kertet most három méter magas kerítés övezi. A vaskaput pedig át kellett másznom, mert be volt zárva. Maguk ostromra készülnek.

ELVIRA: És mi köze ehhez a városi vízműveknek?

KONJEVIČ: Már nem dolgozom náluk. Csak úgy, minden ok nélkül kirúgtak.

ELVIRA: És most?

KONJEVIČ: Szerencsére megkönyörült rajtam a rendőrparancsnokság. Hisz tudják, hogy ott jól jön mindeki, aki él és mozog.

ELVIRA: Most akkor rendőr?

KONJEVIČ: A különleges esetek ügyosztályán dolgozom. Azokkal a esetekkel foglalkozom, amelyek veszélyeztetik az állambiztonságot.

ELVIRA: Akkor nem értem, miért jöt vissza. Éppen hogy az állam veszélyeztet minket.

KONJEVIČ: Ez maradjon köztünk, de személyes okokból jöttem vissza. Már egy ideje nem hagy nyugodni valami, és szeretnék ennek a végére járni. *Meierholdra néz.*

JOE ORTON: És mi ez a valami?

KONJEVIČ: Szeretném tudni, merről fúj a szél. És hogy ahhoz mérten forduljak én is. Olyan időket élünk, amikor már csak az opportunizmus a kifizetődő.

JOE ORTON: Volt ez valaha másként is?

KONJEVIČ: Óh, te még fiatal vagy, de nekünk voltak ideáljaink, ugye, Konjevič úr? Hittünk a haladásban.

ELVIRA: Ő Meierhold úr és ön a Konjevič.

KONJEVIČ: Én Novak vagyok, asszonyom, nem emlékszem, hogy Konjevičként mutatkoztam volna be, de teljesen kizárni se akarom. A rendőrségen Novakként alkalmaznak, ezt a parancsnok is megerősítheti. Az úr pedig természetesen Ebenspanger; nem is értem, miért neveztem Konjevičnek.

ELVIRA: Ő Meierhold úr.

KONJEVIČ: Valóban? Nos, maga bizonyára jobban tudja, hisz egy asszonynak tudnia kell, hogy hívják a férjét, ugye, Meierholdné?

ELVIRA: Meierhold úr az albérlőm.

VILÁGVÉGE-KOMÉDIA

KONJEVIČ: És ki a kert tulajdonosa?
ELVIRA: Én vagyok a tulajdonos, de a kert a bérleti szerződés részét képezi, ezért minden, ami benne nő, az úr tulajdona.
KONJEVIČ: A paprikával telt üvegekkel bezárólag?
ELVIRA: Az edényeket is ő vette, szóval igen.
KONJEVIČ: Meierhold úr nyilván nagyon gazdag lehet. De mindenekelőtt zseniális ötletei vannak. Boldogok azok, akik a védelmét élvezhetik. *Kinéz az ablakon.* Soha nem fog elfogyni az élelmiszerük. Csak az a kérdés, hogy túl korán vagy túl későn lettek-e önteltek.
ELVIRA: Nem értem.
KONJEVIČ: Egy optimistának soha nem jutott volna eszébe kizárni magát a társadalomból, találni két túszt, az egyiknek elfoglalni a földjét, a másikat erőszakkal alárendelt viszonyba kényszeríteni, magas kerítéssel venni körül magát, mintha a törökök itt lennének a kertek alatt.
ELVIRA: És mit tenne egy pesszimista?
KONJEVIČ: Azt mondaná magának, hogy minden megoldás, még ha akadna is valaki, aki megpróbálna a dolog végére járni, túl későn jönne. És azonnal bérelne vagy megvenne egy darab földet, amit beültetne a túléléshez szükséges alapvető élelmiszerekkel, és ezt a földdarabot magas kerítéssel venné körül, talán elektromos áramot is vezetne bele. Föltételezem, hogy nézik a tévét.
ELVIRA: Nem vagyunk elég gazdagok ahhoz, hogy megengedhessük magunknak.
KONJEVIČ: Akkor legalább újságot olvasnak. Ott állnak az asztalon.
ELVIRA: Azok ötévesek.
KONJEVIČ: Akárhogy is, Amerikában az emberek már egy ideje tömegesen hagyják el a nagyvárosokat, hiszen az élelmiszer- és vízhiány ott szedi majd az első áldozatait. Félreeső vidékekre költöznek, ahol kunyhókat építenek és földművelésbe fognak. És remélik, hogy az élelem után induló kiéhezett tömegek nem akadnak rájuk már első nap.
ELVIRA: Az amerikaiak híresek arról, hogy könnyen pánikba esnek.
KONJEVIČ: A fegyverkereskedők magas haszonnal dolgoznak. Az emberek tudják, hogy az ültetvényeiket meg kell majd védeniük. Amerikában ezt nem tiltja a törvény. De nem vagyok benne biztos, hogy ez nálunk is így van. Illetve hát nem így van. Ahogy azt nyilván jól tudják. Ezért nálunk a lőfegyver nem lóghat az ajtó melletti fogason, hanem be kell rakni a szekrénybe. Vagy, ami még jobb, az ágy alá. Vagy, az önök esetében, a heverő alá.

Tesz egy lépést a heverő felé. Meierhold elővészi a pisztolyt és Konjevičre fogja. Int Ortonnak. Az térdre ereszkedik, előhúzza a puskát és Konjevičre fogja.

VILÁGVÉGE-KOMÉDIA

ELVIRA: Attól tartok, bármelyik pillanatban elájulhatok.
KONJEVIČ: Gratulálok, Ebenspanger úr. Megelőzött.
MEIERHOLD: Üljön le, Novak úr. Oda, abba a karosszékbe. A heverő alatt akár egy bomba is rejtőzhet.
KONJEVIČ *beül a karosszékbe*: Nincs szükség fenyegetésekre, Vehovar úr, mindenben meg tudunk állapodni, mint jó barátok.
MEIERHOLD: Pontosan erre gondoltam. Természetesen számítok az ön együttműködésére.
KONJEVIČ: Amennyiben ebben nincs benne a kertlocsolás, félig már meg is egyeztünk.
MEIERHOLD: Kér esetleg egy pohár bort? Viszkit? Zöld teát?
KONJEVIČ: Mindez akár veszélyes is lehetne a szívemre nézve.
MEIERHOLD: Ahogy óhajtja.
KONJEVIČ: Viszont szívesen elszívnék egy keveset abból a fűből, amit a heverő alatti zöld dobozban rejteget. Innen igen jól látni, az utolsó használója nem tolta vissza elég mélyen. Nagy elővigyázatlanság. Mondtam, hogy visszajövök.
MEIERHOLD: Azt még a városi vízművek alkalmazottjaként mondta, és nem az állambiztonságnál dolgozó rendőrként.
KONJEVIČ: Olyan időket élünk, amikor az ember nem tudhatja soha biztosan, kinek is dolgozik, és mik a feladatai.
MEIERHOLD: Joe, tedd le a puskát és tekerj Novak úrnak egy cigarettát.
JOE ORTON: Nem adok neki a legjobb füvemből! Csak ha fizet érte. Még Elvira se kapja ingyen.
MEIERHOLD: De ő természetben fizet neked, amit nyilván nem vársz el Novak úrtól.
JOE ORTON: Pont ezért nem adhatok neki ingyen.
MEIERHOLD: Novak úr a vendégünk.
JOE ORTON: Ugyanmár...

Leteszi a puskát, előveszi a dobozt és nekilát cigarettát tekerni.

ELVIRA: Talán Novak úrnak nem lenne ellenére egy hátmasszázs.
KONJEVIČ: Ha már itt vagyok, és mindenki ilyen kedves velem, éppenséggel jót tenne a hátamnak egy női kéz érintése. Csak nehogy valaki féltékeny legyen!
ELVIRA: Ebben a házban felhagytunk az éretlen érzelmekkel. Orton urat kivéve, de hamarosan ő is belátja majd, hogy a realitások között élünk.

Elvira a karosszék mögé lép, és masszírozni kezdi Konjevič vállát.

KONJEVIČ: Uhhhh... Nyitnia kéne egy masszázsszalont.
ELVIRA: Már megtörtént, Novak úr. Egy okos nő tudja, mikor kell abbahagyni.
KONJEVIČ: A mozdulatainak ritmusából úgy gondolom, hogy már találkoztunk korábban.
ELVIRA: Nem lepne meg. Mindannyian ismerjük egymást valami módon, a világ kisebb, mint ahogy azt gondolnánk.
KONJEVIČ: Mindig szerettem volna megismerni egy nőt, aki, még ha véletlenül is, de tud ilyen bölcs dolgokat mondani.
ELVIRA: Ön nagyon kedves, Konjevič úr.
KONJEVIČ: Novak.

Joe megtekerte a cigarettát. Megkínálja vele Konjevičet, aki a szájába illeszti, és várja, hogy Joe tüzet adjon. Joe öngyújtót vesz elő a zsebéből, és tüzet ad. Konjevič mélyen leszívja a füstöt.

JOE ORTON: Milyen szívderítő egy füves cigit szívó rendőr látványa. Hol van a fényképezőgéped, Elvira? Soha nem tudhatod, mikor jön jól egy kis bizonyíték.
KONJEVIČ: Nem vagyok túlzottan fotogenikus.
MEIERHOLD: Nos, akkor most meg kell akasztanom a beszélgetést, és a lényegestől a jelentéktelen apróságok felé terelni. Joe, kapd föl azt a puskát, és ha Novak úr bármilyen gyanús mozdulatot tesz, lődd térden.
JOE ORTON *fölveszi a puskát és Konjevičra fogja*: Nem jól célzok, ezért egyszerűen csak el fogom sütni. Hogy hol találom el, az az isteni gondviseléstől függ.
ELVIRA: Novak úr, folytassam a masszázst, vagy inkább szeretné a cigijének szentelni magát?

Konjevič vadul fuldokolni kezd. Elvira ököllel jól hátba veregeti.

JOE ORTON: Ezt vehetem gyanús mozdulatnak? *Fölemeli a puskát.*
ELVIRA: Ez köhögés, Joe, nem tudom, miért viszket úgy a tenyered. Először ki kell derítenünk, ki Novak úr, és mit akar.

Meierhold odalép a karosszékhez, félretolja Elvirát és iszonyatosan hátbaveri Konjevičot. Konjevič abbahagyja a köhögést, hátradől és csukott szemmel pihen.

ELVIRA: Novak úr! *Megrázza a vállát. A férfi nem válaszol.* Megfulladhat valaki köhögés közben?

VILÁGVÉGE-KOMÉDIA

JOE ORTON: A rendőrség mindenre képes. (*Kiragadja a félig szívot cigarettát Konjevič kezéből.*) Végig tudtam, hogy megpróbál ránk lőcsölni egy hullát.

A cigaretta parázsló végét Konjevič tenyerébe nyomja.

KONJEVIČ: *felpattan és körbeugrálja a szobát*: Szszszszszsz... Phűűűűűűűűűűűűű...
ELVIRA: Még jó, nem tudtuk volna hova eltemetni.
JOE ORTON: Használhattuk volna trágyának.
KONJEVIČ: Ebenspanger úr, arra nem számítottam, hogy egy önhöz hasonló embernek olyan a humorérzéke, amit még egy ötéves gyerek is röstellene.
ELVIRA: Ne idegeskedjen, Novak úr, üljön vissza a karosszékébe, és én ismét megmaszírozom a hátát.
KONJEVIČ: Köszönöm, asszonyom, de a körülmények olyanok, hogy inkább máskor visszatérnék. Viszontlátásra, Ebenspanger úr.
MEIERHOLD: Nem megy sehova.
KONJEVIČ: A kíváncsiságom hozott ide, de túl messzire merészkedtem, és megkaptam a megérdemelt büntetésemet. Megbűnhödtem, és most szeretnék elbúcsúzni.
MEIERHOLD: Először ki kell derítenünk, mihez kezd a vaskerítés túloldalán.
KONJEVIČ: A szívem ugyan gyenge, de jó, még csak eszembe se jutna, hogy bármivel ártsak önöknek.
MEIERHOLD: De könnyen lehet az is, hogy még mindig a városi vízművek alkalmazottja. És akkor elintézhetné, hogy elzárják a vizünket. A kert kiszáradna, és mi éhen halnánk. Azt a rendőrös mesét most találta ki, ismerje be.
KONJEVIČ: Most kivételt teszek, amit ugyan a szabályzat kifejezetten tilt.

Elővesz egy bőrtokban lévő kártyát és Meierholdnak adja. Az megnézi.

MEIERHOLD: Igazat mondott. Egyetlen kivétellel. Ez Konjevič, és nem Novak névre van kiállítva.
KONJEVIČ: Valóban? Nem vettem észre. Nyilván tévedés lesz. Hisz tudja, mennyi oktalan tévedést követ el a rendőrség. Talán én is hibás vagyok, hogy nem mondtam meg nekik, mi az igazi nevem.
MEIERHOLD: És mi az igazi neve?
KONJEVIČ: Ebenspanger, mint az öné.

Szünet. Konjevič és Meierhold egymást nézi.

VILÁGVÉGE-KOMÉDIA

MEIERHOLD: Én Meierhold vagyok.
KONJEVIČ: Helyes. Akkor legyen innentől kezdve Meierhold, én meg leszek Ebenspanger. És akkor legalább egy gond kipipálva. Oké?
MEIERHOLD: Oké. Joe Orton pedig mostantól fogva Konjevič, a rendőrség különleges ügyosztályának alkalmazottja. *Átadja a kártyát Ortonnak.*
JOE ORTON: A bűnöző bizonyos esetekben meglepően rövid idő alatt vedlik át rendőrré. *Elégedetten dugja zsebre a kártyát.* Hűűűű, mennyi mindent megengedhetek magamnak ezzel!
ELVIRA: Elvihetnél egy rendőrségi buliba, ott sok jóvágású férfi összejön.
JOE ORTON: Hallotta, Meierhold úr? Ez a nő nem fér a bőrébe. *Elvirának.* Az elsőt, aki csak a közeledbe megy, letartóztatom.
KONJEVIČ *bizalmasan*: Köztünk mondva, Meierhold úr, a paradicsomi kertjéhez éppenséggel nem sikerült megfelelő társakat választania. Remélem, hogy a válogatás még tart, és akad még hely. Ha esetleg kéne valaki, aki rendet tartana.
MEIERHOLD: A javaslatáról a háromtagú bizottságnak kell döntenie.
KONJEVIČ: Azt javasolnám, hogy nélkülem tanácskozzák meg ezt a döntést. Holnap délután visszatérek a válaszért. *Elindul az ajtó felé.*
JOE ORTON *a puskát Konjevičra emeli*: Hova-hova?
KONJEVIČ: Föltételezem, hogy abban a puskában nincs töltény.
MEIERHOLD: De ebben a pisztolyban van. *A pisztolyt Konjevičra emeli.* Üljön vissza a karosszékbe, Ebenspanger úr.

Konjevič megfordul, visszaül a karosszékbe.

MEIERHOLD: Joe, hol van a ragasztószalag?

Joe Orton leteszi a puskát, lehajol, és a kisasztal alól egy tekercs széles ragasztószalagot vesz elő.

KONJEVIČ: Mi minden van még ott lenn?
MEIERHOLD *Ortonnak*: Na. Hisz láttad már a filmekben.
JOE ORTON: Mielőtt Elvira el nem zálogosította a tévét. Visszakaphatnánk? Kezdek unatkozni. Itt semmi nem történik.

A karosszék oldalára ragasztja a ragasztószalag elejét, aztán körbetekeri Konjevič mellkasán, és folytatja a férfi rögzítését a karosszékben.

KONJEVIČ: Tiltakozhatnék, de azt is láttuk már filmen. Ezért inkább csöndben maradok.

VILÁGVÉGE-KOMÉDIA

JOE ORTON *a száján is áthúzza a ragasztószalagot:* Az lesz a legjobb.

A szín elsötétül.

10. kèp

Konjevič a karosszékben, testét körbefogják a ragasztószalag-csíkok.

A sötétben halljuk a rádiót: „...az értékeket nem önmaguk miatt fejlesztjük és támogatjuk, hanem azért, hogy jobban és értelmesebben éljünk. A félmúlt történelme arra tanít bennünket, hogy valóban lehet értelmetlenül meghalni a közösségért, ugyanakkor viszont elkezdtük elfelejteni, hogy a közösségen kívül az egyén nem tud értelmes életet élni. Azaz az egyén a választott közösséggel egy nem kifejezetten egyszerű kapcsolatba bonyolódik, amelyben óhatatlanul is bekövetkezik az azonosulás..." *(A hírek elhangzása közben a szín lassan kivilágosodik.)*

Meierhold, Joe Orton és Elvira belépnek a folyosótól. Joe kikapcsolja a rádiót

JOE ORTON: Bla-bla-bla.
ELVIRA: Jól érezte magát, Konjevič úr?
JOE ORTON: Kellemes álmai voltak? Az enyémek általában vadak, ha elszívok egy cigit. Szeretne még egyet?

Konjevič megrándul, vonaglik.

ELVIRA: Szerintem az úr szeretne valamit mondani.

Meierhold biccent Joe Ortonnak. Az leszedi a szalagot Konjevič szájáról.

KONJEVIČ: Egész éjszakára magamra hagytak!
ELVIRA: Való igaz, ebben a házban mindig figyelmesek voltunk.
KONJEVIČ: És az az átkozott rádió is magától bekapcsolt!
ELVIRA: Ráadásul nekünk magunknak is pihennünk kellett.
KONJEVIČ: Az Ön hálószobájában? Hármasban?
ELVIRA: Meierhold úr eleinte ellenkezett. Aztán Joe kezdett el duzzogni, mert még nem fogadta el, hogy a jó dolgokat meg kell osztani másokkal. Fiatal még, érthető. De végül mégis szót értettünk.

VILÁGVÉGE-KOMÉDIA

KONJEVIČ: Én eszükbe se jutottam.
ELVIRA: Épp ellenkezőleg. Én háromszor is javasoltam, hogy hívjuk le, tekintve, hogy mégis a vendégünk. De ez a két úr csökönyösen ellenezte.
KONJEVIČ: Azt akarom mondani, hogy nem jutott eszükbe, kapok-e levegőt. Akár meg is fulladhattam volna!
ELVIRA: Mit szeretne reggelire? Rántottát vagy lekváros zsömlét?
KONJEVIČ: Azt akarom, hogy engedjenek szabadon. El akarok menni.
ELVIRA: Tetszik nekünk, Konjevič úr, ezért szeretnénk, ha a továbbiakig velünk maradna.
KONJEVIČ: De nem ragasztószalaggal a karosszékhez rögzítve!
ELVIRA: Miért ne?
KONJEVIČ: Még az orrom se tudom megvakarni!
ELVIRA: Joe, vakard meg Konjevič úr orrát.
KONJEVIČ *Ortonnak*: Leköplek, ha közelebb jössz.
JOE ORTON: Nem hiszem el! A legjobb füveddel látsz el valakit, aztán mit kapsz cserébe!
KONJEVIČ: Kiszáradtam!

Meierhold Elvirára néz.

ELVIRA: Szolga vagyok a saját házamban. De csak magamat okolhatom. *Elmegy.*
MEIERHOLD: Na, végre magunkra maradtunk. Ki maga valójában, és mi szél hozta ebbe a házba?
KONJEVIČ: Engedjenek szabadon, hogy megmozgathassam a tagjaimat, hogy elvégezzek néhány guggolást, és olyan dolgokat tudhatnak meg, amelyekről nem is álmodtak.
MEIERHOLD: Joe, távolítsd el a ragasztószalagot és engedd meg, hogy az úr öt guggolást csináljon.
JOE ORTON: Megszökik!
MEIERHOLD: Nem hinném. *Előhúzza a pisztolyát.*

Joe Orton Konjevičhoz lép és eltávolítja a ragasztószalagot. Konjevič nehezen áll föl, nyújtózkodik, néhányszor leguggol. Kiegyenesedik, néhány karkörzést végez.

JOE ORTON: Most fél órát azt fogjuk nézni, hogyan tornázik?
KONJEVIČ: Elszívhatnék még egy keveset abból a kiváló fűből? Úgy a vallomásom gördülékenyebb lesz, ha már vallanom kell.

VILÁGVÉGE-KOMÉDIA

MEIERHOLD: Előbb a vallomás.
KONJEVIČ: Szigorú, de nem érdemlek mást. Annyi szamárságot összehordtam itt, hogy életem végéig bánni fogom.
MEIERHOLD: Mielőbb térjünk a lényegre.
KONJEVIČ: Menedzserre van szüksége, Ebenspanger úr.
MEIERHOLD: Nofene.
KONJEVIČ: Az, amit itt létrehozott, marketingért kiált. A szabad piac valóban térdre kényszerítette a világot, majd darabokra törte, noha ez nem jelenti azt, hogy nem könnyítheti meg az utolsó perceinket.
JOE ORTON: Ön bizonyára esti iskolában végezte el a bölcsészetet. Azért tűnik ismerősnek.
KONJEVIČ: Azért tűnök ismerősnek, mert már többször vettem tőled füvet.
JOE ORTON: Az ügyfelekről névsort vezetek. Azon nem szerepel se Konjevič, se Novak.
KONJEVIČ *(a zsebéből egy papírdarabot húz elő)*: És ezen?
JOE ORTON: Hol szerezte? Adja vissza!
KONJEVIČ: Te meg nekem a hamis rendőrigazolványt. *Kinyújtja a kezét.*
JOE ORTON *Meierholdnak*: Megrugdoshatom?

Belép Elvira egy nagy kancsó vízzel. Konjevič megragadja, kiissza. Visszaadja Elvirának.

ELVIRA: Rosszkor jöttem?
KONJEVIČ: Nem, dehogy, Silvana asszony, pont jókor, hogy meghallgassa üzleti ajánlatomat.
ELVIRA *megretten*: Honnan tudja, hogy Silvana a nevem?
KONJEVIČ: Már nem az, Elvira asszony. Silvana még azelőtt volt, hogy nyugdíjba ment volna, hogy a hátralevő éveit polgári miliőben töltse. Noha ez a ház csak megközelíti azt, amire eredetileg gondolt. Korábban csak futólag utaltam rá, de most már elmondhatom, hogy többször voltam a vendége.
ELVIRA: Minek jött?
KONJEVIČ: Hogy összetörjem az illúzióit, amelyek így is, úgy is maguk alá temették volna.
ELVIRA: Kinek dolgozik?
KONJEVIČ: Magamnak, Elvira asszony. Manapság csak a bolondok dolgoznak másoknak. Megleptem volna?
JOE ORTON *fölkapja a puskát és Konjevičra fogja*: Elég, elég, elég!
KONJEVIČ: Nincs megtöltve.

VILÁGVÉGE-KOMÉDIA

JOE ORTON: És ha mégis meg van?

A mennyezet felé fordítja és elsüti. Rettenetes dörrenés. Mindenki sokkot kap, Joe Orton a leginkább.

KONJEVIČ: Mondanék valamit, ha lehet.
JOE ORTON *ráfogja a puskát:* Először én mondom el, *mit* fog maga elmondani.
KONJEVIČ: Azt, amit el akartam mondani, mielőtt félbeszakítottál volna
JOE ORTON: A kártyákat újraosztották, most én kérdezek.
ELVIRA: Meierhold úr, miért tette el a pisztolyát, amikor Joe Orton fölkapta a puskát?
MEIERHOLD: Egy kis kihágást akartam neki összehozni, úgy éreztem szüksége van rá. A múlt éjjel elveszítette önbecsülése egy részét, és azt valahogy helyre kellett billentenie. A legkönnyebb az lesz, ha itt hadonászhat egy kicsit egy nagy puskával.

Jor Orton Meierholdra emeli a puskát és lőni készül. Hirtelen leroskad, a puskát a földre dobja, a karosszékbe ül, arcát a tenyerébe temeti és zokogni kezd. Elvira a szék karjára ül, átöleli Orton vállát, megsimogatja a fejét, mint egy gyereknek.

ELVIRA: Minden rendben lesz, mókuskám, anyuci soha nem volt veled elégedetlen. Bocsásd meg, ha valami csúnyát mondtam volna.

Orton zokogása lassan alábbhagy.

KONJEVIČ: Ezek a mai fiatalok elpuhultak, nem tudnak a sarkukra állni. Pedig a világnak erőteljes megmozdulásokra van szüksége, jobban, mint bármikor korábban. A fiatalok kis történeteket találnak ki, történetecskéket, vagy azt se. Értelmetlen önkielégítés a fészbukon, ezzel vigasztalják magukat.
ELVIRA: Joe nincs is fönn a fészbukon, az internetet csak pornóra használja. Még azt se naponta.
KONJEVIČ: Csak az számít mennyországnak, amit képesek megalkotni. Az eksztázis, a felejtés pillanata, a megkönnyebbülés pillanata. Valami, amit senkivel nem lehet megosztani. Apró, alattomos önzés, ennyi minden történetük, nem több. De Ön, Ebenspanger úr, a régi nagy történetek szellemében alkotta meg a sajátját. Egy nagy, különleges kertet, amely nem a múló élvezetről szól, hanem az emberi faj túléléséről
MEIERHOLD: A kerítésen kívüli világ már nem érdekel.

VILÁGVÉGE-KOMÉDIA

KONJEVIČ: Nagyszerű! Azzal, hogy hátat fordított a a világnak, és mint az utolsó szalmaszálba, belekapaszkodott az önzésbe, biztosította magának a világ megmentésének a legideálisabb lehetőségét.

MEIERHOLD: Egyre inkább ellentmondásokba keveredik.

KONJEVIČ: A kertnek egy olyan prototípusát dolgozta ki, amit bárhol a földön értékesíthet. A tudományos alapon nevelt növények 10 faja, amelyek évről-évre megújulnak, elegendő vitaminnal szolgálnak az egészséges élethez, egy élelmiszer perpetuum mobile, három-négy tagú családnak elegendő mennyiségben. Tudja, mit jelent ez?

MEIERHOLD: Majd maga megmondja.

KONJEVIČ: Vég a kereskedésnek, vége a szállításnak, vége a fosszilis tüzelőanyag iránti igénynek, vége a légkör szennyezésének, vége a világvége-érzésnek!

JOE ORTON: Ugye, milyen őrült? *Elvirára néz.*

ELVIRA: Igen, mókuskám. Valóban az.

KONJEVIČ: Az ötletét haladéktalanul szabadalmaztatni kell.

MEIERHOLD: Miért?

KONJEVIČ: Mert ma a gonosztevők fő célpontja a szellemi tulajdon.

MEIERHOLD: Nem is tudtam.

KONJEVIČ: Aláírunk egy szerződést, hogy az egész világon csak én árusíthatom a kertjének a prototípusát. Elárulom, hogy Amerikában akkora lesz a lelkesedés, hogy agyontapossák egymást az emberek.

MEIERHOLD: És ebből nekünk milyen hasznunk lesz?

KONJEVIČ: Gazdagok leszünk, Ebenspanger úr. Kényelemben élhetünk életünk végéig. Mindannyian.

MEIERHOLD: Mindannyian?

KONJEVIČ: Mind a négyen.

JOE ORTON: Nocsak. Hirtelen négyen lettünk?

ELVIRA: Erről Meierhold úr dönt, mókuskám. Ő az, aki tudja, mi a jó nekünk.

KONJEVIČ: Ön mit mond, Meierhold úr? A kertet kibővíthetjük, fölvásároljuk a szomszédos telkeket, a házakat leromboljuk, az embereket kiköltöztetjük. Mindezt legálisan, természetesen. A húsz zöldségkörből százat, kétszázat tudunk csinálni.

MEIERHOLD: És így tovább?

KONJEVIČ: És így tovább. Azután a kerítésen belüli menedékhelyre vendégeket hívunk. Elvira asszony esetleg talál magának egy fiatalabb fiút, egy tettrekészebbet, én meg valami menyecskét, hogy ne unatkozzam éjszakánként. Meg persze Ön is, az irányultságához illőt. Nem vagyok rasszista, akár a Szahara alatti tájakról is befogadnék valakit.

ELVIRA: Azzal a föltétellel, ha férfi az illető.
KONJEVIČ: Gondolja meg, Vehovar úr. Nem önmaga miatt, nem miattam. E miatt a két ember miatt. Mindkettő tehetetlen, mindkettő öntől függ. Bőven van ideje gondolkodni. Én nem sietek.
MEIERHOLD: Az jó, ugyanis most egy darabig itt marad.
KONJEVIČ: Ennek tudatában vagyok. Ezért ne vegyék zokon, ha megkérdem, hol találom a mellékhelyiséget. Múlt éjszaka nem állt módomban elvégezni mindazt, amire egy korombeli férfinak szüksége van.
JOE ORTON: Gyanús is volt, hogy összehugyozta magát!
MEIERHOLD: Joe, vedd a puskát, és kísérd el az urat a mosdóba. Vigyázz, nehogy megpróbáljon megszökni az ablakon. Ha végzett, kísérd vissza.

Joe fölveszi a puskát és megvárja, amíg Konjevič az ajtóhoz megy. Követi a folyosóra. Rövid szünet.

ELVIRA: Semmit nem értek.
MEIERHOLD: Én se mindig tudom követni, mi történik.
ELVIRA: Gondolod, hogy az Isten próbára tesz bennünket a vétkeink miatt?
MEIERHOLD: Az Isten már rég keresztet vetett a világra. Csak az Ördög tart ki továbbra is, abban a reményben, hogy ő nevet utoljára.
ELVIRA: És mi van, ha tényleg a helyi vízműveknek dolgozik?

Lentről fegyverdörrenést hallani. Szünet.

ELVIRA: Furcsa zaj.
MEIERHOLD: Attól tartok, hamarosan egy kellemetlen hírrel kell szembesülnünk.

Joe Orton tér vissza a puskával.

JOE ORTON: Meg akart szökni az ablakon.
MEIERHOLD: Azt mondtam, kísérd vissza.
JOE ORTON: Nem tartotta magát a megbeszéltekhez. Nem vállalom a felelősséget olyasmiért, ami nem az én hibám.
MEIERHOLD: Milyen állapotban van?
JOE ORTON: Kevésbé virgonc, mint korábban. A szája nyitva, de szólni nem szól. Mintha már semmi nem érdekelné.
ELVIRA: Joe Orton, hogyan bocsássam ezt meg neked?
JOE ORTON: A történelem minden új korszaka legalább egy áldozatot kíván.

VILÁGVÉGE-KOMÉDIA

ELVIRA: Soha nem fogjuk megtudni, ki volt, és mit akart.
MEIERHOLD: Ennek a kérdésnek a megválaszolásával töltjük majd a hosszú téli estéket. Joe, ragadj meg egy lapátot, áldozz be néhány káposztafejet és temesd az urat elég mélyre, hogy később véletlenül rá ne akadjanak.
JOE ORTON: Szarás. Csak munkát csináltam magamnak.

Megfordul és kimegy. A puskát magával viszi. Szünet.

ELVIRA: Keresni fogják.
MEIERHOLD: Kik?
ELVIRA: Hát azok. Az övéi. A helyi vízművek. A rendőrség. A titkosszolgálat. Vagy az ápolói, hogy visszavigyék a kórházba. Honnan tudjam.
MEIERHOLD: Semmit se tudsz, Elvira. És ez mindannyiunknak jobb így.
ELVIRA: Szeretsz?
MEIERHOLD: Nem gondolod, hogy a pillanat némileg intelligensebb kérdést kíván?

Elsötétül a szín.

11. kèp

A sötétben halljuk a rádiót: „... az emberek többsége még mindig úgy gondolja, hogy az emberiség megmaradásának közvetlen veszélyeztetéséről szóló történetek csak mendemondák, és olyanok gyártják őket, akiknek nincs jobb dolguk. Sajnos ez nem igaz. Az apokalipszis egy hajó, amelybe már beszálltunk, és amely elhagyta a kikötőt, és amely nem tud visszafordulni. Hogy mindez hogyan hat majd az emberek közötti kapcsolatokra, azt senki nem tudja. Azoknak azonban, akik már megértették, hogy talán ez a század az utolsó az emberiség életében, talán kevéssé kéne önzőnek lennie, és a saját céljaikat alá kéne rendelniük a hajónk közös kormányzásának, hisz azért vagyunk rajta, mert nem eszméltünk fel időben. A hajótörést nem kerülhetjük el, ezt már a vakokon kívül mindenki világosan látja. Már csak arról van szó, hogy a hajótörésre az idén, öt év múlva vagy a legjobb esetben száz év múlva kerül-e sor... *(A hírek alatt a szín fokozatosan kivilágosodik.)*

Belép Meierhold és kikapcsolja a rádiót.

MEIERHOLD: Bla-bla-bla.

VILÁGVÉGE-KOMÉDIA

Megfogja a mappáját, a karosszékbe telepszik és rajzolni kezd. Belép Elvira, teát hoz. Az asztalkára teszi, leül a heverőre. Meierhold ránéz.

MEIERHOLD: Aggódsz?
ELVIRA: Joe továbbra is a városban csavarog.
MEIERHOLD: Nem ezt tette mindig is?
ELVIRA: Most már igazán fölhagyhatna az árusítással. Most, hogy van kertünk.
MEIERHOLD: Igyekeztem fegyelmezni, amennyire lehetett.
ELVIRA: Azt hittem, boldogok leszünk most, hogy átéltük a szörnyűségeket.
MEIERHOLD *feláll*: Miket beszélsz? A szörnyűségek még *előttünk* vannak. Ezért csináltuk ezt a menedékhelyet. Ha csak egy héttel tovább élünk a többieknél, már elértünk valamit.
ELVIRA: És az az egy ráadás hét megéri az erőfeszítéseket?
MEIERHOLD: Milyen erőfeszítéseket tettél?
ELVIRA: Ki főzött, takarított és kezelt konfliktust és nyújtott erkölcsi támaszt? Meg csinálta mindazt, ami csak úgy adódott?
MEIERHOLD: Az éjszakákra gondolsz, a hálószobádban?

Elvira föláll, elveszi a teás tálcát az asztalról és az ajtó felé indul.

MEIERHOLD: Nem ittam még meg a teát.
ELVIRA: Nem is fogod.

Az ajtónál majdnem beleütközik Konjevicbe, aki akkor lép be a folyosóról.

KONJEVIČ: Majd én megiszom. *Tegye csak le az asztalkára.* Összedörzsöli a kezét. Jól fog esni, kint nagyon fújni kezdett.

Meierhold és Elvira tátott szájjal bámulják.

ELVIRA *Meierholdra néz*: Ugye nem tévedek? Ugye nincs itt senki kettőnkön kívül!
KONJEVIČ: Azt reméltem, hogy a nyakamba ugrik és magához ölel.
ELVIRA: Már többször gyanús volt, hogy ez egy kísértetjárta ház.
KONJEVIČ *kiveszi Elvira kezéből a tálcát, elviszi az asztalkáig, önt magának*: A kísértetek nem teáznak.
ELVIRA: De hiszen a kertben fekszik, két méter mélyen!
KONJEVIČ: Ott nagyon nehezen tudnék levegőt venni. Márpedig én szeretek lélegezni. *Nagyot sóhajt.* Igaz ugyan, hogy itt nagy hiány van friss levegőből.

VILÁGVÉGE-KOMÉDIA

MEIERHOLD: Csak egy módja van annak, hogy megállapítsuk, kísértet áll-e előttünk, vagy sem.

Pisztolyt vesz elő a zsebéből és Konjevičra fogja.

KONJEVIČ: Ha az érzékeim nem csalnak, bármelyik pillanatban nagy durranásnak leszünk fültanúi.

Elmosolyodik és beleiszik a teájába.
Meierhold elsüti a pisztolyt. Elvira megrándul, Konjevič fölemeli a teáját és elmosolyodik.

KONJEVIČ: Ha az érzékeim nem csalnak, hamarosan egy újabb durranásnak leszünk fültanúi.
MEIERHOLD: Talán golyóálló mellényt visel.

Meierhold egyet lép Konjevič felé és egy méteres távolságból fejbelövi.

KONJEVIČ: Hopsz, még kilyukad a dobhártyám.
MEIERHOLD *megszemléli a pisztolyt*: Használ Joe Orton mást is a hasison kívül? LSD-t, meszkált? Lehet, hogy valamit beletett az ételünkbe?

Joe Orton lép be az ajtón, puskával a kezében.

JOE ORTON: Csak öt percre megyek el, és máris megvádolnak a leggaládabb bűnténnyel.
ELVIRA: Joe, az Isten szerelmére, hol csavarogsz?
JOE ORTON: Vadász lettem. Állatokat lövök, hogy ne csak zöldséget együnk a kertben. *Ránéz Meierholdra.* No és mire lő Ebenspanger úr?
KONJEVIČ: Kísértetekre.
MEIERHOLD: Joe, hány embert látsz ebben a szobában?
JOE ORTON: Hármat.
ELVIRA: És kísértetet?
JOE ORTON: Kísértetet nem látok.
ELVIRA: Előtted áll, és teát iszik!
JOE ORTON: Ez nem kísértet, ez Konjevič úr.
ELVIRA: Joe, Konjevič urat lelőtted a fürdőszobában és elástad a kertben!
JOE ORTON: Talán mellélőttem.

ELVIRA: Az ablakon át láttuk, ahogy elásod.
JOE ORTON: Igen?
ELVIRA: Még a káposztafejeket is visszaültetted a helyükre. Hogy elrejtsd a nyomokat, azt mondtad.
JOE ORTON: Vagy fölkelt a halottaiból. Talán végre elkezdődött a Bibliában megjósolt föltámadás.
ELVIRA: Joe...
JOE ORTON: Nem is örültök, hogy nem vagyok gyilkos? Át kéne ölelned, megcsókolnod. Mind a négyünknek a hálószobába kéne mennünk, és hangos bulival ünnepelnünk meg az eseményt.
MEIERHOLD *kiveszi a tölténytárat a pisztolyból és látja, hogy vaktöltények vannak benne*: Hogy én milyen hülye vagyok.
JOE ORTON: Ezt már régóta tudjuk.
KONJEVIČ: Hagyd. Nem vall jólneveltségre belerúgni abba az emberbe, akinek az egyensúlya most billent át a káoszba.
ELVIRA: Elmagyarázná valaki, mi történik itt?
JOE ORTON: Semmi olyasmi, ami nem történt meg már vagy ezerszer a történelemben.
ELVIRA: Egy szót sem értek.
JOE ORTON: Hogy is érthetnél meg bármit, amikor egyetlen hatalmas lyuk vagy tetőtől talpig, és ennek a lyuknak mindig telinek kell lennie, nehogy véletlenül egy morzsányi ész kerüljön bele?
KONJEVIČ: Nono. A nőkkel figyelmesnek kell lenni, akkor is ha megvetjük őket.
MEIERHOLD: Mikor kezdődött ez az összeesküvés?
JOE ORTON: Ön emlékszik rá, Konjevič úr?
KONJEVIČ: Van annak azért jó ideje. Mindenképpen még azelőtt, hogy elástak volna a kertben.
MEIERHOLD: Mielőtt ide jött volna?
KONJEVIČ: Az sincs kizárva. De nincs fontossága: most ez van, ami van.
ELVIRA: Istenem, Joe Orton, hogy tudtad végigcsinálni ezt a színjátékot?
JOE ORTON *felszisszen*: Na és te, aki megjátszod az orgazmust?
ELVIRA *gonoszul*: Általában nem teszem, de veled nincs más választásom.
JOE ORTON: Köszönöm a bókot. Ezért a bérleti díjad, amit holnaptól fizetsz, lényegesen magasabb lesz.
ELVIRA: Meierhold úr, miért nem véd meg?
MEIERHOLD: A jóhiszeműségem áldozata lettem.
KONJEVIČ: Inkább az üzleti érzék hiányának áldozata. Fölajánlottam a megállapodást, amivel megőrizhette volna a pozícióját, és mindenkinek garantálta volna a kényelmet élete végéig.

VILÁGVÉGE-KOMÉDIA

MEIERHOLD: Mit akarnak tenni?
JOE ORTON: Semmi drámait. Eddig tízféle zöldséget termeltünk a kertben, mostantól pedig...
MEIERHOLD: Tudom, kendert fogunk.
JOE ORTON: Nem. Mákot.
ELVIRA: A mákosrétest soha nem szerettem.
MEIERHOLD: Ópium, heroin?
KONJEVIČ: A terület nagyságát és a föld minőségét figyelembe véve kiváló termésünk lesz.
MEIERHOLD: Kereskedelembe fognak? Elkábítják az embereket? Nem élelmiszert termelnek, hanem betegséget és halált? Ezt nem fogom megengedni.
ELVIRA: Én se. A ház és a kert tulajdoni lapján az én nevem szerepel.
JOE ORTON: Tudtam, hogy nem lesz könnyű.
KONJEVIČ: Á, semmi baj, megoldjuk, hisz értelmes emberek vagyunk. A tulajdonjog átírása nem egy bonyolult dolog. Egy kis ígéret, némi fenyegetés, és már meg is van. Ugye, Elvira asszony? Ugye, Meierhold úr? A céljaink elérése közben is meg kell őrizni az emberi értékeket.
MEIERHOLD: Az Ön értékei, Konjevič-Novak úr, arra se érdemesek, hogy leköpjem őket.
ELVIRA: De én megteszem! *(Konjevič felé köp.)*
KONJEVIČ: Az értékeket magunk találjuk ki, hogy legalizáljuk a céljainkat. Más szóval: puszta fikciók.
JOE ORTON: Ezen a téren már egy ideje bármi megengedett. Még az én bohózataim is. Biztosítom magamnak a helyet a történelemben.
MEIERHOLD: Te egy tetű vagy, amelynek legföljebb egy kutya bőrén lesz helye. Az emberiség a kihalás szélén áll, ti ketten pedig...
JOE ORTON: ... szeretnénk megkönnyíteni az utolsó pillanatait. Hát nem vagyunk nemeslelkűek? Szórakozás, felejtés, és persze néhány kényelmes év magunknak – van ennél szebb?
KONJEVIČ: A megtermelt ópium bevételéből százszor több zöldséget tudunk magunknak venni, mint amennyit ti itt termelni szándékoztatok.
JOE ORTON: És húst.
KONJEVIČ: És húst. Mindenfélét. Fiatalt és ruganyosat is. *(Elvirára néz.)*
ELVIRA: Meierhold úr, nem védi meg a méltóságomat?
MEIERHOLD: Ezt a játékot elveszítettük.
KONJEVIČ: Nem okvetlenül. Amilyen megfontoltak, még mindig átállhatnak a győztes oldalra.
MEIERHOLD: Nem barátkozunk tolvajokkal.

VILÁGVÉGE-KOMÉDIA

ELVIRA: Brávó, Meierhold úr! *Aggódó arckifejezést ölt.* Másrészt, ezt azért meg kell gondolni. Ugye, Konjevič úr?
MEIERHOLD: Megggondoljuk. A bíróságon.
KONJEVIČ: De a bíróság kívül esik azon a kerítésen, amit azért emeltetett, hogy senki ne mászhasson be a kertjébe, Ebenspanger úr. A kerítésen belül a bíróság nem kompetens, itt csak mi magunk vagyunk.
MEIERHOLD: Meg kell ölniük.
KONJEVIČ: De mi nem vagyunk gyilkosok, mint maguk, még ha nem is jártak sikerrel.
JOE ORTON: Nézzen ki az ablakon, Meierhold úr.

Meierhold és Elvira az ablakhoz lépnek, kinéznek.

ELVIRA: Ki ez a lány?
JOE ORTON: Az új munkaerő. Két órája alkalmaztuk.
MEIERHOLD: Álljon meg a menet... Nem hiszem el. Mit csinál az a lány?
JOE ORTON: Kiássa a zöldséget, előkészíti a talajt a máknak.
ELVIRA *megbántva*: Fiatal.
KONJEVIČ: Így megy ez, asszonyom. Manapság ez nem tart sokáig. Mire körbefordulunk, már tegnap van. És a holnap már itt kopog az ajtónkon, miközben alszunk.
ELVIRA: És mit fog még csinálni azon felül, hogy a kertben dolgozik?
KONJEVIČ: Késznek mutatkozott, hogy elgondolkodjon néhány javaslatunkon. Hisz ismeri a szegény családokból származó lányokat: soha nem mondanak nemet egy ráadás kenyérszeletre, még ha az ártatlanságuk is az ára.
ELVIRA: És hol fogják nyélbe ütni a javaslataikat? Az én hálómban?
KONJEVIČ: Erre jövet bekukkantottam, és alkalmasnak tűnt, hogy... nos, talán most mellőzném a részleteket...
ELVIRA: Az Isten verje meg! *Odaront Konjevičhez, öklével üti a férfi mellkasát.* Az Isten verje meg! *Térdre esik, átöleli Konjevič lábát, fölzokog.* Könyörüljön...
JOE ORTON: Kész színház!
ELVIRA *alig hallhatóan*: Megvert engem az Isten...

Meierhold elindul az ajtó felé.

KONJEVIČ: Hová indult?
MEIERHOLD: Az új kalandok felé.
JOE ORTON: Azokról már mi gondoskodtunk. Az Ön kaladjai mostantól kezdve...

VILÁGVÉGE-KOMÉDIA

MEIERHOLD: Nem érdekel.
JOE ORTON *ráemeli a puskát Meierholdra*: Szerintem meg nagyon is érdekli.
MEIERHOLD: Én tudós vagyok.
KONJEVIČ: Pont emiatt, Ebenspanger úr. Pont emiatt szántunk Önnek olyan munkát, amit csak megfelelő szakmai tudással rendelkező ember tud elvégezni.
JOE ORTON: Az ópiumból heroint gyártó laboratóriumot fogja vezetni.
KONJEVIČ: Ételt és szállást kap cserébe. Manapság ez nem kis dolog.
JOE ORTON: Sőt, több, mint ami milliárdnyi embertársának jut a Földön.
KONJEVIČ: Csak Los Angelesben százezer ember alszik az utcákon.
ELVIRA *feláll*: És nekem? Nekem mi lesz a dolgom?
MEIERHOLD: El akarod adni magad?
ELVIRA *sértetten*: Soha nem adtam el magam. Tettem olyasmit, amit nem tesz meg minden nő, de mindig összekötöttem a kellemest a hasznossal. A természetemből következik, hogy szívesen együttműködöm. Meghallom az idők szavát. Alkalmazkodom.
KONJEVIČ: Elvira asszony, sok évvel ezelőtti találkozásunkból egy különleges testhelyzet maradt meg az emlékeimben. Gondolja, hogy még képes lenne rá? Hiszen a tagjai már nem olyan rugalmasak...

Elvira lekever neki egy nyaklevest.

JOE ORTON: Nem ártana némi tiszteletet tanúsítani, mert még szakácsnő nélkül maradunk.
ELVIRA: Meierhold úr... A világ túlzottan kiszámíthatatlan lett, a büszkeség már nem más, mint a sors hibája.
KONJEVIČ: Okos nő. Hallgasson rá.
JOE ORTON: Buta liba, de ezúttal véletlenül olyat talált mondani, amivel egyetértek.
MEIERHOLD *Konjevičnak*: Magáról nem tudom, hogy ki, de hogy kiváló csaló, az biztos, és képességeit jobban is kamatoztathatná a nemzetközi piacon.
KONJEVIČ: Ismerem a korlátaimat, Vehovar úr.
MEIERHOLD: Te pedig, Joe Orton, más tészta vagy. Ha eltekintünk a benyomástól, amit keltesz, eléggé tájékozott vagy az emberi gondolkodás terén.
JOE ORTON: Köszönöm.
MEIERHOLD: A kapzsiság, amit életfilozófiádnak választottál, nem hoz mást számodra, mint az alantas szükségletek rövid távú kielégítését és a megbánás végtelen hosszú óráit.

VILÁGVÉGE-KOMÉDIA

JOE ORTON: A macska hempereg a napon, és aztán elalszik. Az ember hempereg az életben, és aztán elalszik. Egyik se tudja kikerülni a sorsát, hogy az, aki, és az, ami.
ELVIRA: Egy szót se értek.
JOE ORTON: Miért is ne várnánk a világvégét egy ködös eufóriában, boldogságot érezve, ami ugyan mesterséges, de mégiscsak boldogság. A feledés keresése minden élőlény egyetemes tulajdonsága. Ezért törekszünk itt az élvezet megteremtésére.
MEIERHOLD: Nélkülem. *Megfordul, indulna.*
KONJEVIČ: Ebenspanger úr, jól tudja, hogy ezt nem engedhetjük meg.
MEIERHOLD: Mégis, mit tesznek velem?
KONJEVIČ: Előbb-utóbb ki kell mennie a mellékhelyiségbe, Joe Orton elkíséri a puskájával, Ön megpróbál megszökni az ablakon át, Joe lelövi, eltemetjük a mákültetvényben. Trágya lesz magából.

Szünet.

ELVIRA: Meierhold úr, maradjon velünk. A lakbérét év végéig kifizette. Utána is meg tudunk egyezni. Az elvárásaink nem lesznek elfogadhatatlanok. Ugye, Joe?
JOE ORTON: Hadd döntsön egyedül.
KONJEVIČ: Ebenspanger úr. Meghalni az elvekért, amelyek nem többek pillanatnyi ötleteknél, manapság anakronizmusnak számít. Hadd mutassak rá arra, hogy amit most érez, az a hősiesség utáni gyermeki vágy.
ELVIRA *óvatosan:* Meierhold úr?
MEIERHOLD: Tulajdonképpen nincs választásom.
KONJEVIČ: Minimális, én azt mondanám.
MEIERHOLD *döntött:* Jó. Akkor elugrom a városba némi szakirodalomért és fél órán belül itt vagyok.
KONJEVIČ: Szerintem oké, de mit mond erre Joe Orton, aki dramaturgja és rendezője is ennek az előadásnak?
JOE ORTON: Fél óra.
ELVIRA: Azért egy kis késés belefér. Öt perc.
MEIERHOLD: Fél órára van szükségem, nem többre. *Elsiet.*

Szünet.

ELVIRA: Úgy örülök, hogy az érzelmek kerekedtek fölül, és nem az értelem.

VILÁGVÉGE-KOMÉDIA

JOE ORTON: Minden a tervek szerint halad.

Konjevič az ablakhoz lép, kinéz.

KONJEVIČ: Az ösvényen halad a vaskapu felé.
JOE ORTON: Milyen messze van?
KONJEVIČ: Félúton.
JOE ORTON: Nyisd ki az ablakot, Elvira.

Elvira az ablakhoz lép, kinyitja.

ELVIRA: Odaért a kapuhoz. Sikerülni fog neki!
KONJEVIČ: Már mászik föl a kapun, a teteje felé.
JOE ORTON *ellöki Konjevičet*: Már csak egy kicsi, és sajnálni fogja, hogy a kapu tetejére éles vasakat szereltetett.
KONJEVIČ: Igazi lándzsákat.

Joe Orton fölemeli a puskát és az ablakon át célba vesz vele valamit.

ELVIRA: Várj.
JOE ORTON *ránéz*: Mi a fene bajod van?
ELVIRA *ellép az ablaktól*: Tudom, hogy csak egy szentimentális nő vagyok, de úgy összeszorult a szívem, hogy alig kapok levegőt.

Kintről, száz méteres távolságból borzasztó sikoly hallatszik.

ELVIRA: Mi volt ez?
KONJEVIČ: A menekülő megcsúszott a kapu tetején.
JOE ORTON: Az egyik lándzsa átszúrta a szívét.
ELVIRA: Jézusom! Ez a mi bűnünk.
JOE ORTON: A miénk? A lándzsákat Svájcból rendelte, mert a hazaiak nem voltak elég élesek!
ELVIRA *a kétségbeesés szélén*: Meg akart védeni minket!
JOE ORTON: Az ilyenek a legrosszabbak.
KONJEVIČ: Gyorsan le kéne szednünk, hogy a járókelők ne vigyék halálhírét a világban.

Joe Orton és Konjevič elindulnak az ajtó felé. Konjevič megfordul.

VILÁGVÉGE-KOMÉDIA

KONJEVIČ: Most már minden rendben lesz, Elvira asszony. Egy korty zöld tea, és mehet minden tovább.

Elmennek. Elvira áll, nem tudja, mit tegyen. Odalép a tükörhöz, megigazítja a haját. Bánatosan nézi a tükörképét.

ELVIRA: Micsoda megkönnyebbülés, hogy az ember megöregedhet és meghalhat.

Függöny.

Комедия о конце света

Премия Грума за лучшую оригинальную драму 2013

решение жюри

Комедия о конце света - это фарс о фарсе, у которого внутри еще один фарс. Это фарс в той степени, в которой наша жизнь является фарсом, хотя один из героев и говорит: «Сейчас не время для фарса. Реальность требует серьезных драм». Реальность требует, как точно утверждает автор, чтобы мы задались вопросом о конце света, о том, стоит ли нам заводить огороды и возводить вокруг них ограды или по-прежнему растить одну траву - и продавать ее…

На окраине города в доме с заброшенным садом, почти в Бекеттовской обстановке, именно этим вопросом задаются четыре человека, каждый их которых отмечен своей собственной театральной реальностью, но при этом все они легко узнаваемы в нашей настоящей реальности.

Жилец Джо Ортон, несостоявшийся драматург, хозяйка дома Эльвира, несостоявшаяся актриса, новый жилец Мейерхольд, секретный исследователь окружающей среды, и Коневич, человек с несколькими фальшивыми именами, не могут прийти к согласию, как лучше использовать сад или как спасти мир, и таким образом, оптимистический драматический прогноз автора о решении насущных социальных проблем на пороге конца света заключается в том, что в битве принципиальных инноваторов и неразборчивых спекулянтов, как и всегда, победят последние, несмотря на апокалипсические угрозы.

Более того, в ответ на драматический текст с мастерски отточенными диалогами, взрывающимися афоризмами и изысканной языковой игрой, нас призывают ответить на вопрос, что же на самом деле реально в пьесе и в жизни, кто подлинный, а кто носит маску, а самое главное: конец света - это наступающая реальность или всего лишь закулисная война заинтересованных группировок, война, в которой как революционные ученые, так и спекулянты-эксплуататоры действуют в подполье.

Свежо и ненавязчиво «Комедия о конце света» затрагивает глобальные и локальные проблемы и подробно описывает дух времени, как на родине, так и за границей; и напоминает нам, что весь мир - театр, и мы, возможно, никогда не получим ответа на вопрос из ненаписанной пьесы Ортона: «Что случилось с нашими чертовыми ценностями?»

КОМЕДИЯ О КОНЦЕ СВЕТА

Перевод Максима Рейно Анастасии Плотниковой

Персонажи:

ДЖО ОРТОН, 25
ЭЛЬВИРА, 48
МЕЙЕРХОЛЬД, 55
КОНЕВИЧ, 50

Место действия:
пригород,
где-то на земном шаре

Время:
сегодня,
завтра,
послезавтра

*Спасибо за вдохновение, Джо Ортону,
Которого все считают умершим с 1967.
Удачи тебе!*

Пьесу необходимо играть быстро и с очень серьезным видом!

АКТ 1

Сцена 1

Комната. В глубине, справа дверь на площадку первого этажа (коридор). Слева, мы видим дверь в небольшую комнату. Громадное зеркало весит на стене напротив двери, которая ведет в коридор. Диван, кресло, кофейный столик, комод. На ящике две стопки старых газет. Рядом с ними, старинный радиоприемник. Все выглядит бесцветным, неряшливым, отталкивающим.

В темноте звучит голос радиожурналиста: Представители тихоокеанских островов Тувалу подписали соглашение с правительством в Веллингтоне, согласно которому всему населению восьми атоллов разрешено переехать в Новую Зеландию. Тувалу, тропический рай песчаных пляжей и пальмовых плантаций, находится лишь в пяти метрах над уровнем моря. Но по причине глобального потепления, ожидается, что уровень моря поднимется до семи метров к концу столетия. И по этой причине жители Тувалу хотят обезопасить себя заранее. И они могут позволить себе это, потому что их всего насчитывается одиннадцать тысяч человек. А что будет с теми жителями Флориды или сотнями миллионов в Бангладеш, которых затопит прежде, чем мы увидим вершину айсберга из Гренландии? Мнения о том, как скоро мы достигнем точки невозврата, разделились...

Во время репортажа, сцена постепенно освещается. Джо Ортон выходит из маленькой комнатки и курит косячок. Медленно вдыхая, он подходит к радиоприемнику и выключает его.

ОРТОН: Бла-бла-бла. *(Возвращается обратно в свою комнату и захлопывает дверь.)*

КОМЕДИЯ О КОНЦЕ СВЕТА

Эльвира выходит из коридора. Ее сопровождает Мейерхольд.

ЭЛЬВИРА: Не очень большая, но комфортная!
МЕЙЕРХОЛЬД *(оценивает комнату)*: Вот эта?
ЭЛЬВИРА: Вас не впечатляет.
МЕЙЕРХОЛЬД: А как насчет первого этажа? Мне так нравится - открыть дверь и оказаться прямо в саду.
ЭЛЬВИРА: Вы будете иметь такую возможность прямо из моей спальни! Но… *(Она осматривает его с ног до головы.)*
МЕЙЕРХОЛЬД: Конечно. Вы не можете просто так … *(Его глаза бегло пробежали по ее телу.)*
ЭЛЬВИРА: Также, вы сможете наслаждаться садом через окно.

Мейерхольд подходит к окну, выглядывает, оборачивается.

МЕЙЕРХОЛЬД: А ванная?
ЭЛЬВИРА: Рядом с моей спальней.
МЕЙЕРХОЛЬД: Я хотел бы принимать душ раз в неделю.
ЭЛЬВИРА: Раз в неделю! Можете хоть каждый день!
МЕЙЕРХОЛЬД: Ух ты…
ЭЛЬВИРА: Правда, дверь не закрывается, но у меня нет такой привычки - вламываться. Особенно, если там нет мужчины.

Она улыбается ему скорее приторной улыбкой, нежели чем соблазняющей.

МЕЙЕРХОЛЬД: Вы моетесь каждый день?
ЭЛЬВИРА: Личная гигиена имеет большое значение для меня.
МЕЙЕРХОЛЬД: Абсолютно согласен.
ЭЛЬВИРА: Знаете, каким аморальным становится мир! Если нам приходится совершать грязные вещи, то хотя бы их нужно ÷čńńčńü.
МЕЙЕРХОЛЬД *(удивлен ее словам)*: Простите, а … где вы учились?
ЭЛЬВИРА: Я с успехом окончила начальную школу.
МЕЙЕРХОЛЬД: О… Примите мои поздравления!
ЭЛЬВИРА: Мне, правда, пришлось доучиваться последний год в исправительной школе.
МЕЙЕРХОЛЬД: Да? И исправились?
ЭЛЬВИРА: Для этого нужно время.

МЕЙЕРХОЛЬД: И которого, как раз, у вас и нет.

ЭЛЬВИРА: А вы? Профессор? Доктор?

МЕЙЕРХОЛЬД (*смотрит на дверь Ортона*): А это что за дверь?

ЭЛЬВИРА: Эта дверь…как бы правильно сказать… ведет в некую …кладовую.

МЕЙЕРХОЛЬД: Могу я взглянуть?

ЭЛЬВИРА: Сейчас? Не совсем удобно.

МЕЙЕРХОЛЬД: Почему?

ЭЛЬВИРА: Заперта.

МЕЙЕРХОЛЬД: И где же ключ?

ЭЛЬВИРА: Ключ….ключ… Пойду найду. Надеюсь, что найду его!

Эльвира пытается скрыть свое смущение, выходит в коридор. Мейерхольд возвращается к окну и выглядывает в сад. Дверь слева открывается. Джо Ортон тихо появляется из своей каморки и рассматривает Мейерхольда. Затем на цыпочках, тихо подходит и останавливается за ним.

ДЖО ОРТОН: Бууууууууууум! (*Мейерхольд оборачивается, выбрасывая свою правую руку, как будто пытается достать пистолет*) Кто вы?

МЕЙЕРХОЛЬД: Кто я? Кто вы?

ДЖО ОРТОН: Сегодня я почти на сто процентов Джо Ортон. Иногда думаю, что я Гарольд Пинтер. Или Сэмюэл Беккет.

МЕЙЕРХОЛЬД: Как все сложно.

ДЖО ОРТОН: Ну не все. Я действительно Джо Ортон. Я просто притворяюсь другими.

МЕЙЕРХОЛЬД: Откуда вы взялись?

ДЖО ОРТОН: С другой стороны. Скорее умер, чем молод, каждый раз себе говорю, что жизни надо дать другую попытку. А вы?

МЕЙЕРХОЛЬД: Я хотел бы снять комнату.

ДЖО ОРТОН: Вы не выглядите типом, который собирается жить в съемном жилье.

МЕЙЕРХОЛЬД: Мне нужна крыша над головой.

ДЖО ОРТОН: Вы выглядите как человек, который живет за счет того, что сдает квартиры.

Эльвира возвращается. Ее передергивает, когда она видит Ортона.

ЭЛЬВИРА: Не знала, что вы дома.

ДЖО ОРТОН: Дьявол прогнал меня из ада, потому что я осмелился предположить, что его еда ему не достанется. А в наказание мне придется провести пару дней на земле.

ЭЛЬВИРА: Это Джо Ортон, мой жилец.

ДЖО ОРТОН (*вдруг обезумевший*): Нет, я не просто жилец! Я член семьи. И я сопротивляюсь каждой попытке принизить мой привилегированный статус, (*поворачивается к Мейерхольду*), и я и понятия не имею, кто вы такой: адвокат, налоговый инспектор или коп в засаде. Я остаюсь, а вы, так или иначе, в общем, чем скорее, тем лучше.

Он возвращается в свою комнату и хлопает дверью.

ЭЛЬВИРА: Он боится мужчин в черных туфлях. Особенно если они в брюках в обтяжку.

МЕЙЕРХОЛЬД: Почему?

ЭЛЬВИРА: Он убежден, что они хотят захватить мир.

МЕЙЕРХОЛЬД: Вполне возможно, но есть и те, кто хочет спасти мир, хотя носят брюки в обтяжку для конспирации.

ЭЛЬВИРА: Хотела бы встретить одного из таких.

МЕЙЕРХОЛЬД: И вот он, ….как вы там его называете, … живет в кладовой?

ЭЛЬВИРА: Знаете, мы живем в трудные времена. Я справляюсь со своими сексуальными потребностями, так или иначе, но финансовые потребности это совсем другое дело. Нужно искать компромисс.

МЕЙЕРХОЛЬД: Госпожа...

ЭЛЬВИРА: Эльвира.

МЕЙЕРХОЛЬД: Буду честен. Вы предлагаете мне комнату без намека на личное пространство. У вас по соседству проживает сумасшедший, который заявляет, что он мертвый английский драматург, когда его зовут то ли Дэнни, то ли Рон, или Тревор. Что касается вас, вы женщина с туманным прошлым.

ЭЛЬВИРА: Может быть и так, но Джо Ортон и есть настоящий Джо Ортон. После реинкарнации. И правда, сначала я ему не верила, но он нашел, как меня убедить. А вы верите в реинкарнацию?

МЕЙЕРХОЛЬД (*со вздохом*): Неважно. Но, правда, в том, что я впечатлен вашим садом.

ЭЛЬВИРА: Наверное, вы имеете в виду соседский сад!

МЕЙЕРХОЛЬД: У вас нет соседей.

ЭЛЬВИРА: Ну да, дом несколько в отдаленности.

Мейерхольд подходит к окну, выглядывает.

МЕЙЕРХОЛЬД: Ваш сад, простите за выражение, самый прекрасный пример небрежности, который я когда-либо видел в городе. Это результат тщательной планировки?

ЭЛЬВИРА: Очень сильно сомневаюсь в этом.

МЕЙЕРХОЛЬД: Другими словами, садоводство не входит ни в одно из ваших хобби.

ЭЛЬВИРА: Входило бы, но когда я смотрю на заросшую землю, у меня пропадает желание. И я говорю себе, "Скоро весь мир будет выглядеть таким". Но почему вы переживаете?

МЕЙЕРХОЛЬД: Пустыня! Я жил в пустыне, только настоящей.

ЭЛЬВИРА: Правда? И как?

МЕЙЕРХОЛЬД: Когда вы живете в пустыне, вы не задумываетесь о причинах.

ЭЛЬВИРА: Жара несусветная для мыслей, могу представить.

МЕЙЕРХОЛЬД: В пустыне вы полностью избавлены от таких обязанностей, как спрашивать и искать ответы.

ЭЛЬВИРА: Неприятная обязанность, согласна.

МЕЙЕРХОЛЬД: А если вы остаетесь там дольше, все становится четким в конце. Мир перестает быть загадкой.

ЭЛЬВИРА: У вас должно быть не очень хорошая работа была там, коли вы там так долго были.

МЕЙЕРХОЛЬД: Ну, несколько лет.

ЭЛЬВИРА: Бог мой! Поэтому у вас такой загар! (*Ее взгляд скользнул по его телу.*) И по всему телу, я даже не сомневаюсь.

Джо Ортон открывает дверь своей комнаты и просовывает голову.

ДЖО ОРТОН: И вот еще что, мистер Гарольд Пинтер. Мне не нравится ваша рубашка. Люди, которые носят такие вот рубашки и пахнут бальзамом после бритья, несут ответственность за тот свинарник, в который превратился этот мир.

Хлопает дверью.

ЭЛЬВИРА: Вы должны набраться терпения с ним. Очень часто его слова слегка напоминают диалоги из пьесы, которую он пытается написать. Он может быть душкой. Когда старается.

МЕЙЕРХОЛЬД: И как часто?

ЭЛЬВИРА: Нет определенной регулярности. Он вынужден жить с таким чувством, что его никто не любит.

МЕЙЕРХОЛЬД: Вот здесь, боюсь, что не смогу ему помочь.

ЭЛЬВИРА: Все в порядке. Я сама позабочусь о нем.

МЕЙЕРХОЛЬД: Очень по-христиански с вашей стороны.

ЭЛЬВИРА: Потерявшимся молодым людям нужно подставить плечо, чтобы было, где поплакаться, если нужно, вы так не думаете?

МЕЙЕРХОЛЬД: В мое время молодые люди были сделаны из более сурового материала.

ЭЛЬВИРА: Но где те времена? И где те молодые люди? Мир стал гораздо слабохарактернее, не так ли?

Мейерхольд снова бросает на нее быстрый взгляд.

МЕЙЕРХОЛЬД: Из вашего опыта, да?

ЭЛЬВИРА: А потом, женщин заставят носить брюки.

МЕЙЕРХОЛЬД: Надеюсь, что мы не доживем до такого несчастья.

ЭЛЬВИРА: Вы предпочитаете женщин в юбках.

МЕЙЕРХОЛЬД: Я предпочитаю не говорить о женщинах. (*Он уставился в одну точку.*) Самое лучшее в жизни в пустыни, что вам не приходится слушать других людей.

ЭЛЬВИРА: Да, и это такое усилие.

МЕЙЕРХОЛЬД: Только ветер, заблудившаяся коза то здесь, то там. Ну, может быть, гром раз в месяц. Возможность непонимания сведена к нулю.

ЭЛЬВИРА: Как мило.

МЕЙЕРХОЛЬД: Я также ненавижу обсуждать всякие идеи. Если они хорошие, то нет необходимости говорить о них, а если они плохие, они не заслуживают того, чтобы о них упоминали.

ЭЛЬВИРА: Жаль, что Джо не слышал этого.

МЕЙЕРХОЛЬД: Почему?

ЭЛЬВИРА: Он мгновенно записал бы эти слова для своей пьесы. Правда в том, что он пишет ее уже такое количество лет, но, как он говорит, ее скоро поставят на сцене Национального. Я буду в первом ряду.

МЕЙЕРХОЛЬД: Простите, но я должен знать: у вас есть еще жильцы?

ЭЛЬВИРА: Только двое.
МЕЙЕРХОЛЬД: Двое?! А где тот другой?
ЭЛЬВИРА: Это вы.

Мейерхольд идет к окну и бросает снова взгляд в сад. Оборачивается и смотрит на комнату.

МЕЙЕРХОЛЬД: Вы сказали, что комната очень комфортная.
ЭЛЬВИРА: Диван раскладывается в кровать. Я была бы счастлива, готовить для вас каждый вечер, и на утро останется.
МЕЙЕРХОЛЬД: Правда?
ЭЛЬВИРА: Я работала горничной в свое время, в молодости. Когда я заправляла постель джентльменам, таким как вы, это наполняло меня таким чувством глубокого удовлетворения. Я могла бы сказать, что это было моментом абсолютного счастья.
МЕЙЕРХОЛЬД: Но, не принимайте близко к сердцу, но вот в этой комнате полный бардак.
ЭЛЬВИРА: Только потому, что Джо развлекается со своими друзьями здесь. Кладовка такая маленькая, что там едва возможно повернуться. Но все закончится. Если вы снимите комнату, мы будем должны уважать ваше личное пространство.
МЕЙЕРХОЛЬД: Можно будет дверь закрывать?
ЭЛЬВИРА: Конечно. Я принесла ключ. (*Она показывает ему ключ.*)
МЕЙЕРХОЛЬД: Ну, тогда я бы предпочел закрывать ее.
ЭЛЬВИРА: Сложно.
МЕЙЕРХОЛЬД: Почему?
ЭЛЬВИРА: Джо не сможет выйти.
МЕЙЕРХОЛЬД: Это что, единственный выход?
ЭЛЬВИРА: Здесь окно. Но я сомневаюсь, что Джо согласиться с этим. Ему потребуется лестница, которой у нас нет. И что скажут соседи?
МЕЙЕРХОЛЬД: У вас же нет соседей.
ЭЛЬВИРА: Что правда, то правда. Но почтальон то приходит. Приносит счета, которые я не могу оплатить.
МЕЙЕРХОЛЬД: Я могу сколотить ему лестницу, я рукастый.
ЭЛЬВИРА: Он боится высоты. Он сказал мне, что он стал бы пилотом, если бы не страх высоты.

Мейерхольд ходит по комнате, смотрит на сад.

КОМЕДИЯ О КОНЦЕ СВЕТА

МЕЙЕРХОЛЬД: Я... у меня также несколько пар обуви, пара костюмов, два галстука, рубашки, все такое.
ЭЛЬВИРА: Конечно, у такого джентльмена как вы.
МЕЙЕРХОЛЬД: И две коробки научных книг. И где я должен все это хранить?
ЭЛЬВИРА: Там есть шкаф, на лестничной площадке.
МЕЙЕРХОЛЬД: Правда. Но мы должны прийти к договоренности, в письменной форме, если возможно. А как часто этот мальчик может выходить из своей комнаты.

Эльвира уже не может скрывать свою радость.

ЭЛЬВИРА: Джо может быть очень разумным. Я уверена, вы станете друзьями со временем.
МЕЙЕРХОЛЬД: Боюсь, что вы не понимаете. Единственная причина того, что я хочу остаться - в вашем саду. Он очень большой. Он окружает дом. Он защищен таким высоким забором, что даже жирафу придется забираться по деревьям, чтобы перелезть. Абсолютная уединенность. И поверх всего этого, такая запущенность, что даже семенам не прорасти, как я вижу. Короче говоря, ваш сад идеальное место.
ЭЛЬВИРА: Да, потребуется некоторое время, чтобы привыкнуть к вашему чувству юмора!
МЕЙЕРХОЛЬД: У меня нет чувства юмора. Пусть у других будет, если им нужно. Мне нет!

Эльвира смеется, закрывая свой рот руками.

ЭЛЬВИРА: Как вы может видеть... вы заставили меня смеяться!

Она со смехом садится на диван. **МЕЙЕРХОЛЬД** *смотрит на нее, несколько обеспокоенный.*

МЕЙЕРХОЛЬД: Могу я помочь вам?
ЭЛЬВИРА: Я просто смеюсь.
МЕЙЕРХОЛЬД: Мы живем в такое время, что смех, почти всегда, считается признаком серьезного заболевания.

Эльвира прекращает смеяться и встает.

ЭЛЬВИРА: Финансовые обязательства обязывают меня спросить вас.
МЕЙЕРХОЛЬД: Конечно.
ЭЛЬВИРА: Вы берете комнату или нет?

Мейерхольд подходит к окну, сновабросает взгляд в сад, оборачивается.

МЕЙЕРХОЛЬД: Я заинтересован в саде. Комната, конечно, наказание, с которым мне придется примириться.

Темнота.

Сцена 2

Месяц или около того спустя. Комната выглядит другой. Диван ровный, кровать аккуратно заправлена. Забор метровой высоты возвышается у задней стены, от самого выхода в коридор до стены слева. Мейерхольд одет в шерстяной джемпер и вельветовые брюки. Он сидит в кресле с чертежной доской на коленях, делая какие-то наброски.

В темноте работает радио: В этом году в Европе самая сильная засуха за последние 500 лет. Китай стал жертвой самого сильного урагана за последние сто лет. Самый сильный урон в истории нанесен Канзасу сильнейшими порывами ветра и ужасной разрушающей силой. Самый сильный снегопад в истории Нью-Йорка и Токио завалил эти города снегом. Канада пережила самое жаркое лето в истории. Сидней, Австралия, отпраздновал самый жаркий Новый Год в истории, а самое сильное наводнение за последние сто лет превратилось в сильнейшую засуху, которая когда-либо была в Южной Африке. Несмотря на это, мировые лидеры на недавней конференции не смогли договориться о том, как уменьшить выброс газов в атмосферу…

Во время радиопередачи, свет постепенно освещает комнату. Передача прерывается, когда Джо Ортон выходит из своей кладовки и выключает радио.

ДЖО ОРТОН: Бла-бла-бла.
МЕЙЕРХОЛЬД: Тебя не беспокоит будущее?
ДЖО ОРТОН: Нет. Все что, я понимаю, так это настоящее. *(Выглядывает в окно.)* Я не верю!

МЕЙЕРХОЛЬД *(чуть приподнявшись, обеспокоенно)*: Что там?

ДЖО ОРТОН: Весь сад перекопан! Ты что-то посадил.

МЕЙЕРХОЛЬД *(облокачиваясь на спину)*: Как так вышло, что ты не заметил этого раньше? Где ты был?

ДЖО ОРТОН: В спальне нашей хозяйки. По случаю мародерского набега на кухню с целью пополнения энергетических запасов. Но в основном, в своей комнате. Сгорбившись над своим незаконченным манускриптом. Это будет бомба! Разорвет зрителей на кусочки!

МЕЙЕРХОЛЬД: Ты никогда не выходишь?

ДЖО ОРТОН: Внешний мир мне больше не интересен.

МЕЙЕРХОЛЬД: Мог бы поискать работу, например.

ДЖО ОРТОН *(смотрит на Мейерхольда)*: Мистер, у вас и у меня есть проблема.

МЕЙЕРХОЛЬД: Отрадно слышать это.

ДЖО ОРТОН: Половину времени я не знаю, о чем вы говорите, а другую половину, вы и сами не имеете понятия.

МЕЙЕРХОЛЬД: Вы драматург. Вы должны понимать все.

ДЖО ОРТОН: Я пишу фарс.

МЕЙЕРХОЛЬД: Едва ли подходящее время для фарса. Настоящее требует серьезных пьес.

ДЖО ОРТОН: Настоящее – фарс. Вы жили так далеко, что не заметили этого?

МЕЙЕРХОЛЬД: А у вашего шедевра есть название?

ДЖО ОРТОН: Рабочее. Примерно так. *Что случилось с нашими чертовыми ценностями.*

МЕЙЕРХОЛЬД: Запомню. Это будет продолжаться годами.

ДЖО ОРТОН: Вы хотите поспорить.

МЕЙЕРХОЛЬД: Но пока вы ждете перелома, вы могли поработать на меня. Пять евро в час.

Пауза. Джо Ортон заходит за забор к двери своей комнаты. Он оборачивается и смотрит на Мейерхольда. Хочет сказать что-то, передумывает, входит в комнату и захлопывает дверь. Затем открывает дверь и выглядывает.

ДЖО ОРТОН: Позвольте мне сказать кое-что вам. Вы ей не нравитесь, ей нравлюсь я. И не стройте иллюзий по этому поводу.

МЕЙЕРХОЛЬД: У женщины есть вкус, что я могу еще сказать.

ДЖО ОРТОН: Это не комната, это коридор. У вас нет юридического права. Она выбросит вас в любой момент, когда захочет.

МЕЙЕРХОЛЬД: Я всегда приземляюсь на ноги.

ДЖО ОРТОН: А этот забор! Невозможно поверить! Я отвернулся на пять минут, а тут уже берлинская стена!

МЕЙЕРХОЛЬД: Что просто означает, что поворачиваться спиной не есть очень хорошая идея.

ДЖО ОРТОН: Нам так хорошо было вместе, Эльвире и мне. Я бы не отказался, если бы все стало еще лучше, особенно, что касается еды и сексуальных утех. В последнее время, она что-то не очень щедра. Но в целом, я бы сказал, нам хорошо вместе.

МЕЙЕРХОЛЬД: Примите мои поздравления.

ДЖО ОРТОН: Если что-то измениться к худшему, то некоторым людям под этой крышей не понравится кое-то. Думаю, мне следует вас предупредить.

МЕЙЕРХОЛЬД: Спасибо.

ДЖО ОРТОН: Не знаю, что она рассказала вам обо мне, но со мной все нормально, пока все нормально со мной, если вы понимаете, что я имею в виду. Но если со мной не все нормально, я могу человека в порошок растереть еще до того, как он найдет это слово в словаре.

МЕЙЕРХОЛЬД: Жду с нетерпением этого момента.

ДЖО ОРТОН: И пусть кое-что будет понятно: я записываю все, что происходит здесь. Потому что это самый большой фарс из фарса.

МЕЙЕРХОЛЬД: Согласен.

ДЖО ОРТОН: Пошел ты. (*Он возвращается в свою комнату, хлопает дверью, быстро открывает дверь снова и высовывает голову.*) И если одно из ваших растений заползет в мое окно, я засужу вас.

Темнота.

Сцена 3

Мейерхольд и Эльвира пьют чай. Она сидит на краю кровати, он сидит в кресле.

В темноте работает радио: Горячие новости. Несколько сотен, возможно даже тысяча айсбергов из Антарктики направляются прямо в Новую Зеландию.

КОМЕДИЯ О КОНЦЕ СВЕТА

Эксперт по айсбергам австралийского департамента исследования Арктики говорит, что гигантские ледяные глыбы были зафиксированы при помощи спутниковой съемки. Морской транспорт находится под угрозой, и все корабли в этой зоне предупреждены. Плавающие куски размером двести метров в длину говорят о том, что арктический лед тает гораздо медленнее, чем лед на Северном полюсе.

Во время передачи, свет постепенно освещает сцену. Эльвира встает, идет к радиоприемнику и выключает его. Возвращается, и садиться на край кровати, поближе к Мейерхольду.

ЭЛЬВИРА: Бла-бла-бла.
МЕЙЕРХОЛЬД: А здесь ловится только одна программа?
ЭЛЬВИРА: Все остальные ушли из эфира, говорит Джо Ортон. Не хватает денег. *(Тянется к чайнику.)* Еще чашечку?
МЕЙЕРХОЛЬД: Вы пьете так много чая. Нехорошая привычка.
ЭЛЬВИРА (*ставит чайник*): Единственная и осталась. Не хватает смелости на большее. Хотя я все еще помню времена, когда их было слишком много.
МЕЙЕРХОЛЬД: В моей жизни одна плохая привычка быстро сменяется другой. И так далее, пока вы не начинаете походить на заросший сад.
ЭЛЬВИРА: Вот именно такой и была моя жизнь до сих пор. Пустынная пустыня. Как мой сад перед тем, как вы решили сделать здесь свой новый дом.
МЕЙЕРХОЛЬД: Ну...
ЭЛЬВИРА: Не знаю, что вы посадили здесь, но сад выглядит как... как бы беременным!

Мейерхольд встает, идет к окну, выглядывает. Оборачивается.

МЕЙЕРХОЛЬД: Я рад, что наши взаимные обязательства четко прописаны в контракте.
ЭЛЬВИРА: Вот еще что, одну вещь я все еще не рассказала вам. В дни моей юности, я работала моделью.
МЕЙЕРХОЛЬД: Правда?
ЭЛЬВИРА: Я хотела стать актрисой, конечно. Но, в отличие от других женщин, я пришла вовремя к выводу, что у меня нет таланта.
МЕЙЕРХОЛЬД: Такого рода вещи требуют храбрости.
ЭЛЬВИРА: Не очень уж. Я осознала, достаточно просто, что легче раздеться, чем одеться.

МЕЙЕРХОЛЬД: Разве не в этом цель - становиться моделью, чтобы показывать новую одежду?

ЭЛЬВИРА: Конечно. Но также и снимать, предмет за предметом.

МЕЙЕРХОЛЬД: Вы были стриптизершей?

ЭЛЬВИРА: Фотомоделью. Мои фотографии были опубликованы в двух откровенных журналах для мужчин. Могу показать вам. Если интересно. *(Мейерхольд молчит.)* Никаких обязательств, конечно. *(Мейерхольд ничего не отвечает.)* Но такого рода работа доступна только по достижении лет тридцати.

МЕЙЕРХОЛЬД: Так по закону?

ЭЛЬВИРА: Да, закон, есть спрос - есть предложение. Кожа должна быть упругой, гладкой и чистой. Как кожа двухлетнего ребенка.

МЕЙЕРХОЛЬД: Без сомнений, высококонкурентная среда.

ЭЛЬВИРА: Скотобойня, господин Мейерхольд! Скотобойня. И к тому же, я начала свою карьеру с трудностей. Шрам от аппендицита. По секрету! В форме сердца, хирург влюбился в меня во время операции! *(Кокетливо.)* Вы когда-нибудь видели шрам в форме маленького сердечка?

МЕЙЕРХОЛЬД: Нет.

ЭЛЬВИРА: Я научилась быть осторожной. Неправильно брошенный взгляд превращает даже самого кроткого мужчину в обезумевшего зверя.

МЕЙЕРХОЛЬД *(Нервно кашляет и встает)*: Большинство мужчин и так обезумевшие звери и без взглядов на ваш шрам.

ЭЛЬВИРА *(пауза)*: У меня такое чувство, что я не соответствую вашим ожиданиям.

МЕЙЕРХОЛЬД: Я не жалуюсь.

ЭЛЬВИРА: Вот это-то меня и беспокоит. Большинство мужчин определенно бы обозначили уже, что я им даю меньше, чем они ожидают. Вы уверены, что не страдаете от скромности?

МЕЙЕРХОЛЬД: Определенно.

ЭЛЬВИРА *(поднимается)*: Моя жизнь изменилась с тех пор, как вы появились. Раньше рыдала как потерпевшая, была дерганой, не было уверенности в себе. Было так плохо, что я опять начала заикаться. У меня такое было в детстве. *(Она делает движение рукой, как будто вытирает слезы.)* Но какой-то слабый голос внутри меня постоянно повторял мне, что придет кто-нибудь и вернет тебе веру в себя. И мою силу. И мою решительность. Человек, который соберет все и выкинет прочь. Каждый раз я просыпалась и смотрела в сад по утрам и чувствовала ком в горле. Я смотрела на неглубокие борозды земли, окружающие дом, и чувствовала, как что-то красивое начинает пульсировать внутри меня. Что-то, что могло быть нашим ребенком. Надеюсь, что не надоедаю вам своими беседами.

МЕЙЕРХОЛЬД: Нет, нет, просто смущаете.

ЭЛЬВИРА: Ой, простите.

МЕЙЕРХОЛЬД: Я заплатил вперед за комнату –

ЭЛЬВИРА: Вы не поняли меня.

МЕЙЕРХОЛЬД: Вполне возможно.

ЭЛЬВИРА: Конечно, сад ваш на весь год. И мне не важно, что вы там посадили, хотя вы, пожалуй, и могли бы рассказать мне. Но сад это неважно... –

МЕЙЕРХОЛЬД: Но очень важно для меня.

ЭЛЬВИРА: Возможно, вы находите мое желание, чтобы вы чувствовали себя как дома, навязчивым...

МЕЙЕРХОЛЬД: Просто излишним.

ЭЛЬВИРА (*пытается сдержать слезы*): Достаточно словесных извинений? Или вы хотите в письменной форме, заказным письмом? (*Она идет к двери.*)

МЕЙЕРХОЛЬД: Дело в том, что... (*Эльвира останавливается и смотрит на него.*) Мне нужна ваша помощь.

ЭЛЬВИРА (*смущенно*): Ничего уже не понимаю больше.

МЕЙЕРХОЛЬД: Через неделю или две мне будет нужна еще одна пара рук. Рыхлить там, полоть. И кроме того, постоянно поливать.

ЭЛЬВИРА: В смысле?

МЕЙЕРХОЛЬД: Мне придется нанять кого-нибудь.

ЭЛЬВИРА: Хорошие новости для безработной!

МЕЙЕРХОЛЬД: Да есть человек, прямо здесь, под этой крышей.

ЭЛЬВИРА: Но Джо драматург!

МЕЙЕРХОЛЬД: Он может продолжать писать в свободное время. Насколько я понимаю, он может писать сотни фарсовых историй в день. А потом, можно ставить по сотне в месяц на сцене. Но и насколько я могу понять, ему нужны деньги. Или вы хотите поддерживать его до бесконечности.

ЭЛЬВИРА: Я? Десять лет назад я, вероятно, была бы на это способна, но этот кризис выудил у меня все. Честно говоря, большую часть времени я уже ощущаю себя на свой возраст. Годы просто отказались скрывать себя.

МЕЙЕРХОЛЬД: Конечно, я ожидаю верности и трудолюбия от великого художника.

ЭЛЬВИРА: А что вы ожидаете, чтобы я сделала? Вбила в него преданность и любовь к труду? За две недели этого не сделать.

МЕЙЕРХОЛЬД: Расскажите ему о выгоде работы на меня. Ему не нужно будет куда-то ездить на работу…

ЭЛЬВИРА: У него нет никакой работы.

МЕЙЕРХОЛЬД: Физический труд на свежем воздухе только на пользу здоровью. Восхитительный ландшафт. И, конечно, отличная зарплата. Четыре евро в час.

ЭЛЬВИРА: А почему вы сами не спросите его?

МЕЙЕРХОЛЬД: Вы знаете его гораздо ближе.

ЭЛЬВИРА: Если он вам сказал, то он преувеличивает. Наверное, не во всем, но чтобы знать кого-то близко, это несколько не ко мне, боюсь.

МЕЙЕРХОЛЬД: Позвольте кое-что объяснить вам. Все, что вы рассказали мне о себе, как бы сказать… правду, тронуло меня.

ЭЛЬВИРА: Правда?!

МЕЙЕРХОЛЬД: Вы не должны думать, что моя грубость как-то соотноситься с моими истинными чувствами к вам.

ЭЛЬВИРА (*переполненная радостью*): Нет!?

МЕЙЕРХОЛЬД: Подобные чувства для меня также полная неожиданность. Единственная проблема, ….мне нужно время.

ЭЛЬВИРА (*мило улыбаясь*): Потому что вы старомодны, так?

МЕЙЕРХОЛЬД: Мне бы хотелось перейти на ты. Если вы не возражаете.

ЭЛЬВИРА (*широко улыбаясь*): Нет, конечно, я вовсе не возражаю!

Темнота.

Сцена 4

Эльвира сидит в кресле. Джо Ортон мечется по комнате, щелкая костяшками пальцев.

ДЖО ОРТОН: Мне нужно подумать об этом.

ЭЛЬВИРА: Мы все можем жить одной дружной семьей.

ДЖО ОРТОН: Он не мой отец.

ЭЛЬВИРА: Нет, но ты можешь относиться к нему как к отцу.

ДЖО ОРТОН: К этому клоуну?

ЭЛЬВИРА: Ничего страшного не случится с тобой, если ты выкажешь уважение человеку, который превосходит тебя во многих вещах.

ДЖО ОРТОН: Ты имеешь в виду то количество блестящих галстуков и плотно упакованных брюк в его гардеробе?

ЭЛЬВИРА: Но и в другом тоже?

ДЖО ОРТОН: Только не рассказывай мне, что ты уже ознакомилась с его тайными качествами!

ЭЛЬВИРА: Сделаю вид, что ничего не слышала!

ДЖО ОРТОН: Когда его рука у тебя под юбкой, а твоя в его бумажнике, результат точно будет в твою пользу.

ЭЛЬВИРА: Я прошу тебя в последний раз, не согласишься ли ты принять такое щедрое предложение господина Мейерхольда?

ДЖО ОРТОН: Дай мне месяц подумать обо всем.

ЭЛЬВИРА: Хорошо. Но пока думаешь, ты можешь питаться у соседей. Я отказываюсь готовить тебе.

ДЖО ОРТОН: Ты не можешь так поступить со мной!

ЭЛЬВИРА: Это единственное оружие, которое у меня есть.

ДЖО ОРТОН: А как насчет него, ему нравится твоя стряпня, такое слово подойдет?

ЭЛЬВИРА: Да или нет?

ДЖО ОРТОН: Ты прекрасно знаешь, какие у меня высокие стремления. А что касается денег...

ЭЛЬВИРА: Новая рубашка вряд ли подвергнет опасности твои стремления. Я решила не штопать больше твои старые рубашки.

ДЖО ОРТОН: Я не имею ничего против оказания ему услуги, в целом. Я просто не хочу, чтобы меня нанимали в таком смысле, что мне придется делать все, что он мне скажет делать.

ЭЛЬВИРА: Знаю, что это обычное отношение к работе в этой стране, но господин Мейерхольд провел много лет в пустыне и поэтому весьма старомоден в своих ожиданиях.

ДЖО ОРТОН: Этот человек опасен, Эльвира! Не прекратит тащить, бог знает, какое барахло в своей колымаге, и всегда будет плести свои сети интриг!

ЭЛЬВИРА: Господин Мейерхольд решительный человек и прямой, который способен изменить наши жизни.

ДЖО ОРТОН: И не важно, нравится нам это или нет.

ЭЛЬВИРА: Благодари бога, что остались еще мужчины в этом мире, которые знают, чего они хотят и не тратят времени понапрасну в достижении своей цели.

ДЖО ОРТОН: Льстивое описание товарища, чья цель состоит в том, чтобы вырастить огурцы, турнепс и кабачки.

ЭЛЬВИРА: Сад его, он арендовал его. И не мое дело, что он там делает.

ДЖО ОРТОН: Но что ты делаешь в своей спальне - мое дело. Весьма очевидно, что этот фашист уже аннексировал ее.

ЭЛЬВИРА (*ей не удается скрыть свое разочарование*): Не то, чтобы он сделал это, но у меня такое чувство, что он даже и не думает об этом.

ДЖО ОРТОН: Возможно, он привык иметь дело с теми женщинами, у которых есть мозг, помимо отличной пары сисек.

ЭЛЬВИРА: Да, я слышала, что такой тип женщин существует, но так жаль, что я не из таких. Но это не останавливает тебя пройти мимо моей кровати. Может быть, потому что ты тоже не наделен мозгами.

ДЖО ОРТОН: Твоя спальня моя Ривьера. Вот куда я отправляюсь каждую ночь.

ЭЛЬВИРА: А с сего момента тебе будет нужна виза. И ты не получишь ее, пока не подпишешь рабочий контракт с господином Мейерхольдом.

Пауза. Они смотрят друг на друга. Джо Ортон подходит к Эльвире и обнимает ее.

ДЖО ОРТОН: Где ты хочешь, чтобы я подписал? Здесь?

Он кладет свою руку на ее левую грудь и скользит вниз.

ЭЛЬВИРА: Я такая щедрая – и это моя проблема.

Целуются.

Темнота.

Сцена 5

Мейерхольд входит из коридора и останавливается у окна. Внезапно, он открывает его и высовывается из окна.

МЕЙЕРХОЛЬД: Сколько раз ты поливал эти внешние грядки?
ДЖО ОРТОН (*под окном*): Не помню.
МЕЙЕРХОЛЬД: Вспомни.
ДЖО ОРТОН: Не могу себя беспокоить во время отдыха.

МЕЙЕРХОЛЬД: Вставай и выполняй свою работу или я сокращу тебе зарплату вдвое.
ДЖО ОРТОН: Я делаю это не ради денег! Я делаю это, чтобы порадовать Эльвиру. А что до тебя, почему бы тебе не превратиться в одну из твоих тыкв?
МЕЙЕРХОЛЬД: Я попрошу ее больше не готовить тебе.
ДЖО ОРТОН: Это все, на что ты способен, думаю.

Звук упавшего металлического ведра. Эльвира приносит поднос с чайником и двумя чашками. Начинает наливать.

МЕЙЕРХОЛЬД: Он отказывается работать. Поговори с ним.
ЭЛЬВИРА: Почему я?
МЕЙЕРХОЛЬД: Ты наняла его.
ЭЛЬВИРА: Я попросила его оказать мне услугу, потому что я хотела оказать услугу тебе!
МЕЙЕРХОЛЬД: Только ты сможешь убедить его.
ЭЛЬВИРА: Если бы ты знал, какую цену мне приходится платить за его послушание, ты бы не заставлял меня уговаривать его снова.
МЕЙЕРХОЛЬД: Позволь мне объяснить... (*С видимым усилием, Мейерхольд вымучивает улыбку и ведет ее к дивану. Эльвира тепло откликается, полная надежды. Они вместе усаживаются на диван, она берет его руку, которую он осторожно убирает.*) Ты осознаешь природу реальности, в которой нас заставляют жить?
ЭЛЬВИРА: Если честно, не очень. Если тебя заставили жить вот так, у тебя никогда не будет времени посмотреть на это со стороны.
МЕЙЕРХОЛЬД: Вот, что я хочу сказать, мы все всего лишь винтики в сложном механизме. И каждый из нас зависит от вышестоящего винтика, который командует нижестоящими винтиками.

(*Эльвира, которая не слушает его, предлагает ему чашечку чая.*)

ЭЛЬВИРА: Зеленый чай, полезен для здоровья.

(*Мейерхольд делает глоток и ставит чашку на поднос.*)

МЕЙЕРХОЛЬД: Скажи мне, Эльвира: зачем ты шантажируешь это хамло, чтобы он принял мое предложение?

ЭЛЬВИРА: Он не хамло, он художник, и к тому же у него несчастливое детство –
МЕЙЕРХОЛЬД: Зачем, Эльвира?
ЭЛЬВИРА: Ему нужны деньги.
МЕЙЕРХОЛЬД: Правду, Эльвира.
ЭЛЬВИРА (*прыгает к его ногам*): Зачем ты так поступаешь? Зачем… зачем ты так? Мне никогда не везло с мужчинами. Меня привлекал всегда неправильный тип мужчин. Но ты, … ты первый мужчина в моей жизни, который… который другой… ты такой …

(*Не очень убедительно, она делает вид, что плачет. Мейерхольд встает и смотрит на нее.*)

МЕЙЕРХОЛЬД: Эльвира… (*Она прекращает "плакать" и смотрит на него.*) Иди и скажи парню, чтобы он продолжил поливать.
ЭЛЬВИРА: И ты будешь уважать меня чуть больше? Я понравлюсь тебе? Ну, хоть чуть-чуть?
МЕЙЕРХОЛЬД: Не знаю, что это такое. Эти твои слова. Можешь поконкретнее? Ты можешь поднять мне аренду. На десять процентов?
ЭЛЬВИРА: Десять процентов за любовь мне недостаточно. (*Она вытирает свои глаза и уходит.*)

Темнота.

Сцена 6

В темноте работает радио: … по последним отчетам, нефть закончится быстрее, чем предсказывают эксперты Международного Энергетического Агентства. Из официального отчета, мир достигнет максимальной отметки добычи нефти в 120 миллионов баррелей в сутки к 2030 году, после чего произойдет резкое падение добычи нефти. Опасаясь, что данный факт вызовет панику, агентство скрыло данный факт. Но еще быстрее, мы можем столкнуться с гораздо более сильной проблемой – нехваткой воды. Сорок процентов населения в мире уже на себе ощущают последствия. Через пятьдесят лет, нехватка воды скажется на жизни трех миллиардов человек…

Во время передачи, свет медленно освещает сцену. Мейерхольд стоит у окна и смотрит в сад. Джо Ортон входит из коридора, и за забором идет к двери.

Останавливается, оборачивается, возвращается к радиоприемнику и выключает его. Потом смотрит на Мейерхольда.

МЕЙЕРХОЛЬД: Бла-бла-бла?

ДЖО ОРТОН: Я хотел бы предложить кое-что.

МЕЙЕРХОЛЬД: Как сосед соседу?

ДЖО ОРТОН: Как бизнесмен бизнесмену.

МЕЙЕРХОЛЬД: Но я не бизнесмен.

ДЖО ОРТОН: Тогда зачем вы выращиваете столько овощей? Вы хотите продать их и получить прибыль. Вы сняли комнату за жалкие гроши и получили громадный сад в придачу. Умно! Готов поспорить, что у вас там генномодифицированные овощи.

МЕЙЕРХОЛЬД: Правда?

ДЖО ОРТОН: Готов поспорить, что ты там проводишь запрещенные эксперименты. Именно поэтому, ты выбрал такое место, которое и найти то сложно, если вообще можно. Если бы во мне не было столько малодушия, я бы донес на тебя.

МЕЙЕРХОЛЬД: Это было бы серьезной ошибкой.

ДЖО ОРТОН: Не большей, если ты откажешься от моего предложения.

МЕЙЕРХОЛЬД: Какого же?

ДЖО ОРТОН: Я заметил, что среди твоих грядок твоих растений, между кабачками и турнепсом и цветной капустой, и прочей фигней, есть место.

МЕЙЕРХОЛЬД: Естественно, нужно, чтобы растения ничто не закрывало.

ДЖО ОРТОН: Они смогут расти, даже если мы станем выращивать марихуану там.

МЕЙЕРХОЛЬД (*пауза*): Марихуану.

ДЖО ОРТОН: Прибыль мы можем поделить. Пятьдесят на пятьдесят. Более чем щедрое предложение. Особенно, если принять во внимание, что поливать и полоть я буду бесплатно.

МЕЙЕРХОЛЬД: И это твое предложение?

ДЖО ОРТОН: Больше, чем просто предложение, если честно.

МЕЙЕРХОЛЬД: Люди твоего возраста плывут по миру и стараются попасть в книгу рекордов Гинесса.

ДЖО ОРТОН: А люди вашего возраста делают миллионы на Уолл-Стрит и надеются, что не закончат свои дни в тюрьме.

МЕЙЕРХОЛЬД: Что ты пытаешься сказать мне?

ДЖО ОРТОН: А что ты пытаешься мне сказать?

МЕЙЕРХОЛЬД: Я знаю, что ты куришь марихуану. И я знаю, что траву ты

КОМЕДИЯ О КОНЦЕ СВЕТА

хранишь под кроватью. Я знаю, что ты торгуешь вещами, гораздо худшими, чем марихуана.

Джо Ортон хватает Мейерхольда за лацканы пиджака. Мейерхольд бьет коленом между ног Ортона. Джо Ортон сгибается от боли.

ДЖО ОРТОН: Кто дал тебе право рыскать в моей комнате?
МЕЙЕРХОЛЬД: Я. В интересах проекта, который мне приходится защищать.
ДЖО ОРТОН: Я собираюсь уничтожить твой проект!
МЕЙЕРХОЛЬД: А кто дал тебе право шариться в моих вещах?
ДЖО ОРТОН: Это не я, это Эльвира. У нее есть право знать, какого же сумасшедшего, она приютила под своей крышей. Ну, хорошо, именно я обыскивал тебя, но только потому, что она попросила меня об этом. У нас у всех есть право защищать себя, а не только у тебя. И это не моя вина, что мир стал таким.
МЕЙЕРХОЛЬД: Мир стал таким из-за таких людей как вы.
ДЖО ОРТОН: Ну, конечно! И люди, такие как вы, спасаете его, как я понимаю.
МЕЙЕРХОЛЬД: Именно так.
ДЖО ОРТОН: Да, кто бы думал иначе! Дом-развалюха у черта на куличках, где стареющая нимфоманка и студент-недоучка, который приторговывает наркотой, чтобы свести концы с концами, прозябают в надежде, что рано или поздно жизнь станет лучше, и вдруг их внезапно посетил Спаситель! Вауу!

Мейерхольд дает ему затрещину.

ДЖО ОРТОН: Правильно. Я не стану говорить о вашем саде, а вы забудете о моей марихуане.
МЕЙЕРХОЛЬД: Никогда в своей жизни я не доносил полиции чужие тайны.
ДЖО ОРТОН: Вы хотите сказать, что вполне возможно выжить без этого? Уже хорошие новости.
МЕЙЕРХОЛЬД: Такой цинизм, который так свойствен твоему поколению – этакий признак невероятной умственной лени.
ДЖО ОРТОН: Без сомпения.
МЕЙЕРХОЛЬД: "Это не моя ошибка, что человечество на грани исчезновения. Пусть те, кто сделал мир таким, попытаются спасти его. А какое мне до этого дело?"

ДЖО ОРТОН: Имеешь в виду, что мне должно быть какое-то дело до этого мира? Никакого. Я предпочитаю полагаться на судьбу в своей жизни. Я хочу быть тем куском говна, который смоет первым, когда уровень моря повысится.
МЕЙЕРХОЛЬД: Хорошая идея. Но завтра ты продолжишь поливать сад.
ДЖО ОРТОН: Уже пошел.

Он уходит. Мейерхольд садится на диван и тянется за книгой. Входит Эльвира из коридора. Мейерхольд смотрит на нее.

ЭЛЬВИРА: Хотела бы пожаловаться немного, если можно.
МЕЙЕРХОЛЬД: Так ты уже?
ЭЛЬВИРА: За те два месяца, что ты здесь, ты ни разу меня не спросил, что я чувствую.
МЕЙЕРХОЛЬД: Весьма опасно проявлять интерес к тому, как другие люди себя чувствуют.
ЭЛЬВИРА: Не знала, что я другие люди.

Она подходит, присаживается рядом с ним на диван. Мейерхольд встает и отодвигается.

МЕЙЕРХОЛЬД: Возможно, я буду держать дистанцию, но все это непосредственно связано с важностью проекта, который я запустил.
ЭЛЬВИРА: Выращивать кабачки и огурцы.
МЕЙЕРХОЛЬД: А как насчет брокколи, картофеля, цветной капусты, цукини, лука, чеснока, огненно-красной фасоли? Перца, помидоров?

Эльвира встает, идет к окну, выглядывает.

ЭЛЬВИРА: Вы окружили дом десятью кольцами овощей. Десять совершенных колец, десять канавок, десять стен. Мы как ваши заключенные в этом доме, вы силой заставили нас служить и работать на вас. Вы заперли нас в своем проекте, сделали нас частью его, и нам нельзя задавать вопросы или знать что-то. И нам нужно оставаться подальше от вас, особенно мне. Почему вы еще не оттолкнули меня, как заразную какую-то?

Тишина.

МЕЙЕРХОЛЬД: Что ты хочешь от меня?

ЭЛЬВИРА: Немного понимания.

МЕЙЕРХОЛЬД: У женщины есть исключительный дар превращать простые банальности в романические истории. То, во что ты пытаешься меня втянуть, пустота, и пустота меньше, чем…чем…

ЭЛЬВИРА: Чем что?

МЕЙЕРХОЛЬД: Секс.

ЭЛЬВИРА: О! Ты хочешь сказать мне, что ты девственник?

МЕЙЕРХОЛЬД: Я не имею ничего против того, чтобы внести изменения в наш контракт и внести такое соглашение также. Ну, а пока все остается бесстрастным и строго в рамках дела. Ничто не победит научного подхода.

ЭЛЬВИРА (*идет к двери*): На обед будет куриный бульон. Знаю, что тебе не нравится, но у меня закончились кулинарные идеи.

МЕЙЕРХОЛЬД (*машет рукой*): Ничего… ничего.

ЭЛЬВИРА (*у двери*): На следующей неделе я смогу уже приготовить кабачки. Они уже выглядят созревшими.

МЕЙЕРХОЛЬД (*в ужасе*): Что такое ты говоришь?!

ЭЛЬВИРА: Тушеные кабачки одно из моих самых любимых блюд, которое я готовлю лучше всего. Тебе понравится.

МЕЙЕРХОЛЬД: Кабачки из сада?

ЭЛЬВИРА: А почему нет? А что, они священные или что?

МЕЙЕРХОЛЬД: Я запрещаю тебе к ним прикасаться.

ЭЛЬВИРА: О, боже, звучит, как … Хорошо. Нет проблем. Если хочешь продать их, все!

МЕЙЕРХОЛЬД: Кто говорит, что я хочу продать их?

ЭЛЬВИРА: А что еще можно сделать с кабачками?

МЕЙЕРХОЛЬД: У меня слов нет.

ЭЛЬВИРА: Можно только съесть их или продать. Или пусть сгниют.

МЕЙЕРХОЛЬД: Ты всегда должна тащить все в рот?

ЭЛЬВИРА: Не все.

МЕЙЕРХОЛЬД: Ты не знаешь, с чем мы столкнулись?

ЭЛЬВИРА (*останавливается перед зеркалом у двери*): Старовата? Морщины? Обвисшая кожа? Сожаления за неиспользованные возможности? (*Смотрит на него.*) Или отверженная?

Какое-то время они смотрят друг на друга. Стук в дверь. Входит Коневич.

КОНЕВИЧ: Простите, но там парень послал меня сюда.

ЭЛЬВИРА: Кто вы такой?

КОНЕВИЧ: Коневич. Специалист городского водоканала. Не могли бы вы показать мне счетчик?

Эльвира и Мейерхольд обмениваются взглядами.

ЭЛЬВИРА: Не понимаю. Почему водоканал заинтересовался нашим счетчиком?

КОНЕВИЧ: Хорошие времена прошли, госпожа. На прошлой неделе внезапное наводнение смыло полдеревни недалеко отсюда, но не поэтому водоканал обвиняет вас. Где-то, может быть, незаконно происходит забор воды.

ЭЛЬВИРА: Но почему мы не получили никаких уведомлений.

КОНЕВИЧ: У городских властей нет времени уведомлять людей о том, чего их ожидает. Разве полиция уведомляет вас о радаре, который они установили в кустах, за углом?

ЭЛЬВИРА: Я не вожу машину, поэтому ничего не ожидаю.

КОНЕВИЧ: Мадам, власти не ведут себя разумно, поэтому вы должны простить меня, если я не веду себя также разумно. Это всего лишь моя работа. Я не могу позволить уволить себя своему работодателю. Сегодня хорошая работа, как, впрочем, и плохая, не валяются на улице.

ЭЛЬВИРА: Не думаю, что у нас есть счетчик. Не помню, чтобы видела его.

КОНЕВИЧ: Я пришел не для того, чтобы проверить вашу память, мадам. Я пришел проверить, сколько воды вы израсходовали за последние шесть месяцев. Если вы не покажите мне счетчик, мне придется догадываться, где он, интуитивно. Могу даже предположить, что вот за той дверью.

Указывает на дверь комнаты Джо Ортона.

ЭЛЬВИРА: В кладовке? Вы серьезно?!

КОНЕВИЧ: Мадам, если я вам расскажу о тех необычных местах, куда люди устанавливают счетчики, вы мне не поверите. Вы уверены, что его там нет? Под кроватью, например?

ЭЛЬВИРА: Что кровать делает в кладовке?

КОНЕВИЧ: Ох, если я вам покажу список предметов, которые люди впихивают в свои кладовки, вы скажете, вы сразу скажете, что меня ждет Кащенко. Могу я посмотреть?

ЭЛЬВИРА: Дверь заперта.

КОНЕВИЧ: Могу я спросить, зачем вы закрываете дверь в свою кладовку?

ЭЛЬВИРА: У меня есть жильцы в доме. Вы же понимаете, сегодня никому нельзя доверять. Я за себя-то не могу поручиться, что я порядочная и честная.

КОНЕВИЧ: Чувственное отношение. Ключ у вас, я возьму?

ЭЛЬВИРА: Он должно быть где-то в доме. Но, правда, я и понятия не имею, где он может быть.

КОНЕВИЧ: Вы не знаете, где установлен счетчик, не можете найти ключ. И менее доверчивый человек начнет подозревать, что вы пытаетесь не допустить человека при исполнении, выполнить свою работу.

ЭЛЬВИРА: Я самая правдивая женщина на многие мили вокруг. Даже Мейерхольд может подтвердить это.

КОНЕВИЧ (*в первый раз с момента, как он приехал, посмотрел на Мейерхольда*): Мейерхольд?

МЕЙЕРХОЛЬД: А почему бы вам не поискать счетчик там, где он и должен стоять? В подвале? Рядом с входной дверью?

КОНЕВИЧ: Так или иначе, мне придется проверить также и кладовку. И поскольку уж я здесь, я хотел бы спасти себя от лазанья по лестницам. Для меня это столько усилий. А у меня проблемы с сердцем.

МЕЙЕРХОЛЬД: Я лично могу вас заверить, что в кладовке нет счетчика.

КОНЕВИЧ (*игнорирует его*): Вы принесете ключ, мадам?

Эльвира колеблется. Она идет к двери, затем оборачивается.

ЭЛЬВИРА: И что вы будете делать, когда найдете счетчик?

КОНЕВИЧ: Если окажется, что его не вскрывали, я пойму количество и выпишу счет. Если обнаружу, что в него залезали, я буду вынужден выписать предписание. И затем мы сможем начать разговаривать.

ЭЛЬВИРА: Зачем ждать ключ, почему бы не договориться о ключе? Что вам нужно?

КОНЕВИЧ: Это может рассматриваться, как попытка дать взятку должностному лицу.

ЭЛЬВИРА: Я всего лишь спрашиваю, что вы хотите выпить, пока ждете, когда я буду искать ключ от комнаты, где нет счетчика. Чай или кофе?

КОНЕВИЧ: Совсем ничего. Я начну беседовать с этим джентльменом на философские темы, а тем временем, время пройдет и в спешке придется рвать когти отсюда.

ЭЛЬВИРА (*смотрит на отражение в зеркале*): Хорошо сказано. Вот как время проходит. (*Выходит*)

Сцена 7

Коневич ходит туда-сюда, смотрит на комнату со всех сторон, останавливаясь у окна, выглядывает.

КОНЕВИЧ: Человек становится голодным от вида всего этого. Особенно от вида огурцов. Они гроооомадные! Невероятно сочные.
МЕЙЕРХОЛЬД: Вы вегетарианец?
КОНЕВИЧ: Как сознательный слуга муниципалитета, я не могу позволить себе оставаться вдали от нормальной пищи. Венский шницель – мое любимое блюдо.
МЕЙЕРХОЛЬД: Весьма нездоровая пища, как и многое другое связанное с муниципалитетом.
КОНЕВИЧ: Даже гражданские служащие - всего лишь жертвы капризной власти, особенно с тех пор, как мы стали ее исполнительным органом. Поэтому, иногда нам приходится действовать из лучших побуждений, нежели как велят должностные инструкции. Пусть это останется между нами.
МЕЙЕРХОЛЬД: Вы про расход воды...
КОНЕВИЧ: Не переживайте за это, господин Эбеншпангер. Мы найдем решение. Вы мне, я вам, и каждый будет счастлив и радостен.
МЕЙЕРХОЛЬД: Мейерхольд, а не Эбеншпангер.
КОНЕВИЧ: Вы уверены?
МЕЙЕРХОЛЬД: А почему вы меня называете Эбеншпангером?
КОНЕВИЧ: Возможно, потому что вы похожи на человека по фамилии Эбеншпангер. Ну, или которого, так называли еще недавно. А до этого был Робник. А еще раньше Коневич.
МЕЙЕРХОЛЬД: Вы же сказали, что вас зовут Коневич.
КОНЕВИЧ: Я так говорил? Совсем запутался. Это все последствия незначительного инсульта, который случился у меня недавно. Но меня зовут Новак.
МЕЙЕРХОЛЬД: И вы действительно из городского водоканала?
КОНЕВИЧ: Здесь я никогда не ошибаюсь. Я почти не вру, если только обстоятельства не вынуждают. Я вот только имена путаю.

МЕЙЕРХОЛЬД: Тогда, господин Новак.

КОНЕВИЧ: Вы можете продолжать меня называть Коневич, иначе путаница станет еще хуже. Давайте договоримся, что сегодня я Коневич, завтра Новак, а потом кто-нибудь другой. Зачем все усложнять?

МЕЙЕРХОЛЬД: А кто такой Эбеншпангер, на которого я так похож?

КОНЕВИЧ: Интересный парень. Он изобрел теорию о замкнутом потоке денег на глобальном уровне. Своего рода финансовая пирамида из писем счастья, которые делают любую валюту конвертируемой и законной во всех странах, даже в самых никудышных, чтобы достигнуть феноменального экономического роста, не занимая денег. Такая вот монетарная система *perpetuum mobile*.

МЕЙЕРХОЛЬД: Неплохая идея.

КОНЕВИЧ: Достойно гения. К несчастью, как это часто бывает, это всего лишь теория. Вы знаете политиков. (*Выглядывает в сад.*) Такие кабачки! И брокколи! Выращенные естественным путем? Или генномодифицированные? Наука есть наука, другого не дано.

МЕЙЕРХОЛЬД: А что еще сделал… этот Эбеншпангер?

КОНЕВИЧ: Не знаете?

МЕЙЕРХОЛЬД: Откуда я могу знать?

КОНЕВИЧ: Некоторое время, он был весьма известен. В основном, потому что все смеялись над его теориями. Я меня статьи все еще хранятся.

МЕЙЕРХОЛЬД: Вы собирали статьи о его работе?

КОНЕВИЧ: Я был юн. Ну, знаете, когда мы еще не прожили первой четверти жизни. Нас так восхищают новые идеи, и при этом неважно, какими бы безумными они не были. Потом уже, в среднем возрасте, или, как мы называем, в угасающем периоде, только если ты не умер молодым, нас охватывает паранойя. И мы приходим к компромиссу в виде стейка на обеденном столе, хотя бы раз в неделю.

МЕЙЕРХОЛЬД: И становимся специалистом водоканала.

КОНЕВИЧ: Как пример.

МЕЙЕРХОЛЬД: Если вы такой, то вы имеете исключительно хорошее образование.

КОНЕВИЧ: Я люблю читать. Я всегда вырезаю все, что нахожу полезным. Как в случае с Эбеншпангером, вырезки о нем я собираю уже много лет.

МЕЙЕРХОЛЬД: Зачем?

КОНЕВИЧ: Чтобы быть готовым. В случае, если человек скрывается под другим именем. Но в новом проекте.

МЕЙЕРХОЛЬД: Готовым, в каком смысле?

КОНЕВИЧ: Готовым присоединиться.

МЕЙЕРХОЛЬД: Зачем?

КОНЕВИЧ (*по секрету*): Только между нами, как специалиста водоканала, меня столько раз лишали должности, что я продолжаю себе говорить: "Жизнь такая, какая она есть! Кто-то должен стать человеком поступка, рисковать всем, жертвовать чем-то ради возвышенных идей. Служить человечеству."

МЕЙЕРХОЛЬД: И не важно, в какой стране?

КОНЕВИЧ: А где вы были последние десять лет? Человечество сегодня в моде – выживет ли в грядущие пятьдесят лет.

МЕЙЕРХОЛЬД: А что вы думаете? Выживет?

КОНЕВИЧ: Именно поэтому я и хотел бы встретиться с господином Эбеншпангером. По прозвищу Робник. Я гоняюсь за ним многие годы, но он ускользает, ускользает, как угорь.

МЕЙЕРХОЛЬД: Он пытается сбежать от кого-то?

КОНЕВИЧ: Да! От людей, которые не могут понять или не хотят.

МЕЙЕРХОЛЬД: Удивлен, что его еще беспокоит вопрос, как осуществить свои планы.

КОНЕВИЧ: Не только это, многие люди чувствуют, что он зашел слишком далеко. Он изобрел несколько способов, как удалить парниковые газы из атмосферы. Чистой воды гений, ну если вы спросите меня. Глобальное лесонасаждение пустыни путем выстреливания саженцев в землю с самолета. Леса, как вы знаете, поглощают углекислый газ и превращают его в кислород.

МЕЙЕРХОЛЬД: Знаю.

КОНЕВИЧ: Но идея то, какая! И она не одна. Планктон тоже, как вы знаете, поглощает углекислый газ. Этот товарищ с дюжиной разных имен изобрел способ, как увеличить объем планктона в мировом океане в десятки раз. Который тотчас бы остановил парниковый эффект. Хотя, убил бы большинство живущей рыбы.

МЕЙЕРХОЛЬД: Лучше меньшее зло.

КОНЕВИЧ: Рад, что вы разделяете мысли господина Эбеншпангера, Робника или Веховара, который, в свою очередь, изобрел пластиковые чехлы для ледников. Они бы отражали солнечные лучи и предохраняли бы ледники от таяния. Просто задумайтесь об оригинальности такой идей, господин Эбеншпангер!

МЕЙЕРХОЛЬД: Мейерхольд.

КОНЕВИЧ: Конечно, простите. Но сходство действительно жуткое. Вы уверены, что у вас нет брата-близнеца?

МЕЙЕРХОЛЬД: А почему этот джентльмен постоянно меняет свое имя?

КОНЕВИЧ: Чтобы избежать своих кредиторов. У него было много спонсоров. Когда его проекты потерпели крах, они все стали требовать свои деньги обратно. И, в конце концов, с долгами по всему миру, у него был единственный выход – исчезнуть в пустыне.

МЕЙЕРХОЛЬД: Правда?

КОНЕВИЧ: Я находил новости об этом в таблоидах, которые читал каждый день. По понятным причинам, конечно, а не, потому что мне нужно дополнительное образование. Я решил искать его. Не только искать его, а найти его.

МЕЙЕРХОЛЬД: И вы нашли?

КОНЕВИЧ: Без проблем. К несчастью, мне не позволили поговорить с ним лично.

МЕЙЕРХОЛЬД: Кто не позволил?

КОНЕВИЧ: Психиатры. Пустыня превратилась в одну из городских психушек, если я могу использовать такой политически некорректный термин. Вот здесь и закончил свои дни наш гений.

МЕЙЕРХОЛЬД: И какой диагноз?

КОНЕВИЧ: Экологическая паранойя. Только представьте. И очевидно, он не единственный, кто страдает от такой новой формы психического заболевания. Которое совсем необычное, поскольку не так давно, канал Discovery показал свои изобретения, описав все в мельчайших деталях, вместе с именами изобретателей, которые хотят вернуть свои собственные внедрения.

МЕЙЕРХОЛЬД: Этот мир сошел с ума.

КОНЕВИЧ: Мне нечего добавить.

МЕЙЕРХОЛЬД: Каждый честный человек должен радоваться, что это не продолжится слишком долго.

КОНЕВИЧ: Точно. С одной стороны…

МЕЙЕРХОЛЬД: Да. Всегда с одной стороны.

КОНЕВИЧ: Наш психический пациент сбежал из психушки и начал новый проект. Бог знает, какой, и бог знает где.

МЕЙЕРХОЛЬД: А как ему удалось сбежать?

КОНЕВИЧ: Он надел халат врача, помахал всем пока и умчался на директорском Ягуаре. Ну, а все помахали ему в ответ. Вопрос в том, кто действительно сумасшедший, беглец или те, кто его лечили?

КОМЕДИЯ О КОНЦЕ СВЕТА

МЕЙЕРХОЛЬД: Он опасен?

КОНЕВИЧ: Он не выказывал никаких признаков насилия. Но вы знаете, как это бывает. Чуть перебор с прессингом, и даже пустяк переполняет чашу терпения - и даже самый мягкий человек хватается за пистолет.

МЕЙЕРХОЛЬД: Возможно, его ищут.

КОНЕВИЧ: Кто?

МЕЙЕРХОЛЬД: Полиция.

КОНЕВИЧ: У полиции есть более важные дела, чем искать и преследовать какого-то психа. Они должны гоняться за водителями, которые превысили скорость на пять километров.

МЕЙЕРХОЛЬД: То есть вы единственный, кто идет по его следу, как вы выразились.

КОНЕВИЧ: Я так говорил?

МЕЙЕРХОЛЬД: Чтобы присоединиться к нему, вы сказали.

КОНЕВИЧ: О, многоуважаемый! Что специалист водоканала против гения? Из-за скучной природы моей работы, я все же предаюсь мечтаниям иногда. Абсолютно нормально, вы так не думаете? И это чистейшая правда, что такой джентльмен очаровал меня, почти захватил меня всего. И однажды мы встретимся, никаких сомнений в этом.

МЕЙЕРХОЛЬД: И что потом?

Входит Эльвира.

ЭЛЬВИРА: Извините, но я не могу найти ключи. Вам придется ломать дверь. Но если вы не найдете там счетчик воды, я вызову полицию и вы ответите за взлом. И возместите ущерб. Город изобилует деньгами, которые украл у бедных под предлогом налогов, поэтому я потребую миллион.

КОНЕВИЧ: Уважаемая леди, я бы с радостью вломился в вашу кладовку, чтобы только увидеть, кто там живет за этой дверью. К сожалению *(смотрит на часы)*, моя смена закончилась минуту назад. Поэтому я бы взломал эту дверь не как сотрудник муниципалитета, а как простой гражданин. А это преследуется по закону. Но все это совсем не относится к делу. Но я вернусь. *(Откланивается).* Господин Эбеншпангер... *(Поворачивается к Эльвире и несколько церемониально кланяется ей).* Мадам... *(Уходит.)*

ЭЛЬВИРА: Какой джентльмен!

МЕЙЕРХОЛЬД: Законченный псих.

ЭЛЬВИРА: Скорее всего. И почему он называл тебя господином Эбеншпангером?

Она смотрит на него.

Темнота.

АКТ 2

Сцена 8

Мейерхольд сидит в кресле со своей чертежной доской, делая наброски. Кофейный столик устлан ворохом старых газет. Эльвира укладывает перец в стеклянные банки. Две уже полностью уложены, и она собирается укладывать третью. Потом помидоры.

Но сначала, в темноте работает радио: ... надо признать тот факт, что профессии исчезают, и скоро будем вспоминать о них, как о феодалах. В ближайшем будущем, большую часть работы будут производить машины. Мы будем зависеть от них так же, как наши далекие предки зависели от диких животных. Большая часть рабочей силы просто станет ненужной. Что все-таки можно назвать успешными, так это замещающую экономику, такую как психотерапия, идеологии новых религий и спиритические салоны, единственной целью которых является развлекать массы, которым нечего делать. В тени всего этого остается индустрия наркобизнеса и порнобизнеса. Кажется, что уже первая половина населения земного шара живет тем, чтобы развлекать вторую...

Во время передачи, свет постепенно освещает сцену.

Эльвира поднимается и выключает радио.

ЭЛЬВИРА: Рада, что я еще нужна, как рабочая сила. (*Громко.*) Джо, иди сюда и унеси эти банки с перцем в кладовку. Настоящую кладовку.
ДЖО ОРТОН (*выходит из своей комнаты, недовольный*): Где моя трава?
ЭЛЬВИРА (*бросает быстрый взгляд на Мейерхольда*): Там, в саду, хотя не так много и осталось. И не говори мне, что ты таскаешь траву в свою комнату.

ДЖО ОРТОН: Не пытайся казаться еще более безмозглой, чем ты есть.

ЭЛЬВИРА: А что господин Мейерхольд подумает о твоих мозгах, когда он поймет, что ты собрал всю траву из сада и унес в свою комнату сушить?

ДЖО ОРТОН: (*берет одну из банок*): А что подумает господин Мейерхольд о своих мозгах, когда я разобью вот эту банку с его экологическими перцами о его голову?

ЭЛЬВИРА: Джо Ортон, ваша виза закончилась только что, и заявление на новую будет отклонено.

Джо Ортон продолжает держать банку над головой Мейерхольда. Мейерхольда это нисколько не волнует, продолжает делать наброски. Джо Ортон кладет банку на кофейный столик.

ДЖО ОРТОН: Он проник, да? Тот, из водоканала.

ЭЛЬВИРА: Это из твоей пьесы, которую ты пишешь?

ДЖО ОРТОН: Он весь дом облазил. Не потому что хотел счетчик найти, скорее всего. Я бы и с пяти километров понял бы, что он полицейский.

ЭЛЬВИРА: Господин Коневич никогда не входил в твою комнату. Но, однако, он все же пообещал вернуться.

ДЖО ОРТОН: А тем временем, господин Мейерхольд исполнил свой гражданский долг и донес на меня. (*Наклоняется над Мейерхольдом.*) Так?

ЭЛЬВИРА: Не забывайся, ты разговариваешь со своим работодателем.

ДЖО ОРТОН: Бывшим работодателем. Я только что написал заявление.

Мейерхольд поднимается, кладет доску и ручку на кресло, становится на колени, и под ногами Эльвиры лезет и достает коричневую коробку. Сдувает пыль с нее и подает ее Джо Ортону. Джо снимает крышку, заглядывает внутрь и снова закрывает коробку.

ДЖО ОРТОН: Как эта коробка попала под диван?

МЕЙЕРХОЛЬД: Я положил ее туда.

ДЖО ОРТОН: Зачем?

МЕЙЕРХОЛЬД: Потому что я знал, что рано или поздно, кто-нибудь начнет выискивать около дома. Я не хотел, чтобы эту коробку нашли в твоей комнате.

ЭЛЬВИРА: Спасибо господину Мейерхольду, что он защищает тебя.

ДЖО ОРТОН (*смущенный*): Не знаю, что и сказать.

ЭЛЬВИРА: А если простое «спасибо»? Но, конечно, ты не привык говорить «спасибо».

ДЖО ОРТОН: Почему вы так поступили?

МЕЙЕРХОЛЬД: По личным соображениям. Я не хотел остаться без помощника.

ДЖО ОРТОН: Ну тогда, и нет необходимости говорить «спасибо».

ЭЛЬВИРА (*встает*): Я решила, что ты собираешься сказать. И если ты вдруг будешь наслаждаться отдыхом на своей Ривьере, куда ты вернешься посвежевшим и удовлетворенным от этого мира, несмотря на свое печальное состояние, протяни свою руку господину Мейерхольду и скажи: "Спасибо, господин Мейерхольд. Спасибо, что вы спасли меня от многих месяцев за решеткой, а может и от чего похуже."

ДЖО ОРТОН: Да не скажу ничего подобного.

ЭЛЬВИРА: Тогда тебе придется сказать: "Прощай, Эльвира и спасибо, что ты была так добра ко мне, хотя я всегда доказывал тебе, что не заслуживаю твоей доброты."

ДЖО ОРТОН: Я положу коробку обратно под диван, как раз самое безопасное место для нее.

Опускается на колени.

ЭЛЬВИРА: Джо Ортон!

ДЖО ОРТОН (*выпрямляется*): Спасибо, господин Мейерхольд, что позаботились о моем товаре, который мне приходится продавать на улицах города, чтобы каждый месяц платить аренду!

ЭЛЬВИРА: Еда и кров в этом доме не относятся к бесплатному сервису. Если тебя не устраивают условия, можешь прямо сейчас собирать вещи, мы с господином Мейерхольдом проживем и без тебя.

МЕЙЕРХОЛЬД: Дай коробку мне, я потом верну.

ДЖО ОРТОН: Да я и сам могу.

Опускается на колени, чтобы засунуть коробку под диван. Уставился куда-то под диван. Кладет коробку на пол, засовывает руку глубоко под диван и достает ствол. Встает и пробует его на вес.

ЭЛЬВИРА: Господь всемогущий! Кто разрешил тебе принести это в дом?! Это же не вы, господин Мейерхольд?

МЕЙЕРХОЛЬД: Дай мне ствол, Джо.

ДЖО ОРТОН: Такая красивая игрушка сама просит, чтобы с ней поиграли. Сомневаюсь, что у ее хозяина есть на нее разрешение. А если его нет, ствол переходит в нашу общую собственность.

ЭЛЬВИРА: Джо, верни ствол господину Мейерхольду.

ДЖО ОРТОН: Открой окно, Эльвира.

Эльвира смотрит на Мейерхольда, тот кивает. Эльвира открывает окно и сразу же отходит. Джо Ортон подходит к окну и прицеливается из него.

ЭЛЬВИРА: Джо, у нас и так проблем не оберешься.

ДЖО ОРТОН: Кому голову продырявим? Брокколи? Тыкве? Или размажем капустную голову? Нет, помидору. Чтобы была кровавая мясорубка.

Спускает курок. Слышен выстрел. Джо, удивленный, жмет на курок еще раз. Результат тот же. Мейерхольд в это время достает из кармана брюк пистолет и направляет на Ортона. Джо оборачивается и таращится на пистолет.

МЕЙЕРХОЛЬД (*протягивает руку*): Ствол сюда.

Джо Ортон беспрекословно отдает ему ствол. Мейерхольд зашвыривает его обратно под диван. Выпрямляется и снова направляет пистолет на Ортона.

ЭЛЬВИРА: Так я и знала, что что-то пойдет не так, всю ночь меня кошмары мучили.

МЕЙЕРХОЛЬД: А теперь пообещай, что к стволу больше никогда не притронешься.

ДЖО ОРТОН: Эльвира, ты привела в дом преступника!

ЭЛЬВИРА: Господин Мейерхольд - добрый, милосердный человек, который пытается обеспечить наше будущее.

МЕЙЕРХОЛЬД: Торжественно поклянись никогда не дотрагиваться до ствола.

ЭЛЬВИРА: Джо, только благодаря господину Мейерхольду ты до сих пор не в тюрьме.

ДЖО ОРТОН: Он сам скоро окажется там, если не перестанет мне угрожать.

Сцена 9

Откуда-то сзади слышен шум.

КОНЕВИЧ *(в коридоре)*: Здравствуйте… Где же вы?
Заходит через секунду после того, как Мейерхольд засунул пистолет обратно в карман.
КОНЕВИЧ: Я думал, что найду вас в саду, всех троих, при поливке ваших пышных растений.
ЭЛЬВИРА: Кладовая сейчас открыта, можете ее посмотреть без лишних разговоров.
КОНЕВИЧ: Спасибо, мэм, я уже. Внизу, на первом этаже, в новой пристройке, вы собираетесь хранить в ńńĺęё́ ííűő áŕíęŕő́ овощи из сада, на черный день, который скоро настанет. Все верно?
ЭЛЬВИРА: Мы же имеем право на зимние заготовки.
КОНЕВИЧ: Разумеется. Кроме того, береженого бог бережет. Уже скоро может случиться нехватка горючего, полки в магазинах опустеют, наступит всеобщая паника. А вы здесь втроем, как голубки, будете с удовольствием посасывать соленые огурцы и с нетерпением ждать ужина, чтобы набить животы голубцами.
ЭЛЬВИРА: А что в этом плохого?
КОНЕВИЧ: В общем-то, ничего плохого. Но от моего внимания не скрылось, что вокруг сада трехметровая ограда. С железными воротами, через которые мне пришлось перелезть, потому что они заперты. Вы готовитесь к осаде.
ЭЛЬВИРА: А причем здесь городской водоканал?
КОНЕВИЧ: Я на них больше не работаю, меня ни за что ни про что выставили на улицу.
ЭЛЬВИРА: И где вы теперь?
КОНЕВИЧ: К счастью, надо мной сжалилось полицейское управление. Сами знаете, там рады всему, что к ним ползет.
ЭЛЬВИРА: Так вы что, полицейский?
КОНЕВИЧ: Я работаю в особом отделе. Занимаюсь делами, связанными с угрозой государственной безопасности.
ЭЛЬВИРА: Тогда я не понимаю, зачем вы вернулись к нам. Это мы под угрозой, со стороны государства.
КОНЕВИЧ: Я пришел, и пусть это останется между нами, по личным соображениям. Меня уже давно кое-что беспокоит, и я бы хотел изучить это основательно. *(Смотрит на Мейерхольда.)*

ДЖО ОРТОН: И что это за кое-что?

КОНЕВИЧ: Хотел бы я знать, откуда ветер дует. Чтобы повернуться к нему соответствующей стороной. В наши времена стоит быть только оппортунистом.

ДЖО ОРТОН: А когда-то было по-другому?

КОНЕВИЧ: Ой, ты еще ребенок, а у нас были идеалы, правда, господин Коневич? Мы верили в прогресс.

ЭЛЬВИРА: Это господин Мейерхольд. Коневич это вы.

КОНЕВИЧ: Я Новак, госпожа, не припомню, чтобы хоть раз представлялся Коневичемэ, хоть это и не исключено. В полиции я числюсь под фамилией Новак, это вам сам начальник подтвердит. А это, разумеется, господин Эбеншпангер; не понимаю, почему я назвал его Коневич.

ЭЛЬВИРА: Это господин Мейерхольд.

КОНЕВИЧ: Вот как? Ну, вам ли не знать. Кто, если не жена, знает, как фамилия у ее мужа, да, госпожа Мейерхольд?

ЭЛЬВИРА: Господин Мейерхольд мой жилец.

КОНЕВИЧ: А кто хозяин сада?

ЭЛЬВИРА: Я хозяйка, но по договору сад входит в арендуемую площадь, поэтому все, что там растет, принадлежит ему.

КОНЕВИЧ: Включая помидоры в тех стеклянных банках?

ЭЛЬВИРА: И даже банки его, он их покупал.

КОНЕВИЧ: Господин Мейерхольд очень богат, как я погляжу. Но в первую очередь у него есть гениальные идеи. Блаженны все, находящиеся под крылом его. (*Смотрит в окно.*) У вас никогда не закончится пища. Вопрос лишь в том, стали ли вы самодостаточны слишком рано или слишком поздно.

ЭЛЬВИРА: Не поняла.

КОНЕВИЧ: Оптимисту никогда бы не пришло в голову уйти из общества, найти себе двух заложников, у одного занять землю, а другого шантажом взять в рабство, окружить себя высокой оградой, как если бы фашисты были в двух километрах.

ДЖО ОРТОН: А что бы сделал пессимист?

КОНЕВИЧ: Он бы сказал себе, что решение, даже если бы его и нашел кто-то, кто его действительно искал, оказалось бы запоздалым. И сразу бы арендовал или купил участок земли, который бы засадил самыми важными для выживания овощами, и этот участок окружил бы высокой стеной, возможно даже, с проволокой под напряжением. Догадываюсь, что вы смотрите телевизор.

ЭЛЬВИРА: Мы недостаточно богаты, чтобы это себе позволить.

КОНЕВИЧ: Ну, хотя бы журналы вы читаете. Вон у вас на столе сколько.

ЭЛЬВИРА: Они тут уже лет пять лежат.

КОНЕВИЧ: Так или иначе, в Америке люди уже начали покидать большие города, в которых не хватает пищи и воды, есть первые жертвы. Они селятся в отдаленных сельских местностях, где ставят себе сараи и выращивают пищу. В надежде, что миллионы голодающих, отправившихся на поиски еды, не найдут их в первый же день.

ЭЛЬВИРА: Американцы известны своей склонностью к паникерству.

КОНЕВИЧ: Магазины оружия отмечают высокие доходы. Люди знают, что им придется защищать свои огороды. В Америке это, разумеется, законно. Не уверен, законно ли у нас. Вообще-то нет. Как вы, скорее всего, знаете. Поэтому у нас нельзя повесить ружье на крючок у двери, его надо прятать в шкаф. А еще лучше под кровать. Или, как у вас, под диван.

Делает шаг в сторону дивана. Мейерхольд достает пистолет и направляет его на Коневича. Подмигивает Ортону. Тот опускается на колени, достает ствол, поднимается и направляет его на Коневича.

ЭЛЬВИРА: Ой, я сейчас в обморок упаду.

КОНЕВИЧ: Поздравляю, господин Эбеншпангер. Вы меня опередили.

МЕЙЕРХОЛЬД: Сядьте, господин Новак. Прямо сюда, в кресло. Может быть, под диваном целая бомба спрятана.

КОНЕВИЧ (*садится в кресло*): Не надо угроз, господин Веховар, мы обо всем можем договориться по-дружески.

МЕЙЕРХОЛЬД: Как раз об этом я и думал. Конечно же, я рассчитываю на ваше сотрудничество.

КОНЕВИЧ: Если в договор не входит поливка сада, то полдела сделано.

МЕЙЕРХОЛЬД: Может быть, вина? Виски? Зеленый чай?

КОНЕВИЧ: Это плохо скажется на моем сердце.

МЕЙЕРХОЛЬД: Как хотите.

КОНЕВИЧ: Но я бы с удовольствием выкурил немного той травки, которую вы прячете в той коробке под диваном. Отсюда ее хорошо видно, предыдущий пользователь не достаточно далеко ее задвинул. Очень непредусмотрительно. Я же предупреждал, что вернусь.

МЕЙЕРХОЛЬД: Вы сказали это как специалист водоканала, а не как полицейский, переживающий за государственную безопасность.

КОНЕВИЧ: Времена сейчас такие, что человек никогда не знает наверняка, на кого работает и каковы его обязанности.

МЕЙЕРХОЛЬД: Джо, отложи ствол и скрути господину Новаку косячок.

ДЖО ОРТОН: Я не дам ему свою лучшую траву! Только если заплатит. Даже Эльвире она не достается бесплатно!

МЕЙЕРХОЛЬД: Но она платит натурой, чего ты, скорее всего, не ожидаешь от господина Новака.

ДЖО ОРТОН: Именно поэтому я не могу дать ему ее бесплатно.

МЕЙЕРХОЛЬД: Господин Новак наш гость.

ДЖО ОРТОН: Аррррргх….

Оставляет пистолет, достает коробку из-под дивана, начинает скручивать косячок.

ЭЛЬВИРА: Может, господина Новака порадовал бы массаж плеч.

КОНЕВИЧ: Раз уж я здесь и вы все так любезны со мной, мои плечи были бы рады женским рукам. Если только никто не станет ревновать.

ЭЛЬВИРА: Мы в этом доме покончили с незрелыми чувствами. Кроме господина Ортона, но и он скоро поймет, что нужно жить в реальном мире.

Эльвира встает за кресло и начинает массировать плечи Коневича.

КОНЕВИЧ: Уххххх… Вам бы массажный салон открыть.

ЭЛЬВИРА: Тут все дело во мне, господин Новак. Умная женщина знает, когда нужно выйти из игры.

КОНЕВИЧ: Ритм вашего массажа наводит меня на мысль, что мы с вами уже однажды встречались.

ЭЛЬВИРА: Не удивлюсь. Мы все, так или иначе, друг друга знаем, да ведь? Мир намного меньше, чем нам кажется.

КОНЕВИЧ: Я всегда хотел встретить женщину, которая могла бы, хоть и чисто случайно, сказать что-нибудь такое остроумное.

ЭЛЬВИРА: Вы слишком любезны, господин Коневич.

КОНЕВИЧ: Новак.

Джо скрутил косячок. Предлагает его Коневичу, который берет его в рот и ждет, чтобы Джо ему прикурил. Джо достает из кармана зажигалку и прикуривает. Коневич глубоко затягивается.

ДЖО ОРТОН: Приятно смотреть, как полицейский курит траву. Где у тебя фотоаппарат, Эльвира? Никогда не знаешь, когда нам могут понадобиться доказательства.

КОНЕВИЧ: Я не очень-то фотогеничен.
МЕЙЕРХОЛЬД: Итак, теперь придется прекратить шутки и перевести разговор от важнейшего к несущественным деталям. Джо, возьми ствол, и если господин Коневич сделает хоть одно неверное движение, стреляй в колено.
ДЖО ОРТОН (*берет ствол и направляет на Коневича*): Я плохо целюсь, буду просто стрелять. Куда попаду - на то воля божья.
ЭЛЬВИРА: Господин Новак, мне продолжить массаж или будете наслаждаться одним курением?

Коневич начинает страшно задыхаться. Эльвира бьет его кулаком по спине.

ДЖО ОРТОН: Это можно понимать как неверное движение? (*Поднимает ствол.*)
ЭЛЬВИРА: Это кашель, Джо, не знаю, чего у тебя так руки чешутся. Сначала нам нужно выяснить, кто такой господин Новак и что ему нужно.

Мейерхольд заходит за кресло, отталкивает Эльвиру и со всего маху бьет Коневича по спине. Коневич перестает кашлять, откидывается назад и, закрыв глаза, замирает.

ЭЛЬВИРА: Господин Новак? (*Трясет Коневича за плечи. Тот не отзывается.*) А человек может сам себя убить своим кашлем?
ДЖО ОРТОН: Полиция все может. (*Тянет недокуренную сигарету у Коневича из рук.*) Я все это время знал, что он попытается взвалить на нас труп.

Тушит сигарету о ладонь Коневича.

КОНЕВИЧ (*вскакивает и носится по комнате*): Ааааайййй... Ааааааай...
ЭЛЬВИРА: Вот и славно, нам его все равно некуда закапывать.
ДЖО ОРТОН: Можно использовать его как удобрение.
КОНЕВИЧ: Господин Эбеншпангер, не ожидал, что у человека вашего масштаба чувство юмора, которого бы и пятилетний ребенок постыдился.
ЭЛЬВИРА: Не нервничайте, господин Новак, сядьте-ка обратно в кресло, я вам еще плечи помассирую.
КОНЕВИЧ: Спасибо, мэм, но обстановка у вас такая, что я лучше в другой раз зайду.

МЕЙЕРХОЛЬД: Но вы же никуда не уходите.

КОНЕВИЧ: Мое любопытство завело меня слишком далеко, я понес заслуженное наказание, смирился и хочу откланяться.

МЕЙЕРХОЛЬД: Прежде всего, мы должны понять, что вы собираетесь сделать, оказавшись за воротами.

КОНЕВИЧ: У меня слабое, но доброе сердце, у меня и мысли не может возникнуть вам навредить.

МЕЙЕРХОЛЬД: Возможно, вы до сих пор специалист водоканала. И могли бы сделать так, чтобы нам воду отключили. Сад высох бы, и мы бы умерли с голоду. Про полицию вы все только что придумали, признайтесь.

КОНЕВИЧ: Я сделаю для вас исключение, которое адвокат мне вообще-то запрещает делать.

Достает удостоверение в кожаных корочках и дает Мейерхольду. Тот его осматривает.

МЕЙЕРХОЛЬД: Вы не соврали. С одним исключением. Здесь написано Коневич, а не Новак.

КОНЕВИЧ: Правда? Я и не заметил. Это точно ошибка. Вы же знаете, сколько глупостей может наделать полиция. Может быть, я и сам виноват, не сказал им, какая у меня настоящая фамилия.

МЕЙЕРХОЛЬД: И какая же у вас настоящая фамилия?

КОНЕВИЧ: Эбеншпангер. Как и у вас.

Пауза. Коневич и Мейерхольд смотрят друг на друга.

МЕЙЕРХОЛЬД: Моя фамилия Мейерхольд.

КОНЕВИЧ: Хорошо. Отныне и навсегда будете Мейерхольд, а я буду Эбеншпангер. Хоть с одной проблемой разобрались. Договорились?

МЕЙЕРХОЛЬД: Договорились. А Джо Ортон отныне и навсегда - Коневич, сотрудник особого отдела полиции. *Отдает удостоверение Ортону.*

ДЖО ОРТОН: Превращение преступника в полицейского иногда проходит удивительно быстро. (*Радостно прячет удостоверение в карман.*) Уууx, чего только я с ней не устрою!

ЭЛЬВИРА: Можешь сводить меня на какую-нибудь полицейскую вечеринку, там много стройных мужиков собирается.

ДЖО ОРТОН: Вы слышали, господин Мейерхольд? Эта женщина из кожи вон лезет. (*Эльвире*) Я арестую первого, кто к тебе приблизится.

КОНЕВИЧ (*доверительно*): Между нами говоря, господин Мейерхольд, в выборе компании для своего райского сада вам не очень-то повезло. Надеюсь, что отбор не закончен и найдется еще местечко. Если вам, случайно, нужен кто-то, кто бы следил за порядком.

МЕЙЕРХОЛЬД: Ваше предложение должно быть вынесено на рассмотрение советом трех.

КОНЕВИЧ: Предлагаю вам провести рассмотрение в моем отсутствии. За ответом приду завтра после обеда. (*Направляется к двери.*)

ДЖО ОРТОН (*целится в Коневича*): Куда собрались?

КОНЕВИЧ: Спорим, ствол не заряжен.

МЕЙЕРХОЛЬД: Этот уж точно заряжен. (*Целится в Коневича.*) Сядьте обратно в кресло, господин Эбеншпангер.

Коневич возвращается, садится в кресло.

МЕЙЕРХОЛЬД: Джо, где скотч?

Джо Ортон откладывает ствол, наклоняется и достает широкий скотч из-под столика.

КОНЕВИЧ: Что у вас там еще есть, под столом?

МЕЙЕРХОЛЬД (*Ортону*): Давай. Ты же видел в кино, как это делается.

ДЖО ОРТОН: Пока Эльвира не заложила телевизор. Мы можем его вернуть? Мне становится скучно. Здесь ничего не происходит.

Лепит конец скотча к креслу и начинает заматывать вокруг груди. Приматывает Коневича к креслу.

КОНЕВИЧ: Я мог бы выразить протест, но мы и это видели в кино. Так что я посижу спокойно.

ДЖО ОРТОН (*заклеивает ему рот*): Так-то лучше.

Темнота.

Сцена 10

Коневич в кресле, полностью замотан скотчем.

В темноте работает радио: …мы не развиваем ценностей и не укрепляем их ради их самих, но лишь за тем, чтобы жить более полноценно и осмысленно. Уже наполовину ставшая прошлым история нас научила, что, возможно, нет смысла умирать во имя общества, и в то же время мы начали забывать, что жизнь индивида вне общества не может иметь смысла. Поэтому индивид внутри своего общества вплетен в сложные отношения, при которых постоянно происходят процессы идентификации…

Во время передачи сцена постепенно освещается. Мейерхольд, Джо Ортон и Эльвира заходят из коридора. Джо выключает радио.

ДЖО ОРТОН: Бла-бла-бла.
ЭЛЬВИРА: Вы хорошо провели время, господин Коневич?
ДЖО ОРТОН: Сладкие сны? У меня сны обычно безумные, как косяк выкурю. Еще хотите?

Коневич корчится и извивается.

ЭЛЬВИРА: Думаю, господин хочет нам что-то сказать.

Мейерхольд подмигивает Ортону. Тот снимает скотч со рта Коневича.

КОНЕВИЧ: Вы меня на всю ночь оставили одного çaİńü!
ЭЛЬВИРА: Ну да, в этом доме живут люди тактичные.
КОНЕВИЧ: А это проклятое радио само собой включилось!
ЭЛЬВИРА: Да и нам самим нужно было передохнуть.
КОНЕВИЧ: В вашей спальне? Всем втроем?
ЭЛЬВИРА: Господин Мейерхольд сначала сопротивлялся. А потом Джо начал дуться, не хотел делиться. Чего уж тут, молодой еще. Но в конце-концов мы пришли к согласию.
КОНЕВИЧ: А обо мне вы не подумали.
ЭЛЬВИРА: Наоборот. Я трижды предлагала пригласить вас, ну, просто потому, что вы наш гость. Но эти двое господ были решительно против.
КОНЕВИЧ: Я имею в виду, что вы не подумали, могу ли я дышать, не задохнусь ли я.

КОМЕДИЯ О КОНЦЕ СВЕТА

ЭЛЬВИРА: Что вы хотите на завтрак? Яичницу, булочку с вареньем?

КОНЕВИЧ: Хочу, чтобы вы меня освободили. Хочу уйти.

ЭЛЬВИРА: Вы нам нравитесь, господин Коневич, поэтому мы бы с удовольствием держали вас у себя как можно дольше.

КОНЕВИЧ: Но не примотанным же скотчем к креслу.

ЭЛЬВИРА: Почему нет?

КОНЕВИЧ: Даже нос не могу почесать!

ЭЛЬВИРА: Джо, почеши нос господину Коневичу.

КОНЕВИЧ (*Ортону*): Я плюну в тебя, только подойди.

ДЖО ОРТОН: Поверить не могу! Даришь человеку лучшую траву на свете, а что получаешь взамен!

КОНЕВИЧ: Я обезвожен!

Мейерхольд смотрит на Эльвиру.

ЭЛЬВИРА: Служанка в собственном доме. Ну да, сама виновата. (*Уходит.*)

МЕЙЕРХОЛЬД: Итак, вот мы и остались одни. Кто вы на самом деле, что вас принесло в этот дом?

КОНЕВИЧ: Развяжите меня, мне нужно размять суставы и подвигаться, и вы узнаете вещи, о которых и мечтать не могли.

МЕЙЕРХОЛЬД: Джо, сними скотч и позволь господину сделать пять движений.

ДЖО ОРТОН: Он сбежит!

МЕЙЕРХОЛЬД: Не верю. (*Достает пистолет.*)

Джо Ортон подходит к Коневичу и снимает скотч. Коневич с трудом поднимается, потягивается и несколько раз приседает. Встает и несколько взмахивает руками.

ДЖО ОРТОН: А теперь мы полчаса будем смотреть, как он зарядку делает.

КОНЕВИЧ: Можно я покурю немного твоей превосходной травки? Чтобы моя неизбежная исповедь была более гладкой.

МЕЙЕРХОЛЬД: Сначала исповедь.

КОНЕВИЧ: Вы жестоки, но ничего другого я не заслуживаю. Я вам так сильно нагадил, что буду себя винить до конца жизни.

МЕЙЕРХОЛЬД: Скорее к делу.

КОНЕВИЧ: Вам нужен менеджер, господин Эбеншпангер.

МЕЙЕРХОЛЬД: Впервые слышу.

КОНЕВИЧ: То, что вы здесь устроили, само собой подразумевает маркетинг. Свободный рынок действительно поставил мир на колени, да еще и раздробил эти колени, но это облегчит предсмертные муки.

ДЖО ОРТОН: А, вы же ходили на вечерние курсы философии! Вот почему кажетесь мне знакомым.

КОНЕВИЧ: Я кажусь тебе знакомым, потому что несколько раз покупал у тебя травку.

ДЖО ОРТОН: Все мои клиенты занесены в именной список. В нем нет ни Коневича, ни Новака.

КОНЕВИЧ (*находит в кармане листок бумаги*): А вот в этом?

ДЖО ОРТОН: Откуда это у вас? Отдайте!

КОНЕВИЧ: А ты мне – поддельное удостоверение начальника полиции. (*Протягивает руку.*)

ДЖО ОРТОН (*Мейерхольду*): Можно я ему ботинком по роже съезжу?

МЕЙЕРХОЛЬД: Не сейчас.

Входит Эльвира с большим кувшином воды. Коневич выхватывает его и выпивает до дна. Возвращает Эльвире.

ЭЛЬВИРА: Я не вовремя?

КОНЕВИЧ: Нет-нет, госпожа Сильвана, вы зашли в самое время, чтобы услышать мое деловое предложение.

ЭЛЬВИРА (*вздрагивает*): Откуда вам известно, что меня зовут Сильвана?

КОНЕВИЧ: Уже нет, госпожа Эльвира. Сильваной вы были раньше, перед уходом на пенсию и решением провести остаток своих лет, как и полагает мещанке. Хотя этот дом лишь отдаленно напоминает тот, который вы себе задумали. Я вам сначала лишь бегло намекнул, а теперь могу прямо сказать, что несколько раз я был вашим клиентом.

ЭЛЬВИРА: Зачем вы пришли?

КОНЕВИЧ: Чтобы уничтожить ваши иллюзии, пока они не уничтожили вас.

ЭЛЬВИРА: На кого вы работаете?

КОНЕВИЧ: На себя, госпожа Эльвира. В наше время только дураки работают на других. Я же вам ничего нового не сказал?

ДЖО ОРТОН (*хватает ствол и направляет в Коневича*): Хватит, хватит, хватит! (*Тыкает стволом в Коневича.*)

КОНЕВИЧ: Там нет патронов.

ДЖО ОРТОН: Нету?

Направляет пистолет в потолок и стреляет. Страшный выстрел. Все в шоке, а больше всех Джо Ортон.

КОНЕВИЧ: Я вам кое-что расскажу, если позволите.

ДЖО ОРТОН (*направляет пистолет на него*): Сначала я вам расскажу, что вы нам расскажете.

КОНЕВИЧ: Я расскажу то, что собирался рассказать, пока вы не перебили меня.

ДЖО ОРТОН: Правила изменились, теперь я задаю вопросы.

ЭЛЬВИРА: Господин Мейерхольд, зачем вы убрали пистолет, когда Джо Ортон схватился за ствол?

МЕЙЕРХОЛЬД: Я хотел позволить ему небольшой бунт. Я чувствовал, что ему это нужно. Ночью с него сбили немного спеси, и теперь он должен хоть как-то отыграться. Проще всего - размахивая огромной пушкой.

Джо Ортон направляет ствол на Мейерхольда и готовится нажать на курок. Но внезапно ломается, бросает ствол на пол, садится в кресло и всхлипывает, закрыв лицо руками.
Эльвира садится на подлокотник кресла, обнимает Ортона за плечи, гладит его по голове как ребенка.

ЭЛЬВИРА: Все будет хорошо, мышонок мой, мама Мышка в тебе никогда не разочаровывалась. Извини за все, если что плохое тебе говорила.

Всхлипы Ортона не спеша затихают.

КОНЕВИЧ: Молодежь размякла, не умеют больше ничего до конца довести. А миру все же нужен твердый удар, тверже, чем когда-либо. Молодежь способна лишь на маленькие истории, историйки, и даже меньше. Бессмысленное зависание на фейсбуке - вот как они душу отводят.

ЭЛЬВИРА: Джо вообще нет на фейсбуке, он в интернете только порнушки смотрит! И то не каждый день.

КОНЕВИЧ: Все, что они могут себе устроить, это маленький рай. Момент экстаза, момент забвения, момент облегчения. Что-то, чего ни с кем не разделишь. Маленький подлый эгоизм - вот их истории. А вы, господин, Эбеншпангер, делали большую историю в традиции больших историй.

Большой неповторимый сад, предназначенный не для сиюминутных наслаждений, а для выживания рода человеческого.

МЕЙЕРХОЛЬД: Мир за оградой мне больше не интересен.

КОНЕВИЧ: Отлично! Повернувшись к миру спиной, уцепившись за свой эгоизм как за спасательный круг, вы подготовили идеальную возможность для спасения мира.

МЕЙЕРХОЛЬД: Вы все больше скатываетесь в противоречия.

КОНЕВИЧ: Вы создали прототип сада, который можете продать любому человеку на земном шаре. Десять видов научно разработанных овощей, которые каждый год вырастают заново, с достаточным содержанием витаминов для здоровой жизни, некий гастрономический вечный двигатель, которого достаточно для семьи из трех-четырех человек. Вы хоть понимаете, что это значит?

МЕЙЕРХОЛЬД: Расскажите.

КОНЕВИЧ: Конец магазинам, конец транспорту, конец нужде в горючем топливе, конец выхлопным газам, конец перегреванию воздуха, конец страху конца света!

ДЖО ОРТОН: У него крыша поехала? (*Смотрит на Эльвиру.*)

ЭЛЬВИРА: Да, Мышонок. Совсем поехала.

КОНЕВИЧ: Немедленно запатентуйте свою идею.

МЕЙЕРХОЛЬД: Зачем?

КОНЕВИЧ: Потому что в наши дни интеллектуальная собственность - главная цель мошенников.

МЕЙЕРХОЛЬД: Я не знал.

КОНЕВИЧ: Мы с вами подпишем договор, по которому я буду считаться единственным во всем мире продавцом вашей модели сада. В Америке, скажу я вам, будет такой всплеск эйфории, что они там передавят друг друга.

МЕЙЕРХОЛЬД: А нам что с того?

КОНЕВИЧ: Богатство, господин Эбеншпангер. Удобства до конца жизни. Нам всем.

МЕЙЕРХОЛЬД: Всем?

КОНЕВИЧ: Всем четверым.

ДЖО ОРТОН: А, теперь нас уже четверо.

ЭЛЬВИРА: Это решает господин Мейерхольд, Мышонок. Только он знает, как будет лучше для нас.

КОНЕВИЧ: Ну, что скажете, господин Мейерхольд? Сад мы сможем расширить, купить соседние участки, дома снести, людей расселить. Все в рамках закона, разумеется. Из двадцати посадок овощей мы можем сделать и сто, и двести!

МЕЙЕРХОЛЬД: И так далее?

КОНЕВИЧ: И так далее. Потом мы можем пригласить в свое убежище гостей, а госпожа Эльвира еще и какого-нибудь молодого человека, более резвого, а я какую-нибудь молодую даму, чтобы ночью не скучать. И вы тоже кого-нибудь, в зависимости от ориентации. Я не расист, и из Сахары бы кого-нибудь пригласил.

ЭЛЬВИРА: При условии, что это будет мужчина?

КОНЕВИЧ: Подумайте, господин Веховар. Не для себя, для меня. Для этих двоих. Они оба слабы, зависят от вас. Возьмите себе время на размышление. Дело не горит.

МЕЙЕРХОЛЬД: Хорошо, ведь и вы здесь проведете еще некоторое время.

КОНЕВИЧ: Это я понимаю. Так что не злитесь, если я спрошу, где здесь туалет. Ночью я хотел справить нужду, это естественно для любого человека в моем возрасте.

ДЖО ОРТОН: Мне тоже показалось, что он обоссался.

МЕЙЕРХОЛЬД: Джо, возьми ствол и своди господина в туалет. Следи, чтобы не пытался сбежать через окно. Как все сделает, веди назад.

Джо берет ствол и ждет, пока Коневич подойдет к двери. Выходит за ним в коридор. Короткая пауза.

ЭЛЬВИРА: Я уже ничего не понимаю.

МЕЙЕРХОЛЬД: Я тоже с трудом слежу за мыслью.

ЭЛЬВИРА: Думаешь, это Бог искушает нас, грешных?

МЕЙЕРХОЛЬД: Бог уже давно поставил на мире крест. Только черт еще восстает в надежде, что посмеется последним.

ЭЛЬВИРА: А что, он и правда работает в водоканале?

Где-то внизу раздался выстрел. Пауза.

ЭЛЬВИРА: Странный звук.

МЕЙЕРХОЛЬД: Боюсь, нас ждет пренеприятнейшее известие.

Джо Ортон возвращается со стволом.

ДЖО ОРТОН: В окно хотел выскочить.

МЕЙЕРХОЛЬД: Я же сказал, приведи его назад.

ДЖО ОРТОН: Но он не выполнил обещания! Я не собираюсь отвечать за то, в чем не виноват.

МЕЙЕРХОЛЬД: Как он там?

ДЖО ОРТОН: Уже не такой живой, как раньше. Рот открыт, но ни слова не говорит. Как будто его все перестало волновать.

ЭЛЬВИРА: Джо Ортон, смогу ли я простить тебе это?

ДЖО ОРТОН: Все новые истории требуют хотя бы одну жертву.

ЭЛЬВИРА: Теперь мы никогда не узнаем, кто он и чего хотел.

МЕЙЕРХОЛЬД: В поисках ответа на этот вопрос мы будем коротать долгие зимние вечера. Джо, возьми лопату, пожертвуй несколько кочанов капусты и закопай господина так глубоко, чтобы на него никто случайно не наткнулся.

ДЖО ОРТОН: Вот говно! Сам себе задал работы!

Разворачивается и выходит. Ствол уносит с собой. Пауза.

ЭЛЬВИРА: Его будут искать.

МЕЙЕРХОЛЬД: Кто?

ЭЛЬВИРА: Ну эти. Кто с ним. Водоканал. Полиция. Спецслужбы. Или врачи, которые должны забрать его назад в психушку. Откуда мне знать.

МЕЙЕРХОЛЬД: Ты ничего не знаешь, Эльвира. Для нас так будет лучше всего.

ЭЛЬВИРА: Ты меня любишь?

МЕЙЕРХОЛЬД: Тебе не кажется, что в данный момент это не самый уместный вопрос?

Темнота.

Сцена 11

В темноте работает радио: ... Многие все еще считают разговоры о выживании человечества футуризмом, которым занимаются те, кому больше нечем заняться. К сожалению, это не так. Апокалипсис это корабль, на который мы уже сели и который уже отплыл и не вернется. Как это повлияет на наши межличностные отношения, не знает никто. В любом случае те, кто осознает, что это, возможно, наше последнее столетие, должны были бы стать менее эгоистичными, а личные цели свести к общему управлению корабля, на котором мы оказались, потому что в свое время не приняли мер. Кораблекрушения не избежать, этого только слепые не видят. Вопрос лишь в том, случится ли это в этом году, через пять лет или в лучшем случае через сто…

Во время этого сообщения сцена постепенно освещается. Входит Мейерхольд и выключает радио.

МЕЙЕРХОЛЬД: Бла-бла-бла.

Берет свою папку, садится в кресло и начинает рисовать. Входит Эльвира с чаем. Ставит чай на столик и садится на диван. Сидит. Мейерхольд смотрит на нее.

МЕЙЕРХОЛЬД: Тебя что-то беспокоит?
ЭЛЬВИРА: Джо все еще шатается по городу.
МЕЙЕРХОЛЬД: В этом есть что-то удивительное?
ЭЛЬВИРА: Теперь ты, и правда, мог бы прекратить заниматься этими перепродажами. Теперь, когда у нас есть сад.
МЕЙЕРХОЛЬД: Я приучил его к дисциплине, насколько смог.
ЭЛЬВИРА: Я думала, мы будем счастливы теперь, когда все страшное позади.
МЕЙЕРХОЛЬД (*встает*): Что ты говоришь? Все страшное - впереди. Поэтому мы сделали себе убежище. Даже если мы лишь на неделю переживем всех остальных, это уже достижение.
ЭЛЬВИРА: А эта лишняя неделя стоит таких усилий?
МЕЙЕРХОЛЬД: И какие же усилия ты приложила?
ЭЛЬВИРА: А кто готовил и убирал, мирил души и предлагал моральную поддержку?! Да и чего только я не делала!
МЕЙЕРХОЛЬД: Имеешь в виду ночи в твоей спальне?

Она встает, берет поднос и идет к двери.

МЕЙЕРХОЛЬД: Я еще чая не попил.
ЭЛЬВИРА: И не попьешь.

В дверях чуть не сталкивается с Коневичем, пришедшим из коридора.

КОНЕВИЧ: А я попью. Оставьте на столе. Очень бы не помешало, на улице ветер поднялся.

Мейерхольд и Эльвира уставились на него с раскрытыми ртами.

ЭЛЬВИРА (*смотрит на Мейерхольда*): Мне это кажется? Мы же с тобой одни в комнате?

КОНЕВИЧ: А я-то ждал, что вы кинетесь мне на шею, обнимите крепко.

ЭЛЬВИРА: Мне не раз казалось, что в доме привидения.

КОНЕВИЧ (*берет поднос у нее из рук, несет на столик, наливает себе чай*): Призраки не пьют чая.

ЭЛЬВИРА: Но вы же лежите в саду, два метра под землей!

КОНЕВИЧ: Там я бы не смог дышать. А дышать я люблю. (*Делает глубокий вдох.*) Хотя свежего воздуха здесь маловато.

МЕЙЕРХОЛЬД: Есть только один способ проверить, призрак он или нет.

Достает из кармана пистолет и целится в Коневича.

КОНЕВИЧ: Такое предчувствие, что скоро раздастся пиф-паф. (*Усмехается и пьет чай.*)

Мейерхольд стреляет. Эльвира вскакивает, Коневич поднимает чашку и усмехается.

КОНЕВИЧ: Если меня не подводит предчувствие, скоро снова раздастся пиф-паф.

МЕЙЕРХОЛЬД: Наверное, он в бронежилете.

Мейерхольд делает шаг в сторону Коневича и стреляет ему в голову с метра.

КОНЕВИЧ: Ой, чуть не оглох.

МЕЙЕРХОЛЬД (*осматривает пистолет*): Джо Ортон что-нибудь еще, кроме гашиша, принимает? ЛСД, мескалин? Мог он нам чего-нибудь в еду подмешать?

Джо Ортон заходит из коридора с пистолетом в руках.

ДЖО ОРТОН: На пять минут отошел, а меня уже в хвост и в гриву.

ЭЛЬВИРА: Джо, ради бога, где ты шатаешься?

ДЖО ОРТОН: Я стал охотником. Убиваю животных, чтобы мы ели не только овощи. (*Смотрит на Мейерхольда.*) А в кого это господин Эбеншпангер стреляет?

КОНЕВИЧ: В призраков.

МЕЙЕРХОЛЬД: Джо, сколько людей ты видишь в этой комнате?

ДЖО ОРТОН: Троих.

ЭЛЬВИРА: А призрака?

ДЖО ОРТОН: Призрака не вижу.

ЭЛЬВИРА: Он же у тебя перед носом чай пьет!

ДЖО ОРТОН: Это не призрак. Это господин Коневич.

ЭЛЬВИРА: Джо, ты же застрелил господина Коневича в уборной и закопал в саду!

ДЖО ОРТОН: Может, я не совсем попал.

ЭЛЬВИРА: Мы же в окно видели, как ты его закапывал.

ДЖО ОРТОН: Да?

ЭЛЬВИРА: Ты даже кочаны капусты посадил обратно. Чтоб следы замести, как ты сказал.

ДЖО ОРТОН: Может, он восстал из мертвых. Может, наконец-то началась обещанное в библии воскресение.

ЭЛЬВИРА: Джо…

ДЖО ОРТОН: А вы не знали, что я не убийца? Вы бы должны меня обнять, поцеловать. Все вчетвером должны были бы пойти в спальню и шумно отпраздновать это событие.

МЕЙЕРХОЛЬД (*достает барабан из пистолета и видит, что в нем холостые пули*): Вот я дурак.

ДЖО ОРТОН: Это мы всегда знали.

КОНЕВИЧ: Оставь его. Неблагородно пинать человека, чья симметрия превратилась в хаос.

ЭЛЬВИРА: Кто-нибудь мне объяснит, что вообще происходит?

ДЖО ОРТОН: Ничего такого, чего бы ни происходило в истории тысячи раз.

ЭЛЬВИРА: Я тебя совсем не понимаю.

ДЖО ОРТОН: А что может понимать человек, который представляет собой одну большую дырку, которая всегда должна быть заткнута, чтобы в нее случайно не попало ни зернышка ума.

КОНЕВИЧ: Неправильно. С женщинами нужно вести себя тактично, даже если мы их презираем.

МЕЙЕРХОЛЬД: И когда начался этот заговор?

ДЖО ОРТОН: А вы не помните, господин Коневич?

КОНЕВИЧ: Думаю, некоторое время назад. В любом случае, до того, как я был закопан в саду.

МЕЙЕРХОЛЬД: Перед тем, как вы пришли.

КОНЕВИЧ: И это не исключено. Понятия не имею; есть то, что есть.

ЭЛЬВИРА: Боже мой! Джо Ортон, как ты мог так притворяться!

ДЖО ОРТОН (*шепотом*): А ты как будто не притворяешься, когда симулируешь оргазм?

ЭЛЬВИРА (*ядовито*): Обычно нет, но с тобой мне ничего другого не остается!

ДЖО ОРТОН: Спасибо за комплимент. Из-за него твоя арендная плата, которую ты начнешь завтра выплачивать, будет существенно выше.

ЭЛЬВИРА: Господин Мейерхольд, почему вы меня не защищаете?

МЕЙЕРХОЛЬД: Я стал жертвой собственной наивности.

КОНЕВИЧ: В первую очередь - нехватки своих деловых качеств. Я предлагал вам договор, который бы сохранил ваше положение, а нам всем обеспечил удобства до конца наших дней.

МЕЙЕРХОЛЬД: И что вы собираетесь делать?

ДЖО ОРТОН: Ничего драматического. До сегодняшнего дня мы выращивали в саду десять видов овощей, а теперь будем…

МЕЙЕРХОЛЬД: Знаю, коноплю.

ДЖО ОРТОН: Нет. Мак.

ЭЛЬВИРА: Мне никогда не нравились булочки с маком.

МЕЙЕРХОЛЬД: Опиум? Героин?

КОНЕВИЧ: Учитывая поверхность и состав почвы, урожай будет намного лучше.

МЕЙЕРХОЛЬД: Будете этим торговать? Будете людей одурманивать? Будете выращивать не еду, а болезнь и смерть? Этого я не допущу.

ЭЛЬВИРА: Я тоже не допущу. Дом и сад записаны в реестре на мое имя.

ДЖО ОРТОН: Я знал, что возникнут проблемы.

КОНЕВИЧ: Ну, ничего страшного, мы их решим, мы же люди разумные. Переписать собственность не такая уж сложная вещь. Небольшое обещание, небольшая угроза и все будет. Правда, госпожа Эльвира? Да, господин Мейерхольд? Даже в достижении своих целей нужно сохранять человеческие ценности.

МЕЙЕРХОЛЬД: Ваши ценности, господин Коневич-Новак, даже плевка моего не стоят.

ЭЛЬВИРА: А моего стоят! (*Плюет в сторону Коневича.*)

КОНЕВИЧ: Ценности это то, что мы сами себе придумываем, чтобы легализовать свои цели. Другими словами, фикция.

ДЖО ОРТОН: В этой сфере уже давно все позволено. Даже мои фарсы. Я заслужу себе место в истории.
МЕЙЕРХОЛЬД: Ты гнида, которая заслужит себе место разве что на собаке плешивой. Человечество стоит на пороге вымирания, а вы…
ДЖО ОРТОН: …хотим ему облегчить последние муки. Разве это не благородно? Веселье, забвение, удовольствие и немного лет удобства для нас – что может быть лучше?
КОНЕВИЧ: С дохода от продажи опиума мы сможем купить в сто раз больше овощей, чем те, что вы хотели выращивать в саду.
ДЖО ОРТОН: И мясо.
КОНЕВИЧ: И мясо. Всех сортов. А также молодое и крепкое. (*Смотрит на Эльвиру*)
ЭЛЬВИРА: Господин Мейерхольд, вы не станете защищать мою честь?
МЕЙЕРХОЛЬД: Игра проиграна.
КОНЕВИЧ: Не обязательно. Можно поступить мудро и перейти на сторону победителя.
МЕЙЕРХОЛЬД: Мы не собираемся иметь дела с жуликами.
ЭЛЬВИРА: Браво, господин Мейерхольд! (*На ее лице появляется озабоченность*). А с другой стороны, о таких вещах следует задумываться. Правда, господин Коневич?
МЕЙЕРХОЛЬД: Мы задумаемся. В суде.
КОНЕВИЧ: Но суд за пределами вашей ограды, которую вы приказали поставить, чтобы никто не пробрался в ваш сад, господин Эбеншпангер. А то, что внутри ограды, не входит в компетенцию суда, здесь только мы.
МЕЙЕРХОЛЬД: Вам придется убить меня.
КОНЕВИЧ: Ну мы же не убийцы, как вы, хоть вы и безуспешны.
ДЖО ОРТОН: Посмотрите в окно, господин Мейерхольд.

Мейерхольд и Эльвира подходят к окну, смотрят в него.

ЭЛЬВИРА: Кто эта девушка?
ДЖО ОРТОН: Новая рабочая сила, нанятая два часа назад.
МЕЙЕРХОЛЬД: Нет, погоди… Поверить не могу. А что она делает?
ДЖО ОРТОН: Выдергивает овощи и рыхлит почву для посева мака.
ЭЛЬВИРА (*обижено*): Молодая.
КОНЕВИЧ: Такова жизнь, госпожа. Сегодня не длится долго. Только сделаем что-нибудь, а это уже вчера. А завтра и вообще стучится в двери, пока мы спим.

ЭЛЬВИРА: И что она *еще* будет делать кроме рыхления почвы?

КОНЕВИЧ: Она выразила готовность подумать о некоторых наших предложениях. Вы же знаете девочек из бедных семей: никогда не откажутся заработать второй кусок хлеба, даже неприличным способом.

ЭЛЬВИРА: И где же будете осуществлять свои предложения? В моей спальне?

КОНЕВИЧ: Я заглянул туда мимоходом и мне она показалась вполне подходящей для… ну, я не буду вдаваться в подробности…

ЭЛЬВИРА: Бог вас накажет! (*Бросается к нему и бьет в грудь кулаками.*) Бог вас накажет! (*Падает на колени, обнимает его колени, всхлипывает.*) Сжальтесь…

ДЖО ОРТОН: Ну и цирк!

ЭЛЬВИРА (*еле слышно*): Бог меня наказал…

Мейерхольд направляется к двери.

КОНЕВИЧ: Куда собираетесь?

МЕЙЕРХОЛЬД: Навстречу новым приключениям.

ДЖО ОРТОН: Об этом мы уже позаботились. Ваши приключения с сего момента будут следующими…

МЕЙЕРХОЛЬД: Меня это не волнует.

ДЖО ОРТОН (*целится в Мейерхольда*): А я думаю, волнует.

МЕЙЕРХОЛЬД: Я ученый.

КОНЕВИЧ: Именно поэтому, господин Эбеншпангер. Именно поэтому мы составили для вас список обязанностей, которые способен выполнить только человек с вашей научной подготовкой.

ДЖО ОРТОН: Вы будете возглавлять лабораторию по изготовлению героина из опиума.

КОНЕВИЧ: У вас будет еда и крыша над головой. Времена такие, что это уже немало.

ДЖО ОРТОН: У миллиарда людей в мире и того нет.

КОНЕВИЧ: В одном только Лос-Анджелесе на тротуарах спит больше ста тысяч человек.

ЭЛЬВИРА (*встает*): А я? Какие у меня обязанности?

МЕЙЕРХОЛЬД: Хочешь им продаться?

ЭЛЬВИРА (*обиженно*): Я себя никогда не продавала. Да, я делала то, чего бы другая женщина не стала, но я всегда сочетала приятное с полезным. Я по природе своей люблю сотрудничать. Иду в ногу со временем. Подстраиваюсь.

КОНЕВИЧ: Госпожа Эльвира, сколько лет вас знаю, но с момента знакомства я помню только одну действительно особую позу. Как вы думаете, она все еще возможна, учитывая меньшую гибкость ваших суставов?

Эльвира дает ему пощечину.

ДЖО ОРТОН: Немного уважения не помешает, иначе без кухарки останемся.
ЭЛЬВИРА: Господин Мейерхольд… Мир стал настолько непредсказуем, что гордость уже не может быть ничем другим, кроме как ошибкой судьбы.
КОНЕВИЧ: Умная женщина. Послушайте ее.
ДЖО ОРТОН: Тупая как овца, но сейчас случайно выдала такое, с чем я согласен.
МЕЙЕРХОЛЬД (*Коневичу*): Я не знаю, кто вы, если не обманщик первой лиги и не отрабатывали свои способности на международной бирже.
КОНЕВИЧ: Я знаю свой предел, господин Веховар.
МЕЙЕРХОЛЬД: А ты, Джо Ортон, совсем другое. Несмотря на впечатление, которое производишь, ты едва различим в мире человеческой мысли.
ДЖО ОРТОН: Спасибо.
МЕЙЕРХОЛЬД: Жадность, которую ты избрал своим жизненным ориентиром, не принесет ничего, кроме сиюминутного удовлетворения своих самых низких нужд и бесконечно долгих часов раскаяния.
ДЖО ОРТОН: Кошка нежится на солнце и потом засыпает. Человек нежится в жизни и потом засыпает. Никто не избежит судьбы, он тот, кто он есть, и есть то, что есть.
ЭЛЬВИРА: Ничего не понимаю.
ДЖО ОРТОН: Почему бы нам не подождать конца света в состоянии затуманенной эйфории, в ощущении счастья, пусть и искусственного, но счастья? Поиск забвения - универсальное качество всех живых существ. Поэтому здесь мы будем наслаждаться.
МЕЙЕРХОЛЬД: Без меня. *Разворачивается, чтобы идти.*
КОНЕВИЧ: Господин Эбеншпангер, вы же прекрасно понимаете, что это невозможно.
МЕЙЕРХОЛЬД: И что вы сделаете со мной?
КОНЕВИЧ: Рано или поздно вам захочется в туалет, Джо Ортон со стволом поведет вас, вы попробуете выскочить в окно, он выстрелит вам в спину, мы закопаем вас под маковыми грядками. Вы станете удобрением.

Пауза.

ЭЛЬВИРА: Господин Мейерхольд, останьтесь с нами. Аренду вы оплатили на весь год. А потом мы договоримся. Наши требования будут в пределах разумного. Да ведь, Джо?

ДЖО ОРТОН: Пусть сам решает.

КОНЕВИЧ: Господин Эбеншпангер, умереть за понятия, которые теперь не более чем домыслы, анахронизм. Призываю вас не поддаваться ребяческому желанию быть героем.

Пауза.

ЭЛЬВИРА (*осторожно*): Господин Мейерхольд?

МЕЙЕРХОЛЬД: Вообще-то выбора нет.

КОНЕВИЧ: Есть, но минимальный, я бы сказал.

МЕЙЕРХОЛЬД (*решается*): Хорошо. Только мне нужно быстро съездить в город купить научную литературу, за полчаса управлюсь.

КОНЕВИЧ: Для меня это не проблема, все зависит от Джо Ортона, драматурга и режиссера представления.

ДЖО ОРТОН: Полчаса.

ЭЛЬВИРА: С возможностью небольшого опоздания. Не более пяти минут.

МЕЙЕРХОЛЬД: Получаса хватит. *Быстро уходит.*

Пауза.

ЭЛЬВИРА: Я очень рада, что победили чувства, а не разум.

ДЖО ОРТОН: Все идет по плану.

Коневич подходит к окну, смотрит на улицу.

КОНЕВИЧ: Идет по дороге к железным воротам.

ДЖО ОРТОН: Далеко ушел?

КОНЕВИЧ: На полпути.

ДЖО ОРТОН: Открой окно, Эльвира.

Эльвира идет к окну и открывает его.

ЭЛЬВИРА: Он дошел до ворот. У него получится!

КОНЕВИЧ: А теперь лезет по воротам наверх.

ДЖО ОРТОН (*отталкивает Коневича*): Еще немного и он пожалеет, что сделал острые пики на ограде.
КОНЕВИЧ: Настоящие пики.

Джо Ортон поднимает ствол и прицеливается через окно.

ЭЛЬВИРА: Подожди.
ДЖО ОРТОН (*смотрит на нее*): Чего тебе?
ЭЛЬВИРА (*отстраняясь от окна*): Знаю, я всего лишь сентиментальная женщина, но вот здесь, в сердце, у меня так сдавливает, что еле дышу.

С улицы, с расстояния сто метров слышится страшный крик.

ЭЛЬВИРА: Что это было?
КОНЕВИЧ (*возвращается к окну*): Беглец прямо наверху поскользнулся.
ДЖО ОРТОН: Одна из пик пронзила ему сердце.
ЭЛЬВИРА: О господи! Мы во всем виноваты!
ДЖО ОРТОН: Мы? Он заказал эти пики из Швейцарии, потому что наши были для него недостаточно остры.
ЭЛЬВИРА (*на грани отчаяния*): Он хотел защитить нас!
ДЖО ОРТОН: Такие люди хуже всех.
КОНЕВИЧ: Надо его снять поскорее, чтобы случайные прохожие не разнесли эту новость.

Джо Ортон и Коневич идут к воротам. Коневич оборачивается.

КОНЕВИЧ: Все будет хорошо, госпожа Эльвира. Глоток зеленого чая, и все будет хорошо.

Эльвира стоит и не знает, что делать. Идет к зеркалу, поправляет себе волосы. Грустно рассматривает свое отражение.

ЭЛЬВИРА: Как же хорошо, что человек имеет право состариться и умереть.

Занавес.

حيثيثيات لجنة التحكيم في اعطاء كوميديا نهاية العالم لايفالد فليسار جائزة جروم لافضل مسرحية عام 2013

كوميديا نهاية العالم هي مسخرة درامية عن مسخرة حياتية والتي تنتهي بنا الى مسخرة اكبر. فهي مسخرة درامية لانها شديدة الواقعية لان واقعنا مر لدرجة انه مسخرة. بالرغم من هذا الواقع كما يقول بطل المسرحية" لقد انتهى زمن المساخر لان واقعنا يتطلب عملا جادا". كما قال لنا المؤلف فواقعنا يتطلب ان نسأل انفسنا عن نهاية العالم فهل يجب علينا ان نزرع خضرا و نسيج حدائقنا ام نستمر في زراعة الحشيش والمخدرات؟؟

يعيش 4 افراد مختلفين على حافة المدنية في منزل به حديقة مهملة في جو بيكتي غرائبي مشاربهم ويتساءلون عن النبأ العظيم!!!

كلهم ذوو اسماء من عالم الخيال و المسرح فما الدنيا الا مسرح كبير. جو اورتون و ماير هولد والفيرا و كونييفيتش كلهم لا يستطيعون الوصول الى اتفاق حول الغرض من الحديقة التي يعاد احياءها و هل يمكن للمرء انقاذ العالم؟

من ثم تأتي نبوءة المؤلف غير المتفائلة على الاطلاق التي ترى انه في حالة الصراع بين المجددين اصحاب المبادئ و بين الباحثين عن الغنم السريع فإن هؤلاء الاخارى هم من سينتصر كما حدث من قبل مرارا و تكرارا بالرغم من كل التحذيرات المتكررة عن اقتراب النهاية.

الاهم اننا في خضم النص الثري متعدد الطبقات الملئ بالتلاعبات اللفظية و الحيل الدرامية والاقتباسات والاحالات سنجد انفسنا في مواجهة السؤال الاكثر اهمية وهو هل حقا تقترب نهاية العالم ام هي مجرد حيلة جديدة لالهاء الناس؟ و حيث الصراع بين هؤلاء المجددين و اولئك المنتفعين يتخذ اشكالا مخفية ومقنعة؟؟؟

ان كوميديا نهاية العالم تتعامل مع المأزق الانساني الحالي بشكل اصيل عميق و تلمح قد لا نصل ابدا الى الاجابة عن تساؤل جو اورتون في مسرحيته غير المكتوبة

" لماذا توضع كل القيم المنكوحة في القصرية؟؟"

كوميديا نهاية العالم

مسرحية لايفالد فليسار

ترجمة د.اسامة القفاش

الشخصيات

جو اورتون 25

الفيرا 48

مايرهولد 55

كونييفيتش 50

(الاسماء تشير لشخصيات ادبية وفنية شهيرة فاورتون هو الكاتب المسرحي جو اورتون و الفيرا تشير للراقصة الدانمركية الفيرا ماديجان راقصة الحبال و مايرهولد هو المخرج المسرحي السوفيتي الالماني فيزيفولد مايرهولد وكونييفيتش هو الموسيقار البوسني اليوغوسلافي كونييفيتش -المترجم)

المكان

ضاحية في اي مكان في العالم

الزمان

اليوم وغدا وبعد غد

اهداء خاص

شكرا للالهام يا جو اورتون..يا بختك ميت منذ عام 1967 ...جتنا نيلة في حظنا الهبل ..

ابفالد فليسار

تعليمات بخصوص الاداء

يجب ان يكون الاداء جادا شديد الجدية و سريع الايقاع لدرجة اللهاث

كوميديا نهاية العالم

الفصل الاول

المشهد الاول

حجرة في خلفيتها الى اليمين باب يؤدي لممر. الى اليسار باب يفتح الى حجرة داخلية. ثمة مرآة ضخمة معلقة على الحائط. أثاث تافه عتيق. تلوح على المكان آثار الزمان والاهمال الشديد.

نسمع من العمق تقريرا أخباريا صادرا من مذياع عتيق يصدر خروشات مع الصوت المعدني للمعلق

" وقع قادة جزيرة توفالو الواقعة بالقرب من نيوزيلندا في المحيط الهادئ اتفاقا مع قيادات نيوزيلندا بقتضاه تتاح الفرصة لسكان مستوطنات توفالو للانتقال الى نيوزيلندا.

و الجدير بالذكر ان جزيرة توفالو التي تعتبر جنة سياحية بشواطئها الرملية الناعمة الممتدة و مياهها اللازوردية التي تبدو كبساط ازرق لامع لاترتفع عن سطح البحر الا بمقدار 5 امتار و المتوقع ان يرتفع مستوى المياه بمقدار 7 امتار قبل نهاية القرن الحالي بسبب الاحتباس الحراري.

ويريد سكان توفالو ان يحموا انفسهم مقدما و هذا في استطاعتهم لان تعداد السكان لا يزيد عن 11الف نسمة. وكلهم من الميسورين نظرا لازدهار السياحة.

لكن ماذا عن سكان فلوريدا ؟ او ماذا عن عشرات الملايين من سكان بنجلادش التي ستغرق في الطوفان؟؟

تزداد الاضاءة مع استطراد التقرير و يدخل جو اورتون من غرفته و يغلق المذياع ويقول

جو : اي هبل .... يعود لغرفته ويغلق الباب بصوت عال

تدخل الفيرا من جهة الممر ويتبعها مايرهولد

الفيرا:مش كبيرة ...لكن مريحة جدا بجد

مايرهولد (بصوت فيه تقييم للمكان): دي كل الشقة؟؟

الفيرا : مش باين عليك معجب؟

مايرهولد: ايه نظام الدور الارضي احب قوي افتح الباب و الاقي نفسي في الجنينة؟

الفيرا: تقدر تعمل كده من اوضتي. بس (ترمقه بنظرة متفحصة).....

مايرهولد: طبعا مش معقول الواحد يحكم من اول نظرة(يفحص جسدها)

كوميديا نهاية العالم

الفيرا: دلوقتي تقدر تبص ع الجنينة من الشباك. (يتجه الى الشباك وينظر ثم يعود)

مايرهولد: الحمام؟

الفيرا: جنب اوضة النوم بتاعتي

مايرهولد: احب ؟آخد دوش مرة في الاسبوع

الفيرا: مرة في الاسبوع؟؟ (باريحية) قول يوماتي لو حبيت

مايرهولد باندهاش: ياه

الفيرا: الباب ما بيقلش بس انا محبش ادخل على حد خصوصا لو كان راجل عريان(تبتسم ابتسامة بلهاء)

مايرهولد: انتي بتستحمي كل يوم؟

الفيرا : اهم حاجة النضافة

مايرهولد: عندك حق

الفيرا: العالم باظ و الناس معندهاش اخلاق خالص. لو حنعمل حاجات وسخة نعملها بنضافة.

مايرهولد: 0مندهشا من كلماتها) انتي دراستك ايه ده لو تسمحي

الفيرا : خدت الابتدائية بتفوق جبت 65%

مايرهولد: عفارم عليك شاطرة جدا..

الفيرا: لا و ايه خد دي آخر سنة خدتها في الاصلاحية

مايرهولد: هه و اتصلحتي؟

الفيرا : اللي انكسر ما يتصلحشي يا باشا

مايرهولد: عندك حق واضح ان الكسر كان كبير قوي....(يتفحصها)

الفيرا : (تغير الموضوع) و انت استاذ... دكتور..؟

مايرهولد: (متجاهلا التساؤل) و الباب ده؟ (مشيرا الى باب غرفة جو اورتون)

الفيرا: ده بيودي على سرداب

مايرهولد: ممكن اشوف

الفيرا : مكنش يتعز ياباشا

582

كوميديا نهاية العالم

مايرهولد: ليه؟

الفيرا: مققولة بالترباس و المفتاح ضايع من زمان بس حاروح ادور عليه حالا.(تخرج. يتجه للنافذة و ينظر للحديقة. يخرج جو اورتون من الغرفة و يمشي على اطراف اصابعه حتى يقف خلف مايرهولد)

اورتون: بخ ...(مايرهولد يستدير مفزوعا و يضع يده اليمنى خلف ظهره و كأنه يستعد لسحب مسدس) انت مين؟

مايرهولد: انا مين ... انت اللي مين (العبارة الاخيرة بجدية شديدة)

اورتون : انا مية في المية النهاردة جو اورتون احيانا بيتهيألي اني هارولد بينتر او صامويل بيكيت.

مايرهولد: موضوع معقد جدا.

اورتون : ابدا خالص مالص.. انا جو اورتون بس احياناباستعبط واعمل نفسي ناس تانية.

مايرهولد: و جيت منك سعادتك؟

اورتون : من الناحية التانية . انت عارف اني مت صغير طبعا .قلت ادي الدنيا فرصة تانية. وانت؟

مايرهولد: انا عايز الاجر اوضة هنا.

اورتون: مش شكل حد يعيش في حتة ايجار و كمان شرك.

مايرهولد: الواحد عياز حتة تلمه

اورتون: مش شايفك مبعتر يعني. شكلك كده انت اللي بتأجر للناس و بالساعة كمان.

(تدخل الفيرا. وتندهش من رؤية اورتون)

الفيرا: ماكنتش عارفة انك هنا.

اورتون: ابليس طردني من جهنم عشان قلت ان الاكل مش مستوي. اتعاقبت اني رجعت الارض يومين.

الفيرا: الاستاذ جو اورتون مستأجر عندي...

جو اورتون منفعلا: لا كله دا كله انا من العيلة وانا ارفض بشدة وادين كل المحاولات المغرضة للتقليل من قيمتي ومكانتي..(يوجه كلامه لمايرهولد) و انت انا ميهمنيش لو كنت امين شرطة حتى او لوا او حتى باشمهندس الحي. انا قاعد هنا و انت حتتفضل من غير مطرود تورينا عرض اكتافك. (يدخل حجرته)

الفيرا: بيخاف قوي من الرجالة اللي بتلبس جزم سودة ملمعة وخصوصا لو كانوا لابسين بنطلونات مكوية

مايرهولد: (مندهشا) ليه؟

كوميديا نهاية العالم

الفيرا: هو متأكد انهم بيخططوا لمؤامرة كبيرة ضد العالم كله

ماير هولد: ممكن جدا... بس فيه ناس تانية عايزة تفسد المؤامرة و بتلبس بنطلونات مكوية من باب التمويه

الفيرا : بجد نفسي اقابل واحد من الناس دول

ماير هولد: والشخص ده عايش في السرداب بتاعك؟؟؟ (متجاهلا تساؤلها)

الفيرا: انت عارف ان الزمن صعب . يعني بالنسبة للسكس الواحد بيمشيها لكن الفلوس صعبة و العيشة مرة

ماير هولد: استاذة ..

الفيرا: الفيرا.

ماير هولد: اسمحيلي اكون صريح معاكي. انتي عايزاني اجر اوضة من غير اي خصوصية و جاري واحد مجنون بيدعي انه كاتب مسرحي انجليزي مات من ييجي خمسين سنة و حضرتك امراة ذات ماضي ..

الفيرا: ممكن بس هو بجد جو اورتون مكنتش مصدقة في الاول بس هو اقنعني .تناسخ ارواح مش مصدق؟

ماير هولد: ولا يهمك (مسقطا الموضوع) الحقيقة انا معجب بالجنينة هنا جدا.

الفيرا: (في دهشة) طبعا قصدك جنينة الجيران؟

ماير هولد: اساسا انتي بيتك منعزل مالوش جيران.(يتجه نحو النافذة و ينظر) جنينة حضرتك و آسف للتعبير هي افضل مثال ع الاهمال شفته في حياتي. اسمحي لي اسألك ده نتيجة تخطيط دقيق مش كده؟؟؟

الفيرا: مقدرش اقول كده بصراحة

ماير هولد: نقدر نقول ان البستنة قصدي الاعتناء بالحدائق مش من هواياتك؟

الفيرا: كان من عيني بس بابص عليها واقول وايه يعني بكرة الدنيا كلها حتبقى كده اقوم اطنش خليها صحرا

ماير هولد: صحرا .. انا عشت في صحرا حقيقية

الفيرا: حقيقي ليه؟

ماير هولد: لما تعيشي في صحرا متفكريش ليه

الفيرا: حر قوي تمنع التفكير من اصله

ماير هولد: في الصحرا تلغى من عليك مهمة التساؤل و البحث عن الاجابة

الفيرا: مهمة صعبة مش كده؟؟

كوميديا نهاية العالم

ماير هولد : ولو فضلتي مدة طويلة كل شيء بيبقى واضح نتماما العالم يتوقف عن التعتيم

الفيرا: باين عليك كنت بتشتغل شغلانة حلوة قوي عشان تفضل مدة طويلة

ماير هولد: قعدت كام سنة كده

الفيرا: يا ربي (تتفحصه بنظرات ذات مغزى) عشان كده اسمريت خالص .. اكيد جسمك كله اسمر

يخرج اورتون راسه من باب الغرفة قائلا: كمان حاجة قميصك وكولونيتك خليهم ينفعوك(يغلق الباب)

الفيرا: معلش لازم تصبر عليه. غلبان عنده فكر ...

ماير هولد: يعني ايه و من ايه؟

الفيرا: يعني عيان متبفهمش عربي يا فندي؟ اصله عاطل و حاسس ان الدنيا ظلمته

ماير هولد: مش حقدر اساعده الحقيقة

الفيرا: ولا يهمك انا باساعده

ماير هولد: انتي باين عليكي متدينة جدا

الفيرا: الشباب محتاجة صديق و صدر حنين تبكي عليه مش كده؟

ماير هولد: ايامنا مكنش في اصدقاء الشباب . كنا ناشفين عن كده

الفيرا: فين ايامكم وشبابكم.. العالم بقى طري(تنظر اليه) مش كده؟؟(يبادلها النظر)

ماير هولد: انتي كمان شايفة كده؟

الفيرا: النسوان حتضطر تلبش بنطلونات

ماير هولد: اتمنى منوصلش لكده

الفيرا: بتحب الستات اللي لابسة جونلات؟

ماير هولد:افضل منتكلمش في الستات (يبعد بناظريه عنها)احسن حاجة في الصحرا انك متسمعيش حس

الفيرا: فعلا حاجة حلوة

ماير هولد: الريح و احيانا نعجة شاردة و يمكن الرعد مرة كل سنة مفيش سوء تفاهم خالص

الفيرا: جميل جدا

ماير هولدك انا كمان بكره اناقش الافكار لو كويسين حيمشوا من غير كلام و لو وحشين مفيش داعي

585

كوميديا نهاية العالم

الفيرا : عندك حق يا ريت جو يسمعك ويتعظ

مايرهولد: ليه؟

الفيرا: كان كتب كلامك في رواياته بقاله فترة بيكتب بكرة المسرح القومي يمثلها

مايرهولد: سؤال ضروري و لو فيها رزالة عندك حد تاني؟

الفيرا: اتنين بس

مايرهولد: فين التاني؟

الفيرا: انت

مايرهولد: قلتي ان الاوضة مريحة (يذهب للنافذة وينظر)

الفيرا: فيها كنبة بتنقلب سرير وممكن اساويها لك الصبح و اعملها لك بالليل

مايرهولد : بجد؟

الفيرا : وانا صغيرة اشتغلت في اوتيل. احب قوي ارتب سراير البهوات يمكن دي اسعد لحظات حياتي

مايرهولد: بس ارجوكي متزعليش الاوضة فوضى

الفيرا: جو بيجيب صحابه هنا بس هو ابن حلال ومش حيضايقك

مايرهولد: ممكن نقفل الباب بالمفتاح

الفيرا: طبعا انا جبت لك المفتاح

مايرهولد: يبقى نقفله افضل

الفيرا: صعب قوي

مايرهولد: ليه؟

الفيرا: جو مش حيقدر يخرج

مايرهولد: مالوش مخرج تاني؟

الفيرا: الشباك بس مفتكرش يرضى. حيبقى عايز سلم و الجيران تقول علينا ايه

مايرهولد: نفيش جيران اصلا

الفيرا: طبعا طبعا بس البوسطجي بيجيب فواتير مبدفعهاش

كوميديا نهاية العالم

ماير هولد: انا اعمل له السلم انا شاطر قوي

الفيرا : بيخاف م العلالي قال ليس كان حيطلع طيار غيرش الموضوع ده منعه

ماير هولد: يتجه مرة اخرى نحو النافذة وينظر للحديقة: عندي جزم و كام بدلة و شنط فيها كتب حططها فين

الفيرا : عندك الدولاب اهه

ماير هولد: جميل بس لازم نكتب عقد نحدد فيه مرات خروج الواد ده من اوضته

الفيرا: فرحة وتحاول اخفاء فرحتها فتفشل: ده جدع قوي حتحبه خالص

ماير هولد: باين عليك مش فاهمة انا قعدت بس عشان الجنينة . ممتازة دايرن مايدور حوالين البيت سور عالي حتى الزرافة متقدرش تبص من فوقه و مهملة تماما حتى الحشيش ميت ..روعة

الفيرا: بصراحة مش قادرة افهم هزار حضرتك

ماير هولد: انا مبهزرش. خلي الناس تهزر انا مبهزرش

الفيرا: تضحك وتخفي فمها بكمها: بس انا بضحك اهه . (تجلس على الصوفا منهارة من الضحك)

ماير هولد قلقا يقترب منها: اقدر اساعدك

الفيرا: انا بضحك بس

ماير هولد: في زمانا ده الضحك عرض لمرض خطير

الفيرا: حتاجر الاوضة

يذهب للنافذة ينظر للحديقة في عشق: الاوضة هي الشوك اللي في ورد الجنينة الجميلة دي... إظلام

المشهد الثاني

بعد مرور شهر تقريبا ...الحجرة منظمة بالنسبة للفترة الماضية. ماير هولد يجلس مرتديا ملابس شتوية و يضع لوحة رسم على حجره ويرسم شيئا ما. نسمع من المذياع تقريرا و تبدأ الظلمة في الانقشاع تدريجيا. عانت اوروبا من اسوء جفاف مرت به على مدار 500 عام وكانت الصين ضحية لاسوء تسونامي سمع به العالم منذ 100 عام او يزيد. و شهدت كنساس اسوء موجة من الاعاصير في التاريخ و غرقت نيويورك واليابان تحت ركام من الثلوج المنهمرة و عاشت كندا صيفا شديد الحرارة لم تشهده من قبل.. بينما احتفلت استراليا بافظع رأس سنة في التاريخ في جو من الحرائق الناجمة عن ارتفاع درجة الحرارة لمعدلات غير مسبوقة. و انتهى اسوء جفاف في تاريخ جنوب افريقيا نهاية مأساوية مع فيضانات مرعبةاودت بحياة الالاف وبالرغم من كل هذا لم يستطع قادة العالم الاتفاق على اجراء موحد لمواجهة الانبعاث الحراري

يخرج اورتون من حجرته: هجايص هجايص هجايص

587

كوميديا نهاية العالم

ماير هولد: انت مش قلقان من المستقبل؟

اورتون: اطلاقا انا عايش في الحاضر (ينظر من النافذة) مش معقول

ماير هولد: منزعجا يقوم: في ايه؟

اورتون: الجنينة محروتة كلها كلها .. زرعت حاجة

ماير هولد: يهدء مش معقول انك ما لاحظتش ده الا دلوقتي كنت فين من زمان

اورتون: في سرير صاحبة البيت وبعدين المطبخ عشان اعوض المنصرم من الطاقة المبذولة و بعدين في اوضتي باشتغل على الرواية اللي حتكسر الدنيا

ماير هولد: هو انت عمرك كا بتخرج؟

اورتون : برة ماعدش يهمني

ماير هولد: ممكن تخرج تدور على شغل مثلا

اورتون: يتفحصه: على فكرة يا فندي انت في بيني وبينك مشكلة كبيرة

ماير هولد: ليه كفانا الشر

اورتون: نص الوقت مش فاهم سعادتك بتقول ايه والنص التاني سعادتك مش فاهم انت بتقول ايه

ماير هولد: انت بتاع مسرح لازم تفهم كل حاجة

اورتون: انا بكتب فارس مسخرة

ماير هولد: مش وقت المسخرة . الدنيا عايزة مأساة جد

اورتون: الدنيا مسرح مسخرة كبير هو انت منين باين عليك مش من هنا ولا من هناك

ماير هولد: و الرواية اللي حتكسر الدنيا دي اسمها ايه

اورتون: عنوان عمل بس.. ايه اللي حصل للقيم الوسخة بتاعتنا

ماير هولد: لو انا منك اخليه حتفضل شغالة سنين

اورتون: اكيد امسك الخشب

ماير هولد: بس ممكن وانت بتستنى الغلطة دي. تشتغل عندي حديك 50 جنيه في الساعة

صمت يعود اورتون لباب غرفتهثم يستدير ويحدق في ماير هولد يهم بالكلام ثم يغير رأيه يدخل ثم يخرج

588

كوميديا نهاية العالم

اورتون: على فكرة هي مبتحبكش بتحبني انا خليك فاهم

مايرهولد: ست عندها ذوق حقول ايه اكتر من كده

اورتون: وهنا مش اوضتك ده ممر فاهم تقدر تطردك والقانون في صفها فاهم

مايرهولد: متشغلش بالك بيا باتصرف

اورتون : و ايه اللي بتعمله ده هنا الواحد يدوب يدتلفت يلاقي الدنيا اتشقلبت

مايرهولد: ده يخليك تتعظ ومتتلفتش

اورتون: انا والفيرا بنحب بعض. الدنيا مش بمبي اليومين دول المسائل مش ماشية بس بنحب بعض فاهم

مايرهولد: مبروك من كل قلبي

اورتون: لو الامور اتغيرت هنا في ناس مش حيعجبها الموضوع انا باحذرك

مايرهولد: اشكرك من كل قلبي تاني

اورتون : معرفش هي قالت لك ايه بس انا جدع لما بكون مرتاح لكن لما بتعكنن بعمل حاجات مش كويسة

مايرهولد: وانا محبكش تتعكنن

اورتون : وخليك فاكر انا بكتب كل اللي بيحصل هنا عشان دي اكبر مسخرة في التاريخ

مايرهولد: عندك حق

اورتون: طظ فيك(يدخل الحجرة يزرع الباب يفتحه يخرج رأسه) ولو اي زرعة من بتوعك دخلت عندي حارفع عليك قضية فاهم (إظلام)د

المشهد الثالث

مايرهولد يشرب الشاي مع الفيرا .الفيرا تجلس على السرير وهو في الكرسي

صوت المذياع يبنعث في الظلام و تبدء الاضاءة في السطوع التدريجي: آخر الاخبار التي وصلتنا تفيد ان الآف من الجبال الجليدية انفصلت من قارة انتاركاتيكا و تتجه نحو نيوزيلندا.و قد صرح المتحدث الرسمي باسم الحكومة الاسترالية في وزارة مراقبة انتاركاتيكا ان كتل الثلج العملاقة قد حددت اماكنها من خلال صور الاقمار الصناعية. هناك تهديد صريح للنقل البحري في هذه المنطقة و قد تم تحذير كل السفن و يبلغ قطر بعض القطع ما يزيد عن عدة مئات من الامتار و الجدير بالذكر ان هذا الحدث يعاكس الفرضية المنتشرة و التي تقول ان ثلوج القطب الشمالي تذوب بسرعة اكبر من ثلوج الانتاركاتيكا

تقوم الفيرا وتغلغ المذياع وتجلس بالقرب من مايرهولد

كوميديا نهاية العالم

الفيرا : هما معندهمش غير الكلام ده هجايص هجايص

مايرهولد: هو الراديو ده مبيستقبلش الا قناة الكوارث المانية؟

الفيرا : كل الاجهزة اتبخرت اورتون باعها عشان مزنوق على طول. كوباية شاي تانية؟

مايرهولد: بتشربي شاي كتير .. عادة سيئة

الفيرا : دي اول كوباية فين ما كنت بشرب عشرة

مايرهولد: من خبرتي ان العادات الشينة بتشد بعض زي القطر كده و آخر المطاف تبقي جنينة حشيش

الفيرا: دي كانت حياتي لحد النهاردة صحرا زيها زي الجنينة قبل ماتيجي تسكن عندي

مايرهولد: يعني

الفيرا : انا مش عارفة حطيت فيها ايه بس الجنينة كأنها حامل

يقوم ويذهب للنافذة ويلقي نظرة و يقول :انا سعيد بالعقد الوضاح اللي بينا

الفيرا: في حاجة لسه ما قلتهالكش . في شبابي اشتغلت موديل

مايرهولد: بجد؟

الفيرا: كنت عايزة اشتغل ممثلة وابقى نجمة بس عكس الستات كلها عرفت بسرعة ان معنديش موهبة

مايرهولد: برافو عليك الاعتراف بالحق فضيلة

الفيرا : الحقيقة اني فهمت بسرعة ان القلع اسهل و اربح م اللبس

مايرهولد: هو مش الموديل بتعرض هدوم جديدة

الفيرا : طبعا وتقلعهم حتة حتة

مايرهولد: انتي كنتي بتاعة ستربتيز؟

الفيرا: لا موديل تصوير . صوري اتنشرت في مجلات سكس كتير. ممكن افرجهم لك لوتحب(صمت) بس الشغلانة دي لحد التلاتين وستوب

مايرهولد: ده حسب القانون؟

الفيرا : آه قانون العرض والطلب. البشرة لازم تكون ناعمة و ملساء و بتلمع زي بشرة العيل الصغير

مايرهولد: منافسة شرسة واضح

590

كوميديا نهاية العالم

الفيرا: سلخانة يا باشا سلخانة و كنت متأخرة م البداية. كان عندي جرح في بطني من الزايدة (بخلاعة) تحب تشوفه على شكل قلب اصل الدكتور كان غاويني

ماير هولد: محبش لا

الفيرا: الدنيا علمتني يا باشا بنظرة تقلب الجدع الطيب لغول

ماير هولد: يقوم ويسعل في عصبية: كل الرجالة غيلان من غير ما يشوفوا الجرح بتاعك

الفيرا: مش عارفة ساعات بحس كده انك زعلان مني

ماير هولد: مبشتكيش

الفيرا: ما هو ده اللي تعبني الرجالة كلهم كان زمانهم قالوا لي زعلانين منك. انت مش عايز تقول

ماير هولد: مش عايز

الفيرا: حياتي اتغيرت من ساعة ما جيت كنت بصرخ كتير في النازل دايما. اهيء اهيء لكن كنت اسمع صوت من جوايا يقولي في حد حييجي ينقذك فارس شهم. كل ما باشوف الجنينة احس ان انت الفارس ده

ماير هولد: اخجلتيني

الفيرا: آسفة جدا

ماير هولد: انا دافع الايج-ار مقدم على فكرة..

الفيرا: متفهمنيش غلط ارجوك

ماير هولد: باين كده

الفيرا: الجنينة بتاعتك لمدة سنة. و ميهمنيش اعرف عملت ايه كان ممكن تقول لي بس مش مهم الجنينة

ماير هولد: مهمة جدا بالنسبة لي

الفيرا: حضرتك حاسس اني بتدخل في حاجات ماليش دعوة بيها

ماير هولد : مش مهم

الفيرا: على وشك البكاء: امالايه المهم انا مش فاهمة حاجة خالص

ماير هولد: الحقيقة انا عايز منك خدمة كبيرة....

الفيرا(كانت تهم بالخروج فتتوقف) مندهشة: بتقول ايه؟

كوميديا نهاية العالم

ماير هولد: بعد اسبوع بالكتير اتنين حاحتاج مساعدة في الجنينة عزيق وري و الذي منه

الفيرا: طيب؟؟

ماير هولد: عايز حد يشتغل عندي

الفيرا: البلد مليانة عاطلين

ماير هولد: وفي واحد عاطل هنا اولى مالغريب

الفيرا: بس جو كاتب كبير

ماير هولد: محدش منعه يكتب روايات ليل نهار بس يشتغل عشان يصرف على روحه ولا انتي ناوية تفضلي تصرفي عليه على طول؟

الفيرا: طبعا لا و حتى لو عايزة منين يا حسرة الحاجة نار و انا خلاص عجزت مش زي الاول

ماير هولد: طبعا انا مستتي شغل جامد والتزام

الفيرا: وانت عايزني احببه في الشغل والالتزام في اسبوع ولا اتنين طب از اي؟

ماير هولد: اشرحي له فوايد انه يشتغل عندي..مش حيضطر يركب مواصلات

الفيرا: مبيخرجش اصلا

ماير هولد: الشغل في الهواء. اليود. الجو الجميل . الخضرة وطبعا الاجر 40جنيه في الساعة ولا في الاحلام

الفيرا: ما تقول له انت

ماير هولد: انتي تعرفيه كويس(ينطق كويس باصرار يعطيها مغزى آخر تفهمه الفيرا)

الفيرا: هو اللي قالك كده بيبالغ طبعا مش قوي يعني از اي حد ممكن يعرف حد كويس يعني؟؟

ماير هولد: اسمعي كل اللي قلتيه ليا عن نفسك اثر فيا جامد

الفيرا: بجد؟

ماير هولد: اتمنى تعرفي اني باكنلك مشاعر عميقة بالرغم من خشونتي الظاهرية

الفيرا: بفرح يدل على انها فهمت : بتقول ايه؟

ماير هولد: المشاعر دي فجاتني طبعا بس المشكلة اني محتاج لوقت

الفيرا: عشان انت ابن اصول مش كده؟

كوميديا نهاية العالم

ماير هولد: عارفة ايه رأيك نبتدي باننا ندلع بعض في الكلام لو معندكيش مانع

الفيرا: ابدا ابدا يا عنيا .. إظلام

المشهد الرابع

الفيرا تجلس على الكرسي و اورتون يتحرك في عصبية وتوتر جيئة وذهابا في الغرفة

اورتون: اديني فرصة افكر

الفيرا: كلنا حنبقى اسرة واحدة سعيدة مترابطة

اورتون: هو مش ابويا

الفيرا: ممكن تلاقي فيه صورة الاب

اورتون: في الاراجوز ده؟

الفيرا: مش حتخسر حاجة لو احترمت نفسك مع راجل محترم و اكيد احسن منك كتير

اورتون: اوعي يكون قصدك هدومه المكوية و جزمه الملمعة

الفيرا: حاجات كتير

اورتون: متقوليش انه وراكي ساعته اللي بتنور في الضلمة؟

الفيرا: حعمل نفسي مشمعتش الهبل ده

اورتون: طبعا ايده تحت الجونلة وايدك في جيبه . انتي الكسبانة اكيد

الفيرا: تتجاهل كلماته: لاخر مرة حتقبل عرضه السخي و تشتغل عنده؟

اورتون: اديني شهر افكر

الفيرا: طيب لحد ما تقبل مش حطبخ لك يا ريت تبقى تقولي رأيك في اكل المطعم اللي جنبنا

اورتون: مش ممكن تعملي معايا كده؟

الفيرا : لا ممكن وده الحل الوحيد في ايدي

اورتون: طب عجبه طبخك و الذي منه؟

الفيرا: ايوه ولا لأ خلص؟

اورتون: انتي عارفة كويس قوي اني عندي مشاغل اهم بكتير م الفلوس

كوميديا نهاية العالم

الفيرا: جيب لك قميص جديد عشان مش حاغسلك و ارفيلك القديم

اورتون: انا مش ضد اشتغل معاه بارت تايم اساعده خدمة يعني لكن شغل و التزام و كلام فارغ من ده

الفيرا: انا عارفة ان البلد دي ماشية كده بس الجدع ده سافر برة و بيفكر بطريقة تانية زي بتوع برة شغل

اورتون: ده راجل خطير بيجيب حاجات ميعلم بيها الا ربنا وشغال مؤامرات و تخطيط ضد البلد

الفيرا: راجل جد و شغال و حيغير حياتنا

اورتون: حيغيرها سواء قبلنا او رفضنا؟؟

الفيرا: الحمد لله لسه في ناس عارفة يعني ايه شغل و عارفة هي عايزة ايه

اورتون: عايز يزرع خس وفجل و جرجير

الفيرا: الجنينة بتاعته اجرها مش شغلي يعمل فيها ايه

اورتون: بس السرير بتاعك شغلي انا واضح ان الفاشي ده احتل السرير

الفيرا: في خيبة امل: ما عملش حاجة و متهيألي مش عايز يعمل حاجة

اورتون: متعود على النسوان اللي دماغها حلوة مش جسمها

الفيرا: انا عارفة ان في ستات كده و اني مش منهم بس ده مخلاش سعادتك تهرب من سريري لابد ان العقل مش موجود عندك انت كمان

صمت ثم فجأة يحتضنها و يحاول تقبيلها

اورتون : عايزاني امضي فين هنا. يضع يده على صدرها

الفيرا وهي تقبله: عيبي الكبير الكرم وطيبة القلب .. إظلام

المشهد الخامس

مايرهولد يفتح النافذة و يتكلم : سقيت المربع البراني ؟

صوت اورتون من تحت النافذة: مش فاكر

مايرهولد:ما تهز طولك وتشتغل

اورتون : انا في الراحة و مقدرش اهز طولي عشان طولي يشتكيني في القسم

كوميديا نهاية العالم

ماير هولد: قوم اشتغل ولا حاخصم من يوميتك

اورتون: مبشتغلش عشان الفلوسانا باعمل ده عشان الفيرا

ماير هولد: حاقولها تبطل تطبخ لك

اورتون: اعلى ما في خيلك اركبه واحمض ما في شربك اشربه

تدخل الفيرا حاملة صينية عليها كوبين من الشاي

ماير هولد: مش راضي يشتغل

الفيرا: و انا اعمل ايه

ماير هولد: انتي اللي تقدري تأثري عليه

الفيرا: لو تعرف الثمن اللي بادفعه عشان يسمع الكلام مش حتطلب مني كده ابدا

ماير هولد: خليني اشرح لك (يجبر نفسه على الابتسام ويمسك بيدها في قرف ظاهر ويقودها الى الكنبة.) طبعا انتي فاهمة الدنيا اللي احنا مضطرين نعيش فيها؟

الفيرا: الحقيقة مش قوي مدام الواحد مضطر مبيقدرش يفهم كويس

ماير هولد: عايز اقول ان احنا كلنا تروس في آلة ضخمة الترس الكبير بيحرك تروس صغيرة والتروس الصغيرة بتشغل الترس الكبير وهكذا دواليك

الفيرا: لا يبدو انها قد فهمت تقدم له الشاي: اشرب شاي .. اخضر صحي قوي

ماير هولد يأخذ رشفة و يضع الكوب: قول لي بصراحة انتي اجبرتي الصايع ده ليه انه يشتغل معايا؟

الفيرا : مش صايع ده كاتب كبير بس اتلطم يا حبة عيني وهو صغير

ماير هولد: ليه يا الفيرا ليه؟

الفيرا: كان محتاج الفلوس

ماير هولد: لا يا شيخة عيني في عينك

الفيرا: تتصنع انها اهينت و تحاول ان تبدو مطعونة حزينة: انت بتعمل معايا كده ليه؟ انا طول عمري بختي منيل في الرجالة وانا اللي قلت انك غيرهم

ماير هولد يقف و : الفيرا قول لي للعيل ده يروي الزرع

الفيرا: طب حتحبني و تحترمني ولو شوية صغننين

كوميديا نهاية العالم

مايرهولد: مش فاهم انتي عايزة ايه بالظبط عايزة عشرة في المية زيادة في الايجار مثلا؟

الفيرا: مش كفاية عشرة في المية احترام.. إظلام

المشهد السادس

نستمع لتقرير اخباري في الظلام الذي ينقشع تدريجيا: وفقا لاحدث التقارير يبدو ان البترول سينفد باسرع من توقعات خبراء هيئة الطاقة الدولية ووفقا لاحدث التقارير سيصل العالم الى اقصى معدل انتاج وهو حوالي 120مليون برميل يوميا بحلول عام 2030 ثم يقل الانتاج بشكل سريع ولان الهيئة خشيت من اثارة الرعب في العالم فقد ابقى الخبراء هذه المعلومات لانفسهم. الاخطر هو ان نقصا حاسما في الموارد المائية ينتظر العالم في المستقبل القريب و سرعان ما سيعاني اكثر من 3بليون نسمة من البشر من العطش..يدخل اورتون و يغلق المذياع و يتجه لغرفته ثم يتوقف و ينظر لمايرهولد

مايرهولد لا يحس به ويتكلم كأنه يوجه الحديث لنفسه: هجص هجص هجص

اورتون: احب اقترح اقتراح

مايرهولد: باعتبارك جاري يعني؟

اورتون: لا باعتباري رجل اعمال

مايرهولد: لا انا و لاانت لينا في الاعمال و لا حتى الجن

اورتون:اراهن انك بتزرع حاجات ممنوعة و شغال في الازرق .امال بتدفع كل اللي بتدفعه ده ليه

مايرهولد: بجد لا يا شيخ؟

اورتون: امال بتعمل ايه يعني؟ عارف انا المفروض ابلغ عنك لو عندي دم

مايرهولد: ده لو حصل يبقى غلطة كبيرة

اورتون: الغلط انك متقبلش العرض بتاعي

مايرهولد: وهو ايه العرض بتاعك؟

اورتون: انا ملاحظ انك سايب مسافة بين الفجل والكرنب والكرنبيط

مايرهولد مقاطعا : ده عشان النبات يكبر براحته

اورتون: حيكبر براحته حتى لو زرعنا بانجو في المسافة دي

كوميديا نهاية العالم

ماير هولد: مندهشا: بانجو

اورتون: نقسم المكسب النص بالنص وده عرض سخي و كمان حاشتغل ببلاش

ماير هولد: ده عرضك؟

اورتون: تقدر تقول هديتي

ماير هولد: الناس اللي في سنك بيلفوا العالم ونفسهم يكتبوا اسمهم في موسوعة جينيس

اورتون: و الناس اللي في سنك بيلعبوا في البورصة و بيعملوا ملايين و بيدعواانهم ميدخلوش السجن

ماير هولد: انت عايز تقول ايه؟

اورتون: انت عايز تقول ايه

ماير هولد: انا عارف انك بتحشش و بتبيع بودرة و بتخبي بضاعتك تحت السرير (اورتون يمسك بياقته فيضربه بركبته في بطنه فينحني متألما ويقول) اورتون: ازاي تفتش في حاجتي

ماير هولد: ده من حقي عشان احمي مشروعي انت اللي ازاي تفتش في حاجتي

اورتون مرتعبا: مش انا والله دي الفيرا . لا مش هي بالظبط هي قالت لي وانا دورت من حقها من حقنا نحمي نفسنا زيك بالظبط مش غلطتي ان العالم بقى مزبلة

ماير هولد: العالم بقى مزبلة بسبب امثالك

اورتون : وامثالك اللي حينضفوه

ماير هولد: بالظبط كده

اورتون: يا محاسن الصدف مين كان يصدق ان بيت قديم في حتة ما يعلم بيها الا ربنا صاحبته مرة هايجة و عايش فيه صايع ساقط توجيهية بياع مخدرات حيجيه المخلص عشان ينقذه.. يا صلاة النبي دانيال(يصفعه ماير هولد) يكمل: خلاص مش حتكلم عن الجنينة و انت متجيبش سيرة عن البانجو

ماير هولد: انا عمري مكنت مرشد

اورتون: ايه ده هو الواحد ممكن يعيش من غير ما يشتغل مرشد؟ حاجة جميلة قوي

ماير هولد: الاستظراف ده هو اللي جايبك ورا ده علامة على الكسل العقلي

اورتون: مفيش شك

ماير هولد: مش ذنبي ان العالم قرب يخلص. خللي اللي وصلوه للحالة دي ينقذوه لو قدروا انا ماليش دعوة

كوميديا نهاية العالم

اورتون: قصدك اني انا اللي ليا؟ يا عم انت شا لله تخرب خالص ياريتني اول واحد يخلص

مايرهولد: جميل جدا و لحد ده ما يحصل تسقي الجنينة

اورتون: حالا (يخرج يمسك مايرهولد كتابا ويجلس تدخل الفيرا فينظر اليها)

الفيرا: عايز اقدم شكوى

مايرهولد: انتي روخرة؟

الفيرا: بقالك شهرين هنا عمرك ما سألتني حاسة بايه؟

مايرهولد: خطر قوي ان الواحد يسأل عن احساس التانيين

الفيرا: ما كنتش فاكرة ان انا م التانيين(تجلس بجانبه فيقف مبتعدا)

مايرهولد: يمكن انا بعيد شوية بس ده مرتبط بمشروعي العظيم

الفيرا: زراعة الخيار و الكرنب؟

مايرهولد: متنسيش البروكولي والكوسة و الفجل و الجرجير و الطماطم و البسلة

تذهب للنافذة وتنظر : عملت حوالين البيت 10 اسوار م الخضار سجنتنا فيهم و شغلتنا عندك. اجبرتنا نبقى جزء من المشروع واحنا منعرفش عنه حاجة ومالناش حق نسأل حتى لا زم نبقى بعيد و خصوصا انا

مايرهولد: انتي عايزة مني ايه بالظبط؟

الفيرا: شوية حنية

مايرهولد: الستات عندها قدرة عجيبة عشان تحول كل حاجة لل..(يتوقف)

الفيرا: للايه؟

مايرهولد: للسكس

الفيرا: متقوليش انك بنت بنوت

مايرهولد: شوفي معنديش مانع نحط بند في العقد بخصوص الموضوع ده كل حاجة لازم تكون بالمنطق والعلم

الفيرا: حاعمل شوربة فراخ ع العشا اناعرافة انك مبتحبهاش بس عندي فرخة لازم تخلص

مايرهولد: اي حاجة اي حاجة

كوميديا نهاية العالم

الفيرا على وشك الخروج: ممكن اعمل لك شوربة خضار اخد شوية كوسة و كرنب وبروكولي انا اشطر واحدة تعمل شوربة خضار

ماير هولد مرتعبا: بتقولي ايه؟

الفيرا: اعمل لك شوربة خضار

ماير هولد: خضار من الجنينة؟

الفيرا: امال من عند امي ؟

ماير هولد: انا امنعك وبالقوة كمان

الفيرا: خلاص مادام عايز تبيعهم اشتري.

ماير هولد: مين قال اني عايز ابيع حاجة

الفيرا: ماهو يا تبيعه يا تسيبه يعفن ياتاكله

ماير هولد: هو لازم تحطي كل حاجة في بقك

الفيرا: بنظرة ذات مغزى: لا مبحبش احط كل حاجة فبقي لكن لو ضروري حعمل ايه حكم القوي

ماير هولد: انتي مش شايفة ايه اللي احنا فيه

الفيرا: تنظر للمرأة: حنكون في ايه يا حسرة عجز و شعر ابيض ندم ع الفرص الضايعة (يتبادلان النظر)

جرس الباب ثم يدخل كونييفيتش: آسف جدا لقيت الباب مفتوح

الفيرا: انت مين اصلا؟

كونييفيتش: كونييفيتش. كوبانية المية ممكن اشوف العداد(الفيرا تتبادل النظر مع ماير هولد)

الفيرا: والكوبانية توك ما افتكرت العداد بتاعي ده بقاله بيجي عشرميت سنة

كونييفيتش: الدنيا اتغيرت يا حاجة ايام الفوضى خلاص. كان ممكن تغرقي الدنيا وتسيبي الحنفية تسح خلاص كل ده انتهى في نظام في قانون في انضباط . انتي مبقريش جرايد ولا ايه؟

الفيرا: مش كان لازم تدونا اخبارية ولا ايه؟

كونييفيتش: جرا ايه يا حاجة من امتى الكوبانية بتدي اخبارية احنا حكومة يا حاجة فاهمة ناقص تقولي للمرور حط اخبارية عن الردار اللي كل الناس عارفة مكانه

الفيرا: مبركبش عربيات من اصله يا باشا

599

كوميديا نهاية العالم

كونييفيتش: الحكومة متتسألش الحكومة هي اللي تسأل. الحكومة اهلك و اهلي وزمالك كمان

الفيرا: بالحق يا باشا معنديش عداد. مفتكرش شفت عداد يا باشا

كونييفيتش: بصي يا حاجة انا مش جاي اكشف عليك انا جاي اكشف ع العداد يالا فين العداد بلاش غلبة0 حاسس كده انه ورا الباب ده "يشير الى غرفة اورتون"

الفيرا: بس دي اوضة الكرار بتهزر سعادتك ياباشا

كونييفيتش: يا حاجة انا حكومة الحكومة مبتهزرش و الحتت اللي الناس بتخبي فيها عداداتها متعقلش

الفيرا: ربنا يخللي الحكومة يا باشا ويعمر بيتها

كونييفيتش : هي حتفضل متقلقيش افتحي الباب

الفيرا: المفتاح مش معايا

كونييفيتش: طب قافلة الكرار بالمفتاح ليه؟

الفيرا: في مستأجرين و ولاد الحرام مخلوش لولاد الحلال حاجة يا باشا ما انت حكومة وعارف كل حاجة

كونييفيتش: كلام سليم زي العجوة فين المفتاح لو سمحتي

الفيرا: في البيت يا باشا بس دماغي مش فاكرة خفيته في انهي داهية يقطعني

كونييفيتش: مش عارفة فين العداد ومش فاكرة فين المفتاح لو انا شكاك حقول انك عايزة تمنعي الحكومة من اداء وظيفتها

الفيرا: ابدا ياباشا ينشل دراعي يتصني ترومايْ انا شريفة بتاعة الحكومةحتى الباشا مايرهولد يشهد لي

كونييفيتش(ينظر لمايرهولد وكأنه يراه لاول مرة): مايرهولد؟

مايرهولد: ليه متدورش عالعداد في مكانه الطبيعي في الارضي جنب الباب؟

كونييفيتش:هو مششغلك بس حقولك لازم افتش الكرار ومش عايز افضل طالع نازل عشان عندي القلب

مايرهولد: اؤكد لك ان العداد مش في الكرار

كونييفيتش: يتجاهل كلام مايرهولد: المفتاح يا حاجة خلينا نشوف اشغالنا تتحرك في اتجاه الباب ثم تسأل: وحتعمل ايه لما تلاقي العداد؟

كونييفيتش: لومكانش حد لعب فيه حاكتب القراية واديك فاتورة لو بقى لقيت حد لعب فيه نبدأ نتكلم يعني

600

كوميديا نهاية العالم

الفيرا: طب مانتكلم من دلوقتي وتقول طلباتك

كونييفيتش: الكلام ده ممكن يتفهم انه رشوة يا حاجة

الفيرا: لا سمح الله انا قصدي تشرب ايه يعني طلباتك في المشاريب لحد ما اروح اجيب المفتاح

كونييفيتش: مفيش داعي حستناكي هنا و ادردش مع الباشا في احوال الدنيا

الفيرا: احسن حاجة تعملوها (تخرج)

مشهد 7

كونييفيتش يتحرك جيئة وذهابا و يلقي نظرة على الحديقة ثم وهو ينظر من النافذة: خيار هايل يفتح النفس

ماير هولد: حضرتك نباتي؟

كونييفيتش: لا يا باباشا انا موظف حكومة ملتزم مش ممكن اعمل حاجة تغضب ربنا الكباب طبقي المفضل

ماير هولد: مش صحي ابدا بس الحكومة معظم عاداتها مش صحية ابدا

كونييفيتش: عارف ياباشا حتى موظف الحكومة بشر و احيانا بيتصرف كده بس خللي الكلام ده بيني و بينك

ماير هولد: بخصوص عداد المية و استهلاك المية

كونييفيتش: متشغلش بالك يا استاذ ابنشبانجر كل الناس حتتبسط مفيش حد حيزعل خالص الحكومة كده

ماير هولد: اسمي ماير هولد مش ابنشبانجر

كونييفيتش: انت متأكد؟

ماير هولد: انت قولتلي ابنشبانجر ليه؟

كونييفيتش: اكيد شكلك ابنشبانجر جدا شبه واحد صاحبي عمري ما شفته اسمه ابنشبانجر على فكرة اسمه الحقيقي روبنيك و قبل فترة كان كونييفيتش

ماير هولد : انت قلت اسمك كونييفيتش؟

كونييفيتش: انا قلت كده؟ لا ياباشا متاخدش في بالك الحقيقة اسمي نوفاك الله يقطع الميري بيتوه الدماغ

ماير هولد: طب يا استاذ نوفاك انت بجد من كوبانية المية؟

كونييفيتش: الا دي يا باشا كده يبقى انتحال صفة موظف رسمي الا دي. تقدر تقول لي يا كونييفيتش برضه

ماير هولد: طب مين ابنشبانجر ده؟

601

كوميديا نهاية العالم

كونييفيتش: ده شخصية مهمة جدا جدا ابتكر نظرية حوالين دوران النقود على المستوى العالمي بحيب س العملات تبقى صعبة وكل الدول تحقق نمو اقتصادي مهول و نقضي ع الفقر. آلة النقد دائمة الحركة

ماير هولد: فكرة كويسة بس الآلة الدائمة الحركة مستحيلة زي ما انت عارف

كونييفيتش: الا في موضوع الفلوس يا باشا لكن للاسف متحققتش. السياسة يا باشا انت سيد العارفين . (يلقي نظرة ع الحديقة) ماشاء الله ايه الخضار الجميل ده كرنب و بروكولي . عضوي ولا معالج وراثيا. العلم علم يا باشا علم

ماير هولد: وعمل ايه تاني الاخ ابنشبانجر بتاعك ده

كونييفيتش: ايه مش معقول متعرفش

ماير هولد: وحعرف ازاي؟

كونييفيتش: كان مشهور قوي في فترة كده الناس كلها بتتكلم عنه وتهرج عليه. عندي جرايد كتير عنه

ماير هولد: انت بتجمع قصاصات جرايد؟

كونييفيتش: كنت شاب ثوري عارف حكم السن فكرة جديدة مبتكرة وكده لما بنكبر بنبقى بارانويا فكل امالنا تبقى ان احنا ناكل كيلو كباب كل حين و مين

ماير هولد: ونشتغل في كوبانية المية

كونييفيتش: اي حتة في الحكومة يا باشا ان فاتك الميري اتمرغ في ترابه

ماير هولد: انت لو بجد موظف حكومة فانت مثقف جدا بالنسبة للعادي

كونييفيتش: انا باحب القراية قوي. و باجمع المعلومات عن الحاجة اللي بتهمني زي ابنشبانجرده.

ماير هولد: واشمعنى هو؟

كونييفيتش عشان اكون مستعد لمات يظهر من جديد باسم جديد

ماير هولد مستعد لايه؟

كونييفيتش: مستعد انضم له

ماير هولد: ليه؟

كونييفيتش بصوت خفيض وكأنه يقول سرا خطيرا: بيني وبينك الوظيفة الحكومية بتمنع الواحد من حاجات كتير الواحد محروم م المغامرة و الثورة و خدمة العالم وانقاذ البشرية

كوميديا نهاية العالم

ماير هولد: مش انقاذ الوطن

كونييفيتش: ايه يا جميل كنت فين في العشر سنين اللي فاتت؟ الموضة دي بطلت الوقتي الموضة انقاذ البشرية

ماير هولد: وده من ايه؟

كونييفيتش: ما هو عشان كده عايز اقابل الاستاذ ابنشبانجر او روبنيك انا وراه بقالي سنين عشان ننقذ العالم

ماير هولد: هو هربان من حكم الله لاسمح الله؟

كونييفيتش: لا هربان م الناس اللي مشاقدرة ومش عايزة تفهمه

ماير هولد: هو لسه مكمل في مشاريعه دي؟

كونييفيتش: مش بس مكمل لا ده كتير حاسين انه وصل لطرق لمعالجة الاحتباس الحراري . طريقة عبقرية نزرع خضرة كتير النبات يطلع يعمل انتحاء ضوئي و ياخد ناني اكسيد الكربون ويطلع اكسيجين

ماير هولد: انا عارف

كونييفيتش: مش بس كده البلانكتون في المحيط نكتر منه فيعمل نفس العملية المشكلة هنا ان البلانكتون ممكن يقضي ع السمك

ماير هولد: قضا اخف من قضا

كونييفيتش: سعيد بتفكر زيه ده اخترع كمان كفر بلاستك للجبال الجليدية يمنع دوبانها يا سيد ابنشبانجر

ماير هولد: ماير هولد.. اسمي ماير هولد

كونييفيتش: آه آسف جدا بس حضرتك شبهه تقولش توم . متأكد مالكش اخ توأم؟

ماير هولد: هو بيغير اسمه ليه؟

كونييفيتش: بيهرب م الديانة كتير دفعوا له و بعدين لما المشروع وقع طلبوا فلوسهم عمل ايه هرب للصحرا

ماير هولد: بجد؟

كونييفيتش: لقيت ده في جورنال فضايح. باحب انا الجرايد دي مش لحاجة متفهمنيش غلط فقررت الاقيه

ماير هولد: ولقيته؟

كونييفيتش: بدون مشاكل للاسف مرضيوش يخلوني اكلمه

ماير هولد: مين دول اللي مارضيوش

603

كوميديا نهاية العالم

كونييفيتش : الدكاترة كان في نستشفى الامراض العقلية مش الصحرا لامؤاخذة

مايرهولد: ليه عنده ايه؟

كونييفيتش: بارانويا بيئية. تصدق ؟بيقولوا مرض جديد بس الغريب ان قناة ديسكفري عرضت كل اختراعاته من وقت قريب

مايرهولد: عالم مجنون

كونييفيتش: عندك حق

مايرهولد: العاقل اللي يفرح لانه حينتهي بسرعة

كونييفيتش: بالظبط. بس..

مايرهولد: هو في بس

كونييفيتش: المريض العقلي بتاعنا هرب وييبدو ان عنده مشروع جديد وربنا العالم فين و لا ايه؟

مايرهولد: هرب ازاي؟

كونييفيتش: لبس بالطو وخد عربية وسلم ع الحراس فردوا السلام. مش عارف مين عاقل ومين ترالالي

مايرهولد: هوخطر؟

كونييفيتش: لحد دلوقتي معملش اي مشاكل بس مين عارف

مايرهولد: البوليس اكيد بيدور عليه؟

كونييفيتش: البوليس مشغول بالرادار والمتاجرون باقوات الشعب يبيعون الجرجير باغلى م التسعيرة

مايرهولد: نفهم من كده ان انت الوحيد اللي بتدور عليه دلوقتي؟

كونييفيتش: بدور على مين؟ و عشان ايه؟

مايرهولد: على الجدع ده المجنون عشان تنضم له

كونييفيتش: يا ربي حيعمل ايه العبقري ده براجل غلبان شغال في كوبانية المية .. طبعا انا بحلم اني اقابله عارف انا متأكد من كده

مايرهولد: ولما تقابله..(تدخل الفيرا)

الفيرا : مش لاقية المفتاح يا باشا الظاهر لازم تكسر الباب بس لازم تجيب إذن م النيابة انا عارفة القانون

كوميديا نهاية العالم

كونييفيتش: مفيش داعي (ينظر للساعة)الوردية بتاعتي خلصت و انا دلوقتي مواطن عادي مش مفتش مية (ينحني) بعد إذن حضراتكم.. (ينحني مرة اخرى) استاذ ابنشبانجر.. (ينحني مرة ثالثة) يا حاجة (يخرج)

الفيرا: راجل ذوق عارف الاصول

مايرهولد: راجل مجنون خالص

الفيرا : طبعا امال بيقولك ابنشبانجر ليه؟

إظلام

كوميديا نهاية العالم

الفصل الثاني

المشهد الثامن

الفيرا تقوم بتخليل خضروات متنوعة وماير هولد يجلس على الفوتاي يقرأ و على الطاولة جرائد قديمة و المذياع يذيع تقريرا: من الواضح ان هناك مهنا عديدة على وشك الانقراض وستختفي كما اختفى نظام القنانة في العصور الوسطى. وفي القريب العاجل ستقوم الآلات الذكية بكل الاعمال و سيعتمد عليها بنو البشر مثلما اعتمد اسلافهم على الحيوانات المتوحشة التي دجنوها. وفي الواقع فمعظم القوى العاملة في العالم الآن هي من قبيل التزيد ولا حاجة حقيقية لوجودها. العالم الآن يعج بصناعة رائجة نستطيع ان ندعوها صناعة المتعة فثمة مهن كل غرضها امتاع الآخرين : مصممو الازياء و الديكور و غيرهم من المصممين و المعالجون النفسيون و اخصائيو التنمية البشرية و في الظل سنجد صناعة المخدرات الرائجة ومعها صناعة الجنس بمختلف اشكالها ومسمياتها.. ويبدو ان نصف العالم الآن لا يعمل و النصف الآخر يخدمه و يحاول ان يمتعه ويسري عنه.. اضاءة خافتة مع التقرير تتجه الفيرا نحو المذياع وتغلقه

الفيرا: الحمد لله ان الواحد لسه بصحته و بيشتغل بجد . (بصوت عال) تعالى يا جو خد البرطمانات للكرار

اورتون وهو خارج من حجرته: فين الحشيش بتاعي؟

الفيرا بنظرة موحية: تحت في الجنينة كانت مليانة حشيش بس خلاص خلص تقريبا (تنظر لماير هولد في قلق) اوعى تكون بتاخد حشيش تحطه في اوضتك؟ الباشا يقول عليك حمار ولا معزة؟

اورتون: مستهبلبيش يا ولية حيقول ايه الباشا لو خدت برطمان مخلل وكسرته على دماغه. (يحمل برطمان)

الفيرا: خلاص وقتك خلص يا جو اورتون و اي وقت اضافي حنلغيه

اورتون وهو يضع البرطمان مكانه ويبتعد عن ماير هولد: الجدع بتاع الكوبانية خده مش كده؟

الفيرا: ده م الرواية اللي بتكتبها

اورتون: طبعا دخل وفتش كل حاجة قال ايه بيدور ع العداد عداد ايه يا أبو عداد اقطع دراعي ده مخبر

الفيرا: الباشا مدخلش اوضتك بس هو قال انه راجع

اورتون موجها كلامه لماير هولد: وطبعا الباشا بلغ عني لانه مواطن صالح وشريف مش كده؟

كوميديا نهاية العالم

الفيرا: احترم نفسك ومتنساش انك بتكلم ولي نعمتك

اورتون: السابق انا استقلت دلوقتي حالا(ماير هولد يقف و يخرج من تحت الصوفا صندوقا مترباً و يعطيه لاورتون الذي يتناوله بلهفة ويفتحه و يغلقه بسرعة)الصندوق ده راح تحت الكنبة ازاي؟

ماير هولد: انا اللي حطيته

اورتون: ليه؟

ماير هولد: عشان انا متأكد ان حد حييجي يدعبس في البيت و مش عايز حد يلاقي الصندوق ده في اوضتك

الفيرا: اشكر الباشا انه بيحميك

اورتون : مش عارف اقول ايه؟

الفيرا: ايه رأيك تقول الف شكر يا باشا ربنا يحميك ويخليك ولا خلاص على رجلك النقش؟

اورتون: و انت عملت كده ليه؟

ماير هولد: لاسباب شخصية بحتة مكنتش عايز اخسر المساعد بتاعي

اورتون: خلاص مفيش داعي للشكر

الفيرا: لا حتشكره وإلا انت عايز اجازة على حساب الحكومة حتقول شكرا ياباشا لانك حمتني م السجن

اورتون : مش حقول

الفيرا: يبقى تقول باي باي يا الفيرا كنتي طيبة معايا ولو اني مستحقش طيبة قلبك دي

اورتون: حرجع الصندوق تحت الكنبة امن مكان

الفيرا: اورتون

يقف اورتون: شكرا يا باشا عشان خبيت الحشيش والبانجو اللي ببيعه عشان ادفع الايجار للمرة دي

الفيرا: النوم والاكل مش ببلاش في البيت ده. في حاجات تانية مجانا بس لو مشعجبك اتفضل

ماير هولد: اديني الصندوق احطه تحت الكنبة

اورتون: مش محتاج لمساعدتك(ينحني ويمد يده تصطدم بشيء ما يخرجه ..بندقية!!)

الفيرا: يا ربي إزاي تجيب الحاجات دي البيت اكيد الباشا مش مسؤول عن الحاجة دي؟

ماير هولد: هات البندقية يا جو

607

كوميديا نهاية العالم

اورتون: لعبة تحفة اكيد صاحبها معندوش ترخيص تبقى بتاعة اللي يلاقيها

الفيرا: ادي البندقية يا جو للباشا

اورتون لالفيرا: افتحي الشباك (تنظر لماير هولد فيهز رأسه موافقا يتجه اورتون للنافذة و ينظر)

الفيرا: الدنيا مش ناقصة يا جو وانا جنتي مش خالصة

اورتون: انشن على ايه؟ كرنبة ولا كرنبيطة ولا طماطماية تنفجر وتطلع دم هههه(يضرب صوت فشنك. يكرر بلا جدوى. يخرج ماير هولد مسدسا صغيرا من جيبه ويوجهه لجو) ماير هولد: اديني البندقية

(اورتون يناوله البندقية في صمت فيضعها تحت الكنبة بدون ان يغير اتجاه المسدس المصوب نحو اورتون)

الفيرا: كنت عارفة ان في مصيبة حتحصل: عيني بترف من اول النهار

ماير هولد: اوعدني متلمسش البندقية تاني.

اورتون: مأجرة الاوضة لعصبجي

الفيرا : الباشا راجل نيته سليمة ومؤدب . عايز يأمن مستقبلنا

ماير هولد: ارفع ايدك كأنك في محكمة واحلف انك متلمسش البندقية تاني

الفيرا: افهم يا جو الباشا هو اللي حماك م السجن

اورتون : هو اللي حيخش السجن قريب لو مش حييطل يهددني .... إظلام

المشهد التاسع

اضاءة سريعة ونسمع صوت كونييفيتش قادما من الخارج: صباح الفل انتوا فين (يدخل بعد ان يعيد ماير هولد المسدس لجيبه) انا قلت حالاقيكم في الجنينة بتسقوا الزرع الجميل ده

الفيرا: الكرار مفتوح اتفضل شوف

كونييفيتش: الف شكر يا حاجة شفت وشفت برطمانات المخلل الجميلة وكل الخزين اللي ينفع لليوم الاسود

الفيرا: هو الحكومة حرجت نخزن الاكل يا باشا؟

كونييفيتش: ابدا ابدا بس مين عارف يمكن بكرة الدنيا يتشقلب حالها و منلاقيش حاجة في السوبر ماركت و انتم هنا قاعدين تاكلوا المخلل اللذيذ و تشربوا شوربة خضار تدفي صدركم ع المسا

الفيرا: وهو ده ممنوع يا باشا؟

كونييفيتش: لا لا يا حاجة خالص. بس انتم عملتوا سور 3 متر حوالين الجنينة ليه؟ نطيت عشان ادخل

608

كوميديا نهاية العالم

الفيرا: و ليه كده كوبانية المية بتدفع لك كام

كونييفيتش: معدتش شغال معاهم حاليا شغال في البوليس المهم تكون في الحكومة عشان تخدم الشعب

الفيرا: يعني سعادتك امين شرطة؟

كونييفيتش: مخبر سري في امن الدولة

الفيرا: مش فاهمة يا باشا طب سعادتك جاي لنا ليه احنا طول عمرنا مواطنين شرفاء

كونييفيتش: انا جاي عشان اسباب شخصية في حاجة مش مريحاني (ينظر لمايرهولد)

اورتون: وايه بقه الامر الشخصي

كونييفيتش: احب اعرف الريح رايحة فين عاشن امشي معاها المصلحة هي قيمة وقتنا الاساسية

اورتون: ومش طول عمرها كانت كده؟

كونييفيتش: حضرتك شاب و بكرة تعرف اكتر . احنا عايشين في قيم مختلفة..مش كده يا كونييفيتش بيه

الفيرا: حضرته مايرهولد باشا و انت يا باشا كونييفيتش

كونييفيتش: اسمي نوفاك يا حاجة عمري ما قلت اسمي كونييفيتش و يمكن حصل. كل شيء جايز لكن الشرطة شغلتني باسم نوفاك تقدري تكلمي الامن وتسألي و طبعا حضرته ابنشبانجرباشا مش كده؟

الفيرا: اسمه مايرهولد

كونييفيتش: طبعا طبعا حضرتك مراته اكيد تعرفي اسمه احسن من اي حد تاني

الفيرا: هو مستأجر عندي

كونييفيتش: ومين صاحب الجنينة؟

الفيرا: انا بس الباشا مأجرها مني وكل حاجة مزروعة بتاعته

كونييفيتش: حتى الطماطم اللي في البرطمانات دي؟

الفيرا: حتى البرطمانات بتاعته. هو اللي اشتراها

كونييفيتش: لازم الباشا مقتدر قوي. كمان افكاره مبهرة ده انتم محظوظين انه خدكم تحت باطه مش حتجوعوا . المهم انتوا استغنيتوا بدري ولا وخري

الفيرا: مش فاهمة حاجة

كوميديا نهاية العالم

كونييفيتش: اي شخص متفائل مش ممكن يسيب العالم ويحصر نفسه مع رهينتين بيت واحد ويخلي واحد من الرهائن يدي له ارض والتاني يشتغل عنده عبد وكمان يحوط نفسه بسور و لا كأن الحبش جايين عليه

جو اورتون: طب المتشائم حيعمل ايه؟

كونييفيتش: حيصل لاستنتاج ان الخلاص مش حييجي الا متأخر جدا حييجي يأجر ارض ويزرعها ويحوطها بسور عالي مكهرب كمان

الفيرا: واحنا لاقيين ناكل عشان نكهرب السور

كونييفيتش: مبتقريش جرايد يا حاجة

الفيرا: مبعرفش اقرا اصلا

كونييفيتش: الناس في امريكا بتسيب المدن الناس خايفة من نقص الاكل والميه الناس بتهرب لحتت بعيدة تقعد فيها في اكواخ وتزرعها على امل ان الجياع لما تطلع تدور على الاكل مش حتلاقيهم من اول يوم

الفيرا: الامريكان اصلا مجانين ياباشا

كونييفيتش: مبيعات السلاح بتزيد زيادات خرافية.الناس لازم تدافع عن نفسها طبعا السلاح عادي في امريكا. بس هنا مش عادي زي ما حضراتكم عارفين كده محدش بيحط السلاح في حتة ظاهرة دايما بنخبيه. في الدولاب . تحت السرير(وهو ينحني)..تحت الكنبة(مايرهولد يخرج مسدسه ويشيرلاورتون فيخرج البندقية من تحت الكنبة) الفيرا وهي تتظاهر بالاغماء: حيغمي عليا

كونييفيتش: بجد برافو يا سيد ابنشبانجر اسرع مني بكتير

مايرهولد: اقعد يا سيد نوفاك لا مش ع الكنبة ع الفوتاي مش يمكن في قنبلة تحت الكنبة

كونييفيتش بعد ان جلس: مالعنف مش بيجيب نتيجة ممكن نوصل لاتفاق يا سيد فرهوفار

مايرهولد: ده اللي انا عايزه بالضبط ..طبعا بعد اذنك

كونييفيتش: لو الاتفاق مفيش فيه ري الجنينة انا معاك

مايرهولد: كوباية بيرة شاي زردة ويسكي شاي اخضر قهوة تركي نسكافيه ايها حاجة

كونييفيتش: كل الحاجات دي ترفع الضغط وانا ضغطي عالي وصاحب مرض

مايرهولد : زي ما تحب

كونييفيتش: هو لو فيها رزالة عايز سيجارة بانجو م الصندوق الاخضر اللي تحت الكنبة باين اوي من هنا

مايرهولد: طب ازاي وانت شرطة

كوميديا نهاية العالم

كونييفيتش: ياباشا احنا في زمن العجايب يخلي الحليم حيران

ماير هولد: لف سجارة للضيف يا جو

جو اورتون: مقدرش اديلوا حشيش ببلاش حيشجع الفيرا تطلب ببلاش هي روخرة

ماير هولد: هو كمان ميقدرش يدفع بالطريقة اللي بتدفع بيها الفيرا

جو اورتون: معنديش اي مانع يدفع بطريقتها ما يفرقش

ماير هولد: ده ضيفنا يالا

جو اورتون: اوف (يبدأ في لف سيجارة لكونييفيتش)

الفيرا: تحب يا باشا اعمل مساج انا اصلي كنت كوافيرة

كونييفيتش: حيث اني هنا وحضراتكم في غاية الكرم معي مش حيمانع كتفي المهم محدش يزعل من كده

الفيرا: في البيت ده مفيش زعل ولا حاجات وحشة من بتاعة العيال كلنا كبار الا يمكن اورتون افندي

كونييفيتش و الفيرا تكبس كتفيه: الله لازم تفتحي محل يا حاجة ايديك فيهم سحر

الفيرا: يا ما حسن الختام يا باشا حناخد زمانا و زمان غيرنا

كونييفيتش: طريقة المساج بتقولي احنا اتقابلنا قبل كده

الفيرا: ده بس من ذوقك يا كونييفيتش باشا

كونييفيتش: نوفاك(جو يعطيه السيجارة فيضعها في فمه يشعلها جو يشد نفسا)

جو اورتون: متعة بجد نشوف مخبر بيحشش ما تجيبي الكاميرا يا ولية ناخد صورة تذكارية للباشا

كونييفيتش: كان من عيني ولو اني مش فوتوجنيك خالص

ماير هولد: للاسف مضطر انهي اللحظات السعيدة دي و اتدخل خد البندقية يا جو ولو السيد نوفاك عمل حركة مش مظبوطة اضربه في رجله

جو اورتون: حضرب وخلاص ربك يقدر بقى في رجله في بطنه في عينه

الفيرا: تحب اكمل المساج ياباشا ولا تحب تدخن بمزاج؟ يسعل فتضربه على ظهره

اورتون: اعتبر ده حركة مش مظبوطة؟

الفيرا: جرى ايه الجدع بيكح لازم نعرف الاول هو مين وعايز ايه امسك نفسك شوية

كوميديا نهاية العالم

ماير هولد يأتي من خلف كونييفيتش و يضربه بقبضته بقوة على رأسه فيغشى عليه

الفيرا: فوق يا باشا هو الواحد ممكن يتخنق م الكحة

اورتون يأخذ السيجارة ويحرق بها كونييفيتش الذي يقفز صارخا

الفيرا: الحمد لله مكناش حنعرف ندفنه فين

اورتون: تحت الزرع حيبقى سماد

كونييفيتش: مكنتش اتصور يا استاذ ابنشبانجر ان حضرتك تعمل حركات حتى العيال متعملهاش

الفيرا: متزعلش روحك يا جميل ريح كده و انا حعملك مساج يمخمخك

كونييفيتش: شكرا يا حاجة بس الوضع اتغير وانا الليلة مشغول حافوت وقت تاني فوتكم بعافية جميعا

ماير هولد: انت مش حتخرج منهنا

كونييفيتش: غلطت واتعاقبت وعرفت غلطي مش اروح بقى؟

ماير هولد: لازم نعرف الاول حتعمل ايه على الناحية التانية من السياج؟

كونييفيتش: قلبي الحنين ميطاوعنيش اذي ناس بالظرف ده

ماير هولد: مش يمكن تقطع عنا المية وتموت الزرع لو كنت بتشتغل في كوبانية المية؟

كونييفيتش: اتفضل يا باشا شوف بنفسك عينيا عشانك (بخرج كارنيه شرطة يعطيه لماير هولد)

ماير هولد: مكتوب هنا كونييفيتش مش نوفاك

كونييفيتش: كلها اسماء عبيده يمكن الغلط عندي انا يا باشا و انا اللي مش عارف اسمي ايه

ماير هولد: و اسمك ايه يا شاطر

كونييفيتش: اسمي ابنشبانجر زي سعادتك نمام (يحدقان في بعضهما البعض)

ماير هولد: اسمي ماير هولد

كونييفيتش: خلاص من هنا ورايح اسمك ماير هولد وانا ابنشبانجر شفت حلينا المشكلة

ماير هولد: تمام و اورتون حيبقى المخبر السري الممتاز كونييفيتش خد يا جو (يناوله البطاقة)

اورتون: في لمح البصر الواحد ينقلب من حرامي لعسكري ده ايه الحلاوة دي

الفيرا: نروح بقى حفل الشرطة السنوي و نسمع الست ونقابل رجالة الاجة

612

كوميديا نهاية العالم

اورتون: شايف يا باشا الست دي منحلة معندهاش اخلاق حاقبض على اي حد يغمز لك

كونييفيتش بصوت خفيض: بيني وبينك يا استاذ ماير هولد اختيارك للناس اللي حتدخلهم الجنة دي كان مش تمام. اتمنى انه يبقى في لسه مكان لحد يقدر ينظم الموضوع احسن

ماير هولد: عرضك حيتعرض على لجنة ثلاثية

كونييفيتش وهو يتجه للباب : افضل اكون بعيد وانتم بتناقشوا الموضوع محبش الأثر في القرار بكرة اجي

اورتون: فاكر نفسك رايح فين

كونييفيتش: اراهن ان مفيش رصاص في البتاعة دي

ماير هولد يصوب المسدس: بس ده فيه(كونييفيتش يعود للكرسي منصاعا) عندك شريط لاصق يا جو يستخرج جو شريطا لاصقا بنيا من تحت الطاولة فيسأله كونييفيتش: عندك ايه تاني؟

ماير هولد: يالا ربطه زي الافلام

اورتون : متفكرنيش الفيرا باعت التلفزيون مينفعش نجيب واحد يا باشا الواحد بيزهق برضه

يلف الشريط اللاصق حول كونييفيتش فيقول هذا: كل الافلام زي بعض حتى اللي احنا فيه حاسكت

اورتون: وهو يضع رباطا لاصقا حول فه: فكرة هايلة

إظلام

المشهد العاشر

كونييفيتش على الكرسي اضاءة تدريجية مع تقرير من المذياع...ونحن لا نطور القيم لانها قيما فقط نحن نطور القيم لنعيش حياة كاملة ذات معنى لقد اثبت التاريخ الحديث انه من الممكن حقا ان يموت المرء في سبيل مجتمعه لكن بدأنا ننسى انه ليس بوسع الفرد الحياة خارج نطاق المجتمع. بمعنى آخر فالفرد ينخرط في علاقة معقدة مع المجتمع المحيط وهي علاقة تتعرض لعملية تحديد وتعريف متجددة ومستمرة يدخلون

اورتون بعد ان يغلق المذياع هجصولي هجصولي هجصولي

الفيرا: نمت كويس يا باشا

اورتون: حلمت احلام جميلة انا باحلم احلام متوحشة عارف متوحشة بعد الحشيش تاخد سيجارة تانية

كونييفيتش يتحرك فتصدر اصواتاً غريبة. فتقول الفيرا: باين عايز يقول حاجة(ماير هولد يشير فيزيل اورتون اللاصق من على فم كونييفيتش) فيقول هذا: انتم سبتوني لوحدي طول الليل

الفيرا: الناس في البيت هنا حسيسة يا باشا منحبش نضايق حضرتك

613

كوميديا نهاية العالم

كونييفيتش: والراديو المعفن ده فتح لوحده وقعد ينهق طول الليل كلام فارغ

الفيرا: ياباشا مكناش سامعين كنا في السرير

كونييفيتش: انتم التلاتة مع بعض؟

الفيرا: الحقيقة تعبت على ما اقنعتهم بالوضع ده لكن الباشا بيفهم المشكلة في الواد ده لسه صغير و عرق الظراط تعبه

كونييفيتش : حاجة جميلة اوي بس محدش فكر فيا

الفيرا : ابدا يا باشا كنت دايما في بالنا حتى قلت لهم 2مرات مانجيب الباشا يلعب معانا برضه رفضوا

كونييفيتش: انا قصدي ان كان ممكن اتخنق

الفيرا: تحب تفطر ايه ياباشا فول بالسجق ولا بيض عيون و لا جبنة بالزيت و الطماطم؟

كونييفيتش: احب حد يفكني واروح

الفيرا: ياباشا احنا بنحبك و بنموت في عبك خليك معانا شوية كمان

كونييفيتش: بس مش ملصق في كرسي كده

الفيرا: وليه بس ده حتى كده اريح

كونييفيتش: ده حتى مقدرش اهرش في ...مناخيري

الفيرا: لا يا باشا و دي تيجي روح يا جو اهرش في ..مناخير الباشا

كونييفيتش يوجه كلامه لاورتون الذي يفرك يديه سعيدا: قرب مني و حاتف في وشك

اورتون: يا لسخرية القدر اعطيته افضل حشيش عندي وهذا جزائي

كونييفيتش : انا عندي جفاف

مايرهولد يومئ لالفيرا فتتحرك و هي تغمغم: خدامة وفي بيتي كده كتير

مايرهولد: احنا لوحدنا اتفضل قول عايز ايه وانت مين بالضبط

كونييفيتش: ماتفكني الله يسترك و اقوم اعمل تمارين الصباح و افك كده واقول لك حكاوي ولا في الاحلام

مايرهولد: فك الباشا يا جو وخليه يعمل تمارين الصباح و خلينا نشوف اخرتها

اورتون: حيهرب

614

كوميديا نهاية العالم

ماير هولد يهز المسدس: لا انا متأكد منه(بفكه فيقوم الاخيرباداء تمارين)

اورتون: واحنا حنتفرج على سيندي كراوفورد ده اد ايه؟

كونييفيتش: ممكن سيجارة من بضاعتك الممتازة عشان لساني يفك كمان

ماير هولد: خلص

كونييفيتش: سعادتك قاسي معايا بس انا استحق انا كدبت كتير والكدب مالوش رجلين

ماير هولد: قصر وهات م الآخر

كونييفيتش: انت عايز مدير تسويق يا ابنشبانجر باشا

ماير هولد: اول مرة في حيلتي حد يعرض عليا العرض ده

كونييفيتش: الاعجاز اللي سعادتك عملته هنا ياباشا بيصرخ يقول سوقوني يا خلق بيعوني يا ناس.

اورتون: كنت بتحضر محاضرات التسويق في الجامعة عشان كده شكلك مش غريب

كونييفيتش: ده علشان اشتريت منك حشيش كذا مرة

اورتون: معنديش لا كونييفيتش ولا نوفاك في ليستة الزباين

كونييفيتش: قصدك الليستة دي

اورتون : هات الليستة

كونييفيتش: هات انت كارنيه الشرطة المزيف بتاعي

اورتون يطلب من ماير هولد: ممكن اكسر له دماغه

ماير هولد: بعدين . تدخل الفيرا حاملة زجاجة ماء فيخطفها كونييفيتش و يفرغها شسربا و يعيدها لالفيرا

الفيرا: هو انا جيت في وقت مش مناسب

كونييفيتش: ابدا ابدا يا انسة سيلفانا جيتي في وقتك بالضبط عشان تسمعي البزنس اللي بعرضه عليكم

الفيرا: عرفت ازاي ان اسمي كان سيلفانا

كونييفيتش: كنتي سيلفانا قبل ما تحاولي تبقي ست محترمة او شكلها محترم حطيتي تحويشة العمر في البيت ده. و انا كنت من زباين سعادتك قبل ما تعتزلي

الفيرا: جيت ليه؟

615

كوميديا نهاية العالم

كونييفيتش: بصراحة عشان اخلصك من اي وهم ممكن يقتلك

الفيرا: مين بعتك بتشتغل عند مين؟

كونييفيتش: عند روحي الاهبل بس هو اللي يشتغل عند حدمتقولوش انكم مش عارفين

اورتون: كفاية كفاية يمسك بالبندقية ويسدد نحو كونييفيتش

كونييفيتش: مفيش رصاص

اورتون : مفيش (يصوب نحو السقف فنسمع صوت رصاصة يهلع الجميع وخاصة اورتون)

كونييفيتش: تسمح لي اقول لك حاجة

اورتون وهو يصوب البندقية نحوه: اغنا اللي حقولك اللي انت عايز تقوله

كونييفيتش: تسمح لي اقولك اللي كنت حقوله قبل ما تقاطعني

اورتون: خلاص المسائل اتغيرت انا اللي باسأل هنا

الفيرا: ليه بس يا باشا حطيت المسدس في جيبك

ماير هولد: حسيت ان اخونا اورتون عايز يفرغ طاقة بالليل ثقته في نفسه انهارت احسن حاجة ترجعها انك تمسكي بندقية و تهوشي الناس بيه.(اورتون يصوب نحوه ثم ينهار و يبدأ في النشيج لفيرا تحاول مواساته)

الفيرا: متعيطيش يا بيضة متزعليش من ماما لما بتزعق فيكي عشان مصلحتك سد يا حلوة يابيضة

كونييفيتش: شباب اليومين دول بقم تعبانين قوي و الدنيا عايزة شغل كتير الشباب بتوع الفيسبوك و الطنيطر

الفيرا: جو معندوش فيس يا باشا بيتفرج ع السكس بس ومش كل يوم

كونييفيتش: بيعملوا لنفسهم جنة في الخيال لحظة نشوة ضياع حاجة متنفعش تشارك مع حد كل حواديتهم لنفسهم. انت بقى يا ابنشبانجر باشا عملت رواية عظيمة مذهلة جنينة عظيمة فريدة تحس فيها براحة مش لحظة متعة زائلة. جنينة عشان البشرية تستمر

ماير هولد: العالم ع الناحية التانية مالوش اهمية بالنسبة لي متهمنيش البشرية

كونييفيتش: ممتاز لما نسيت البشرية و مسكت في الانانية على انها القشة اللي حتنقذك لقيت وسيلة انقاذ البشرية من نفسها

ماير هولد: مش ملاحظ انك متناقض في كلامك

كوميديا نهاية العالم

كونييفيتش: ظاهريا وفقط. في الواقع انت عملت نموذج اولي نقدر نبيعه للجنينة اللي تنقذ العالم من الجوع والازمات عشر انواع من الخضروات اللي ممكن ناخد بذورها ونعيد زراعتها وفيها كل المركبات المطلوبة للاكل الصحي. نقدر نقول كده ماكينة خضرية دائمة الحركة تكفي اسرة من 3 الى 4 افراد

ماير هولد: وده يعني ايه ؟

كونييفيتش: يعني تجارة الاكل تبطل و النقل يبطل و البترول مش محتاجينه و كل الاحتباس الحراري يبطل يعني نهاية الخوف من نهاية العالم

اورتون: ينظر لالفيرا: راجل مجنون مش كده؟

الفيرا: طبعا يا بيضة استانجلينا

كونييفيتش: لازم تسجل فكرتك دي حالا

ماير هولد: ليه؟

كونييفيتش: عشان الملكية التجارية بقت هدف الاشرار و القراصنة في كل مكان

ماير هولد: اول مرة اعرف

كونييفيتش: حنوقع عقد بينا يديني حق تسويق وبيع النموذج الاولي لجنينتك دي في العالم كله. الامريكان صدقني حيتهبلوا حيقتلوزا بعض عشانها حنبيع زي العيش الفينو

ماير هولد: وده حيفيدنا بايه؟

كونييفيتش: حنتغنى يا ابنشبانجر باشا حنتغنى بالعبيط و نصرف زي ما احنا عايزين لآخر يوم في حياتنا

ماير هولد: كلنا؟

كونييفيتش: ايوه احنا الاربعة

اورتون : فجأة بقينا احنا الاربعة

الفيرا: ماير هولد باشا هو اللي بيفهم عننا يا بيضة عارف ايه مصلحتنا متقلقيش

كونييفيتش: ايه رأيك ياباشا يا ماير هولد باشا؟ نكبر الجنينة كمان نشتري البيت اللي جنبنا و حتت الارض اللي بعده و بدل 10 خضر نزرع عشرين تلاتين عارف نهدم المباني و نطرد السكان وكله بالقانون

ماير هولد: وبعدين؟

كوميديا نهاية العالم

كونييفيتش: و لاقبلين و نعزم ضيوف ييجوا يسلوا كل واحد فينا شاب فحل عضل عشان الحاجة يسليها ويلعب بشكة معاها . عشاني شابة محتاجة تعبانة تدفي فرشتي.. عشانك اللي تشوفه انا معنديش مشاكل ولا احب اتدخل في اختيارات الناس انا ليبرالي ديمقراطي منفتح مستنير

الفيرا: عندي شرط واحد لازم يكون راجل جامد

كونييفيتش: يا باشا فكر مش عشاني ولا عشانك عشان الاتنين الغلابة دول حد وقتك انا مش مستعجل

ماير هولد: كويس عشان واضح انك حتقعد معانا فترة

كونييفيتش: عارف ومقدر ياباشا. ممكن بس اعرف فين الحمام . انت عارف الحصرة مش حلوة

اورتون: اتاريك عملتها على روحة وريحتك صنانة

ماير هولد: جو خد البندقية و روح مع البيه للحمام . خلي بالك متخلهوش يهرب وهاته سليم

(يخرج اورتون وكونييفيتش) الفيرا بعد صمت قصير: نفسي موت افهم ايه اللي بيحصل هنا؟

ماير هولد: ارتاحي وانتي تفهمي

الفيرا: طب افرض كان شغال في كوبانية المية؟(صوت طلقة نارية) صوت مرعب يا لطيف

ماير هولد: اعتقد ان الاخبار للي جاية حالا مش كويسة قوي(يدخل اورتون البندقية تدخن)

اورتون: حاول يهرب

ماير هولد: قلت لك هاته سليم

اورتون: راجل ناقص مبيحفظش وعده. على فكرة هو تقريبا سليم غيرش خرم بسيط في الدماغ

ماير هولد: يعني؟

اورتون: يعني بقى صامت اكتر و بقه مفتوح و وشه مندهش

الفيرا: ازاي تعمل كده؟

اورتون: كل الحاجات العظيمة في التاريخ ليها تمن ضحية هي الدنيا كده

الفيرا: كده عمرنا ما حنعرف هو مين وكان عايز ايه؟

ماير هولد: نقدر نعمل الموضوع ده فوازير رمضان و احنا بنتسلى . ادفنه يا جو تحت الكرنب ينفع سماد

اورتون: ادي اللي جبته لنفسي شغل سخرة جديد(بخرج)

كوميديا نهاية العالم

الفيرا: حيدوروا عليه

ماير هولد: مين

الفيرا: زمايله في الكوبانية اهله البوليس ايش عرفني

ماير هولد: الفيرا خليكي في حالك احسن

الفيرا: انت مش بتحبني؟

ماير هولد: شايفة ده وقت السؤال العاطفي ده؟؟؟؟. إظلام

المشهد الحادي عشر

اضاءة تدريجية مع صوت المذياع : مازال معظم الناس يعتقدون ان اكبر تهديد للبشرية سيأتي منخز عبلات مستقبلية صنعها اولئك الذين لا يجدون ما يفعلونه. للاسف ليس الامر بهذه البساطة. فالابوكاليبس هو السفينة التي ركبناها جميعا و انطلقت من ميناء الخراب الدولي بلا رجعة. و لا احد يدري كيف سيؤثر هذا الامر على علاقات الناس مع بعضها البعض. ربما سندرك ان هذا هو القرن الاخير المقدر لنا و تقل انانيتنا و ربما حتى نضحي باطماعنا الشخصية و نوحد جهودنا من اجل توجيه السفينة الى بر الامان. السؤال هل مازال هذا ممكنا؟ هل ستأتي النهاية في سنة ام في عشر سنوات ام في مأئة سنة ؟؟

يدخل و يغلق ماير هولد المذياع قائلا: هجص هجص هجص ثم يجلس على الكنبة ويبدء في الرسم تدخل الفيرا وتحضر الشاي و تنظر له) ثم تقول: جو بيلف زي عادته

ماير هولد: مش حيشتريها

الفيرا: بس يقدر يبطل يبيع حشيش اقصد عندنا جنينة خضار دلوقتي

ماير هولد: انا عملت معاه كل اللي اقدر عليه

الفيرا: كنت فاكرة ان ممكن نبقى سعدا بعد الحاجة الفزيعة دي ما خلصت

ماير هولد: بتقولي ايه الحاجات الفظيعة لسه حتبتدي عشان كده عملت الملجأ ده حتى لو عشنا يوم زيادة عن الباقي يبقى مجهودنا ماراحش هدر

الفيرا: وهو يوم يستحق كل اللي بيحصل ده؟

ماير هولد: وانتي بتعملي ايه اصلا؟

الفيرا: صحيح باعمل ايه؟ باكنس و اطبخ و احل الشماكل ده غير اشياء اخرى مش عايزة اقول لها

619

كوميديا نهاية العالم

ماير هولد: قصدك اشياء بتحصل بالليل في سريرك؟ (تقوم وتحمل الشاي) لسه مخلصتش

الفيرا : ومش حتخلص (تصطدم بكونييفيتش ع الباب و يدخل)

كونييفيتش: انا حاخلصه رجعي الشاي ع الترابيزة الجو برة ساقع قوي و الواحد محتاج حاجة سخنة

يحدقان فيه في دهشة الفيرا: تبسبس في عبها: يا حفيظ هو في حد تاني غيرنا هنا انصرف

كونييفيتش: وانا اللي كنت فاكر حتاخدوني بالحضن وتشكروا ربنا اني لسه عايش

الفيرا: كنت عارفة ان البيت مسكون وعشان كده الراجل باعه بالرخيص

كونييفيتش وهو يصب كوب من الشاي لنفسه: العفاريت مبتشربش شاي

ماير هولد: في طريقة اكيدة تعرفنا ان الموجود انس ولا جن؟ يخرج المسدس ويصوبه نحو كونييفيتش الذي يشرب الشاي فلا مبالاة قائلا: خد راحتك (ماير هولد يطلق لاشيء.) جرب مرة تانية متياسش

ماير هولد: انت لابس بدلة ضد الرصاص . (يقترب و يضربه في رأسه)

كونيفيتش: خللي بالك كده تبب لي طرش

ماير هولد يحدق مندهشا في مسدسه: هو اورتون حط لنا حاجة في الشاي ولا ايه؟

اورتون وهو يدخل: مفيش ثانية اغيبها وتجيبوا سيرتي بالباطل هو مفيش غير اورتون في الدنيا دي

الفيرا: كنت فين يا جو قو لالله يخليك

اورتون: بقيت صياد ورحت اصطاد صادوني . هو الباشا ابنشبانجر بيصطاد هو كمان؟

كونييفيتش: بيصطاد عفاريت

ماير هولد: انت شايف كم واحد في الاوضة يا جو؟

اورتون: 3

الفيرا: والعفريت؟

اورتون : انهي عفريت؟

الفيرا: قدامك بيشرب شاي

اورتون: ده كونييفيتش باشا بيشرب شاي

الفيرا: انت ضربته بالنار ودفنته في الجنينة

كوميديا نهاية العالم

اورتون: مش يمكن مضربتوش

الفيرا: شفناك بتدفنه بصينيا عليك م الشباك

اورتون: اخص على الثقة و الصداقة

الفيرا: ده انت حتى زرعت راس الكرنبة تاني وقلت عشان يسمدها وكمان تغطي الاثر بتاعه

اورتون : كده تبقى معجزة معجزة انا خفيت انها سليمة

الفيرا: جو كنت فالكر انكم حتتبسطوا عشان انا مش قاتل وتحضنوني عارفين لازم كلنا وقصدي احنا الاربعة نحضن بعض و نروح السرير ونحتفل بلعبة عروسة وعريس والجري للمتاعيس

ماير هولد: يكشف على المسدس و يكتشف ان الطلقات كلها فشنك: اكيد انا اهبل

اورتون: اكيد كلنا عارفين ده من زمان

كونييفيتش: سيب الاستاذ في حاله كده مش عاطفي ابدا

الفيرا: ممكن حد يفهمني ايه اللي بيحصل

اورتون: موضوع ممل حصل قبل كده بييجي مليون مرة

الفيرا: مش فاهمة حاجة

اورتون: و انتي حتفهمي ازاي وانتي مرة مخها مش في دماغها

كونييفتش: عيب كده مش ممكن تشتم الستات لا تقذف المرأة ولو بزهرة

ماير هولد: المؤامرة دي ابتدت امتى

اورتون: فاكر امتى يا كونييفيتش باشا

كونييفيتش : متهيألي من قبل ما اندفن في الجنينة

ماير هولد: متهيألي من قبل ما تيجي

كونييفيتش: ممكن جدا بس مش ده الموضوع خلينا ولاد النهارده

الفيرا: ازاي قلبك يطاوعك تكذب كده يا جو؟

اورتون: صارخا فيها:مش انا اللي بكذب واعمل نفسي وصلت

الفيرا: صارخة فيه: عادة مبعملش كده الا معاك عشان مفيش حل تاني

621

كوميديا نهاية العالم

اروتون: جميل جدا الايجار كده اترفع الضعف

الفيرا: الايجار؟؟

اورتون: ايوه الايجار اللي حتدفعيه لينا من بكرة

الفيرا موجهة كلامها لماير هولد: انت مش حتحميني ياباشا؟

ماير هولد: انا ضحيتي سذاجتي الحقيقة عايز اللي يحميني

كونييفيتش: الحقيقة حضرتك نقصك حس البزنس خالص يا باشا. انا مش عرضت عليك عرض كان يغنينا كلنا لآخر يوم في عمرنا؟

ماير هولد: ناوي تعمل ايه؟

اورتون: مش حاجة كبيرة حنزرع نوع واحد بدل عشرة

ماير هولد: عارف حشيش

اورتون: ساذج افيون

ماير هولد: افيون حتعملوه هيروين ؟

كونييفيتش: صح ياباشا و نتحول من مجرد الزراعة للزراعة والتصنيع تقدم يعني

ماير هولد: قصدك تجارة مخدرات مش حتزرعوا اكل للمستقبل لا مخدرات تقتل مش حاشترك

الفيرا: ولا انا و البيت والجنينة بتوعي متسجلين في الشهر العقاري معايا عقد ازرق

اورتون: قلت لك حيعملوا مشاكل

كونييفيتش: المشاكل تتحل طول مافي نية خير. نهنل الملكية سهل جدا وهي ورقة وكله بالحب مش كده يا حاجة؟عارف يا ماير هولد باشا انا راجل عندي مباديء بالرغم من اي حاجة

ماير هولد: مباديء سعادتك يا استاذ كونييفيتش و لانوفاك ولا عفريت ازرق متسويش حاجةولا حتى تفة

الفيرا تبصق على كونييفيتش: حاديله التفة برضه

كونييفيتش: المباديء ببساطة هي اختراع بنستخدمه عشان نخلي اهدافنا مشروعة ببساطة هجص

اورتون: وكله ممكن في الهجص حتى المسخرة اللي بكتبها كده بقيت كاتب مشهور

ماير هولد: انت حشرة متستحقش حتى تعيش على جلد كلب جربان. الدنيا بتنتهي و انتم بتفكروا ..

كوميديا نهاية العالم

اورتون مقاطعا: معاك حق احنا عايزين نقلل الام الناس وهي بتنتهي شفت الاصالة و الجدعنة مقابل كل الشهامة دي شوية فرفشة و شوية فلوس . و احنا كده خسرانين

كونييفيتش: من فلوس الافيون والهيروين حنشتري خضار اكتر من اللي كنت عايز تزرعه عشر مرات

اورتون: ولحمة كمان

كونييفيتش: لحمة طرية وشابة (يلقي نظرة على الفيرا) عجالي بتلو يعني مش جملي

الفيرا: مش حتدافع عننا يا باشا (تنظر في استعطاف لمايرهولد)

مايرهولد: اللعبة خسرانة

كونييفيتش: مش ضروري خسرانة لسه في فرصة تلعب مع الكسبان

مايرهولد: مش حلعب مع مجرمين

الفيرا: برافو يا مايرهولد باشا(فجأة تتجه لكونييفيتش) بس المسائل دي محتاجة تفكير مش كده يا باشا

كونييفيتش: طبعا يا حاجة طبعا

مايرهولد: نفكر فيها في المحكمة

كونييفيتش: بس المحاكم برة السور اللي سعادتك بنيته عشان محدش يقرب هنا مفيش غيرنا احنا

مايرهولد: اسهل انك تقتلني قبل ما اساعدك

كونييفيتش: انت فاكرني قاتل زيك يا استاذ ابنشبانجر بتضرب رصاص على الراس من مسافة قريبة

اورتون: بص م الشباك يا استاذ مايرهولد (ينظر مايرهولد والفيرا)

الفيرا: مين البنت دي؟

كونييفيتش: غلبانة كانت بتدور على شغل اجرتها من ساعتين

مايرهولد: ودي بتعمل ايه مش قادر اصدق عنيا

اورتون : بتشيل الخضار و بتحضر الارض عشان الافيون

الفيرا: دي صغيرة جدا

كونييفيتش: ي حال الدنيا يا حاجة النهاردة ثانية و خلاص يبقى امبارح و بكرة بيخبط ع الباب و انتي نايمة

الفيرا: وحتعمل ايه تاني غير كده؟

623

كوميديا نهاية العالم

كونييفيتش: الحقيقة هي متعاونة جدا وقالت انها حتشتغل بلقمتها وتعمل كل اللي حنطلبه انا و جو

الفيرا : وحتعمل اللي بتطلبوه ده في اوضة النوم بتاعتي؟

كونييفيتش: حبص عليها و الحقيقة م الوصف شكلها تنفع جدا مش عايز اشغلك بالتفاصيل

الفيرا: يا مجرم.. يا مجرم (تضربه بقبضتيها ثم تنهار) خللي في قلبك رحمة

اورتون: نمرة حلوة في السيرك

الفيرا: ده عقاب من ربنا (بصوت خافت)ماير هولد يتجه للباب

كونييفيتش: رايح فين؟

ماير هولد: ادور على حاجة جدديدة دوري هنا خلص

كونييفيتش: ابدا ابدا دورك هنا ..

ماير هولد: مش عايز اعرف

اورتون: يوجه البندقية : لا حتعرف

ماير هولد: انا رجل علم

كونييفيتش: عشان كده يا استاذ ابنشبانجر دورك محدش يقدر يعمله غيرك

اورتون: حتبقى مسؤول عن معمل تصنيع الهيروين

كونييفيتش: حتاكل بانتظام و تلاقي حتة تأويك وده طبعا شيء صعب جدا في اليومين الهباب دول

اورتون: فكر في كل البلايين اللي مش لاقيين ياكلوا

كونييفيتش: عارف في لوس انجلس لوحدها بيقولوا اكتر من ميت الف هوملس

الفيرا: و انا حاعمل ايه ايه دوري اللي حتدهولي؟

ماير هولد: حتبيعي نفسك؟

الفيرا: عمري في حياتي ما عملت كده يمكن عملت حاجات معملتهاش الستات التانية بس طول عمري باعمل حاجات تجمع الشغل والفرفشة. انا ست بتحب الشغل و تحب تساعد الناس

كونييفيتش: ست شاطرة اسمع كلامها

اورتون : مرة حمارة اساسا بس دلوقتي قالت كلام كله حكم

كوميديا نهاية العالم

ماير هولد: انا مشعارف انت مين ولا بتعمل ايه بس الاكيد انك نصاب من الطراز الاول وكان لازم تشتغل في البورصة احسن لك

كونييفيتش: اخجلتم تواضعنا يا باشا

ماير هولد: انت بقى يا سيد اورتون مختلف ليك في عالم الفكر بالرغم من كل الشغل اللي بتحاول تظهر بيه

اورتون: شكرا

ماير هولد: الطمع اللي انت اخترت يبقى طريقك مش حيوديك لاي حاجة الا شوية لحظات سعادة و ساعات طويلة من الندم

اورتون: القطة بتلعب طول اليوم و يعدين تنام والراجل بيجري على رزقه طول عمره وبعدين ينام النومة الابدية محدش يقدر يغير من مصيره المكتوب له

الفيرا: نفسي افهم ايه اللي بيحصل

اورتون: ليه ومنستناش نهاية العالم في حالة فرفشة سعادة مزيفة بس سعادة ليه الغم تنسى كل حاجة هو اهم حاجة في حياة البني آدم عشان كده قانون البيت حيبقى الفرفشة

ماير هولد: ممكن بس من غيري يهم بالخروج

كونييفيتش: انت عارف كويس قوي ان احنا منقدرش نسمح لك بالخروج

ماير هولد: حتعملوا معايا ايه طيب؟

كونييفيتش: عاجلا ام آجلا حتحب تروح الحمام جو حيروح معاك حتحاول تهرب حيضربك بالرصاص و ندفنك تحت الافيون وتبقى سماد عضوي (صمت)

الفيرا: في رقبة: يا باشا

ماير هولد: معنديش خيار مش كده؟

كونييفيتش: ولا فاقوس وحياتك

ماير هولد: خلاص اروح البلد اجيب كتب عن الافيون وارجع مسافة السكة

كونييفيتش: مفيش اي مشكلة ايه رأيك يا جو انت المؤلف ومخرج الرواية دلوقتي؟

اورتون: نص ساعة مفيش غيرها

الفيرا: وعشر دقايق عشان الزحمة

كوميديا نهاية العالم

مايرهولد يخرج مسرعا: نص ساعة بالعدد

الفيرا: انا سعيدة ان القلب مش العقل هو اللي انتصر في الآخر

اورتون: كله حسب الخطة ياباشا

كونييفيتش: ماشي ناحية البوابة(ينظر من النافذة ويتكلم)

اورتون: فاضل له اد ايه؟

كونييفيتش: في النص تقريبا

اورتون: افتحي الشباك يا الفيرا (تذهب وتفتح الشباك)

الفيرا : وصل للبوابة و حيخرج

كونييفيتش: طالع ع السلم عشان يوصل للبوابة

اورتون : حيندم ع السياخ الحديد اللي اشتراها

كونييفيتش: رماح زي سونكي بندقية العسكري

اورتون يرفع البندقية ويصوب الفيرا تبتعد عن النافذة

(صرخة هائلة من بعيد)

الفيرا :في ايه؟

كونييفيتش: لا اله الا الله ايده فلتت ووقع ع الخوازيق

اورتون : سيخ حديد دخل في قلبه مات في لحظة نجاحه بسلاحه

الفيرا: احنا السبب

اورتون: هو اللي اشترى السياخ دي ده بعت جابها مخصوص من انجلترا

الفيرا: كان عايز يحمينا

اورتون: اوسخ ناس اللي عايزين يحموا الناس

كونييفيتش: لازم نجيب الجثة وندفنهخا بما يليق بها من احترام مش عايزين شوشرة

يخرج مع اورتون ثم يستدير لالفيرا قائلا: نتقلقيش يا حاجة اشربي شوية شاي اخضر بيعمل البدع

الفيرا مذهولة لا تعرف ماذا تفعل تذهب للمرآة وتنظر لنفسها قائلة : الحمد لله ان الواحد بيعجز ويموت

世界の終わりについての喜劇

Translated into Japanese by Hidenaga Otori

登場人物

ジョー・オートン　２５歳
エルヴィラ　４８歳
メイエルホリド　５５歳
コニェヴィチ　５０歳

場所
郊外
どこでもいい世界のどこか

時
今日、
明日、
明日以降

１９６７年に亡くなった
ジョー・オートンにもらったインスピレイションに感謝します。
あなたに幸せがあるように！

<u>劇はさらりと素早く、しかもひどく大真面目に上演されなければならない。</u>

世界の終わりについての喜劇

第1幕

第1場

部屋。右手の奥には2階の踊り場（廊下）に通じるドア。左手には小さな部屋、寝室へのドア。廊下に通じるドアの横の壁には大きな鏡がかかっている。ソファー、肘掛け椅子、コーヒー・テーブル、衣装タンス。タンスの上には古新聞の山がふたつ。その隣に昔のラジオ受信機。すべてが色あせ、乱雑になり、見捨てられたようにみえる。

暗闇の中でラジオのニュースが流れている。太平洋の群島ツバルの代表者たちは、その8つの珊瑚礁の島のすべての住人たちがニュージーランドへ移ることを認めるというウェリントンの政府（ニュージーランド政府のこと）との契約に署名しました。ツバル、この砂浜とヤシの木の熱帯の楽園は標高5メートルしかない土地なのです。地球温暖化の影響で、今世紀の終わりには海面は7メートル上昇すると見込まれています。ツバルの住民はあらかじめそれに備えようとしました。彼らにそれが可能になったのは、人口が1万1千人しかいないからです。しかし、フロリダの住民だったらどうなるでしょうか。1億人もいるバングラディシュだったらどうなるのでしょう。グリーンランドを覆っているあの氷山がすべて溶けてしまう前に洪水に見舞われるはずなのですから。いかに後戻りできない点に達するかについては意見が分かれています・・・

このニュースのあいだに、照明が少しづつ明るくなる。ジョー・オートンが彼の部屋から出てくる。彼はマリファナ煙草を吸って

いる。ゆっくりと吸引しながらラジオに近づくと、そのスイッチを切る。

オートン：なんてこった。自分の部屋に戻り、ドアをぱたんと閉じる。

（エルヴィラが廊下から入ってくる。そのあとにメイエルホリド。）

エルヴィラ：　あまり広くはないですけど。快適ですよ。

メイエルホリド（部屋を物色しながら）：ここなんですね？

エルヴィラ：お気に召しませんか。

メイエルホリド：１階はどうなっていますか。ドアを開けたらすぐに庭に出れるといいんですが。

エルヴィラ：それは私の寝室からならいけますよ。でも・・・（彼女は上から下まで彼をじろじろ見る。）

メイエルホリド：もちろん、駄目でしょうね・・・（彼の目線はすばやく彼女の体中を一瞥する。）

エルヴィラ：とりあえず、窓から庭を見ることは出来ますよ。

（メイエルホリドは窓の方に行き、外を見てから振り返る。）

メイエルホリド：バス・ルームはどうなっています？

エルヴィラ：私の寝室の隣です。

メイエルホリド：週に１度はシャワーを浴びたいんですけど。

エルヴィラ：週に１度だけいいんですか。毎日でも浴びれますよ。

メイエルホリド：ああ、そうですか・・・

エルヴィラ：実は、鍵がかからないんですけど、でも大丈夫です。とりわけなかに男性がいるときにはノックもしないで入ったりしませんから。

（彼女は彼に笑顔を見せる。誘惑的というより、こびているような感じである。）

メイエルホリド：あなたは毎日シャワーを浴びるのですか？

エルヴィラ：清潔さを保つことはとても大切ですから。

メイエルホリド：本当にそうですね。

エルヴィラ：何もかもがふしだらになっていきますね。汚い仕事をしなければならないのなら、それをきれいにしなければなりませんね。

メイエルホリド（彼女の言葉に驚いて）：失礼ですが、あなたはなにを勉強されたんですか？

エルヴィラ：私は小学校はちゃんと卒業しています。

メイエルホリド：ああ、それは素晴らしい！

エルヴィラ：最終学年は教護院で終えなければなりませんでしたけど。

メイエルホリド：それで、直ったのですか？

エルヴィラ：それには時間がかかるのです。

メイエルホリド：あとどれくらい。

エルヴィラ：あなたは、大学教授ですか、博士なの？

メイエルホリド（オートンのドアを見ながら）：で、このドアは？

エルヴィラ：このドアは、・・・何といえばいいかしら、・・・食料貯蔵庫があるんです・・・

メイエルホリド：見てもいいですか？

エルヴィラ：いま？　それはちょっと。

メイエルホリド：どうして？

エルヴィラ：鍵がかかっているんです。

メイエルホリド：で、鍵はどこに？

エルヴィラ：鍵は・・・、取ってきます、見つかるかしら。

（エルヴィラは、彼女の当惑を隠そうとながら廊下に出る。メイエルホリドは窓の方に振り返り、庭を覗き見る。左手のドアが開き、ジョー・オートンが彼の部屋から静かに出てきて、メイエルホリドを見る。それから、忍び足で近づき、メイエルホリドの真後ろに立つ。）

ジョー・オートン：　ぶうううううう！（メイエルホリドは振り返り、あたかも銃を取り出すかのように右手を自分のジャケットのなかに差し込む。

メイエルホリド：ぼくは誰？　君は誰？

ジョー・オートン：今日、僕はほとんど１００パーセントジョー・オートンだね。たまにハロルド・ピンターだと思うことがあるけどね。もしくは、サミュエル・ベケットだったり。

メイエルホリド：複雑だね。

ジョー・オートン：全然ちがうね。僕はジョー・オートンだからね。ほかの人のふりをしていることがあるだけさ。

メイエルホリド：君はどこからきたの。

ジョー・オートン：あちら側からさ。比較的若い時に死んだので、もう一度やりなおしたかったんだ。あなたは？

メイエルホリド：ぼくはこの部屋を借りようとしているんだけど。

ジョー・オートン：あなたは間借りをするような人には見えないけどね。

メイエルホリド：僕にも屋根は必要さ。

ジョー・オートン：あなたは貸す側の人にみえるよ。

（エルヴィラ登場。彼女はオートンを見て体をひきつらせる。）

エルヴィラ：あなたが家にいるなんて知らなかったわ。

ジョー・オートン：悪魔大王が僕を地獄から放り出したんだよ。飯が水準以下だって言ってやったからね。その罰として二日間地上にいなければいけないんだ。

エルヴィラ：こちらはジョー・オートンさん。うちの下宿人さんです。

ジョー・オートン（突然怒り出し）：違いますよ。下宿人なんかじゃありません！　私は家族の一員です。ぼくを格下げしようとしたって無駄だ（メイエルホリドの方を向いて）、それにお前なんて糞くらえだ。法律家であろうと、税務官であろうと、そんなことはどうでもいい。ぼくはここに居つづける。そしてあんたは出ていくんだ。早い方がいい。

（彼は自分の部屋に戻り、ドアを閉める。）

エルヴィア：　彼が怖がるのは、黒い靴を履いている人です。とくに、その人がピンとアイロンをかけたズボンをはいているときは凄いんです。

メイエルホリド：どうしてですか？

エルヴィラ：そうした人たちが世界を乗っ取ろうとしていると思っているからです。

メイエルホリド：そうかもしれない。でも、世界を救いたいと思っていて、それをカモフラージュするために、ピッシッとしたズボンをはいている人もいるかもしれませんね。

エルヴィラ：そういう人のひとりにでも会いたいですね。

メイエルホリド：で、さっきの人は、何と呼んだらいいか、・・・、あの人は、あなたの食料貯蔵庫に住んでいるんですか。

エルヴィラ：私たちが生きているのは難しい時代じゃないですか。性的要求はなんとか満足させているけど、でも、お金に関しては別です。妥協はしなければならない。

メイエルホリド：奥さんは、・・・。

エルヴィラです。

メイエルホリド：率直に申し上げて、あなたは部屋を貸してくれるけど、プライバシーはまったく保障されない。隣には気違いがいる。死んだ劇作家を自称している。実際は、ダニーとかロンとかトレヴァーなんでしょうけど。で、あなたはいかがわしい過去があるご婦人なんですね。

エルヴィラ：多分、そうかもしれません。でもジョー・オートンは本物のジョー・オートンです。輪廻です。本当に、最初は信じられませんでした。でも、私は信じるようになったのです。あなたは輪廻を信じれますか？

メイエルホリド（ため息をつく）：どうぞ気になさらないでください。なにしろ、この庭が素敵ですから。

エルヴィラ：隣の庭がですか。

メイエルホリド：隣の人なんているんですか。

エルヴィラ：もちろん、周りには誰もいませんわ。

（メイエルホリドは窓に近づき、外を見る。）

メイエルホリド：あなたのうちの庭は、変なことを言うようですが、まったく完璧ですね、まったく手つかずのままの、荒れ放題。こんなの見たことがありません。都会では。綿密に計画してこうなったのですか？

エルヴィラ：まさか、そんなこと考えてもみませんでしたわ。

メイエルホリド：ということは、庭造りはあなたの趣味ではないということですね。

エルヴィラ：なっていたかもしれません。でも、荒れた土地を見ると庭いじりなどしたくなくなるんです。「じきに世界全体がこんな風になるんじゃないか」って思えて。で、何を手を煩わす必要があるのかしらって？

メイエルホリド：荒れた土地ですって？　ぼくは砂漠に住んでいたんです、本物の砂漠です。

エルヴィラ：本当？！　でもなぜ？

メイエルホリド：砂漠に住んでいるときに、理由なんて考えませんよ。

エルヴィラ：暑すぎて頭が働かないんですね。

メイエルホリド：砂漠では、疑問を提出し、その答えを見つけようとする義務など全然ないんです。

エルヴィラ：そんな義務って、確かにいやな義務ですよね。

メイエルホリド：そして長くいると、最後に、はっきりしてくるんです。世界の謎が解けはじめるのです。

エルヴィラ：それだけ長くいたということは、きっといい仕事していらしたのですね。

世界の終わりについての喜劇

メイエルホリド：数年はね。

エルヴィア：本当に！　だからそんなに日焼けしているのね！（彼女は彼の体を上から下まで舐めるように見る。）本当に、体中。

（ジョー・オートンが部屋のドアを開け、頭を突き出す。）

ジョー・オートン：それともうひとつ、ハロルド・ピンターさん。ぼくは君のシャツが嫌いなんだね。こういうシャツを着て、アフターシェイブ・ローションの匂いをさせているやつらは、この豚小屋みたいな世界の責任をとるべきです。

（彼はドアをバタンと閉める。）

エルヴィラ：がまんしてね。たいていは、書こうとしている劇のなかの言葉をいっているだけですから。とてもチャーミングになるときもあるんです。一生懸命になっているときなんて。

メイエルホリド：そんなときもよくあるんですか。

エルヴィラ：あの人には定収がないんです。それに誰にも好かれていないと思わされているんですね。

メイエルホリド：ぼくにはどうしようもないな。

エルヴィラ：それはいいです。私が面倒を見ますから。

メイエルホリド：あなたはよきキリスト教徒なんですね。

エルヴィラ：迷える若者には助けが必要でしょ？

メイエルホリド：ぼくの時代には若者たちはもっとしっかりしていましたよ。

エルヴィア：そんな時代はどこに行ってしまったの？　それに、そんな若者たちは？　世の中はすっかりだらしなくなってしまって。

世界の終わりについての喜劇

（メイエルホリドはもう一度、彼女をざっと一瞥する。）

メイエルホリド：ご自身の経験でもそう思いますか？

エリヴィラ：最後には、女性たちはみなズボンをはかなければならなくなるのよ。

メイエルホリド：そうならなければいいですね。

エルヴィラ：スカートの方が好きなんですね。

メイエルホリド：女性については話したくないですね。（彼は遠くの一点を見つめる。）砂漠のいいところは誰の声も聞かなくていいことなんです。

エルヴィア：本当に、それは素敵ね。

メイエルホリド：風だけが聞こえる。あっちにもこっちにも迷える小羊がいる。月に一度は雷が落ちるかもしれない。誤解なんてまったくありえない。

エルヴィン：それは素晴らしいわ。

メイエルホリド：ぼくは議論するのも嫌です。うまくいっているアイデアならしゃべる必要はないし。そうじゃなければ黙っていればいい。

エルヴィア：いまの言葉、かわいそうなジョーに聞こえたかしら。

メイエルホリド：どういうことですか・・・？

エルヴィア：いまの言葉をセリフに使うかもしれません。ジョーはもう何年も書いているんだけど、もうすぐ国立劇場で上演されるかもしれないって言ってたわ。そうしたら私、最前列で見ることになるのよ。

メイエルホリド：　申し訳ありませんが、伺わなければなりません。ほかにも下宿人がいるんですか？

637

エルヴィア：二人だけです。

メイエルホリド： 二人？ もうひとりはどなたですか？

エルヴィア：あなたです。

（メイエルホリドは窓の方へいく。そしてもう一度庭を見る。振り返って、部屋を見る。）

メイエルホリド：部屋はとても快適だと言っていましたね。

エルヴィア：このソファーはベッドにもなります。喜んでやってさしあげますわ、毎晩、あなたのために準備しますし、そして翌朝には、お直しします。

メイエルホリド：本当ですか？

エルヴィラ：若いころしばらくホテルの客室係をしていたんです。あなたのような方々のベッドメイキングをすることにとても満足していました。そうした仕事をしているときだけが幸せそのものの瞬間でしたわ。

メイエルホリド：でも、失礼な言い方ですが、この部屋はひどく散らかっていますね。

エルヴィラ：それはジョーが友達をここでもてなしているからです。食糧貯蔵庫は狭すぎるのです。でも、すぐにやめてもらえます。あなたがこの部屋を借りてくれれば、あなたのプライヴァシーはちゃんと守られます。

メイエルホリド：ドアのカギはかけられますか？

エルヴィラ：もちろんです。鍵を持ってきました。（彼女は鍵を見せる。）

メイエルホリド：それじゃ、先ず閉めてください。

エルヴィラ：それはちょっと。

メイエルホリド：なぜ？

エルヴィラ：ジョーが外に出ていけなくなるから。

メイエルホリド：出口はここだけなんですか？

エルヴィラ：窓があります。でも、ジョーがうんと言わないでしょう。梯子がいるし、その梯子がない。それに近所の人が何と言うでしょう。

メイエルホリド：近所には人はいなかったんじゃないですか？

エルヴィラ：ええ。でも郵便配達はきます。支払えないほどの請求書を届けにですが。

メイエルホリド：梯子ならすぐに作れますよ。器用ですから。

エルヴィラ：あの人は高所恐怖症なんです。そうでなかったら、民間航空のパイロットになっていたと言っていました。

　（メイエルホリドは部屋を歩き回り、もう一度庭を見る。）

僕には靴もスーツもネクタイもシャツもあります。

エルヴィラ：もちろん、あなたのような紳士の方はそうでしょう。

メイエルホリド：それに科学技術書の入った箱もふたつありますが、どこにそれを置けばいいのですか？

エルヴィラ：廊下に戸棚があります。

メイエルホリド：いいですね。でもどれくらいあの子が部屋から出てくるのか決めておかないと。出来れば書類も必要ですね。

　（エルヴィラはうれしさをうまく隠せない。）

エルヴィラ：ジョーはとても頭がいいの。あなたたち、すぐ友達になると思うわ。

メイエルホリド：あなたはちっともわかってませんね。ぼくがここに決めたのはこの庭があるからです。とても広いし。庭が家を取り囲んでいる。垣根もとても高くて、キリンだって木に登らなければ覗けないぐらいです。プライバシーは完璧です。なによりも、庭はとても荒れ果てていて、雑草も生えない。ちょっと見たところ。要するに、この庭は完璧です。

エルヴィラ：あなたのユーモアのセンスに慣れるにはちょっと時間が必要ですね。

メイエルホリド：ぼくにはユーモアのセンスなんかありません。必要な人はともかく。ぼくには必要ありませんから。

（エルヴィアは笑いながら、口を手で覆う。）

エルヴィラ：おかしいわ。

（彼女はソファーに座り、笑いつづける。メイエルホリドは心配そうに彼女を見る。）

メイエルホリド：大丈夫ですか？

エルヴィラ：笑ってるだけよ。

メイエルホリド：私たちの生きている時代では、笑いというのはつねに何か深刻な病気の徴候です。

（エルヴィラは笑うのをやめ、立ち上がる。）

エルヴィラ：経済的な理由から聞かなければなりませんが・・・。

メイエルホリド：どうぞ。

エルヴィラ：部屋を借りるんですか、借りないんですか？

（メイエルホリドは窓の方にゆき、庭をもう一度見て、振り返る。）

メイエルホリド：庭は気に入りました。部屋は最悪ですが、我慢するしかないですね。

（暗転）

第２場

１と月後、もしくはそれ以降。部屋の様子は変わっている。ソファーはなくなっていて、ベッドはきちんとしている。廊下の入り口から左の壁まで１メートルの高さの木の仕切り壁が後ろの壁に沿って作られている。メイエルホリドはウールのジャンパーを着、コーデュロイのズボンを履いている。彼は肘掛け椅子に座って、膝に乗せたスケッチブックに何か書いている。

暗闇の中でラジオからニュースが流れている。今年のヨーロッパは過去５００年で最悪の干ばつです。中国は過去１００年にない津波の被害にあいました。カンサス州は史上最悪の竜巻に頻繁に襲われています。ニューヨークと日本は深い雪に埋もれています。カナダはカンカン照りの夏のようです。オーストラリアのシドニーはまれにみる暑い新年を迎えました。１００年ぶりの洪水が南アフリカの最悪の干ばつを終わらせようとしています。それにもかかわらず、世界の指導者たちは、最近の会議で温室効果をもたらすガスの放出をいかに軽減するかについての同意に達することが出来ませんでした。

ニュースのあいだ、明かりが少しずつ部屋を照らしはじめる。レポートはジョー・オートンによって断ち切られる。彼が部屋から出てきてラジオのスイッチを切るのである。

ジョー・オートン：馬鹿げている。

メイエルホリド：きみは未来のことを心配していないのかい？

ジョー・オートン：いないね。気になるのはいまだけさ。（窓の外を見る。）信じられない。

メイエルホリド（腰を少し浮かし、心配そうに）：どうしたんだい？

ジョー・オートン：庭中が掘り返されている！　何か植えたんですね？

メイエルホリド（腰を下ろし）：今まで気づかなかったの？　これまでどこにいたの？

ジョー・オートン：ぼくらの家主の寝室だけど。ときどきエネルギーを補給しに台所にも行くけど。でも普段は自分の部屋さ。未完の原稿に取り掛かっているのさ。あれは爆弾になるよ。観客を粉々にしてしまうのさ。

メイエルホリド：外には絶対出ないんだね？

ジョー・オートン：外の世界にはもう興味がないんだ。

メイエルホリド：たとえば、仕事を探すとか。

ジョー・オートン（メイエルホリドを見て）：あんた、あなたと僕とは問題ありですね。

メイエルホリド：それは悲しい。

ジョー・オートン：あなたが何をしゃべっているのか半分はわからないし、あと半分はあなたは何も考えていないということですよ。

メイエルホリド：君は劇作家なんだから、全部理解しているべきだよ。

ジョー・オートン：僕が書いているのはファルス、笑劇です。

メイエルホリド：ファルスには難しい時代だね。現実は深刻な劇を求めている。

ジョー・オートン：現実はまさにファルスそのものです。あなたは人里離れたところにいたから、まだそれに気づいていないんです。

メイエルホリド：その君の傑作にはタイトルはあるの？

ジョー・オートン：いま書いているのはね、いまのところ、『われらがくそったれの価値観に何が起こったか』です。

メイエルホリド：それはいい。何年ものロングランになると思うよ。

ジョー・オートン：賭けますか？

メイエルホリド：でも、その劇がヒットするまでは私のために仕事ができるね。1時間5ユーロだけど。

（間。ジョー・オートンは仕切り壁の後ろに回って、彼の部屋の入り口の方に行く。彼は振り返り、メイエルホリドを見詰める。彼は何かを言いたいと思うが、気を替えて部屋に入り、ドアをバタンと閉める。それからまたドアを開けると、外を見る。）

ジョー・オートン：ひとつ言わせてもらいますけど、彼女はあなたのこと、好きじゃないですよ。ぼくのことが好きなんです。そこを間違えないでくださいね。

メイエルホリド：上品な女性ですね。私にはそれしか言えない。

ジョー・オートン：ここは部屋じゃない、廊下なんです。あなたには法的権利は何もありません。あの人はいつだってあなたを追い出せるんですよ。

メイエルホリド：ぼくはいつだって大地を足で踏みしめている。

ジョー・オートン：そしてこの仕切り壁。信じられない。目を離したのは5分だけなのに、僕の後ろにはベルリンの壁が出来ている。

メイエルホリド：ということは目を離すのは、最適なアイデアではないということだね。

ジョー・オートン：ぼくらはとても素敵な時間を過ごしてきた。エルヴィラと僕は。もっと良くなりえたとも思っている。とくにめしとセックスは。最近はひどく出し惜しみしているけど。でも、だいたいにおいて、ぼくらはかなりうまくいっていると思う。

メイエルホリド：それはおめでとう。

ジョー・オートン：もし、事態がいま悪い方に変わっているとしたら、この屋根の下に住む誰かがそれをちょっとばかり願っていないということだ。あなたに警告しなければならないとぼくは思っていた。

メイエルホリド：ありがとう。

ジョー・オートン：彼女があなたにぼくのことをどう言っているのかは知らないけど、僕に都合がよければどうでもいいんです。僕が何を言いたいかあなたに分かっていればね。でも、いやになったら、その男を破砕してやる、その単語の意味を辞書で調べる猶予も与えずに。

メイエルホリド：それは楽しみだ。

ジョー・オートン：もうひとつはっきりさせておくけど、ここで起きているすべてをぼくは記録している。というのもこれが、最大のファルス、笑劇だからさ。

メイエルホリド：ぼくもそう思う。

ジョー・オートン：くそったれ。（彼は自分の部屋に戻り、ドアをバタンと閉め、それからすぐにまたドアを開けると、頭を突き出す。）それからあんたの植えたものがなにか窓から僕の部屋に入ってきたらあんたを訴えるからね。

（暗転）

第３場

メイエルホリドとエルヴィラはお茶を飲んでいる。エルヴィラはベッドの端に座り、メイエルホリドは肘掛け椅子に座っている。

暗闇の中で、ラジオのニュースが流れている。・・・最新ニュースによりますと、数百という、もしかしたら千もの南極の氷山がニュージーランドに向かって漂流しています。オーストラリア南極省の氷山学者によれば、巨大な氷山は衛星写真によって位置が特定されているということです。海上輸送は危機にさらされています。この地区のすべての船舶は避難するよう警告されています。漂流している氷塊は、平均で、幅２００メートルの規模で、南極の氷山は北極の氷山よりもゆっくりと溶けるという仮説を覆すものです。

ニュースのあいだに照明が少しづつ明るくなり、舞台を照らす。エルヴィラが立ち上がり、ラジオのところに行ってスイッチを切る。エルヴィラは戻ってきて、ベッドの端に座る。さっきよりもっとメイエルホリドに近いところに。

エルヴィラ：ばかばかしいわね。

メイエルホリド：このラジオって、チャンネルは一つしかしかないの。

エルヴィラ：ほかのチャンネルは全部なくなってしまったってジョー・オートンが言っているわ。資金不足のためよ。（ティーポットに手を伸ばす。）もう一杯飲みます。

メイエルホリド：飲みすぎじゃないですか。よくないですよ。

エリヴィラ（ティーポットを下に置く。）：私にはこれしかないの。変えられないのよ。覚えているは、昔は変えられたのに、ちゃんとしてたから。

メイエルホリド：そういうことをしていると、すぐにもっとひどいことをやるようになりますよ。雑草が生繁って、庭がどんどん駄目になっていくようなものです。

エルヴィラ：それがこれまでの私の人生よ。完全な砂漠。本当に、あなたがこの家をあなたのニュー・ホームにしようと決める前の私の家の庭のようなものよ。

メイエルホリド：で・・・、

エルヴィラ：あなたがなにを植えたのか知りませんけど、庭は・・・、どう言うのかしら・・・、なんだか・・・、なにかを宿しているみたい！

（メイエルホリドは立ち上がり、窓のところに行って、外を見たあとで、振り返る。）

メイエルホリド：私たちのお互いの義務がはっきり契約書に書かれていてよかった。

エルヴィラ：まだ言ってなかったことがひとつあります。若いころ私はモデルをしてました。

メイエルホリド：そうなんですか？

エルヴィラ：女優になりたかったんですよ、もちろん。ほかの人とちがって、賢明にも、すぐに才能がないと気づきましたけど。

メイエルホリド：それは大したものです。

エルヴィラ：それほどでも。要するに、着飾るよりも脱ぐ方が楽だってわかったんです。

メイエルホリド：モデルの役割って新しい服を見せることじゃないんですか？

エルヴィラ：もちろんそうです。でも、ひとつひとつ脱いでいくことでもあるんです。

メイエルホリド：ストリップ嬢だったんですか？

エルヴィラ：写真のモデルです。私の写真はエッチ雑誌にも載ったんですよ。お見せしましょうか。興味があるのなら。（メイエ

ルホリドは黙っている。）強制はしませんけど、もちろん。（メイエルホリドは黙りつづけている。）でもそうした仕事ができるのは３０までです。

メイエルホリド：法律で決まっているのですか？

エルヴィラ：需要と供給の法則です。肌はぴちぴち、すべすべ、つやつやしていなければいけないんですね。２歳の赤ちゃんの肌みたいに。

メイエルホリド：極端な市場原理なんだ。まさしく。

エルヴィラ：修羅場ですよ、メイエルホリドさん！　修羅場です。しかも私は、ハンディキャップを抱えながら始めたんです。外科の虫垂削除の傷跡があったんで。（秘密めかして）。ハート型をしているんです。外科医が手術中に私に恋しちゃったんです！（コケティッシュに。）小さてかわいいハート形の傷って見たことあります？

メイエルホリド：いいえ。

エルヴィア：用心することを学びましたわ。ほんとうにおとなしい人が、ちらっと見ただけで、突然暴力的な野獣に変わってしまうんですから。

メイエルホリド（神経質な咳をすると立ち上がる）：あなたの肌の傷を見なくても、たいてい男は獣になりますよ。

エルヴィラ（間）：ときどき感じるんですけど、私はなんかあなたの期待に応えていないみたいですね。

メイエルホリド：不満なんかありません。

エルヴィラ：それが不安なんです。ほとんどの男性は、今頃になると、期待を裏切られたと言ってきたんです。あなたは控えめすぎません？

メイエルホリド：積極的ですよ。

エルヴィラ（立ち上がる）：あなたがいらしてから私の生活は一変してしまいました。これまで私はよく泣いていたし、引きこもりがちで、自分に確信もなかったのに。あんまりひどくて、どもるようになってしまった。子供のころみたいに。（涙をぬぐうみたいに手を動かす。）でも、いつも私の中で小さな声が囁いていたの。誰かが来て、自信を回復してくれるって。それに力も。決断力も。その男の人は、何かに取りかかって、それを実現していくのよ。朝起きて、庭を見るたびに、のどに何かがひっかかっているみたい。家の周りの土のやさしいあぜ道みたいなものを見ていると、そこになにか美しいものが鼓動しているような感じがするの。私たちの子供のようなものを。こんなこと言って困らせたくないですけど。

メイエルホリド：いえ、ただまごついているだけです。

エルヴィラ：ごめんなさい。

メイエルホリド：家賃はあらかじめお支払してありますね。

エルヴィラ：あなたは誤解してますわ。

メイエルホリド：そうかもしれません。

エルヴィラ：もちろん、庭は１年間、あなたのものです。庭に何を植えるかはあなたの勝手です。でも、なにを植えているのかは教えておいてください。でも、庭のことはいまはどうでもいいんですーー。

メイエルホリド：そのことはぼくにとってはどうでもいいことではありません。

エルヴィラ：ここでくつろいでくれればいいなんて、私が思っていることは、たぶん、差し出がましいかぎりでしょうね・・・。

メイエルホリド：いえ、ただそんな必要はないということです。

エルヴィラ（涙をこらえて）：口頭で言い訳をするんですか？ それとも、書面で言い訳をしたいんですか、たぶん書留とかで郵送するんでしょうね？（エルヴィラはドアの方に歩いていく）

世界の終わりについての喜劇

メイエルホリド：本当のことを言うと・・・（エルヴィラは立ちどまり、メイエルホリドを見る。）私にはあなたの助けが必要なんです。

エルヴィラ（当惑して）：なにがなんだか分からないわ。

メイエルホリド：１、２週間したら、もう一組、手が必要になりそうなんです。耕したり、雑草をとったりする必要があるんです。それに、なによりも、水を定期的にやらなきゃならない。

エルヴィラ：どういうこと？

メイエルホリド：誰かを雇わなければいけないということです。

エルヴィラ：失職している人にはいいニュースね。

メイエルホリド：そして、まさにこのあなたの家の屋根の下にその人がいるということです。

エルヴィラ：でもジョーは劇作家ですよ。

メイエルホリド：書くことは空いた時間にできます。私の考えでは、ファルスなら１日に１００本書けますね。それに１と月に１００本、舞台にかけられます。でも、私が見る限り、ジョーにいま必要なのはお金です。あなたが無際限にジョーを支えていくんでなければ。

エルヴィラ：私がですか。１０年前ならそれもできたかもしれません。でも最近の危機でだめになりました。正直言って、ほとんどの時間、私は自分の年齢のことしか考えていません。年月は留まる事を知りませんから。

メイエルホリド：もちろん、ぼくは偉大な作家の誠実さも期待しているし、仕事に打ち込んで欲しいですよ。

エルヴィラ：それで私には何をして欲しいんですか？　誠実になり、仕事に打ち込むようにさせること？　それには２週間じゃぜんぜん足りませんね。

メイエルホリド：ジョーに私のために働くメリットを言っておいてください。どこにも出かけず、ここでできる仕事なんだって・・・。

エルヴィラ：ジョーは仕事なんかしないわ。

メイエルホリド：新鮮な空気のなかの健康的な活動。すばらしい環境。そしてもちろん、給料も悪くない。1時間4ユーロです。

エルヴィラ：どうして自分で言わないの？

メイエルホリド：あなたのほうがずっと親しいでしょう？

エルヴィラ：彼がそう言ったとしたら、誇張しているのよ。ぜんぜんそうじゃないとしても、誰かを親しく知るなんて私の力にはあまることだわ。

メイエルホリド：ちょっと説明させてください。あなたがご自身について言っていることはなにもかも・・・そう・・・ぼくは心を動かされました・・・

エルヴィラ：本当ですか？

メイエルホリド：全然気づいていないみたいですが、ぼくのがさつな態度はあなたにたいする本当の感情とは全然関係ありません。

エルヴィア（ひどくうれしそうに）：嘘でしょう？！

メイエルホリド：この感覚が私にも大きな驚きなんです。ただ唯一の問題は・・・もっと時間が必要だということです。

エルヴィラ（愛らしい笑いを浮かべて）：あなたはちょっと古風だということですか？

メイエルホリド：じゃあ手始めに、名前で呼び合いません。もしよろしければ。

エルヴィラ（にっこり笑って）：ああ、もちろんいいですよ。

（暗転）

第4場

エルヴィラは肘掛け椅子に座っている。ジョー・オートンは部屋の中をゆっくりと歩きながら、彼の関節をぽきぽき言わせている。

ジョー・オートン：そのことについては考える必要があるな。

エルヴィラ：私たちみんなが幸せな家族のようにここに住めるのよ。

ジョー・オートン：彼はぼくの父親じゃないよ。

エルヴィラ：でも、彼って理想的な父親みたいじゃないの。

ジョー・オートン：あの道化師が？

エルヴィラ：いろんな点であなたより優れている人に敬意を示してもまずいことはなにもないでしょ。

ジョー・オートン：派手なネクタイをいっぱい持っているとか、彼の穿いていたズボンの折り目がすごくはっきりしていたということを言ってるんですか？

エルヴィラ：他にもいろいろね。

ジョー・オートン：彼の隠れた側面にもうすっかり馴染んでいるなんて言わないでくれよ。

エルヴィラ：そんな言葉、聞かなかったことにするわ。

ジョー・オートン：スカートの中の彼の手とか、彼の財布の中のあなたの手とか、たしかにあなたには好都合ですね。

エルヴィラ：最後に聞くけど、あなたにメイエルホリドさんの寛大な提案を受ける気はあるの？

ジョー・オートン：1と月もらえるかな。そのことを考えるから。

エルヴィラ：わかったわ。それまでは自分でどこか近くのスープ食堂に行ってね。あなたのために料理はしないから。

ジョー・オートン：そんなことあなたにはできません。

エルヴィラ：それしか私には武器がないから。

ジョー・オートン：彼はどうなんだい、彼はあなたの"料理"を気に入っていんですか？　ほかにいい言葉がないけど。

エルヴィラ：受けるの受けないの？

ジョー・オートン：あなたがよく知っているように、ぼくにはもっとずっと高い目標があるんです。お金のことは・・・

エルヴィラ：新しいシャツがあなたの目標を駄目にするなってことはないわ。もうあなたの古いシャツの繕いをしないことに決めました。

ジョー・オートン：あなたがときどき彼のために何かすることには全然反対はしませんけどね。ただ僕はあいつには雇われたくないんです。あいつに言われることをしなければならなくなりますからね。

エルヴィラ：ふつう、仕事をするというのは、この国ではそういうことですよ。でも、メイエルホリドさんは、長年、砂漠にいたので、雇人に対する期待の仕方がやや古風なんですね。

ジョー・オートン：あの男は危険ですよ、エルヴィラ！　あの男はなにもかも持ち込んでくる、彼のあのポンコツ車のなかに何が詰まっているのか分かりはしない。彼は何か陰謀を企んでいますよ。

エルヴィラ：メイエルホリドさんは、私たちの生活を変えることができるしっかりとした正直な人です。

ジョー・オートン：そのことをわれわれが望んでいるかどうかということは別にね。

エルヴィラ：ありがたいことに、まだいるということです、この世界に、何を望んでいるかを知っていて、彼らの目的に到達するために時間を無駄にしないようにしている人間たちが。

ジョー・オートン：胡瓜とか、カブ、キャベツとかを作ることを目的としている人に対して、随分大袈裟なほめ言葉ですね。

エルヴィラ：この庭は彼のものです。あの人が借りたんですから。彼がそこで何をするかに私は関心ありません。

ジョー・オートン：でも、ぼくは、あなたがあなたの寝室でなにをしているのかということには関心があります。明らかにあのファシストはすでにそこの併合を終えてますね。

エルヴィラ（失望を隠しきれず）：そんなことしていないだけじゃなく、そんなこと考えてもいないと思うわ。

ジョー・オートン：多分彼は慣れているんですよ、素敵なおっぱいだけじゃなく、頭も優秀な女を扱うのが。

エルヴィラ：そういう女がいるのは私も知っていますよ。でも残念ながら、私はそういう女じゃありません。でも、あなたが私のベッドに来たのは、あなたも優秀な頭脳を授けられていなかったからね。

ジョー・オートン：君の寝室が僕のリヴィエラ[地中海の避暑地]だったんだ。毎晩、休暇に出向いていた場所なんだよ。

エルヴィラ：これからはヴィザがいるわ。メイエルホリドさんとの雇用契約にサインする前にはヴィザは受け取れません。

（間。彼らはお互い見詰めあう。ジョー・オートンはエルヴィアに近づき、彼女を抱きしめる。）

ジョー・オートン:どこでサインさせたいんだい？　ここでかい？

（オートンは右手を彼女の左胸に置き、おっぱいをモミはじめる。）

エルヴィラ:なんでも許しちゃうの、それが私の問題ね。

（ふたりはキスをする。）

（暗転）

第5場

メイエルホリドが廊下から入ってきて、窓のそばにたつ。突然、窓を開け、身を乗り出す。

メイエルホリド:いったい何度、きみは外側の輪に水を撒いてきたんだ？

ジョー・オートン（窓辺で）:覚えていない。

メイエルホリド:自分に聞いてみろよ。

ジョー・オートン:休んでいるときには自分のじゃまをされたくはない。

メイエルホリド:立ち上がって仕事をしなければ、給料を半分にするぞ。

ジョー・オートン:ぼくはお金のためにしているんじゃない。エルヴィラを喜ばせるためにしているんだ。あなたはなぜ、パンプキン(南瓜)ちゃんのひとつにならないんですか？

メイエルホリド:きみには料理を作らないように言うぞ。

ジョー・オートン:じゃあ、僕はやめにします。

（ブリキのバケツが地面に落ちる音が聞こえる。エルヴィラがお盆にティーポットと紅茶茶碗をふたつ載せて持ってきて、紅茶を入れはじめる。）

メイエルホリド：あいつは仕事を拒否している。なんか言ってやってくれ。

エルヴィラ：どうして私が？

メイエルホリド：きみが彼を雇ったからさ。

エルヴィラ：私が彼にお願いしたのは、あなたのためを思ってのことよ。

メイエルホリド：きみだけだよ、説得できるのは。

エルヴィラ：彼に従ってもらうために何を代償にしているか知ったら、もう一度彼に頼んでなんて言えなくなるわよ。

メイエルホリド：ちょっと説明させてもらえますか・・・（ひどく無理して、メイエルホリドは笑顔をつくると、彼女をソファーの方に連れていく。エルヴィラは暖かく応じる、なにかを期待して。ふたりは一緒に腰を下ろす。彼女は彼の手を取るが、彼は注意深くその手を後ろに引く。）あなたわれわれが生きていかなくちゃいけない現実がなにか気づいていますか？

エルヴィラ：あんまりだわ。そこで生きていかなくちゃいけないなら、それを外側から見ることなんてできないでしょ。

メイエルホリド：僕が言いたいのは、僕らはみんな、複雑なメカニズムのなかのレヴァーでしかないということです。誰だって上にあるレバーに依存している。その上のレバーが下のレバーに指令しているんです。

（エルヴィラは、彼の言うことに耳を貸すことなく、彼にお茶を差し出す。）

エルヴィラ：緑茶よ、健康にいいの。

（メイエルホリドは一口飲むと、茶碗をお盆に戻す。）

メイエルホリド：ねえ、エルヴィラ、なぜきみは、脅してまでして、このうすのろに僕の仕事をさせようとしたんだい？

エルヴィラ：ジョーはうすのろじゃないわ、芸術家よ、それに少年時代、不幸せだったの・・・

メイエルホリド：どうしてだい、エルヴィラ？

エルヴィラ：ジョーにはお金が必要なの。

メイエルホリド：本当のことを言ってよ、エルヴィラ。

エルヴィラ（ぱっと立ち上がると）：なんであなたはこんなことをしてるの？ なぜ、・・・、なぜあなたは・・・？ 私は男運がひどく悪いの。魅かれる男はいつも最悪。でも、あなたは・・・、あなたがはじめてなの、私の生涯で、・・・ほかの人とちがうの・・・あなたって、とても・・・。

（じつにわざとらしく、彼女は泣く振りをする。メイエルホリドは立ち上がり、彼女を見詰める。）

メイエルホリド：エルヴィラ・・・（彼女は"泣く"のをやめ、彼を見る。） 水を撒くようにあの青年に言ってきてくれませんか。

エルヴィラ：じゃあ、まだ少しはいやではないのね？ 好きになってくれるの？ ちょっとだけでも。

メイエルホリド：まったく分からない、あなたの言っていることは。もっとはっきり言えないのですか？ 家賃をあげるとか。たとえば１０パーセント。

エルヴィラ：１０パーセントの愛じゃいやだわ。（彼女は眼を拭って、離れる。）

(暗転)

第６場

暗闇のなかでラジオからニュースが流れている：・・・最新の報道によると、石油は、国際エネルギー局の専門家たちが予測していたよりもずっと早く底をつくとのことです。公式報告によれば、２０３０年までに最大生産量が１日当たり１億２千万バレルに達し、その後、生産量は急速に減少するということでした。世界的パニックを恐れて、当局は事実の発表を控えていました。しかし、まもなく、われわれはさらに深刻な欠乏、水不足に直面することになるでしょう。世界人口の４０パーセントがすでにその影響を受けています。５０年にわたる水不足が３０億の人々を襲うでしょう・・・。

ニュースのあいだに、照明がゆっくりと舞台を照らし出していく。メイエルホリドは窓辺に立って、庭を見ている。ジョー・オートンが廊下から入ってきて、仕切り壁の後ろを通って、彼の部屋のドアの方にいく。立ち止ると、振り返り、ラジオの方に戻ってきて、ラジオのスイッチを切る。それからオートンはメイエルホリドを見る。

メイエルホリド：ばかばかしい？

ジョー・オートン：ひとつ提案があるんだけどね。

メイエルホリド：隣人同士の提案ですか？

ジョー・オートン：ビジネスマン同士の提案だよ。

メイエルホリド：ぼくはビジネスマンじゃない。

ジョー・オートン：それじゃあなぜ、あんたは１０種類もの野菜を作っているんです？　それを売って儲けたいんでしょう？　あんたはわずかばかりの金で部屋を借り、広大な庭を安く手に入れた。まったく頭がいいんだね！　賭けてもいいけど、あそこにあるのはみな遺伝子組み換えの野菜だろ。

メイエルホリド：　まさか？

ジョー・オートン： きっとあんたは、違法な実験をしているんだ。それがあんたがこの場所を選んだ理由なんだ。だれにも見つからないからね、偶然にしか。ぼくに良心の呵責がなければ通報しているところだ。

メイエルホリド：それはひどい間違いだよ。

ジョー・オートン：僕の提案を拒否するのと同じだね！

メイエルホリド： どっちが？

ジョー・オートン： ぼくは気づいたんだけどもね、野菜と野菜の間には、キャベツとカブのあいだにも、かぶとカリフラワーとの間にも、それ以外の場所にもまだ余裕があるね。

メイエルホリド：その空間が必要なのは、野菜が自由に大きく育っていくため。

ジョー・オートン：あそこにマリファナを植えたって、それは大丈夫さ。

メイエルホリド（間）： マリファナ？

ジョー・オートン：ぼくらは利益を分けることができる。フィフティー・フィフティーでどうだろう。気前良いだろう。水撒きも草取りもただでしてあげるよ。

メイエルホリド： それがあなたの提案ですか？

ジョー・オートン：というより申し出ですね。

メイエルホリド：あなたの年齢と年代の人たちはヨットで世界を一周して、まんまとギネスブックに名前を載せるんだね。

ジョー・オートン：あなた年代の人たちはウォールストリートで何百万ドルも稼いでおきながら、刑務所には入らないようにすまそうとしている。

世界の終わりについての喜劇

メイエルホリド：なにを言いたいんだい？

ジョー・オートン：あなたは何を言いたいんです？

メイエルホリド：　きみは大麻をやっているね。ベッドの下にそいつを隠している。マリファナよりももっと悪質なものも売っている。

(ジョー・オートンはメイエルホリドの上着の襟をつかむ。メイエルホリドは膝でオートンの股間を蹴り上げる。ジョー・オートンは痛みで屈みこむ。)

ジョー・オートン：だれがあんたに僕の部屋を探し回る権利をあげたんだ。

メイエルホリド：僕だよ。プロジェクトを進めるためには防衛しなければならないからね。

ジョー・オートン：　あんたのプロジェクトなんか踏みつぶしてやる！

メイエルホリド：それでだれがきみに私の持ち物を調べる権利を与えたんだい？

ジョー・オートン：　それは僕じゃあない。エルヴィラさ。彼女は、どんな気違いを自分の屋根の下に引き込んでしまったのかをちゃんと知る権利がある。確かに、荷物を探っていたのはぼくだよ。でもそれは彼女に頼まれたからです。われわれにはみな自分自身を守る権利がある。あなただけじゃなくてね。世界がこんな風になったのは僕のせいじゃない。

メイエルホリド：世界がこんな風になったのは君のような人がいるからだね。

ジョー・オートン：そうですか？　それであなたのような人びとが世界を救うということなんですね。

メイエルホリド：まったくその通りです。

世界の終わりについての喜劇

ジョー・オートン： 誰が考えただろうか！ 婆の色情狂と薬を売ってやりくりしているドロップアウトした学生がいずれはよくなるんじゃないかと期待して、無気力に暮している、さびれた町のはずれにあるあばら家に救世主が訪れるなんて。ワオー！

（メイエルホリドは彼の顔にびんたを食らわす。）

ジョー・オートン：いいでしょう。ぼくはあなたの庭についてはもう話しません。あなたもマリファナについてはもう何も言いませんね。

メイエルホリド：私はこれまでの自分の人生の中で、警察に密告したことなど一度もありませんよ。

ジョー・オートン：しなくても生きていけるということですね。それは素晴らしい。

メイエルホリド：そのシニシズムは、あなたたちの世代のもっとも安易な逃避の仕方だけど、それはとんでもなく怠惰な知性のしるしだ。

ジョー・オートン：まったくその通りです。

メイエルホリド：（オートンの口まねをして）「ぼくのせいじゃない、人間が絶滅の瀬戸際にいるのは。世界をこんな風にした人たちに世界を救わせなければならない。そんなことになぜぼくが気にかけなければならないんですか。」

ジョー・オートン：あなたは僕がこの世界を気にかけなければいけないと言っているのですか？ 冗談じゃない。ぼくはむしろ運命に身を任せます。海面があがって最初に押し流される一片の泥になりたいのです。

メイエルホリド：それはいい。でも明日も庭に水を撒いてくれますね。

世界の終わりについての喜劇

ジョー・オートン：いますぐにやります。

（オートンは立ち去る。メイエルホリドはソファーに座ると本を手に取る。エルヴィラが廊下から入ってくる。メイエルホリドは彼女を見る。）

エルヴィラ：ちょっと申し上げたいことがあるんですけど。よろしいですか。

メイエルホリド：どうぞ。

エルヴィラ：あなたがここに来てから二か月たちますが、わたしがどう思っているのか一度も尋ねてくれませんね。

メイエルホリド：他の人がどう感じているのかを知ろうとすることはとても危ないことです。

エルヴィラ：私もその他の人なんですか。

（エルヴィラは彼に近づいていくとソファーの彼の隣に座る。メイエルホリドは立ち上がり、彼女から離れる。）

メイエルホリド：　私はちょっとよそよそしいかもしれません。でもそれは私がやろうとしているプロジェクトの重要性と密接にかかわっているのです。

エルヴィラ：キャベツときゅうりを育てることですか？

メイエルホリド：ブロッコリー、ジャガイモはどうですか、カリフラワー、ズッキーニ、玉ねぎ、さやいんげんもあります。ピーマンやとまとも？

（エルヴィラは立ち上がると、窓の方に行き、外を見る。）

エルヴィラ：あなたは家の周りに野菜の輪を１０個も作りました。１０個の完璧な輪と、１０個の溝、それに１０個の壁です。あなたは私たちを家のなかに閉じ込め、わたしたちをあなたのために仕えさせ、働くようにさせました。あなたは、私たちをあな

世界の終わりについての喜劇

たのプロジェクトのなかに閉じ込め、私たちをその一部にしてしまいました。でもそれは本当の意味での一部ではありません。というのは、どんな質問も許されなかったし、何も教えてくれなかったからです。私たちは外にいさせられました、とくに私は。そうでなければどうして、私はこんなふうに、感染症患者のように遠ざけられるのでしょう。

（短い沈黙。）

メイエルホリド：何が望みなのですか？

エルヴィラ：少しだけ知りたいだけです。

メイエルホリド：女の人たちはどうでもいいことをロマンチックな物語にする特殊な才能があるようですね。あなたが私にさせようと思っていることは、なんていうか、あれ以外でも以下でもないというか・・・

エルヴィラ：なんですって？

メイエルホリド：セックスでしょ。

エルヴィラ：まあ！・・・あなたは童貞だっていうの？

メイエルホリド：われわれの契約にそうした業務を入れてもいいですよ。すべてが感情に作用されず、厳密に理性の内部のことであるならばね。科学的なアプローチに勝るものはありません。

エルヴィラ（ドアの方へ歩いていく。）　夕食には鶏肉のスープを用意しました。あなたは嫌いでも、ほかに思いつかなかったので。

メイエルホリド（手を振り回しながら）：なんでもいいですよ・・・なんでも・・・。

エルヴィラ（ドアのところで）：　来週はキャベツが料理できますわ。外のキャベツが食べごろになりますから。

メイエルホリド（恐怖に身震いして）：何を言っているんです？！

エルヴィラ：キャベツのシチューは私の得意料理のひとつなんです。気に入ってくれますよ。

メイエルホリド：庭のキャベツですか？

エルヴィラ：もちろんです。あのキャベツは神聖なものか何かなんですか？

メイエルホリド：キャベツに手を触れることは許しません。

エルヴィラ：ああ、神様、あなたはまるで・・・いいでしょう。何の問題もありません。全部売りたいというんなら、あのキャベツ全部をね・・・

メイエルホリド：ぼくがキャベツを売りたいと誰が言ったんです。

エルヴィラ：キャベツでほかに何ができるの？

メイエルホリド：絶句するしかありませんね。

エルヴィラ：食べるか売るかでしょ。それとも腐らせるか。

メイエルホリド：本当にあなたは全部、口に入れるつもりなんですか？

エルヴィラ：全部じゃないわ。

メイエルホリド：あなたは知らないんですか、われわれが何に直面しているのか？

エルヴィラ（ドアのそばの鏡の前で立ち止まる）：老齢？ しわ？ たるんだ肌？ 私たちが手に入れそこなった機会への悔恨かしら。（彼を見る。）それとも拒絶されたこと？

(しばらくのあいだ、ふたりはお互いに見つめ合う。ドアをノックする音が聞こえる。コネヴィチが入ってくる。)

コネヴィチ：すみません、でも青年が２階に上がってくるように言ったので。

エルヴィラ：あなたはどなたですか？

コネヴィチ： コネヴィチです。市の水道局のものです。水道のメーターを見せてもらえますか？

(エルヴィラとメイエルホリドはちらっと目を見かわす。)

エルヴィラ：よくわかりませんね。どうして市の水道局が私のうちの水道メーターに関心があるなんて。

コネヴィチ：古き良き日々は当の昔に過ぎてしまったのです、奥さん。先週の豪雨の鉄砲水では、ここからそれ程遠くない村の半分が流されてしまったかもしれないのですよ。しかし、市の水道局があなたたちに料金を請求している水はそれとは違うのです。水が大量に地面に漏れているようです、間違ったかたちで。

エルヴィラ：制限などなにもなかったはずですが。

コネヴィチ：何をすべきか市の当局にはそれを知らせる時間がなかったのです。警察は曲がり角の後ろのやぶの中に取り付けたスピード探知機について知らせていますか？

エルヴィラ：私は運転しないので、そんなこと期待していません。

コネヴィチ：奥さん、当局が分別ある振る舞いをするなんていうことは絶対ありません。だから、私がそうだとしても許容しなければなりません。ようするに、これは私の義務なのです。私は雇い主を落胆させるわけにはいかないのです。最近は、いい仕事なんて、いや、ひどい仕事でさえ、すぐにももぎ取られて箱詰めにされるための梨みたいには、木になっていませんからね。

世界の終わりについての喜劇

エルヴィラ：うちには水道メーターなんてないと思います。見た覚えはありません。

コネヴィチ：あなたの記憶を確かめにきたのではありません、奥さん。私が調べに来たのはどれだけの水を、あなたがたが先週消費したかです。あなたがメーターの場所を知らなくても、どの辺にあるか私が知っています。勘ですけどね、それはドアの後ろにあります。

（ジョー・オートンの部屋のドアを指し示す。）

エルヴィラ：食料品置場？　まさか？

コネヴィチ：　奥さん、思いもかけない場所に水道メーターが設置されることがある言っても、奥さんは信じないでしょうね。そこにないと確信できますか？　ベッドの下ですよ、たぶん。

エルヴィラ：食料品置き場で、なんでベッドなんですか？

コネヴィチ：おお、多くの人たちが食料品置き場のなかに詰め込むもののリストをあなたにお見せすれば、私は精神病棟行きですか。見てもいいですか？

エルヴィラ：あのドアは鍵がかかっています。

コネヴィチ：なぜ、ご自分の食料貯蔵庫のドアに鍵をかけているんですか？

エルヴィラ：この家には下宿人がいるんです。近頃は誰も信じられないですからね。自分自身さえ信用できないくらいです。

コネヴィチ：分別のある態度ですね。鍵はあなたがもっていますね？

エルヴィラ：鍵は家のどこかにあります。でも、どこにあるのかは。

665

コネヴィチ：あなたはメーターの場所を知らない。そして、鍵も見つけられない。私よりも疑い深い人間なら、あなたは市の職員がその仕事を遂行するのを邪魔しようとしていると考えますよ。

エルヴィラ：私はこの辺りではもっとも誠実な人間です。メイエルホリドさんですらそれを請け合ってくれます。

コネヴィチ（彼はここに来て初めてメイエルホリドを見る）：メイエルホリド？

メイエルホリド：なぜあなたはもっともありそうなところで水道メーターを探さないんです？　1階じゃないですか？　玄関の横ですよね？。

コネヴィチ：いずれは食料品置き場も調べなければなりません。でも、いまここにいますので、もう一度階段を上りたくはありません。私には大変なんです。心臓が悪いので。

メイエルホリド：僕は思いますけど、メーターは食料品置き場にはありませんよ。

コネヴィチ（彼を無視して）：鍵を持ってきてくれませんかね、奥さん？

（エルヴィラは躊躇する。彼女はドアに行き、それから振り返る。）

エルヴィラ：　それで、メーターを見つけたら、それから何をするんです？

コネヴィチ：　何か操作が加えられてないということが分かったら、使用量を記録します、それからあなたところに請求書が届きます。何か不備が見つかったら、そのときは、私の自由裁量ということになりますので、そのときは交渉を開始しなければなりません。

エルヴィラ：　なぜ、メーターを待っているんです、なぜ鍵について交渉しないんです？　何がいいかしら？

コネヴィチ：それは公職にある人物にわいろを贈ろうとしているとみなされますよ。

エルヴィラ：私が言ったのは、待ってる間に何か飲みませんかといっただけですよ。部屋の鍵を私が探しているあいだに。そこにはメーターなんかありませんけどね。コーヒーがいいですか、紅茶ですか？

コネヴィチ：どちらもいりません。私はこの紳士と哲学的な論争をすることにします。そうすれば時間はあっというまに経ってしまうでしょう。

エルヴィラ（鏡に映った自分の姿を見る）：そうね。それが時間の過ぎ方ね。（退場。）

第7場

コネヴィチは歩き回り、部屋をじろじろ見回す。窓のそばで立ち止まると、外をのぞく。

コネヴィチ：こんなものを見せられるとほんとうにお腹がすいてくるな。とくに胡瓜はな。すごく、ああ、でかあああい。それに信じられないくらいジューシーだ。

メイエルホリド：　あなたはヴェジタリアンなんですか？

コネヴィチ：市当局の良心的な役人としては、私は正常な範囲からあまりに逸脱するわけにはいきません。ウィーン風シュニッツェル[小牛肉のカツレツ]が私の大の好物です。

メイエルホリド：ひどく不健全ですね、市当局と関係するたいていのものはそうだけど。

コネヴィチ：公務員だって気まぐれな権力の犠牲者に過ぎません。とくにわれわれがまた彼らの実行部隊であるようなときに

は。これが時として、われわれにとってもっとベターな判断によって動かなければならない理由です。公的機関にそのまま従うよりはずっといいのです。これはここだけの話にしておきますが。

メイエルホリド：　水道の水の使い方のことですか？

コネヴィチ：そのことについては心配しないでください、エベンシュパンガーさん。うまくいきますよ。あなたとわたし、私とあなた、そしてみんなが喜び、満足するでしょう。

メイエルホリド：メイエルホリドです。エベンシュパンガーではありません。

コネヴィチ：　本当ですか？

メイエルホリド：　なぜ、あなたは私のことをエベンシュパンガーと呼んだんですか？

コネヴィチ：たぶん、あなたがエベンシュパンガーと呼ばれている人に似ているからです。若しくは、最近までそう呼ばれていた人にね。その前にはロブニクと呼ばれ、そしてその前はコネヴィチでした。

メイエルホリド：あなたは自分のことをコネヴィチだと言っていましたよ。

コネヴィチ：そう言っていましたか？　完璧な混乱です。最近の軽い発作のせいで具合がわるいんです。実を言うと、私の名前はノヴァックです。

メイエルホリド：で、あなたは本当に市水道局から来たんですか？

コネヴィチ：それは確かです。そのことで嘘をつくとなると特別の事情が必要になりますね。私はただ名前で混乱しただけです。

メイエルホリド：じゃあ、ノヴァックさん。

コネヴィチ： コネヴィチと呼んでいいですよ。そうしないと混乱はますますひどくなります。こうしましょう、今日はコネヴィチで、明日は、ノヴァック、それからは何か別の名前に。何事も単純にいきましょう。

メイエルホリド： で、エベンシュパンガーというのは誰なんです、僕に似ているとおっしゃっていましたね？

コネヴィチ：面白いやつです。グローバル・レベルでの貨幣の循環についての理論を考え出した人です。それはチェイン・レター、不幸の手紙の財政システムのようなもので、そうすると、どんな通貨でも、交換可能になり、どの国でも、もっとも貧しい国でさえも、お金を借りることなしに、驚くべき経済成長を遂げることができるのです。

メイエルホリド：悪くない思いつきですね。

コネヴィチ： 天才的な仕事です。不幸は、よくあることですが、それが理論でしかないということです。政治家がどういうものかご存知でしょう？（外の庭を見る。）あのキャベツといったら！ そしてブロッコリ！有機栽培ですか？ 遺伝子操作ですか？ 科学は科学です。二つのうちどちらかです。

メイエルホリド： それにほかに何をこの・・・エベンシュパンガーは試みましたか？

コネヴィチ：知らないんですか？

メイエルホリド： 知っているわけないでしょ？

コネヴィチ： しばらくのあいだ、彼は有名人でした。 主には、彼の理論をみんなが笑いものにしていたからです。 私の家には新聞記事の切り抜きがいっぱいあります。

メイエルホリド： 彼の仕事についての切り抜きまで集めたんですか？

コネヴィチ：若かったですから。人生の最初の四分の一、私たちがどのようなものなのかご存知ですか？ 新しい思想に興奮する

んです。どんな馬鹿げた思想にもね。そのあと、中年になると、若くして死んだ者たちだけが避けることの出来る堕落とわれわれが呼んでいる年代です、われわれはパラノイアに襲われるのです。そこで、われわれは、妥協して、少なくとも1週間に一度は、われわれの食卓にステーキを出すのです。

メイエルホリド：そして市水道局の検査官になるんですね。

コネヴィチ：たとえばね。

メイエルホリド： もしあなたが本当にそういう人だったならば、あなたは特別にすぐれた高等教育を受けていたということですね。

コネヴィチ： 私は読書が好きです。役に立つかもしれないと思ったらなんでも切り抜いたのです。たとえば、エベンシュパンガーですが、もう何年もデータを集めています。

メイエルホリド：どうしてですか？

コネヴィチ： そのように、私は準備しているのです。その男が別の名前で姿を現わすときに備えて。新しいプロジェクトをを携えてね。

メイエルホリド：準備ってどういう意味ですか？

コネヴィチ： 彼のプロジェクトに参加するための準備です。

メイエルホリド： なんのために？

コネヴィチ(そっと)： ここだけの話しですが、市の水道局の検査官として、私はものすごく沢山のものを奪われてきたんですよ。それで私は自分自身に言い聞かせてきたんです。「人生はこんなもんじゃないはずだ！ 誰もが行動する人間にならなければならない。あらゆる危険をも顧みるな、高貴な理念のために自己を犠牲にして、人類に貢献するんだ」ってね。

メイエルホリド： もはや自分の祖国だけに尽くすというのではないんですね？

コネヴィチ： あなたはこの１０年間、どこにいたんですか？ いま話題にされているのは、人類がこれから５０年後、生存しているかどうかということですよ。

メイエルホリド： それで、あなたはどう考えているんですか。生存しているんですか？

コネヴィチ： だから私は、エベルシュパンゲル氏に会いたかったのです。アリアス・ロブニク。私は彼をここ数年間追跡してきました。ところが彼はつかみどころがない、うなぎのようにつるつるしているのでした。

メイエルホリド： 彼は誰かから逃げようとしていたのですか？

コネヴィチ： そうです。彼を理解できない人たち、あるは理解したくない人たちからです。

メイエルホリド： 彼がいまでも自分の計画を実行しようとしているというのは驚きですね？

コネヴィチ： そればかりでなく、やりすぎだと多くの人たちが感じています。彼は温室効果ガスを大気中から除去する多くの方法を発明しました。純粋な天才です、私に言わせれば。上空の航空機から地上に苗木を投下して地球規模で砂漠に森林を復活させようとしています。森は、ご存知のように、二酸化炭素を吸収し、それを酸素に変えるのです。

メイエルホリド： それはだれでも知ってます。

コネヴィチ： しかし、何て素晴らしいアイデアでしょう！ しかもそれだけじゃない。プランクトンもまた、ご存知のように、二酸化炭素を吸収します。１ダースもの名前を持つこの紳士は、世界中の海のプランクトンを１０倍に増やす方法を見つけたのです。それはすぐに温室効果を押しとどめることになるでしょう。いまいる魚の多くが死に絶えることになりますが。

メイエルホリド：害は少ない方がいい。

コネヴィチ： うれしいですね、あなたがエベンシュパンガー・ロブニク・ヴェホヴァール氏の路線に沿って考えているとは。彼は、氷河を覆うプラスチックのカバーを発明しました。それは太陽光線から氷河を護り、氷河が溶けるのを阻止するのです。このアイデアの独創性について考えてみてください。エベンシュパンガーさん。

メイエルホリド： メイエルホリドです。

コネヴィチ： もちろんそうでした。ごめんなさい。でも、驚くほど似ているんです。あなたには本当に双子の兄弟はいないんですか。

メイエルホリド： なぜこの方は名前を変えつづけているんです？

コネヴィチ： 債権者から逃れるためです。彼にはスポンサーがたくさんいました。彼のプロジェクトが失敗に終わったとき、みながお金を返すよう要求したのです。結局、世界中で負債を抱え、砂漠に消えるしかなくなったのです。

メイエルホリド： そうなんですか？

コネヴィチ： 私はそのニュースを見つけたました。毎日読んでいるタブロイド紙で。必要なんですね、それを読むのは、もちろん実際的な理由からです。これ以上、教育が必要というわけじゃありませんから。それで、私は彼を探すことにしました。探すだけじゃなくて、実際に見つけ出そうとしたのです。

メイエルホリド： で、見つけ出したんですか？

コネヴィチ：問題なく。あいにく、彼らは私と彼とが個人的に話すことをさせてくれなかったのです。

メイエルホリド： 彼らって誰です？

コネヴィチ： 精神科医たちです。砂漠というのは、実は、市立の気違い病院であることが判明したのです。ＰＣ的に問題のある

言葉を使わせてもらえばですが。そこがわれわれの天才の最後の場所です。

メイエルホリド：　どんな症状だったのですか？

コネヴィチ：　エコロジー的なパラノイアです。考えても見てください。それに、どうやら彼はこの新しいタイプの精神病の唯一の患者ではないのです。それは全くおかしいですけどね、それほど昔のことではないですが、デスカヴァリー・テレビが、彼の発明すべての特集を組んだんですよ、すごく細かい点まで網羅する番組で、至れり尽くせりでしたけど、それらの発明を実施に移すのを支援したいと思っている投資家の名前と一緒に。

メイエルホリド：　この世界は狂っています。

コネヴィチ：　まったくその通りです。

メイエルホリド：　正直な人は、みなもうこの世界が終わりになればいいと思っていますね。

コネヴィチ：　まったくその通り。でも・・・

メイエルホリド：　そうです。いつも、でも、があるんですね。

コネヴィチ：われらが精神病患者は、気違い病院を逃れ、新しいプロジェクトを始めたのです。その新しいプロジェクトが何なのか、それがどこで遂行されるのか、それは神のみぞ知るです。

メイエルホリド：　で、彼は、そこからどうやって逃げ出したのですか？

コネヴィチ：医者の服に着替えて、みんなにさようならって手を振るんですね。それから、院長のジャガーで立ち去ったわけです。みんなが彼を見送ったのです。問題は、誰が本当の気違いなのかということです。逃げ出した人ですか、それとも、彼を治療していると思われている人ですか？

メイエルホリド：　彼は凶暴ですか？

コネヴィチ： 凶暴な兆候を示したことはありません。でも、凶暴な兆候というものがどういったものかはご存知ですね。ちょっとしたきっかけで些細な出来事が凶暴になるんです。最高におとなしい人でさえ銃を手にするかもしれません。

メイエルホリド： 彼らはたぶん彼を探していますね。

コネヴィチ： 誰がですか？

メイエルホリド： 警察です。

コネヴィチ： 警察には脱走した狂人を追いかけるよりももっと重要な仕事があります。スピード制限を5キロオーバーした運転手を捕まえなければならないんです。

メイエルホリド：それで、要するに、その狂人を追いかけるのはあなただけということなのですね。

コネヴィチ： そう言いましたっけ？

メイエルホリド： その人のプロジェクトに加わると言いましたよ。

コネヴィチ： ああ、メイエルホリドさん。天才は市水道局の検査官なんて相手にしてくれませんよ？ 私の仕事はものすごく退屈なものなんで、ときどき空想に耽っているだけなんです。それって、ごく自然なことだと思いません？ この紳士が私を魅了しているのは確かです。とりつかれているほどです。そして、いつかわれわれは出会うでしょう。それは疑うべくもありません。

メイエルホリド： そして、それから？

（エルヴィラ登場）

エルヴィラ： すみません、鍵は見つかりませんでした。ドアは壊すしかないですね。それでもし、メーターが見つからなかったら、警察を呼んで、家宅侵入罪で告発します。壊されたんですから。市は、税金を装って、貧しい人から金を巻き上げ、ふんだん

世界の終わりについての喜劇

に蓄えているのだから、１００万ドル請求することにします。

コネヴィチ：　奥さん、このドアの向こうに誰が住んでいるのか見られるなら、私はもちろんあなたの食糧貯蔵庫に押し入りたいところですけど、残念ながら（彼は自分の時計を見る）、私の仕事のシフト時間は、１分前に終わりました。ですから、市の職員としてでなく、一市民として押し入ったならば、それは法律で罰せられます。しかし、この問題はぜんぜんまだ終わってはいません。また来ます。（彼はお辞儀をする。）エベンシュパンガーさん・・・

（彼はエルヴィラの方を向き、さらにもっと儀式ばったかたちでお辞儀をする。）　マダム・・・（彼は立ち去る。）

エルヴィラ：　なんていう紳士なんでしょう。

メイエルホリド：　完璧な気違いだ。

エルヴィラ：　そうに違いないわ。でなければ、なんであなたのことをエベンシュパンガーなんて呼ぶものですか？

（彼女は彼を見る。）

（暗転）

第 2 幕

第 8 場

メイエルホリドは画用紙をもって肘掛け椅子に座り、スケッチをしている。コーヒー・テーブルは古い新聞紙で覆われている。エルヴィラはガラス製の幾つものびんにピーマンを入れている。ふたつ目のびんにはすでにピーマンがいっぱいになっている。三つめのびんもいっぱいになりかかっている。その次は、トマトだ。

しかし、最初にわれわれが暗闇のなかで聞くことになるのは、ラジオ・ニュースである：・・・専門は消えつつあり、やがて中世の封土のように時代遅れのものになるというのは事実です。近い将来、ほとんどの仕事は機械によってなされるでしょう。われわれが機械に依存するのは、われわれの遠い祖先たちが野生の獣たちに依存していたのと同じです。ほとんどの労働力がすでに不要なものになっています。発展してきたのは、心理療法、ファッショナブルな宗教、精神的ブティックといった代理経済であり、それらの唯一の目的はなにもすることのない大衆を喜ばすことなのです。それらの陰に、薬やセックス・サーヴィスといった産業があります。もはやすでに世界の人口の半分がもう半分を喜ばすために生きているように思われます。

ニュースの聞こえている間に、照明がゆっくりと舞台を照らしはじめる。

エルヴィラは立ち上がり、ラジオのスイッチを切る。

エルヴィラ：私がまだ不要な労働力でなくってよかったわ。（大声で。）ジョー、ここに来て、ここにあるピーマンのびんを食糧貯蔵庫にもっていって。本当の食糧貯蔵庫へね。

ジョー・オートン(彼の部屋から出てきて、いらだちながら)：僕のマリファナはどこにあるんだ？

エルヴィラ（メイエルホリドをちらっと見て）： 下の庭よ、もうほとんど残っていないけどね。もう部屋に持ち込んだなんて言わないでよ。

ジョー・オートン： やめて欲しいね、見た目よりももっとばかみたいに見えるよ。

エルヴィラ： メイエルホリドさんはあなたのおつむのぐあいをどう考えるかしら、あなたが庭からマリファナを摘み取って、あなたの部屋で乾かしていることを知ったら。

ジョー・オートン： （びんのひとつを取り上げ）： 僕がエコ・パプリカのびんを彼の頭でたたき割ったらメイエルホリドさんはどう思うでしょうね？

エルヴィラ：ジョー・オートンさん、あなたのヴィザは切れたばかりです。新しいヴィザの申請は却下されますね。

（ジョー・オートンはメイエルホリドの頭の上にびんを振りかざしつづけている。メイエルホリドは少しも動揺することなく、スケッチを続けている。ジョー・オートンはびんをコーヒー・テーブルに戻す。）

ジョー・オートン：彼はあれをとったんですね。市水道局からのやつです。

エルヴィラ：いまのはあなたが書いている芝居の場面なの？

ジョー・オートン： やつはこの家の何もかもを調べつくしたんだ。メーターを見つけたかったからじゃあない、まったくちが

う。１０キロ離れたところから見ても、彼が警察の回し者だということが分かる。

エルヴィラ： コネヴィチ氏はあなたの部屋には入りさえしませんでした。でも、また来ると言いました。

ジョー・オートン：そして、その間に、メイエルホリドさんは、ご自分の義務を遂行し、私のことを垂れ込んだんだ。（メイエルホリドの方を向き。）そうでしたよね。

エルヴィラ：あなたが話しているのがあなたの雇い主だということを忘れないでくださいね。

ジョー・オートン： 元雇い主です。たったいまやめました。

（メイエルホリドは立ち上がると、画用紙とペンを座席に置き、跪く格好で、年取ったエルヴィラの足元の、ソファーの下に手を伸ばし、そこから茶色の箱を引き出した。その表面の埃をふっと吹くと、その箱をジョー・オートンに手渡した。ジョーは、蓋を開け、中を見て、それからまた蓋を元に戻す。）

ジョー・オートン：どうしてこの箱がソファーの下にあったのですか？

メイエルホリド： 私がそこに置いたのです。

ジョー・オートン： なぜ？

メイエルホリド： 遅かれ早かれ、誰かがこの家の周辺を嗅ぎまわるだろうということは分かっていたからです。この箱があなたの部屋で見つかったらまずいと私は思っていました。

エルヴィラ：お礼を言いなさい、メイエルホリドさんに。かばってくださったのよ。

ジョー・オートン（困惑して）： どう言ったらいいのやら。

エルヴィラ： ありがとうでいいじゃない？ でも、もちろん、あなたにはにがてね。

ジョー・オートン： どうしてそんなことしたんです？

メイエルホリド： 個人的な理由のためです。ぼくはアシスタントなしでは残りたくないんです。

ジョー・オートン： それじゃあ、ありがとうという必要はありませんね。

エルヴィラ（立ち上がる）： あなたが何を言ったらいいか私が決めるわ。そして、あなたがそこでリフレッシュしてきた場所、外の世界はひどくてもそこでは満足できる場所、あのリヴィエラでもう一つの休日を過ごしたいと思っているのなら、あなたはメイエルホリドさんに手を差し伸べて、こう言わなくちゃいけないわ、「ありがとう、メイエルホリドさん。何か月も、もしかしたらもっと長く、刑務所に入らないでもすむように、ぼくを救ってくれて、ありがとう」ってね。

ジョー・オートン： ぼくはそんなこと絶対言いませんよ。

エルヴィラ：ということは、あなたはこう言わなくちゃいけない。「さようなら、エルヴィラ、そして、ありがとう、あなたのその親切が、私には値しないものだとはっきりするまでずっと私に親切にしてくれてて」って。

トン：ソファーの下に箱を戻して置きます。そこがもっとも安全な場所だからです。

(彼は跪く。)

エルヴィラ： ジョー・オートン！

ジョー・オートン（背筋を伸ばして）：ありがとう、メイエルホリドさん。町の裏通りで私が売り歩かなければならないものに目をかけてくれて、そうでなければ、毎月、私は家賃を払えませんから。

エルヴィラ：食べ物と住まいはただじゃないのよ、この家では。ここでのやり方が合わなかったら、いつでも出ていっていいですよ。メイエルホリドさんと私はここで何とかやっていけますが。

メイエルホリド：その箱をくれませんか。元に戻しますから。

ジョー・オートン：自分で出来ますよ。

　（ソファーの下の箱を押すために彼は跪く。彼はその奥にあるものに注意を引かれる。彼はその箱を床に置くと、ソファーの下の奥の方に手を伸ばし、ライフル銃を取り出す。彼は立ち上がり、重さを図るように両手で銃を持つ。）

エルヴィラ：まあ、なんてこと！　だれがこれをこの家に持ってくる許可を与えたのですか？　まさかあなたじゃないでしょうね、メイエルホリドさん？

メイエルホリド：銃を渡しなさい、ジョー。

ジョー・オートン：こんな素敵なおもちゃはちゃんと使わなくちゃね。ライセンスを持っているかどうかは疑わしいですね。とすれば、この銃はみんなのものです。

エルヴィラ：　ジョー、その銃をメイエルホリドさんに返しなさい。

ジョー・オートン：窓を開けるんだ、エルヴィラ。

　（エルヴィラはメイエルホリドを見る。メイエルホリド、うなずく。彼女は窓を開け、そこからすぐに離れる。ジョー・オートンは窓の方に行くと、外の何かに銃口を向ける。）

エルヴィラ：ジョー、いまのままでも十分面倒なのよ。

ジョー・オートン：ぼくが何を撃つというんだい？　カリフラワー？　かぼちゃ？　もしくは、キャベツを粉々にするんだっけ？　いや、トマトだ！　そうすれば血まみれだね、殺されるだけじゃない。

　（彼は引き金を引く。カチッという音がする。ジョーは、驚いて、もう一度、引き金を引く。そしてもう一度。メイエルホリドは、その間に、ズボンのポケットから銃を取り出し、ジョー・オートンに狙いを定める。ジョーは振り返り、銃を見詰める。）

メイエルホリド： それをもらえますか？

（ジョー・オートンはライフルを黙って彼に渡す。メイエルホリドはそれをソファーの下に押し込む。彼は立ち上がるが、銃はまだジョーに向けている。）

エルヴィラ：何かひどいことが起きのは分かっていたわ。ひどい悪夢を見たもの。

メイエルホリド： もう2度と銃に手を出さないと約束してください。

ジョー・オートン： エルヴィラ、あなたはギャングに部屋を貸したんですね！

エルヴィラ：メイエルホリドさんは親切な方です、われわれの未来を救おうとしているのですよ。

メイエルホリド： 手を挙げて、「もう私は銃に手を触れないことを誓います」と言ってください。

エルヴィラ： ジョー、メイエルホリドさんのおかげよ、あなたがまだ監獄にいないでいられるのは。

ジョー・オートン： 監獄に行くことになるのはメイエルホリドさんの方ですよ、私を脅すのをやめなければ。

第9場

後の方で音がする。

コネヴィチ（廊下で）：こんにちは・・・。みなさん、どこにいますか？（コネヴィチはメイエルホリドが銃をポケットにしまった直後に入ってくる。）みなさんは、庭にいるのかと思っていました。皆さん、3人が、あなたたちの豊かに実った野菜に水をやっているのだろうと思っていました。

世界の終わりについての喜劇

エルヴィラ：食料置場にはいつでも入れます。チェックできますよ。

コネヴィチ：ありがとうございます、奥さま、私も、すでに確かめてみました。1階の、新しく建てられたあの小屋を、そこに庭でとれた野菜を入れておくんですよね、しっかり締められたびんにつめて、いざというときに備えて、そうですよね？

エルヴィラ：確かに、私たちは冬のために蓄えをする権利があります。

コネヴィチ：もちろんです。注意深すぎるということはありませんからね。すぐにも、ガス欠になるかもしれない。スーパー・マーケットの棚は空になり、パニックが起きる。でも、あなた方には問題ないでしょう。あなた方の小さな要塞の中は安全です。あなた方は酢漬けの胡瓜、ピクルスを啜って、夜が来るのを待ってればいいのですから。そうなれば、ジューシーなキャベツ・スープをたらふく食べることができるでしょう。

エルヴィラ：そして、それの何がまずいのですか？

コネヴィチ：何の問題もありません。でも、庭がいま、3メートルの高さの塀で取り囲まれているということを見逃すなんてありえませんよ。鍵のかかった鉄の扉があります。あなた方のところに来るために、私はそれを乗り越えてこなければなりませんでした。包囲攻撃に備えているのですね。

エルヴィラ：それが水道局と何の関係があるんですか？

コネヴィチ：私はもう水道局では働いていません。私は解雇されました。彼らはなぜ私を解雇するのかを言ってもくれませんでした。

エルヴィラ：そして、いまは？

コネヴィチ：幸い、市の警察が私を憐れんでくれたのです。ご存知の通り、彼らは必死にすがってくる人たちについては、歓迎してくれるのです。

エルヴィラ：それで、あなたは何なのですか？警察官ですか？

コネヴィチ：　特別捜査部です。この部署が関わっているのは、国家の安全を脅かすかもしれない事件です。

エルヴィラ：それじゃあ、分かりませんね、なぜあなたが戻ってきたのかが。私たちは、脅かされているほうですよ、国家によって。

コネヴィチ：　私がここに戻ってきたのは個人的な理由からです。気にかかっていることがあるんです、私はその真相を究めたいのです。（メイエルホリドを見る。）

ジョー・オートン：で、それってなんです？

コネヴィチ：どちらに風が吹くのかを見極めたいんですよ。それで、正しい方向に変えることが出来る。われわれは日和見主義だけが価値のある時代に生きているのです。

ジョー・オートン：それはこれまでだってそうでしょう？

コネヴィチ：ああ、あなたはまだ若いから知らないんだ。でも、われわれには理想がありました、そうでしたよね、コネヴィチさん？　私たちは進歩を信じていました。

エルヴィラ：メイエルホリドさんです。あなたがコネヴィチです。

コネヴィチ：私の名前はノヴァックですよ、奥さん。私は自分のことをコネヴィチなんて言った覚えはありません。あり得ないことではありませんが。でも、私はノヴァックとして警察に雇われているんです。署長に電話をして、確かめることもできます。そして、こちらの方は、もちろん、エベンシュパンガーさんです。なぜ私が彼をコネヴィチって呼んでしまったのか、自分でもまったくわかりません。

エルヴィラ：彼はメイエルホリドさんです。

コネヴィチ：本当ですか？　でも、ご存知のように、妻は自分の夫の名字を良く知っているはずですね、そうですよね、メイエルホリド夫人？

エルヴィラ：メイエルホリドさんは私の下宿人です。

コネヴィチ：それであの庭は誰のものですか？

エルヴィラ：庭は私のものです。でも、賃貸契約の一部としてお貸ししているので、あそこで育ったものはみな、メイエルホリドさんのものです。

コネヴィチ：このびんのなかのトマトもですか？

エルヴィラ：びんも彼のものです。あの方が買ったのですから。

コネヴィチ：メイエルホリドさんはとても裕福な方にちがいありません。彼はまたすばらしいアイデアの持ち主でもあります。あなたは幸運ですね。彼に守ってもらえるのだから。絶対に飢えることもない。唯一の問題は、自給自足になるのが早すぎるか遅すぎるかということですね。

エルヴィラ：あなたが何を言っているのか、まったく分かりません。

コネヴィチ：オプチミストは自分自身を社会から締め出したりはしないものです。いわば人質みたいなものを二つ持っているんです。ひとりからは土地を奪い、もうひとりは脅して奴隷労働につかせるのです。そして、高い塀で自分を取り囲んでしまうのはいうまでもない、トルコ人が目と鼻の先に来ていると言ってね。

ジョー・オートン：それで、ペシミストはどうするんですか？

コネヴィチ：ペシミストは、救いというのは、誰かがその救いを求めていたとして、それはやって来たとしても遅すぎなんだと結論づけているのです。彼は、その土地の一部を借りるか買って、

生き残るための必需品を植えるでしょう。そして、その土地を高い通電柵の壁で囲むわけです。

エルヴィラ：私たちにはそんなお金はないので、通電柵なんて作れません。

コネヴィチ：新聞を読んでいないのですか？　机の上に新聞が置いてありますね。

エルヴィラ：　これは５年前の新聞です。

コネヴィチ：アメリカの人たちは、いまどんどん大都市から離れていっています。その数はどんどん増えています。食料と水の欠乏が切迫していて、それが大都市を直撃し、最初の犠牲者たちが出るでしょう。住民たちは疎開を始めています。そして、そこに小屋を立てて、自分で最低限の野菜を育て、見つからなければいいなと思っているのです。何百万もの飢えた人たちが、食料を求めて、都市を去ったとき、彼らが最初の日に自分たちに出くわさなければいいと。

エルヴィラ：　アメリカ人たちは、最初の兆候だけでもうろたえますよ。

コネヴィチ：ガン・ショップは、今年は、いつになく、ものすごく儲かったと税務署に申告することになりますね。誰もが分かっていたのは、彼らが自分たちを自分たち自身で守らなければならないということでした。アメリカでは銃を持つのは合法なのです。それがここでも合法かどうかは私にはわかりません。実際、合法ではない。そのことはあなたもご存知でしょう。だから、銃は、このドアのそばの留め金の上に吊るしておくことが出来ないのです。銃は、戸棚のなかに隠しておかなければならない。もしくは、もっといいのは、ベッドに下ですね。あるいは、あなたの場合はソファーの下ですね。

（コネヴィチはソファーの方に行く。メイエルホリドは彼の銃をポケットから取り出すと、コネヴィチに狙いを定めて、ジョー・オートンに身振りで合図する。ジョー・オートンは屈みこんで、ライフルを取り出すと、それをコネヴィチに向ける。）

エルヴィラ：気が遠くなりそうだわ。

コネヴィチ：おめでとう、エベンシュパンガーさん。銃を抜くのが私より早かったですね。

メイエルホリド： 座って下さい、ノバックさん。ソファーじゃなくて、肘掛け椅子に。あなたは全く知りませんでしたね。ソファーの下には爆弾も隠されているかもしれませんよ。

コネヴィチ (肘掛け椅子に座って)：私たちは脅しなしでも、友好的に合意することができますよ。

メイエルホリド： それこそ、ぼくが願っていたことです。もちろん、あなたの協力があってこそですがね。

コネヴィチ： 庭に水を撒くのをやめるというならば、半分は実現したことになりますね。

メイエルホリド： ワインにしますか？ それとも、ウイスキー？ 緑茶？

コネヴィチ： それは心臓が弱い私にはよくないかもしれない。

メイエルホリド：お好きなように。

コネヴィチ： 私も、ソファーの下の緑の箱のなかにあなたが隠しているマリファナを吸いたいですね。ここからでもはっきりと見えますよ。最後に吸った人は、ちゃんと隠さなかったんですね。不注意ですね。また戻ってくると言ったでしょう。

メイエルホリド： あなたは水道局の職員として言ったのであって、国家の安全にかかわる警察官じゃなかったですよ。

コネヴィチ：われわれが生きている時代は、誰のために働いているのか、どんな義務があるのか、誰も知らないような時代ですよ。

メイエルホリド： ジョー、拳銃を下ろして、お客さんのためにマリファナを巻いてやったらどうです。

世界の終わりについての喜劇

ジョー・オートン： 最高のマリファナをあげるわけにはいきませんね！ ちゃんとお金を払ってくれないならね。エルヴィラでさえただじゃない。

メイエルホリド： でも、エルヴィラはそれを現物で払っている。ノヴァックさんからそれは期待できませんよ。

ジョー・オートン： だから、彼はそれをただで手にするわけにはいかないんです。

メイエルホリド：ノヴァックさんは、私たちのゲストです。

ジョー・オートン： ああああ・・・・。

（ジョー・オートンは、銃をソファーの上に置き、箱を引きずり出すと、蓋を開け、マリファナを巻きはじめる。）

　エルヴィラ： ノヴァックさんは、プロの肩マッサージを喜ぶかしら。

コネヴィチ：私はここにいて、あなた方はみなとても親切ですから、私のふたつの肩は、経験豊かなふたつの手によってやさしくさすってもらえるのですね。だれもそのことに嫉妬しないならば。

エルヴィラ：この家で、私たちは大人げない感覚にさようならを告げたのです。オートンさんを除いて、でも、彼も現実の世界で生きていくことを学ばなければなりません。

（エルヴィラは肘掛け椅子の後ろに回って、コネヴィチの肩をマッサージし始める。）

コネヴィチ： あああ・・・、いい、ああああ・・・・、気持ちいい・・・。あなたはマッサージ・パーラーを開くべきですよ。

エルヴィラ：それはもう過去のことです。ノヴァックさん。賢明な女性ならば、いつゲームを降りるべきか知っています。

コネヴィチ： あなたの肩を揉むリズムで分かりました、私たちは、前に、会っていますね。

エルヴィラ：何も驚くほどのことではありません。わたしたちはみなお互い知り合いなんです、いろいろなかたちで。世界は思っているよりずっと狭いんです。

コネヴィチ：私が会いたかったのは言葉の節々にふと聡明なことをしゃべることが出来る女性です。

エルヴィラ：やさしいのね、コネヴィチさんは。

コネヴィチ： ノヴァックです。

(ジョーはマリファナを用意する。彼はコネヴィチにそれを差し出す。コネヴィチはそれを口に持っていくと、火をつけてくれるのを待っている。ジョーは、ポケットからライターを取り出して、火をつける。コネヴィチは、その煙を深く吸い込む。)

ジョー・オートン：おまわりがマリファナを吸っているのを見ているなんて実に愉快だ。カメラはどこにあります、エルヴィラ。この種の証拠がいつか役に立つかもしれない。

コネヴィチ：ぼくはそれほど写真写りはよくない。

メイエルホリド：そうですね。私はこの騒ぎを終わらせて、われわれの会話を本質的なところから些末な、重要でないところにもっていかなければなりませんね。ジョー、銃を取れ。もし、ノヴァックさんがおかしな動きをしたら、彼の膝を撃て。

ジョー・オートン（銃を手にし、コネヴィチに狙いを定める）：うまく狙えないから、適当に撃つことにしよう。弾が膝に当たるか心臓に当たるかは神さま次第だ。

エルヴィラ：ノヴァックさん、マッサージを続けますか、それとも、吸うほうに専念したいですか？

(コネヴィチは、窒息死寸前のように咳をしはじめる。エルヴィラはコネヴィチの背中を拳で叩いてあげる。)

世界の終わりについての喜劇

ジョー・オートン：これはおかしな動きととるべきですか？（銃を上げる。）

エルヴィラ：彼は咳をしているだけよ、ジョー。うずうずして引き金を引きたがっているけれども、ちゃんと自制しなさいよ。われわれはノヴァック氏とは誰なのか、そして、彼が何をしたがっているのかをまずは知らなくてはならないのよ。

（メイエルホリドは肘掛け椅子の後ろに行くと、エルヴィラを脇にどけ、コネヴィチの背中を強くたたく。コネヴィチの咳は止まる。コネヴィチは後ろにもたれかかって、目を閉じて、じっと動かず静かに座っている。）

エルヴィラ：ノヴァックさん？（彼の肩を揺する。コネヴィチは反応しない。）咳で窒息死することなんてあるんですか？

ジョー・オートン　警察は何だってできますよ。（コネヴィチの手から吸いかけのマリファナを取る。）

(彼はコネヴィチの手のひらにマリファナの火のついている方を押し付ける。)

コネヴィチ（肘掛け椅子から飛び上がると、部屋中を踊りまわる。）　わあああ・・・・、ああああ・・・・。

エルヴィラ：　ああ。よかった。死んだらどこに埋めたらいいか、まったく分からなかったわ。

ジョー・オートン：肥料には使えますよ。

コネヴィチ：エベンシュパンガーさん。あなたのような優秀な人が、5歳の子供ですら恥ずかしくなるようなユーモアのセンスををもっているとは思いもしませんでした。

エルヴィラ：　そんなに興奮しないでください、ノヴァックさん。肘掛け椅子に座って下さい、もう5分、肩を揉んであげますから。

世界の終わりについての喜劇

コネヴィチ： ありがとう、奥さん、でも状況がすっかり変わってしまったので、別の機会にまたお伺いしたい。さようなら、エベンシュパンガーさん。

メイエルホリド： 君は、どこにも行けないよ。

コネヴィチ： 私の好奇心はちょっと度を越していますがね。罰金は払いました。ですからこれで失礼させていただきます。

メイエルホリド： 最初に確認しなければならないことは、あなたがこの塀の向こう側で何をしようとしているかということです。

コネヴィチ：私は心臓は弱い人間ですが、心は特別に丈夫なんです。あなたに危害を加えようなどと夢にも思いません。

メイエルホリド： あなたは、たとえば、いまでも、市水道局の職員かもしれない。われわれの水道を止めることもできるかもしれない。そうすればわれわれの庭は壊滅です。そして、私たちはみな、飢えで死ぬことになります。警察のために働いているというのは、まったくの嘘ですね、そうでしょう？

コネヴィチ： これは規則違反ですが、でも、例外とすることにしましょう。
　（コネヴィチは警察のバッチをポケットから取り出すと、それをメイエルホリドに渡す。メイエルホリドはバッチをチェックする。）

メイエルホリド：あなたは本当のことを言っていたんですね。一つのことを除いて。ここには、"コネヴィチ"と書いてありますよ。"ノヴァック"じゃなくて。

コネヴィチ： 本当ですか？ 一度も気づきませんでした。きっと何かの間違いです。別に不思議でもありません。警察なんだから。実際、私にも一部、責任はあります。本当の名前を教えたことは一度もなかったのですから。

メイエルホリド：それじゃあ、あなたの本当の名前は何て言うんですか？

コネヴィチ：あなたと全く同じです。エベンシュパンガーです。

（間。ふたりはお互い見詰めあう。）

メイエルホリド：私の名前は、メイエルホリドです。

コネヴィチ： まさに、その通りです。いまからは、あなたはメイエルホリドで、私はエベンシュパンガーです。これで少なくともひとつの問題はクリアーしました。

メイエルホリド： 確かに、その通りです。そしてジョー・オートンは国家安全委員会のために働く特別捜査官のコネヴィチになるでしょう。（バッチをオートンに渡す。）

ジョー・オートン： 犯罪者を警察官に仕立てるのは驚くほど簡単なことなんだ！（バッチをポケットに入れる。）これは面白くなりそうですね。

エルヴィラ： 警察官たちの舞踏会に連れてってくれません。きっとハンサムな男の人が大勢いるわ。

ジョー・オートン： 聞きましたか、メイエルホリドさん。このご婦人は、強い欲望を抑えきれないようですね。（エルヴィラに）私は最初にあなたに近づいてくる男を逮捕しますよ。

コネヴィチ（内密に）：ここだけの話しですが、メイエルホリドさん、あなたのエデンの園の仲間に関していえば、パイがちょっと悪いですね。選択の作業がまだ終わっていないのは幸いです。まだ、もうひとり入る余地があるといいのですが。この場合、だれか秩序を守る人が必要ですね。

メイエルホリド： あなたの提案は３人委員会で審議される必要があります。

コネヴィチ： それを私のいないところで審議するのはどうでしょう。あなた方の決定を明日の午後聞きに伺います。（ドアに向かう。）

ジョー・オートン（コネヴィチに銃を向ける。）どこに行くつもりだ？

コネヴィチ；その銃には弾は入っていませんよ。

メイエルホリド： だが、こっちには数発入っている。（回転式拳銃をコネヴィチに向ける）　肘掛け椅子にもどって下さい、エベンシュパンガーさん。

（コネヴィチは戻ってきて、肘掛け椅子に座る。）

メイエルホリド： ジョー、粘着テープを持ってない？

（ジョー・オートンは銃をソファーの上に置くと、身をかがめて、コーヒー・テーブルの下から、茶色い粘着テープの大きな輪を引き出す。）

コネヴィチ： そこにはほかに何かありますか。

メイエルホリド（オートンに）： さあ、やるんだ、これから、どうすればいいかは映画なんかで見ているだろう。

ジョー・オートン： エルヴィラがテレビを質に入れる前にね。あれは請け出せるのかな？　退屈してきたからね。もう、ここでは何も起こらないから。

（ジョー・オートンはコネヴィチの胸と背もたれの周りを粘着テープでぐるぐると巻く、コネヴィチは完全に肘掛け椅子に縛りつけられる。）

コネヴィチ： 抵抗することもできるが、それも映画で見ています。だからおとなしくしています？

ジョー・オートン（コネヴィチの口に粘着テープをかぶせる）： いい考えだ。

（暗転）

世界の終わりについての喜劇

第１０場

粘着テープで肘掛け椅子に縛られたコネヴィチ。

暗闇の中で、ラジオのニュース：・・・・しかし、われわれが、そうした諸価値を発展させ、強化させるのは、まさにそれらが価値であるからではない。われわれがそれらの諸価値を発展させ、強化するのは、われわれがもっと豊かに、もっと意味深く生きるためなのです。最近の歴史がわれわれに教えてくれていることは、われわれは社会の名において死ぬことが本当に出来るということです。しかし、個人は社会の外では意味のある生活をすることは出来ないのだということをわれわれは、忘れつつあります。言い換えれば、個人は自分が選んだ仲間との不安定な関係のなかに放り込まれているのです。そうした関係は、自己同一化の絶え間ないプロセスになるほかありません・・・、

ラジオ放送が流れている間に、照明が少しづつ舞台を明るく照らしはじめる。

メイエルホリド、ジョー・オートン、そしてエルヴィラが廊下から入ってくる。ジョーはラジオのスイッチを切る。

ジョー・オートン：ばかばかしい。

エルヴィラ：　気分はどうですか、コネヴィチさん？

ジョー・オートン：　いい夢を見ましたか？　マリファナをやったあと、ぼくの夢はたいていひどいんだ。もう一本吸うかい？

（コネヴィチは身もだえして、奇妙な音をだす。）

エルヴィラ：何か言いたがっているようね。

（メイエルホリドはジョー・オートンに身振りで合図する。オートンはコネヴィチの口のテープを剥がす。）

コネヴィチ：あなた方は私を一晩中ほっとらかしにしましたね。

エルヴィラ：この家では、われわれはいつもとても親切でしたよ。

コネヴィチ：この糞ラジオは勝手につくんだね。

エルヴィラ：それに、私たちにも休息が必要でした。

コネヴィチ：あなたたちの寝室ででですか？　あなたたち３人が？

エルヴィラ：メイエルホリドさんは最初は取り決めを嫌がったんです。それから、ジョーが膨れてしまって。ジョーはまだ受け入れていないんですね、いいことはみんなで分かち合おうという考えを。まだ若いですから。でも、３人がみな満足できる合意に達したのよ。

コネヴィチ：でも、僕のことは全然考えなかった。

エルヴィラ：まったくその逆です。私はあなたを私たちに招き入れようと３度も提案しました。あなたはわれわれのゲストですから。でも、この二人の殿方がそれに断固として反対したのです。

コネヴィチ：私が言いたいのは、呼吸困難だったということを考えてくれなかったということです。窒息死しそうだった。

エルヴィラ：朝食は何がいいですか？　スクランブル・エッグ、パンとジャム？

コネヴィチ：ぼくは自由になりたいです。ここを立ち去りたいのです。

エルヴィラ：私たち、あなたのこと、気に入っているの、コネヴィチさん。ですから、もう少し、ここにいてもらいます。

コネヴィチ：肘掛け椅子に粘着テープは嫌です！

エルヴィラ：どうして？

コネヴィチ：　鼻を掻くこともできない。

エルヴィラ：　ジョー、コネヴィチさんの鼻を掻いてあげて。

コネヴィチ（ジョー・オートンに）：　僕に近づいたら、唾を吐きかけるぞ。

ジョー・オートン：信じられない！　最高のマリファナをあげたのに、その見返りがそれかい？

コネヴィチ：脱水状態なんだ。

（メイエルホリドはエルヴィラを見る。）

エルヴィラ：　私がこの家の召使いでした。私の落ち度です。（立ち去る。）

メイエルホリド：　これで、われわれだけですね。言ってくれますか、あなたが本当は誰なのか、どうしてあなたがこの家に来たのか。

コネヴィチ：僕を自由にしてください、関節が楽になるように、腕立て伏せだってできるようにしてくれませんか？　そうすればあなたが夢にも思わないことを言いますよ。

メイエルホリド：　ジョー、テープをとって、ちょっとだけ腕立て伏せをやらせてあげよう。

ジョー・オートン：　逃げられちゃいますよ。

メイエルホリド（銃を手にしながら）：いや、彼は逃げれない。

（ジョー・オートンは粘着テープを剥がし、コネヴィチを自由にする。ちょっと踏ん張って、コネヴィチは肘掛け椅子から立ち上がると、彼の腕を伸ばして、腕立て伏せを始める。）

ジョー・オートン：これを1時間も見ることになるんですか？

世界の終わりについての喜劇

コネヴィチ（立ち上がって）： あの素敵なマリファナをもう少しくれませんか、しゃべる前に。そうすれば私の舌はもっと滑らかになります。

メイエルホリド：まずはしゃべることだよ。

コネヴィチ：残酷な人ですね。でも、それよりましなことをしてもらう価値はありません。私はあまりにたくさんの馬鹿げた嘘ばかりついてきましたから、残りの人生は一生後悔です。

メイエルホリド：じゃあ要点はなんだ。

コネヴィチ： あなたにはマネージャーが必要です、エベンシュパンガーさん。

メイエルホリド： 初めてですよ、そんなこと言われるのは。

コネヴィチ： あなたがここで作ったものは、マーケティングが絶対必要です。実際、自由市場が世界を屈服させてしまいました。そればかりか、世界を破壊してしまった。しかし、われわれの最後の瞬間の痛みを軽くできないわけではありません。

ジョー・オートン：夜間哲学講座に出ていましたね！だから見覚えがあるんだ。

コネヴィチ： 幾度かあなたからマリファナをかったからです。

ジョー・オートン：そんな馬鹿な。私の顧客リストのなかに、コネヴィチもノバックもありません。

コネヴィチ（ポケットから一枚の紙を取り出す）： このことですか？

ジョー・オートン： どこでそれを手に入れたんだ？ 返してください。

コネヴィチ：まずは私の偽バッチを返してください。（手を前に差し出す。）

世界の終わりについての喜劇

ジョー・オートン（メイエルホリドに）：顔に一発食らわしますか？

メイエルホリド：それはあとだ。

（エルヴィラが水のプラスチック・ボトルを持って登場。コネヴィチはそれをひっつかんで飲み干す。コネヴィチはボトルをエルヴィラに返す。）

エルヴィラ：まずい時に来てしまったのかしら？

コネヴィチ：いえいえ、そんなことはありません、ミス・シルヴァーナさん。まさに最適の瞬間にご登場ですよ、私のビジネス上の提案をまさにいま聞いてもらおうとしていた時ですから。

エルヴィラ：どうして私の名前がシルヴァーナだということを知っているのですか。

コネヴィチ：　人生の残りの時間を上品な中産階級のように暮らしたいと思って引退する前、あなたはシルヴァーナでした。けれども、この家は、あなたが望んでいたものに近い唯一のものなんですね。少し前に、あなたを知っているということをちょっとだけほのめかしました。でも、あなたのそのプロの手腕で私が幾度も喜びを享受してきたことを、いまは確信することができます。

エルヴィラ：　なぜあなたはここに来たんですか？

コネヴィチ：遅かれ早かれあなたを葬ることになるだろう幻影を粉々に砕くためです。

エルヴィラ：　あなたは誰のために仕事をしてるんですか？

コネヴィチ：　私自身のためにです。馬鹿だけですよ、まだ他人のために仕事をしてるなんて。私がなにかあなたの知らなかったことを言ったなんて思わないでくださいね。

ジョー・オートン（ライフルを手にすると、コネヴィチに狙いを定める。）：もうたくさんだ、もういい！

コネヴィチ： その銃に弾は入っていません。

ジョー・オートン： 入っていない？

（オートンはライフルを天井に向けて、引き金を引く。ものすごい衝撃音。誰もが衝撃をうける、とりわけ、オートンは。）

コネヴィチ： 何か言ってもいいですかね？

ジョー・オートン（ライフルをコネヴィチに向けて）：あんたが何を言うべきか、まずぼくがあんたに指示する。

コネヴィチ：私が言おうとしていたことをまず私が言いましょう、発言を制止される前に。

ジョー・オートン：事態は変わったんだ。ぼくが聞いているんだ、いまは。

エルヴィラ：メイエルホリドさん、ジョー・オートンがライフルを手にしたとき、なぜ銃を手放したんです？

メイエルホリド：彼には鬱憤を晴らす必要があると感じてました。彼の自信は夜の間にすっかりくじかれてしまいましたからね。それを埋め合わせるためにはほかにどうしようもなかったんですよ、大きな銃を振り回す以外にはね。

（ジョー・オートンはライフルをメイエルホリドに向けると、引き金を引こうとする。突然、体を二つに折ると、ライフルを床に投げ捨てて、肘掛け椅子に頽れ、顔を手で覆って、泣きはじめる。）

（エルヴィラは肘掛け椅子の傍らに座って、彼女の右手をオートンの肩にまわして、左手でオートンの頭の後ろをさする。）

エルヴィラ：心配しなくていいのよ、ねずみちゃん、ママ・ネズミはいつもあなたに満足しているわよ。ごめんなさいね、ひどいことばかり言って。

（オートンの鳴き声は少しづつ弱くなっていく。）

コネヴィチ：　近頃の若者たちは軟弱になってしまって、しゃきっと立つこともできない。だがこの世界がこれまで以上に必要としているのは、強く後押しすることです。近頃の若者たちが作れるのは、やわな物語だけだ。フェイスブックでの無駄なオナニーだけですね、彼らにできることは。

エルヴィラ：ジョーはフェイスブックのアカウントを持っていません。彼がインターネットで使っているのはポルノだけです。毎日ではありませんけどね。

コネヴィチ：彼らに作ることが出来るのは、せいぜいちっちゃなパラダイスです。一瞬のエクスタシー、一瞬の忘却、一瞬の息抜き。人と分かち合えないものですね。取るに足りない、利己的な身振りが、彼らの物語です。でも、あなたは、エベンシュパンガーさん、あなたは大きな物語の伝統の中で、大きな物語を創り出しました。大きくて独創的なこの庭では、束の間の快楽の瞬間というものはもはや重要ではありません。重要なのは人類の存続ということです。

メイエルホリド：この塀の向こう側の世界は、もはや私の関心事ではありません。

コネヴィチ：　すばらしい！　世界に背を向け、最後の藁のような利己心に縋りつくことによって、人類を救う為の理想的なチャンスに自らを捧げるんですね。

メイエルホリド：　あなたは矛盾に溺れています。

コネヴィチ：あなたは庭の原型を作ったのです。その庭の原型は地球上の誰にでも売ることが出来ます。１０種類の科学的に栽培された、種で増える野菜、健康な生活のために必要十分なヴィタミンが含まれている野菜、いわば栄養学におけるペルペトゥーム、ある種の永久運動です。それがあれば３人家族には十分、４人家族でも大丈夫です。それが何を意味するのかあなたは分かっていますか？

世界の終わりについての喜劇

メイエルホリド：　どういうことなんです？

コネヴィチ：交易の終わり、輸送の終わりです。化石燃料を必要とすることの終わり、排気ガスの終わり、温室効果の終わり、世界の終わりについてのわれわれの恐怖の終わりです。

ジョー・オートン：頭がおかしいんじゃないの？（エルヴィラを見る。）

エルヴィラ：そうね、ねずみちゃん。完全に狂っているわ。

コネヴィチ：　このアイデアの特許を直ちに取るべきです。

メイエルホリド：　なぜ？

コネヴィチ：知的財産はあらゆる種類の悪党たちの主要な標的になっているからです。

メイエルホリド：　それは知らなかったな。

コネヴィチ：　契約書にサインしてくれませんか、私にあなたのエデンの園の原型を売買する占有権を与えると。いいですか、アメリカ合衆国のひとはみな狂喜しますよ。みな嬉しすぎて、ユーフォリアのなかで、狂喜乱舞し、お互いに踏みつぶしあってみんな死んでしまう。

メイエルホリド：それで、それがわれわれにとってどんないいことだというのです？

コネヴィチ：　われわれはお金持ちになりますよ、エベンシュパンガーさん。生涯の終わりまで、特別に安楽な生活を楽しめます。われわれ皆が。

メイエルホリド：　われわれ皆がですか？

コネヴィチ：そうです、われわれ４人全員がです。

ジョー・オートン：突然、われわれが４人になりましたね。

エルヴィラ： それはメイエルホリドさん次第よ、ねずみちゃん。彼だけがわれわれにとって何がいいのかを知っているわ。

コネヴィチ： どうですか、メイエルホリドさん？ われわれは庭を広げることが出来ます、近所の土地を買い上げ、家を取り壊し、借地人には出て行ってもらい、そこに名前を付けるのです。もちろん、すべて合法的に。２０周の野菜を、１００周、２００周、いやもっと多くにできます。

メイエルホリド：そして、それからは？

コネヴィチ：その他いろいろです。それからこのわれわれの小さな天国にゲストたちを招きます。たぶん、エルヴィラさんにはエルヴィラさんのことしか頭にない若者とか。私には、規則的な運動が必要な元気溌刺な女の子、そうすれば、夜、寂しい思いをしなくて済みます。そして、あなたにも誰かをね、メイエルホリドさん。もちろん、あっちも大丈夫です。私は人種差別主義者ではないので、エスキモーでも、トゥアレグ族[北アフリカ、サハラ地方のイスラムアラブ遊牧民]でもＯＫです。何も反対はしません。

エルヴィラ：条件が一つあります。それは男でなければなりません。

コネヴィチ：それを考えてください、ヴェホヴァールさん。私のためではなく、あなたのために。それとふたりのために。彼らはふたりとも頼るものがなく、あなた次第なのです。そのことを考えてください、時間を使って、急ぐ必要はありません。

メイエルホリド： それはいいですね。あなたはここにしばらくはいることになりますから。

コネヴィチ： それは分かっています。だから、トイレがどこか聞いてもそれを私に向けないでください。夜の間、ご存知のように、私は私のような地位にある紳士がふさわしい形で私の膀胱を空にすることを妨げられていました。

ジョー・オートン：どおりでおしっこの匂いがすると思った。

メイエルホリド：ジョー、銃を持って、この紳士をトイレに連れていきなさい。窓から逃げないようにね。おしっこがすんだら、また連れてくるんだぞ。

（ジョーは銃を取り出すと、コネヴィチを待って、ドアの方に歩いていく。ジョーはコネヴィチについて廊下に出る。短い間。）

エルヴィラ：何が起きているのか理解できたらね。

メイエルホリド：焦ることはありません。

エルヴィラ：われわれの罪ゆえに神がわれわれを試しているとお思い？

メイエルホリド：神はこの世界にはとうの昔に見切りをつけてしまった。悪魔だけがまだがんばっているんだ、最後に自分が笑えるだろうと思って。

エルヴィラ：彼は水道局のために仕事をしているようね？

（大きな音が下の方から聞こえてくる。間）

エルヴィラ：異常な音だわ。

メイエルホリド：いますぐにも、不快なニュースを聞かされることにならなければいいが。

（ジョー・オートンがライフルを持って帰ってくる。）

ジョー・オートン：奴は、窓から逃げようとしたんだ。

メイエルホリド：彼を生きたまま連れ帰るように言ったはずだ。

ジョー・オートン：奴は約束を守らなかった！私のせいでないものの責任は負えない。

メイエルホリド：で、彼はどうしている？

ジョー・オートン：元気が全然なくなってしまった。口をあんぐり開けているけど、まったく黙ったままだ。

エルヴィラ：ジョー・オートン、どのようにしたらあなたを許せるかしら？

ジョー・オートン：歴史上の新しい出来事はみな少なくとも一人の犠牲を必要とする。

エルヴィラ：彼が誰で彼が何を望んでいたのか、もう私たちには知ることが出来ない。

メイエルホリド：その質問をして長い冬のあいだじゅう楽しむことが出来るね。ジョー、犂を手に取れ。キャベツを少し犠牲にして、その紳士を地中深くに埋めるんだ。誰かが、偶然にであれ、掘り起こしたりしないように。

ジョー・オートン：くそ！僕は無駄な仕事で疲れているんだ。

（ジョー・オートンは出ていく、ライフルを持って。間。）

エルヴィラ：探しに人が来るわ。

メイエルホリド：誰が？

エルヴィラ：彼の仲間たちが。水道局。警察。諜報機関。もしかしたら医者たちが、彼を気違い病院に連れ戻すために。そんなの分かるわけないわ。

メイエルホリド：君は何も知らないんだよ、エルヴィラ。われわれみんなにとってそれがベストだ。

エルヴィラ：私のことが好きじゃないの？

メイエルホリド：こんな時にはもう少しは知的な質問をしてほしいですね。

（暗転）

世界の終わりについての喜劇

第１１場

暗闇のなかでラジオからニュースが聞こえる：・・・ほとんどの人は、人類存亡の危機が差し迫っているという主張は、それ以外に何もすることがない人の異様な妄想だと、まだ考えています。不幸にして、それは妄想ではないのです。黙示録というのは、私たちがすでに乗り出した船のことなのです。その船はすでに港を出てしまった。もう帰ってくることはないでしょう。誰も知りません、このことがわれわれの関係にどんな影響を及ぼすことになるのかを。おそらく、われわれは理解することになるでしょう、この世紀が人類最後の世紀になるということを。そして、われわれは利己的であることやめるようになり、われわれの個人的な目的を犠牲にして、みんなで力を合わせて、われわれのエネルギーをわれわれが乗っている船を操縦するために使うようになるでしょう。まだ時間があるときに、われわれは何もしなかった。われわれには船の難破を避ける力はもうありません。それだけは明らかです。唯一の問題は、その船がいつ沈むのかということです。今年中か、十年後か、あるいは、よくて、百年後かということです・・・。

放送の間に、舞台は少しずつ明るくなる。

メイエルホリドが入ってきて、ラジオのスイッチを切る。

メイエルホリド：　ばかばかしい。

（彼は画板を取り出し、ソファーに腰かけ、スケッチを始める。エルヴィラがお茶を持って入ってくる。彼女はお盆をコーヒー・テーブルの上に載せると、ソファーのメイエルホリドの隣に座る。）

エルヴィラ：ジョーは、相変わらず、売り歩いているわ。

メイエルホリド：　いつものことじゃないんですか？

エルヴィラ：　ええ、でも彼にはもうマリファナを売る必要はありません。つまり、・・・、いまや、私たちには庭がありますから。

メイエルホリド： 私は出来るだけの躾けはしましたよ。

エルヴィラ： 私たちは幸せだと思いました。いまではあの恐ろしい出来事は過去のことですから。

メイエルホリド（立ち上がる）： あなたは何のことをしゃべっているのですか？ 恐ろしいことがわれわれの前に立ちはだかっているのですよ。だからわれわれはこの避難所を作ったのです。われわれがほかの人たちよりも1週間だけしか長く生き延びれなかったとしても、われわれの努力は無駄ではないのです。

エルヴィラ： そのもう1週間はこうした努力のすべてに値しますの？

メイエルホリド：どんな努力をあなたはしたんですか？

エルヴィラ： どんなですって。誰がこの間、ずっと、料理や洗濯をして、争いを鎮め、道徳的なサポートをしてきたと思っているのです！ ほかのことは言うまでもないわ。

メイエルホリド： 寝室の夜のことを言っているのですか？

（エルヴィラは立ち上がると、お盆を取り上げ、ドアの方に歩いていく。）

メイエルホリド： まだお茶を飲み終えていませんが。

エルヴィラ： 飲み終えることはないわ。

（ドアのところで彼女は、廊下から入ってきたコネヴィチにどんとぶつかる。）

コネヴィチ： そのお茶は私が飲み終えましょう。お盆をテーブルに戻してください。（手を擦り合わせる。）体がすっかり冷えてしまいました。外はものすごく寒いんです。

（メイエルホリドとエルヴィラは口をぽかんと開けて彼を見詰める。）

世界の終わりについての喜劇

エルヴィラ（メイエルホリドに）：幻覚でも見ているのかしら。ここにはあなたと私以外誰もいませんよね。

コネヴィチ：私を抱きしめて、私が生きていることを神に感謝してくれると思いましたよ。

エルヴィラ：前からよくありました、この家には幽霊が出るんじゃないかと思うことが。

コネヴィチ（エルヴィラの手からお盆を取ると、それをコーヒー・テーブルの上に置き、自分のためにお茶を入れる。）：幽霊にはお茶を飲む習慣はありません。

エルヴィラ：でも、あなたは庭に横たわっていたんじゃないんですか、地下2メートルのところに。

コネヴィチ：そんなに深いんですか？ それじゃあ、呼吸ができないですね。呼吸は私の大好きな気晴らしです。（深く深呼吸をする。）この辺りでは、新鮮な空気は不足がちだけど。

メイエルホリド：われわれの前にいるのが本当に幽霊なのかどうか、それを確かめる方法はひとつだけあります。

（メイエルホリドはポケットから銃を取り出すと、コネヴィチに狙いを定める。）

コネヴィチ：多分、数秒後には、ドカーンという音を聞くことになりますね。

（コネヴィチは笑みを浮かべ、お茶を啜る。）

（メイエルホリドは銃の引き金を引く。エルヴィラは飛び上がる。コネヴィチは碗を手にして笑っている。）

コネヴィチ：もし、私が間違っていなければ、われわれは、もうひとつ、別の爆音を聞くことになりますね。

メイエルホリド：多分、防護服を着ているんだ。

（メイエルホリドはコネヴィチに近づいていくと、間近から狙いをつけて彼の頭を撃つ。）

コネヴィチ：　鼓膜がやられた！

メイエルホリド（自分の銃を見詰めながら）：　ジョー・オートンも同じように強い薬を持っていなかったっけ。ＬＳＤとか、メスカールとか。われわれの食事にそれを入れたんじゃないだろうか？

（ジョー・オートンがライフルを手にして入ってくる。）

ジョー・オートン：　5分も席を外さなかったのに、もうぼくが最も憎むべき犯罪で告発されている。

エルヴィラ：　ジョー、お願い、あなたはどこにいたの？

ジョー・オートン：ぼくはハンターになったんです。動物を撃つんです。ですからもう完全菜食主義に固執する必要はありません。そして、エベンシュパンガーさん。彼は何を狙っているんですか？

コネヴィチ：幽霊です。

メイエルホリド：　ジョー、あなたには何人の人がこの部屋の中に見えますか？

ジョー・オートン：　3人です。

エルヴィラ：　幽霊は？

ジョー・オートン：　幽霊ですって、どこに？

エルヴィラ：幽霊はあなたの前で、お茶を飲んでいます。

ジョー・オートン：　これは幽霊ではありません。コネヴィチさんです。

世界の終わりについての喜劇

エルヴィラ： ジョー、コネヴィチさんをトイレで撃ち殺し、庭に埋めたのよね。

ジョー・オートン： 撃ちそこなったのかもしれない。

エルヴィラ： 私たちは窓から見ていましたよ、あなたが彼を埋めているのを。

ジョー・オートン：そうですか？

エルヴィラ： おまけにキャベツをその場所に植え戻していました。跡を残さないためだと言っていました。

ジョー・オートン： だとしたら、死者が蘇ったのです。おそらく我々は聖書で語られている復活を目撃しているのです。

エルヴィラ： ジョー。

ジョー・オートン： ぼくが殺人者でないことを喜んでくれるとおもいました。僕を抱いてキスすべきなんだ。われわれはみな、つまり、われわれ４人が全員ということだけど、寝室に引きこもって、出来事の展開を、汗まみれの不平不満のパーティーで祝福すべきじゃないだろうか？

メイエルホリド（銃のシリンダーを開け、それが空であることを知る）：ぼくは本当に馬鹿だな。

ジョー・オートン：そんなこと前から知っていたさ。

コネヴィチ： 彼のことはそっとしておいてあげましょう。冷静さをなくしたばかり男に、さらにもうひとつの新たな一撃を加えるのは、上品なこととは言えません。

エルヴィラ：だれか、いま何が起きているのか、説明してくれませんか？

ジョー・オートン： 人類の歴史のなかで、少なくとも１００万回以上は起きていないものなんて何もありません。

世界の終わりについての喜劇

エルヴィラ：何のことなのか分からないわ。

ジョー・オートン：あんたなんかに分かるわけはないでしょ、あんたは、わずかばかりの知性も偶然にでも入ることのないように、いつも何かで満たされる必要のある大きな穴でしかないですからね。

コネヴィチ：そうではありません。わたしたちはご婦人方にたいして思いやりがなければなりません。軽蔑しているにしても。

メイエルホリド：この陰謀はいつ始まったのです？

ジョー・オートン：あなたは覚えていますか、コネヴィチさん？

コネヴィチ：ちょっと前だと思います。少なくともそれは私が庭に埋められる前のことです。

メイエルホリド：あなたが来る前ですか？

コネヴィチ：そうかもしれない、でも、重要なのは、いまわれわれがここにいるということです。

エルヴィラ：ああ！ ジョー・オートン、よくもこんな風にだますことが出来たわね？

ジョー・オートン（軽蔑するように）：私はオルガスムのふりができるような人間ではありません。

エルヴィラ（同じく軽蔑的に）：普段はそんなことしてないわ。でも、あなたとなら、ほかに選択の余地はないわね！

ジョー・オートン：褒めてくれて有難う。あなたの家賃はいまかなり上がりましたよ。

エルヴィラ：家賃ですって？

ジョー・オートン：そうです。あなたが明日からわれわれに払うことになる家賃です。

エルヴィラ：メイエルホリドさん、どうして私の弁護をしてくれないんですか？

メイエルホリド：私は愚直さの犠牲者だったようですね。

コネヴィチ：ビジネス感覚の著しい欠如の犠牲者だ、と私なら言いますね。私は、あなたの地位はそのままにしておいて、われわれ皆に快適な生活をこの世の終わりまで保障する契約をあなたに提案しませんでしたか。

メイエルホリド：何をするつもりなんです？

ジョー・オートン：ドラマチックなことは何も。これまでわれわれは１０種類の違った野菜を作ってきました。でも、明日からは・・・

メイエルホリド：知ってますよ、マリファナですね。

ジョー・オートン：違います。芥子です。

メイエルホリド：オピウムですか？　ヘロインですか？

コネヴィチ：そうです。計画の規模と土壌構成を考慮すると、収益はかなり高いものになります。

メイエルホリド：ドラッグの違法販売ですね？　食料は生産しない、病気と死の種を撒こうとしている。それは許すわけにはいかない。

エルヴィラ：　私もです。この家と庭は私の名前で登録されています。

ジョー・オートン：　そこに問題があることはわかっていました。

コネヴィチ：　何も心配するには及びません。問題は解決されるでしょう、われわれはみな道理をわきまえた人間です。所有権を移行するのはそれほど複雑な事例ではありません。必要なことは

すべて、ちょっとした約束とちょっとした脅しで済みます。そうですよね、エルヴィラさん。どうですか、メイエルホリドさん？
　われわれの目的を絶え間なく追及しているときでさえも、われわれの価値基準を守る必要がありますからね。

メイエルホリド：あなたの価値基準なんて、コネヴィチ＝ノヴァックさん、唾にも値しない。

エルヴィラ：その唾を彼に吐きかけてやるわ（コネヴィチに唾を吐きかける。）

コネヴィチ：価値基準なんて、われわれの目的を合法化するために捏造したものです。いいかえれば、フィクションです。

ジョー・オートン：そしてすべてがフィクションなんですね、私のファルス、笑劇でさえも。私はもう歴史に残る作家です。

メイエルホリド：君たちは疥癬持ちの不潔な犬の皮膚に巣食うことにも値しない虱の卵だよ。人類は絶滅の淵に立たされている、そして、君たちふたりは・・・

ジョー・オート：われわれが唯一望んでいるのは、その終末の苦しみを軽減することです。私たち上品じゃないですか？　快楽、忘却、喜び、そして何年かの快適な生活、それに勝るものがありますか？

コネヴィチ：オピウムを売った利益で、われわれは、あなたがこの庭で作ることが出来る野菜の１０倍もの野菜を買うことが出来るのです。

ジョー・オートン：それに肉も。

コネヴィチ：肉なら何でも。若くて、可愛くて、固く引き締まったものも。（エルヴィラを見る。）

エルヴィラ：メイエルホリドさん、私の尊厳をなんとかしてください？

世界の終わりについての喜劇

メイエルホリド：ゲームは負けで終わりましたね。

コネヴィチ：必ずしもそうではありません。まだ間に合います、勝ち組に入ればいいんです。

メイエルホリド：悪党どもとは友好的な関係を結びません。

エルヴィラ：ブラヴォー、すばらしいわ、メイエルホリドさん（と言っったあと、突然、不安げに。）でも、こうしたことは考えてみる必要があります。そうでしょう、コネヴィチさん？

コネヴィチ：まったくその通りです、エルヴィラさん。

メイエルホリド：われわれはそのことについて考えることになるでしょう。法廷において。

コネヴィチ：でも、法廷はこの塀の外にあります。塀は誰も入っては来れないようにあなたが建てたんですね、そうでしたね、エベンシュパンガーさん。どんな法廷もここでは司法権を行使できない。このフェンスの中には、何も、そして誰も存在しないのです、われわれ4人以外には。

メイエルホリド：君たちは僕を殺すことになる。

コネヴィチ：われわれは殺人者ではありません、あなたと違って、エベンシュパンガーさん。あなたは至近距離から人の頭を狙って**撃った**んですよ。

ジョー・オートン：窓の外を見てください、メイエルホリドさん。

（メイエルホリドとエルヴィラ、窓に近づき、外を見る。）

エルヴィラ：あの娘は誰なの？

ジョー・オートン：新たな労働力です。2時間前に雇ったんです。

メイエルホリド：ちょっと待って・・・。信じられない。何をしてるんだ？

ジョー・オートン：野菜を取り除いているんです、芥子を栽培するために土壌を整備しているんだ。

エルヴィラ：とても若いのね。

コネヴィチ：そういうものですよ、奥さん。今日という日は、そんなに長く続くものではありません。何かを変えようとしている間に、昨日になってしまうのです。そして、明日は眠っているあいだも、扉を叩きつづけるのです。

エルヴィラ：それであの娘はそれ以外に何をするんですか、植え付けのために土壌を作る以外には？

コネヴィチ：彼女は、われわれ、つまり、私とジョーの提案を考慮する意思を示しています。こうした貧しい家庭の少女たちのことはご存知でしょう。こうした貧しい少女たちは、パンを一切れ余分にもらえるならば処女性みたいな漠然としたものを提供するのを否定しません。

エルヴィラ：それで、あなたはこうした提案をどこで実行するのですか？　私の寝室で？

コネヴィチ：私は寝室を覗いてみました。まさにぴったりでしたね・・・、そう、でも、詳しいことは勘弁してください。

エルヴィラ：神さまの罰が下るわ！（エルヴィラはコネヴィチの胸を彼女の拳で殴りはじめる。）神さまの罰が下るわ！（.彼女は床に頽れると、彼女の両腕で彼の膝を抱き、辛そうに泣きはじめる。）どうぞ、お慈悲を！・・・。

ジョー・オートン：なんていう気違い沙汰だ！

エルヴィラ（ほとんど聞こえないぐらい小さな声で）：神さまは私を罰したのだわ。

713

（メイエルホリドはドアの方に歩いていく。）

コネヴィチ：どこに行くんです？

メイエルホリド：新たなる冒険を探しにです。

ジョー・オートン：その問題は終わっています。これからのあなたの冒険は次のようなものです・・・。

メイエルホリド：興味はありませんね・・・。

ジョー・オートン（ライフルの銃口をメイエルホリドに向け）：そうですか、興味がない。

メイエルホリド：私は科学者です。

コネヴィチ：だからです、エベンシュパンガーさん。あなたが科学者だからですよ、この仕事を割り当てられたのは。あなたはこの仕事を成功裏に終わらせることが出来る唯一の人間だったからというわけです。

ジョー・オートン：あなたはオピウムをヘロインに変換する実験室の担当です。

コネヴィチ：あなたには食べるものも住む家もちゃんとある。悪くないですよ、われわれが生きている時代のことを考えるならば。

ジョー・オートン：一日一ドルで暮らしている何十億の人のことを考えてください。

コネヴィチ：ロサンジェルスだけで、十万人もの人が、路上で暮らしをしているんです。

エルヴィラ（立ち上がりながら）：私はどうなりますか？　どんな仕事をくれますか？

メイエルホリド：自分を売りたいんですか？

エルヴィラ（侮辱されたと感じて）：そんなこと生まれてから一度もしたことはありません。女の人が必ずしもしたことのないことを確かに私はやってきました。でも、私はいつでも喜びと利益を結びつけようとしてきたのです。私は、たまたまですが、助け合いを好む女だったんです。時代とともに歩み、適応していったのです。

コネヴィチ：エルヴィラさん、われわれが最後にお会いしてからもう何年も経ちますね。しかし、われわれが試みたあの特別の体位を私は覚えています。あなたはいまでもあれが出来ると思いますか、あなたの関節は、もうあの時みたいに柔軟ではないんじゃないですか？

（エルヴィラはコネヴィチの顔をひっぱたく。）

ジョー・オートン：少しばかり敬意を示してもいいんじゃないですか。さもないと、料理人を失ってしまいますよ。

エルヴィラ：　メイエルホリドさん・・・。世界はあまりにも予測不可能なものになってしまったので、誇りなんていうものは致命的な間違いでしかないんですね。

コネヴィチ：頭のいい女だ。彼女の言うことを聞くべきだ。

ジョー・オートン：そんなことない、たんなる馬鹿女ですよ、ぼーっとした街灯みたいなものです。しかし、今回ばかりは、彼女は、ぼくが全面的に同意できることを言えましたね。

メイエルホリド（コネヴィチに）：あなたが誰で、何者であるのか、私は知りません。でも、あなたは、少なくとも、最高級のペテン師であり、ロンドン株式取引場でなら、もっとずっと有益にあなたの才能を使うことが出来るでしょうに。

コネヴィチ：私は自分の限界を知っています、ヴェホヴァールさん。

メイエルホリド：しかし、あなたは、ジョー・オートンさん、それ以外の何かですね。あなたが創り出している印象にもかかわらず、あなたは人間的な思考の領域にかなり通じていますね。

世界の終わりについての喜劇

ジョー・オートン：どうもありがとう。

メイエルホリド：強欲さというものは、あなたが選び、生涯を通してあなたを導いてきたものですが、それはあなたのもっともさもしい欲求を束の間満たすとか、際限のない良心の呵責と言ったもの以外あなたにもたらすことはありません。

ジョー・オートン：猫は日向で転げまわり、それから眠りにつきます。人間は人生の中で転げまわり、それからその眠りにつくのです。いずれにしても、どちらであっても、自分は誰なのか、何なのかという悲惨な事実からは逃れることは出来ません。

エルヴィラ：　それがすべてわかったら！

ジョー・オートン：なぜぼくたちは、世界の終わりを待つときに、ぼんやりしたユーフォリア、多幸感、幸せの状態の中にいてはいけないのか。それは実際、人工的な状態かもしれないけど、少なくとも幸せではある。忘れようとすることは、すべての生きとし生けるものの特質なんだ。だからこそ喜びがこの家の規則になるんだ。

メイエルホリド：たぶん、そうでしょう。私以外は。（振り向いて、出ていこうとする。）

コネヴィチ：　エベンシュパンガーさん、お判りでしょうが、あなたは出てはいけません。

メイエルホリド：それじゃあ、私をどうするつもりなんです？

コネヴィチ：いずれあなたはトイレに行かなければならないでしょう。ジョー・オートンがあなたについていきます、銃を持って。あなたが窓から逃げようとしたら、背中を撃って、あなたの死体を芥子畑に埋めるでしょう。あなたは肥料になるというわけです。

（間）

エルヴィラ：メイエルホリドさん、一緒にここにいましょうよ。あなたは今年中の家賃はもう全部払っていますから。あとで考え

てみません。われわれの期待はそれほどおかしくないですよね、そうでしょう、ジョー？

ジョー・オートン：それは本人が決めればいい。

コネヴィチ：エベンシュパンガーさんが、私たちが生きている時代のことを考えるならば、束の間の衝動のために死ぬのはアナクロニズム以外の何物でもないです。こんな子供じみた英雄願望に屈する必要はありません。

（間）

エルヴィラ（優しく）：メイエルホリドさん？

メイエルホリド：選択の余地はないのですね？

コネヴィチ：まあそうですね。

メイエルホリド（意を決して）：いいでしょう。これから私はちょっと街に行って、オピウムについての本を幾つか買ってきます。1時間以内に戻ってきます。

コネヴィチ：私はそれでかまいません、しかし、問題はジョー・オートンが何というかです。彼が、つまるところ、このショーの劇作家で演出家でもあるわけですから。

ジョー・オートン：30分。

エルヴィラ：あと5分、猶予を与えましょうよ、交通事情がありますから。

メイエルホリド：30分で大丈夫です。

（メイエルホリドは慌ただしく立ち去る。それから、短い沈黙が続く。）

エルヴィラ：とてもうれしいわ、理性ではなくて、感情が勝利したのですから。

世界の終わりについての喜劇

ジョー・オートン：すべてが計画通りに進んでいます。

（コネヴィチが窓のところに行き、外を見る。）

コネヴィチ：メイエルホリドさんが門に通じる道を歩いている。

ジョー・オートン：どこまで行きました？

コネヴィチ：半分ぐらいね。

ジョー・オートン：窓を開けてくれないか、エルヴィラ。

（エルヴィラは窓のところまで行き、窓を開ける。）

エルヴィラ：門に着いたわ。彼にはできるわ。

コネヴィチ：柵を登り、門の天辺までいこうとしている。

ジョー・オートン（コネヴィチを脇に押しのけ）：もうすこしで柵に鋭いスパイクをつけたことを後悔するぞ。

コネヴィチ：そう、本物のスパイクだ！

（ジョー・オートンは銃を持つと、窓の外に向けて照準を合わせる。）

エルヴィラ：待って。

ジョー・オートン：どうかしましたか？

エルヴィラ（窓から離れて）：わかっています、私は本当にセンチメンタルな女です、でもここでは、私の心の中では、私はすごく圧力を感じていて、息が出来ないぐらいなんです。
（恐ろしい叫び声が１００メートルぐらい向こうから聞こえる。）
あれは何？

コネヴィチ（窓の方に戻り）：われらが逃亡者が一番上でつかみ損ねて、転落したんですね。

世界の終わりについての喜劇

ジョー・オートン：スパイクのひとつが心臓に突き刺さったんだ。

コネヴィチ：あとちょっとというときに突き刺さったんだ！

エルヴィラ：　ああ、これはみんな私たちの落ち度です。

ジョー・オートン：　われわれの落ち度ですって？！　彼、メイエルホリドさんは、こうした鋭いスパイクをスイスから取り寄せたんです、地元のものはあまりよくないと言って。

エルヴィラ：わたしたち護ろうとしたかったんです。

ジョー・オートン：それが最悪なんだ、保護者っていうのが。

コネヴィチ：誰か通りすがりの人がこのニュースを外の世界に広げる前に死体を片付けなければ。

（ジョー・オートンとコネヴィチはドアの方に行く。コネヴィチが振り返る。）

コネヴィチ：　すべてはうまくいくでしょう、エルヴィラさん。緑茶を啜れば、すり減らされた神経に絶大な効果を発揮しますよ。

（彼らは立ち去る。エルヴィラは佇み、何をしていいのか分からないでいる。エルヴィラは鏡に近づいて行くと、髪を整えようとする。彼女は佇み、落胆し、鏡に映る自分の姿を見ている。）

エルヴィラ：これがやすらぎなのね、歳をとって、死ぬのが許されているということが。

（幕）

EVALD FLISAR (1945, Slovenia). Novelist, playwright, essayist, editor, globe-trotter (travelled in more than 90 countries), underground train driver in Sydney, editor of (among other publications) an encyclopaedia of science and invention in London, author of short stories and radio plays for the BBC, president of the Slovene Writers' Association (1995 – 2002), since 1998 editor of the oldest Slovenian literary journal Sodobnost (Contemporary Review). Author of 12 novels (eight of them short-listed for *kresnik*, the Slovenian "Booker"), two collections of short stories, three travelogues, two books for children, and fifteen stage plays (seven nominated for Best Play of the Year Award, three times won the award). Winner of the Prešeren Foundation Prize, the highest state award for prose and drama and the prestigious Župančič Award for lifetime achievement. Various works translated into 35 languages, among them Bengali, Malay, Nepalese, Indonesian, Turkish, Greek, Japanese, Chinese, Arabic, Czech, Albanian, Lithuanian, Icelandic, Romanian, Amharic, Russian, English, German, Italian, Spanish, etc. His stage plays are regularly performed all over the world, most recently in Austria, Egypt, India (three different production in the last two months alone), Indonesia, Japan, Taiwan, Serbia, Bosnia, Bulgaria and Belarus. Attended more than 50 literary readings and festivals on all continents. Lived abroad for 20 years (three years in Australia, 17 years in London). Since 1990, resident in Ljubljana, Slovenia. His novel *On the Gold Coast* (published in English by Sampark, Kolkata, India) has been nominated for the most prestigious European literary prize, the Dublin IMPAC International Literary Award. Another of his novels, *My Father's Dreams*, to be published in London in April, has earned him a place at the European Literature Night, an annual event at the British Library that features 6 of the best contemporary European writers.

www.ingramcontent.com/pod-product-compliance
Lightning Source LLC
Chambersburg PA
CBHW032221230426
43666CB00033B/269